Belas Letras

MÚSICA CULTURA POP CINEMA

KENNETH WOMACK

vivendo com OS BEATLES

A HISTÓRIA NÃO CONTADA DE MAL EVANS

Tradução: Paulo Alves

Revisão técnica: Gilvan Moura

BelasLetras

Título original: *Living The Beatles Legend: The Untold Story of Mal Evans*

Publisher
Gustavo Guertler
Coordenador editorial
Germano Weirich
Supervisora comercial
Jéssica Ribeiro
Gerente de marketing
Jociele Muller
Supervisora de operações logísticas
Daniele Rodrigues
Supervisora de operações financeiras
Jéssica Alves

Edição
Marcelo Viegas
Tradução
Paulo Alves
Preparação
Tanara Araújo
Revisão
Lucas Mendes Kater
Capa e projeto gráfico
Celso Orlandin Jr.
Revisão técnica
Gilvan Moura

"(Let Me Be Your) Teddy Bear", composta por Kal Mann e Bernie Lowe, cortesia de Hal Leonard.
"Family Tree", composta por Mal Evans, cortesia do Malcolm Frederick Evans Archives.

Foto da capa: Alamy

2025
Todos os direitos desta edição reservados à
Editora Belas Letras Ltda.
Rua Visconde de Mauá, 473/301 – Bairro São Pelegrino
CEP 95010-070 – Caxias do Sul – RS
www.belasletras.com.br

Dados Internacionais de Catalogação na Fonte (CIP)
Biblioteca Pública Municipal Dr. Demetrio Niederauer
Caxias do Sul, RS

W872v Womack, Kenneth
Vivendo com os Beatles: a história não contada de Mal Evans / Kenneth Womack; tradutor: Paulo Alves. - Caxias do Sul, RS: Belas Letras, 2025.
560 p.

Título e subtítulo originais: Living The Beatles Legend: the untold story of Mal Evans
ISBN: 978-65-5537-418-6
ISBN: 978-65-5537-416-2

1. Evans, Mal, 1935-1976. 2. Biografia. 3. The Beatles (Conjunto musical). I. Alves, Paulo. II. Título.

25/8 CDU 920Evans

Catalogação elaborada por Vanessa Pinent, CRB-10/1297

Para Lily, de Allerton

Baby, let me be your lovin' teddy bear.
Put a chain around my neck and lead me anywhere.
Oh, let me be your teddy bear.
— ELVIS PRESLEY

*[Baby, me deixe ser o seu ursinho de pelúcia.
Coloque uma corrente no meu pescoço e me leve por aí.
Ah, me deixe ser o seu ursinho de pelúcia.]*

I wonder what the future holds
Now that I'm fast and fancy free.
Have I destroyed my happiness
Cutting down my family tree?
— MAL EVANS

*[Pergunto-me o que futuro guarda
Agora que sou livre e solto.
Será que destruí a minha felicidade
Ao cortar a minha árvore genealógica?]*

SUMÁRIO

PREFÁCIO

POR GARY EVANS

Este livro é o produto de décadas de trabalho duro e não teria sido possível sem a determinação inicial do meu pai, Mal Evans, de capturar a história dos Beatles à medida que ela se desenrolava diante dele. Desde os primórdios como segurança do Cavern Club, ele já sabia que aqueles rapazes tinham algo de especial. Ao viajar com eles por toda a Inglaterra e, finalmente, o mundo, registrava lembranças nas páginas de seus diários e enchia cadernos com desenhos e recordações, além de tirar milhares de fotografias espontâneas e guardar miudezas de todo tipo – uma nota fiscal aqui, um rabisco de letra ali.

Quando meu pai se sentou para escrever seu livro de memórias para a editora Grosset & Dunlap, em 1975, se deu conta da dificuldade inerente a pegar uma caneta para capturar os pensamentos. Por sorte, foi auxiliado por um estenógrafo, que transcreveu suas palavras à risca, e por um sábio conselho de Ringo Starr: "Se não for para contar a verdade, nem se dê ao trabalho", disse ao meu pai. E assim, Mal contou a verdade.

Em 4 de janeiro de 1976, quando ele simplesmente já não conseguia suportar a ideia de viver mais um dia, meu pai orquestrou seu próprio fim num duplex em Los Angeles. Deixou para trás os frutos de décadas de colecionismo, bem como um rascunho completo de seu livro de memórias, que cogitava intitular *Living the Beatles' Legend: 200 Miles to Go*. Ele chegou até a planejar as ilustrações do livro, com a ajuda de um amigo que serviu de diretor de arte, e esboçou algumas ideias para a capa.

A morte do meu pai bagunçou tudo isso. Por um período, a Grosset & Dunlap fez várias tentativas de publicar *Living the Beatles' Legend*, mas minha mãe, Lily, compreensivelmente abalada pela morte de seu marido distante, apenas quis que o material compilado por ele fosse devolvido à nossa família, na Inglaterra, de modo que nós mesmos pudéssemos organizar as coisas. Como ficaríamos sabendo mais tarde, nos dias seguintes à morte do meu pai em Los Angeles, a Grosset & Dunlap levou esse acervo de L.A. para Nova York e acabou guardando-o num depósito no porão do New York Life Building.

E lá ele permaneceu por mais de 12 anos até ser resgatado da lata de lixo pelo raciocínio ágil de Leena Kutti, funcionária temporária que se deparou com o material do meu pai – acompanhado dos diários, das fotos e do livro – e reconheceu estar diante de um acervo singular. Depois que seus esforços para chamar a atenção da editora se mostraram em vão, Kutti assumiu por conta própria a tarefa de ir até o Dakota, onde deixou um bilhete para Yoko Ono, uma das poucas heroínas verdadeiras na estranha trajetória dos artefatos do meu pai. Rapidamente, Yoko alertou Neil Aspinall, a cara-metade de Mal na época dos Beatles. Com a ajuda dos intrépidos advogados da Apple, Neil providenciou para que o acervo fosse enfim entregue à nossa família em 1988.

Ao longo de muitos anos, os manuscritos e a memorabilia do meu pai ficaram guardados no nosso sótão. Eu periodicamente mergulhava neles para me reaproximar da pessoa que perdi aos 14 anos. Vasculhar esse acervo me lembrava dos motivos pelos quais amava tanto meu pai, apesar das falhas que o afastaram de nós e o levaram à morte aos 40 anos. Por muito tempo, minha família confrontou a ideia de compartilhar a história de Mal. E então, em 2004, um falsificador criou um rebuliço internacional ao afirmar que possuía a coleção do meu pai, encontrada numa mala cheia de artefatos que descobrira num mercado de pulgas na Austrália. A isca foi logo mordida e a notícia se espalhou pelo mundo com muito alarde antes que se provasse ser uma farsa.

Em 2005, para amenizar a confusão, minha mãe e eu concordamos em dar uma entrevista à *Sunday Times Magazine,* chegando a liberar a publicação de alguns trechos dos diários. A maré começou a mudar para nós em julho de 2018, quando decidi seguir as pegadas do meu pai e dos Beatles e reviver o famoso ensaio fotográfico "Mad Day Out" em seu aniversário de 50 anos. Naquele dia, fui acompanhado pelo meu grande amigo Nik Wood-Jones, ator e dramaturgo. No caminho, tivemos a tremenda sorte de cruzar com o cineasta e fanático pelos Beatles Simon Weitzman, que estava numa missão semelhante.

À medida que desenvolvi uma amizade com Simon, confidenciei a ele sobre o desafio constante de compartilhar com o mundo a história do meu pai. Ele me garantiu que conhecia o cara perfeito para fazer acontecer. Por meio de Simon, cheguei a Ken Womack via Zoom em 2020, nos primeiros meses da pandemia de Covid-19. Ken já havia escrito vários livros sobre os Beatles, mas, mais importante: Simon confiava nele cegamente. Assim que começamos a trabalhar juntos, percebi que Ken era o colaborador certo para contar a história do meu pai com a integridade histórica necessária. Ao longo dos anos, passei a entender por que os fãs dos Beatles ao redor do mundo adoram o "Big Mal" e, para seu crédito, Ken conseguiu honrar essa conexão ao mesmo tempo em que explora a verdade da vida do meu pai, incluindo todos os seus defeitos.

Depois de trabalharmos com nossos amigos da HarperCollins, estamos orgulhosos de levar este livro até você – uma biografia completa que detalha a vida do meu pai com (e sem) os Beatles.

Esta obra simplesmente não teria sido possível sem a graça salvadora de pessoas como Leena Kutti, Yoko Ono, Neil Aspinall, Simon Weitzman e Nik Wood-Jones. E agora, graças a Ken, os leitores poderão testemunhar a história do meu pai com a vivacidade que ela merece. Ken, você me emprestou gentilmente seus ouvidos ao longo dos últimos três anos; me virei com mais do que uma ajudinha sua, meu amigo.

Meu pai era tudo para mim. Meu herói. Antes de Ken entrar no projeto, eu achava que conhecia sua história. Porém, o que sabia era monocromático; agora, cerca de três anos depois, é como *O Mágico de Oz*, o filme favorito do meu pai, quando a imagem muda do preto-e-branco do Kansas para o brilho multicolorido estonteante de Oz. Ken trouxe muitas cores e muita luz à história do meu pai, me mostrou que Mal Evans foi o maior amigo dos Beatles. Sim, Big Mal teve sorte em conhecer os Beatles, mas os Beatles tiveram uma sorte ainda maior quando, pela primeira vez, tantos anos atrás, meu pai desceu por acaso as escadas do Cavern Club. O resto é a história da música.

PRÓLOGO

PARA-BRISAS

23 DE JANEIRO DE 1963

Para Mal Evans, não seria nada menos do que um momento fundamental. Para os Beatles, seria uma lembrança muito querida ao longo da estrada irregular rumo a uma fama extraordinária. Existiria no acervo de seu museu coletivo de recordações como o emblema de um tempo mais inocente e de um lugar em que tudo e todos que realmente faziam a diferença no mundo deles cabiam no interior abarrotado de uma van.

Um modelo Ford Thames 400E Express Bus, para ser exato. De cor creme e placa 6834 KD, o veículo era o cavalo de batalha dos Beatles desde o verão de 1962, quando o empresário Brian Epstein o comprou do vendedor de automóveis Terry Doran, um camarada de Liverpool. Com Neil Aspinall, o assistente dos Beatles de 21 anos, ao volante, o grupo percorreu a todo vapor uma sequência incessante de salões e casas de shows pelo norte da Inglaterra, no desespero para lançar o primeiro *single*, "Love Me Do", até a posição mais alta que pudesse alcançar nas paradas inglesas; o compacto chegou à altitude máxima da 17ª posição na semana de 27 de dezembro de 1962.

Com 27 anos, Mal não era só o novato – era ainda, bem literalmente, o cara *velho*. Tinha cinco anos a mais que John Lennon e Ringo Starr e uma diferença ainda maior em relação a Paul McCartney, que tinha feito 20 anos em junho, e George Harrison, ainda um adolescente, com 19. Mal era um peixe fora d'água em muitos aspectos. Tinha um trabalho honesto de verdade e um salário como engenheiro de telecomunicações dos Correios, além de uma casa e uma família. Com sua amada esposa, Lily, formou um lar no distrito de Allerton, em Liverpool, e lá criavam o filho Gary, então com 15 meses.

Não bastasse isso, havia a questão da altura de Mal. Com um pouco mais de 1,90 m, ele se destacava dos demais. E também era forte. Ao longo dos anos, moldara por completo o corpanzil como ciclista e nadador dedicado. Mal era conhecido por andar de bicicleta por horas – até por dias inteiros – nos arredores rurais de Liverpool. E quanto à natação, dificilmente deixava passar um corpo d'água. Do gelado Mar da Irlanda a algum lago interiorano sereno, passando pela piscina modesta de algum hotel, Mal vivia para nadar. E um mergulhinho não era suficiente. Para ele, só brincar ou ficar no raso era coisa de amadores. Preferia exercícios vigorosos de nado peito aos salpicos comparativamente mundanos das pessoas comuns.

Um golpe simples do destino foi o que colocou Mal ao volante da Ford Thames naquele dia de janeiro. Aspinall, o *road manager* oficial dos Beatles, estava gripado, como muitos outros britânicos naquele inverno extraordinariamente intenso. Na última semana de dezembro, uma nevasca varreu o sudoeste da Inglaterra e o País de Gales, deixando em seu rastro montes de neve de até seis metros de altura. A emergência climática que se seguiu veio a ser conhecida como o Grande Frio, quando temperaturas perigosamente baixas se abateram sobre a Grã-Bretanha ao longo de janeiro.

Conhecido como Nell no *entourage* dos Beatles, Aspinall adoecera num momento especialmente inoportuno. O segundo *single* do grupo, "Please Please Me", tinha sido lançado em 11 de janeiro. Quando os Beatles gravaram a animada canção em 26 de novembro, o produtor George Martin, geralmente contido, arriscou um palpite extraordinário. Tomado por um momento de "bravata", anunciou: "Senhores, vocês acabaram de gravar seu primeiro disco número um".[1] A mera noção de que quatro meninos de Liverpool pudessem chegar ao topo das paradas era tão distante que "os rapazes", como Martin e o empresário Brian Epstein carinhosamente os apelidaram, caíram na gargalhada no ato. Porém, à medida que janeiro passava – e com o Grande Frio prendendo milhões de britânicos em casa –, "Please Please Me" cumpria a ousada previsão do produtor. Cercado pela neve, tendo o rádio e a televisão como as principais fontes de entretenimento, um número recorde de espectadores assistiu à performance da banda em 19 de janeiro, quando os Beatles apresentaram a música no popular programa de sábado à noite *Thank Your Lucky Stars*. Naquela noite, eles foram os lanterninhas de uma lista de sete artistas. Mas não seria assim por muito tempo.

Com o *single* escalando as paradas, Epstein marcou uma nova série de aparições no rádio e na televisão, o que tornou necessária a viagem dos Beatles até Londres no dia seguinte à participação em *Thank Your Lucky*

Stars. Na manhã após a exibição do programa, porém, Neil acordou com febre. À noite, quando chegou ao show da banda no Cavern Club, em Liverpool, avisou que não conseguiria dirigir até Londres. Os Beatles foram pouco empáticos e questionaram: "Bem, você vai ter de arrumar outra pessoa, não?". Em meio à névoa febril, Neil "não fazia ideia de quem poderia arrumar. Subi as escadas do Cavern até a Mathew Street só para tomar um ar e me deparei com Mal".

Por coincidência, Mal e Lily haviam acabado de chegar ao Cavern naquela noite. Como já tinha trabalhado como segurança do clube, Mal se tornara uma presença familiar para os Beatles e o público "cavernista", como o DJ Bob Wooler batizara os clientes regulares do Cavern.

"O que você vai fazer nos próximos dois dias?", Neil perguntou a Mal. "Quer levar os Beatles a Londres?"[2]

Mal não precisou pensar duas vezes. A possibilidade de estar próximo à ação foi o que o atraiu para o Cavern em primeiro lugar. Fã inveterado de Elvis Presley, ele se deleitava com a companhia dos Beatles, trocando histórias sobre o Rei e se tornando especialmente próximo de George, que estreitou a amizade com aquele gigante de óculos. Mal gostava de salpicar a banda com pedidos de músicas de Elvis. Tinha um apreço especial por "I Forgot to Remember to Forget", que George estragava de propósito e cantava "*I'm so bloody lonely*" ao invés de "*I'm so blue and lonely*". Seus companheiros de banda invariavelmente apresentavam as canções dedicadas a Mal com piadas usando seu nome: "Esta vai para o Malcriado" ou "Esta vai para o Malfeito" ou "Esta vai para o Malcheiroso".[3] Mal levava tudo na esportiva, como brincadeiras bem intencionadas de seus novos amigos.

Embora tivesse aceitado de imediato a oferta de Neil, ele sabia que precisaria tirar vários dias de folga do trabalho para acompanhá-los na viagem. E assim como todos os britânicos, estava a par da previsão do tempo, que, alinhada aos padrões meteorológicos daquele fatídico mês, alertava para o excesso de neve. Entretanto, àquela altura, o clima era o menor dos problemas dos Beatles. Mal sabia que essa viagem tinha uma importância tremenda para Epstein e a banda. Pelo cálculo de Brian, ela era essencial para consolidar a fama o mais rápido possível. E com a exceção de quatro sessões de gravação nos estúdios da EMI em Abbey Road – sem contar o malfadado teste para a Decca em janeiro de 1962 –, a jornada que estava por vir marcava apenas a segunda visita à capital com intuitos promocionais.

A primeira, em 8 de outubro, para divulgar "Love Me Do", não foi tão boa. Depois de uma participação morna no programa *Friday Spectacular*, da rádio Luxembourg, decidiram fazer visitas improvisadas a redações jornalísticas londrinas. Quando chegaram ao *NME* (*New Musical Express*), na Denmark Street, já tinham ouvido um bom tanto de preconceito regional. No *NME*, o jornalista Alan Smith, de Liverpool, perguntou ao grupo que impressão tinham dos londrinos. "Não muita", responderam. "Quando ficam sabendo que você é do norte, não querem te conhecer."[4] Determinado a aproveitar ao máximo a segunda viagem, Brian elaborou um itinerário agressivo para janeiro de 1963, com direito a uma turnê de divulgação vertiginosa e nada menos que três participações pré-gravadas no rádio.

Para Mal, que nunca dirigira no centro de Londres, a viagem se mostraria absolutamente desafiadora. Como nortista, ele não estava familiarizado com a confusa matriz de ruelas estreitas e vias públicas da cidade, sem falar nos padrões de trânsito complicados e quase sempre imprevisíveis. Porém, sua preocupação mais imediata era com o estado da van dos Beatles. Depois de deixar seu próprio carro em West Derby, onde Neil alugava um quarto em cima do Casbah Coffee Club, de Mona Best, no subsolo, Mal conduziu a Ford Thames até sua casa em Hillside Road, no distrito de Mossley Hill. O trajeto de oito quilômetros "não teve um início muito promissor, já que faltava um cilindro". Na manhã seguinte, Mal levou a van até uma oficina em Crosby, onde um mecânico remediou o problema do cilindro.[5]

Quando Mal e os Beatles deram início à longa jornada até Londres, por volta do meio-dia da segunda-feira, 21 de janeiro, os freios da van começaram a falhar. Na primeira parte do trajeto, isso não teve muita importância. O trânsito estava parado nos arredores de Liverpool, onde esperavam os limpa-neves abrirem as estradas. À tarde, já pisavam fundo pela M1 sem incidentes – embora Mal tenha descoberto que os faróis da van não eram muito eficazes em meio à neblina intensa. Os cinco chegaram à EMI House logo após o anoitecer, a tempo de gravar a segunda participação da banda no *Friday Spectacular*.

O aconchegante teatro acomodava um público de 100 pessoas, composto em sua maioria por garotas jovens munidas de cadernos de autógrafos, prontas para conhecer seus ídolos pop. Enquanto os rapazes se preparavam nos bastidores, Mal montava apressadamente o equipamento para que pudessem dublar versões de "Please Please Me" e "Ask Me Why". De sua posição à direita do palco, que se tornaria tradicional, ele testemunhou em tempo real a mudança contundente e súbita na sorte dos Beatles. Como o assessor de imprensa Tony Barrow escreveria mais tarde, "o público adolescente não sabia qual seria a escalação de artistas daquela noite, e a [apresentadora] Muriel Young, antes de chamar os Beatles, começou a ler seus nomes. Chegou apenas até 'John... Paul...' e o restante de sua apresentação foi soterrada por uma avalanche de aplausos muito genuínos".[6]

Já passava da meia-noite quando Mal e os rapazes se acomodaram em seus quartos velhos e acabados no hotel Cavendish, na Gower Street. Mal, porém, não se importou. Estava empolgado em dividir um quarto com Ringo e Paul, enquanto John dividia outro com George. "Aonde quer que fôssemos", escreveria Mal, "os Beatles me incluíam. Sempre era 'comida ou bebida para cinco', o que me fazia sentir como parte do mundo deles".[7] Ele simplesmente não conseguia acreditar na sua boa sorte.

No dia seguinte, 22 de janeiro, as coisas pareciam só melhorar. Mal acordou cedo, deixando os rapazes dormirem no horário do desjejum, e pegou café e torradas para fortificá-los diante da agenda exaustiva do dia. O primeiro compromisso era uma entrevista no programa de rádio *Pop Inn*, transmitido ao vivo do Paris Studio, da BBC, na Regent Street. Mal aproveitou a oportunidade para levar o equipamento dos Beatles ao destino seguinte, erroneamente identificado no itinerário de Brian como "Aeolian Hall". Ao invés de se desorientar com esse tropeço, começou a perguntar na rua até descobrir que o *Saturday Club* seria gravado no Playhouse Theatre com Brian Matthew, seu "apresentador favorito", o qual ficou extasiado em conhecer pessoalmente.[8]

Em seguida, Mal e os rapazes retornaram ao Paris Studio, onde a banda gravou a apresentação para o *The Talent Spot*, apresentado por Gary Marshall, que incluiu um *take* arrasador de "Please Please Me". Enquanto o grupo ia ao encontro de Adrian Mitchell, do *Daily Mail*, para uma entrevista na suíte de Brian Epstein no luxuoso hotel Mayfair, Mal ficou no Paris Studio, guardando o equipamento para a viagem de volta a Liverpool. Foi então que ele percebeu que não tinha a mais vaga ideia de como chegar ao Mayfair. Valendo-se de seu dom natural da lábia, pediu a alguém da equipe da BBC que lhe desse orientações, prontamente anotadas no verso de uma cópia do roteiro do programa de rádio. Para Mal, a experiência toda foi um deleite. "Foi demais conhecer todas aquelas pessoas que eu via na TV", admitiu. "Fiquei realmente deslumbrado." E era prazeroso observá-las à medida que se deparavam com a fama incipiente dos rapazes: "Rapidamente me dei conta, é claro, de que as pessoas estavam sendo simpáticas e tentando me conhecer só para chegar aos Beatles. Em pouco tempo, eu já era capaz de reconhecê-las de longe".[9]

Após uma grande refeição comemorativa no Forte's, a popular cadeia britânica de hotéis/restaurantes, Mal e os rapazes partiram para casa, saindo de Londres por volta das 22h. Exceto pela neblina, que parecia ter se tornado ainda mais profusa, a viagem pela M1 foi tranquila. Mal enfim saiu da rodovia para terminar a jornada pelas estradas regionais que levavam a Liverpool.

E foi então que aconteceu: em algum momento depois da meia-noite, enquanto Mal dirigia pelas silenciosas estradas rurais, o para-brisas "rachou com um estrondo terrível". Com o para-brisas perigosamente estilhaçado, Paul observou como Mal pensou rápido, "colocou o chapéu na mão, deu um soco para arrancar o para-brisas por completo e seguiu em frente".[10] Nos anos seguintes, os ocupantes da van atribuiriam o estilhaçamento do para-brisas a diferentes causas: Paul e os outros Beatles culpariam uma pedra pelos danos, ao passo que Mal ponderaria que "o frio intenso, diante do calor do aquecedor dentro da van, estilhaçou o para-brisas".[11] De um jeito ou de outro, os Beatles ficaram impressionados com os esforços hercúleos do *roadie* de ocasião.

Com o perigo do para-brisas resolvido, Mal teve então de confrontar os ventos fortíssimos que assolavam o interior da van. A banda entrou em ação e reuniu gorros e cachecóis sem uso para abrigar o motorista, que colocara um saco de papel na cabeça para enfrentar o frio. "Foi sofrido", relembraria John. "Mal colocou um saco de papel na cabeça, só com um rasgo para os olhos. Parecia um ladrão de banco." Enquanto isso, John, Paul, George e Ringo se juntaram no fundo da van, compartilhando uma garrafa de uísque, um em cima do outro para gerar o desejado calor. "Quando o de cima ficava com tanto frio como se prestes a ter uma hipotermia, era hora de passar para baixo, e assim íamos nos aquecendo, sem parar de bebericar o uísque", recordou-se Ringo. Nas palavras de Paul, era "um sanduíche de Beatles".[12]

O tempo todo, Mal e os rapazes mantinham um papo firme para espantar a exaustão. À medida que o Grande Frio castigava aquela longa noite – permeando tanto o exterior quanto o interior da van Ford –, os Beatles não paravam de importunar o motorista sobre o quanto ainda faltava para chegar. "300 quilômetros!", respondia com humor, referindo-se à distância aproximada entre Liverpool e Londres. Assim, "isso virou a nossa piada interna: dizíamos 'faltam 300 quilômetros, Mal' sempre que as coisas ficavam difíceis".[13]

Às 5h da manhã, Mal estava em casa com Lily na Hillside Road. "Levantei-me às 7h45min, mas os rapazes dormiram até umas 5h da tarde", recordou-se. "Filhos da mãe sortudos. Mais tarde, tocaram no Cavern como novos, sem nenhum efeito colateral." Naquela noite, enquanto Neil desembarcava o equipamento da banda da van, os frutos dos esforços de Mal saltavam aos olhos. O veículo, em perfeitas condições, estava pronto para uma nova estrada e com um para-brisas novíssimo instalado. “Nunca soubemos como ele conseguiu consertar tudo tão rápido”, disse Neil, “e, mesmo que não disséssemos, era algo do qual nos lembrávamos. Nota dez para Mal por não simplesmente só trazer a van de volta e deixar para que outra pessoa cuidasse do para-brisas”. Pouco depois, os Beatles se juntaram a Neil e o presentearam com histórias das aventuras que viveram com Mal no Grande Frio, faltando 300 quilômetros, e de um sanduíche de Beatles.[14] “É assim que uma banda cria laços”, disse Ringo, que comemorava seis meses como baterista do grupo.[15]

Quanto a Mal, a experiência excedera todas as expectativas. Para início de conversa, ele recebeu 45 libras de Brian Epstein (o equivalente a 767 libras atuais), uma cifra impressionante, levando-se tudo em conta. No entanto, a verdadeira recompensa chegou mais tarde naquela noite, quando

Diário de Mal de 1963

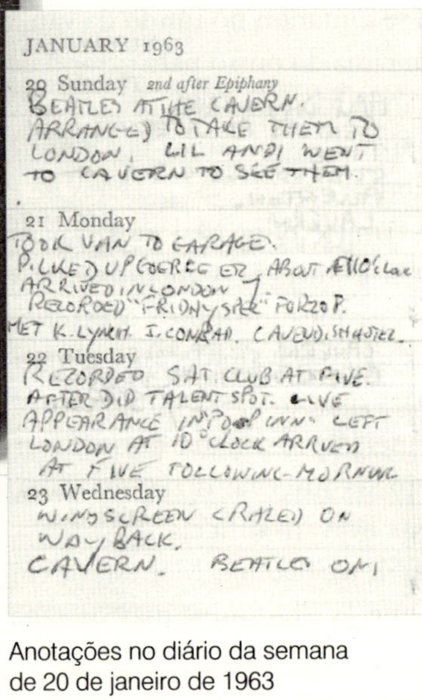

Anotações no diário da semana de 20 de janeiro de 1963

ele se sentou em casa para registrar seus pensamentos após ver o show dos Beatles no Cavern. Apenas três semanas antes, começara um diário pela primeira vez, depois de ganhar um diário anual do Sindicato dos Engenheiros dos Correios.

O plano inicial era usá-lo para guardar os acontecimentos importantes da vida de seu filho, o pequeno Gary. Porém, ao anotar os eventos de 23 de janeiro, começou uma crônica fervilhante de suas impressões sobre os Beatles, as experiências em Londres e as pessoas que conheceu no caminho. Em dado momento, foi forçado a ir para o fim do diário de modo a conseguir mais espaço para registrar alegremente aquelas ideias, que começavam a atravessar as bordas das folhas.

"São todos grandes caras, com senso de humor, e passam a sensação de serem uma equipe de verdade", entusiasmou-se. Mais importante ainda, sentiu um orgulho crescente por ter sido, num momento tão crucial, parte significativa do círculo interno dos Beatles e não apenas um agregado qualquer. Estivera bem ao lado deles – ombro a ombro, no meio de *tudo*. Teve uma sensação intensa de pertencimento que beirava o êxtase puro. A experiência toda o remeteu à primeira vez que viu os Beatles ao vivo no Cavern: "Ah, isso é a melhor coisa do mundo!"[16]

01

UM BASTARDINHO DAQUELES

Em 1975, quando começou a compilar suas memórias, aos 40 anos, Mal Evans escreveu: "Sempre quis ser caubói".[1] A ideia de perambular de cidade em cidade como um aventureiro – um solitário incorrigível com um revólver na cintura e sem passado algum para freá-lo – parecia oferecer todos os atrativos que ele poderia querer em vida. Como cidadão inglês, certamente não estava sozinho nesse amor pelo Velho Oeste. Muitos britânicos já falaram melancolicamente dessa era sem lei, associada com mais intimidade à América do Norte, uma época de ostentação de armas e desprezo às regras que nunca marcou a história das Ilhas Britânicas.

Para Mal, esses elementos se uniram mais profundamente em *O Matador*, listado por ele como seu terceiro filme favorito, depois de *De Ilusão Também se Vive* e *O Mágico de Oz*.[2] Aos 15 anos, ele foi indubitavelmente atraído ao cinema pelo slogan provocativo do faroeste de 1950, que apregoava a existência solitária e violenta do matador: "Seu único amigo era sua arma. Seu único refúgio – o coração de uma mulher". Estrelado por Gregory Peck como Jimmy Ringo – "o gatilho mais rápido do Oeste" –, *O Matador* retrata seu herói como uma vítima de seu próprio negócio sórdido. Embora tenha envelhecido e amadurecido no fim do filme, Ringo não escapa de sua realidade sangrenta. Nem mesmo o amor de uma boa mulher – a graciosa Helen Wescott no papel do interesse amoroso de Peck – consegue alterar seu destino. Quando *O Matador* termina, Ringo morre sozinho, baleado na rua por um rival disposto a fazer seu próprio nome como pistoleiro.

Anos mais tarde, ao ponderar sobre o significado mais amplo de *O Matador*, Mal atribuiu o impacto duradouro que o filme teve sobre ele a três elementos fundamentais da história – a habilidade de um homem de se adaptar ao ambiente, sua ânsia insaciável por companhia e, talvez o mais importante, a ideia de que a pessoa que um homem machuca com mais frequência, e a quem ele é mais vulnerável, acaba por ser ele próprio.[3] E se houve alguém capaz de entender a noção do que é abrir caminho como um aventureiro solitário num mundo duro e intransigente, esse foi o pai de Mal.

Frederick William Jones Evans nasceu em 24 de junho de 1905 em West Derby, Lancashire, filho de Elizabeth Evans, de 19 anos. De origem galesa, Elizabeth nunca revelou a identidade do pai de Fred, que provavelmente ela conheceu em 1904 quando andava em turnê pelos Estados Unidos como cantora e dançarina de uma trupe de coristas.[4] Em 1910, Elizabeth abandonou seu estilo de vida pouco convencional e se casou com William Fitzsimons, um próspero viúvo de 40 anos. Comprador de frutas no porto de Liverpool, Fitzsimons tratava Fred como seu filho mais velho e até o inseriu nos negócios da família como aprendiz no mundo turbulento do ramo de comércio de frutas e vegetais frescos, que William manejava na Carriers' Dock, no rio Mersey. Nessa época, Fred trabalhava como assistente do padrasto na W. David and Son, que tocava um mercado de frutas na Matthew Street, 24.

Ainda assim, de sua parte, Fred nunca fez as pazes de verdade com as circunstâncias de seu nascimento, mantidas por Elizabeth e William como um segredo de família bem guardado. Anos mais tarde, em seu aniversário de 70 anos, Fred enfim abriu a boca sobre suas origens. Tudo começou quando seu meio-irmão, Norman, então com 56 anos, cumprimentou o mais velho dizendo: "Ei, Fred, seu velho bastardo!". Fred prontamente nocauteou o irmão mais novo e transformou a festa de aniversário num alvoroço. "E foi quando toda a verdade saiu", se recordaria June, filha de Fred, tempos depois.[5]

Não surpreende que Fred tenha se tornado um superdotado, desesperado para provar seu valor a todo momento. Depois de entrar para a família Fitzsimons, passava a maior parte dos verões na Península de Wirral, do outro lado do Mersey. Fitzsimons tinha um chalé à beira-mar no vilarejo de Meols, perto de Hoylake, e Fred aprendeu a nadar sozinho no Mar da Irlanda, ao mesmo tempo em que se dedicava à pesca esportiva. Mais velho, tornou-se um motociclista ávido e competiu em eventos patrocinados pelo sindicato Auto-Cycle por toda a região. Aos 20 anos, podia ser visto passeando por Liverpool em sua estimada moto Francis-Barnett azul, completa e com direito a um *sidecar*, perfeito para transportar suas namoradas pela cidade.

Após deixar o emprego na W. David and Son, Fred foi trabalhar como contador na J. A. Sloan Importers, onde desabrochou não só como comerciante de sucesso num mercado altamente competitivo, mas também como um líder nato. Ele organizava os estivadores de forma que funcionassem como uma máquina bem azeitada, capaz de esvaziar um compartimento de carga no menor tempo possível.

No verão de 1934, Fred conheceu seu par, Joan Hazel Evans (sem parentesco), de 21 anos. Nadadora de competição de West Derby, Joan se apresentou a Fred num arroubo. Na época, ele estava pescando num barco atracado próximo de Wirral. Sem perder tempo, Joan entrou na água e nadou até o barco de Fred. Ao ver uma estranha se aproximando, exclamou: "Volte! Você vai ser levada pelas ondas!".[6] Porém, Joan não se deteve e, em pouco tempo, se tornou a garota que curtia a cidade no *sidecar* da moto de Fred.

Em outubro daquele ano, Fred e Joan se casaram na igreja de São João Evangelista, em Knotty Ash. Contudo, essa união não foi produto apenas de um namoro relâmpago. Quando o casal se mudou para sua primeira casa, na Lorne Street, 31, no bairro de Fairfield, em Liverpool, Joan já estava grávida do primeiro filho. Nascido em 27 de maio de 1935, o robusto Malcolm Frederick Evans, de cabelos loiros e olhos verdes, foi batizado em homenagem ao astro do automobilismo britânico Malcolm Campbell, um dos heróis pessoais de Fred. Numa de suas primeiras lembranças, Mal se recorda de estar no *sidecar* de Fred "envolto no calor e na segurança dos braços da minha mãe".[7]

Em 1939, Fred e Joan já tinham condições de trocar seu modesto lar na Lorne Street por uma casa geminada em Wavertree, na Waldgrave Road, 75, onde também foi morar a mãe viúva de Fred, Elizabeth, que ajudava Joan nas tarefas domésticas. Os primeiros anos de Mal foram bem pacíficos, exceto por um forte ataque de coqueluche que o deixou com o peito afundado.[8] Ao fim da década, Mal desenvolvia uma amizade com Ronnie Gore, que morava no mesmo quarteirão. Nascido em novembro de 1934, Ronnie era uns sete meses mais velho que Mal, que se ressentia da obediência inabalável de Ronnie à sua mãe e se recordaria futuramente: "Muitas vezes, minha mãe me dizia: 'Por que você não pode ser como Ronnie? Ele é um garoto tão bom para a mãe'". E brincou: "Apesar disso, nossa amizade cresceu".[9]

A irmã de Mal, Pamela Joan, nasceu em agosto de 1936, seguida por Barbara Hazel, em outubro de 1938. Para Mal, já obstinado até os ossos, o nascimento de Pam significou o fim de sua preeminência como filho único, *status* ainda mais arruinado com a chegada de Barbara. "Isso me transformaria num bastardinho daqueles", escreveria mais tarde, "ter meu tapete puxado logo quando eu começava a desfrutar dos holofotes e gostar da atenção

Mal com seus pais no País de Gales, *circa* 1936

que recebia. Foi impressionante como isso não me fez odiar todas as mulheres pelo resto da vida". Ainda que possa ter se ressentido com a natureza mutável de seu círculo familiar, Mal era muito amado por Fred e Joan, que apelidaram o pequeno de "Mackie".[10]

Enquanto isso, a Grã-Bretanha começava a reconhecer os sinais de mau agouro de uma iminente guerra mundial. Como se da noite para o dia, os jardins da Waldgrave Road estavam repletos de abrigos antiaéreos Anderson, instalações de aço corrugado semienterradas e cobertas com sacos de areia. Assim como muitos de seus compatriotas, a família Evans foi um tanto quanto desdenhosa dos abrigos durante a dita Guerra Falsa, quando, nos primeiros oito meses de conflito, pouco combate de fato aconteceu.

Quando a Grã-Bretanha declarou guerra à Alemanha, em 3 de setembro de 1939, Fred e sua família estavam de férias. De volta a Liverpool, receberam máscaras de gás, sendo as de Mal e Pam versões infantis com estampas do Mickey Mouse. No entanto, o tempo de retorno a Waldgrave Road seria curto. Fred já tinha providenciado para que a família fosse morar em Dyserth, País de Gales, num chalé à beira-mar chamado Bronallt.[11]

Mesmo com 34 anos, Fred sabia que era só uma questão de tempo até que fosse convocado para as forças armadas. E, de fato, quando a Blitz começou para valer em setembro de 1940, ele estava servindo como soldado raso ligado ao Corpo de Sinais da Força Aérea Real. Enquanto ele se encontrava num treinamento básico e sua família em segurança, abrigada no País de Gales, Liverpool começou a cambalear com os sucessivos ataques aéreos alemães, nos quais milhares de casas foram arrasadas pelos bombardeios incessantes. Com a necessidade cada vez mais desesperadora de proteção, os depósitos de frutas da Mathew Street foram usados para improvisar abrigos antiaéreos. Acabada a guerra, a cidade portuária sofreria com a perda de mais de quatro mil vidas, cifra que só perdia para Londres em morte e destruição.

Devido a suas habilidades como motociclista, Fred começou a servir como mensageiro. Para sorte da família, foi mandado para a base da Força Aérea em Prestatyn, poucos quilômetros ao norte de Dyserth. Porém, suas contribuições militares se mostrariam relativamente breves, pelo menos no início. Em dezembro daquele ano, enquanto ensinava a arte do motociclismo a um grupo de jovens recrutas na base, sofreu um ferimento sério. Joan nunca se esqueceria do dia em que um certo cabo Kettle chegou a Bronallt para dar a terrível notícia. "Sinto muito, sra. Evans", informou ele. "Seu marido acabou de sofrer um acidente. Ele deveria demonstrar como deitar uma motocicleta sem quebrá-la, mas acabou quebrando o tornozelo." Durante o serviço em Prestatyn, Fred foi promovido a anspeçada* e ganhou o apelido de "Fishy Fred", porque jogava linhas de pesca na praia todas as noites para abastecer a cozinha da base com pesca fresca.[12]

Para Mal e suas irmãs, a vida em Dyserth era idílica. Joan os ensinava a nadar nas praias de Prestatyn e eles iam juntos a uma escola de três salas. Mal e Pamela gostavam de brincar nas rochas nos arredores de Dyserth ou de alugar bicicletas por seis centavos cada uma e passear na esplanada em Rhyl, com a pequena Barbara a tiracolo. As lembranças mais queridas das crianças Evans eram as caminhadas até o pub Red Lion, onde Fred, de licença em casa, matava o tempo, cantando com o pessoal da cidade, entornando *pints* e servindo limonada pela janela para Mal e suas irmãs.[13] Anos mais tarde, Mal se recordaria com nostalgia desse descanso galês de sua família durante a guerra, descrevendo o período como "cinco dos mais felizes anos da minha vida, quando vivi no campo e desfrutei da neve no Inverno e dos Verões quentes e dourados".[14]

* Antiga patente militar, já em desuso, que correspondia ao posto imediatamente abaixo do cabo e acima do soldado ou soldado raso. (N.T.)

Cada dia mais alto e, ainda por cima, forte, Mal se destacava entre as crianças da sua idade. Por um lado, queria desesperadamente evitar chamar atenção para si, de modo que pudesse se encaixar com as outras crianças. Por outro, desejava ficar conhecido por ser extraordinário – dilema que impactaria todo o resto da sua vida. Anos mais tarde, ele refletiria sobre a profundidade das suas experiências no País de Gales, lembrando com ternura da dor emocional de ser pego "me escondendo atrás da saia de uma menina no pórtico da igreja quando um garoto mais velho queria me bater", ou, de modo ainda mais pungente, "de ser um covarde e obrigado por um amigo mais velho a encarar e brigar com o valentão da escola", só para acabar cultivando uma amizade muito estimada com o agressor. Mesmo na infância, já entendia que brigar era como dar murro em ponta de faca, especialmente considerando seu tamanho. "Se eu brigasse com um menino menor e vencesse", ponderou, "seria *bullying*. Se perdesse, pareceria frouxo, e quem é que vai provocar um cara maior?".[15]

De tempos em tempos, Mal e sua família eram lembrados das terríveis batalhas que aconteciam além de Dyserth. Periodicamente, o norte do País de Gales recebia shows aéreos aterrorizantes à medida que os caças da Força Aérea Real interceptavam os bombardeiros da Luftwaffe, que conduziam os ataques noturnos a Liverpool. Entretanto, nem todos os perigos ocorriam no ar. "Numa ocasião", lamentou Mal, sua família observou horrorizada quando "um mensageiro britânico não deu conta de uma curva fechada na colina íngreme onde vivíamos e acabou morrendo na frente da nossa casa".[16] Com o avanço da guerra, Fred foi enviado a Londres, onde viu a devastação de perto na cidade bombardeada. Trabalhando no Corpo de Sinais, recebeu a tarefa de patrulhar em busca de bombas voadoras V-1, o esforço final da Luftwaffe para subjugar a Grã-Bretanha. Lançados das costas da França e da Holanda, esses mortais veículos aéreos não tripulados produziam um zumbido inconfundível que tinha como característica cessar momentos antes do impacto.[17]

O hiato galês da família Evans chegaria ao fim na primavera de 1945, quando retornaram à vida em Liverpool na Waldgrave Road. Contudo, antes de deixarem seu amado chalé, comemoraram o Dia da Vitória na Europa, 8 de maio, em Dyserth. Barbara relembraria vividamente a noite em que se juntaram aos outros habitantes do vilarejo no topo de um afloramento para marcar a bem-aventurada ocasião com canto e dança ao redor de uma enorme fogueira. Em Liverpool, Mal e a família ficaram aliviados ao descobrir que seu bairro tinha sido amplamente poupado da destruição causada pelos ataques alemães, que deixaram restos de escombros de casas bombardeadas espalhados pela maior parte da cidade.[18] "Tivemos sorte por nossa família ainda ter um pai ao fim da guerra", Mal observaria mais tarde. "E eu tive ainda mais sorte do que a maioria ao passar os anos da guerra ao lado da família, pois muitas crianças foram evacuadas para o interior e deixadas aos cuidados de pais adotivos por todo aquele período."[19]

Mal voltou tranquilamente à sua rotina pré-guerra com Ronnie, seu amigo mais próximo em Liverpool. Com exceção de Ronnie e de outro garoto de Wavertree, Spud Murphy, ele passava a maior parte do tempo sozinho, assim como sua irmã Barbara. Embora tenham se esbaldado na liberdade da qual desfrutavam em Dyserth, pareciam contentes em ficar em casa, em Liverpool. Como a vizinha Eunice Hayes futuramente recordaria, as crianças Evans "nunca se aventuravam pela rua como nós, as outras crianças. Tínhamos a sensação de que a mãe [de Mal] os mandava não sair do jardim, porque era onde sempre ficavam". Eunice relembrou com carinho da atitude bondosa de Mal: "Ele era a criança mais simpática, mais educada e mais amigável que você poderia conhecer [e] sempre tinha um sorriso no rosto".[20]

A essa altura, a mãe de Fred, Elizabeth, já não mais compartilhava o teto da família Evans, pois se casara com Tommy Flynn em 1944. Porém, havia muito mais mudanças a caminho. Mal relembra o dia em que voltou da escola, em junho de 1946, e foi surpreendido pela aparição de uma irmãzinha recém-nascida, chamada June. Em contraste com os nascimentos de Pam e Barbara, antes da guerra, ele recebeu com calma a chegada da bebê June, resignando-se à natural ordem mutável das coisas. "Simplesmente aceitei, ainda acreditando que bebês eram encontrados debaixo de pés de ruibarbo!"[21]

A princípio, a família continuou indo regularmente à estimada Dyserth para desfrutar da vida tranquila à beira-mar. Anos mais tarde, a irmã de Mal, Barbara, se recordaria melancolicamente da imagem de Fred pilotando a moto Francis-Barnett com seu irmão abraçado nele na garupa. Enquanto isso, Joan, Pam e Barbara se aninhavam no *sidecar* com a pequena June deitada no colo da mãe. Em pouco tempo, Mal ficara tão alto e com ombros tão largos que não conseguia mais acompanhar a família nas viagens de moto ao País de Gales.[22]

Durante a pré-adolescência e início da adolescência, o físico desajeitado de Mal se mostraria a grande maldição de sua existência, forçando-o a se refugiar na introspecção e na timidez. Assim como nas suas experiências no País de Gales, ele queria desesperadamente ser aceito por um grupo – qualquer grupo. Tentou então se juntar a uma gangue malcriada de crianças do bairro, mas, no fim das contas, não conseguiu ir adiante. "Eu tinha horror a roubar, ou talvez horror a ser pego", escreveu posteriormente. "Quando a gangue perambulava pelas lojas na época do Natal, roubando todos os presentes natalinos, descobri que não era capaz de fazer parte dela."[23]

Entretanto, em outra ocasião, Mal descobriu que simplesmente não conseguia resistir a seus impulsos cleptomaníacos quando se tratava de armas de fogo, as favoritas de seus amados heróis do faroeste. Certa tarde, a caminho de casa depois da escola, "um moleque rico me mostrou seu novo revólver de brinquedo, novinho em folha, lindo". Num momento de melindre, Mal escondeu o revólver num arbusto enquanto o colega procurava em vão pelo brinquedo. "Voltar lá mais tarde, pegá-lo, levá-lo para casa e guardá-lo no santuário que era o meu quarto é algo que vive comigo até hoje", ele se recordaria. Para ele, aprontar uma travessura tão pueril, tomar posse do brinquedo, lhe trouxera uma emoção secreta e inconfundível.[24]

02

FEIRA DE DIVERSÕES

Apesar dos lapsos éticos e do comportamento teimoso de Mal enquanto crescia, seus pais idolatravam o único filho. Fred e Joan ficaram especialmente orgulhosos quando ele foi aceito na Northway Primary School, o que fez dele o primeiro membro da família a iniciar uma educação formal.

Localizada do outro lado da Waldgrave Road, em frente ao conjunto habitacional da família, a Northway deixou uma marca indelével em Mal, que havia sido apelidado pelos colegas de Hippo ["Hipopótamo"]. O apelido o

Pam, Mal e Barbara na esplanada de Rhyl

acompanharia até meados do ensino médio e, embora tivesse origem no mundo da ridicularização de parquinho, Mal preferia ver de forma diferente. "Não ligava em ser chamado de 'Hippo'", refletiu, "pois sempre me pareceu um animal bastante amigável, do tipo vegetariano, que não faz mal a ninguém."[1]

O que realmente incomodava Mal era a afeição crescente que sentia por uma de suas colegas de sala, uma paixonite pueril que ele guardou para si, exceto pelas "cartas anônimas e ameaçadoras" enviadas para outro aluno que dedicava uma atenção desmedida à garota. Pouco tempo depois, Mal foi a uma festa de Natal com os outros estudantes da Northway. Desesperado por atenção, "comi todos os enfeites feitos de cascas de laranja, só para impressionar a jovem", recordou-se, "que, tenho certeza, deve me ter achado um imbecil, já que nunca ficamos juntos. É um milagre que eu ainda consiga comer e gostar de laranjas".[2] As primeiras aflições de desejo de Mal acabaram sendo um fruto proibido para o filho do comprador de frutas, começando assim um padrão que duraria a vida inteira, no qual desenvolveria emoções pessoais intensas que teria enorme dificuldade em expressar para os outros.

Felizmente, o desenho se mostrou um veículo satisfatório para a autoexpressão. Ao longo dos anos, Mal foi se apaixonando por histórias em quadrinhos enquanto preenchia cadernos com seus próprios desenhos de personagens da Disney e seus favoritos, os caubóis. À medida que ele tomava mais conhecimento sobre o sexo oposto, seus desenhos passaram precipitadamente de imagens infantis despreocupadas para as *pinups*.

Agora que devorava revistas em quadrinhos regularmente, Mal começou a entregar jornais para ganhar um dinheiro extra. Porém, fiel à sua forma, logo se entediou da empreitada. "Eu ficava de saco cheio de seguir a mesma rota sempre", recordou-se, "e, com frequência, só porque me dava na telha, invertia e começava pelo final, causando consternação às pessoas que recebiam o jornal uma hora mais tarde, o que resultou em muitos telefonemas furiosos ao jornal". Com o que ganhou, comprou várias revistas em quadrinhos e dois romances clássicos: *A Ilha do Tesouro*, de Robert Louis Stevenson, e *As Viagens de Gulliver*, de Jonathan Swift. A princípio, Mal se distinguiu no topo da turma na Northway, o que atribuiu à educação personalizada recebida na escola de Dyserth. "Mas, veja bem, não durou muito", rememorou, "e, depois disso, passei a ficar entre os três últimos".[3] Em 1946, ao completar 11 anos, fez os exames de admissão no ensino secundário e conseguiu entrar na Holt High.

Situada a apenas um quilômetro e meio da Waldgrave Road, na via Queens Drive, a Holt High School recebeu Mal numa encruzilhada adolescente familiar: ele ansiava pela atenção do sexo oposto, mas era dolorosamente tímido e sem confiança para se engajar no mundo de um modo significante. Nessa conjuntura, até os professores passaram a zombar dele. "Tínhamos um professor de alemão que ficava nos contando piadas sujas", escreveu Mal, "e toda vez que ele passava pela sala traduzindo passagens, quando chegava a mim, dizia: 'Ah, bem, deixa pra lá', e seguia para o próximo aluno".[4]

Mal compensava em exagero seu comportamento desajeitado com piadas e besteirol, posicionando-se na escola como o palhaço da turma. No entanto, por mais que tentasse ser o cara engraçado em casa, não conseguia encurtar a distância geracional com o pai. Para ganhar o afeto de Fred, Mal até tentou desenvolver um gosto por pesca marinha, esporte do qual seu pai desfrutava desde a infância. Em dado momento, "tentou entrar nessa a ponto de viajar pela costa norte do País de Gales [com Fred] na caçamba de uma caminhonete velha no meio do Inverno". Embora ele não gostasse muito de pesca esportiva, as viagens de pai e filho revelaram uma diferença importante na personalidade dos dois – a natureza bem-humorada e a visão de mundo amigável do pai em contraste com a timidez paralisante de Mal. "O personagem amável do meu pai era exposto em pubs desconhecidos",

Foto de 1949 da Holt High School, com Mal na ponta esquerda

lembrou, "onde ele logo encantava os frequentadores ao se levantar e cantar em galês, japonês ou chinês, o que era estranho, pois ele com certeza não era um linguista, mas era muito convincente!".[5] O estilo tranquilo e extrovertido de Fred era algo que seu filho esperava desesperadamente adotar um dia.

Em maio de 1951, quando completou 16 anos, Mal considerou deixar a Holt High School por um conselho firme de seu pai, que calculou que o adolescente estava pronto para iniciar uma carreira no serviço civil em vez de seguir uma trajetória acadêmica. Para Fred, essa matemática era simples: apesar de seu único filho ser o primeiro membro da família a receber uma educação primária e a ganhar uma bolsa para o ensino médio, o objetivo real era conseguir "um emprego estável e um futuro de verdade".[6] A libertação de Mal chegou por meio da aprovação para o Youth in Training, programa de aprendizado dos Correios. Contando com vários cursos técnicos, bem como oportunidades subsequentes de estágio, o programa de dois anos era uma via expressa para uma posição efetiva nos Correios.[7] Para o grande deleite de Fred, o filho foi aceito na próxima turma do Youth in Training, que começaria na Lancaster House no início de 1952.

Ao mesmo tempo, Mal começou seu primeiro relacionamento romântico depois de se apaixonar perdidamente por uma garota de Liverpool chamada Audrey. Durante a primeira fase do programa de treinamento, ele equilibrava as exigências do curso técnico com o romance que desabrochava. Tornara-se tão enamorado da voluptuosa jovem que começou a violar o toque de recolher e saía escondido do quarto após seus pais irem se deitar. "Paqueramos por um bom tempo, sem nunca passar do estágio de pegação", recordou-se, "mas é incrível o quão satisfatório pode ser um beijo de alguém em quem você pensa muito".[8]

As coisas chegaram ao ápice quando Audrey partiu para duas semanas de férias num resort à beira-mar em Blackpool. Mal, doente de amor, não conseguia digerir a ideia de passar 15 dias inteiros longe dela, mesmo que isso significasse viajar até Blackpool, o que, na visão dele, era uma Monte Carlo de pobre. Depois de uma semana, não aguentou e fez a viagem de duas horas de trem para o norte para uma visita surpresa. Entretanto, a essa altura, Audrey já tinha se envolvido com outro cara. A descoberta chocante deixou Mal compreensivelmente arrasado, nunca tendo esquecido o "dia solitário e cinza" que passou "em meio à multidão de turistas felizes e ensolarados". A horrível experiência "deixou uma cicatriz que o tempo nunca apagou de verdade".[9]

Mal apaziguou seu doído coração adolescente com música, em particular o country de Hank Snow, músico canadense cujas canções celebravam as possibilidades libertadoras da vida na estrada. Para Snow, percorrer as rodovias e rotas dos Estados Unidos trazia um senso de liberdade, uma fuga muito necessária das amarras da sociedade, o que certamente interessava a Mal. Ao refletir sobre isso no futuro, ele admiraria Snow não apenas por fazê-lo se interessar por música country, mas também pelo violão que era a marca registrada do músico, com ornamentos em madrepérola.[10]

Durante esse mesmo período, Mal ficou determinado a entrar em forma pela primeira vez na vida e transformou seu corpo tipicamente entroncado num físico mais esbelto. E esse feito foi obtido por meio de um dos passatempos favoritos de Fred: "Acho que canalizei minhas energias sexuais no ciclismo. Saía de bicicleta todo domingo, fizesse chuva ou sol, por 300 ou 350 km", gabou-se, "e sentia um prazer perverso ao chegar em casa ensopado de suor, com os músculos doloridos e cansado demais, mas com a sensação de que havia pessoalmente realizado algo".[11] Não surpreendentemente, os esforços físicos cada vez maiores de Mal causaram uma série de lesões – a mais notável delas foi uma unha encravada que teve de ser removida cirurgicamente, um machucado que teria consequências futuras.[12]

Dada sua nova predileção pelos exercícios, bem como os estudos contínuos no Youth in Training, o apetite de Mal aumentou de forma absurda. Os tíquetes de almoço fornecidos pela bolsa de estudos não eram mais suficientes. Sua irmã June se recordaria: "Ele era alto e magro, muito magro na época que começou a trabalhar. Minha mãe fazia sanduíches para ele. Um pão de forma inteiro de sanduíches que ele levava para o trabalho. E no chá de domingo, quando mamãe fazia tortas de maçã, fazia uma do tamanho de um prato só para o Malcolm".[13]

Ao mesmo tempo, ele se viu numa encruzilhada mental com o pai: "Eu me sentia convencido com minha nova posição de homem trabalhador. Por muito tempo, quis uma calça jeans e, então, com um dos meus primeiros salários, saí e comprei uma".[14] Foi um pandemônio naquela noite. Quando ele voltou do programa com uma calça jeans nova, Fred ficou possesso. Tendo trabalhado a vida inteira no porto de Liverpool, o pai de Mal associava o jeans a um certo tipo de estivador. Nas palavras de Fred, "uns vagabundos preguiçosos e bêbados" usavam jeans como uniforme. Como Fred passara a maior parte de sua vida profissional lidando com estivadores e suas peripécias, não suportou ver Mal de jeans.[15]

À medida que a situação com o pai se tornava cada vez mais acalorada, Mal argumentava contra a raiva de Fred apontando que já tinha idade o suficiente para tomar suas próprias decisões. Fred, no entanto, não queria saber.

"Nessa altura", escreveu Mal, enquanto "nos encarávamos, meu pai me deu um soco na mandíbula, de modo que fui para um lado e meus óculos foram para o outro". Mal ficou atordoado com essa súbita reviravolta, é claro, mas ficou ainda mais chocado quando Fred se retirou para a cozinha e "chorou cântaros". Como descobriria mais tarde, o ataque de raiva e decepção de Fred podia ter sido uma aberração, mas não seria o último.

Em maio de 1953, Mal completou 18 anos. Embora tivesse tecnicamente chegado à maioridade, ainda vivia debaixo do teto dos pais e dependia deles para moradia e comida. E, por admissão própria, ainda tinha um longo caminho pela frente até atingir a maturidade emocional. Não muito tempo depois dessa chegada à maioridade, ele receberia um golpe pessoal que reverberaria em sua psique por anos.

Para ele, antes conhecido como "Hippo", a mera ideia de não ser escolhido – em essência, para qualquer coisa – era cheia de perigos. A lei do recrutamento militar obrigatório que conduziu Fred Evans à Segunda Guerra Mundial ainda mandava fortemente no país depois de ter sido estendida pelo Parlamento em 1948. Com o alistamento obrigatório à espreita, Mal e seus amigos de infância Ronnie e Spud seguiram os passos de seus antepassados e fizeram a visita ritualística ao centro médico para o processo de admissão.

Os resultados se mostraram devastadores. Ronnie e Spud foram devidamente aceitos no exército, ao passo que Mal foi dispensado. Em agosto daquele ano, recebeu a dispensa formal sob a forma de seu cartão de reservista, que o identificava como Grau IV. Enquanto os primeiros três graus permitiam ingresso nas forças armadas, ainda que em diferentes capacidades, o Grau IV o classificava como "inadequado" e dispensava do serviço "aqueles que sofrem de doenças orgânicas progressivas ou são, por outras razões, permanentemente incapazes do tipo e do nível de esforço exigido".[17]

A classificação de Mal como Grau IV foi nada menos que "uma decepção terrível", especialmente considerando-se a rotina rigorosa de exercícios que ele mantivera nos últimos anos.[18] Pior ainda, depois de uma vida inteira se destacando por seu tamanho, foi seu corpo – sua característica que mais saltava aos olhos do mundo – quem o decepcionou. O exame médico citou a unha que lhe faltava como o motivo principal de sua dispensa, sugerindo que ele não seria capaz de aguentar os esforços físicos de marchar e de outras práticas militares.[19]

Para muitos recrutas dessa época, não ser selecionado por motivos médicos poderia ser um resultado bem-vindo. Afinal, a Segunda Guerra Mundial tinha acabado há quase dez anos, e os jovens, compreensivelmente, estavam

Mal (ao centro) nos Correios com seu futuro padrinho de casamento, Gordon Gaskell (à direita), e o amigo de infância Ronnie Gore (à esquerda)

ávidos para seguir a vida. Mal decerto não estava "rodando chumbo", como era conhecida naquele momento a prática na qual recrutas em potencial fingiam doenças ou deformidades no intuito de serem dispensados do serviço militar.[20] Bem conhecida entre os contemporâneos de Malcolm em Liverpool, a expressão tinha origem no mundo náutico e se referia ao emprego de pesos de chumbo presos a cordas para medir a profundidade da água. Dizia-se que os marinheiros preguiçosos só "rodavam o chumbo" e inventavam medições, sem afundá-lo de fato e, portanto, sem fazer seu trabalho.

Humilhado por essa rejeição da comissão médica, Mal seguiu se arrastando no programa de aprendizes dos Correios. Também continuou com sua perseguição ineficaz e, às vezes, cômica ao sexo oposto. A essa altura, sua virgindade era "um fato que eu mantinha cuidadosamente escondido de todos os outros caras com quem trabalhava". Recentemente, começara a sair com uma telefonista que conheceu por meio do programa. Na "madura idade" de 21 anos, ela fazia Mal se sentir como "um homem sofisticado, que acompanhava essa jovem elegante, vestida tão na moda". Ele a estereotipara como "uma moça de aparência bastante distinta, [impressão essa] acentuada pelo fato de que ela sempre usava o cabelo preso num coque".[21]

A essa altura, a falta de experiência sexual de Mal servia como uma fonte de irritação contínua para ele e expunha um medo imenso de intimidade física. "Depois de uma noitada em particular", recordou-se, "corri para salvar minha virgindade quando ela tentou me estuprar no sofá da sala dela. O que aconteceu foi que ela esperava que as minhas investidas obviamente seguissem e, na minha inocência, pensando que o homem é quem deveria tomar a iniciativa, fiquei profundamente chocado quando ela começou a tirar a roupa e, não só isso, a tentar abaixar a minha calça!".[22]

À medida que as tentativas desajeitadas de despertar sexual de Mal continuavam inabaláveis, ele ficou sabendo por um passarinho do programa de treinamento que era possível contar com certos números telefônicos para se ter conversas obscenas. Determinado a superar sua timidez debilitante, fez questão de ouvir "por acidente" um desses papos sexuais. Para surpresa de Mal, a voz sedutora do outro lado da linha começou a convidá-lo para ir até a residência dela. Ele foi. "Depois de várias tentativas de bater na porta e de ser mandado embora – obviamente, ela estava se fazendo de difícil –, fui recebido e enchido de bebida", recordou-se. A essa altura, Mal se despiu, "deleitado com a ideia de finalmente perder a virgindade". Estava certo de que se encontrava "prestes a ser deflorado por essa mulher bastante desagradável, de 110 quilos, quando, de repente, ela me deu um tapão na boca e começou a gritar palavrões. Eu me vesti imediatamente e, mais uma vez, saí às pressas".[23]

Naquele verão, Mal entrou para os Correios como engenheiro de telecomunicações efetivo, com um salário de 15 libras por semana (333 libras na correção monetária). June se recordaria orgulhosa de que os Correios prometiam "um emprego bom, seguro e responsável com pensão".[24] Em agosto de 1954, Mal assinou seu nome no livro de registros. Recebeu o número de identificação 61192 e se tornou membro oficial da divisão técnica dos Correios britânicos. Billy Maher, veterano com três anos de empresa, relembrou como era trabalhar ao lado de Mal na Lancaster House. Os dois se deram bem quase que de imediato e encontraram um vínculo na música, especialmente no rock 'n' roll. Billy tocava violão no Kingfisher Four, um grupo local de skiffle.[25] Com origens no jazz e no blues, o skiffle varria as Ilhas Britânicas na época. Além de instrumentos convencionais, como o violão de Billy, esse gênero popular incorporava frequentemente instrumentos improvisados, como *washboards* e baixos de uma corda feitos com baús. Billy, que já alcançara o posto de oficial técnico, gostava de passear pelo centro da cidade com Mal, "que era um gigante, o oposto de mim. Consigo nos ver caminhando pela Old Hall Street juntos – as mãos dele ficavam na altura das minhas orelhas!".[26]

Como engenheiro de telecomunicações recém-contratado, Mal passava boa parte do tempo fora da Lancaster House, carregando sua bolsa de engenheiro dos Correios pela região para instalar centrais automatizadas de telefone e telex em prédios governamentais e comerciais. Em contraste com a autêntica legião de carteiros da organização, com seus paletós trespassados padrão e distintivos reluzentes, os engenheiros de telecomunicação tinham um *dress code* mais livre, que exigia apenas uma camisa que exibisse a insígnia da instituição e um jaleco cáqui para os dias de clima rigoroso.

Por um golpe de sorte, o primeiro supervisor de Mal foi Gordon Gaskell, um veterano com seis anos de Correios. Aos 27 anos, Gordon se mostrou o mentor de que Mal precisava desesperadamente e, para seu deleite, "começou a me abrigar sob suas asas, me ensinando a ser um bom engenheiro e, pelo exemplo, um membro responsável da sociedade". Mais importante, a tutela de Gordon fez bem para a autoestima de Mal, que rememorou: "Eu me sentia um engenheiro competente, sentia prazer em fazer um bom trabalho e certamente me satisfazia quando recebia algum elogio".[27]

Pouco depois de se estabelecer nos Correios, Mal se encontrou com um amigo numa noite de sábado em New Brighton. Localizada do outro lado do Mersey, na Península de Wirral, a cidade costeira abrigava uma "feira de diversões" no verão e a nacionalmente famosa Brighton Wheel, a roda-gigante que dominava o parque. Naquela noite, o amigo de Mal notou uma garota ao lado do carrossel Waltzer. Aproveitando a oportunidade e "agindo como os idiotas que quase sempre são os garotos quando estão juntos", Mal "se ajoelhou diante daquela jovem desconhecida, que usava brincos de coração, e disse: 'Vamos, querida, me dê seu coração!'".[28]

A jovem era Lily White, de 18 anos, que crescera a alguns quilômetros dali, na suburbana Allerton. Naquela noite, Mal e seu companheiro se juntaram a Lily e sua amiga para um passeio relaxante pelo parque de diversões. Em dado momento, Lily se queixou de estar passando mal e decidiu voltar para casa, em Liverpool. Assumindo o papel de cavalheiro, Mal a acompanhou na viagem de balsa pelo Mersey até a estação de ônibus com destino a Allerton. "Enquanto o ônibus se afastava com ela a bordo", recordou-se, "algo dentro de mim me fez arriscar a vida e saltar no primeiro ônibus em movimento para me juntar a ela".[29]

03

UM PORÃO CHEIO DE BARULHO

Mal Evans em frente à sua casa na Hillside Road

Depois de anos de esforços ineficazes e quase sempre humilhantes na tentativa de cultivar um romance genuíno, Mal finalmente conseguiu uma namorada legítima: Lily. Sob muitos aspectos, ela e Mal tinham quase nada em comum em termos de experiência de vida ou interesses, exceto por terem crescido nos subúrbios de Liverpool.

Lily White nasceu em 16 de junho de 1936 na Wendell Street, 75, no distrito de Toxteth, filha de William e Lillian White. O pai trabalhava na fábrica de doces Barker and Dobson, um complexo enorme localizado na Whitefield Road. Para seus pais, a essa altura com 30 e poucos anos, a chegada de Lily foi uma surpresa, uma criança tardia. Era a caçula de cinco filhos, que incluíam sua irmã Vera, cujo gêmeo morreu no parto, e os irmãos Leslie, Bill e Fred. Com 1,52 m e um diminuto número 35 de calçado, Lily contrastava fortemente com a presença física intimidadora de Mal. E, ao contrário dele, possuía uma personalidade alegre e extrovertida, bem como uma autoconfiança e um amor pela aventura que se equiparavam à sua destreza social.[1]

Quando conheceu Mal, Lily trabalhava como secretária numa empresa de transportes no edifício Cunard, uma das chamadas Três Graças de Liverpool (junto do Royal Liver e do Porto de Liverpool) erguidas sobre o píer às margens do Mersey. Todos os dias, ela se vestia elegantemente, com direito a luvas de couro legítimo imaculadas, e ia até a cidade de trem, partindo de Allerton, para onde sua família havia se mudado nos anos do pós-guerra. Seu pai criava cães Airedale e pastores alemães em casa, onde Lily aperfeiçoara a arte de cozinhar ratatouille e cuidava de um elaborado jardim no quintal para abastecer seus interesses culinários. Tinha um gosto especial por banhos de sol, embora, ao contrário de seu novo namorado, não gostasse nem um pouco de nadar – e andar de bicicleta estava fora de questão. Numa ocasião traumática na infância, ela caiu da bicicleta e foi atacada por um rato, incidente que a afastou do ciclismo para sempre.[2] Enquanto Mal passou o início da adolescência na Holt High, Lily estudou do outro lado da cidade, na Morrison Secondary Modern School. Em seguida, cursou um programa de dois anos na escola de secretariado Anfield.[3]

Para as irmãs de Mal, a presença constante de Lily na Waldgrave Road se mostrou um grande estouro. Como muita gente, elas ficavam fascinadas com as proporções contrastantes do irmão e da nova namorada. "Lembro-me de quando ela foi à nossa casa pela primeira vez", disse Barbara. "Era tão minúscula, mal cabia sob o braço de Mal, na verdade."[4] Para June, a chegada de Lily à casa significou uma oportunidade de pilhá-la com pegadinhas infantis. "Minha mãe tinha torneiras de latão no banheiro de cima", relembra June, "e eu era meio sacana, porque as pegava e as escondia". Quando Lily visitou a casa dos Evans pela primeira vez para o chá, foi ao banheiro para lavar as mãos e viu que não havia torneiras para fazer a água correr. "Então eu era meio que um pé no saco mesmo", admitiu.[5] Para seu crédito, Lily levava na esportiva as travessuras de June, que passou a amá-la. À medida que o relacionamento progredia, Mal e Lily se juntavam à família em viagens à praia de New Brighton. "Lil e ele reuniam os acessórios de praia e faziam um piquenique conosco", lembrou Barbara. "Brincávamos de bola na praia, era bem divertido."[6]

Enquanto isso, Mal rapidamente começou a se engraçar com a família de Lily, que se maravilhava diante de sua aparência gigantesca e natureza bondosa. E embora tivesse sofrido com uma timidez inveterada ao longo dos anos, sobretudo com as mulheres, ele não teve problemas do tipo com a família da nova namorada, incluindo a roda de parentes mais jovens. Simpatizou especialmente com a sobrinha de cinco anos de Lily, Shirley Ann White, cujo tio Ken apelidara de "Shan" devido à sua propensão de beber as sobras dos copos de cerveja Shandygaff dele. Anos depois, Shirley refletiria que o apelido era adequado e soava como uma corruptela de "Shirley Ann".

Na memória de Shan, Mal "adorava crianças – *amava* crianças, já que ele mesmo era meio que uma criança gigante". Numa ocasião inesquecível, Shan e seu irmão mais velho, Paul, observaram embasbacados quando Mal, gigantesco e pesado, tentou plantar bananeira no quintal dos Whites em Woolton e quebrou o braço. E não foi a última vez que ele foi embora de lá engessado. "Em retrospecto, é incrível o número de vezes que ele se machucou na nossa casa", disse Shan.[7] Ao mesmo tempo, sempre era possível contar com Mal para exibir o *Argo*, sua miniatura de escuna de um metro, no lago do Sefton Park.[8]

Nos primeiros anos de namoro, Mal e Lily passavam cada minuto possível juntos, quase sempre almoçando no píer, onde compartilhavam sanduíches às margens do Mersey. À noite, poderiam ser vistos no cinema, um dos programas favoritos de Mal; ou dançando, no que Lily era extraordinária. Em 1956, com o advento de Elvis Presley, os sons pulsantes do rock 'n' roll já começavam, de forma lenta, porém sólida, a permear os salões de baile de Liverpool. Lily nunca se esqueceria da empolgação de Big Mal ao levantá-la do chão do salão – "para a esquerda, para a direita", no andamento da música.[9] E Mal se recordaria com carinho da emoção de descobrir Elvis. Por acaso, seu ídolo anterior, Hank Snow, foi fundamental na apresentação do fenômeno nascido em Tupelo, Mississippi, ao Coronel Tom Parker, empresário que serviria de arquiteto do sucesso vindouro de Presley. Em março de 1956, Mal ouviu Elvis cantar "Heartbreak Hotel" e nunca mais olhou para trás. Começou a colecionar os lançamentos do Rei no Reino Unido – "Blue Suede Shoes", "I Want You, I Need You, I Love You", "Hound Dog" – à medida que Elvis conquistava as paradas inglesas. Em outubro daquele ano, Mal comprou o primeiro LP de Elvis nas Ilhas Britânicas, intitulado *Elvis Presley Rock 'n' Roll*.

Agora com 21 anos, Mal sentia uma conexão profunda com Presley, que tinha apenas quatro meses de idade a mais do que ele. Seu entusiasmo incontido pelo Rei ficava evidente nos Correios, onde outros técnicos começaram a zombar da devoção de Mal ao astro do rock 'n' roll americano. "Eu saía para comprar discos e ouvia a música dele – trabalhávamos até tarde da noite e eles tiravam sarro de mim, dizendo: 'Quem diabos está cantando este lixo no rádio?'"[10]

Um desses técnicos era Roy Armstrong, que entrara para a equipe em janeiro daquele ano. Roy lembrou-se de Mal como um "cara de primeira" e membro ativo do fã-clube de Elvis da região.[11] Outro colega de Mal era ninguém menos que seu amigo de infância Ronnie Gore, que terminara seu período no exército e conseguira um emprego na divisão dos Correios. Com a amizade reaquecida, Mal foi padrinho de casamento de Ronnie com Patricia McInnes, em junho de 1956.[12]

Naturalmente, a afinidade de Mal por Elvis não parava na música. Em janeiro de 1957, ele foi ao cinema Forum, com Lily a tiracolo, para assistir ao astro em *Ama-me com Ternura*; em outubro do mesmo ano, foi a vez de *A Mulher que Eu Amo*, que ficou em cartaz por uma semana no cine Gaumont. O zelo de Mal em aprender cada detalhe da vida do Rei não tinha limites. Em fevereiro de 1960, quando o megafã Albert Hand, de 34 anos, começou a publicar *Elvis Monthly* em Derbyshire, Mal se tornou assinante.

Sempre que ia a Staffordshire a trabalho, Mal mantinha contato próximo com os pais. E, graças à influência de Lily, se aproximara muito das irmãs, com quem ainda gostava de aprontar pegadinhas. "Ele nunca cresceu de verdade. Malcolm era assim. Sempre ia a lojas de brinquedos comprar aranhas ou cocô de cachorro de plástico", se recordaria Barbara.[13] Na superfície, Fred e Joan não poderiam estar mais orgulhosos do filho. Com uma educação formal e um bom emprego, Mal estava prestes a acrescentar "casado" ao seu portfólio depois de noivar com Lily.

Mesmo assim, seus pais – Joan em particular – estavam preocupados com a aptidão de Mal para o casamento. Ao observar nele uma experiência romântica limitada e, pior, um nível claro de imaturidade, Joan declarou ao filho que talvez "Lily merecesse um marido melhor".[14] A inquietação dela sobre seu caráter foi verdadeiramente perturbadora para Mal. Fiel às suas tendências, ele se determinou a provar seu valor no que dizia respeito a Lily e a desafiar as expectativas da mãe. Em 28 de setembro de 1957, casou-se com Lily na igreja de St. Agnes e St. Pancras, em Toxteth Park. Com Gordon Gaskell como padrinho, Mal recitou os votos no interior ornamentado e cravejado de pedras da igreja do final da Era Vitoriana. Em seguida, ergueu carinhosamente a noiva e a carregou até a limousine enquanto uma chuva suave perfurava os raios de sol.[15] Talvez provasse que as desconfianças da mãe estavam erradas e ele estivesse, afinal, à altura da vida adulta e do casamento.

Para Mal e Lily, ambos virgens no dia do casamento, o namoro de três anos fora um borrão de familiares, amigos e conhecidos. A lua de mel contou com uma viagem pelo noroeste da Inglaterra e incluiu uma estadia extensa em Carlisle, antigo assentamento romano que serviu de prisão para a rainha Maria Stuart da Escócia. Em carta de 2 de outubro de 1957, Mal comentou sobre as alegrias de estar casado com o amor da sua vida, dizendo que, aos dois, bastava fitar um ao outro e se refestelar no brilho de serem "sr. e sra. Evans".

Quando o casal se mudou para sua primeira residência em Wavertree, uma casinha geminada no número 12 da Kenmare Road, compartilhada com a mãe de Lily, Mal e a esposa fizeram um pacto de que ele sempre sairia do lar sorrindo e de que eles nunca deixariam que as sementes da discórdia matrimonial, por menores que fossem, florescessem. Naquele Natal, a adorável Lily presenteou o marido com um violão. Ao longo dos anos, se soube que ele tocava banjo, mas para Mal o violão era o epítome do rock 'n' roll, de Elvis e da América.

O casamento de Mal e Lily

Inspirado pela autoconfiança recentemente adquirida, Mal tentou aprender violão e, talvez com ainda mais ousadia, se apresentar em público. Uma amiga de infância que depois se mudou para Londres, Eunice Hayes, se recorda de ir a uma festa naquele período, na qual Mal exibiu suas habilidades no banjo. "Nossas famílias se reuniam frequentemente para cantorias", disse. "Eu me lembro vividamente de Mal sentado de pernas cruzadas no carpete ao lado da irmã, Pam, entoando 'Last Train to San Fernando', com todo mundo cantando junto a plenos pulmões. Ele também tinha uma boa voz!"[16] Embora Mal desfrutasse da oportunidade pouco estressante de tocar música em festas com familiares e amigos, suas tentativas de aprender a tocar violão não eram superficiais. Na verdade, escondiam uma ambição secreta antiga e mais séria. Como mais tarde confessaria, "a vida toda, desde criança, eu quis ser artista".[17]

Em janeiro de 1958, Mal e Lily compraram uma casa na Hillside Road, número 28, em Mossley Hill. Localizada a poucos quarteirões da rotatória de ônibus de Penny Lane, tinha acesso fácil à Menlove Avenue, importante avenida de Liverpool. Para o grande orgulho dos pais, ele foi o primeiro membro da família a fazer uma hipoteca e começar a jornada até uma casa própria. Com pouco mais de 300 m^2, a residência tinha três quartos confortáveis – perfeita para uma família incipiente. Na primavera de 1961, Lily

A despedida do casamento de Mal e Lily

descobriu que estava grávida do primeiro filho. Pouco depois, Mal ganhou outro diferencial ao se tornar a primeira pessoa da família a ter um carro: comprou um Humber Hawk 1959 usado, uma perua com pintura verde-prateada escura.[18]

Foi nessa época, com o rock 'n' roll no coração, que Mal desceu pela primeira vez os degraus de um clube de porão úmido na Mathew Street. Situado a uma rápida caminhada de dez minutos dos escritórios dos Correios na Lancaster House, o Cavern ganhou fama originalmente como um clube de jazz sob a direção de Alan Sytner, que remodelou o antigo depósito de frutas com o visual do Le Caveau de la Huchette, de Paris. Depois que Ray McFall comprou o Cavern em 1959, começou a repaginar o clube para receber bandas de blues e grupos *beat*. Em maio de 1960, McFall passou a divulgar uma série de sessões *beat* que aconteciam todas as noites, a primeira das quais recebeu o grupo de skiffle local, Rory Storm and the Hurricanes, que contava com um baterista chamativo de nome Ringo Starr, nascido Richard Starkey, de 19 anos.

Enquanto perambulava pelo centro da cidade no intervalo de almoço, Mal se viu atraído pelos sons estridentes que emanavam do Cavern. Como ele se recordaria no futuro, "eu costumava olhar as vitrines no meu horário de almoço. E passava pela Mathew Street – uma ruazinha sombria repleta de depósitos". Ao caminhar pela rua estreita, "a música mais incrível que eu já tinha ouvido surgia debaixo dos meus pés. Então paguei a entrada e desci".[19] O que Mal descobriu dentro do cenário distinto abaixo da paisagem urbana seria absolutamente transformador, não apenas por causa da música, como também pela atmosfera do clube.

Debbie Greenberg (nascida Geoghegan), frequentadora assídua, estava no Cavern naquele dia. Ela sempre relembraria da expectativa que sentia ao caminhar pela Mathew Street para ver um show na hora do almoço: "Eu mal podia esperar para descer aqueles 18 degraus de pedra, porque era possível ouvir a emoção da música antes mesmo de entrar, e assim que você passava pela bilheteria, sabia que o calor dispararia seus sentidos, pois era quente demais, não importando se era inverno, verão ou a estação que fosse. A temperatura era sempre a mesma o tempo todo". Naquela época, o Cavern "era uma mescla de muitas coisas, incluindo a transpiração dos jovens que se amontoavam na frente do palco, a condensação que escorria das paredes e a fumaça de cigarro que pairava no ar". E ainda havia o odor. Os clientes frequentes do Cavern eram regularmente atacados por uma mistura peculiar de cheiros que incluía o aroma rançoso da sopa e dos cachorros-quentes vendidos para o almoço, entrelaçado com notas pungentes de desinfetante de banheiro, o fedor residual das frutas que apodreciam no depósito do outro lado da rua e todo tipo de eflúvio humano.[20]

Aos 26 anos, Mal era muito mais velho do que o público médio da hora do almoço, que costumava ser adolescente. Para ele, no entanto, a diferença de idade não importava nem um pouco – e qualquer mau cheiro menos ainda. A atração principal era a música. E, naquele dia, quem estava no palco eram os Beatles, remanescentes de uma antiga banda de skiffle que tinham acabado de voltar de uma residência mambembe na Alemanha Ocidental do pós-guerra, onde tocaram nos clubes do notório distrito de Reeperbahn, em Hamburgo.

Vestindo jaquetas de couro, o grupo era formado pelo guitarrista base John Lennon, o baixista Paul McCartney, o guitarrista solo George Harrison e o baterista Pete Best. "O lugar estava esfumaçado", recordou-se Mal, "e aqueles caras faziam um *set* muito bom de rock, uma música meio Elvis". Ficou tão cativado que "poderia ficar ali por três horas e a sensação era de que só se passaram dez minutos". Mal prestou atenção especial nos três vocalistas – John, Paul e George. "Eram muito agudos e havia harmonia." Quando voltou para a rua, estava conquistado. "Eu me apaixonei por eles"[21], diria mais tarde.

Ao refletir sobre a performance dos Beatles naquele dia, Mal se sentiu revigorado pela banda que "acertou na minha veia de fã de Elvis". Mas era mais do que isso. Existia algo de especial naqueles quatro garotos da cidade. Não havia como Mal saber disso, mas eles já estavam longe do grupo cru de músicos que saiu de Liverpool para Hamburgo em agosto do ano anterior. No início de 1961, quando Mal se deparou com eles pela primeira vez, estavam afiados, confiantes e profissionais. "Quando subiram ao palco, nos deixaram de queixo caído", lembrou Debbie. "Eram dinâmicos, vibrantes, enérgicos. A música era incrível, barulhenta e eles estavam animados, foi sensacional."[22]

Ao longo dos meses seguintes, Mal passou a frequentar regularmente o porão para ver os Beatles e, nesse ínterim, fez amizade com Roberta "Bobby" Brown, de 18 anos. Bobby era a secretária do fã-clube da banda na cidade e serviu como a primeira guia de Mal dentro do mundo subterrâneo enclausurado dos Beatles. Além de pedir ao imponente engenheiro de comunicações para lhe guardar um lugar perto do palco, ela o apresentou à banda. "Mal era uma pessoa muito, muito legal. E como ele sempre dizia o quanto adorava os Beatles e queria conhecê-los, eu o apresentei a Paul."[23] O baixista gostou de Mal de imediato e se recordaria de que “ele era um homem-urso adorável, grande e abraçável”.[24] Da bateria, Pete também notou a intimidadora presença de Mal. “Ele nos observava tocar”, se lembraria. “Antes de tudo, era um fã.”[25]

Estivesse na primeira fila com Bobby ou em pé ao lado do palco, Mal simplesmente não enjoava dos Beatles, que começavam a reconhecer aquela figura gigante em meio aos frequentadores de carteirinha. Em pouco tempo, passou a fazer visitas “bastante estendidas” ao Cavern no horário de almoço e, de vez em quando, passava lá depois do expediente para também pegar os shows noturnos dos Beatles. Nesse período, ficou particularmente próximo de George Harrison e, certa noite naquele verão, o levou até sua casa em Mossley Hill para conhecer Lily. O trio compartilhou o jantar antes de colocar discos para tocar e conversar sobre rock ‘n’ roll até altas horas.[26]

No início do outono, a regularidade das idas de Mal ao Cavern passou a cair consideravelmente à medida que a gravidez de Lily progredia. Em maio, ela pedira demissão do emprego no Cunard Building e, nos meses seguintes, a gravidez se fragilizou com algumas complicações. Como Mal se recordaria mais tarde, “nos últimos estágios da gestação, Lily teve uma infecção sanguínea séria, podendo ser o caso de tirar o bebê ou perder ambos”. No fim de setembro, Lily foi internada no Hospital de Mulheres na Catherine Street, em Liverpool. Mal transbordou de alegria, compreensivelmente, quando o filho deles, Gary Malcolm Evans – batizado em homenagem a Gary Cooper, um dos heróis favoritos do pai de Mal no cinema de faroeste – nasceu em 11 de outubro de 1961. “A morte tentou roubar esse presente precioso e eu quase perdi minha esposa e meu filho”, ele escreveu.

Mas eles ainda não estavam totalmente seguros. “Gary nasceu via cesárea seis semanas prematuro e passou as primeiras semanas de vida numa incubadora, pesando só 1,6 kg”, Mal rememoraria. “Passei horas em pé, rezando, fitando a incubadora, me perguntando o que a vida lhe guardaria.”[27]

Lily lutou bravamente durante a longa estadia no hospital com o filho recém-nascido e, em pouco tempo, a presença incessante do marido, por mais bem-intencionada que fosse, se tornou fonte de irritação. Sua família percebeu que não só Lily precisava de um tempo de Mal, como também o estado mental dele durante o suplício médico do casal tinha virado motivo de preocupação. Por acaso, eles estavam organizando uma viagem de ônibus – uma *sharra,* no jargão de Liverpool, corruptela de *sharrabang*, anglicização da expressão francesa *char à banc* (“charrete” ou “carruagem”) – para ir ao Illuminations, em Blackpool, festival anual de luzes da cidade costeira.

"Numa *sharra*, você aluga um ônibus e vai a algum lugar com a família e os amigos", recordou-se Shan.[28] Os nortenhos adoravam esse tipo de saída repentina. Embora o festival em Blackpool constituísse um destino específico, as *sharras* eram frequentemente apresentadas como viagens misteriosas, nas quais os viajantes levavam cervejas e uma cesta de piquenique bem abastecida e simplesmente saíam. As *sharrabangs* desfrutam de uma longa história na Grã-Bretanha, datando da época das carruagens a cavalo. Em meados do século 20, voltaram à moda e agora se tratavam de viagens de um dia num ônibus de um andar como meio acessível para uma escapada nos anos de vacas magras do pós-guerra.[29]

Embora reconhecesse a bondade e a boa vontade inerentes ao convite dos sogros, Mal inicialmente recusou, alegando que seu lugar naqueles tempos árduos era ao lado de Lily e Gary. Além disso, a natureza turística de Blackpool não o apetecia muito. Entretanto, a avó de Shan não quis saber. "Você vai viajar e descansar conosco", anunciou. "Está doente de preocupação – todos nós andamos preocupados –, mas vamos a Blackpool nos divertir." Porém, para Mal, a *sharra* nem começaria, então disse aos sogros que "não poderia deixar Lily e Gary no hospital enquanto estão passando tão mal". Em função disso, todo mundo se surpreendeu alguns dias depois quando ele embarcou no ônibus, sendo prontamente recebido por uma salva de palmas. Acomodando-se ao lado de Shan, de 11 anos, Mal brincou: "Você vai ser a minha esposa nesta viagem!". Para Shan, a *sharra* de outubro de 1961 seria uma de suas lembranças mais queridas do tio. "Passamos o tempo todo juntos, caminhando pelas iluminações, comendo maçã-do-amor e usando chapéus divertidos. Foi uma noite de arromba. Eu me diverti muito e pude curti-lo todo para mim!"[30]

Os pais amorosos mal tinham trazido o pequeno Gary do hospital para casa quando receberam um golpe trágico. Em questão de semanas, a mãe de Lily, de 61 anos, foi acometida de um tumor cerebral. A maré de tristeza só era equilibrada pelo progresso saudável do bebê. Foi só na chegada de 1962 que Mal e Lily enfim sentiram que sua nova família estava fora de perigo. "Começar a vida com o pé esquerdo não o segurou nem um pouco", refletiu Mal sobre o filho, "e Gary Malcolm cresceu um menino belo, forte e saudável".[31] Com as forças renovadas, Lily ocasionalmente se juntava a Mal nas idas regulares à Mathew Street para conferir o *set* dos Beatles e atender ao vício contínuo dele em rock 'n' roll. "Eu ia ao Cavern e via as paredes úmidas de condensação", relembraria, "mas não era muito frequente, pois ficava em casa com o bebê".[32]

A essa altura, os Beatles já haviam começado a prestar uma atenção especial naquele homenzarrão que frequentava os shows. "Ele se sentava no meio do pessoal e pedia músicas do Elvis", lembrou George. "Depois de um tempo, sacamos que havia um cara que sempre queria músicas do Elvis, então dizíamos: 'Bem, agora vamos atender a um pedido de Mal'."[33] Paul reconhecia que Mal era "antes de tudo, um maluco por Elvis. Carregava a *Elvis Monthly* o tempo todo".[34] De fato, sempre se podia contar com Mal no que se tratasse do último número da publicação, que os Beatles devoravam junto com ele. Certa noite, George convidou Mal até a casa de sua família em Speke, subúrbio de Liverpool, onde bateram papo, jantaram e ouviram discos. Foi quando George teve a ideia de Mal ir trabalhar como segurança: "Olha, você é grande e mal-encarado o suficiente, por que não vai ser segurança na porta do clube? Vai ser pago por isso, terá acesso ao camarim e poderá conhecer as bandas".[35]

A ideia de fazer um bico à noite como segurança foi certeira para Mal. Com um bebê em casa, o dinheiro extra seria muito bem-vindo. Além disso, como George apontara, a possibilidade de ficar perto da ação e socializar com os músicos em pessoa era simplesmente tentadora demais para que um fã devoto como ele ignorasse. E até onde ele sabia, os Beatles eram um conjunto que valia a pena seguir.

Enquanto Mal cuidava de Lily e Gary naquele outono, os Beatles tiveram a boa sorte de conseguir um empresário na figura de Brian Epstein, de 27 anos, descendente de uma família proeminente de Liverpool que controlava a NEMS (North End Music Stores), a mais bem-sucedida loja de discos do Norte. Embora fosse novato, Epstein era um empreendedor nato e transbordava visão para o futuro da banda. Ao vislumbrá-la pela primeira vez, assim como Mal, no ambiente de alta octanagem do Cavern, Epstein se gabaria, sem o menor sinal de ironia na voz, de que os Beatles seriam "maiores que Elvis", previsão que os próprios Beatles acharam absurda.[36]

No que dizia respeito ao trabalho de segurança, Mal não só tinha o físico necessário, como também a mentalidade para desempenhar uma tarefa tão perigosa – o tipo de função que poderia ir do tedioso ao sério, até mesmo ao mortal, num piscar de olhos. "Mal era exatamente o que Ray McFall buscava", recordou-se George. "Alguém grande e forte, não necessariamente ameaçador, mas com cara de quem não estava para brincadeira." Para seu crédito, Mal tinha plena consciência de sua aptidão para o posto. "Eu era um segurança de classe média, enquanto a maioria vinha de uma escola muito mais dura do que a minha", escreveu. "Minha ideia era evitar que as pessoas se metessem em encrenca antes de ela começar. Ser um covarde fervoroso ajudava muito – levar um soco na boca não era a minha ideia de diversão."[37]

Por sorte, Mal raramente era chamado para trabalhar sozinho na frente do clube. McFall empregava uma seleção rotativa de seguranças – entre eles, Paddy Delaney, contratado em 1959, e o futuro atleta olímpico Wallace Booth.[38] Lutador premiado que posteriormente conquistaria uma medalha de prata nos Jogos da Commonwealth na Jamaica, Booth gostava de ficar na porta. Embora apreciasse a "fabulosa atmosfera de rock 'n' roll" do clube, preferia permanecer a postos no alto da escada. "O Cavern era feito de tijolos e arcos, e você nunca deveria usar boas roupas lá embaixo, pois o suor escorria pelas paredes. E se você encostasse nelas, iria ficar numa sujeira só."[39]

John Quinn, metalúrgico de Liverpool, esteve presente na noite em que Mal estreou no alto dos degraus do Cavern. "Às vezes eu levava minha esposa para sair e acabávamos no Cavern por uma hora antes de irmos para casa", relembrou. O clube "não estava tão cheio, só havia trabalhadores que chegavam para ouvir as bandas". Naquela noite, Quinn ficou particularmente impressionado com a altura imponente e o semblante tranquilo de Mal.[40] John Fanning, que empresariava Ted "Kingsize" Taylor and the Dominoes, conjunto de rock popular no Merseyside, se recordou de observar Mal enquanto ele "trabalhava na porta com outros dois grandalhões, apenas se certificando de que todos os rapazes que entrassem se comportassem bem". Quando as coisas ficavam tensas, rememorou Fanning, Mal sempre era "muito prestativo com os caras dos grupos que lutavam para levar o equipamento escada abaixo para dentro do quente e suarento Cavern".[41]

Nos primeiros dias de sua carreira como segurança, Mal ficou profundamente atento à rotina de outros artistas, bem como dos *road managers* e *roadies,* que carregavam os equipamentos e instrumentos das bandas, preparavam os palcos e garantiam a chegada delas de um ponto a outro em tempo. Os *road managers* eram personagens importantes na cena da música popular desde os anos 1920. O termo foi visto na imprensa pela primeira vez numa matéria de 1944 da *The New Yorker* sobre Duke Ellington, cujos "passos são geralmente seguidos por seu *road manager* Jack Boyd, um homenzinho branco durão, ríspido e ruborizado do Texas". Boyd trabalhava incansavelmente em nome de Sir Duke, atuando como faz-tudo e organizando quase todos os aspectos da vida de seu famoso cliente, de reservas de quartos de hotel e passagens de trem a despertador humano, que ligava para acordar Ellington e garantir que ele chegasse na hora para os compromissos de sua muito festejada orquestra. A palavra *roadie* só entraria formalmente no léxico em 1969, quando apareceu em *Groupie*, romance de Jenny Fabian e Johnny Byrne, mas, na prática, já circulava há anos, refletindo os aspectos mais proletários de se trabalhar para uma banda de rock 'n' roll e toda a gama de instrumentos e equipamentos pesados.[42]

Era um mundo que Mal, como segurança, viria a conhecer muito bem. Numa ocasião inesquecível, foi recrutado pelo conterrâneo Mal Jefferson para transportar o novo QUAD – ou "Quality Unit Amplifier Domestic"* – de Paul para as profundezas do Cavern. O próprio Jefferson era músico e já tinha trabalhado com Adrian Barber, projetista do amplificador e guitarrista solo do Cass and the Casanovas, popular quarteto de Liverpool, e com seu pai, capitão de navio aposentado e engenheiro autodidata, para construir o gabinete. Com um falante imenso de 15 polegadas e 30 watts, Jefferson o proclamou "o amplificador mais alto de Liverpool". E, com mais de um 1,5 m de altura, era ainda o mais pesado. Pintado numa cor preta característica, o amplificador ficou conhecido como "o Caixão".

Quando Barber terminou de trabalhar no Caixão, Paul estava compreensivelmente ansioso para testar o potente amplificador com seu baixo Höfner. Futuramente, Jefferson se recordaria de observar maravilhado quando Mal levantou sozinho o enorme gabinete, atravessou a Mathew Street com ele e o depositou no palco do Cavern.[43] Durante as performances, o som latejante do Caixão era tão implacável que conseguia soltar os depósitos de cálcio dos tijolos de dentro do clube, batizados pelos Beatles de "caspa de Liverpool", já que os resíduos choviam sobre as cabeças da plateia.[44]

Para grande satisfação de Mal, George foi certeiro sobre o valor que ele ganharia ao trabalhar como segurança. Mal se recordou desse tempo como "fabuloso", uma época que lhe deu "a chance de conhecer todos os músicos, porque frequentemente nós os ajudávamos a empurrar o equipamento para dentro e para fora das vans".[45] E foi precisamente nesse cargo, de guarda no alto da escada do Cavern, que Mal conheceu Neil Aspinall, de 20 anos. Estagiário de contabilidade que havia largado o emprego em julho para trabalhar como *roadie* dos Beatles em tempo integral, Neil era um nativo de Liverpool duro na queda e sem frescuras. Porém, nem mesmo ele conseguiu evitar responder de forma bondosa àquela nova cara simpática – o "gigante gentil" que agora cuidava da entrada do Cavern.[46]

*Algo como "Unidade de Amplificação Doméstica de Qualidade". (N.T.)

04

ROADIE?

A vivência de Mal como segurança profissional não foi totalmente desprovida de encrenca. O Cavern ficava um pouco mais tenso à noite, quando os jovens, balconistas e secretárias da hora do almoço davam lugar ao público de classe trabalhadora. Certa noite, no verão de 1962, ele foi acossado por um bêbado na frente do Cavern. O velhaco acertou em cheio um soco na sua mandíbula, deslocando um dente. E embora Mal, um "covarde fervoroso" nas suas próprias palavras, não tenha revidado à altura, o bêbado tinha poucas chances de passar pelo imponente segurança e descer ao porão. Mal se manteve firme.

Com o passar dos meses, as oportunidades de trabalho de Mal no ramo se expandiram para além dos limites grudentos do Cavern, em grande parte graças a Brian Epstein, que estava devotando toda sua energia para fazer dos Beatles um sucesso. Havia obstáculos, é claro – sendo o mais notável a rejeição da banda pela Decca Records alguns meses antes. Porém, tais reveses só fortaleciam ainda mais a determinação de Brian, que marcava o máximo de shows que conseguia para a banda. Eles embarcavam na van Commer cinza e marrom de Neil e iam de um clube ou salão de baile a outro, chegando, às vezes, a fazer até três apresentações numa única noite. Em abril, Brian conseguira acrescentar uma dose e tanto de classe à apresentação dos Beatles quando os convenceu a trocar as jaquetas de couro por ternos. Em maio, fechou um contrato de gravação legítimo com o selo Parlophone, da EMI, e a sessão de gravação de estreia da banda foi marcada para 6 de junho, com o agente de artista & repertório George Martin, de 36 anos.

Com tanto esforço em prol dos Beatles, Brian começou a formar sua equipe num ritmo consistente. Convidou Mal para ser chefe de segurança da NEMS Enterprises, empresa que montou para supervisionar os interesses da banda. Em julho daquele ano, Freda Kelly, de 17 anos, frequentadora assídua do Cavern, se juntou à secretária Beryl Adams para cuidar da carga de trabalho crescente da NEMS. Nesse ínterim, Brian contratou Tony Bramwell, de 16 anos, para ser seu assistente.

Para Mal, atuar como chefe de segurança significava trabalhar como guarda-costas dos Beatles. Assim como em seu trabalho no Cavern, sem falar no emprego nos Correios, ele gostava de estar na estica e assumir seu papel como um profissional discreto e respeitável. Trabalhar para a NEMS permitiu a Mal complementar mais ainda a renda de sua jovem família, mas as implicações desse aumento de tarefas não passaram batidas por Lily, que ficava desapontada com a ausência do marido em casa, dia e noite. Ainda assim, Mal ocasionalmente desfrutava de um raro e bem-vindo dia de folga.

Naquele mesmo mês de julho, ele levou a família para a celebração do "Mistério de Wavertree", evento anual que comemora a doação anônima, em 1895, de um playground muito querido pela população. Posteriormente, Mal se recordaria de que "Lil e eu empurrávamos orgulhosamente o carrinho de Gary quando ela se voltou para mim e disse: 'Tem um cara esquisito ali – está nos encarando. Parece alguém do Cavern'. Ao me virar, vi Paul de barba por fazer, com uma jaqueta jeans jogada sobre o ombro e comendo uma maçã-do-amor". Após fazer as devidas apresentações entre a esposa e o músico maltrapilho, Mal levou Paul para passear. "Passamos o resto do dia juntos", escreveu. "Paul e eu desafiávamos um ao outro a ir ao Kamikaze e em outras atrações radicais, coisa que nenhum de nós topava." Em dado momento, pararam em frente a uma exposição de automóveis. Paul anunciou a Mal que "'um dia vou ser dono de um desses carros', apontando para um sedã bem humilde".[1]

Mal compensou Lily algumas semanas depois, quando a levou para o "Riverboat Shuffle", show que o dono do Cavern, Ray McFall, organizou a bordo do navio mercante *Royal Iris*. Uma viagem de três horas pelo rio Mersey com um *line up* encabeçado por Johnny Kidd and the Pirates, com os Beatles em segundo lugar na lista, seguidos por uma banda de Manchester, Pete MacLaine and the Dakotas. Conhecido como o "barco do *fish & chips*" por sua culinária gordurosa, o navio era para os fortes. Tony Bramwell nunca esqueceria "aquelas noites quentes de verão quando alcançamos as correntes agitadas do Mar da Irlanda. Todos dançando num frenesi, a banda tocando – verde de enjoo – e os primeiros passageiros indo vomitar. Alguns minutos depois, estariam cambaleando, mas quase eretos de novo, sorrindo de orelha a orelha do próprio heroísmo, entornando cerveja e prontos para a próxima".[2]

Naquela noite, antes da apresentação dos Beatles no barco, George chamou Mal para "ir até o camarim nos ver".[3] Depois do show, ele aceitou o convite do guitarrista e apresentou Lily ao resto da banda – John e Pete Best ainda não a conheciam. "Nessa ocasião", Mal relembraria posteriormente, "Lil e eu compramos *fish & chips* para nós e para o grupo, já que eles só conseguiam juntar dinheiro para pagar por chás".[4] Embora tivesse suas desconfianças sobre o trabalho de Mal como segurança, Lily gostou de conhecer a banda. "Depois dos shows, George ia até a nossa casa para comer bacon e ovos", lembrou ela. "Às vezes, chegava antes de Mal para me fazer companhia enquanto eu lavava ou passava as roupas do bebê. Era o que eu mais gostava deles." Lily rememorou com carinho o momento em que afastou a franja do rosto de Harrison e disse: "Vamos ver como você fica com o cabelo para trás. Gosto mais assim". George, porém, não aprovou. Voltou a pentear o cabelo para a frente e respondeu: "Preciso usar deste jeito; é o penteado dos Beatles".[5]

A essa altura, Mal se movia com facilidade na órbita dos Beatles, um círculo aparentemente estreito que incluía os próprios – John, Paul, George e Pete –, Brian e, claro, Neil, que trabalhava com eles desde fevereiro de 1961. Na verdade, Neil os conhecia, ao menos individualmente, há muito mais tempo.

Assim como a família de Mal, os Aspinalls fugiram dos ataques aéreos a Liverpool rumo aos pastos mais seguros do norte galês. Neil nasceu em outubro de 1941, em Prestatyn, antigo reduto de pesca de "Fishy Fred" Evans, onde seu pai estava no mar com a Marinha Real. Na Liverpool dos anos 1950, Neil, com 12 anos, era colega de Paul nas aulas de inglês e arte no Liverpool Institute. Durante o mesmo período, conheceu George nos fundos dos abrigos antiaéreos do instituto, onde compartilhavam cigarros. Pouco tempo depois, Neil topou com John quando ele frequentava a Liverpool College of Art. Depois de abandonar a carreira na contabilidade, Neil começou a transportar os Beatles em sua antiga van Commer, placa 208 FM, cobrando cinco xelins* por show. Embora fosse alto e esbelto em comparação

* Xelim: unidade monetária já em desuso que, até fevereiro de 1971, era o equivalente a 1/20 de libra esterlina. (N.T.)

ao físico ainda mais alto e robusto de Mal, Neil não era franzino. Estudante de artes marciais, era capaz de enfrentar os melhores desafiantes.

Com Mal trabalhando parcialmente como guarda-costas da banda, Neil não só ganhou um "bom amigo", mas também um companheiro de viagem para gerenciar a rotina diária das vidas cada vez mais complexas dos Beatles como roqueiros novatos. Por exemplo, "se tivéssemos amigas especiais que quiséssemos levar para o Cavern quando os Beatles tocavam, só dizíamos a elas para procurar por Mal na entrada e ele as colocaria para dentro", recordou-se.[6] Neil já havia provado ser essencial para os membros da banda. Naquela época, ele "tinha de fazer tudo", observaria George. "Era difícil organizar todo o equipamento, embora não houvesse muito – só uma bateria e três amplificadores –, mesmo assim era bastante para carregar para dentro e para fora. Neil tinha de pegar o equipamento, levar um pouco para fora, abrir a van, guardá-lo na van, depois trancar a van para que não fosse roubado; e então voltar, pegar o restante, sair, abrir a van, guardar, trancar de novo."[7]

Como Mal e Neil descobririam em breve, a onerosidade dessas tarefas – ficar de guarda como chefe de segurança e coordenar o equipamento da banda, respectivamente – era a menor das preocupações. No dia 16 de agosto, Pete Best foi dispensado da banda após dois anos de serviços e, em seguida, substituído por Ringo Starr, baterista veterano de Liverpool e ex-Rory Storm and the Hurricanes. Pete foi pego de surpresa, assim como Mal e Neil. Para o *roadie* dos Beatles, a dispensa foi quase um golpe pessoal: Pete era o melhor amigo de Neil. Além disso, apenas algumas semanas antes, a mãe de Pete, Mona, havia dado à luz o filho de Neil, Roag, que os dois conceberam na casa da família Best em West Derby, em cima do Casbah Coffee Club.

Dados os vínculos íntimos, ainda que escandalosos, de Neil com a família de Pete, Brian e os Beatles ficaram compreensivelmente preocupados quanto à lealdade do *roadie*. Contudo, a verdade era que essas apreensões se provaram desnecessárias. Como Neil se recordaria, "quando Pete foi demitido, quis beber comigo a tarde toda, mas eu disse: 'Não, tenho de dirigir a van hoje à noite'. 'Mas eu acabei de ser demitido!', retrucou ele, ao que eu rebati: 'Você foi demitido, Pete, não eu. Ainda tenho um trabalho a fazer'." Profissional até o âmago, Neil não tinha a menor intenção de fugir de seus deveres. Os Beatles prontamente o recompensaram com um aumento, incrementando seu salário semanal para 10 libras.[8]

Assim como os outros residentes do Cavern, Mal não tinha certeza dos motivos para a dispensa de Pete, contando apenas com os boatos que corriam para satisfazer sua curiosidade. Bobby Brown atribuiu a demissão de Pete a sua conduta sisuda, apontando que, em contraste com Ringo, "Pete nunca sorria".[9] Para Mal, o temperamento de Pete era um pretexto frágil para uma demissão – e ele logo saberia que estava correto em duvidar. As sementes para a despedida de Pete haviam sido plantadas em junho, quando George Martin expressou um certo desgosto para Brian quanto às habilidades musicais do baterista. Com um contrato legítimo com a EMI nas mãos, os outros Beatles simplesmente não podiam arriscar o futuro com um baterista mediano de quem, verdade seja dita, nem gostavam muito de qualquer maneira.

Mal nunca esqueceria a noite em que Ringo fez sua estreia no Cavern. Foi num domingo, 19 de agosto de 1962, com Mal trabalhando em dobro como segurança do clube e guarda-costas dos Beatles, embora não tenha conseguido cumprir muito bem a segunda função. A noite já começou movimentada. "Eu estava a postos na entrada do Cavern na primeira noite em que Ringo tocou bateria como um Beatle", se recordaria. "Os ânimos estavam exaltados e muitos apoiadores de Pete Best se opuseram à mudança." Os assíduos do Cavern se lembrariam de ver garotas aos prantos na Mathew Street por causa da saída de Pete, enquanto outras entoavam: "*Pete forever, Ringo never!*" ["Pete para sempre, Ringo nunca!"]. Em seguida, George – um dos defensores mais fervorosos de Ringo – saiu de nariz sangrando de uma briga que ocorreu fora da esfera da proteção de Mal.[10]

Mal não estava por perto alguns dias depois, quando George sofreu outro ferimento. Dave Dover, frequentador de carteirinha do Cavern, testemunhou o caos que continuava a se desenrolar por causa da demissão de Pete durante uma filmagem da Granada Television no clube. "Ringo parecia acuado, enquanto McCartney fazia o de sempre, mãos no ar, pedindo desculpas, tentando ser diplomático. Lennon não estava nem aí, mas George foi sarcástico, então acabou golpeado por Mickey Flynn quando saiu para o intervalo", ganhando um olho roxo para combinar com o nariz machucado.[11]

Em retrospecto, Mal reconheceu a erudição adquirida com o acréscimo de Ringo à banda. Ele ouvira os lapsos de Pete com os próprios ouvidos, em especial a tendência do antigo baterista de, às vezes, perder o andamento. Na visão de Mal, Ringo representava uma certa qualidade que até então faltava aos Beatles. "Ele foi o ingrediente final do bolo", escreveria.[12] E a prova estava no que saiu do forno: naquele outono, o *single* de estreia dos Beatles, "Love Me Do", abocanhou uma posição no Top 20 das paradas do Reino Unido, um sinal claro de que coisas melhores estavam por vir.

As oportunidades de Mal de trabalhar com os Beatles como chefe de segurança eram, naturalmente, limitadas por suas obrigações com os Correios. Na maior parte do tempo, ele só podia viajar com Neil e os rapazes aos finais de semana, quase sempre se oferecendo para ajudar o *roadie* com o equipamento. No sábado, 29 de setembro, juntou-se a eles para um show noturno no Oasis Club, em Manchester, indo na van Ford Thames que havia carregado com o equipamento. As coisas chegaram ao ápice naquela noite quando Neil, ao se preparar para montar o palco, de repente notou que Mal, na pressa, deixara os microfones dos Beatles em Liverpool. Sem tempo a perder, Mal ligou para a Barratts, loja de música da cidade, e falou com Brian Higham.

A essa altura, Mal já estava em pânico absoluto, temendo decepcionar Neil e a banda. Em pouco tempo, Higham levou três microfones direcionais Reslo de modelo novo, bem como três suportes Valan, até o Oasis. "Assim que cheguei ao clube, um Mal Evans muito aliviado estava na frente esperando por mim", recordou-se Higham. Após montar os microfones, Higham observou enquanto "Paul aproximou o microfone dele e o de George, como se fossem um só. Olhei para Mal; ele me olhou de volta e disse que eles gostavam assim, ponto. Com Ringo empoleirado à bateria, tocaram um pedaço de 'Some Other Guy', 'I Saw Her Standing There' e mais uma ou duas que não lembro".[13]

A carreira de Mal como chefe de segurança chegaria simultaneamente ao auge e ao ponto mais baixo em 12 de outubro de 1962, quando conheceu Little Richard, que encabeçava um show de 12 artistas no New Brighton Tower Ballroom, do outro lado da península de Wirral. "Ser chefe de segurança tinha seus privilégios", se recordaria, "e o uniforme com gravata borboleta preta e terno escuro me dava acesso a todos os camarins". Com os Beatles como coadjuvantes, Mal aproveitou a chance para conhecer o astro americano, que foi acompanhado na casa, com capacidade para cinco mil pessoas, por uma banda completa, incluindo o organista Billy Preston, de 16 anos. Mal pegou o indispensável autógrafo e depois diria que "Little Richard foi um verdadeiro deleite, apertou minha mão com fervor e me desejou muito amor e felicidade".[14]

E foi aí que as coisas começaram a azedar. Na saída do camarim de Little Richard, a equipe de segurança do New Brighton Tower Ballroom informou a Mal que uma briga era iminente. "Então, entrando a passos largos virilmente no salão lotado, me posicionei entre dois jovens que estavam se encarando de olhos arregalados, ameaçando matar um ao outro", escreveu. Avaliando a situação, Mal se deu conta de que havia uns 30 amigos dos combatentes distribuídos atrás deles.

Adotando um tom "apaziguador", ele disse: "Olhem, garotos, não queremos encrenca, não é mesmo?".

De repente, o clima ficou ainda mais tenso. "Os 20 amigos que estavam atrás do cara da direita se juntaram aos 20 e poucos amigos do cara da esquerda para murmurar ameaças contra mim", Mal escreveria. Percebendo que não havia outro "segurança engravatado à vista", adotou a persona de "covarde fervoroso" e rapidamente bateu em retirada.[15] Meses mais tarde, depois de testemunhar um bate-boca regado a cerveja na frente do Cavern, Mal registrou suas dúvidas cada vez maiores sobre sua adequação para o papel que Brian lhe designara: "Será que eu tenho força suficiente para ser segurança?".[16]

Num nível pessoal, Mal não conseguia se imaginar mais feliz – a vida familiar excedia as expectativas e, num contraste bruto com a segunda metade de 1962, o equilíbrio entre trabalho e vida começara a melhorar notadamente. No dia 1º de janeiro de 1963, ele escreveu em seu novo diário do Sindicato dos Engenheiros dos Correios que 1962 tinha sido "um ano maravilhoso". Afinal, fora abençoado com uma "bela esposa", Lily, e um filho amado, Gary, além de uma casa e um carro. Acrescentaram até um bichinho de estimação à família. Resgatada por Lily de um laboratório médico, "Lady" era um cruzamento de beagle que, assim como seus tutores adultos, adorava Gary e se acostumou a dormir ao seu lado no berço. Sim, Mal estava bem radiante. "Acho que nasci com o traseiro virado para a lua", rabiscou no diário. "Queria um trabalho paralelo parcial há muito tempo – e agora estou de segurança – com menos frequência em 1963, espero."[17] Como os acontecimentos mostrariam, Mal estava certo num ponto: não trabalharia tanto como segurança em 1963.

Mal havia começado a compilar seu diário como um meio de seguir o crescimento e o desenvolvimento de Gary, de um ano e três meses. Como primogênito, ele se tornara uma fonte inesgotável de fascínio para Mal, que se referia ao filho como "Chefe", pela forma como o bebê reinava sobre as vidas dele e de Lily. Mal, em particular, estava hipnotizado por Gary e narrava cada marco – desde o início de janeiro, quando o pequeno "engatinhava para todo lado", a 6 de abril, quando não só conseguiu andar sem ajuda, como também subiu e desceu as escadas sete vezes seguidas. Havia momentos angustiantes também – no dia 2 de abril, Gary deu um jeito de trancar Lily para fora da casa em Mossley Hill, o que exigiu que Mal corresse até lá para o resgate.[18]

À medida que o novo ano progredia, Mal passava tempo de sobra no Cavern, tanto para guardar a porta quanto para levar Lily para ver um show.

Em janeiro, conseguiu tempo até para assistir ao filme mais recente de Elvis, *Talhado para Campeão*, no cine Odeon. Não se cansava do Rei. Shan, a sobrinha, se recorda de sentar-se na varanda com o tio e ouvir discos de Elvis, em especial o *single* "Angel", seu favorito, que implorava para que Mal tocasse repetidas vezes.[19] Nesse período, com o otimismo nas alturas, Mal realizou uma ambição longeva e se alisou na Reserva Emergencial do Exército Real, mais comumente conhecido naquele tempo como Exército Territorial. Mal, que ainda não superara a dispensa dada pelo comitê médico em 1953, estava determinado a corrigir aquilo que percebia como uma afronta ao seu caráter, se não à sua masculinidade. Com o apoio incansável de Lily, estava ansioso para passar dois anos na reserva e, sobretudo, encantado com a ideia de usar orgulhosamente um uniforme militar a serviço de seu país.

No fim de semana de 6 de abril de 1963 – enquanto os Beatles faziam um show no Pavilion Gardens Ballroom, em Buxton –, Mal dirigiu pelo longo trajeto entre Liverpool e Bournemouth, na costa sul da Inglaterra, onde se juntou aos demais recrutas. O treinamento básico foi tudo aquilo que ele esperava e ainda mais. Só nesse primeiro fim de semana, aprendeu respiração boca a boca ao mesmo tempo em que desfrutou de aulas de primeiros socorros e, sua favorita, leitura de mapas. Passou a noite conhecendo os outros recrutas, que, como ele, lubrificaram bem a garganta num pub da cidade. No dia seguinte, Domingo de Ramos, Mal começou o treinamento com armas de fogo, realizando todas as fantasias de portá-las que teve na infância. O destaque do dia foi a chance de disparar uma submetralhadora Sterling da Segunda Guerra Mundial. Para Mal, o fim de semana todo foi um sonho realizado, e ele aceitou de boníssimo grado o pagamento do exército, que era de pouco mais de duas libras.[20] Não era muito, é claro, mas ele estava grato por tudo que tinha.

Estava também em êxtase com a recente sequência de sucessos dos Beatles. Seus esforços como *road manager* da banda durante o fim de semana do incidente com o para-brisas no final de janeiro valeram lindamente a pena. Em 22 de fevereiro, "Please Please Me" chegou ao topo das paradas. Foi um momento verdadeiramente incrível: uma banda nortenha tinha, em princípio, feito o impossível. Um nome local que driblou as adversidades e virou sensação nacional. Neil deve ter ficado fora de si, se desdobrando de um salão para outro e, ainda por cima, encaixando um bate e volta até Londres. Nesse ínterim, Mal trabalhou em dezenas de shows no Cavern. Chegou inclusive a levar a van até Sunderland para que os Beatles pudessem fazer uma pausa na primeira turnê nacional (cuja atração principal era o fenômeno pop de 16 anos Helen Shapiro) e gravar o álbum de estreia em Londres – tudo em nada mais que um único dia – com George Martin no comando.

Mal sabia muito bem que desempenhara um papel pequeno, porém significativo, na boa sorte dos Beatles. Com toda a certeza, o incidente do para-brisas proporcionou uma criação de vínculos. Do lado pessoal, a viagem frenética a Londres já havia rendido dividendos. Graças ao episódio com a van Ford, Mal conheceu uma oficina prestativa para substituir para-brisas. No dia 19 de março, ele reviveu os acontecimentos de 23 de janeiro – exceto pelas condições climáticas de pesadelo – quando uma pedra rachou o para-brisas do carro da família e lhe custou seis libras. E embora empregasse seu físico enorme como segurança dos Beatles – quer dizer, na época, basicamente só em Liverpool –, sempre tomava cuidado para dar o fora antes que brigas de verdade começassem. Naquela primavera, chegou a burlar as regras estritas dos Correios quando um dos amplificadores dos Beatles pifou durante um show na hora do almoço no Cavern. Sem perder tempo, Mal correu com o amplificador até a Lancaster House, onde ele e um colega técnico o consertaram "nas propriedades dos Correios, com equipamentos dos Correios e em horário de trabalho dos Correios!".[21] Anos mais tarde, Ringo comentaria sobre o espetáculo que foi ver Mal levantar o Caixão sozinho pela primeira vez. "Ele era bem forte", lembrou o baterista. "Era capaz de levantar o amplificador de baixo sozinho, o que era um milagre. Ele deveria estar no circo."[22]

Com o passar das semanas e à medida que a indústria musical levava os Beatles para cada vez mais longe de Liverpool, Mal serviu de guarda-costas para outras bandas sob a tutela de Epstein, incluindo os Merseybeats e Gerry and the Pacemakers. Fundados por Gerry Marsden em 1956, os Pacemakers seguiam a toda o rastro dos Beatles durante esse período, com um novo *single*, "How Do You Do It", composto por Mitch Murray, decolando para o topo das paradas. Mal ficou empolgado com o sucesso deles e com os públicos cada vez mais fervorosos que atraíam ao Cavern. Para sua sorte, a base de fãs de Gerry and the Pacemakers era, na maioria, bem comportada.

No dia 9 de abril, Mal desfrutou de uma noite em casa com Lily e o bebê, observando animado enquanto o pequeno Gary dançava ao som do mais recente *single* dos Beatles, "From Me to You", que estreou no programa infantil *Tuesday Rendezvous*.[23] Pouco depois, Mal passou um domingo inesquecível de prática de tiro ao alvo no centro de treinamento de Altcar, em Liverpool.

Localizado em Hightown, na ponta norte do Merseyside, a instalação militar de 250 hectares era um posto regular dos recrutas da Reserva de

Emergência durante o treinamento básico. Para Mal, o campo de tiro era um sonho realizado. Ao disparar um rifle L1A1 sob condições "úmidas e ventosas", acertou 18 de 20 alvos com cartuchos de cinco balas, seguidos de 28 de 40 alvos com os cartuchos mais árduos de dez balas. Assim como na primeira experiência com o Exército Territorial, Mal desfrutou da camaradagem tanto quanto do treinamento militar. Mais tarde, entornou muitos *pints* de confraternização com a equipe de Altcar antes de voltar para Mossley Hill.[24]

No dia 4 de maio, trabalhar no Cavern mais uma vez compensou para Mal. Naquele fim de semana, a ABC-TV filmou dois especiais de televisão diferentes no clube, que rapidamente se tornou uma das casas mais quentes do país graças aos recentes sucessos nas paradas dos Beatles e de Gerry and the Pacemakers. Naquele sábado, Mal observou o processo enquanto a emissora pré-gravava o próximo episódio de *Rave Wave*, com participações dos Silhouettes, grupo americano de R&B que, em 1958, chegara ao topo das paradas com "Get a Job", e de Johnny Sandon and the Remo Four, a mais recente sensação do Merseyside. Na tarde seguinte, o Cavern serviu de cenário para o *Sunday Break*, programa de orientação religiosa com uma gama vasta e variada de artistas que incluía os Merseybeats e Tommy Quickly and the Challengers, grupos empresariados por Epstein.[25]

No diário, Mal registrou empolgado que sua imagem apareceria no *Rave Wave* nada menos que três vezes – e em rede nacional, ainda por cima. Por outro lado, embora apontasse que a transmissão ao vivo do *Sunday Break* foi simplesmente "tremenda", em especial a performance dos Dennisons, grupo *beat* local, lamentou o fato de não ter aparecido na gravação. "Eu não apareci" no *Sunday Break*, acrescentou terrivelmente, mas "poderia ter aparecido!".[26]

O fim de semana de Mal sob as luzes brilhantes da televisão foi uma revelação que sublinhou um aspecto de si descoberto após a viagem a Londres em meio à neve com os rapazes, em janeiro. Para ele, a faceta mais "incrível" de sua vida na órbita dos Beatles – que lhe permitia ter "um gostinho do *show business*" da primeira fila – confirmava "todos os meus anseios secretos".[27] Desde seus primeiros anos, embora às vezes lutasse contra uma timidez debilitante e uma falta de jeito social, Mal, em privado, claramente desejava ser um astro. Porém, se não conquistasse isso por conta própria, ficaria contente em consegui-lo por tabela – exatamente como fez no dia 19 de maio, quando conheceu o roqueiro americano Gene Vincent no Cavern Club. Para Mal, o show não foi "nada espetacular". Conhecer o músico é que era sua ambição principal – e ele comprou até um caderno de autógrafos novo para a ocasião.[28]

Naquele mês, Mal e Lily começaram a pensar nas primeiras férias em família com Gary. Por sua posição nos Correios, Mal tinha direito a duas semanas de férias, que os Evans planejaram passar, talvez de forma pouco prudente do ponto de vista financeiro, na cidade costeira de St. Ives, na Cornualha. Apesar de ter um emprego fixo e trabalhar, em média, três noites por semana no Cavern, Mal estava "bem deprimido" com seus problemas financeiros insistentes.[29] Mesmo assim, ele e Lil tinham tempo de sobra, apesar das questões econômicas, para ir ao cinema, onde viram os musicais de Elvis *Garotas, Garotas e mais Garotas* e *Loiras, Morenas e Ruivas*, bem como o épico religioso *Barrabás*, numa reprise no Gaumont.

À medida que Mal tentava pagar suas contas, Neil voltou a se tornar o único responsável pela carga e descarga dos equipamentos dos Beatles. As coisas degringolaram de vez quando Johnny Clapson, o *tour manager*, informou a Neil que ele também teria de cuidar da iluminação. No fim da terceira turnê nacional da banda, no término da primavera/começo de verão, com Roy Orbison como *headliner* e os Beatles e Gerry and the Pacemakers como coadjuvantes, Neil já começava a sentir os efeitos desse trabalho exaustivo de maneiras profundas e potencialmente perigosas. "Emagreci uns 50 kg", brincou, "e disse a Brian que precisava de alguém para me ajudar".[30]

Durante a turnê com Orbison, a popularidade dos Beatles decolou. No início de junho, quando o giro se encerrou, eles já haviam trocado de lugar com o astro americano na posição de *headliners*. No que dependesse de Neil, algo tinha de ceder. Mais tarde naquele verão, quando os Beatles compartilharam uma residência com Gerry and the Pacemakers no cine Odeon, em Weston-super-Mare, Neil simplesmente não aguentou mais. Apontou que Gerry and the Pacemakers tinham dois *roadies* – "Um para cuidar dos rapazes e outro para cuidar do equipamento. Quando é que vou ter um colega?", demandou.[31]

Brian já vinha analisando o problema – provavelmente desde a primeira semana de julho. Nos anos seguintes, surgiu todo um folclore sobre a seleção de Epstein para o parceiro de Neil no *entourage* dos Beatles. O assistente de Epstein, Tony Bramwell, então com 17 anos, posteriormente sugeriria que *ele* foi o primeiro a ser cogitado para a função, mas ficou de fora pelo simples fato de não possuir carteira de motorista. Naquele verão, Tony se juntou a Neil na van em diversas ocasiões, quase sempre se responsabilizando pela montagem do equipamento enquanto Neil enfrentava sua crescente lista de tarefas.[32]

Wallace Booth, segurança do Cavern e futuro atleta olímpico, afirmaria que foi considerado por Brian para assumir a função, mas, na memória de

Neil, Mal sempre foi o candidato natural.[33] No dia 4 de julho, Brian pediu a Mal que se encontrasse com ele em seu escritório em Whitechapel, onde lhe ofereceu o emprego. Mal concluiu que a oportunidade surgiu por ele ter "devolvido a van a Neil com um novo para-brisas depois da nossa viagem agitada a Londres". Provavelmente motivado por suas preocupações financeiras, pediu 25 libras por semana, uma bolada em comparação ao seu salário atual de 15 libras nos Correios.[34] Isso lhe renderia um salário anual de 1,3 mil libras (o equivalente a 22,1 mil libras atuais), em contraste com as 824 libras anuais do britânico médio em 1963.[35] Embora Brian tenha se arrepiado com a quantia – seria preciso subir o salário de Neil para manter a paridade na equipe –, não deve ter argumentado com veemência. No dia seguinte, Mal foi à Lancaster House e conversou com Gordon Gaskell sobre a possibilidade de tirar uma licença.[36]

Apesar de Gaskell ter se tornado um amigo muito querido de Mal – e o sentimento era mútuo –, ele possivelmente recebeu a ideia com frieza. De fato, Mal logo descobriu que a administração dos Correios possuía preocupações sérias quanto à qualidade do seu trabalho. Certamente não passara batido aos supervisores de Mal o fato de ele fazer almoços cada vez mais longos no Cavern, depois dos quais frequentemente só trabalhava por mais algumas poucas horas antes de ir embora.

Mal também buscou conselhos com Billy Maher, que reconheceu que "abandonar um emprego estável era coisa séria". Porém, para Billy, a decisão era simples: "Mal nunca teve qualificações para ganhar uma promoção, então eu pressentia que ele deveria, sim, ir trabalhar com os Beatles". Além disso, acompanhar a banda traria a Mal "uma vida empolgante de música, risadas e aventura".[37]

Embora Mal já tivesse decidido no instante em que Brian o convidou para ser *roadie* dos Beatles em tempo integral, ele deve ter constatado o desafio inerente que seria convencer Lily, sem falar em seus pais e irmãs, da esperteza que era se juntar ao *entourage* de uma banda de rock que, bem provável, seria notícia velha antes do Natal. Na seção de "Notas" de seu diário, fez uma lista rudimentar de prós e contras, como se a escolha pudesse ser feita apenas com o peso da enumeração: "Emprego para o futuro. Pagamento. Férias. Aposentadoria. Tempo longe de casa. Exército por dois anos".[38] Com certeza, era uma lista desafiadora que não parecia prometer alguma vantagem.

Na lembrança de Lily, a oferta de emprego de Brian foi agonizante para o marido. "Ele passou muitas noites sem dormir, se questionando se deveria aceitá-la", recordou-se. "Não queria que ele aceitasse. 'Você tem o seu próprio valor – não precisa seguir os outros', eu falei. Mas ele estava deslumbrado."[39] Uma vez que esses argumentos não fizeram nem cócegas no estado mental de Mal, Lily mudou de estratégia, já resignada com o resultado, e disse: "É bom para você, mas não para mim. Vou ficar sozinha por muito tempo".[40]

No dia 13 de julho, Mal e Lily saíram de Liverpool em direção às férias à beira-mar com Gary em St. Ives. Mal se recordaria dessas duas semanas com muita alegria, lembrando-se do simples prazer de assistir a Gary tomar o primeiro sorvete, ao sol da Chapel Porth Beach, e fazer compras com Lil em Falmouth. Mesmo assim, a decisão deve ter pesado muito na cabeça deles, em particular o fato de terem de informar a Fred e Joan quando retornassem a Liverpool. Quando o momento enfim chegou, Lily ficou em silêncio ao lado do marido. Anos mais tarde, Fred escreveria que "num primeiro momento, ficamos bastante consternados quando ele deixou tudo [pelos Beatles]".[41]

Segundo June, irmã de Mal, a recordação de Fred foi um eufemismo da mais alta ordem. Na verdade, "a merda bateu no ventilador" quando Mal deu a notícia aos pais.[42] Para Joan, a noção de que seu filho estava considerando tomar uma decisão tão impulsiva, até imprudente, deve ter confirmado suas piores suspeitas a respeito do nível de maturidade dele. Assim como seus pais, as irmãs de Mal ficaram estupefatas com a ideia de que o irmão iria abandonar com tanta facilidade o conforto de um emprego estável, com aposentadoria.

Mal, contudo, levou as bordoadas em silêncio. Sustentado pelo apoio inabalável de Lily, estava resoluto na decisão que mudaria as vidas de todos.

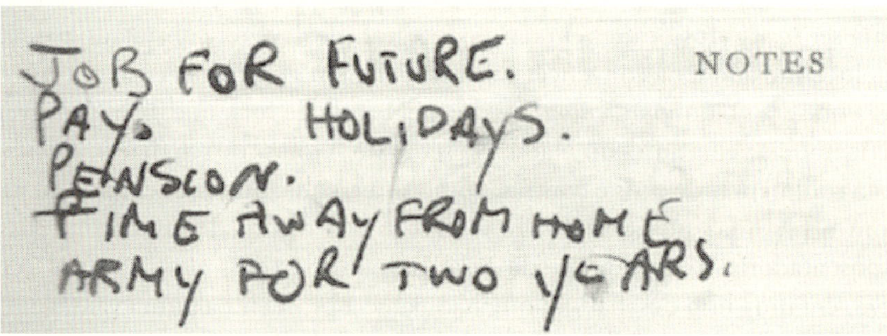
NOTES
JOB FOR FUTURE.
PAY. HOLIDAYS.
PENSION.
TIME AWAY FROM HOME
ARMY FOR TWO YEARS.

A lista de "prós e contras" de Mal

05

UM HOMEM LIVRE

E foi assim que, no dia 31 de julho de 1963, uma quarta-feira, Mal Evans, aos 28 anos, informou aos Correios sua demissão. Alguns dias depois, tornou sua decisão irrevogável ao assinar a "Declaração da Lei de Segredos Oficiais", afirmando, sob risco de processo, que no que tangia a quaisquer informações

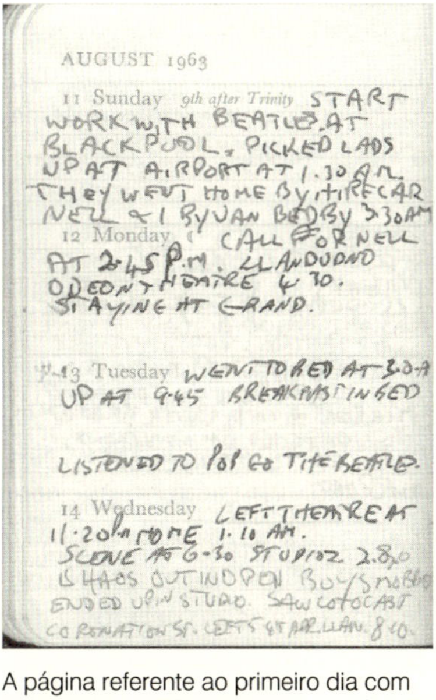

A página referente ao primeiro dia com os Beatles no diário de Mal

ou materiais sensíveis que tivesse encontrado durante seu período empregatício, manteria segredo perpétuo. Agora não havia como voltar atrás.

Em 11 de agosto, um domingo, Mal dirigiu os 40 minutos de Mossley Hill até o aeroporto de Manchester, onde os Beatles chegariam depois de cumprir quatro datas de shows em Jersey, nas Ilhas do Canal. Estava determinado a não apenas exceder as expectativas no novo trabalho, como também honrar a Lily, que, apesar das desconfianças, "nunca me tolheu, sabendo que eu sempre ansiara por estar no *show business*, por ser artista e que ser *road manager* dos Beatles era a segunda melhor coisa depois disso". Futuramente, ele relembraria o nervosismo que o tomou enquanto aguardava a chegada dos seus novos empregadores. Então, de repente, lá estavam eles – John, Paul, George e Ringo – e "todos os meus medos se dissolveram quando os quatro me cumprimentaram com sorrisos, dizendo que era muito legal que eu estivesse com eles".[1] Pouco depois, Pete Best recebeu a notícia de que Mal tinha entrado para o *entourage* da banda em tempo integral. Embora ainda estivesse ruminando sua demissão dos Beatles, não sentiu nada além de alegria pela boa sorte do amigo. "Fiquei feliz por Mal quando ele foi trabalhar com os rapazes e começou a viajar com eles", disse. "Era o cara mais legal a quem isso poderia ter acontecido."[2]

De homem para homem, todos os Beatles entendiam implicitamente a gravidade da decisão que Mal acabara de tomar. Cada um deles tinha sido repreendido, se não castigado, por amigos e parentes, pais, namoradas e afins, pela loucura de arriscar tudo num grupo de rock 'n' roll. Para Mal, no entanto, tendo em conta sua condição de pai de família, a decisão acompanhava um risco ainda maior, com muito mais coisas em jogo, como o bem-estar de Lily e Gary. Apenas a aposta de Brian Epstein se aproximava da feita por Mal.

Os pais de Epstein, Harry e Queenie, tinham sérias preocupações quanto ao filho apostar tudo naquele grupo de rufiões de Liverpool por um lado e, por outro, negligenciar seus deveres na loja de música da família. Embora o pai tivesse ficado "furioso" com as ambições de Brian em relação aos Beatles, o casal sabia que o filho era guiado pelo desejo de ser o melhor, que ele não aceitaria um segundo lugar para ninguém no que concernia a seus clientes.[3] Não à toa, ele foi insistente sobre a necessidade de fazer com que os Beatles e os demais artistas sob sua tutela usassem ternos. Para Brian, tratava-se de gerenciar a reputação de sua organização pela força da percepção do público.

Em sua primeira função como *road manager*, num show noturno no ABC Theatre, em Blackpool, Mal usou um terno sob a orientação de Brian, cujo custo foi descontado do seu salário. Já nesse primeiro dia, ele se deu conta de que fazer bico como guarda-costas e trabalhar como *roadie* dos Beatles em tempo integral eram duas experiências imensamente distintas entre si. Para começo de conversa, o Cavern já estava no retrovisor da banda. Uma semana antes, em 3 de agosto, os Beatles haviam feito o 292º e último show no clube, cujo palco no porão ficara pequeno para eles em muitos aspectos. Como o compadre Bob Wooler mais tarde recordaria, "todos sentimos que aquele era o canto do cisne e que nunca mais os veríamos no Cavern".[4] Mal também estava lá como protetor da banda, dispersando as fãs invasivas sob um calor desgraçado provindo tanto do clima quanto da pressão intensa do público.

Após se juntar a Neil e os Beatles em Manchester, Mal não costumava ir para a cama antes das 3h30min, sendo despertado pelo telefone às 9h45min. Anos mais tarde, refletiria sobre as primeiras semanas como funcionário dos Beatles – assim como Neil, ele era empregado *por eles* e nunca trabalhou para a NEMS ou sob a jurisdição de gravadora alguma. Naquela época, sua preocupação dominante era ser dispensado por pura incompetência. Estar a postos dia e noite era uma das exigências inauditas da banda. "Eu ainda era verde nessa posição de *roadie*, e os Beatles foram muito tolerantes com os erros que cometi enquanto pegava o jeito e aprendia meu novo ofício", escreveu. "Veja bem, na primeira semana, eu poderia ter sido demitido umas sete vezes, à medida que uma coisa, depois outra, dava errado."[5]

A questão número um era a montagem da bateria de Ringo, que Mal nunca tinha visto de perto. "Neil me ajudou nos dois dias iniciais, mas na minha primeira vez sozinho, foi terrível", escreveu. Desesperado, pediu ao baterista de outra banda que o ajudasse, só para se dar conta tardiamente de que "cada baterista gosta dos pratos numa altura diferente".[6] Em uma ocasião, durante essa série inicial de shows, os pratos de Ringo escorregaram para o palco; em outra, o bumbo simplesmente tombou no meio da apresentação. Em momentos como esses, Mal ficava nas coxias enquanto os contratempos se desenrolavam, se perguntando se aquela seria sua última noite de trabalho com os Beatles. Em dado momento, Paul lhe perguntou o que ele faria se eles o demitissem de fato. "Eu choraria, Paul. Só choraria", respondeu.[7]

Mal enfim aprendeu a montar e desmontar corretamente a bateria de Ringo graças a Derek Hughes, de 23 anos, *roadie* de Billy J. Kramer and the Dakotas, que dividiram a noite com os Beatles na cidade galesa de Llandudno. "Ele não fazia a menor ideia de como começar a montar uma bateria", recordou-se Hughes. "Passei os dois dias seguintes montando e desmontando o kit, montando e desmontando detalhadamente para lhe mostrar como fazer."[8]

A breve residência da banda no País de Gales foi uma panela de pressão para Mal, uma vez que o EP *Twist and Shout* havia conquistado um Disco de Prata por vender mais de 250 mil cópias, o que acabou lotando o cinema até não poder mais. Neil ficou um tanto aliviado pelo operativo dos Beatles enfim se equiparar ao de Gerry and the Pacemakers e agora haver uma distribuição devida das tarefas. "Mal passou a dirigir a van e a cuidar dos equipamentos e do figurino", lembrou-se, "ao passo que eu cuidava dos Beatles, da imprensa e das demais pessoas ao nosso redor".[9]

Cynthia Lennon guarda uma memória discretamente diferente sobre o assunto. Casada com John desde agosto de 1962, ela lembrava que o plano era que Mal cuidasse "de todo o transporte do equipamento, da montagem e desmontagem dos shows, enquanto Neil cuidaria das necessidades pessoais deles quanto a transporte, alimentação e assim por diante. Pelo menos era isso na teoria, mas, na prática, os dois faziam toda e qualquer coisa que precisasse ser feita, desde levar os Beatles em segurança até um avião até ir atrás de sanduíches quando eles estivessem famintos".[10]

Os caprichos da vida na estrada com os Beatles eram complicados, pois os rapazes simplesmente não gostavam de ser conduzidos, o que forçava Mal e Neil a pisarem em ovos no cumprimento de suas funções. "Os Beatles não são garotos acostumados com serviçais", apontou Neil. "Penduram as próprias roupas, fazem as próprias malas, engraxam os próprios sapatos e tal. Sinceramente, eles prefeririam muito mais fazer tudo por conta própria do que ter gente em cima deles o tempo todo, esperando para atendê-los."[11] E então havia o próprio Neil, que esperava que Mal não só dirigisse a van, como também mantivesse um ritmo constante. Um tipo sobrenaturalmente contido, quase moroso, Mal em geral se contentava em dirigir dentro do limite de velocidade. Durante a viagem seguinte, rumo a uma residência de uma semana em Bournemouth, Neil encrencou com a direção do novo *roadie* e disse: "Vamos, Mal, pisa fundo, temos que chegar para o show".[12] Mal levou o conselho de Neil para o pessoal. No fim de agosto, já tinha recebido uma advertência por uma luz de freio quebrada e, no dia 29 do mesmo mês, recebeu a primeira multa por excesso de velocidade a serviço dos Beatles.

Embora os pecadilhos de Mal como novo *roadie* incluíssem certas dificuldades, como a bateria de Ringo ou infrações de trânsito ocasionais, Neil e os rapazes ficavam invariavelmente impressionados com sua habilidade de carregar sozinho os pesados amplificadores – em especial, o notório "Caixão" de Paul. E ele ainda teve a chance de fazer bom uso dessa força incomum de outras maneiras. Como Billy J. Kramer and the Dakotas estavam dividindo o palco com os Beatles em Bournemouth, Derek Hughes testemunhou Mal salvar o dia após John bancar o espertinho e quase se encrencar. A banda estava hospedada no Palace Court Hotel, que, para sorte dos Beatles, ficava na mesma quadra do cine Gaumont. Para chegar ao local sem chamar a atenção das fãs, só precisavam subir a escada de incêndio do hotel, atravessar o teto até o cinema e descer pela sua escada de incêndio. "John ficou meio de saco cheio disso", recordou-se Hughes, "então decidiu arrumar um disfarce, sair pela porta do hotel e caminhar até o cinema. Conseguiu chegar até a porta do Gaumont e então foi reconhecido". Para surpresa de Hughes, "Mal simplesmente pegou John, o colocou sobre o ombro e seguiu rapidamente para os fundos do palco. Foi bastante cômico".[13]

Durante a estadia em Bournemouth, Mal, Ringo e alguns dos Dakotas foram convidados para uma festa na cidade. Hughes mais tarde relembraria a travessia por Bournemouth com Mal ao volante da van Ford. Na festa, o grupo se deparou com "um monte de mauricinhos, jovens bem de vida – sabe, com boa formação e financeiramente bem-sucedidos. E nós todos éramos moleques de escola pública". Hughes logo se deu conta de que "eles só nos queriam ali para tentar nos menosprezar". Sem surpresas, isso resultou numa confusão com Mal arremessando um dos jovens falastrões por uma janela.[14]

A capacidade de Mal de exalar graça sob pressão continuaria a ser de boa serventia. Porém, como em breve descobriria, ele não era capaz de fingir para Lily. Durante as primeiras duas semanas na estrada, não ligou para casa. Quando retornou a Mossley Hill, em 25 de agosto, encontrou a esposa compreensivelmente furiosa. Depois de apoiá-lo na decisão de se juntar à equipe dos Beatles, ela e Gary foram recompensados com negligência. Quando Mal passou pela porta naquele dia, Lily recolheu Gary e foi para a casa da cunhada Barbara e seu marido, Eric Hoyle. Por quase o tempo inteiro em que Mal permaneceu em Liverpool, durante a residência dos Beatles em Southport, perto dali, Lily manteve distância. Retornou, enfim, no dia 30 de agosto, depois de chegar a uma trégua com o marido sob a condição de que dali em diante ele escreveria ou ligaria para casa todos os dias.[15]

Na noite seguinte, Lily fez questão de ir ao show final dos Beatles no cine Odeon. Em seu diário, Mal refletiu sobre o alívio que foi o fim da guerra fria em Mossley Hill. Lily, no entanto, foi retumbantemente clara quanto às suas expectativas. Para seu crédito, Mal redobrou os esforços e quase sempre escrevia cartas para a esposa e, à medida que sua nova vida com os Beatles se desenrolava, enviava cartões postais regularmente aos pais, de todo lugar.

Apesar de Mal ter tardado em reconhecer seus erros, também sabia qual era a fonte dessa desatenção: ele adorava a liberdade que essa nova vida oferecia. Gostava especialmente das vezes em que Neil e os rapazes viajavam em separado e ele ficava sozinho na van, transportando o equipamento dos Beatles pela estrada aberta. Em pouco tempo, ter o equilíbrio de tempo para fazer o que quisesse lhe permitia se sentir como "um homem livre".[16]

A residência em Southport marcou os últimos shows nos quais Neil ajudou Mal a montar o equipamento. Assim como na primeira semana como empregado dos Beatles, os problemas mais significativos envolviam a bateria de Ringo. "Eu me lembro muito bem da primeira noite em que fiquei sozinho diante do que pareciam mil partes de bateria pelo palco", observou. "Neil deixava que outras pessoas o ajudassem, mas eu não. Queria fazer tudo sozinho por diversas razões. Uma delas era que eu sabia exatamente a que ponto estava a qualquer momento; a outra era o fato de eu ser possessivo com os Beatles, não queria compartilhá-los com ninguém." Mas havia mais coisas. Em uma ocasião "desastrosa", Mal aprendeu a lição sobre trabalhar sozinho após aceitar o auxílio de um ajudante de palco local. A essa altura, Mal já era capaz de desmontar e guardar a bateria em dois minutos exatos. Para não declinar da oferta gentil do rapaz, pediu-lhe que desmontasse a bateria de Ringo para ser transportada. Infelizmente, ele acatou as instruções de Mal ao pé da letra demais. "Eu virei as costas e dei de cara com uma pilha de porcas e parafusos e partes de bateria por todo o palco. O cara tinha literalmente desmembrado o kit. Depois dessa, aí sim, só trabalhei sozinho."[17]

Com Neil atendendo diretamente às necessidades dos Beatles e assumindo um papel mais administrativo – tal como ele e Brian haviam originalmente planejado –, Mal desenvolveu uma rotina firme para lidar com as responsabilidades do equipamento. Num dia típico de show, ele descarregava às 15h, o que lhe dava tempo de sobra para montar e testar guitarras, baixo, amplificadores e bateria. Mais tarde, os próprios Beatles chegavam, com Mal se juntando a eles para o chá e sanduíches. "A última meia hora antes do show era dedicada a preparar os ternos e polir as botas", escreveu ele, "já que uma coisa era certa: eu tinha muito orgulho dos meus rapazes e queria que a aparência deles fosse a melhor, então não havia trabalho servil demais para chegar a esse objetivo. Entre um show e outro, Neil e eu providenciávamos as refeições, ou eu ia buscá-las. Durante esse período, pendurávamos as camisas em salas de caldeiras para secar, já que os Beatles sempre se entregavam de corpo e alma aos shows e saíam do palco ensopados de suor."[18]

Naquela última noite em Southport, Lily testemunhou uma das primeiras apresentações ao vivo de "She Loves You", música nova no repertório dos Beatles. Lançada como *single* no dia 23 de agosto, vendeu fenomenais 500 mil cópias em pedidos adiantados. Algo estava fermentando no mundo de Mal e dos Beatles, algo de um calibre claramente distinto das primeiras experiências na parada de sucessos com "Please Please Me" e "From Me to You". Em Llandudno, Mal ficou sabendo de fãs hospedadas no mesmo hotel do grupo na tentativa casual de conhecer os ídolos. Porém, isso era apenas um aperitivo do que estava por vir. Quando os Beatles e sua trupe chegaram a Southport, Mal se viu atravessando hordas cada vez maiores e mais histéricas de fãs que congregavam antes de cada apresentação. Por esse motivo, administrar os shows dos Beatles se tornava cada vez mais difícil para as forças policiais locais à medida que o verão se transformava no outono.

Como Mal logo descobriria, os problemas mais tensos geralmente ocorriam *depois* das performances dos Beatles, quando a polícia quase sempre abandonava o posto assim que Neil escondia os rapazes em seus aposentos. "Mas, como os Beatles largavam os instrumentos e já punham o pé na estrada antes que o som dos últimos acordes chegasse ao mezanino, o público não acreditava que eles haviam saído do recinto e ficava esperando por horas a fio, tornando o carregamento da van às vezes bem perigoso", observou Mal.[19]

Ele também logo desenvolveria um sistema para encerrar um show sob condições tão desfavoráveis: "Eu levava uma única peça do equipamento para fora, abria a van, guardava e trancava a van, o que acabava consumindo um longo tempo. Nesse ínterim, eu era empurrado e puxado, com a sensação de que estava defendendo o equipamento da banda com minha própria vida, além de ter minhas roupas cobertas de batom, pois as fãs haviam escrito amorosamente 'Eu amo vocês, Paul, George, John e Ringo' por toda a van".[20] Mais tarde, George apontaria que a van Ford estava se tornando cada vez mais um estorvo: era "o centro das atenções sempre que estacionávamos. Era pintada de vermelho e cinza e estava pichada de cima a baixo". A van também tinha um problema contínuo de segurança, porque "se alguém planejasse roubar alguma coisa, estava óbvio que era [no veículo] que estaria guardada".[21]

Em setembro daquele ano, o fanzine mensal *The Beatles Book* publicou uma mensagem oficial de boas-vindas para Mal, capturando tanto a necessidade da nova função dele quanto o escopo da fama dos Beatles àquela altura. "Os Beatles têm um novo *roadie* permanente para complementar o sobrecarregado, porém ainda alegre, Neil Aspinall. Ele é Mal Evans, que assumiu boa parte da responsabilidade de levar os Beatles e seus instrumentos ao lugar certo na hora certa. Apesar de uma série de *singles* no primeiro lugar, os rapazes ainda estão distantes dos Rolls-Royces e das limousines com chofer!"[22]

06

O GRANDE FANFARRÃO!

Depois de pisar fundo até Londres, Mal e os Beatles chegaram na Abbey Road, número 3, lar dos estúdios da EMI. Situado em uma casa georgiana com a fachada pintada de branco, na elegante vizinhança de St. John's Wood, o complexo foi inaugurado em novembro de 1931. Atrás da propriedade original, que servia como área administrativa, havia três estúdios. As instalações maiores ficavam no estúdio 1, com uma orquestra completa e coro, enquanto os estúdios 2 e 3 ofereciam espaços criativos progressivamente menores.

Mal fez sua primeira visita aos estúdios da EMI no dia 11 de setembro, uma quarta-feira. Os Beatles estavam na cidade para trabalhar com o produtor George Martin nos toques finais do segundo LP, *With the Beatles*. A banda estivera no estúdio pela última vez em 30 de julho, pouco antes de Mal e Lily retornarem das férias à beira da decisão que mudaria suas vidas. Agora, pouco mais de um mês depois, Mal estava sentado no estúdio 2 – enquanto um ratinho saía do esconderijo nas sombras para brincar alegremente ao lado de seus sapatos – observando os Beatles gravarem cinco músicas novas.[1]

No dia seguinte, Mal os ouviu gravar mensagens para radialistas australianos como prévia de uma turnê planejada para 1964 na Oceania. Brian havia fechado negócio com *promoters* australianos em julho, deixando Mal positivamente satisfeito. Recentemente, ele tinha solicitado e recebido seu primeiro passaporte – que indicava sua ocupação como "*road manager*" – bem a tempo da turnê marcada para outubro de 1963 na Suécia. Mal há muito fantasiava sobre as beldades escandinavas e sobre um movimento de "amor livre" que andava causando um frenesi sexual desinibido no norte da

Europa. Simplesmente não podia esperar. Nesse ínterim, Bournemouth o aguardava para a próxima etapa do treinamento militar.

No fim das contas, ele acabou perdendo o trem matutino em Liverpool, onde chegou poucas horas antes, após deixar os Beatles em casa na Ford van vindo de Londres. Com Mal ao volante, tinham feito o trajeto em pouco menos de cinco horas, incluindo uma parada para uma refeição rápida no Blue Boar Inn, um dos pontos favoritos de Mal na M5. Ele então pegou um trem mais tarde e enfim se juntou a outros territoriais de primeiro ano em Bournemouth.

Porém, a empolgação primordial de Mal pela vida de soldado se perdeu. O zelo pela redenção que ele nutria desde sua dispensa pelo comitê médico em 1953 tinha se dissipado por completo. Nos meses posteriores, Mal ignorou os lembretes recorrentes da Reserva de Emergência sobre seu compromisso com o serviço. Por fim, foi discretamente dispensado pelos territoriais depois de ter completado um total de três sessões de treinamento.

No dia seguinte, Mal deixou a reserva em Bournemouth e pegou o primeiro trem para Londres, onde, naquela noite, os Beatles seriam a atração principal do Great Pop Prom, evento beneficente da Corporação de Aposentadoria dos Profissionais Gráficos, no Royal Albert Hall. Os rapazes, que tiveram como banda de abertura os novatos Rolling Stones, abalaram as estruturas da casa. Mal não teria perdido isso por nada nesse mundo.

Apesar de sua vida com os Beatles estar se movendo num ritmo atordoante, ele conseguiu encaixar visitas regulares a Lily e Gary e nutria sua adorada esposa com cartas de amor quando não podia estar em Liverpool em pessoa. Incrivelmente, o tsunami de fama dos Beatles estava prestes a atingir alturas ainda maiores. Em 12 de setembro, "She Loves You" chegou ao topo das paradas do Reino Unido após ter estabelecido uma torrente de recordes de vendas e criado as condições para um dos momentos mais memoráveis da história das Ilhas Britânicas. E Mal Evans seria pego no olho desse furacão.

Assim como os eventos que levaram Mal e os Beatles até Londres durante o Grande Frio, a televisão serviria como marco zero para os acontecimentos fortuitos de outubro de 1963. Com "She Loves You" fervilhando nas paradas e o brilho ainda maior trazido pelo Great Pop Prom, os Beatles iriam participar da edição de 13 de outubro do *Sunday Night at the London Palladium*, popular atração de variedades de Val Parnell. Para a banda, as implicações não poderiam ser mais claras. Sensação nacional, o programa de Parnell havia selecionado os rapazes para tocar um *set* durante a cobiçada segunda metade do show. Como Mal se recordaria mais tarde, os Beatles "ensaiaram

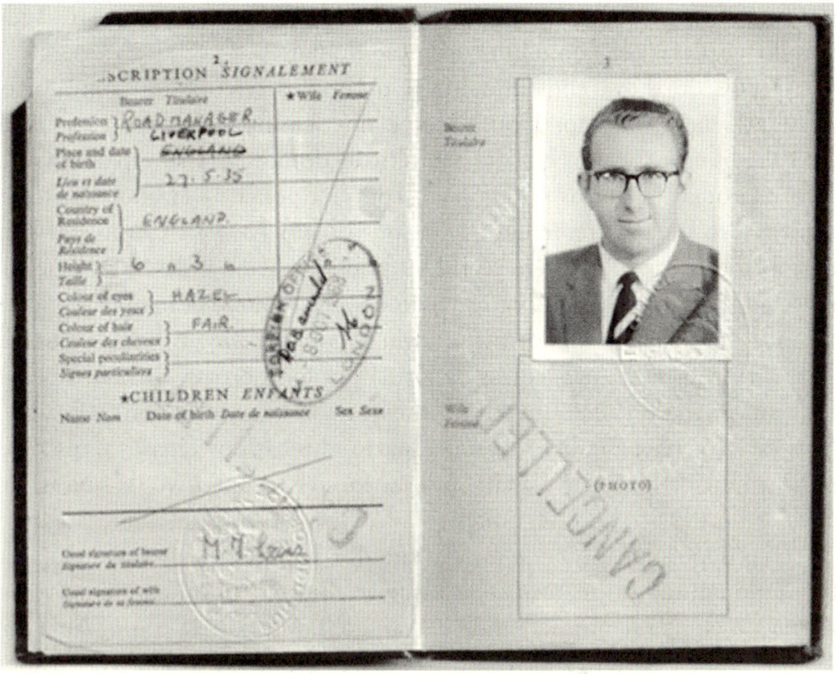

Passaporte de Mal de 1963

e ensaiaram" no Donmar Theatre como preparação para o programa, determinados a tirar total vantagem da oportunidade diante deles. De sua parte, Mal checou repetidas vezes o equipamento antes da transmissão, enquanto "a equipe do London Palladium se desdobrava para me dar toda a ajuda de que eu precisasse".[2]

Num dado momento, Mal e Neil fizeram uma pausa para buscar refrigerantes e cachorros-quentes para os Beatles e sua equipe num café na Carnaby Street. No início do dia, algumas centenas de fãs começaram a se reunir na frente do Palladium. Quando Mal e Neil retornaram com a comida, a multidão tinha aumentado consideravelmente. Com as fãs confundindo os *roadies* com os Beatles, a empolgação pré-show ficou febril. "Geralmente isso é um problema", recordou-se Neil. "Veja bem, sou reconhecido pelas fãs como parte dos Beatles. Antes disso, eu conseguia passar despercebido e chegar ao carro, e os rapazes só pulavam para dentro. Agora tenho de ficar nos fundos enquanto o novo *road manager*, Mal Evans, busca o carro. Tudo tem de ser planejado como uma operação militar."[3]

Depois do show, enquanto Mal e os Beatles celebravam com amigos e parentes no Grosvenor House Hotel, uma confusão estourou na frente do Palladium à medida que uma multidão de milhares se espalhava pela rua. "Garotas aos berros se lançavam contra a polícia – fazendo capacetes voarem e os oficiais tremerem", reportou o *Daily Herald*.[4] Como eles logo descobririam, a adulação era real. Um público nacional de 15 milhões de espectadores viu os Beatles na televisão naquela noite. Na manhã seguinte, a banda dominava as manchetes londrinas, com o *Daily Mirror* alardeando "BEATLEMANIA!" nas bancas de jornal por todo o país. Em retrospecto, Mal considerou o Palladium seu "primeiro trabalho grande com os Beatles". Seus esforços para auxiliar no *set* de quatro músicas dos rapazes transcorreram sem incidentes. Ainda assim, o show foi só "um aperitivo do que aguardava os Beatles nos anos seguintes".[5]

Dias depois, Mal fez sua estreia fora dos limites da Grã-Bretanha, embarcando em sua primeira viagem de avião. Em setembro, enquanto transportava o equipamento da banda na van até Londres para o programa *Pop Go the Beatles*, da rádio da BBC, os rapazes foram de avião. Mas acabou sendo uma experiência traumática para eles, já que um problema no motor forçou os pilotos a abortar o primeiro voo. Depois, no segundo, George se deparou com uma janela defeituosa. Só no terceiro voo é que conseguiram chegar em segurança na capital. Ironicamente, Mal foi capaz de chegar a Londres antes deles, após quatro horas e meia de viagem.

Quando o grupo viajou para a Suécia, George já assumia seu medo de voar – e Mal temia seguir o mesmo caminho. Embora seu primeiro voo tenha sido tranquilo, apesar da tensão habitual, suas fantasias adolescentes sobre as mulheres do norte da Europa iriam por água abaixo. Na imaginação dele, lá existia um mundo subterrâneo idílico e boêmio onde as garotas se engajavam abertamente em todo tipo de estripulia sexual. "Meu primeiro gostinho de terras estrangeiras foi uma viagem à Suécia e, para mim, um mito estava prestes a ser destruído", se recordou. "O tão falado amor livre que se esperava na Suécia foi impossível de achar." Aparentemente, as belezas escandinavas com quem Mal sonhava não tinham tempo para ele. Mesmo assim, prestou uma atenção especial às maneiras como as jovens haviam começado a se jogar nos Beatles. Talvez o amor livre existisse – pelo menos para alguns grupos.[6]

No final de outubro, Mal e os Beatles já estavam de volta ao Reino Unido. No dia 1º de novembro, numa virada estonteante, a banda começava

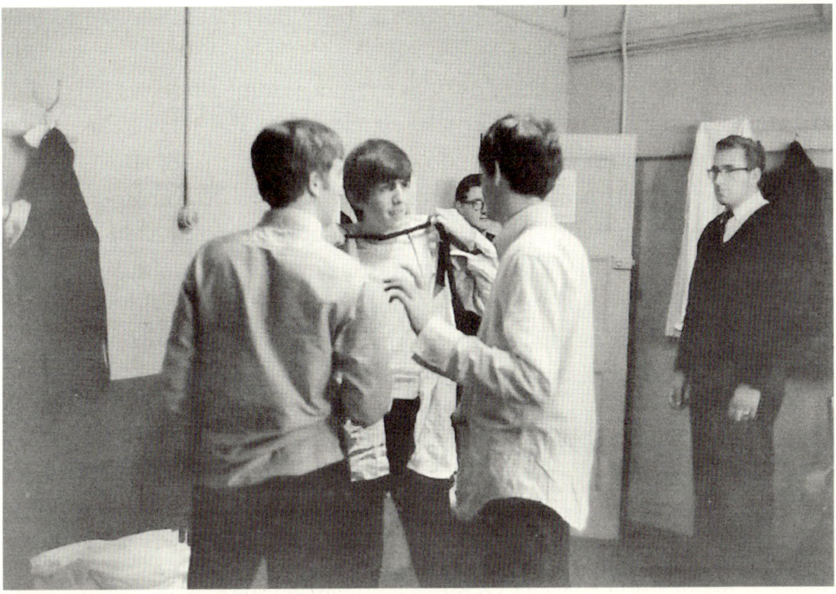

Mal no *backstage* em seus primeiros dias com os Beatles

uma turnê de outono que duraria até as festas e o fim do ano, com uma série de shows natalinos marcados por Brian no Finsbury Park Astoria. Como de costume, trabalharam numa velocidade alucinante, o que só conseguiam por meio de uma dieta regular de Preludin, ou "Prellys" (nome genérico: fenmetrazina), um estimulante que vinham consumindo desde os tempos de Hamburgo. Mal mantinha à mão um estoque farto dos comprimidos, que geralmente providenciava no mercado "alternativo" local. Em 4 de novembro, os Beatles fizeram uma pausa na turnê para tocar quatro músicas numa apresentação solicitada pela Coroa a ser realizada no Prince of Wales Theatre, com a presença da Rainha Mãe e da princesa Margaret. Antes de concluir o *set* com "Twist and Shout", John fez um comentário atrevido para o público da realeza: "Nesta última música, gostaria de pedir a ajuda de vocês. O pessoal nos assentos mais baratos bate palmas e os demais podem sacudir as joias".[7]

Mal relembrou que "a empolgação estava nas alturas e os nervos um pouco à flor da pele" naquela noite, sobretudo depois que John ameaçou, durante o ensaio, pedir ao público que "sacudisse *a porra* das joias", observação que deixou Brian paralisado de medo. "Quase deu para ouvi-lo soltar o ar", recordou-se o assessor de imprensa Tony Barrow do momento após Lennon proferir a frase, sem o palavrão.[8]

A sede de Mal por conhecer os ricos e famosos também foi saciada quando ficou diante de Marlene Dietrich, estrela alemã das telas e dos palcos. Segundo suas memórias, ela "saiu do camarim dando chutes altos. Meu espanto diante dessa exposição acidental dos 'pubianos' só foi superado pela sensação de encantamento por estar na presença de uma personalidade tão maravilhosa e conhecida. Ela estava fantástica e era maior do que a imagem que qualquer garoto pudesse criar ao longo dos anos. Entendo muito bem como até os soldados britânicos na guerra puderam se apaixonar por ela".[9]

Qualquer euforia residual que Mal tenha sentido após conhecer a diva alemã se dissipou logo depois, quando Brian o confrontou a respeito de sua conduta. "Foi nessa época que Brian Epstein me chamou de lado para uma conversinha", escreveu Mal. "Para minha surpresa, ele disse: 'Mal, não gosto da sua atitude e você está mal-arrumado'." Aparentemente, Brian estava desgostoso com suas escolhas de figurino e sua disposição geral. Nas últimas semanas, o *roadie* tinha guardado o terno em favor de trajes mais casuais, como camisa social sem gravata, calças cáqui ou, na maior parte do tempo, o jeans. Foi uma reprise do incidente com o pai no início dos anos 1950, quando Fred Evans o acusou de estar parecendo um estivador maltrapilho de Liverpool. Mal ficou magoado com a depreciação de Brian, especialmente porque ele estava trabalhando por muito pouco. "Acho que a 'atitude' que o incomodava era o sorriso permanente", refletiu Mal. "Também fiquei com a sensação de que ele estava com inveja, pois eu era popular com todo mundo, lidando com o estresse e a tensão e fazendo um bom trabalho." Qualquer que fosse a causa, Mal não se esqueceria tão facilmente de como foi tratado pelo empresário dos Beatles, concluindo que "Brian deveria ter mais noção".[10]

Algumas noites depois, com Brian longe, nos EUA, onde negociava os termos para a estreia dos Beatles no país, Mal se viu assumindo o papel pouco familiar de porta-voz. No dia 7 de novembro, a banda tocou pela primeira vez na Irlanda, com dois shows no Adelphi Cinema, em Dublin. Ao fim do primeiro *set*, o Adelphi parecia a rua em frente ao Palladium em outubro. O público de 2,3 mil pessoas clamava por bis; ao mesmo tempo, outras milhares estavam se juntando do lado de fora para a segunda apresentação. À medida que a intensidade dos fãs subia, o embate humano virou tumulto, com carros virados, janelas quebradas e fogo.

Na manhã seguinte, enquanto a banda se preparava para sair de Dublin rumo a Belfast, Mal foi forçado a superar sua timidez sobrenatural e encarar a horda de jornalistas. "Foi uma recepção maravilhosa", anunciou ele à imprensa, "mas os rapazes se sentem mal pelas pessoas que se machucaram. Embora a noite tenha sido caótica na frente do cinema, os rapazes estavam num momento de harmonia. Foi só quando saíram pela porta dos fundos numa van e passaram pela O'Connell Street que realmente viram o que estava acontecendo concomitante ao show. Foi a nossa primeira vez na Irlanda e, claro, estávamos um pouco preocupados com o tipo de recepção que teríamos. Os rapazes estão muito contentes – eles gostam do entusiasmo e tudo mais".[11]

Diante dos desafios cada vez maiores de transportar os Beatles de um lugar a outro, Mal e Neil elaboraram uma solução para as fugas rápidas das fãs cada vez mais alucinadas. A van dos equipamentos simplesmente se tornara reconhecível demais, assim como os ônibus de turnê, que eram a marca registrada de vários artistas. Em parceria com um camarada de Liverpool, Terry Doran, Mal e Neil bolaram uma nova estratégia de escape, que envolvia posicionar uma limousine perto da porta dos fundos para facilitar a saída ao fim de cada show. O novíssimo gerente geral da NEMS, Alistair Taylor, estava a postos em East Ham, onde testemunhou o plano de fuga na sua versão embrionária. Para surpresa de Taylor, Neil chegou num carro executivo Austin Princess preto reluzente, ao invés da limo top de linha que ele imaginaria para astros do naipe dos Beatles. Porém, a escolha do Austin Princess não foi por acaso, explicou Mal. Neil, ele e os rapazes haviam testado várias marcas e modelos até concluir que as portas do Princess tinham a maior abertura, permitindo aos Beatles pular para dentro do veículo com mais facilidade.[12]

Antes do show daquela noite, George Martin chegou trazendo a incrível notícia de que o *single* mais recente da banda, "I Want to Hold Your Hand", que só seria lançado no Reino Unido dali a três semanas, já tinha vendido mais de um milhão de cópias antecipadas. Depois de presenciar os pulos de alegria dos rapazes, Alistair Taylor assistiu à apresentação com Mal do *backstage*. Enquanto os Beatles terminavam o *set* com "Twist and Shout", Mal disse a Taylor para começar a se dirigir para o carro. "Um minuto, Mal. Estou curtindo", respondeu. A essa altura, o *roadie* – determinado a proteger a vida da banda e sua trupe – "sussurrou algo muito desagradável no ouvido esquerdo de Alistair, o que deixou o gerente sem dúvida de que não tinha escolha naquele momento".[13] Dito e feito, Taylor se acomodou no banco do passageiro no momento exato para ver os Beatles se lançarem, um após o outro, no carro. Com a escolta da polícia local, o Austin Princess desapareceu na noite, iludindo as fãs mais fervorosas dos Beatles na hora certa.

Quando não arriscavam a própria vida ao fugir dos agarrões ávidos das fãs, os Beatles sofriam uma saraivada de jujubas. Num momento de descuido, George admitira aos repórteres: "Não resisto a jujubas. Se tem jujubas por perto, tenho que comer".[14] Com suas palavras disseminadas pelas páginas dos periódicos de música, os Beatles passaram a ser regularmente metralhados por jujubas durante os shows. Mais tarde, Mal se lembraria de que, quando não estava enfrentando flashes incessantes, estava encarando um fuzilamento de jujubas ao se mover pelo palco. "Se ao menos um de nós tivesse a visão de investir dinheiro em flashes e jujubas, poderíamos ter feito fortuna!", opinou.[15]

Assim como o show no Palladium, o frenesi das fãs em Dublin e East Ham sublinhou a chegada da fama dos Beatles a um território desconhecido, um tipo peculiar de adulação muito diferente do fervor associado às fãs adolescentes de Frank Sinatra ou, mais recentemente, à explosão das requebradas de Elvis nos anos 1950 nos EUA. Reportagens de jornal mostravam com frequência jovens garotas desmaiando ao ver os Beatles, ao mesmo tempo em que as multidões se tornavam cada vez mais ousadas, dispostas a arriscar qualquer coisa pela chance de vislumbrar a banda. Mais tarde naquele ano, Barbara, irmã de Mal, foi ao show dos Beatles no Empire Theatre, em Liverpool, onde sentou-se na segunda fileira. Naquela noite, o rugido do público era absolutamente ensurdecedor. "Os gritos eram tão altos [que os Beatles] poderiam muito bem só fazer *playback*", recordou-se.[16]

Quando a turnê chegou a Birmingham, onde os Beatles tocaram no Hippodrome no dia 10 de novembro, Tony Bramwell começou a notar um fervor incomum em meio às fãs da banda, que extrapolava os limites dos comportamentos sociais convencionais da época. "Como se contagiadas por um vírus que mudava seus padrões morais, garotas adolescentes queriam sexo com os Beatles e não se importavam como conseguiriam isso", escreveu. "Quando tentavam fisgar um, entrando por janelas ou se escondendo em guarda-roupas, eram escolhidas por Mal e Neil Aspinall, feito confeitos M&Ms, para serem provadas primeiro. Brian – puritano em relação a seus protegidos – teria tido um troço se soubesse, mas isso era totalmente ocultado dele."[17]

Para Mal, a disponibilidade súbita de sexo, aparentemente sem nenhuma consequência – o "amor livre" que ele buscara no norte da Europa –, representava uma bonança irresistível. Após uma vida inteira de inseguranças quanto à imagem corporal e timidez inveterada, ele não conseguia se conter. "Big Mal era um demônio do sexo", escreveu Tony. "Seu vigor teria sido notável num harém. Nas ruas planas e poluídas de Birmingham ou Manchester, ele era um garanhão saído diretamente do Kama Sutra. Como virgens de sacrifício, muitas das garotas aceitavam de bom grado que teriam de fazer com Mal para chegar a John, Paul, George ou Ringo. E Mal sabia disso."[18]

E havia outra coisa que deixava Tony bem irritado. "Brian, Neil e eu havíamos estabelecido uma política de que não posaríamos em fotografias com os Beatles", recordou-se. "As fãs queriam tirar fotos com a banda e não gostavam que ficássemos por perto." Mal, porém, desenvolvera desde o início um desejo por estar o mais próximo possível do redemoinho de fama dos Beatles. Os flashes e o sucesso da banda eram demais para ele resistir. Consequentemente, disse Tony, "ele estava sempre na porra das fotos".[19]

Depois que os Beatles fizeram dois shows no Coventry Theatre no dia 17 de novembro, um domingo, Mal e a banda planejavam desfrutar de um raro dia de folga na segunda-feira antes de retomar a turnê em Wolverhampton, a poucas horas ao sul de Liverpool. Animado com a possibilidade de passar o dia com Lily e Gary, Mal guardou o equipamento na van coberta de batom. As enormes multidões pós-show dificultaram seu trabalho e, quando conseguiu partir, "fãs apaixonadas e caçadoras de souvenirs" já haviam afanado os limpadores de para-brisa e os retrovisores do veículo. Quando ele saiu da cidade, foi pego por um dilúvio. "Naquela época do ano, na Inglaterra, eram comuns tempestades que varriam as costas e, naquele ano, não foi diferente", lembrou. "Ondas imensas se abatiam sobre as esplanadas, enquanto o interior era geralmente afligido por ventos fortes e chuvas pesadas."[20]

Após aproveitar para tirar algumas horas de soneca numa parada na estrada, Mal prosseguiu, ávido por reiniciar sua jornada para casa. Quando acordou, a chuva havia acalmado consideravelmente. De volta à estrada, ele penou para dirigir a van em meio aos vendavais. Enquanto tentava retomar o controle, o veículo se chocou contra um poste de nove metros, o que destruiu o lado do passageiro. A van Ford que servira aos Beatles desde 1962 estava acabada, tombada de lado no meio da estrada, uma pilha de metal retorcido. Incrivelmente, o equipamento da banda sofreu pouquíssimo dano, mas Mal não teve a mesma sorte. "Fui jogado longe e caí de cabeça. Recobrei a consciência e dei de cara com os faróis de um caminhão enorme bem na minha frente. O motorista parou por pouco."[21]

Com a bênção de ter saído vivo, Mal ficou internado por quase uma semana na Stafford General Infirmary, em Cannock, onde recebeu 20 pontos. As beatlemaníacas ficaram sabendo rapidamente do infortúnio e começaram a perambular pelos corredores do hospital na esperança de encontrar um

Beatle. Porém, esses esforços seriam em vão: Neil e a banda já tinham seguido viagem para a próxima sequência de shows, deixando Mal se recuperando em Cannock. Durante a convalescência, ele ficou comovido com uma carta de Paul. Dirigida a Mal, dizia: "SEU GRANDE FANFARRÃO! Deixe as enfermeiras em paz e descanse bastante – você pode até ficar surpreso, mas te faria bem!".[22]

Pelo período de alguns dias, Mal levou o conselho de Paul à risca e ficou relaxando em Mossley Hill com Lily e Gary enquanto os Beatles seguiam sua jornada nortenha. No entanto, com o andar das horas, ele foi ficando cada vez mais ávido por retornar à turnê, que passava pelas Midlands a caminho de Londres, onde os Beatles encerrariam aquele ano incrível. Foi vencido pela ansiedade e, ignorando as objeções bem-intencionadas de Lily, partiu da Hillside Road bufando e batendo a porta no meio de uma discussão, deixando a esposa falando sozinha. Pela primeira vez, refletiria ele, "quebrei o pacto que Lily e eu havíamos feito, que era de sempre sair de casa sorrindo".[23]

Naturalmente, Mal decidiu nunca mais se comportar de maneira tão odiosa, assim como havia prometido, em agosto, manter os fios vitais da comunicação que sustentam um casamento ao longo da distância e do tempo. Porém, a verdade nua e crua da situação era que Mal, por boas e más razões, simplesmente não conseguia esperar para voltar para a estrada.

Embora Lily e ele fossem fazer as pazes em breve, ela ficou abatida com a nova situação das coisas entre eles. "Mal era um marido tão atencioso", lamentou. "Agora era pior do que se ele tivesse outra mulher. Era como se tivesse quatro amantes: John, Paul, George e Ringo."[24]

07

MAL, ALEIJADOS!

Mal e os Beatles felizmente fecharam os trabalhos da turnê de outono em meados de dezembro – justo a tempo dos shows natalinos marcados por Brian, incluindo aqueles no Finsbury Park Astoria. Naquela mesma semana, "She Loves You" terminou seu reinado no topo das paradas depois de ser destronada da primeira posição por "I Want to Hold Your Hand". Com a nação alvoroçada pela Beatlemania, Mal preparou o equipamento da banda para a primeira noite no Astoria. "Tudo foi montado e testado de antemão", recordou-se, "os esquetes e os demais artistas haviam terminado e era hora de o show ser encerrado com os Beatles".

Mal já podia sentir o frio na barriga típico das noites de abertura começar a se dissipar quando, de repente, ainda nos primeiros compassos de "Roll Over Beethoven", a energia do palco caiu por completo.[1] Aflito, ele surgiu das coxias determinado a consertar tudo na maior agilidade possível. "Eu gostaria de apresentar nosso *road manager*, Bill Haley", brincou Paul quando Mal surgiu com tudo no palco. Ele conseguiu corrigir o problema com alguns ajustes rápidos e atribuiu o incidente à troca regular de equipamentos que os Beatles recebiam da Vox.

O desfile constante de novos equipamentos Vox mantinha Mal ocupado no ajuste de potências, na troca de configurações de fontes de energia e nas ligações nos sistemas de alto-falantes específicos de cada casa. E, às vezes, o *roadie,* cansado pela estrada, simplesmente se equivocava. Numa ocasião, "liguei um amplificador antes de conectá-lo ao alto-falante. Isso foi muito impróprio da minha parte – já que, quando então pluguei, o alto-falante estourou. Era só mais um item de que eu precisava me lembrar".[2]

Posteriormente, Mal se recordaria da natureza complexa da montagem de palco em Finsbury Park, que envolvia um par de púlpitos que mantinham os amplificadores envoltos em gaze no lugar durante o show. Para que os cabos alimentassem os amplificadores simultaneamente, os *roadies* se revezavam dentro dos púlpitos para garantir que esses cabos estivessem na posição certa ao longo de cada apresentação. Segundo Derek Hughes – que também estava no Astoria naquele Natal, com Billy J. Kramer and the Dakotas –, não surpreende que seja tudo muito alto "quando você está com dois amplificadores a cerca de 15 centímetros da sua cabeça, na potência máxima, tentando se fazer ouvir por cima de todos aqueles gritos".[3]

Mas a residência em Finsbury Park não trouxe só frustrações para o mais novo empregado dos Beatles. No último show, Hughes decidiu aprontar. "Fiz uma bandeirinha branca e, na última música, enfiei-a num buraco no púlpito e comecei a sacudi-la em rendição", lembrou. "Então Mal, não contente com isso, arrancou a gaze da frente do púlpito, deu um pulo e correu para fora do palco, gritando a plenos pulmões: 'Livre enfim! Acabei de passar três semanas infernais aí dentro!'." Por um momento, Hughes se sentiu superado. Mal "arrancou boas risadas do público e do grupo, em especial de George e Paul, mas, por sorte, era a última música, então não importava muito". Na memória de Hughes, Mal era "um cara legal pra caramba e faria qualquer coisa para ajudar qualquer um, mas ele certamente gostava de aparecer".[4]

Depois da pausa de Natal, na qual Mal teve o prazer de retornar para Lily e Gary por um breve período, o ano de 1964 teve um início infeliz quando o violão de John desapareceu. Um Gibson J-160E eletroacústico de 1962, o instrumento já tinha um passado digno de nota: John o tocou em alguns dos primeiros clássicos dos Beatles, como "Love Me Do", "She Loves You" e "I Want to Hold Your Hand". O mais próximo que Mal chegou do caso foi concluir que o Gibson sumiu depois de um dos shows no Astoria, em janeiro.[5]

Mal ouviu poucas e boas de John, especialmente depois que foi insinuado que talvez o *roadie* tivesse colocado o violão no lugar errado e só não quisesse admitir para o patrão. "Eu ouvi o que merecia naquele dia", disse Mal, que mais tarde descreveria a perda do instrumento como um dos momentos mais baixos de sua carreira com os Beatles.[6] Por anos, John o alfinetou sobre o Gibson desaparecido, dizendo: "Mal, você poderá ter seu emprego de volta assim que encontrar meu violão".[7]

A perda de qualquer equipamento dos Beatles não deveria ser uma surpresa. A essa altura, com a fama da banda numa trajetória ascendente espetacular, o *backstage* dos shows era cada vez mais caótico. Havia a rodinha costumeira de fãs que esperava se envolver com os Beatles, é claro, sem falar em todo tipo de repórteres e figurões locais ávidos por conhecer os rapazes. Às vezes, a aglomeração no *backstage* incluía visitantes com deficiências físicas, arrastados por amigos e familiares bem-intencionados que acreditavam que os membros da banda tinham poderes de cura sobrenaturais.

Como Mal sabia muito bem, no que dizia respeito a indivíduos com deficiências, os Beatles – John em particular – tinham um histórico ignóbil. Na adolescência, John frequentemente contorcia o rosto na presença de pessoas com deficiências intelectuais e físicas e veteranos de guerra desfigurados, imitando-os cruelmente, "curvando as costas e puxando uma perna, como Quasímodo". Na Hamburgo do pós-guerra, John incorporou esses arremedos ofensivos ao show dos Beatles, prática que mantinha nos dias atuais. Brian conseguira refrear algumas das propensões pouco profissionais da banda – falar palavrões e comer no palco, por exemplo –, mas John relutava em abandonar esse comportamento detestável.[8]

Numa estranha forma de karma, John e os outros Beatles se viam cada vez mais expostos a fãs com deficiências, levados ao *backstage* para bênçãos quase religiosas. Como Ringo lembraria posteriormente, "as pessoas traziam uns casos terríveis e os largavam no nosso camarim. Saíam para tomar chá ou seja lá o que fosse e os deixavam para trás. Se a coisa ficasse muito pesada, gritávamos 'Mal, aleijados!', o que virou um bordão – usado mesmo se não houvesse alguém com deficiência por perto. Se aparecia uma pessoa de quem não gostássemos, gritávamos 'Mal, aleijados!', e ele a conduzia para fora".[9]

Quando Mal não estava negociando o meio-termo entre os fãs com deficiências e os cabeças-duras no *backstage*, estava bolando gambiarras para evitar calamidades e satisfazer todos os caprichos profissionais, às vezes pessoais, de seus patrões. George se recordaria de que "ele tinha uma bolsa, abastecida ao longo dos anos, pois sempre perguntávamos 'Mal, você tem esparadrapo? Mal, você tem uma chave de fenda? Mal, você tem uma garrafa disso ou daquilo? Tem?'. E ele sempre tinha tudo. Se não tivesse, conseguia muito rápido. Ele era uma dessas pessoas que amam o que fazem e não têm problema com serviço".[10] De fato, parecia não haver limites para a capacidade de Mal de atender às necessidades dos Beatles. Ele e Neil haviam começado até a assinar os autógrafos dos membros da banda para acompanhar a demanda insaciável das fãs, aperfeiçoando aos poucos, o melhor que podiam, as idiossincrasias das assinaturas de John, Paul, George e Ringo.

Para janeiro daquele ano, Brian conseguiu agendar os Beatles para uma residência de 18 dias no Olympia, em Paris. Eles seriam a atração principal de uma seleção de nove artistas, quase sempre com múltiplas apresentações por dia, ao lado de estrelas como a cantora francesa Sylvie Vartan e o americano Trini Lopez. A residência em Paris apresentou uma oportunidade rara para Lily e Gary desfrutarem de uma visita estendida na companhia do pai da família. "Quando os Beatles tocaram em Paris, Mal pôde nos levar", recordou-se. "Foi muito bom, mas nós passamos meses ressarcindo Epstein do custo das nossas passagens e diárias de hotel."[11]

No dia 14 de janeiro, os rapazes tomaram o breve voo de Londres a Paris. Depois de uma apresentação única em Versalhes, Mal acompanhou o equipamento por trem até o Olympia. Com o pequeno Gary a tiracolo, ele e Lily se hospedaram no elegante Hôtel George V durante a residência e, como o hotel ficava a poucos minutos a pé da Champs-Élysées, Lily se deliciou com a oportunidade de turistar um pouco.

Antes do início da empreitada parisiense, Mal preparou o equipamento e deixou o *backstage* pronto para a chegada da banda. A essa altura, ele já se mostrava como uma espécie de emissário que trabalhava em nome dos Beatles para garantir uma experiência completamente profissional na casa. "Uma das belezas de ser *road manager* é que é você quem chega primeiro em todos os shows", relembrou. "Todo mundo no lugar me conhecia – a polícia, os seguranças e os gerentes. Isso me permitia entrar e sair das casas como bem quisesse." Mesmo assim, Mal permanecia cauteloso com Brian, na esperança de evitar mais conflitos com ele. "Quando Brian Epstein chegou ao Olympia para o show, ninguém acreditou que ele era o empresário dos Beatles. Acharam que era a maior lorota que alguém poderia contar", escreveria mais tarde. "Por fim, ele conseguiu que me chamassem. Fui até a entrada dos fundos e confirmei aos seguranças quem era ele, que estava furioso. Sei que essa situação o deixou muito nervoso."[12]

A residência parisiense começou num estilo inesquecível para Mal e Neil, que se viram enredados numa revolta daquelas no *backstage* já na primeira noite no Olympia. Para sorte dos *roadies* dos Beatles, o motorista Bill Corbett, gigante de 110 kg, os acompanhara na viagem. Posteriormente, Mal se recordaria de que "ele nos impressionou por, número um, falar francês fluente e, número dois, ter trabalhado como chofer no país por muitos anos, de forma que conhecia as ruas de Paris como a palma da sua mão".[13]

Na tarde de 16 de janeiro, Corbett estava presente enquanto o pandemônio se instaurava. Tudo começou quando o assessor de imprensa da banda, Brian Sommerville, negligenciou a coletiva pré-show. Conhecido como "Pinkle Bone" entre o *entourage*, Sommerville havia despertado sem querer a ira da imprensa local, já que repórteres e fotógrafos ficaram esperando por mais de duas horas para apertar a mão de Sylvie Vartan, em particular. Para piorar, Sommerville tentou jogar a culpa pelo tumulto em George Harrison.

Num primeiro momento, os jornalistas franceses chegaram ao Olympia num clima festivo. Haviam acabado de retornar de uma cobertura da visita do Papa à Terra Santa e se divertiam usando perucas dos Beatles. Porém, com a impaciência aumentando,[14] enquanto Mal observava horrorizado, o batalhão da imprensa francesa forçou a entrada no *backstage*, determinado a cumprir os prazos das redações. "Os Beatles bateram rapidamente em retirada para a área acortinada do camarim e era possível ouvi-los gritar detrás da segurança das cortinas: 'Pegue-os, Mal – mande-os para fora!'", lembrou o *road manager*.

Ao ouvir a deixa, Mal começou a agarrar os jornalistas desenfreados e a arrastá-los para fora do camarim. Com Corbett como parceiro ávido, Mal esvaziou o recinto e, no meio da bagunça, nocauteou um dos fotógrafos. Enquanto isso, George arremessou um copo de suco de laranja em Pinkle Bone, furioso com o despreparo do assessor de imprensa em lidar com os jornalistas. "No fim, a calma foi restaurada no *backstage* e essa foi a única briga na qual me envolvi em nome dos Beatles", escreveu Mal.[15]

A residência dos Beatles no Olympia não seria só uma representação caótica da ascensão meteórica de uma banda. Esses shows constituiriam também algumas das bases emocionais das primeiras lembranças agradáveis de Gary Evans, que se recordaria de assistir a uma das apresentações com a mãe, nas coxias: "Eu ficava muito animado quando eles cantavam 'From Me to You'. Lembro-me de estar na lateral do palco, olhando para a banda e tentando escapar dos braços da minha mãe para correr em direção a eles".[16]

E a alegria de Gary foi apenas uma amostra do que estava por vir. Na noite de 17 de janeiro, depois que Mal e os Beatles retornaram do Olympia para o hotel, Brian Epstein entrou correndo na suíte da banda. Ele trazia um telegrama da Capitol Records que anunciava que "I Want to Hold Your Hand" estava pronta para chegar ao topo das paradas dos EUA.

No calor da comemoração, os Beatles se revezaram para andar de cavalinho nas costas de Mal, com o grandalhão desfilando com eles pelo apartamento. "Eles ficaram malucos!", recordou-se. "Sempre agem assim quando algo grande acontece – são apenas garotos, pulam de pura alegria. Paul pulou nas minhas costas e exigiu uma volta de cavalinho. Sentiam que aquela

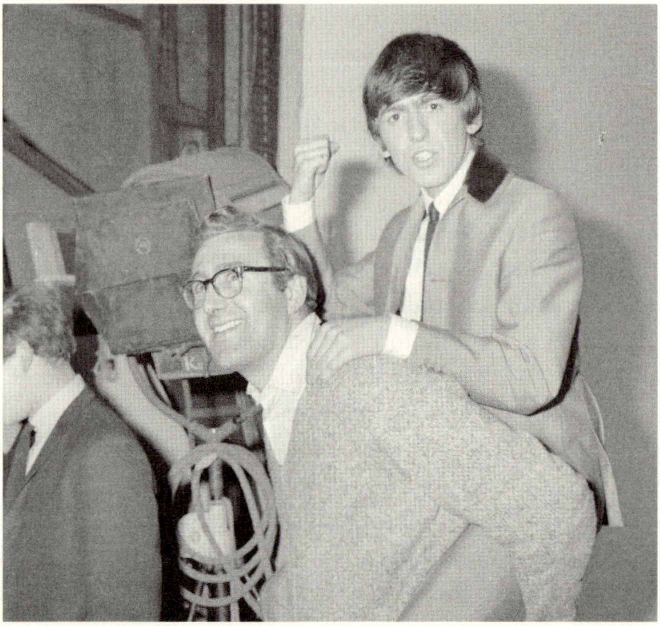

George andando de cavalinho em Mal

era a maior coisa que poderia acontecer. Aos poucos, se acalmaram, pediram mais algumas bebidas e se sentaram para apreciar por completo o que acontecera. Foi uma noite maravilhosa para eles. Eu fiquei besta."[17]

Para deleite de Mal, Brian promoveu uma comemoração inesquecível naquela noite no George V, com a presença de George Martin e sua namorada, Judy Lockhart Smith. O produtor dos Beatles estava na cidade para supervisionar a regravação em alemão de "She Loves You" e "I Want to Hold Your Hand" que a banda faria nos estúdios Pathé-Marconi da EMI. As festividades da noite incluíram jantar no restaurante gourmet Au Mouton de Panurge, onde Brian comicamente usou um penico na cabeça enquanto os Beatles e sua trupe brindavam à boa sorte. A celebração prosseguiu de volta ao George V, onde Brian festejava com os Beatles, George e Judy, enquanto, na sala ao lado, "uns amigos jornalistas montavam um show particular envolvendo várias prostitutas para a nossa diversão, com uma delas bem grávida". Como se lembraria Mal, "foi um pouco inquietante ver aquelas mulheres se apresentando umas com as outras diante dos nossos olhos no quarto, sendo que Brian, George Martin, Judy e os membros mais sóbrios da imprensa estavam no cômodo ao lado. Acho que a celebração atendeu aos distintos gostos de todo mundo".[18] A festa ferveu até 5h da manhã e, naquele dia, Mal acompanhou Lily e Gary ao aeroporto para a viagem de volta.

Nesse ínterim, os Beatles ainda tinham vários outros shows no Olympia, incluindo a data de 1º de fevereiro, na qual Paul quase perdeu a deixa depois de se encantar com uma mulher no *backstage*. Quando as cortinas estavam prestes a subir, Neil empunhou apressadamente o baixo Höfner de Paul e assumiu o lugar dele no palco. No último segundo, o baixista saltou para o seu devido posto. De todo modo, Neil estaria pronto para entrar em ação e, mais tarde, rabiscou no diário de Mal que estava "bem preparado para fingir".[19]

A residência terminou no dia 4 de fevereiro. Como se para expressar o alívio por ter sido poupado de quaisquer percalços ligados ao Olympia naquele dia, Mal escreveu: "Último show – nada aconteceu".[20] É claro, havia muita coisa à beira de acontecer, graças a "I Want to Hold Your Hand" reinar no topo das paradas americanas. Quando Mal retornou a Londres com o equipamento, no dia 5 de fevereiro, já havia uma nova reviravolta na vida dos Beatles. Naquela sexta-feira, 7 de fevereiro, eles embarcariam na primeira viagem aos EUA.

Em novembro do ano anterior, Brian providenciara para que a banda se apresentasse no *Ed Sullivan Show*, da CBS, em semanas consecutivas. Assim como o *Sunday Night at the London Palladium*, de Val Parnell, o programa de variedades americano daria aos quatro garotos de Liverpool a oportunidade de tocar para um público gigantesco de TV. Quando Brian fechou o contrato, os Beatles eram relativamente desconhecidos nos EUA. Agora, com toda uma gama de canções subindo pelas paradas, a magnitude da visita que se aproximava começava a tomar proporções sem precedentes.

08

MEU ANIMAL FAVORITO

Em preparação para a viagem inaugural dos Beatles aos EUA, Mal passou a quinta-feira, 6 de fevereiro de 1964, percorrendo as lojas de música de Londres. Assim como em estabelecimentos tradicionais de Liverpool, como a Hessy's, ele já era conhecido de diversos vendedores na capital. No início da década de 1960, Ivor Arbiter inaugurou um par de lojas que atendiam ao negócio florescente da música pop: Drum City, na Shaftesbury Avenue, e Sound City, especializada em guitarras e amplificadores, na Rupert Street. A Drum City, revendedora exclusiva de equipamentos Ludwig no Reino Unido, foi a primeira parada de Mal antes da viagem aos EUA, voltada em grande escala à bateria de Ringo, entre outras miudezas. "Ocupei-me de comprar estojos para tambores e pratos, capas para amplificadores e caixas e, em geral, reunir todo o equipamento que já tinha solto, como palhetas, cabos extras de guitarra e baquetas, além de pastilhas para tosse e potes de mel com os quais a banda costumava tratar as gargantas doloridas depois das longas noites cantando na estrada."[1] A Drum City teria imensa importância na história de Ringo: em abril de 1963, Arbiter, a pedido de Brian, desenhara o logo dos Beatles, com o *T* rebaixado e o *B* maiúsculo exagerado, para a pele do bumbo da bateria Ludwig.[2]

Mal nunca se esqueceria do voo fretado da Pan Am para Nova York – a viagem mais longa de sua vida até então. Ele e Neil foram na área da classe econômica, ruborizados de expectativa, nervosos quanto ao que os aguardava no solo do Aeroporto Internacional John F. Kennedy, recentemente rebatizado em homenagem ao presidente assassinado. Apropriadamente, Ray

McFall também estava no voo, dada a significância do Cavern em ajudar os Beatles a se tornarem um dos alicerces de Liverpool.

E então – a chegada. Os passageiros, um por um, ficaram embasbacados: três mil fãs estavam reunidos para receber a banda no JFK. A Beatlemania americana havia nascido de verdade.

Os sonhos mais loucos de Mal de confraternizar com o luxo e a fama nunca superariam a experiência vivida em Nova York naquele final de semana. "Ficamos hospedados no Plaza e eu tenho certeza de que o átrio desse hotel nunca testemunhou tamanha histeria, fomos absolutamente sitiados pelas fãs, com toda a força policial nova-iorquina nos protegendo", escreveria ele.[3]

No dia seguinte, os Beatles ensaiaram para a primeira aparição no *Ed Sullivan Show*. Com George gripado, Neil ficou no lugar dele no palco da CBS. No domingo, 9 de fevereiro, dia da transmissão, a banda recebeu um telegrama de congratulações de Elvis e do Coronel Tom Parker. Paul não resistiu a cutucar Mal: "Você é o maior fã dele, Mal, como é que não recebeu um telegrama de boa sorte?". Mal conta que "o episódio terminou com os quatro brigando quanto a quem ia guardar o telegrama como souvenir".[4]

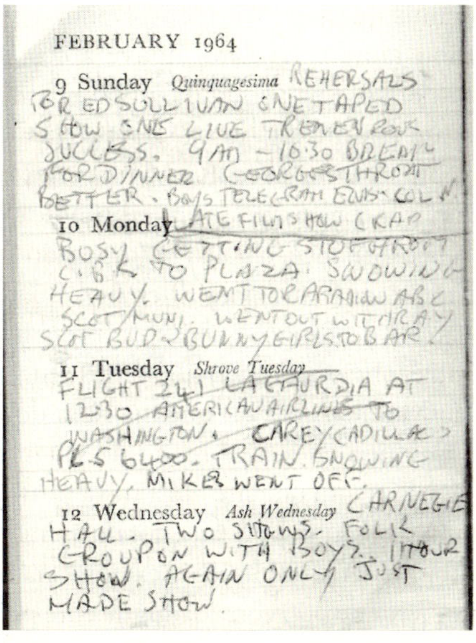

Diário de Mal no dia do *Ed Sullivan Show*

Felizmente, George se recuperou a tempo para o programa, mas, à medida que chegava a hora da transmissão, Mal se deu conta de que a imagem cuidadosamente elaborada por Brian para os Beatles estava em perigo. "Esse incidente em particular aconteceu após um dia inteiro de ensaios e cerca de meia hora antes de o programa entrar no ar", recordou-se. Para seu horror, a pele do bumbo de Ringo, com o logo do grupo, não estava à vista. "Quando uma banda grava, é normal que se remova a pele dianteira do bumbo para facilitar o posicionamento do microfone e obter um som melhor", escreveu Mal. "Com apenas alguns minutos para a banda ser vista ao vivo na TV pela primeira vez nos EUA, a frente do bumbo estava vazia feito um túnel ferroviário. Tinha me esquecido de colocar a pele com o nome. Congelei e quase molhei as calças de pavor. Porém, nos minutos que restavam, consegui recolocar o famoso logo para os milhões de fãs que aguardavam para vê-lo."[5]

Naquela noite, 73 milhões de telespectadores assistiram à apresentação dos Beatles no *Ed Sullivan Show*, eclipsando por completo a histeria do Palladium, em outubro. Foi sem dúvida alguma um momento divisor de águas, que abriu as portas para uma Invasão Britânica que rapidamente modificaria o panorama da música pop. E então, na terça-feira, 11 de fevereiro, eles fizeram o primeiro show nos EUA, no Coliseum, em Washington, DC. Para Mal, seria um dos shows mais estranhos da história do grupo, um exemplo de onde as coisas deram errado numa escala grandiosa.

No início, foi só uma questão menor envolvendo os microfones da banda, que Mal remediou rápido. E, claro, houve a costumeira saraivada de jujubas – ainda mais perigosa na versão da guloseima nos EUA. As jujubas americanas que voavam em direção ao palco num ataque incessante, doces mais duráveis e com um exterior mais duro e impiedoso, atingiam Mal e os Beatles com muito mais força do que a versão britânica.

Para acomodar a performance, o palco foi montado "redondo", de forma a permitir à banda tocar de frente para diferentes quadrantes da casa. No centro de tudo, a bateria de Ringo, que estava presa a um tablado giratório. A engenhoca tinha funcionado perfeitamente durante os ensaios, "mas quem diria", escreveu Mal mais tarde, "que, na hora do show de verdade, o negócio se recusou a girar, e eu acabei tendo de saltar para o palco a cada duas músicas para girá-lo manualmente até a nova posição".[6]

Depois do show no Coliseum, os Beatles foram a uma recepção na Embaixada Britânica, evento que teria implicações extensas na história de Mal e do grupo. Naquela noite, cerca de 300 convidados de elite prestigiaram uma cerimônia em prol da Sociedade Nacional para a Prevenção da Crueldade contra

Mal montando a bateria de Ringo no Coliseum, em Washington

as Crianças, a instituição de caridade britânica favorita de Lady Ormsby-Gore. Junto ao *entourage* dos Beatles estava o fotógrafo Harry Benson, que se recordou do quanto os companheiros de Liverpool ficaram mortificados diante dos convidados de alta classe que empinavam o nariz para eles. As coisas passaram de desconfortáveis a perigosas quando uma debutante britânica chegou por trás de Ringo e cortou um pedaço do cabelo dele como recordação. Com isso, os Beatles exigiram ir embora. Benson lembrou a humilhação do grupo ao sair da embaixada naquela noite: "Eles ficaram muito tristes. Parecia que queriam chorar, John em especial".[7] Como resultado desse fiasco na Embaixada Britânica, os Beatles repreenderam Epstein por ter aceitado o convite e insistiram para que nunca mais fossem submetidos a tal degradação.

Ao retornarem a Nova York para dois shows no Carnegie Hall, a paixão de Mal pelo Velho Oeste foi recompensada em grande estilo quando os caminhoneiros americanos, que o ajudaram no transporte do equipamento do grupo, o presentearam com um chapéu de caubói Stetson branco. Depois do Carnegie Hall, os rapazes e sua trupe voaram para Miami, onde a banda se apresentaria de novo no *Ed Sullivan Show*, numa transmissão que aconteceria do Deauville Beach Resort no domingo, 16 de fevereiro. Assim como na primeira participação no programa, em Nova York, Mal se viu numa saia justa momentos antes da transmissão ir ao ar. Quando a atração anterior terminou, Sullivan se dirigiu para a frente das cortinas para conversar com o público enquanto a CBS anunciava a sequência de comerciais de costume. "Os segundos passavam e nem sinal dos Beatles", recordou-se Mal.

Um Ed Sullivan irado colocou a cabeça por entre as cortinas e disse: "Mal, onde estão eles, porra? Onde estão os Beatles?". O *roadie* descobriria mais tarde que Neil e a banda foram segurados por fãs que lotaram o hotel. "Ed Sullivan estava a ponto de colocar uma atração tapa-buraco quando os Beatles enfim apareceram e adentraram o palco faltando segundos para entrar no ar", escreveu Mal. "Na verdade, no momento em que passava o último comercial. Mal tiveram tempo de afinar, então a cortina se abriu e o show começou. É em momentos como esse que o Destino deve estar sentado nas coxias com um sorriso diabólico, observando as desventuras de nós, pobres humanos."[8]

Na segunda-feira à noite, Mal estava num avião transportando os equipamentos dos Beatles de volta a Londres, enquanto os rapazes tinham ficado para trás para um merecido descanso. Na terça-feira, Mal perdeu a oportunidade de se juntar a eles enquanto fingiam lutar contra Cassius Clay, de 22 anos, que logo passaria a ser conhecido como Muhammad Ali, o boxeador peso-pesado que estava treinando em preparação para o confronto contra Sonny Liston pelo título. Mesmo assim, a jornada aos EUA foi um sonho realizado para o *roadie*. "Eu me vi no centro das atenções em muitas ocasiões e, devo admitir, desfrutei de cada segundo", escreveu ele. "Estar numa praia em meio a uma multidão de senhorinhas de cabelo azul clamando pelo meu autógrafo era o *show business* do qual eu queria fazer parte."[9]

Ao mesmo tempo, ele ficou chocado com as diferenças culturais que encontrou. "A atitude americana também era estrangeira para a nossa natureza", observou, "e eles riam dos nossos 'por favor', 'obrigado' e 'com licença', os quais estamos acostumados a falar. Do nosso ponto de vista, achamos os americanos mal-educados quando pediam coisas não só para nós, mas uns para os outros, sem usar 'por favor'. Mas tivemos uma percepção de que os EUA são nosso país irmão no sentido de que falamos a mesma língua e compartilhamos das mesmas diferenças".[10]

De volta a Londres, Mal assistiu a uma exibição de *The Running Jumping & Standing Still Film*, curta-metragem de comédia de 1959, estrelado por Peter Sellers e dirigido por Richard Lester, que estava escalado para fazer a estreia dos Beatles no cinema. Mal voltou para Liverpool só na sexta-feira para se reencontrar, ainda que brevemente, com Lily e Gary. Após escrever no diário que era "maravilhoso ficar em casa", Mal já estaria de volta a Londres com os Beatles na noite de domingo, quando ficou estupefato ao conhecer os astros de *Os Vingadores**, Patrick Macnee e Diana Rigg, durante a filmagem da participação da banda no talk-show *Big Night Out*, no Teddington Studios.[11]

Embora Mal desfrutasse, como sempre, da oportunidade de socializar com os ricos e famosos, a manhã seguinte foi um balde de água fria. Ele deveria se apresentar no tribunal para tratar das acusações decorrentes do fiasco de novembro em Cannock com a van. Representado pelo advogado da NEMS, Rex Makin, ele foi acusado de dirigir sem o seguro adequado, já que a apólice vinculada ao veículo especificava que apenas John, George, Ringo e Neil tinham permissão para conduzi-lo. (Ironicamente, John só tiraria carteira de motorista em fevereiro de 1965.) O caso foi finalmente arquivado quando a seguradora da NEMS garantiu ao tribunal que teria provido cobertura ao *roadie*. Da parte de Mal, sua ansiedade estava no pico, e ele temia que pudesse despertar a ira de Brian mais uma vez e potencialmente perder o emprego.[12]

À medida que Mal e os Beatles se preparavam para uma rodada estendida de sessões de gravação nos estúdios da EMI para o longa-metragem, ele redobrou os esforços para cumprir a promessa que fizera a Lil de ser um correspondente mais atencioso e constante. Porém, só conseguiu escrever pela primeira vez no dia 3 de março, no set de filmagem na estação Minehead, em Somerset, e em outras locações com o grupo e Dick Lester.

A filmagem foi transferida da estação Marylebone para Somerset para capturar uma sequência de cenas dos Beatles dentro e no entorno de um trem da British Rail. Quando os motores superaqueceram na Minehead, arruinando os planos de Lester para aquele dia, Mal correu de volta para Londres, onde equipou as estátuas de cera dos Beatles no museu Madame Tussauds com guitarras de mentira. "Esta deve ser a terceira carta que escre-

---

* Seriado britânico de espionagem que foi ao ar entre 1961 e 1969, sem relação com a franquia da Marvel Comics e seus personagens. (N.T.)

George no set de filmagem de *A Hard Day's Night*

vo para você esta noite", redigiu para Lily. "Antes, eu adorava escrever cartas, achava bastante fácil, mas acho que a falta de prática está tornando difícil. Eu, com certeza, vou escrever com mais regularidade no futuro, querida, pois não fui justo contigo no passado." Ele encerrou a mensagem ainda arrependido: "Eu adoro este trabalho, como você sabe, Lil, mas quando escuto Gary ao telefone, como esta noite, isso acaba mesmo comigo, e eu quero estar com vocês o tempo todo. Isso não será para sempre, boneca, e nós vamos estar juntos uma vez mais".[13]

No longa-metragem – que logo receberia o título de *A Hard Day's Night* a partir de um "ringoísmo" proferido pelo baterista* durante uma entrevista no dia 17 de março –, Mal foi interpretado pelo astro da comédia da TV britânica John Junkin. No papel de "Shake", Junkin reproduziu os maneirismos familiares e centrados de Mal como um membro do círculo interno dos Beatles no filme. No dia 11 de março, Mal escreveu mais uma vez para Lily, dessa vez com os ânimos muito mais elevados, pois tinha contribuído com a filmagem. "Aqui está seu amado Mally com um carta para você",

* Em tradução literal, "Noite de um Dia Duro". No Brasil, o filme ganhou o título de *Os Reis do Iê, Iê, Iê*. (N.T.)

começou ele. "Hoje, pela primeira vez, me envolvi no filme. A manhã começou como de costume, sem fazer nada, só com os pés doendo. E então eles quiseram o equipamento no set e lá fui eu buscar. A tarde toda foi caótica, fiquei arrumando o equipamento na perua de um guarda para uma cena bem engraçada em que eles jogam cartas e terminam cantando ['I Should Have Known Better']."[14]

A semana seguinte se provaria uma das mais movimentadas para Mal durante todo aquele ano maluco, começando de maneira exemplar quando ele pôde desfrutar de exibições particulares da comédia americana *Irma La Douce* e do filme de James Bond, *Moscou contra 007,* na companhia dos Beatles. Como de costume, os rapazes gostavam de provocar o *roadie* – a certa altura, George colocou copos de plástico nos bolsos da camisa de Mal e, em seguida, os encheu de leite irreverentemente. Num momento de ternura, John declarou a Mal que "depois dos *sarnies* [gíria britânica para sanduíches], você é o meu animal favorito". O guitarrista base dos Beatles, com seu humor cáustico, já era uma fonte de intimidação para Mal havia um bom tempo – sobretudo depois da perda de seu estimado violão Gibson. Essa provocação não passou batida pelo *roadie,* que expressou no diário a preocupação com seu papel na órbita dos Beatles, que frequentemente dava a sensação de ser incerto.[15]

Paul num vagão de trem segurando uma foto de Elvis

No dia seguinte a esse registro no diário, o lugar de Mal no ecossistema da banda foi mais uma vez colocado à prova. Depois de fazerem dois shows – incluindo uma participação no *Top of the Pops* –, os Beatles compareceram a um evento beneficente no hotel Dorchester, em Londres. No início da madrugada de 19 de março, Mal começou a arrastar o equipamento para dentro do salão para a apresentação. "Fiquei consternado e me senti péssimo por ter de montar o equipamento no meio daquele salão cheio de gente elegante com minha roupa de estrada, um paletó com couro nos cotovelos", escreveu. "O público era uma mistura de alta sociedade e celebridades do cinema, da televisão e da música." Até o primeiro-ministro Harold Wilson estava presente e posou para fotos com os rapazes após lhes conceder o prêmio de "Personalidades do *Show Business* do Ano de 1963".[16]

Como sempre, Mal desfrutou do evento – especialmente pela chance de se misturar às personalidades, como o comediante galês Harry Secombe, que foi o mestre de cerimônias. Porém, ele se sentiu exposto naquela noite por estar com uma aparência pouco profissional entre os ricos e famosos, ainda ruminando sobre a reprimenda de Brian, em novembro, a respeito de suas roupas e comportamento. Como se para piorar as coisas, naquela noite de sexta, ele cometeu uma gafe durante a gravação do programa de TV de rock e pop *Ready, Steady, Go!* ao passar na frente da câmera, roubando a atenção, sem querer, do apresentador Keith Fordyce.

A essa altura, a fama sem precedentes dos Beatles os obrigava a fazer esquemas incomuns para conduzir suas vidas. No dia 21 de março, na esperança de evitar o acampamento costumeiro de fãs que seguiam cada movimento da banda, Neil e Mal foram forçados a trabalhar antes do nascer do sol na mudança de George e Ringo para sua nova casa, um apartamento na Whaddon House, em Knightsbridge. John e Cynthia, por sua vez, se estabeleceram num apartamento aconchegante em Kensington com o bebê Julian. Paul foi morar com a namorada, Jane Asher, na casa que a família dela tinha na Wimpole Street. Jane, que acabara de completar 18 anos, era uma das jovens atrizes mais promissoras da cena teatral londrina.

Mal e Neil já contavam então com uma nova van para substituir a Ford. A Commer azul de placa 6677 ED era uma verdadeira fortaleza que transportava os dois por toda Londres e região, bem como o equipamento dos Beatles, além de levá-los para casa periodicamente para visitar suas famílias. Para Mal, a nova van logo se tornou um fardo adicional, exigindo reparos frequentes à medida que os Beatles e sua trupe forçavam sua capacidade.

Assim como George e Ringo, Mal e Neil precisavam de acomodações mais confiáveis após inúmeras noites no hotel President. "Aos poucos, todos se mudaram para Londres", lembrou Neil. "Acho que Mal Evans e eu fomos os últimos a conseguir um apartamento, pois não podíamos pagar. No fim, tiveram de nos dar um apartamento, afinal a hospedagem em hotéis, como acontecia, saía ainda mais caro."[17] Agora instalado com Neil na Montagu Mews West, 16, Mal estava grato pelo novo apartamento, que vagamente parecia um lar. Ainda assim, Londres foi um choque de cultura para o time de transplantados de Liverpool pelos Beatles. Como Tony Bramwell apontaria, "achávamos os londrinos difíceis de lidar. Eles nos viam como provincianos, desagradáveis e malandros que falavam um jargão estranho que ninguém parecia entender".[18]

A essa altura, June, irmã de Mal, também tinha se mudado para Londres depois de ser aceita na Central School para estudar artes dramáticas. Quando voltava a Londres das viagens a Liverpool, Mal sempre trazia pacotes da Waldgrave Road para June. "Malcolm me trazia comida de Liverpool, mas, é claro, como ele era muito ocupado, eu recebia a encomenda com uma semana de atraso, e os ovos já estariam podres", contou ela. O irmão fazia questão de que June pudesse assistir a algumas das gravações da banda. "Mas eu era uma cantora folk", disse, "e era bem esnobe em relação ao rock 'n' roll". Por sua própria admissão, essa atitude mais tarde se voltaria contra ela quando recusou uma oportunidade, providenciada pelo irmão mais velho, de ser *backing vocal* de Eric Clapton, então um guitarrista relativamente desconhecido.[19]

Em abril, os Beatles encerraram os trabalhos de *A Hard Day's Night* – tanto o filme quanto o LP de mesmo nome. Mal até conseguiu tempo entre as filmagens e gravações para ir ao dentista, que lhe deu um novo dente para substituir o que foi deslocado pelo bêbado no Cavern, no verão de 1962. Nesse momento, sua época de segurança certamente parecia algo de uma vida atrás.

Foi nesse período que ele começou a atender a cada capricho dos Beatles, certificando-se de que as refeições – adquiridas antecipadamente na estrada por gentileza dos hotéis, lanchonetes e restaurantes – estivessem prontas precisamente quando solicitadas. Com esse fim, Mal desenvolveu uma rotina que acomodava a vida dos membros da banda tanto como atores quanto como músicos. "Filmar nos estúdios sempre foi fácil para mim", escreveu ele, "já que os cafés da manhã para os rapazes, quando chegavam cedo ao set, podiam ser comprados na cantina do estúdio – no geral, a ordem do dia era chá e torradas com geleia e marmelada".[20] Já para as longas sessões de gravação na EMI, Mal agilizava as refeições com a cantina do estúdio, que ficava no porão, ou, para variar, de todo tipo de estabelecimento em St. John's Wood, dos quais ele, aos poucos, desenvolvia um conhecimento muito útil.

A essa altura, Mal estava claramente à beira da exaustão. Assim como acontecera com Neil na época antes de Mal se juntar ao time, ele não só havia perdido um peso considerável, como passou a ficar doente, chegando a parar no hospital por causa de uma infecção no ouvido. Também se desdobrava para equilibrar as obrigações relativas aos Beatles com as da família. "Numa manhã de sábado bem cedo, a caminho de Liverpool para um dia em casa com a minha família", escreveu, "adormeci ao volante da van e despertei a poucos metros de colidir com uma grande rotatória já perto da cidade". Depois de escapar por pouco de uma calamidade – na qual ainda poderia ter perdido a van Commer nova –, só pôde concluir que "alguém lá em cima gosta de mim".[21]

Ao mesmo tempo, ele e Lily começavam a sentir o aperto financeiro associado às suas novas vidas. Com Mal fazendo malabarismos com as despesas na capital e Lil tentando pagar as contas em Mossley Hill, guardar um dinheirinho – embora o salário de Mal recebido dos Beatles fosse mais alto que o dos Correios – não era tarefa fácil para eles. Sempre de olho em renda extra, Mal teve uma ideia. Nos últimos meses, começara a documentar a ascensão meteórica dos Beatles, fotografando-os nas apresentações, no set de filmagem de Lester e em diversos meios de transporte de um local de show para outro. Numa carta para Lil, datada de 17 de abril, Mal contou à esposa: "Estou fazendo fotos dos Beatles e as mostrei para um jornalista freelancer que acha que pode vender algumas delas para os jornais. Seria fabuloso se eu conseguisse algum dinheiro com isso, não? Mas, por favor, não diga nada a ninguém", acrescentou, "porque quanto menos as pessoas souberem dessas coisas, melhor. Mesmo assim, cruze os dedos por nós".[22]

Com a miniturnê de primavera concluída na última semana de abril, Brian organizou um giro mundial pleno para os Beatles. Começaria no dia 4 de junho, em Copenhague, e os levaria do norte da Europa para Hong Kong, depois para a Austrália e a Nova Zelândia, finalizando em casa, no meio do verão. Era uma turnê ambiciosa em todos os aspectos, que tomara meses de planejamento cuidadoso da parte de Brian e sua equipe na NEMS.

Após um show de aquecimento no Prince of Wales Theatre em 31 de maio, a banda estava afiadíssima, pronta para dominar o mundo. Mal, que completara 29 anos quatro dias antes, passou um bom tempo garantindo que os instrumentos dos rapazes estivessem preparados para a árdua turnê que os esperava. Antes da apresentação no Prince of Wales, ele fez mais uma de suas visitas costumeiras à Drum City, dessa vez para providenciar um novo kit para Ringo, um modelo Ludwig Super Classic top de linha, com acabamento preto-ostra perolado. A essa altura, Mal já tinha estabelecido um roteiro simples do seu trajeto às lojas de instrumentos da cidade para cuidar do equipamento dos Beatles – a Drum City para Ringo, a Sound City para comprar as cordas de baixo preferidas de Paul e a Selmer para as palhetas favoritas de John. Tudo parecia estar se encaixando com perfeição.

E então, na tarde da véspera do início da turnê na Dinamarca, um desastre se abateu sobre St. John's Wood. No dia 3 de junho, enquanto os Beatles posavam para um ensaio de fotos para o *Saturday Evening Post*, Ringo desmaiou subitamente. Neil correu com ele para o hospital, onde o baterista foi diagnosticado com amigdalite e faringite agudas. Enquanto isso, nos estúdios da EMI, Mal observava "uma sensação pessimista assomar sobre todo mundo" à medida que contemplavam a turnê mundial sem o baterista.[23] Naquele momento, parecia nada menos que impensável.

Mal escreveu: "Como os Beatles poderiam aparecer sem Ringo?"[24]

09

O DEMÔNIO

Com Ringo internado no University College Hospital, Mal viu os cabeças dos Beatles entrarem no olho de um furacão de opiniões divergentes. Por um lado, George Martin ficou do lado de Brian quanto a seguir em frente com a turnê. Epstein trabalhara por vários meses com *promoters* a um mundo de distância para organizar casas de shows, hotéis, transporte, segurança e merchandising. Como não havia "cláusulas extraordinárias" em efeito, o cancelamento, pensava Brian, significava a possibilidade de processos e, pior, um potencial desastre de relações públicas que poderia abalar a fama da banda, que ele vinha trabalhando tão incansavelmente para consolidar em nível mundial. Para Martin, o velho ditado de que o show tinha de continuar se tornou literal.

Entretanto, George Harrison se opôs fortemente à ideia de seguir com a turnê. "George é uma pessoa muito leal", recordou-se Martin. "E ele disse: 'Se Ringo não fizer parte do grupo, não são os Beatles. E eu não vejo por que devemos fazer dessa forma. Eu não vou'."[1] Mal concordou em absoluto com a perspectiva de Harrison; Ringo era o baterista da banda – fim de papo. John e Paul pareciam consideravelmente menos horrorizados com a possibilidade de viajar para Copenhague sem Ringo. Enquanto contemplavam contratar um baterista substituto, surgiu a sugestão de chamarem Pete Best, embora John a tenha dispensado rapidamente, apontando que o antigo baterista agora tinha seu próprio grupo, The Pete Best Four. Além disso, "poderia parecer que o estávamos chamando de volta à banda, o que não seria bom para ele".[2]

Com o momento agora favorável à posição de Brian, Martin recorreu a seu extenso Rolodex com telefones de músicos de estúdio da região de Londres. A primeira ligação foi para um baterista do East End chamado Jimmie Nicol, que tocara nos Shubdubs (banda cuja única reivindicação à fama era um hit menor intitulado "Humpty Dumpty") e, mais recentemente, com Georgie Fame and the Blue Flames. Jimmie foi rapidamente convocado ao Abbey Road para um teste.

"Foi tudo muito misterioso – ninguém queria se comprometer", lembrou Nicol. "Fui até a EMI, conheci todos eles e só ensaiei umas cinco músicas. E foi isso."[3] Quando Jimmie estava de saída, o *roadie* aproveitou a deixa: "Meu nome é Mal Evans", disse ao baterista. "Trabalho com os Beatles. Fique com o meu cartão. Tem um telefone nele. Se precisar de qualquer coisa, a qualquer hora do dia ou da noite, 24 horas, qualquer coisa que quiser – me ligue."[4]

Dentro de 24 horas, Mal estaria de escudeiro dos Beatles e de Nicol na primeira turnê mundial da banda. Assim como os outros membros do *entourage*, Mal sentia profundamente a ausência de Ringo. Durante o voo, o grupo recorreu ao humor, seu bálsamo favorito, para tornar a situação mais leve. "Os rapazes se divertiram às custas do piloto, já que ele não sabia que Ringo não estava presente e insistia em pedir seu autógrafo", recordou-se Mal. "Num dado momento, George entrou em cena e disse a Paul: 'Vamos, Ringo – dê um autógrafo a ele. Não seja mau!'"[5]

A significância da ausência de Ringo certamente não passou despercebida pelo próprio baterista. "Foi muito estranho eles partirem sem mim", disse. "Levaram Jimmie Nicol e eu pensei que eles não me amassem mais – tudo isso passou pela minha cabeça."[6] Mal entendeu implicitamente a posição de Ringo. Na verdade, ele já a experimentara e a respirara, pois vivia num estado quase constante de ansiedade sobre sua situação com os Beatles.

Quando a banda chegou a Amsterdã, o baterista substituto já havia entrado no ritmo natural da vida em turnê dos Beatles. Os rapazes gostaram da atitude tranquila de Jimmie, em especial a propensão dele em dizer "está melhorando"* quando perguntado a respeito de sua experiência no extraordinário aquário dos Beatles. Amsterdã, nesse ínterim, se mostrou uma grande fonte de liberação para a banda e sua trupe. Depois que a polícia holandesa afrouxou a custódia protetiva, os rapazes se sentiram livres para explorar a cidade. George nunca se esqueceria da tarde em que navegaram pelos canais

---

* Em inglês, "*it's getting better*". Biógrafos dos Beatles como Ian MacDonald e Hunter Davies atribuem a essa frase a inspiração para a canção "Getting Better", composta por McCartney para *Sgt. Pepper's*. (N.T.)

num barco com teto de vidro, enquanto cerca de 30 mil fãs observavam das margens. Foi a bordo desse barco que ele pôde testemunhar o nível de dedicação de Mal a satisfazer todas as necessidades da banda. "Estávamos passeando pelos canais, acenando e nos sentindo fabulosos, então vimos um cara no meio da multidão com um casaco muito maneiro. Mandamos Mal descobrir onde o rapaz conseguiu a peça. Mal pulou ou saiu nadando do barco e, umas três horas depois, chegou ao nosso hotel com o casaco, que ele comprou do próprio cara."[7]

O nível em que Mal permitia sua insegurança afetar as interações com os Beatles era simplesmente injustificado. Claro, ele tinha cometido um bom tanto de vacilos desde que começara a trabalhar para a banda em tempo integral, mas era notável a melhora de sua competência como *roadie*. Houve um momento em que George reclamou do número de cordas de guitarra que consumia durante as apresentações da banda: "Sabe, Mal, elas quebram assim que eu subo ao palco", lamentou. "E dito e feito, elas quebravam, uma por uma", escreveu Mal. "Mas nós sempre tínhamos uma guitarra reserva no palco para ele, e eu corria, agarrava a guitarra e trocava as cordas enquanto ele usava a reserva, devolvendo a principal o mais rápido possível. Era nesses momentos que a minha cabeça esvaziava – subia e descia do palco e resolvia as coisas com o sistema todo no automático."[8] Em questão de meses, Mal não só já tinha dominado as minúcias dos cuidados com os instrumentos, como também já o fazia sob as condições de alta pressão de um show ao vivo.

Depois que os shows na Holanda terminavam à noite, Mal e a banda aproveitavam a escuridão para pôr em prática algumas das mais audaciosas expedições dos anos de turnê dos Beatles – intencionalmente enquanto Brian estava na Inglaterra. "Numa noite em particular, conseguimos escapar e fomos aos bordéis às margens de um dos canais", escreveu Mal. "Estava escuro quando chegamos e nós nos parabenizávamos pela façanha. Imagine a nossa consternação quando saímos e fomos recebidos pela luz do dia e por vários milhares de fãs dos Beatles que tomavam as margens e gritavam 'Uau, Beatles!'. Então levamos nossas caras ruborizadas rapidinho até o hotel!"[9]

Incrivelmente, os Beatles e sua trupe conseguiram ir embora do continente europeu ilesos de reportagens sobre comportamentos escandalosos e até inconsequentes que poderiam ter significado a ruína de outra banda. Porém, não seria a última vez que a ousadia deles passaria despercebida. Antes que partissem da Holanda para começar o braço oriental da turnê, Mal fez questão de demonstrar o incrível poder da fama dos Beatles ao baterista temporário. "Decidi levar Jimmie para fora no intervalo entre um show e outro para dar a ele alguma ideia do tamanho do culto aos Beatles. Para ele, parecia legal poder dar uma volta e curtir até o momento em que alguém o reconheceu. Ele então pirou por ser perseguido e ter de voltar pela porta dos fundos!"[10] A turnê tinha começado há poucos dias, mas Jimmie agora entendia o espelho que havia atravessado e as mudanças causadas por aquela experiência. "Um dia antes de me juntar aos Beatles, nem uma garota sequer tinha olhado para mim", observaria. "No dia seguinte, vestindo terno e andando de limousine com John Lennon e Paul McCartney, elas matariam só para encostar em mim."[11]

No dia 7 de junho, os Beatles e sua trupe retornaram a Londres, onde embarcaram no primeiro dos cinco voos agendados para Hong Kong. Lá eles fizeram duas apresentações no Princess Theatre, de 1,7 mil lugares. Com o grupo no hotel, Mal se aventurou sozinho pela cidade. "Eu fui o único a andar de riquixá,* sendo muito zoado quando contei a história aos rapazes. Lá estava eu no riquixá, totalmente bêbado, tarde da noite, esperando para ver os pontos turísticos de Hong Kong. O riquixá requebrava em grande estilo quando entramos numa avenida repleta de árvores." Nesse momento, o condutor tentou seduzir Mal com um menu carnal que incluía uma mulher, uma menina jovem e um garotinho. "Convenci-o a me levar de volta para o hotel – veja bem, eu não sou avesso a um pouco de sacanagem, mas há limites."[12]

Aparentemente, o apetite de Mal não foi saciado por uma simples corrida de riquixá. O "demônio do sexo" que Tony Bramwell havia observado no outono do ano anterior estava claramente em evidência naquela noite em Hong Kong. Mais tarde, Mal se aventurou em uma das casas de chá exclusivas da cidade – do tipo em que cavalheiros bebericam chá enquanto uma cafetina desfila jovens mulheres para a avaliação deles. "A ideia era voltar para o hotel com a garota e, por uma remuneração adequada, ela te divertiria pela noite toda", disse Mal. "A minha jovem não parava de dizer 'Você tem olhos tão lindos – nunca vi olhos tão lindos', o que fez bem demais para o meu ego. Meu dinheiro valeu a pena!"[13]

Antes de partir de Hong Kong, Mal acompanhou os rapazes num passeio de compras, no qual os Beatles tiraram a mão do bolso para toda uma gama de roupas recém-costuradas, cortesia das alfaiatarias da cidade. George

* Meio de transporte em que uma pessoa puxa uma carroça, geralmente de duas rodas, onde carrega até outras duas pessoas. (N.T.)

também comprou uma câmera Pentax dos festejados vendedores locais, um modelo Asahi 1, a primeira de muitas câmeras do tipo que ele viria a adquirir. Mais tarde, ele a presentearia a Mal, sabendo do interesse florescente do *roadie* por fotografia, em particular para documentar a movimentação dos Beatles – sem contar a fonte de renda extra.

Com Hong Kong para trás, os rapazes e a equipe seguiram para a Oceania, onde se prepararam para o ritmo angustiante que 32 shows em 18 dias pela Austrália e a Nova Zelândia demandariam. A recepção dos Beatles na Austrália não só rivalizou, como superou em muito, o alarde testemunhado na Grã-Bretanha e nos Estados Unidos. Chegaram a Sydney na manhã do dia 11 de junho, recebidos por uma nada auspiciosa forte tempestade. Quase mil fãs enfrentaram a natureza para dar as boas-vindas – embora um grupo que se proclamava Anti-Trash Society ["Sociedade Antilixo"] tenha protestado contra a chegada da banda, empunhando um cartaz que dizia: "Vão embora, insetos!".

As coisas mudaram radicalmente no dia seguinte, em Adelaide, onde mais de duas mil pessoas se enfileiraram ao longo do trajeto entre o aeroporto e o centro da cidade. Mais 30 mil se reuniram na prefeitura, onde o prefeito teve um encontro com os Beatles.

A essa altura, Derek Taylor, 32 anos, o erudito ex-editor do *Daily Express*, havia assumido a assessoria de imprensa após o fiasco de Brian Sommerville em Paris. Como assistente de Brian Epstein, Derek foi o *ghost writer* da autobiografia do empresário, *A Cellarful of Noise*, que seria publicada mais tarde naquele ano. Depois de se juntar à turnê, ele ficou estupefato diante do fervor que recebeu os Beatles na região da Australásia. "Cada vez que chegávamos a um aeroporto, era como se De Gaulle tivesse pousado, ou, melhor ainda, o Messias", escreveu Derek. "As vias eram tomadas por filas de ponta a ponta, pessoas com deficiência abandonavam as bengalas, os doentes corriam para o carro como se o toque de um dos rapazes fosse curá-los, senhoras observavam com os netos e, à medida que avançávamos, eu via as expressões naqueles rostos. Era como se algum salvador tivesse chegado e todas essas pessoas estivessem felizes e aliviadas. Como se, de alguma maneira, as coisas fossem melhorar agora."[14]

Nesse meio tempo, Mal retomou as farras noturnas em Sydney já na primeiríssima noite da banda no continente. Na companhia entusiasmada de Jimmie, ele visitou a casa noturna Chequers, onde, desde a década de 1950, a cantora americana Frances Faye apresentava um show picante e altamente sexualizado. Faye imediatamente gostou de Jimmie e o convidou para tocar bateria com sua banda na segunda entrada da noite. Para o substituto dos Beatles, tocar na Chequers seria um dos destaques das duas semanas que passou na estrada com eles. Depois de apenas mais dois shows em Adelaide, o período de Jimmie com os Beatles chegou ao fim. Para o alívio dos rapazes e de toda a equipe, Ringo retornou ao batente após ter alta em Londres. Acompanhado de Brian Epstein, ele chegou a Melbourne na manhã de 15 de junho, satisfeito em retomar seu lugar à bateria.

Para Jimmie, o retorno de Ringo significava o fim da linha, mas não sem antes ter conseguido despertar a ira de Epstein durante as últimas horas com os Beatles, quando decidiu desfrutar da vida noturna de Melbourne mais uma vez. Depois de pegar um carro emprestado, saiu sorrateiramente do hotel para beber num pub perto dali, violando o toque de recolher de Brian, que era à meia-noite. Em menos de meia hora, foi interceptado por Mal e Derek Taylor, que exigiram o retorno de Jimmie ao hotel. Embora Mal não tivesse visto problema em curtir um bar com Jimmie na noite anterior, a volta de Brian pedia uma mudança radical no modo como ele e Derek lidavam com o baterista.

"Você não pode ficar aqui, não pode ficar na rua. Não pode vir ao bar", disseram a ele.

"Do que estão falando? Não sou mais um Beatle", respondeu Jimmie.

"Você é um Beatle até que te coloquemos no avião!"[15], rebateu Taylor.

Em questão de poucas horas, Brian levou Jimmie pessoalmente ao aeroporto, onde o presenteou com um relógio de ouro e lhe pagou o cachê de 500 libras pelo trabalho como um substituto muito festejado de Ringo.

A presença de Epstein de fato marcava uma mudança na atmosfera da turnê – ainda que não na devassidão generalizada, que acontecia nos hotéis sob um fino véu de discrição. Anos mais tarde, John compararia as turnês dos Beatles a *Satyricon*, de Fellini, sugerindo que seus giros pelo mundo eram uma fantasia de decadência sexual.[16] Lloyd Ravenscroft, o *tour manager* australiano, confirmou que os membros da banda "recebiam garotas nos quartos, sim. Isso ficava a cargo de Mal Evans, que era muito bom em escolher as garotas certas. Era muito discreto e bem organizado. Quando eles se envolviam nesse tipo de coisa, eu saía da frente".[17]

Com Ringo de volta, os Beatles retornaram a Sydney em 18 de junho. Lá, Mal se reencontrou com Eunice Hayes, sua vizinha de infância, que agora vivia na cidade com o marido, Stan. Ao saber que Mal estava em Sydney, Eunice decidiu ver o velho amigo. Depois de fingir ser hóspede no hotel dos Beatles, ela conseguiu subir até o andar de Mal com sua amiga Robyn a tiracolo. O *roadie* a recebeu com um enorme abraço de urso, eletrizado com a reunião inesperada. Eunice se recordaria mais tarde de que "nós nos sentamos e conversamos, e eu notei que a porta do quarto dele ficava aberta. Ele disse que *sempre* tinha de deixar a porta aberta. Explicou que assim saberia se pessoas indesejadas tentassem entrar escondido a qualquer momento. Inclusive, enquanto estávamos conversando, a saída de emergência se abriu e de lá se esgueiraram duas adolescentes que, de algum jeito, conseguiram subir. Mal levantou-se num pulo e disse: 'Lá vamos nós!'. Elas imploraram para que ele as deixasse ver os rapazes, mas ele as dispensou de forma gentil, porém firme, dizendo que sentia muito, mas não podia deixá-las entrar".[18]

Enquanto Mal e Eunice colocavam o papo em dia, foram interrompidos por uma voz que anunciou bem alto: "Vamos, caras, é hora de acenar!". Eunice seguiu o *roadie* até a sacada. "Fiquei boquiaberta", lembrou ela. "De uma ponta a outra daquela longa rua, até onde se podia enxergar, havia uma massa de gente frenética, gritando, pulando, acenando. Olhei para o outro lado da rua e até mesmo no hotel Chevron-Hilton, logo em frente, havia rostos preenchendo cada espaço em cada janela. Algumas pessoas ajoelhadas, outras sentadas, outras em cima de cadeiras, acenando feito loucas!" Depois, Eunice ficou sabendo que o Sounds Incorporated, uma das bandas de abertura da turnê, ocupava o piso diretamente abaixo da suíte dos Beatles. "Mal me disse 'Vem dar uma olhada nisso' e me levou para o piso de baixo. Ele abriu uma porta e, na semiescuridão, era possível ver um grupo espalhado pelo chão se esfregando com garotas 'trazidas' para eles. Mal me contou que tudo era pré-arranjado antes da chegada dos rapazes a cada cidade."[19]

Quando Mal não estava organizando os prazeres noturnos dos rapazes – ao mesmo tempo em que sempre se certificava de satisfazer seus próprios desejos –, passava grande parte do tempo livre conhecendo os lugares que os Beatles, aprisionados pela fama, não podiam. Quando o grupo chegou a Brisbane, Mal visitou o santuário de coalas de Lone Pine, onde foi fotografado segurando coalas e cobras píton nativos. "É claro que o coala que peguei no colo, depois de me dizerem que eles eram os animais mais amigáveis do mundo, se virou e mordeu meu nariz – talvez não devessem ter falado nada! Mas eles são mesmo alguns dos animaizinhos mais belos com que já me deparei, deixando claro um pouco do porquê de os ursinhos de pelúcia serem um brinquedo para crianças do mundo todo."[20]

As coisas ficaram arriscadas para os Beatles na Nova Zelândia. Em dado momento, o Cadillac deles ficou "atolado" no meio da multidão a apenas dez metros do hotel em Auckland. Sem alternativa, Mal, Neil e Lloyd

Mal com um coala na Austrália

Mal com uma cobra píton na Austrália

Ravenscroft trancaram os Beatles no carro e o empurraram até a entrada da garagem do hotel, repelindo fãs a cada centímetro do trajeto. A operação toda levou 20 minutos e, apesar de todos os esforços, cerca de 200 fãs dos Beatles conseguiram entrar na garagem junto com eles. Mal e Neil foram forçados a expulsá-las, uma por uma, enquanto os Beatles fugiam para a segurança dos quartos. A banda se deparou com confusão semelhante em Dunedin, onde o rosto de Paul foi arranhado e John teve um naco de cabelo arrancado da cabeça. No dia seguinte, o grupo viajou para Christchurch, onde uma garota de 13 anos se jogou contra a limousine dos Beatles e, incrivelmente, saiu ilesa.[21]

O mesmo não pôde ser dito de uma mulher de 20 anos em Wellington, vítima de um dos episódios mais estranhos da história das turnês dos Beatles. O incidente aconteceu nas primeiras horas da manhã de 23 de junho durante a parada inicial do grupo na Nova Zelândia. E o mais problemático para Mal, acima de todos, foi que seja lá o que tenha se abatido sobre a jovem, é quase certo que ocorreu no quarto dele, no sexto andar do elegante hotel St. George.

A verdade é que Mal conhecera a mulher na noite anterior, quando ela e sua mãe o convidaram, junto a membros do Sounds Incorporated, incluindo o baterista Tony Newman, de 21 anos, para ir à casa delas tomar chá. O dia já tinha sido exaustivo graças a um sistema de som abaixo da média na prefeitura de Wellington e ao confronto ocorrido depois do show. A prefeitura destacou apenas dois policiais para controlar o público, o que forçou Mal a sair da limo dos Beatles e fisicamente abrir caminho para o veículo, empurrando fãs.

Então, quando surgiu a oportunidade de tomar chá na companhia de uma neozelandesa amigável e sua filha fã dos Beatles, Mal estava dentro. "A atmosfera na casa delas era agradável e, depois de várias semanas na estrada, fiquei muito contente de me sentar com os pés para cima, desfrutando de chá e de uma boa conversa", escreveu ele. "A Sounds Incorporated e a jovem decidiram ir para a cidade curtir, mas eu estava confortável demais e decidi apreciar a hospitalidade da mãe dela."[22]

Sem o conhecimento de Mal, um drama muito diferente se desenrolou no St. George. Na época, a história oficial envolvia uma fã de 20 anos que, após entrar secretamente no hotel, decidiu cortar os pulsos no quarto de Mal quando não conseguiu que a deixassem entrar na suíte dos Beatles. A polícia, felizmente, viu a jovem por uma janela e arrombou a porta trancada com um aríete. Em seguida, ela foi levada a um hospital e teve alta no mesmo dia.

Preocupado com a possibilidade de os Beatles se envolverem num escândalo sexual internacional, Derek Taylor assumiu a dianteira da história, afirmando que não havia absolutamente conexão nenhuma entre os Beatles, ou sua comitiva, e a jovem em questão. Ele sugeriu que a mulher tinha conseguido acesso ao hotel ao fingir ser parente de alguém da equipe após observar que caçadores de autógrafos perambulavam pelos corredores à procura dos Beatles ao longo de toda a turnê. Houve ainda a sugestão de que, na verdade, teria sido Mal quem descobriu a mulher quando tentou entrar no quarto. Derek reforçou o fato de que a polícia não registrou acusações como resultado do incidente – que a imprensa alardeou pelos serviços de notícias como "Garota Tenta Morrer pelos Beatles", manchete que seguia a linha de uma série de matérias recentes publicadas na Australásia sobre as tentativas de fãs altamente fervorosas de conhecer a banda.[23]

George, por sua vez, rememoraria o caso de forma um tanto diferente. Segundo sua lembrança, "o baterista do Sounds Incorporated estava com uma garota no quarto, que tentou cortar os pulsos enquanto ele ia a um pub. Lembro-me de Derek em pânico quando a história imediatamente percorreu o mundo por meio dos serviços de notícias, 'Tentativa de Suicídio no Hotel Beatle'".[24] Anos mais tarde, Ravenscroft e o DJ australiano Bob Rogers admitiram que a manchete foi forjada às pressas para evitar qualquer vestígio de escândalo. Na memória de Rogers, a mulher na verdade já teria "uns vinte e tantos anos e se parecia muito com Angela Lansbury. Ela reservou um quarto no hotel na tentativa de conhecer os Beatles, o que era bastante comum em todas as cidades, mas só conseguiu ir para a cama com um membro do Sounds Incorporated". Em seguida, o casal se acomodou no quarto de Mal, bebendo champagne. "Quando [o integrante do Sounds Incorporated] disse [à jovem] que não poderia levá-la até os Beatles, ela ficou histérica e, quando ele saiu para o show, ela se trancou no quarto, quebrou o gargalo da garrafa de champagne e cortou os pulsos. Quando a polícia foi chamada, chegou com um aríete e arrebentou a porta. Vinham assistindo a filmes demais."[25]

A narrativa de Mal dos acontecimentos, no entanto, apontou para algo talvez ainda mais sinistro em meio ao *entourage* dos Beatles, um aspecto do incidente que ele, por sorte, evitou em virtude de estar desfrutando da hora do chá longe do St. George. "Ao chegar ao hotel às 2h da manhã", escreveu ele, "dei de cara com um monte de policiais e detetives quando as portas do elevador se abriram no meu andar. Ao verificarem que eu ocupava um quarto em particular, eles me conduziram solenemente até lá, onde, para o meu horror ao abrir a porta, me deparei com o banheiro e o quarto cobertos de sangue. Aparentemente, o que aconteceu foi que várias pessoas abusaram dela no meu quarto. Ela ficou tão perturbada que pegou uma lâmina do meu barbeador e cortou os pulsos, mas foi descoberta a tempo e se recuperou no hospital. Eu obviamente seria o suspeito número um, mas tinha o melhor álibi do mundo: estava bebendo chá com a mãe dela".[26]

O incidente no St. George deixou uma marca duradoura em Mal. É certo que sua persona de "demônio" ainda estava bem viva, mas surgiriam mudanças perceptíveis na perspectiva dele à medida que as turnês do grupo prosseguiam. Quando o giro da banda pela Oceania terminou, Mal se viu chegando a novos níveis de exaustão. Ao longo de toda a turnê mundial, ele serviu como *road manager* não só para os Beatles, mas também para as bandas de abertura. Em agradecimento pelos esforços de Mal, o Sounds Incorporated começou com uma pegadinha elaborada. Os membros do grupo o acordaram de um sono profundo gritando: "O equipamento dos

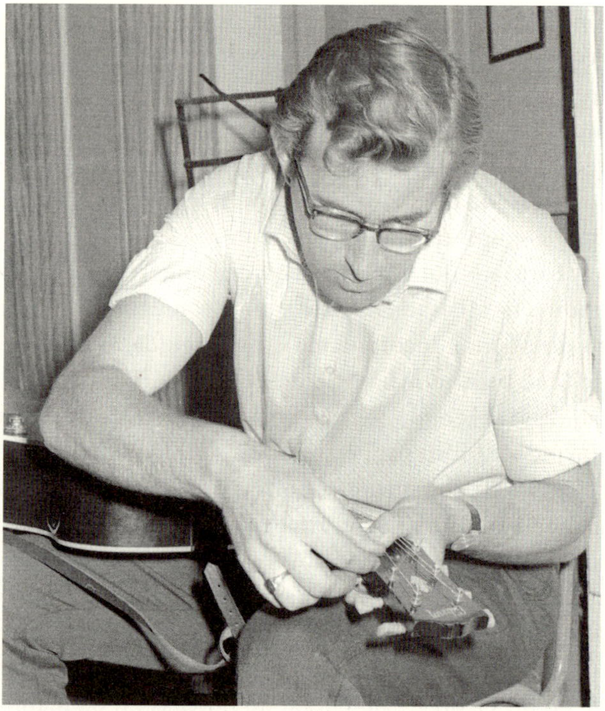

Mal trocando as cordas de um violão

Beatles pifou, eles precisam de você!". Mal caiu nesse papo até se dar conta de que "a primeira atração do segundo show acabara de começar e não eram os Beatles de jeito nenhum". Nesse momento, os integrantes do Sounds Incorporated "vieram em gangue para cima de mim, me encurralaram num canto do camarim deles com gestos ameaçadores e gritos raivosos, tais como 'te pegamos, você vai ver', 'vamos te dar uma lição, Mal', 'já te aguentamos por muito tempo'". No início, ele se chateou, mas então "eles me presentearam com um bracelete de ouro maciço como símbolo de sua afeição e agradecimento, com meu nome, 'Mal', gravado em um lado, e 'Valeu! Sounds' do outro".[27]

Em 30 de junho, os Beatles e sua trupe embarcaram no longo voo de volta para casa, chegando a Londres no dia 1º de julho. A turnê foi inesquecível e reveladora para Mal, que viu o poder incrível da Beatlemania em sua máxima florescência, com centenas de milhares de fãs reunidas simplesmente para ter um vislumbre de seus ídolos. Porém, ao mesmo tempo, ele observou aspectos mais obscuros do fenômeno dos Beatles que começavam a mostrar as asas – um deles na forma da Anti-Trash Society, cujos membros, por menores que fossem em número, marcaram o fim da visita dos Beatles arremessando ovos contra a banda no último show, em Brisbane. "Qualquer que fosse a motivação mesquinha deles, eu nunca descobri, já que estava aborrecido demais tirando as manchas de ovos dos ternos", escreveu Mal.[28]

De todo modo, ele estava entusiasmado, especialmente pela habilidade de manter o show dos Beatles em constante avanço, tanto no manejo dos equipamentos quanto como guarda-costas. "Foi bastante caótico por lá, nós tivemos muita encrenca", Mal refletiria mais tarde, "mas eu consegui lidar com tudo e, perto do fim da visita à Austrália, John se voltou para mim e me agradeceu por mantê-los firmes na estrada". Foi uma revelação poderosa para o *roadie*, que sabia muito bem que os integrantes da banda "não fazem amigos com facilidade, e eu não achava que era completamente aceito por eles até essa turnê pela Austrália".[29]

10

SR. GENTE BOA

Julho de 1964 marcaria uma das épocas mais movimentadas na história dos Beatles. A estreia mundial de *A Hard Day's Night* ficou agendada para o dia 6, seguida por um evento de gala para divulgar o filme no dia 10. Nesta mesma data, também seriam lançados o LP e o *single* de "A Hard Day's Night".

No dia 5 de julho, Mal finalmente sentou-se para escrever uma carta para Lily, enviada ao endereço em Mossley Hill. O detalhe era que Lily não estava lá. Ela e Gary se encontravam no meio de uma estadia de seis semanas na Noruega, onde vivia uma das amigas de correspondência de Lily. Ficariam por lá pelo menos mais uma semana. Na carta, Mal se desculpava pela falta de mensagens. Na pressa para começar a turnê mundial – complicada, sem dúvida, pela hospitalização de Ringo e a breve substituição dele por Jimmie Nicol –, esqueceu o endereço da Noruega junto a seu diário, na van.[1]

Com planos de retornar a Londres a tempo da estreia mundial do filme, Mal e Neil foram para casa em Liverpool dar um breve respiro após a extensa turnê. Faltando apenas alguns quilômetros para chegar, a van começou a vazar fluido de embreagem e precisou de reparos que exigiram que Mal ficasse em Liverpool, enquanto Neil voltava para a capital de trem para a *première*. Pela primeira vez em meses, Mal estava sozinho. "No momento, a casa é só uma casa sem você e Gary", escreveu para Lil. "Sem nenhum riso, nem calor humano, e eu me sinto muito triste e com pena de mim mesmo, como você pode imaginar. Estou com muita saudade de vocês dois. Cada garota bonita que eu vejo me lembra do seu rosto e, enquanto estive longe, havia muitos garotinhos parecidos com Gary acenando para mim no meio da multidão."[2]

Gary, no auge dos seus dois anos e meio, causaria um pequeno rebuliço ao voltar da Noruega. Depois de ouvir a amiga de correspondência da mãe usar a palavra norueguesa *skit*, que pode ser traduzida para o inglês – e de fato soa como tal – como *shit* ["merda"], ele passou vários dias repetindo "*shit*" ao redor de Liverpool a cada chance que tinha, antes de ser corrigido por Lily.[3] Ela e Gary retornaram à Inglaterra de navio no dia 12 de julho, perdendo a oportunidade de ir à estreia de gala de *A Hard Day's Night* em Liverpool por questão de dois dias. O evento trouxe a Mal um senso de validação muito necessário, até orgulho, por sua vida profissional com os Beatles. Como bônus, ele aparece no filme como figurante na cena da festa para a imprensa.[4]

"A estreia do filme em Liverpool foi muito empolgante para todos nós, uma honraria na nossa própria cidade", escreveria Mal. "Não que os gritos e os aplausos de milhares de pessoas ao longo do caminho do aeroporto até a prefeitura fossem para mim, mas fiquei muito orgulhoso da minha associação com os Beatles." E assim como em muitos eventos relacionados à banda, Mal se viu no centro da ação. "A prefeitura estava absolutamente abarrotada de dignitários civis locais e, no tumulto por autógrafos que se seguiu, perdi

Gary com a cachorrinha Lady

meu relógio", relatou. "Depois, numa conversa com George, reclamei que eles foram piores do que a maioria dos fãs e lamentei a perda do relógio. George, na primeira oportunidade, saiu por conta própria e comprou um novo para mim."[5]

O dia trouxe sentimentos mistos para Paul, apesar de seu status de "herói da casa". Nos últimos meses, ele ficara sabendo de um sentimento crescente em Liverpool de que os Beatles tinham abandonado a cidade em favor de Londres, de que eles não tinham mais orgulho de celebrar suas raízes. "Não estávamos *realmente* apreensivos em retornar a Liverpool para a outra *première*", comentou o baixista. "Ouvimos um ou outro boato de que as pessoas sentiam que as havíamos traído ao irmos embora e que não deveríamos ter ido morar em Londres. Mas sempre houve esses detratores."[6]

Naquela mesma semana, Paul foi o "astro" de uma campanha de panfletos programada para coincidir com a estreia do longa-metragem em sua cidade natal. Desde 1963, Anita Cochrane, de 19 anos, alegava que Paul era o pai do seu bebê. Quando a questão chegou ao conhecimento da NEMS, Brian concedeu à jovem de Liverpool cinco mil libras em dinheiro por meio de um acordo. Fingindo ser o tio furioso de Anita, o namorado da mãe dela, não satisfeito com a oferta de Epstein, distribuiu panfletos por toda a cidade, afirmando que Paul era adúltero e um pai fugitivo. À medida que os panfletos se espalharam, Mal foi discretamente enviado para apaziguar o "tio" da garota e, ao mesmo tempo, recolher e descartar os panfletos vergonhosos.[7] Mais tarde, um teste de paternidade revelaria que Paul não era o pai da criança.[8]

Em muitos aspectos, o papel de Mal no universo dos Beatles vinha se expandindo já havia algum tempo. Embora suas tarefas contemplassem, desde o início, a função de *roadie* para cuidar do equipamento e a de guarda-costas, ele sentia que o trabalho se tornara mais poroso, que ele se transformara num faz-tudo, numa espécie de pau-para-toda-obra inespecífico.

Em 12 de julho, enquanto Lily e Gary chegavam da Noruega de volta a Liverpool, os Beatles embarcavam numa série de shows pela Grã-Bretanha que iria até meados de agosto, quando começariam a primeira turnê norte-americana completa. Antes da viagem, Mal foi a um costureiro na cidade. Com Gary a tiracolo, ele incrementou o guarda-roupa para a turnê, um giro extenso que o manteria muito próximo dos olhos repreensivos de Brian. Mais tarde, quando voltou para buscar os trajes, Mal ficou devidamente satisfeito com o trabalho do alfaiate. Já Gary "não se impressionou tanto", registrou o *roadie* em seu diário.[9]

No dia seguinte, Mal retornou a Londres, onde fez a ronda pelas lojas de instrumentos. Com Alistair Taylor a seu lado, passou pela Sound City, onde encheram a van Commer de novos suportes de guitarra, cabos e baquetas, entre outras miudezas. Mal também deixou o imenso amplificador de baixo de Paul para reparos e o buscou no dia seguinte, agora "arrumado", em Dartford.[10] Alguns dias depois, antes do show da banda no Futurist Theatre, em Scarborough, recebeu dois amplificadores Vox novos de 100 watts entregues por Dick Denney, o inventor por trás dos pioneiros alto-falantes portáteis.[11]

Um dia depois da apresentação final daquele aquecimento da banda, na Blackpool Opera House, em 16 de agosto, Mal e Derek partiram para a América do Norte. Quando Neil e os Beatles se juntaram a eles em São Francisco, o palco estava montado para o show de estreia no Cow Palace, arena com 17 mil lugares em Daly City, Califórnia.

Assim como na Austrália, Mal e Neil, com a considerável contribuição de Derek, receberam a tarefa de gerenciar cada movimento dos Beatles. Por esse motivo, era vital que eles se aliassem à força policial local. Enquanto os Beatles desembarcavam em São Francisco no dia 19 de agosto, Mal e Derek elaboravam com a delegacia do condado de San Mateo e oficiais do condado de São Francisco o plano de segurança para o trajeto da banda e sua trupe do aeroporto até o Cow Palace. Na pista de pouso, os oficiais os ensinavam, em boa parte injuriosamente, sobre como seguir as normas de segurança.

Para seu crédito, Derek levantou a voz, na esperança de convencer os oficiais sobre a necessidade de estarem preparados diante das hordas que estavam por vir. "Vai haver muita, muita gente mesmo esperando por eles", disse com calma e diplomacia. "E, se não fizermos nada, *vai* haver problema."

Foi aí que o delegado latiu sua resposta: "*Não* venha você *me* dizer qual é o meu trabalho, senão aí é que *vai* haver *problema*!"

Derek e Mal só conseguiram trocar olhares pasmos. O delegado simplesmente não tinha ideia do que o aguardava. E essa mesma cena voltaria a acontecer repetidas vezes naquele ano, à medida que as autoridades locais continuavam a subestimar imensamente o poder que os Beatles exerciam sobre sua gigantesca e crescente base de fãs.[12]

No fim, os Beatles foram recebidos no aeroporto por mais de nove mil fãs. As autoridades de San Mateo isolaram uma zona de sete metros, apelidada de "Beatlesville", que serviu como área de *meet and greet* antes da partida do grupo para o Cow Palace, onde Mal resolvia os últimos preparativos para o show. A delegacia de San Mateo – com mais de 180 agentes – mal podia conter os fãs, muitos dos quais escalavam as barreiras.

Enquanto isso, no Cow Palace, Mal dava as cartas. "Sempre fui meio filho da mãe na primeira noite de uma turnê, na presunção de que os Beatles eram o motivo de todo mundo estar ali", recordou-se. "Eram a atração principal e, é claro, aos meus olhos, vinham antes de tudo. Assim, eu dificultava a vida dos outros *road managers* e estabelecia minha posição no palco, deixando aos demais artistas que se virassem para se organizar ao redor dos Beatles. Para mim, essa era a única maneira de agir, porque, na noite seguinte, com a rotina já definida, eu podia então recuar e ser o Sr. Gente Boa, ajudar os outros *road managers* com o equipamento, garantindo uma transição tranquila entre um artista e outro e, desse modo, dar uma polida profissional no show todo. Talvez não fosse a melhor das atitudes, mas, para mim, funcionava bem na época e eu acabava me dando bem com todos os outros *roadies*."[13]

Incrivelmente, os Beatles – de longe a banda mais popular do mundo – mais uma vez caíam na estrada com uma equipe minúscula. "A primeira vez nos EUA foi absolutamente maravilhosa", lembrou Ringo. "Nossa equipe na época eram Neil, Mal e Brian, com Derek para cuidar da imprensa. Brian era o empresário, mas não fazia nada, na verdade. Neil nos conseguia uma xícara de chá e Mal consertava os instrumentos. Havia quatro pessoas conosco."[14]

Com 32 shows em 24 cidades ao longo de 33 dias, a vertiginosa turnê norte-americana foi gerenciada por Bob Bonis, que recentemente concluíra uma temporada com os Rolling Stones. Os trabalhos abriram, assim como antes, com um telegrama de Elvis e do Coronel Tom Parker. A exemplo das turnês anteriores, os camarins dos Beatles eram razoavelmente acessíveis, onde todo tipo de celebridades, políticos e afins se faziam presentes.

Mal prestava uma atenção cuidadosa aos ricos e famosos. De fato, seu livro de autógrafos, até aquele momento preenchido em sua maior parte por assinaturas de músicos com quem se encontrou no Cavern e durante os shows natalinos dos Beatles em 1963, estava prestes a ser bem usado. Mal ficou especialmente encantado com Jackie DeShannon, "uma cantora adorável e compositora excepcional, e eu era apenas mais um dos muitos enfeitiçados – e apaixonados – por ela". Em Las Vegas, "dois visitantes muito bem-vindos no *backstage* foram Liberace e Pat Boone com a família. Este último levou sua própria foto dos Beatles para os rapazes autografarem".[15]

A essa altura, como apontou Neil, Mal já tinha alcançado sua própria fama, graças a publicações como *The Beatles Book*, que os fãs devoravam mês a mês. "Para ele, estava tudo bem aparecer no palco para preparar os instrumentos", recordou-se Neil. "Já era bem popular. Enquanto as fãs o aplaudiam e gritavam, ele conversava e contava piadas. Não precisava repeli-las fisicamente, depois que começava."[16]

Nessa turnê norte-americana, os Beatles tiveram como bandas de abertura (em ordem) Bill Black's Combo, The Exciters, The Righteous Brothers e Jackie DeShannon. Naquela noite no Cow Palace, o quarteto entrou no palco às 21h20min. De ternos escuros recém-passados, se apresentaram por cerca de 29 minutos, com duas interrupções devido às costumeiras saraivadas de jujubas. Em seguida, largaram os instrumentos no palco e correram para a saída, onde se jogaram para dentro de uma ambulância que os aguardava – Neil estava preso na limousine, que havia sido tomada por fãs. Enquanto Mal seguia o protocolo para garantir a segurança dos instrumentos, amplificadores e demais equipamentos, as autoridades locais atendiam às ocorrências, que incluíam um garoto com um ombro deslocado, dois fãs presos, 19 garotas que receberam primeiros socorros durante o show e mais 50 que tiveram ferimentos leves. A Beatlemania havia retornado às terras americanas.

No hotel, Mal conheceu Ivor Davis, jornalista britânico de 26 anos que servia como correspondente na Costa Oeste para o *Daily Express*, jornal londrino que se gabava de uma circulação diária de quatro milhões de exemplares. Davis, mais tarde, relembraria o momento em que chegou à hospedagem dos Beatles em São Francisco: "Cumprimentei Mal Evans, homenzarrão de quase dois metros que usava óculos pesados e de armação escura, e Neil Aspinall, um jovem franzino que mais parecia ser algum parente dos Fab Four. Poderiam ser o Gordo e o Magro, mas eram os *road managers* dos Beatles já fazia um bom tempo".[17]

Davis se juntou ao *entourage* por toda a duração da turnê, assim como Larry Kane, de 21 anos, correspondente da rádio WFUN, de Miami, único jornalista de radiodifusão a cobrir os Beatles de costa a costa durante as duas primeiras turnês norte-americanas. Do mesmo modo que Davis, a iniciação de Kane no mundo da Beatlemania foi cortesia de Mal e Neil, os quais ele viu percorrendo os corredores do hotel sempre de olho em penetras.[18] Kane simpatizou de imediato com Mal, a quem reverenciou por manter uma conduta agradável – mesmo quando os ventos não estavam favoráveis. "Quando a coisa ficava feia e era preciso pulso firme, ele ficava sério num segundo, mas dava para saber que era fingimento", escreveu Kane. "Era um homem cujo sorriso e a postura alegre eram contagiantes."[19]

Em 20 de agosto, a trupe dos Beatles montou acampamento no Convention Hall, em Las Vegas, onde a epopeia se reinventou – desta vez, com a banda passando ainda mais perto do tipo de escândalo sexual que parecia flutuar no éter das turnês desde a Austrália, se não antes. Reconhecendo a natureza restrita da experiência da banda em suas turnês, o hotel Sahara providenciou caça-níqueis nas suítes. Ao observar os acontecimentos, Ivor Davis percebeu que as mães das fãs dos Beatles eram tão determinadas quanto as filhas, se não mais, na busca por conhecê-los. "As atividades sexuais raramente envolviam as garotas, se é que envolviam", lembrou ele, "mas, sim, as mães delas como um passaporte para as filhas".[20]

Antes do primeiro show do dia, Kane entrevistou Paul sobre as práticas segregacionistas nos EUA, apontando que a banda tocaria na Flórida durante o braço final da turnê. Paul reforçou a crença dos Beatles de que "não se pode tratar outros seres humanos como animais", acrescentando que "não me importo se eles se sentam ao meu lado. É assim que nos sentimos".[21] Apesar de a matinê ter transcorrido sem incidentes, os problemas começaram com o segundo show dos Beatles em Vegas, brevemente atrasado por uma ameaça de bomba, talvez vinda do equivalente americano da Anti-Trash Society.

De sua parte, Mal ficou impressionado com a polícia de Las Vegas, que dispôs uma barreira humana na frente do palco. No entanto, a verdadeira ação aconteceu naquela noite no Sahara, após a banda retornar ao hotel no interior seguro de um carro-forte Brinks. Enquanto Mal e Neil assumiam seus postos de costume, patrulhando corredores e agindo como guardas de trânsito para os convidados dos membros da banda, Georgiana Steele, de 15 anos, e sua amiga Arlene se juntaram à festa pós-show. A mãe de Georgiana estava no Sahara para servir de inspetora e verificar periodicamente se a pureza das garotas ainda se mantinha intacta. E se manteve, na maior parte do tempo – exceto a de Georgiana. Ela ficou com George e foi perseguida pela suíte por John, vestido apenas de cueca boxer vermelha e branca de bolinhas. Por fim, ela adormeceu sob efeito do álcool que fluía livremente por toda a noite.[22]

A verdadeira encrenca ainda estava por vir. Às 5h da manhã, Mal bateu na porta de Larry Kane, ordenando ao repórter que se vestisse "com terno e gravata".

"Por que eu?", perguntou Kane, grogue de sono.

Num momento de ironia, Mal respondeu: "Larry, você é repórter. Parece mais confiável".[23]

Com Kane a tiracolo, Mal foi atender uma mãe furiosa, cujas filhas gêmeas de 14 anos também tinham se juntado à festa naquela noite. A mãe das garotas – possivelmente embriagada depois de uma noite de jogatina no cassino do térreo – exigia acesso à suíte dos Beatles. A essa altura, ela já havia telefonado para a delegacia do condado de Clark informando que suas filhas estavam sob cativeiro. Dois detetives chegaram ao local, onde já se encontravam Neil e Derek, e começaram a pegar depoimentos de John e Brian. Nisso, Derek tentou interferir, explicando que a mãe das garotas dera permissão às filhas para irem à festa. Kane lançou um olhar para Mal e Neil à procura de sinais de sinceridade, de uma afirmação de que, de fato, nada desagradável acontecera. "Onde estão as garotas?", perguntou Kane. Em resposta, "Malcolm abriu um sorriso, [ao passo que] Neil não disse nada".[24]

E foi aí que a porta do elevador se abriu e as filhas gêmeas da mulher, acompanhadas por um policial, adentraram o corredor, sorrindo e aparentemente plenas. Afirmaram que estiveram na suíte dos Beatles com John, que foi um perfeito cavalheiro a noite toda. Satisfeitos por nenhuma lei ter sido violada, os detetives foram embora. De sua parte, Brian ofereceu à mulher um punhado de dinheiro pelo incômodo. John deu de ombros diante da situação toda, aparentemente cego para o fato de que haviam se livrado por pouco de um escândalo daqueles e, quem sabe, até de uma acusação de ato libidinoso com menor de idade, cortesia da polícia de Vegas.[25]

Com o amanhecer do novo dia, Mal aproveitou o climão para dispersar a festa. Com alguma sorte, o Sr. Gente Boa poderia dar uma cochilada antes de desmontar o acampamento no Sahara. Afinal, eles tinham de estar num avião para Seattle em questão de poucas horas.

11

SETE NÍVEIS

Quando a turnê chegou a Los Angeles, no dia 23 de agosto, Mal já sofria de esgotamento. Na noite anterior, ele tinha sido obrigado a usar a força física depois do show no Empire Stadium, em Vancouver. Segundo a memória de Kane, "na nossa fuga angustiante, Mal protegeu John Lennon da torrente de fãs como um escudo e, em dado momento, usou o braço para impedir que um garoto entrasse no carro da banda. Esse golpe deixaria um jogador da NFL orgulhoso. Mais tarde, no avião, o cumprimentei pela proeza rindo, no que ele respondeu: 'Espere só até a próxima vez'".[1]

Pelo restante da estadia em Los Angeles, onde os Beatles tocaram no famoso Hollywood Bowl, a banda e a equipe se hospedaram na casa que alugaram do ator britânico Reginald Owen, em Bel Air. Para o deleite incontido de Mal, o Coronel Tom Parker os visitou várias vezes com saudações e presentes do Rei do Rock, que já tinha ido embora da cidade para viver na propriedade de Graceland, em Memphis. Mas, para o grande pesar de Mal, "Neil e os rapazes ganharam álbuns e um abajur em formato de diligência, e eu fiquei muito magoado por ter sido deixado de fora. Um dos rapazes mencionou isso discretamente ao Coronel Parker, que fez uma visita especial com uma coleção inteira de álbuns e me presenteou com um abajur de carruagem da Wells Fargo muito especial, vindo dele e de Elvis". Em Liverpool, Mal exibia o abajur com muito orgulho. Mais tarde, Lily diria que "se houvesse um incêndio na casa, Mal iria salvar primeiro a carruagem e os discos de Elvis, depois a mim".[2]

Dias depois, Mal desfrutaria da maior emoção de sua vida, a princípio de modo indireto, quando Chris Hutchins, editor do *NME*, providenciou que Paul conversasse com Elvis por telefone. Posteriormente, Mal escreveria que "para meu deleite, após conversar com Elvis por dez minutos, Paul falou: 'Elvis, gostaria que você desse um oi para um dos seus maiores fãs. Ele trabalha para nós, é o nosso *road manager*, Malcolm Evans'". Mal ficou mudo. "As primeiras palavras que Elvis me disse foram: 'É um prazer falar com o senhor'. Depois disso, me deu um branco e só balbuciei uns obrigados a ele, falando de quanta alegria me trouxera ao longo dos anos. Fiquei completamente embasbacado por ele ter tirado um tempo para conversar e impressionado com o quão educado foi comigo, um mero fã."[3]

Durante a estadia em Los Angeles, Mal desfrutou de oportunidades de sobra para circular entre os astros e estrelas da época. Numa festa beneficente em prol da Sociedade da Hemofilia, ele confraternizou com nomes como Frank Sinatra, Jane Fonda, Kirk Douglas e Dean Martin, entre uma infinidade de outros. Para a ocasião, da qual os Beatles foram a atração principal graças ao presidente da Capitol Records, Alan Livingston, Mal vestiu um de seus novos ternos de alfaiataria. A modelo Peggy Lipton também estava lá, tendo entrado de penetra no evento para ver se, por acaso, encontrava os Beatles. Com 17 anos, a futura estrela do seriado *Mod Squad* juntou-se à comitiva em Bel Air.

A essa altura, a mansão alugada já havia se tornado ponto de encontro para os ricos e famosos. Naquela semana, Mal escreveu uma carta muito atrasada para Lil, na qual a regalou com histórias dessas experiências épicas de observação de estrelas. Numa noite inesquecível, a banda e a equipe foram à casa de Burt Lancaster, onde o ator exibiu *Um Tiro no Escuro*, o então novo filme de Peter Sellers. Mal ficou atordoado com a morada de luxo de Lancaster: "Ele tinha uma tela panorâmica instalada na sala", contou para Lily. "Uma casa fabulosa mesmo, que custou cerca de um milhão de dólares. Tem uma academia, banheira e uma piscina maravilhosa, que é quente e sai até vapor. George, Ringo e eu demos um mergulho. Burt me emprestou sua própria sunga. Você pode imaginar o quão eletrizado fiquei com tudo isso."[4]

Os Beatles estavam prestes a vivenciar sua própria emoção transformadora. No dia 28 de agosto, quando a trupe chegou a Nova York para duas apresentações no Forest Hills Stadium, no Queens, hospedou-se no hotel Delmonico. O primeiro show foi difícil – não para Mal ou os Beatles, mas para os Righteous Brothers. "O ápice foi quando, no meio da apresentação deles, os Beatles pousaram de helicóptero nas quadras de tênis atrás do palco do Forest Hills", recordou-se Mal. Os Righteous Brothers "simplesmente não puderam ser ouvidos por cima da multidão que rugia 'Beatles, Beatles!'.

Mal e os Beatles no estádio Forest Hills

Todo mundo se levantou para apontar para o helicóptero e ignorou aqueles artistas maravilhosos no palco. Tocar antes dos Beatles deve ser com certeza o trabalho mais difícil do mundo".[5]

Cerca de uma hora depois do show, com Mal e os Beatles já acomodados na suíte no Delmonico, Bob Dylan apareceu no hotel no momento em que os rapazes se sentavam para um jantar tardio com Brian e Neil. Al Aronowitz, colunista do *New York Post*, também estava lá e foi quem arranjou o encontro dessas vozes reinantes do rock. Pouco depois da chegada de Dylan, os Beatles ofereceram ao convidado uma degustação de sua variada coleção de comprimidos – em sua maioria, Drinamyls e Preludins (ambos estimulantes). Dylan, porém, não quis saber e, ao invés disso, sugeriu "algo um pouco mais orgânico". A princípio, Brian se opôs, sentindo a apreensão dos Beatles.

Foi então que Dylan disse: "Mas e a música de vocês – aquela sobre chapar?". E começou a cantar uma passagem de "I Want to Hold Your Hand": "*And when I touch you I get high*[*], *I get high*".

---

[*] Inúmeras fontes citam que Dylan teria cantado o verso dessa outra forma, confundindo não só "*I can't hide*" com "*I get high*", como também trocando "*It's such a feeling that, my love*" por "*And when I touch you*". (N.T.)

John interveio rapidamente: "Não é assim. É '*I can't hide, I can't hide*'".[6]

Ringo foi quem experimentou a maconha primeiro. Algumas tragadas do baseado de Dylan o deixaram sorridente e maravilhado com a forma como o teto parecia estar flutuando acima dele. Pouco tempo depois, todos já estavam chapados. George se recordou de que "ficamos completamente avoados, rimos de doer". E para Paul, em especial, o primeiro encontro dos Beatles com a erva do diabo pareceu não só extasiante, como também um momento de grande importância. Na sua percepção, era exatamente o tipo de experiência que deveria ser registrada para a posteridade. Logo providenciou lápis e papel para Mal e ordenou ao *roadie*: "Registre, Mal, registre!". Apesar de o próprio Mal estar bastante chapado, conseguiu anotar os pensamentos mais perspicazes do Beatle. Na manhã seguinte, reviu as reflexões, que se resumiam a uma única sentença: "Há sete níveis", diziam os rabiscos.[7] *Roadie*? Guarda-costas? Facilitador? Agora Mal poderia acrescentar "copista" a seu crescente portfólio.

Com as mentes devidamente expandidas junto a Dylan, os Beatles tiveram um descanso mais do que necessário em Atlantic City, após se apresentarem lá no dia 30 de agosto. Com 16 cidades pela frente, a turnê norte-americana não havia chegado nem à metade. A banda e a equipe, porém, já estavam fatigadas. Os ânimos andavam exaltados e, quando a coisa esquentava, Mal e Neil inevitavelmente sentiam um peso maior da ira de seus empregadores. Mais tarde, Mal se lembrou de que "minhas ideias sobre os caras logo mudaram. Até então, tinham sido quatro pessoas maravilhosas. Eu os via como deuses. Mas logo descobri que eram caras comuns, não feitos de platina. Escutava suas queixas e não podia retrucar. Tinha de simplesmente suportar".[8]

John não tinha ilusões quanto ao comportamento dos Beatles e, posteriormente, admitiria que "éramos uns filhos da mãe. Não há como não sê-lo numa situação de tanta pressão, e nós descontávamos em Neil, Derek e Mal. Eles ouviram muita merda de nós porque estávamos numa posição péssima. Era trabalho duro e alguém tinha de aguentar. Sempre é esquecido o quão filhos da mãe nós fomos. Uns grandessíssimos filhos da mãe: esses eram os Beatles. É preciso ser um filho da mãe para chegar lá, isso é fato. E os Beatles foram os maiores filhos da mãe do planeta. Éramos os Césares. Quem é que vai falar mal de nós quando há um milhão de libras para ganhar, todas as cortesias, os subornos, a polícia e o *hype*?".[9]

E os Césares realmente eram soberanos exigentes. Ao entrar nas últimas três semanas da turnê, a equipe dos Beatles tinha se tornado bem mais astuta quanto às maneiras de conduzir as atividades pós-show dos rapazes. Restava um elemento de inconsequência nesse raciocínio, é claro, pois estavam lidando com os Estados Unidos de 1964, onde a moralidade conservadora ainda reinava. A essa altura, observou Kane, "as poucas adolescentes que apareciam tarde da noite eram líderes de fã-clubes que traziam presentes e cartas, ganhavam refrigerantes e uma chance de tirar fotos com a banda, nada além disso". Entretanto, existiam as outras convidadas da madrugada dos Beatles, questão essa que não era pequena e da qual eles não tinham interesse em abandonar, apesar dos riscos inerentes. "O sistema era simples", rememorou Kane. "Levar as mulheres para o hotel pedia alguém com o poder para fazê-lo. Os Beatles não podiam simplesmente ficar esperando no *lobby* até que elas aparecessem! Então Mal Evans e Neil Aspinall cuidavam do acesso e do transporte. Na maior parte do tempo, eles selecionavam as garotas que chegariam à banda, com alguns benefícios óbvios incluídos."[10]

No que se tratava de identificar companhias femininas para os rapazes, Mal se tornara "um alcoviteiro perspicaz", nas palavras de Kane, "capaz de encontrar um alvo com uma intuição incrível. Era como se ele conseguisse sentir o cheiro das mulheres que estavam dispostas. Muito raramente eu o via sozinho num corredor de hotel. E o faro dele para esse recrutamento incluía uma compreensão das dificuldades que os Beatles poderiam enfrentar se uma companhia feminina fosse menor de idade ou maltratada de alguma forma. Se existisse um Oscar para providenciar mulheres com segurança, Mal Evans ganharia um pelo conjunto da obra".[11]

Num momento particularmente tenso antes do show de 5 de setembro em Chicago, Mal foi convocado para reassumir o papel de guarda-costas. Enquanto os rapazes e a equipe saíam do hotel Sahara O'Hare, ele viu uma mulher com um par de algemas cruzando a multidão em direção a Paul. "As fãs eram criativas", lembrou. "Ela prendeu uma das algemas no próprio pulso com a intenção de prender a outra no pulso de Paul. A ideia era ótima, mas fracassou na prática."[12] Após mais um desvio para o Canadá, com shows em Toronto e Montreal, a turnê mudou brevemente de rota em Key West, onde os Beatles despistaram o furacão Dora. No dia 11 de setembro, tocaram no Gator Bowl, em Jacksonville. Lá, a banda triunfou sobre os principais frequentadores do estádio, favoráveis à segregação racial apesar da aprovação da Lei de Direitos Civis, em julho de 1964, e tocou para uma plateia integrada.

Durante o voo em direção a Massachusetts para o show no Boston Garden em 12 de setembro, a duradoura sensação de intimidação que Mal tinha perto de John atingiu seu ápice. Sentado ao lado de Kane nos fundos do avião, ele começou a chorar, contando ao repórter que "John foi meio grosso comigo – me mandou à merda. Sem motivo, sabe? Mas eu amo esse cara. John é uma força poderosa. Às vezes, ele é duro, se você me entende. Mas eu não conheço pessoa maior do que ele". De muitas formas, era como se a falta de autoconfiança de Mal, aspecto chave de sua persona para o equilíbrio em sua vida, tivesse retornado ainda mais forte. Antes que Kane pudesse entender o que havia ocorrido entre os dois, viu John se aproximar de Mal e abraçá-lo.[13]

Para Mal, o show no Public Auditorium, em Cleveland, no meio de setembro, seria memorável por mais de um motivo. Como ele se recordaria mais adiante, "eu cheguei, como sempre, à tarde para montar todo o equipamento e, ao procurar pela fonte principal de energia para ligá-lo, descobri que não havia nenhuma. Imediatamente encurralei o produtor do show e, quando perguntei sobre a eletricidade do palco, ele se virou e me disse, confuso: 'Eles não tocam violão?'. Ele achava de verdade que os Beatles tocavam só violão e que, desse modo, não precisariam de eletricidade. O que se deu em seguida foi que passamos uma hora num frenesi para tentar juntar cabos a fim de prover energia para o palco".[14]

Mal posando com arma e coldre

Os problemas de verdade surgiram durante o show, quando os rapazes se viram em condições quase de levante. "A turnê foi um caleidoscópio maluco de imagens, sons e as inevitáveis extravagâncias, mas completamos todos os shows, exceto um", escreveu Mal. "Foi em Cleveland, onde a polícia insistiu em interromper os Beatles na metade do *set* quando milhares de jovens correram para o palco. Mais tarde, uma garota me explicou que foi porque não conseguiam ver de seus assentos, localizados atrás de pilastras."[15] Alguns dias depois, os Beatles e sua equipe fizeram uma parada extra em Kansas City, Missouri, após o *promoter* Charlie Finely oferecer a quantia inédita de 150 mil dólares para a banda se apresentar no Municipal Stadium, casa do time de beisebol Kansas City Athletics.

Em termos de segurança frouxa, as coisas realmente chegaram ao auge no dia seguinte, em Dallas, onde o departamento de polícia da cidade escalou apenas dois oficiais de moto para conter os milhares de fãs que esperavam pelos Beatles no aeroporto. "Ao pousarmos", recordou-se Mal, os policiais "desapareceram debaixo daquela manada de fãs, que nos mataram de medo ao subirem nas asas do avião enquanto taxiávamos. Está além da minha compreensão como é que ninguém morreu acidentado ali".[16] A falta de um controle eficaz de multidões continuou após o show no Cabana Hotel, no qual uma garota foi empurrada por uma porta de vidro.

Com um show beneficente marcado em Nova York, onde encerrariam a turnê no dia 20 de setembro, os Beatles viajaram para um rancho remoto nas montanhas Ozark para curtir alguns dias de folga. A essa altura, Mal precisava de um descanso – não só da turnê, mas dos próprios Beatles. "Por mais que eu os ame", escreveu ele mais tarde, juntar-se a eles no rancho significava que "eu ainda estaria trabalhando".

Depois de se instalar com as bandas de apoio no hotel Riviera Idlewild, em Jamaica, Queens, Mal fez amizade com um dos policiais designados para cuidar da segurança da turnê. Os dois criaram um vínculo baseado num dos passatempos favoritos de Mal. "Sempre fui fã de faroeste, fascinado por armas de fogo, já que elas não estão disponíveis na Inglaterra." Para seu deleite, o policial "me levou a todas as lojas de armas, onde comprei um coldre de faroeste. Eu me diverti muito percorrendo o hotel com o coldre, um chapéu de caubói e a réplica de um revólver".[17] Essa pistola seria o primeiro exemplar da coleção de armas do *roadie*, exibida com orgulho na casa em Mossley Hill.

Em 21 de setembro, a trupe se encontrava no caminho de volta para a Inglaterra, com 1,2 milhão de dólares faturado para os Beatles, uma quantia inacreditável para uma turnê de rock 'n' roll na época. Ao refletir sobre a temporada americana, Mal apontou que "cada um de nós perdeu uns dez quilos só de suor".[18] Haviam passado perigosamente de raspão pelo baixio do escândalo, só para emergirem incólumes e talvez mais sábios.

Para Mal e Neil, os limites estavam sendo lentamente redesenhados em algumas instâncias, ao mesmo tempo em que seguiam vagos e porosos em outras. Derek Taylor se lembraria de uma rusga entre Brian e os rapazes por conta dos assentos no avião. Mal, Neil e Derek normalmente viajavam de classe econômica, enquanto Brian e os Beatles iam na primeira classe. Derek rememorou um momento em que a banda mandou Brian até a econômica para convocar o resto da equipe. "Ele veio nos buscar para nos levar para a primeira classe", disse. "Foi mandado pelos próprios Beatles. 'O que eles estão fazendo lá? Ganhamos uma fortuna da porra na turnê. Traga-os para cá. Vá buscá-los.'"[19]

Na verdade, viajar de primeira classe trazia pouca vantagem para Mal e Neil, devido aos serviços que se esperava que eles prestassem para a banda.

Mal com Neil e George

A essa altura, os Beatles já tinham plena consciência da importância dos *roadies* para sua história de sucesso. Já as tarefas de Mal e Neil relacionadas ao trabalho pareciam só aumentar, o que não necessariamente se traduzia em mais dólares e centavos. George Harrison se recordaria mais tarde dos salários semanais que o empreendimento dos Beatles faturava no momento em que a Beatlemania se instalou – antes das turnês de 1964, ainda por cima –, somas que sublinhavam as diferenças impressionantes nas respectivas compensações. "Da quantia inicial de 72 mil libras, ganhávamos cerca de quatro mil cada um", disse. "Brian Epstein ficava com um pouco mais de duas mil libras por semana. Neil e Mal com 25 libras cada um."[20]

Depois da chegada à Inglaterra em 21 de setembro, o círculo interno dos Beatles tinha um integrante a menos – um integrante vital, a propósito. Derek Taylor pedira demissão após um incidente com Brian Epstein no Riviera Idlewild. De muitas maneiras, tudo se resumia a um dilema frequente no círculo dos Beatles envolvendo inveja interpessoal – em especial no que se tratava de tempo cara a cara com John, Paul, George e Ringo. As coisas já estavam bem tensas entre Brian e Derek havia um tempo, mas a gota d'água foi quando o assessor de imprensa usurpou a autoridade de Brian – e, de fato, a limousine pessoal do empresário – e voltou para o hotel com os rapazes. A reação de Brian foi gritar com Derek, que prontamente se demitiu. "Não vou mais engolir sapo desse cara", disse Taylor à época. "Amo os Beatles, mas não vou ficar de capacho para ser despedido mais uma centena de vezes. Estou fora."[21] Ele foi substituído por Tony Barrow, 28 anos, que cuidava do departamento de RP da NEMS. Tony já era uma figura conhecida de Mal e dos Beatles, tendo sido o cabeça por trás dos lançamentos natalinos do fã-clube da banda e o responsável pela criação do popular apelido "Fab Four".

De acordo com as lembranças de June Evans, assim que seu irmão retornou dos EUA, "ele estava em frangalhos, absolutamente destruído pela turnê". Além de reparar na perda de peso considerável, ela descobriu que ele passara a compartimentar sua vida. "Acho que Malcolm deixava as coisas bastante separadas, mantinha a vida doméstica e a vida profissional em espaços distintos." Seu irmão e os Beatles estavam vivendo num "mundo totalmente irreal – um lugar extraordinário, horrendo, maravilhoso e terrível no qual todos eles existiam durante aquele período. E todos eles sofreram algum dano por isso. De repente, podiam ter qualquer coisa que quisessem".[22]

12

NADADOR DE CANAL

O trabalho de Mal com os Beatles receberia uma grande dádiva no dia 1º de outubro, quando Alf Bicknell, 35 anos, se juntou à folha de pagamento como chofer da banda, depois de ter conduzido estrelas do cinema pelas ruas de Londres para a BBC. O salário semanal de Alf era de 30 libras (o equivalente a 496 libras hoje), o que tornou necessário um aumento bem merecido para Mal e Neil de modo que a paridade no círculo interno dos rapazes fosse mantida.

Desde o início, Alf entendeu seu papel implicitamente. Parte motorista, parte guarda-costas, ele se recordou, "tirei muita pressão de Neil e Mal, [que] estava sempre ocupado com os instrumentos musicais".[1] Ao assumir o volante do Austin Princess, Alf foi um acréscimo fortuito à equipe dos Beatles, especialmente depois que Mal recebeu outra multa, a terceira, e teve sua carteira de motorista brevemente suspensa.[2]

Com apenas algumas semanas até que os Beatles começassem uma turnê de outono pelo Reino Unido, George Martin os apressou para a gravação do próximo álbum. Mal esteve a postos na sessão de 18 de outubro, nos estúdios da EMI, quando Martin produziu "I Feel Fine", o novo *single* do grupo. O produtor estava ávido para continuar "a Onda", seu termo para os consecutivos primeiros lugares alcançados pelos *singles* da banda na terra natal. De "Please Please Me" a "A Hard Day's Night", a Onda contabilizava naquele momento seis deles. A efervescente "I Feel Fine" parecia garantida a subir esse número.[3] Ao longo de boa parte da sessão, Mal ficou num canto, alternando-se entre trocar cordas de instrumentos e ler um romance policial. "É aí que me orgulho deles", disse, referindo-se aos feitos dos Beatles no estúdio. "Eles podem ser difíceis, mas quando você vê o quanto são bons, perdoa tudo."[4]

Nesse ponto, Mal reconhecia o trabalho essencial que executava para a banda, especialmente em relação a mantê-los alimentados, o que lhes permitia trabalhar ainda mais horas no estúdio. Numa sessão prévia, quando John disse "precisamos de chá", Mal já estava adentrando o estúdio 2 com as bebidas. "Nesse ramo, a gente passa a ler mentes", brincou o *roadie*.[5]

Apesar da entrada de Barrow e Bicknell na equipe, as atribuições de Mal no trabalho iriam se expandir mais uma vez. O faz-tudo dos Beatles estava pronto para acrescentar "encarregado da maconha" às suas responsabilidades. Nos meses seguintes ao encontro com Dylan em agosto, os Beatles haviam desenvolvido um apetite voraz pela erva. Mal e Neil se tornaram bastante hábeis não só em enrolar os cigarros, mas também em manter um suprimento sempre à mão para seus empregadores. No Reino Unido, a maconha tinha passado a ser considerada ilegal em 1928, num adendo à Lei de Drogas Perigosas de 1920, e seu cultivo foi criminalizado em 1964, o que colocava os *roadies* dos Beatles em perigo se fossem pegos transportando a substância.

George Martin sabia desde o princípio que a banda estava metida em algo. Nos estúdios da EMI, "eles sempre sumiam para dar uns pegas", disse o produtor, "mas nunca o faziam na minha frente. Sempre iam até a cantina, onde Mal Evans ficava de guarda".[6] À medida que o consumo de maconha dos Beatles se tornava mais frequente, Mal discretamente enrolava os baseados atrás do painel acústico da bateria de Ringo no estúdio 2, deixando-os sempre prontos. Em outubro de 1964, a maconha já estava tão prevalente nas suas vidas que se infiltrou na música. Paul conseguiu inserir uma referência esperta em "She's a Woman", gravada naquele mesmo mês para o lado B de "I Feel Fine". John relembraria mais tarde que "ficamos empolgados demais em dizer '*turn me on*' ['me deixe ligado'] – você sabe, sobre *marijuana* e aquela coisa toda, usamos a expressão nesse sentido".[7]

Mal, contudo, tinha coisas mais importantes na cabeça naquele outono – mais especificamente a organização dos *roadies* do Reino Unido numa unidade mais coesa e cooperativa. Na época, poderia ter sido uma tarefa de tolo, mas ele estava determinado a colocar os colegas num sindicato legítimo. O ímpeto para a iniciativa surgiu de seu desgosto com o tanto de trabalho necessário para desmontar um palco, sem falar na raiva que sentia quando outros *roadies* se esforçavam para *não* cooperar. John Fanning, ex-empresário de Ted "Kingsize" Taylor and the Dominoes e agora *road manager* do Sounds

Incorporated, além de um dos amigos mais próximos de Mal, recordou-se de "uma ocasião em que tínhamos acabado de montar o palco, e, é claro, os Beatles eram a atração principal da noite. Um dos grupos londrinos tinha uns *roadies* folgados que começaram a montar o equipamento na frente do nosso e tiraram alguns dos nossos amplificadores do lugar. Eu disse a eles que, se fosse eu, não faria aquilo". Enquanto os outros *roadies* observavam numa espécie de silêncio atordoado, "Mal caminhou lentamente até o palco, olhou para o que eles tinham feito e pegou um dos amplificadores deles com a maior facilidade, como se fosse um lenço de papel. Ele então foi até a beira do palco, ergueu e soltou o equipamento, que caiu cerca de quatro metros e meio e se espatifou. Eles entenderam o recado".[8]

Com o objetivo de evitar conflitos como esse no futuro, Mal teve uma ideia. "Eu tinha em mente formar uma associação de *road managers*, cuja finalidade era basicamente colocar os grupos no palco 100% equipados e na hora marcada para que pudessem fazer seu trabalho, que era entreter o público", escreveu. "Coisas como vans e equipamentos pifados, problemas de roubos de equipamentos e *road managers* doentes poderiam ser resolvidos fácil e rapidamente com o auxílio de tal associação." Ele sondou com empresas de postos de combustível a emissão de cartões de crédito para os membros da associação, ao mesmo tempo em que estudou a possibilidade de oferecer por todo o país um serviço 24h de substituição e manutenção de veículos e equipamentos. "Infelizmente, a resposta da maioria dos *road managers* foi puramente egoísta", descobriu. "Eles só estavam interessados em menos horas de trabalho e mais dinheiro com férias remuneradas, o que não era de forma alguma o intuito da RMA [Road Manager's Association]. A posição de *road manager* não é fácil e não há muita gente trabalhando nesse ramo só pelo dinheiro. É uma dessas ocupações estranhas às quais você tem de se dedicar, pois passa muitas horas viajando, não só cuidando de todo o equipamento, mas se devotando como um todo ao grupo."[9]

Em outubro, os Beatles e sua trupe estavam de volta à estrada para uma turnê de outono que iria, assim como no ano anterior, culminar numa série de shows natalinos, desta vez no Hammersmith Odeon. Foi em Glasgow, no dia 21 de outubro, que Mal se viu mais uma vez em atrito com Brian Epstein. Nessa noite em particular, Mal fora forçado pela polícia local a estacionar a uma distância significativa da casa de shows. Ele e Neil elaboraram aquilo que acreditavam ser um plano razoável, segundo o qual Neil ficaria de olho no equipamento enquanto Mal iria buscar a van. Mal chegou ao *backstage* no momento em que os Beatles saíam acompanhados por uma escolta que incluía centenas de policiais. Quando ele entrou no camarim, Brian "soltou os cachorros para cima de mim, dizendo que eu havia abandonado os rapazes e os colocado em perigo por não estar ali. Em um momento, ele chegou a levantar a mão para me bater, vermelho de raiva. Devo dizer que nem me movi e quase dei risada, não pela sinceridade dele, mas pela ideia de me bater".[10]

Mal começou a imaginar as manchetes que seriam elaboradas se ele tivesse saído no soco com o empresário do grupo. "A diferença de tamanho entre Brian e eu [*sic*] não cairia nada bem para ele", escreveu. "Mas a verdade é que me agradou muito o fato de que, mesmo com toda a proteção policial que os Beatles tinham, Brian ainda quisesse que eu estivesse à mão para cuidar deles. Tenho um nível de tolerância extremamente alto e é preciso muito para que eu fique nervoso." Para crédito dos Beatles, eles estavam bastante cientes das tensões que Mal passava por causa deles e sempre brincavam: "Nunca te levamos ao limite, não é, Mal?".[11] De sua parte, o *roadie* não tinha total certeza do que demarcava os limites do seu temperamento. Será que haveria – *poderia haver* – um momento em que ele jogaria os braços para o céu de desgosto e sairia da vida deles para sempre?

Durante a residência no Hammersmith Odeon, Mal se viu envolvido em mais um conflito com Epstein. "Após algumas semanas, o show tendia a ficar muito livre e tranquilo, com muita improvisação nos esquetes que, no fim da temporada, pouco se pareciam com o roteiro escrito originalmente", anotou Mal. "Certa noite, me convenceram a me sentar no palco com eles durante a apresentação, bebendo xícaras de chá e lendo um jornal. Foi uma ideia engraçada na época, mas, depois do show, Brian me falou poucas e boas."[12] Embora Mal se aborrecesse com o pavio curto de Epstein, ele entendia a origem daquilo. Certa tarde, durante uma pausa nos shows natalinos, George Martin passou para desejar boas festas. Martin "admitiu para mim que, quando eu comecei a trabalhar para os Beatles, ele antipatizava um pouco com a ideia de mais alguém se aproximar do grupo. E eu entendi exatamente o que ele queria dizer, já que tenho o mesmo sentimento. Nós não só nos tornamos superprotetores, como também um pouco egoístas e ciumentos de qualquer um que se aproxime deles".[13] A conversa destacou como os membros da equipe frequentemente tinham uma sensação de propriedade sobre os rapazes e ficavam com inveja de outros que calhavam de compartilhar essa órbita.

Como se as controvérsias com Brian não fossem o bastante, Mal se viu tendo problemas com os Yardbirds, um dos grupos de abertura durante aquela residência natalina e agendados para a iminente turnê europeia. "Eles tocavam antes dos Beatles e, infelizmente, o baterista [Jim McCarty] rompeu a pele da sua caixa", escreveu Mal. "Ora, a caixa é o xodó de um baterista. A impressão é que se leva anos tocando até azeitar a caixa e deixá-la soando do seu jeito. Nessa noite em particular, após romper a sua, [McCarty] simplesmente pegou a caixa de Ringo do lado do palco e começou a enfiar sua baqueta nela, sem sequer me avisar. Só descobri quando os Beatles estavam prestes a entrar no palco, me deixando em pânico por uns minutos. Porém, como sempre, tinha reservas para tudo, então a caixa logo foi trocada. Você pode pegar qualquer coisa emprestada, exceto a caixa – para um baterista, ela é sagrada."[14]

E ainda havia as questões de sempre com as jujubas, uma tempestade que continuava a recepcionar os Beatles assim que as cortinas se abriam. Depois dos shows, Fanning trabalhava com Mal para recolher os resíduos tenebrosos da guloseima. "Noite após noite, nós tínhamos de limpar todos os cabos de guitarra e de microfone de jujubas amassadas e grudentas. Um grande pé no saco", recordou-se.[15]

Naquele Natal, Mal e Neil cuidaram das compras para os Beatles, encarregando-se de presentear com itens de valor, como televisores e demais aparatos eletrônicos, os amigos e familiares da banda. A essa altura, os *roadies* eram responsáveis por carregar grandes quantias de dinheiro vivo para atender aos gastos dos rapazes, de contas em bares a compras mais luxuosas, quando eles bem quisessem. Mal não conseguiu voltar para Liverpool naquele fim de ano, mas Fanning se ofereceu de bom grado para levar presentes de Natal até Mossley Hill para Lil e Gary em nome dele.

Na véspera de Natal, Fanning rememorou que tanto Mal quanto Neil receberam pacotes minúsculos dos rapazes. Neil ficou embasbacado ao abrir o presente, que continha as chaves de um Jaguar esportivo quase sem uso. O regalo de Mal foi mais prático, mas igualmente bem-vindo: as chaves de uma Humber Super Snipe, uma *station wagon* – perfeita para um homem de família e que combinava com alguém da estatura dele.[16]

Assim que a residência natalina terminou, os Beatles desfrutaram de uma pausa muito bem-vinda antes de se reencontrarem com Mal nos estúdios da EMI em 15 de fevereiro de 1965. Como sempre no Mundo Beatle, as coisas se moviam numa velocidade alucinante. Primeiro, Ringo tinha se casado com Maureen Cox. E agora, tão subitamente quanto, a banda estava de volta ao estúdio para começar a registrar novas músicas para seu segundo longa-metragem. Com o título provisório de *Eight Arms to Hold You*, seria uma paródia maluca de James Bond cuja filmagem principal estava para começar nas Bahamas apenas oito dias depois. Ray Coleman, repórter do *Melody Maker*, estava presente na sessão de gravação do dia 18 de fevereiro, onde tomou nota da relação especial dos rapazes com Mal. Enquanto Paul tocava piano elétrico em "Tell Me What You See", John exclamou: "Eu gosto de pianos elétricos, Mal. Compre um para mim amanhã". Quando Ringo subiu nas costas de Mal para um passeio, o jornalista musical não pôde deixar de apreciar o afeto óbvio que o grupo tinha pelo *roadie*.[17] Neil e Alf, por sua vez, ficaram de bobeira pela maior parte da sessão, jogando xadrez.

À medida que Mal devotava horas e horas para atender ao trabalho dos Beatles no estúdio, ele se tornava cada vez mais fluente nos instrumentos de preferência de cada um, bem como os calibres de cordas, cabos de guitarra, baquetas e palhetas. No dia 16 de fevereiro, ele deu o giro pelas lojas de música londrinas atrás de um par de Fender Stratocasters para George e John. "Era engraçado", se recordaria George mais tarde, "porque todas aquelas bandas americanas vinham para a Inglaterra e perguntavam: 'Como é que você tirou esse som de guitarra?'. E quanto mais eu ouvia, mais decidia que não gostava daquele som de guitarra que eu tinha. Era um lixo. Uma guitarra Gretsch e um amplificador Vox dos quais não gostava. Porém, aqueles eram os primeiros dias e tivemos sorte de ter qualquer coisa quando começamos. Mas, enfim, decidi que queria uma Strato, seguido por John, que também quis uma. Então mandamos nosso *roadie*, Mal Evans, ir comprá-las. E ele voltou com duas Stratos azul claras. Imediatamente as usamos no álbum que estávamos fazendo naquele momento".[18] George tocou sua Strato *sonic blue* em "Ticket to Ride", a deliciosa canção que seria o próximo *single* dos Beatles. Mal desembolsou aproximadamente 180 libras (equivalentes a 2,8 mil libras hoje) do caixa para custear cada uma das duas Stratos 1961.

Quando partiram em direção às Bahamas para começar as filmagens, no fim de fevereiro, o consumo de maconha dos Beatles estava a todo vapor. O ator americano Brandon de Wilde os acompanhou e levou um suprimento generoso na viagem para as ilhas. George se recordou de que "De Wilde era tipo James Dean. Ele gostava da música dos Beatles e ficou sabendo que íamos filmar nas Bahamas, então veio dos EUA com um grande saco de maconha. Fumamos no avião durante toda a viagem. Era um voo fretado, com todo o pessoal do filme – atores e equipe –, e pensamos 'que nada, ninguém vai perceber'. Pedimos a Mal para fumar charutos para esconder o cheiro".[19]

Como faz-tudo dos Beatles, Mal se orgulhava por conseguir se virar diante de quase todas as contingências. Nos anos em que trabalhou para a banda, descobriu que a melhor maneira de evitar ser vexado pelos rapazes era estar pronto para praticamente qualquer coisa. Com esse fim, ele carregava uma maleta de médico repleta de parafernália musical – palhetas, cordas de guitarra e afins –, além de outros itens diversos, como aspirinas, chicletes, uma lanterna, batatas chips, biscoitos, lenços de papel e cigarros, é claro.[20] Tinha um bom estoque de Senior Service, sua marca favorita – "O mais fino tabaco", segundo propaganda da época. Nos últimos meses, passara a carregar outra maleta, chamada carinhosamente de "bolsa da droga": uma bolsa de camurça marrom com um símbolo de *om* bem à vista, que servia de loja canábica em miniatura, com direito a baseados recém-enrolados e outras miudezas.

Após chegarem às Bahamas, os Beatles e sua equipe instalaram-se numa série de bangalôs à beira-mar no Balmoral Club. Em Nassau, Mal se reen-

Paul e John no set de filmagem de *Help!*

controu com Larry Kane, com quem fez planos para a turnê norte-americana de verão, em especial para a estadia de cinco dias em Hollywood. Kane logo notou que Mal e os Beatles estavam chapados. Assim como Paul teve uma revelação em agosto de que "há sete níveis", agora John também repetia um novo mantra: "Tudo está totalmente aberto, tudo pode acontecer".[21]

Depois de advertir Kane para que fosse discreto sobre o consumo de maconha dos Beatles, Mal se juntou ao amigo americano para uma noite na cidade. "A noitada com Evans e [o colega repórter] Long John Wade me permitiu observar as profundidades do novo amor de Evans pela *marijuana* combinada com bebida", lembrou Kane. "Amor esse que nos levou a várias casas noturnas e chegou ao clímax com Long John e eu arrastando Malcolm pelos braços de volta ao hotel."[22] Quando Kane lhe perguntou qual era seu integrante favorito da banda, Mal respondeu: "Você quer que eu seja demitido? Amo George de verdade, sabe – há uma alma dentro daquele rosto magrelo. Paul é um querido. Pois é, eu sou office boy, faz-tudo, marido de aluguel, sabe, mas faria qualquer coisa por eles. É mais fácil gostar de Paul do que de John, mas John é um gênio louco – e Ringo é simplesmente um cara ótimo".[23]

No dia seguinte, durante o café, Mal parecia notavelmente renovado, até alegre. A questão é que naquela manhã ele era esperado no set – não como *roadie* dos Beatles, mas como ator. Junto aos membros da banda, ele passou horas na praia de Nassau trabalhando com o diretor Richard Lester e sua equipe. No filme, ele interpretaria o "Nadador de Canal", um aquanauta teimoso que procurava em vão pelos Penhascos Brancos de Dover.

Porém, ao longo da filmagem, ele vivenciou um momento de terror puro e inesperado. "Durante a finalização da cena na praia, tive de nadar quase um quilômetro para dentro do mar e ficar boiando ali até que a cena estivesse pronta para ser filmada", escreveu. "A equipe de filmagem estava situada num ponto mais alto da praia e, de repente, Dick Lester gritou para mim: 'Venha, Mal. Volte, Mal!'. Pensando que eles não estavam prontos para a cena, nadei tranquilamente até a praia, sem saber, na hora, que havia uma arraia enorme atrás de mim!"[24] Já em segurança ao lado da equipe na areia, Mal finalmente viu o peixe gigante, que tinha mais de quatro metros e meio de comprimento.[25]

Outra noite em Nassau, Mal e Neil foram para os bares com Louise Harrison, irmã mais velha de George, de 33 anos. Enquanto bebiam drinks e batiam papo, escutaram dois clientes, marinheiros, falando mal dos Beatles. Na lembrança de Louise, "um deles afirmou que os conhecia de Liverpool, que eram sujos e nunca tomavam banho". Quase no mesmo instante, ela e Neil observaram Mal se levantar. "Elevando-se sobre os marinheiros, ele disse a eles de forma bem veemente que se desculpassem ou poderiam optar por cair mortos", lembrou ela. Os marinheiros saíram às pressas, deixando suas bebidas para trás e resmungando. "Bem, eles descobriram naquele momento que não se faz observações caluniosas sobre os Beatles", disse Louise.[26]

Como apontou Mal em fevereiro numa carta para Lily, ele estava curtindo aquele tempo nas Bahamas, mas ficava cada vez mais incomodado com "esses americanos que são como uma praga aqui, parece que há um escondido em cada arbusto com uma câmera, e todos são muito, muito rudes e mal-educados". Seus momentos favoritos das filmagens nas Bahamas inevitavelmente aconteciam quando estava com os Beatles, fosse passeando pela ilha com eles em carros esportivos alugados ou usando os chapéus de palha que comprou para os rapazes e para si mesmo. John, que acabara de receber a carteira de motorista, estava louco para assumir o volante, insistindo em dar passeios com Mal ao fim de cada dia de filmagem. "Só John seria capaz de tratar um circuito de corrida famoso com tamanho desprezo!", escreveu o *roadie*. "O método de direção [do Beatle] era pisar no acelerador até o chão logo na partida e não tirar o pé dali! E, acredite, uma volta de dez minutos com John ao volante se jogando em curvas fechadíssimas deve ter me custado um ano de vida!"[27]

No dia 13 de março, a produção de Richard Lester mudou de locação – de continente, inclusive –, tendo o elenco e a equipe voado para a Áustria. A banda e sua comitiva hospedaram-se no hotel Edelweiss, com acesso fácil às pistas de esqui de Obertauern, um resort de esportes de inverno. Quatro dias depois, Mal repetiu seu papel de Nadador de Canal. Tal como nas Bahamas, o que deveria ter sido uma simples ponta se tornou algo mais angustiante. Tony Barrow nunca se esqueceria da visão de Mal naquele frio lancinante. "O pobre Mal devia estar totalmente congelado", escreveu. "A única coisa que ele vestia era um traje de natação à moda antiga, com touca e óculos, e uma camada muito grossa de graxa para protegê-lo do frio. Todo mundo estava um pouco preocupado que ele morresse congelado antes do fim da cena."[28]

Com montanhas cobertas de neve como pano de fundo, a cena pedia que os Beatles se engajassem numa partida de curling descontraída, quando então um dos vilões do filme troca uma pedra de curling por uma bomba. Ela explode e abre um buraco no gelo, pelo qual vem à tona o Nadador de Canal. "Essa cena teve de ser filmada três vezes, porque eu estava com muito frio, simplesmente não conseguia falar!", recordou-se Mal. "Eu voltava a mergulhar para então emergir e dizer as minhas falas, mas, ao submergir de novo, não conseguia ficar debaixo d'água e voltava a aparecer." Foi aí que "alguém teve a ótima ideia de colocar um peso grande no fundo do buraco para que eu me segurasse, com as instruções do diretor Dick Lester: 'Fique debaixo d'água o máximo que conseguir, Mal, para que assim a gente possa terminar de filmar'. Como um verdadeiro guerreiro, depois de dizer as minhas falas, submergi, segurei o peso e fiquei lá embaixo, prendendo a respiração".[29]

O que Mal não percebeu foi que Lester estava gritando – cada vez mais desesperado – "Pode subir agora! Mal, suba agora!". Enquanto isso, lá estava o *roadie* abaixo da superfície, forçando ao máximo a capacidade de seus pulmões para terminar a cena. "Por fim, a autopreservação me fez subir para tomar ar", escreveu ele. "Enrolado numa toalha, andei descalço por uns 350 metros... enquanto a equipe toda aplaudia de pé. Passei duas horas num banho quentíssimo com uma garrafa de rum para me descongelar. Sentia tudo formigar da cabeça aos pés, mas os aplausos fizeram tudo valer a pena."[30]

Da Áustria, a produção de Dick Lester se deslocou para Londres, onde retornaria para o Twickenham Film Studios para captar as cenas internas. Foi lá, no dia 5 de abril, que os Beatles filmaram num restaurante indiano,

Mal interpretando o Nadador de Canal em *Help!*

Mal no set de *Help!* nos Alpes

Mal no set de *Help!* nas Bahamas

com direito a um grupo de músicos indianos tocando uma versão instrumental em estilo oriental de "A Hard Day's Night". Durante uma pausa, George pegou a cítara de um dos músicos – momento esse que marcou o nascimento do caso de amor de Harrison com a música clássica indiana. Ainda em abril, o filme foi renomeado *Help!*, o que levou John a compor a faixa-título na mesma noite.

Com o filme em pós-produção, os rapazes se abrigaram com George Martin nos estúdios da EMI para concluir o LP *Help!*, um trabalho inovador que contou com músicos de estúdio de formação clássica tocando em composições de Lennon/McCartney, como "Yesterday" e "You've Got to Hide Your Love Away". Em 27 de maio, Mal celebrou seu 30º aniversário com um raro dia de folga em Liverpool ao lado de Lily, Gary e do restante do clã Evans. Brian marcou a ocasião com um telegrama, desejando muitas felicidades. Contudo, com exceção da intrusão calorosa do empresário, Mal e a família desfrutaram de um momento singular fora das ondas da Beatlemania.

Para Lily em particular, o fenômeno global dos Beatles era algo amplamente fora do seu alcance. Ela tinha total conhecimento da música do grupo, que dominava as ondas do rádio – "Ticket to Ride" e "Help!" davam continuidade à "Onda" inquebrável dos Beatles no topo das paradas do Reino Unido. Porém, na sua mente, a Beatlemania era sinônimo de solidão. Exceto pelas visitas regulares da sobrinha de 15 anos, Shan, Lil passava a maior parte do tempo na companhia do filho de três anos. Fora a coleção cada vez maior de Mal de recordações deles, os Beatles eram pouco presentes em sua casa.

De fato, Mal passava tanto tempo longe e por períodos tão extensos, que Lily só conhecia os membros da banda de passagem, de maneira fugidia. Houve uma ocasião, por exemplo, enquanto ela visitava o marido em Londres, em que Paul mostrou uma versão inicial de "Yesterday" ao lado dela no sofá. E havia as lembranças agradáveis de compartilhar chá e conversas com George em Liverpool, enquanto o Beatle e seu marido fumavam cigarros. No entanto, "sempre senti que vínhamos em segundo lugar", disse ela. "Isso machucava muito", sobretudo quando era forçada a cobrir a companhia do marido para Gary, inevitavelmente dizendo ao filho: "Papai tem de viajar para trabalhar".[31]

13

DEUS GREGO

Em junho de 1965, os Beatles e sua trupe viajaram pela Europa, abastecidos por um reconfortante estoque de maconha, cortesia de Mal e Neil. A julgar pelos acontecimentos nas Bahamas, agora o próprio Mal já era um legítimo maconheiro. E, para garantir que o grupo tivesse um suprimento de baseados prontos na turnê, ele e Neil desenvolveram um sistema no qual compravam 20 maços de cigarro de uma vez, removiam o tabaco de cada unidade e o substituíam por maconha.

Para Brian Epstein, a visita dos Beatles à Itália se tornou uma fonte de muita irritação quando um *promoter* inescrupuloso afirmou que a banda estava perdendo o apelo e não lotava mais as casas de shows. Mal escreveria mais tarde que "após Brian já ter arranjado tudo há vários meses, o *promoter* dobrou o preço do ingresso por conta própria e ainda marcou os shows dos Beatles em salões duas vezes maiores do que os planejados originalmente. Ora, a maioria da população italiana não tinha dinheiro para pagar os preços mais altos, então os salões nunca estariam lotados como em shows anteriores. A imprensa não demorou a cair em cima disso, pois acho que más notícias rendem boas notícias, do ponto de vista deles".[1]

Para os Beatles, o destaque dessa volta pela Europa foi o maravilhamento dos italianos, que arregalavam os olhos diante da imagem colossal de Mal carregando o equipamento de um lugar para o outro. "Fui chamado de muitas coisas na vida, mas foi nessa viagem à Itália que o pessoal no *backstage* me apelidou de 'Mammut'. Eu pensava que era uma versão italiana do meu nome até descobrir que significava mamute! A barreira do idioma causa tanto graça quanto mal-entendido. Todo mundo que eu conhecia parecia ser de baixa estatura; eu via três caras se matando para mover um equipamento pesado, ia até lá, pegava deles, colocava nos ombros e saía andando. Foi assim que ganhei a minha própria sociedadezinha admiradora. Eles me achavam um dos homens mais fortes do mundo. E por um bom tempo depois, fui chamado pelos Beatles de Mamute ao invés de Mal."[2]

Assim como suas equivalentes ao redor do mundo, as autoridades italianas tiveram muita dificuldade em controlar as multidões. Em Gênova, a polícia não fazia ideia de como lidar com a histeria induzida pelos Beatles. Ao escrever para a revista *16 Magazine*, Mal se recordou de que "o show daquela noite foi uma loucura. A polícia italiana nunca havia tido de lidar com nada parecido com os Beatles, então não tinha a mínima noção do que fazer. As fãs ficaram tão malucas que os policiais aparentemente entraram em pânico e insistiram em *apagar* todas as luzes – incluindo as do palco! Os Beatles cantaram a maior parte da última música, 'Long Tall Sally', num blecaute total!".[3]

Quando chegaram a Nice, em 30 de junho, um clima diferente pairava sobre o *entourage* dos Beatles. Por um lado, parecia haver uma sensação mais aguçada de perigo – anteriormente, em Lyon, fãs tinham lançado bombinhas no palco, o que deixou Mal e o grupo brevemente em pânico. Por outro, os membros da banda aparentavam estar ficando mais despreocupados com a própria segurança e ousavam se aventurar para além dos limites da fama. Talvez por causa da claustrofobia e da sensação de isolamento nos quartos de hotel, os rapazes começaram a sair para conhecer as cidades.

Nesse ínterim, o gosto dos Beatles por noitadas movimentadas aparentemente chegara ao fim durante a turnê europeia, quando, às vezes, se recolhiam para dormir até mesmo às 8h da noite nos dias de folga, quase sempre ignorando a turba de fãs adoradoras de costume. A languidez induzida pela maconha pode ter sido uma das causas disso. Entretanto, o "demônio" de Mal, como sempre, estava totalmente presente. Depois do show em Nice, "Paul, por algum motivo, foi direto para a cama", recordou-se o *roadie*, mas "este que vos escreve ficou acordado, entretendo todas aquelas belas jovens e ficando ligeiramente bêbado, indo dormir por volta das 7h da manhã".[4]

Uma hora depois, Paul acordou Mal e o persuadiu a fazer um passeio de carro que os levou até o palácio da princesa Grace de Mônaco, onde debateram se deveriam bater no portão e chamar a ex-estrela de Hollywood. Após desistirem da ideia, foram visitar um aquário no sul da França. Enquanto percorriam a atração, Mal observou a "multidão costumeira de espectadores" que se reunia, "mais interessada em Paul do que na vida marinha local".

Naquela noite, os Beatles foram convidados para experimentar andar de kart em Nice. "Alf, nosso chofer, justamente por ser chofer, estava determinado a não ser vencido por nenhum dos Beatles", escreveu Mal. "E ele tanto tentou ganhar que acabou batendo o kart e quebrando a perna!"[5]

A turnê terminou na Espanha e, em 4 de julho, quase tão rapidamente quanto haviam partido, os rapazes e a equipe já estavam de volta à Inglaterra. Ansioso para reencontrar sua família, Mal levou a van Commer até Liverpool, acompanhado de Ringo, que foi ver a esposa na terra natal. Na rodovia M1, Mal e Ringo pararam numa lanchonete às margens da estrada para almoçar. "Enquanto estávamos sentados no balcão, um camarada do meu lado tentava concluir se era Ringo mesmo que estava comigo", lembrou Mal. "De repente, ele se virou para mim e disse: 'Não me importa se é ele ou não'. Ringo quase engasgou de tanto rir quando sacaneei o cara, falando: 'Não, não é ele. Mas é constrangedor levá-lo a qualquer lugar, pois todos o confundem com o Ringo!'"[6]

No dia 29 de julho, Mal e Lily compareceram à *première* de *Help!* no London Pavilion. Foi um evento repleto de estrelas, com direito a um jantar comemorativo em seguida. Lily se recordou vividamente de John convidar ela e Mal para se sentarem à sua mesa, imaginando que "ao contrário dos outros Beatles, [Lennon] não tinha muitos familiares", exceto por Cynthia e Julian.[7] Anteriormente, naquele mesmo mês, Ringo e Maureen tinham comprado Sunny Heights, uma casa luxuosa em Weybridge, Surrey, não muito longe da propriedade de John em Kenwood – algo de grande conveniência para Mal, que transportava os Beatles com frequência entre as residências uns dos outros. George, agora noivo da modelo Pattie Boyd, vivia no bangalô Kinfauns, em Esher, também em Surrey, desde meados de 1964.

No dia seguinte à estreia de *Help!*, Mal e os Beatles se reuniram no Saville Theatre, operado pela NEMS, para começar a ensaiar para a turnê norte-americana que estava a caminho. Seria um giro de 16 dias e 20 shows, começando no Shea Stadium, em Nova York, e fechando com um retorno ao Cow Palace, em São Francisco. Atuando com a General Artists Corporation (GAC), produtora da turnê, Brian instituiu diversas mudanças importantes para garantir a segurança da banda e a satisfação dos fãs durante a viagem pelos EUA. Além da condição padrão de Epstein de que os rapazes não tocassem para públicos segregados, o *rider** do grupo especificava a necessidade de um sistema de som

* Rider é um documento que faz parte do contrato entre a banda e o organizador do evento, contendo informações técnicas e logísticas para garantir que a apresentação da banda ocorra conforme o esperado. (N.P.)

de "alta fidelidade" – uma tentativa provavelmente inútil de encobrir o rugido das fãs dos Beatles – e de um "caminhão fechado de uma tonelada" disponível em cada local de show para transportar os rapazes entre a casa e o hotel. O pedido mais significativo do *rider* talvez fosse o de que "não menos de 150 oficiais uniformizados" fossem disponibilizados, bem como "um cercado ou barreira forte para prevenir que o público passasse por cima".[8]

No dia 13 de agosto, com a turnê se aproximando, os rapazes e sua trupe pousaram no JFK em preparação para a quarta e última aparição dos Beatles no *Ed Sullivan Show*. No aeroporto, a banda sentiu uma pontada de ansiedade ao ser recebida por "apenas um punhado de jovens, ao invés dos milhares que normalmente esperávamos". Mal descobriu mais tarde que "a polícia de Nova York tinha se excedido em seu trabalho. Com walkie-talkies e boa organização, foi bem-sucedida ao barrar todos os jovens do perímetro do aeroporto, sendo que somente alguns haviam conseguido driblar as barreiras".[9]

No dia seguinte, os rapazes tinham ensaio marcado para a participação no programa, que seria gravada previamente para ser exibida no dia 12 de setembro, estreia da temporada de outono. Para Mal, o problema começou depois que ele levou os Beatles ao estúdio 50 da CBS para começar o ensaio de três horas. Larry Kane também estava lá, após ter se juntado à banda em antecipação ao show no Shea Stadium. Posteriormente, o repórter se lembraria do primeiro reencontro com o *roadie* desde as Bahamas, onde ele estava de ótimo humor. Agora, porém, Mal "parecia azedo e quase deprimido", disse Kane. "Seus olhos estavam semicerrados detrás de sua marca registrada, os óculos de armação preta, e um cigarro se equilibrava entre dedos trêmulos. A preocupação estava escrita na testa dele ao conduzir os Beatles até os camarins compactos." Minutos depois, Kane recebeu o furo. Segundo Mal, John estava "suando e tremendo, parece que foram comprimidos demais, essas merdas". À medida que o ensaio prosseguia, o senso de apreensão de Mal só aumentava, ainda mais depois que John atacou verbalmente um dos técnicos do programa. Quando o grupo enfim foi registrar a performance, Kane tomou notas atentas, se perguntando como Lennon se sairia sob os holofotes. "Quase na hora de as cortinas se abrirem, John liderou os Beatles até o palco", escreveu. "Na altura do peito, sua camisa estava ensopada de suor. Ele olhou para nós e, de repente, arqueou as sobrancelhas, o sinal visual de que estava tudo bem. Mal Evans e Neil Aspinall pareceram nervosos e, em seguida, relativamente aliviados."[10]

Entretanto, eles ainda não estavam a salvo. Depois da gravação, Mal sussurrou para Kane: "Agora vamos manter os dedos cruzados para amanhã à noite. Para mim, é só mais um show, mas para eles é algo muito grande".[11] A apresentação dos Beatles no Shea Stadium, marcada para domingo, 15 de agosto de 1965, prometia ser o maior espetáculo da história do rock 'n' roll, com um público esperado de mais de 55 mil pessoas. Na véspera desse evento recorde, a banda deu uma festa de arromba no hotel Warwick, "um negócio animado, descolado e dançante", nas palavras de Mal. À meia-noite, a reunião, que já provara ser uma festança daquelas para os padrões dos Beatles, em pouco tempo se transformaria em algo ainda mais explosivo. A chegada de Mick Jagger e Keith Richards elevou a festa a outro nível. E os dois Stones não chegaram sozinhos, sendo acompanhados de "duas Supremes, as garotas da Tamla-Motown que os Beatles adoram". Os rapazes ficaram interessadíssimos no casaco do guitarrista dos Rolling Stones – "um paletó esporte tirado diretamente de um arco-íris. Os Beatles logo quiseram um cada". Além de Bob Dylan, que levou um acetato de seu novo álbum, "Del Shannon e as Ronettes [também] estavam entre os convidados da festa", escreveu Mal, "que foi até alta madrugada. Porém, apesar do barulho, da fumaça e das garotas bonitas, sem contar todas as conversas animadas, eu estava bem acabado e dormi numa poltrona num canto do salão".[12]

Como Mal havia previsto, os Beatles estavam curiosamente nervosos naquele domingo. O Shea Stadium marcava aquele que provavelmente seria o maior show de suas carreiras. "Os rapazes estavam estranhamente quietos", escreveu o *roadie*. "Ficam tensos e nervosos como qualquer outro artista dessa estatura. Uma vez no palco, fazendo música, ficam relaxados e confiantes. Mas, antes disso, tendem a se preocupar sobre como tudo vai ser, têm dúvidas se o equipamento vai transmitir o som correto, esse tipo de coisa."[13] Montar toda a parafernália foi inelutavelmente simples no Shea: para dar aos fãs uma chance de ouvir a banda naquele dia, Mal posicionou os microfones logo em frente aos amplificadores Vox e à bateria de Ringo e colocou o volume dos amplificadores de guitarra no máximo. Para evitar o som agudo ensurdecedor da microfonia, os alto-falantes nas laterais do palco tiveram de ser posicionados mais abaixo. Em suma: isso significava que os Beatles podiam ouvir suas guitarras quando estivessem na frente dos amplificadores, mas muito pouco ou nada das próprias vozes.[14]

Enquanto Mal se preparava para o show naquele dia, ficou claro que os amplificadores Vox de 100 watts turbinados não seriam páreo para o barulho da multidão. No intuito de ganhar alguns decibéis extras, ele conectou o áudio dos instrumentos ao sistema de alto-falantes do estádio. Mas esse esforço seria em vão. O sistema do Shea – pouco mais do que uma série de pequenos

George e Mal com um amplificador Vox

alto-falantes pendurados pelo estádio em vigas de aço – fora projetado, é claro, para transmitir anúncios durante eventos esportivos, algo muito, muito distante da música barulhenta e amplificada de um show de rock.[15]

Para garantir uma chegada segura e pontual ao Shea, os Beatles foram transportados de helicóptero de Manhattan até o heliporto da autoridade portuária. Dali, um carro blindado da Wells Fargo os levou até o estádio lotado, que uma multidão de 55,6 mil pessoas sacudia até as estruturas. Apropriadamente, Ed Sullivan fez a apresentação, exclamando: "Agora, senhoras e senhores, honrados por seu país, condecorados por sua Rainha, amados aqui nos EUA, aqui estão os Beatles!".

Depois que eles entraram no palco, Mal só conseguiu fitar o estádio, maravilhado. O público da banda havia finalmente cruzado o oceano Atlântico e conseguido engolir qualquer resquício de som possível, deixando apenas o zumbido turbulento do ruído branco em seu rastro. "Eu nunca ouvi um estrondo tão ensurdecedor quanto o emitido por aqueles jovens quando os Beatles entraram naquela noite", escreveu Mal. "O lugar todo foi absolutamente à loucura. Não havia uma única pessoa no público que não estivesse gritando a plenos pulmões. Foi simplesmente incrível. No céu, passou um dirigível com um letreiro neon que dizia 'Bem-vindos, Beatles'. E as centenas de flashes disparados pela massa de fotógrafos ao redor do palco pareciam os fogos de artifício da Noite de Guy Fawkes."[16] Em retrospecto, estava claro que o sistema de alto-falantes do estádio não fazia a menor diferença. "Era impossível ouvir o que os rapazes estavam tocando, a menos que, por acaso, você estivesse grudado a um dos grandes amplificadores."[17]

Naquele mesmo fim de semana, um grupo de garotas de Indianapolis estava fazendo uma festa do pijama quando soube que os Beatles estavam hospedados no Warwick, em Nova York. "Ríamos e gritávamos quando escutamos no rádio", recordou-se Georgeanna Lewis, então com 16 anos. "Então uma das garotas me desafiou a dar um telefonema" para o hotel dos Beatles. Apesar de preocupada com as taxas salgadas de interurbano, Georgeanna ligou. Quando a telefonista do hotel atendeu, ela disse: "Posso falar com Paul McCartney?". Incrivelmente, a telefonista transferiu a ligação. Georgeanna recordou-se de que "o telefone foi atendido por uma voz britânica. Eu me lembro de perguntar 'É o John?' e de ele responder 'O que tem, meu amor?'. E aí entrou outra voz na linha. Era Mal Evans".[18]

O *roadie* sentia muito por Paul não estar disponível, mas disse que ela era bem-vinda para ligar na tarde seguinte.

"Vocês falam com qualquer um que consegue ligar?", perguntou ela.

"Não, óbvio que não", respondeu Mal.

Mais tarde, ele escreveu que ela parecia ser uma garota legal, com quem tinha gostado de conversar. No dia seguinte, Georgeanna telefonou para o Warwick, como combinado, e Mal atendeu. Quando ele soube que a garota tinha ingressos para o show dos Beatles em Chicago, sugeriu que ela passasse para conhecer a banda após o espetáculo. "Nós quase nunca temos a oportunidade de conversar com um americano de verdade", acrescentou Mal. "São sempre celebridades."[19] Em pouco tempo, Georgeanna e ele estariam batendo papo como velhos amigos.

Alguns dias mais tarde, o *entourage* foi lembrado do lado obscuro da Beatlemania, do quão facilmente o fervor de simples caçadores de autógrafos poderia se transformar em violência. Aconteceu que os Beatles estavam no Texas no dia 19 de agosto para dois shows no Sam Houston Coliseum. O avião da banda pousou em Houston, recebido por uma multidão de duas mil fãs impacientes. "Meu Deus, elas invadiram", disse John ao vislumbrar a pista tomada. O piloto, de pensamento rápido, conseguiu desligar os motores antes que alguém fosse mutilado pelas hélices, mas "enquanto o avião terminava de tremer até parar, as jovens não conseguiram esperar. Subiram por toda a aeronave – nas asas, na cauda e sobre os motores ainda quentes. Esmurravam as janelas, gritavam e berravam para os Beatles, lá dentro: 'Nós amamos vocês, nós queremos vocês'".[20]

Por mais de meia hora, os Beatles e sua comitiva ficaram presos dentro do avião. No final, seguranças conseguiram trazer uma empilhadeira e retirar os passageiros ilhados. Agora, no entanto, os Beatles estavam expostos na plataforma da empilhadeira. Mal só conseguia observar, sem ação, enquanto todo tipo de "confete, bolsas, isqueiros, sapatos e batons eram arremessados pelas jovens emocionadas em expressar sua adulação".

A empilhadeira finalmente conseguiu chegar até uma falange de limousines que estavam a postos. Enquanto desciam para o solo, Brian Epstein caiu desajeitadamente no asfalto e machucou feio a espinha, o que exigiu tratamento. São e salvo no hotel, Lennon, furioso, desabafou a raiva para Mal e os outros. "Isso sempre acontece no Texas!", exclamou. "Eu disse a Brian antes de partirmos que deveríamos checar duas vezes os procedimentos de segurança em Houston."[21]

Depois do primeiro show na cidade, o chefe de polícia enfim admitiu a derrota. Limpando a testa com um lenço, ele se aproximou de Mal e disse: "Bem, acho que você estava certo, sr. Evans. Vou trazer mais 40 homens para o segundo show".[22] A polícia conseguiu até providenciar um carro blindado para transportar os Beatles de volta ao hotel.

Para Mal, a viagem a Houston não foi uma perda completa. Houve um momento em que ele conseguiu tempo para um passeio de compras, no qual adquiriu um chapéu de caubói de feltro preto, com uma faixa decorada com seis discos de metal, cada um com a miniatura de uma flecha. A adoração pelo Velho Oeste simplesmente não permitiu que Mal ignorasse o item – um chapéu *vintage* da selaria Stelzig, companhia que datava de 1870.

No dia seguinte, voaram para Chicago, onde ocorreriam dois shows no Comiskey Park, lar dos White Sox. Georgeanna Lewis foi ao segundo show, acompanhada da mãe e de duas amigas. Como planejado, ela se dirigiu ao Sahara Inn na esperança de conhecer os Beatles. Lá, Georgeanna e seu grupo se juntaram a milhares de fãs aos berros que abarrotavam o *lobby* do hotel. Ela então atravessou o mar de gente para chegar ao *concierge*. "Você tem algum recado para Georgeanna Lewis?", perguntou. Como resposta, o *concierge* lhe entregou um pedaço de papel com um número de telefone escrito. "Quando liguei para o número, Paul McCartney atendeu e eu só pensei 'Se eu morrer agora, tudo bem. Falei com Paul McCartney'. Tentei agir com muita calma: 'Gostaria de falar com Malcolm Evans'. 'Só um minuto', respondeu Paul."[23]

Quando Mal pegou o telefone, disse que estava muito feliz por ela ter conseguido vir e que desceria ao *lobby* para buscá-la. "Você não sabe como eu sou", acrescentou. "Estou usando um suéter vermelho e sou alto – 1,90 m. Pareço um deus grego." Momentos depois, Georgeanna viu Mal sair do elevador e entrar no *lobby* com um sorriso de orelha a orelha. Ele conduziu a menina e seu grupo de amigas até o sexto andar, onde George batia os pés no chão calçando chinelos de dedo, John andava pelo quarto com um microfone para gravar o ambiente e Ringo o seguia, vestindo um pijama de bolinhas. Georgeanna lembrou-se de ter conversado com Mal sobre os fã-clubes dos Beatles e sobre como eles não paravam de pipocar pelo mundo. "'Você tem um fã-clube?', perguntei, e ele começou a rir muito. 'Bem, deveria!', falei."[24]

Momentos mais tarde, o *roadie* apareceu com Paul, que disse: "Quem de vocês, garotas, está começando um fã-clube do Mal? Isso é demais, Mal. É exatamente do que você precisa". Porém, "só tem uma coisa que preciso te alertar", acrescentou. "Mal é mais fã de Elvis Presley do que dos Beatles. Fora isso, você vai descobrir que ele é bem normal." Georgeanna pegou um envelope de papel e uma caneta que estavam por ali e começou a fazer uma entrevista improvisada com Paul, rabiscando as respostas dele no envelope como uma repórter. Na recordação de Mal, Paul "bateu um papo com as garotas, deleitadas, contando a elas como eu me juntara aos Beatles mais de dois anos antes, na época que eles tocavam no Cavern Club, em Liverpool". Paul relatou a Georgeanna que "no início, Mal era apenas um segurança do clube. Acho que ele arrumou esse emprego só para nos ouvir de graça. Nós o contratamos para sua própria proteção". Durante a entrevista, Georgeanna enumerou as estatísticas vitais do *roadie*: "Malcolm Evans; esposa: Lily; filho: Gary", escreveu, além de acrescentar uma referência à "beleza rústica" de Mal e registrar seus 1,90 m de altura e 92 kg.

No fim, Georgeanna e seu grupo ficaram até quase amanhecer. Antes de ir embora para pegar a estrada até Indianapolis, trocou endereços com Mal e pensou: "Isso não vai dar em nada".[25]

Na noite seguinte, a caravana já se encontrava a noroeste dali, em Minneapolis, onde os Beatles se apresentaram no Metropolitan Stadium. Larry Kane se recordou de que, depois da performance, Mal e Neil seguiram o roteiro de sempre: rastrear possíveis candidatas para a festa pós-show. Contudo, Kane apontou que essa foi uma noite na qual o talento de "olheiro" deles falhou – pelo menos para John, que mais tarde confidenciou ao repórter que as mulheres que conheceu "não queriam mandar ver".[26] Mesmo assim, na memória de Mal, a passagem dos Beatles por Minneapolis – assim como em

Las Vegas no ano anterior – fez a turnê se aproximar demais de um escândalo do tipo que poderia deixar uma cicatriz duradoura na reputação da banda.

Mais tarde naquela noite, enquanto Mal e o grupo assistiam à televisão na suíte no Leamington Motor Lodge, a polícia fez uma batida no local. "Acreditamos que vocês estão abrigando garotas adolescentes", disse o oficial no comando enquanto os demais confrontavam os Beatles e a equipe. "Viemos tirá-las daqui!" A única presença de fora na suíte era uma adolescente loira que estava assistindo à televisão com os rapazes.[27]

Mal descobriu que havia uma festa animada no Leamington naquela noite, mas não era na suíte dos Beatles. Aparentemente, um vigarista tinha atraído todo um grupo de adolescentes para uma suíte num outro andar com a promessa de que os Beatles logo apareceriam. Em pouco tempo, essa suíte ficou abarrotada de garotas que acabaram ocupando até o corredor. Uma busca de porta em porta conduzida pelas autoridades levou à expulsão de todos que não eram hóspedes do hotel, incluindo a visitante loira.

Depois de isolar o hotel, um dos policiais abordou Mal, dizendo: "Esta é uma cidade de respeito e pretendemos mantê-la assim. Não queremos as estripulias inglesas de vocês por aqui". Foi aí que Mal ficou farto. "Não fizemos nada para passar essa impressão", devolveu. "Estamos levando a culpa pela conduta de outras pessoas. Viajamos o mundo todo e sempre tentamos evitar situações como essa. O que podemos fazer a respeito?" O policial olhou feio para Mal e respondeu: "Vocês sempre podem tentar tocar em outro lugar".[28]

Incrivelmente, as coisas pareceram só piorar no dia seguinte, quando os Beatles estavam prestes a pousar em Portland. Enquanto o avião descia, Mal observou horrorizado a exclamação de Paul: "Ei, olhem! Está pegando fogo!". Nisso, "todo mundo deu um pulo e correu para a janela do lado de Paul", lembrou Mal. "A primeira coisa que pensei foi que o motor poderia explodir ao pousarmos e incendiar toda a aeronave, mas então o piloto, capitão Bill Marr, mudou a posição das hélices" – para reduzir a resistência e aumentar a distância planar – "e o rastro de fumaça afinou um pouco". Quando o avião estabilizou-se em 22 mil pés, John ficou inquieto e correu para a porta da cabine, mas foi barrado pela figura imponente de Mal, contra quem trombou com um estrondo. Depois de um pouso seguro em Portland, "não havia no mundo ninguém mais feliz ou aliviado do que nós naquele dia".

Assim como os rapazes – George em especial –, Mal era, às vezes, um passageiro nervoso. Não surpreende que a banda e a equipe tenham começado a conversar sobre o que aconteceria se um acidente ou outro infortúnio levasse um dos Beatles. "Nunca seguiríamos em frente, Mal", disse Paul. "Somos uma família e muito próximos uns dos outros. Se qualquer um de nós saísse de cena, fecharíamos as portas e encerraríamos o expediente. Não íamos gostar de fazer isso, veja bem, porque a vida é para nós, hoje, uma montanha de diversão. Mas seria o fim dos Beatles, disso pode ter certeza."[29]

Alguns dias depois, o grupo desembarcou em Los Angeles para um breve hiato antes de os Beatles fazerem dois shows no Hollywood Bowl. "Partimos para um fabuloso retiro nas montanhas alugado pela banda – ao custo de dez mil dólares por semana! –, onde todos esperávamos ter um pouco de paz e tranquilidade",[30] escreveria Mal. No entanto, essa estadia no sul da Califórnia se mostraria algo bem diferente.

Situada no fim de um *cul-de-sac* em Benedict Canyon, a propriedade alugada pelos Beatles pertencia à atriz Zsa Zsa Gabor e, a princípio, parecia ser um local seguro. Naquela tarde, a banda e a equipe desfrutaram de um dia agradável de descanso ao redor da luxuosa piscina, boiando por horas na água azul e fresca, tomando sol no pátio e bebericando cerveja americana. Entretanto, isso não duraria muito. "Meu coração parou naquela noite quando vi na TV várias imagens do bangalô", escreveu Mal, "e os repórteres dando o endereço completo do esconderijo dos Beatles. Praticamente distribuíram mapas impressos do lugar nas ruas, porque, assim que a notícia se espalhou, centenas e mais centenas de fãs dos Beatles começaram fazer peregrinações pelos 11 km cânion adentro. Iam caminhando, pegavam carona, tomavam carros emprestados e se amontoavam em todo tipo de veículo – qualquer coisa para chegar ao lugar onde poderiam ter um vislumbre de seus ídolos".[31]

14

A SITUAÇÃO DE ELVIS

Assim começou uma das sequências de acontecimentos mais estranhas da história de Mal e dos Beatles.

Como sempre, o *roadie* rapidamente caiu numa rotina. Em Benedict Canyon, Alf e ele costumavam acordar cedo, dar um mergulho rápido na piscina e então começar a patrulhar a propriedade. "Dava para ver as garotas na colina com binóculos, nos espiando", recordou-se Alf. "Provavelmente pensavam que éramos os Beatles. Devia ser um choque daqueles quando se davam conta de que não éramos."[1] Enquanto isso, a casa recebia uma torrente de estrelas de Hollywood e personalidades do *show business*. Com sua tendência ao deslumbramento, Mal se deleitava com o desfile de visitantes ilustres, embora vários deles estendessem demais sua permanência.

O ator Peter Fonda, então com 25 anos, era uma das figuras que apareciam com frequência e sem avisar. Em uma de suas visitas, John e George tiveram a segunda experiência com LSD, o notório alucinógeno celebrado pelo guru da contracultura Timothy Leary. Em abril de 1965, John, George e suas esposas tinham sido ludibriados a tomar a droga na casa de um dentista amigo, em Bayswater, que sorrateiramente batizou o café deles. Na casa em Benedict Canyon, a viagem de ácido de George se mostrou assustadora, o que levou Fonda a confortá-lo. "Lembro-me de estar sentado no deck da casa com George, que achava estar morrendo", recordou-se o ator. "Eu lhe disse que não havia nada a temer e que tudo o que precisava era relaxar. Contei ainda que sabia exatamente como era estar morto: quando eu tinha dez anos de idade, dei um tiro na minha própria barriga sem querer e meu coração parou de bater três vezes na mesa de cirurgia, pois tinha perdido sangue demais." Ringo foi na onda, mas Paul e Mal evitaram a substância – pelo menos naquele momento.[2]

Naquela mesma semana, a banda e seu *entourage* conheceram Ken Mansfield, 27 anos, gerente de promoção da Capitol Records na Costa Oeste, durante um evento para a imprensa. Numa breve saída do retiro em Benedict Canyon para ir até o estúdio A da famosa torre da Capitol, os Beatles receberam discos de ouro pelas vendas da trilha sonora de *Help!* nos EUA. Após a coletiva de imprensa, convidaram Mansfield para se juntar a eles no dia seguinte em Benedict Canyon. "Lá estava eu", Mansfield se recordaria. "O cara bronzeado num Cadillac conversível. Para eles, eu era o sr. Califórnia, então queriam saber coisas sobre a Mulholland Drive, o Grauman's Chinese Theatre e alguns dos outros artistas da Capitol. Ringo pediu que eu o apresentasse a Buck Owens. Já Paul queria uns discos de Gene Vincent."[3]

À beira da piscina com os Beatles no dia seguinte, Mansfield observou com certo encanto a maneira como Mal lidava com as hordas de garotas que tentavam escalar os muros da propriedade. Mansfield não tinha ilusões sobre o porquê de ter sido sido convidado a Benedict Canyon. "A razão para os caras terem me recebido de forma tão boa e calorosa logo de cara foi a bênção imediata de Mal", disse. "Eles confiavam nele, ele confiava em mim, simples assim. Naquela época, não se chegava minimamente perto dos Beatles sem antes passar pelo crivo de Mal ou Neil."[4] Mansfield se recordou de ver "Mal ocupado no entorno da área da piscina, onde as jovens escalavam o muro e pulavam para dentro. Mal usava a mangueira do jardim para gentilmente jogar água nelas, as colocava no ombro e as carregava até a segurança na entrada da casa. E ao longo desse tempo todo, a jovem olhava em volta por cima do ombro de Mal, na esperança de acenar para um Beatle."[5]

Para Mal, entregar fãs rebeldes para as autoridades era, em geral, um trabalho fácil. Sem surpresas, ele fez amizade com os oficiais responsáveis pela segurança em Benedict Canyon, que ficaram tão impressionados com o *roadie* que lhe concederam um distintivo de xerife honorário. Entretanto, vez ou outra, ficava perturbado pelo nível de desespero de algumas fãs. "De tempos em tempos, eu passava pelos portões para dizer às jovens que estavam perdendo seu tempo e deveriam ir para casa. Como sempre, sentia um pouco de pena delas e levava algumas jarras de café para quebrar o gelo."[5]

Dado o fascínio que Mal tinha pelo Rei do Rock, ele compreendia o suplício daquelas garotas. Porém, enquanto os sonhos das fãs dos Beatles de conhecer seus ídolos em Benedict Canyon eram continuamente frustrados, Mal estava prestes a ver seu próprio sonho se tornar realidade. Na noite de

27 de agosto, ele e os rapazes conheceram ninguém menos que Elvis Presley em sua mansão em Bel Air. O superastro de 30 anos estava na cidade para as filmagens de *No Paraíso do Havaí*.

Antes do aguardado encontro com o Rei, Mal passou um tempo com o Coronel Tom Parker em seu escritório na Paramount Studios, onde o *roadie* foi paparicado com presentes, incluindo um isqueiro banhado a ouro e, para sua alegria total e absoluta, um robe branco estampado com os dizeres "Girls! Girls! Girls!"*. Mal não só agradeceu a generosidade de Parker, como reconheceu que o Coronel possuía "um dos cérebros mais astutos do *showbiz* dos EUA", acrescentando que "ele espreme todos os dólares que pode da situação de Elvis – e quem pode culpá-lo?". Enquanto Mal relaxava no escritório do Coronel naquele dia, o telefone tocou. "Era uma agência de notícias, Mal", disse Parker. "Parece que se espalhou a notícia de que Elvis e os garotos vão se encontrar esta noite. Tem uma matéria no *Daily Mirror* de Londres. Agora a Reuters quer confirmação." Nesse momento, Mal congelou. "Por um minuto, pensei que Parker ia cancelar tudo."[7]

Porém, o Coronel não seria dissuadido. Com a autointitulada Máfia de Memphis – grupo de amigos e funcionários que serviam e protegiam Elvis – à sua disposição plena, o empresário organizou um esquema complexo no qual trocaram de veículos várias vezes antes de chegar a Benedict Canyon. Sob o olhar do Coronel, Mal, Neil, Tony Barrow e os Beatles entraram agachados numa limousine preta com Alf ao volante. "Pelo menos desta vez, John, George, Paul e Ringo estavam prontos para sair na hora", brincaria Mal posteriormente, "e entraram nos carros que esperavam no bangalô no momento exato".[8] Gritando "Simbora!" da janela do carro, Alf seguiu o veículo do Coronel num serpenteio por Hollywood. Esse comboio, por sua vez, foi seguido por uma moto da polícia. Às 22h, a carreata chegou à casa de Elvis na Perugia Way. Incrivelmente, o plano do Coronel tinha funcionado.[9]

Chris Hutchins, do *NME*, estava presente na noite em que Mal e os Beatles adentraram o lar de Elvis em Bel Air. "Elvis e Priscilla estavam sentados no centro do sofá em forma de ferradura em seu recanto – o Rei e sua noiva secreta aconchegados em casa", escreveu. "Ele vestia uma camisa vermelha e um colete preto justo, com o colarinho alto napoleônico passando das costeletas. Priscilla era uma pura estrela de Hollywood: com os cabelos pretos num penteado exuberante, ela usava maquiagem

* Trata-se do título original em inglês do filme *Garotas, Garotas e mais Garotas!*, de 1962. (N.T.)

pesada com rímel preto espesso, lápis de olho azul-noite, blush vermelho e batom "Heartbreak Pink". Quando Mal, Neil, Alf e Tony entraram após os Beatles, não havia como não repararem nos membros da Máfia de Memphis ao redor dos aposentos em toda sua glória. Eram pelo menos nove, o dobro do *entourage* dos Beatles.[10]

Naturalmente, o *roadie* estava fora de si, num misto de reverência e puro choque. "Se há um dia na minha vida que nunca esquecerei", escreveu, "é o dia em que os dois maiores fenômenos do *showbiz* se reuniram pela primeira e única vez". Após um dos asseclas do Rei servir uma dose generosa de scotch com Coca-Cola a Paul, o baixista acenou para que Mal fosse conhecer seu ídolo em carne e osso. "Presley se voltou para mim e nos cumprimentamos com um aperto de mão. 'Este é o seu fã número um, El', disse Paul. 'E ele está *conosco*.'" Mal foi atingido como um raio pelo som da "voz estranhamente tranquila" do Rei quando ele disse "É um grande prazer conhecê-lo".[11]

À medida que a noite avançava, Mal ficava cada vez mais fascinado pela casa luxuosa de Elvis: um bar bem abastecido, cômodos com carpetes pesados e, na sala de estar, uma lareira enorme com uma chaminé de cobre que desaparecia pelo teto ao centro do grande cômodo. "Em pouco tempo, o toca-discos já estava a todo vapor", escreveu. "Elvis colocou vários álbuns para tocar, muitos deles dos Beatles, mas, talvez por modéstia, nenhum dele. O som era sensacional, as bebidas rolavam soltas, a conversa estava animada e, como eu digo, foi como estar em casa com os camaradas de Liverpool."[12]

Mais tarde, Mal opinaria que "a festa foi tão casual e informal que não foi feita uma foto sequer". Enfim, Elvis pegou um baixo que estava plugado num amplificador posicionado perto da televisão. "Ele começou a tocar aquele troço com bastante habilidade, mas insistia que estava só aprendendo", escreveu Mal. "Continue praticando, camarada, um dia você chega lá", brincou Paul. Com Mal como testemunha, "a *jam* improvisada e nunca registrada mais fantástica de todos os tempos" se seguiu quando "El providenciou violões para John, George e Paul e um par de bongôs para Ringo, e eles então sacudiram o lugar por uma hora com música *beat* improvisada. Foi fabuloso".

E foi aí que aconteceu: "Só houve um deslize no pequeno show dado pelos rapazes", refletiria Mal.[13] Ninguém tinha palheta. "Mal tem palheta", disse Paul. "Ele sempre tem palhetas, até quando está de férias."[14] Inconformado por ter se esquecido de levar sua viajada maleta de médico, Mal correu para a cozinha, onde confeccionou palhetas improvisadas com talheres de plástico.

Com o passar das horas, mais convidados começavam a chegar. "Elvis fez o papel de anfitrião brilhantemente", escreveu Mal. "Passou a noite toda bebericando água com gelo, já que não bebe nem fuma, e se esforçou muito para garantir que todos estivessem se divertindo." Ringo e Mal arriscaram-se na sinuca e perderam quatro partidas seguidas para membros da Máfia de Memphis, ao passo que "John perdeu nove dólares na roleta com o Coronel Parker e Brian Epstein, que se juntou a nós ao chegar de Nova York". Numa das lembranças preferidas de Mal daquela noite, John fingiu ser um repórter:

> Uma vez, quando eu estava conversando com El sentado num divã, John veio até nós aos gritos, enfiou um microfone imaginário na cara de El e começou a disparar uma sequência de perguntas sem sentido – que, devo dizer, foi uma paródia bastante precisa de algumas das coisas sem noção que os entrevistadores perguntam nas nossas próprias coletivas de imprensa.
>
> "O que você vai fazer quando a bolha estourar, Elvis?", perguntou. "Que pasta de dentes você usa? A que horas vai para a cama? Você gosta de garotas? Quem é o seu artista favorito?"
>
> "Pois é, pois é", riu El. "Já ouvi tudo isso antes."[15]

Às 2h da madrugada, o ritmo da festa começou a baixar e os Beatles e sua trupe se despediram. Tony se lembrou do rosto de Mal "brilhando de felicidade" ao entrarem na limousine, porque Elvis, seu estimado ídolo do rock 'n' roll, o chamara de "senhor".[16] Para o *roadie*, pouco importava o fato de o Rei se dirigir assim a quase todo mundo.

Os Beatles encerraram o hiato em Benedict Canyon com duas apresentações no Hollywood Bowl. Ao fim do segundo show, em 30 de agosto, Mal observou atônito enquanto "as garotas se lançavam no fosso que separava o palco do vasto auditório a céu aberto do Bowl, e, assim que os rapazes dispararam do palco, fontes colossais foram ligadas a toda potência para impedir que as nadadoras de fosso mais determinadas alcançassem as ameias do palco, por assim dizer". A cena foi bizarra, com certeza, mas nada poderia prepará-los para a devastação do dia seguinte em São Francisco.[17]

O primeiro show dos Beatles no Cow Palace quase rendeu um levante, com os integrantes da banda enfrentando um fuzilamento incansável de jujubas, ursinhos de pelúcia e afins. Em dado momento, um segurança foi até desacordado depois de tomar uma garrafada na cabeça. No fim, quase 30 garotas tiveram de ser retiradas do palco, ao passo que um fã conseguiu achar uma brecha no tablado atrás de Ringo e correu até a bateria. Terminado o primeiro show, Mal escreveu que "de alguma forma, os Beatles conseguiram compartilhar uma refeição no *backstage* com Joan Baez, que viajara de Los Angeles conosco, e o cantor country Johnny Cash ficou por ali por uma hora. Porém, a atmosfera estava tensa e elétrica, e, pelo menos desta vez, os Beatles não estavam empolgados para o show seguinte".[18]

E foi aí que as coisas pioraram. Assim como no show da tarde, a casa estava abarrotada para o da noite. Rádios locais já haviam começado a difundir relatos turbulentos da apresentação anterior, o que talvez fosse ainda mais preocupante. Temendo um repeteco do espetáculo sinistro da tarde, Mal voltou a checar as barreiras e as saídas, sentindo-se cautelosamente otimista ao observar que "uma muralha sólida de policiais foi colocada na frente do palco".

No fim, isso praticamente não fez diferença. Os Beatles abriram o show com "Twist and Shout" e "foi como se o prédio inteiro balançasse com o movimento do avanço dos adolescentes", escreveu Mal. "Pude ver as barreiras começarem a ceder sob o peso daquele arrastão e, apesar de determinado, o cordão humano da polícia parecia prestes a se desfazer."[19]

Antes desse segundo show, Mal ficou especialmente preocupado com a tela de arame de quatro metros e meio de altura atrás do palco. De um modo absurdo, os fãs "apenas erguiam uns aos outros e pulavam para o outro lado, sem se importar com cortes, hematomas e membros quebrados ao cair. Paul quase foi arrancado do palco por uma garota que o agarrou, enquanto outra quase derrubou Ringo da bateria". Quando o show se transformou num caos generalizado, "Neil, Alf, todos o seguranças e eu, e até Brian Epstein, subimos ao palco para expulsar as invasoras que não paravam de chegar". Foi então que o capitão David Hansen, chefe de polícia de São Francisco, gritou para Mal: "Se não conseguirmos controlá-los, teremos de interromper o show".[20]

A essa altura, o palco e seu entorno já pareciam uma zona de batalha. "Adolescentes inconscientes eram retirados da plateia e colocados no palco por segurança", escreveu Mal. "Alguns estavam numa condição terrível, machucados, surrados, arranhados e inconscientes. As roupas estavam rasgadas e os cabelos, desgrenhados. Nós os colocamos no *backstage*, onde as ocorrências chegavam às centenas com o avançar do show. Um grupo de policiais se organizou para levá-los ao centro de primeiros socorros." Num momento crítico, um fã arremessou uma cadeira dobrável de metal contra o palco e, por fim, a situação se tornou simplesmente perigosa demais para a banda continuar. "Não está nada bom", disse o capitão Hansen a Brian. "Você tem de parar o show. Só mais uma música."[21]

À medida que as ocorrências aumentavam, Mal se preparava para conduzir os Beatles a um lugar seguro. “Garotas aos prantos estavam caídas contra as paredes ou se encolhiam nos cantos”, escreveu, “e eu vi Joan Baez tentando reanimar algumas delas com sais aromáticos. Todo artista presente estava no *backstage* ajudando a reanimar as jovens desmaiadas”.

Quando piedosamente a apresentação acabou, os Beatles largaram os instrumentos, correram do palco e entraram num caminhão-baú para fugir. Em seguida, “um pandemônio se instalou no auditório, e eu pensei que o lugar inteiro ia desabar ao nosso redor”, escreveu Mal. “Porém, de algum modo, a polícia conseguiu controlar os ânimos, todas as saídas de emergência foram abertas e as pessoas retiradas às pressas. A cena que ficou para trás era de devastação, com assentos virados, fãs ainda tentando subir no palco e mais gente desmaiando.”[22]

Na manhã seguinte, os Beatles e sua trupe já estavam a caminho de Londres, mas as desventuras perigosas da segunda turnê norte-americana não seriam esquecidas tão cedo. De sua parte, Brian Epstein atribuiria o caos e a violência à segurança desleixada. Mal, porém, se deu conta de que era mais do que isso. Já não era de agora que ele sentia que havia um lado obscuro na Beatlemania, que nem toda histeria do público poderia ser compreendida como simples produto do fanatismo.

Em casa, o reencontro de Mal com Lil e Gary foi impactado pela baixa frequência de sua correspondência e pelos papéis soltos descobertos por sua esposa na mala – endereços e números de telefone, escritos invariavelmente pelas mãos femininas das “amigas de correspondência” que ele conhecia na estrada. Mal diminuiu a significância delas, mas Lil era mais esperta. “Aquilo me partia o coração”, recordou-se.[23]

Simplesmente não havia como subestimar as dificuldades financeiras da família naquele outono. Mal então se determinou a encher os cofres magros da casa. Com a experiência do encontro entre Elvis e os Beatles ainda fresca na lembrança, ele elaborou um plano para escrever um livro de memórias – contar a história da banda de sua perspectiva no olho do furacão. Trabalhando com Michael Borrisow, da agência Southern News Services, de Maidstone, Kent, Mal ditou um manuscrito de 37 mil palavras intitulado “Beatles – U.S.A.”. Sem a intenção de colocar em risco sua relação com os rapazes – mesmo que isso significasse ganhar uma renda paralela muito necessária –, ele garantiu a Borrisow que tinha a aprovação expressa dos Beatles para fazer o projeto. E, de fato, cada um dos integrantes forneceu um prefácio conciso para a história:

Paul McCartney

Malcolm sempre foi um rapaz talentoso, trabalhou duro e, caso se empenhe bem nesta série, estou seguro de que passará de ano. Eu o conheci quando ele não era nada e ainda era insuspeito e se dava muito bem com as crianças. Sim, eu o recomendaria para uma posição em sua organização sem mais palavras.

Eu gostaria, antes de encerrar, de agradecer a todas as pessoas que tornaram isso tudo possível: os Correios de Liverpool, os patrulheiros ao longo das longas estradas da Inglaterra e, acima de todas, Lily, de Allerton.

Agradecendo-lhes,
Paul

Ringo Starr

Malcolm, Malcolm, agora deixe-me ver, Malcolm, pelo menos vai ser a verdade quando vocês lerem o que está escrito por Malcolm.

Malcolm, bom Malcolm, querido Malcolm.
Ringo

George Harrison

Se pagássemos mais dinheiro a Mal, ele provavelmente não precisaria fazer coisas como este livro. Mas, considerando-se que ele realmente precisa do dinheiro e que também é ele quem *nos acompanha em todas as viagens, o livro é naturalmente mais factual do que se fosse escrito por outra pessoa. Portanto, espero que eu desfrute da leitura tanto quanto vocês.*
George

John Lennon

Caro Malcolm,

Espero que você tenha pronta recuperação e também seu servo devoto (?)

Atenciosamente seu,
John
P.S. Eu gosto dos desenhos também.[24]

Tendo reunido uma variedade de fotos de turnê feitas por Leslie Bryce para servirem como potenciais ilustrações – além de um *still* do filme *Help!* com Mal em seu momento estelar no papel do "Nadador de Canal" –, Borrisow apresentou a história do *roadie* aos caprichos do mercado editorial. E ela então pereceu, abandonada sem ser comprada por ninguém.

Mas estava tudo bem. Nas semanas seguintes, Mal e os Beatles desfrutaram de um merecido descanso longe dos holofotes – exceto Ringo e Maureen, que deram boas-vindas ao bebê Zak em 13 de setembro de 1965. No dia 9 de outubro, 25º aniversário de John, Mal, Neil e toda a equipe reuniram-se para uma festa que celebrava a estreia do musical *Twang!*, de Lionel Bart.

E então chegou a hora de voltar a trabalhar com George Martin em Abbey Road. Com a cobrança da gravadora por material para um novo LP dos Beatles antes das festas de fim de ano, não havia tempo a perder. Como Martin se lembraria, "ir ao estúdio era um refúgio para eles. Era a hora e o local em que ninguém conseguiria alcançá-los. Os horários estranhos das suas sessões eram muito necessários devido à vida frenética imposta a eles. Veja só tudo o que eles faziam num único ano: turnês aqui e no exterior, TV, rádio, imprensa e promoção em geral. Gravar era importante, mas tinha de ser encaixado no meio de tudo isso, e eles gostavam de gravar muito mais do que fazer turnês. Ficavam fartos de tanta vulnerabilidade – da apalpação contínua – e precisavam fugir disso de tempos em tempos".[25]

Mal esteve mais ocupado do que nunca durante a produção do novo álbum, que seria batizado de *Rubber Soul*, um trocadilho* bolado por Paul para refletir a admitida inautenticidade do R&B inglês – ou "soul de plástico". Os instrumentos dos Beatles se tornavam mais diversos a cada dia – George começara a tocar cítara, por exemplo, e Paul a usar, no estúdio, um baixo Rickenbacker de corpo sólido e escala longa** – exigindo de Mal a expansão de suas relações com os vendedores de instrumentos de Londres para manter o acesso fácil a partes sobressalentes e incrementos. Havia ainda a questão do equipamento da banda, que foi bem surrado nos EUA. Dado o estado dessa parafernália de palco, eles receberiam um presente muito bem-vindo em novembro. "A Vox acabou de entregar um novo conjunto de amplificadores

* Brincadeira com "*rubber sole*", "sola de borracha" em sapatos – uma vez que "*sole*" e "*soul*" (alma) têm a mesma pronúncia. (N.T.)

** Em contrapartida ao Hofner de corpo oco e escala curta, elementos que distinguem a sonoridade dos dois modelos de baixo. (N.T.)

para os Beatles", publicou a revista *Beat Instrumental.* "Os antigos ainda funcionavam perfeitamente, mas seus exteriores receberam tantas pancadas durante as viagens da banda que ganharam uma aparência gasta demais."[26]

O próprio Mal receberia algumas pancadas durante uma sessão tarde da noite nos estúdios da EMI. Como os acontecimentos viriam a mostrar, o fervor crescente que ele observara durante a recente turnê pelos EUA não era um fenômeno isolado. Sempre vigilante no que dizia respeito aos rapazes, Mal relembrou da ocasião em que "estávamos gravando no estúdio 2 e um bando de garotas tentou invadir pelas portas duplas à prova de som que levavam para o lado de fora. Achei que poderia fazê-las sair se conversasse com elas, então, com a segurança barrando a porta interna, me esgueirei para a antessala entre as duas portas. É claro que, com ambas as portas fechadas, era um breu só, então lá estava eu lutando pela minha sobrevivência enquanto elas pulavam em cima de mim e literalmente arrancavam minha camisa. Foi a última vez que fiz isso, pode acreditar!".[27]

No final de outubro, os Beatles fizeram uma pausa nas gravações de *Rubber Soul* para ir a uma cerimônia em nada menos que o Palácio de Buckingham. Em junho, a rainha Elizabeth II anunciara que a banda receberia o título de MBE ("Member of the Most Excellent Order of the British Empire" – "Membro da Excelentíssima Ordem do Exército Britânico") pelos serviços à nação, o que marcou a primeira vez que astros pop receberiam uma distinção geralmente reservada a militares veteranos e afins. Antes que a rainha os empossasse das medalhas, os rapazes se reuniram no apartamento de Mal e Neil, que estava se tornando seu ponto de encontro regular e tinha sido o local de uma recente sessão de fotos com Leslie Bryce. O lugar servia ainda como uma espécie de depósito improvisado para os membros da banda. John Fanning se recordou de visitar o apartamento na Montagu Mews West e se deparar, para seu espanto, com "uma cristaleira lotada de discos de ouro".[28]

Depois de darem um tempo no apartamento, os rapazes foram levados pelo chofer de John, Les Anthony, ao palácio a bordo do reluzente Rolls-Royce Phantom V do Beatle. Oficialmente, o grupo estava sendo reconhecido pela contribuição ao comércio britânico. Porém, para além de seus feitos econômicos consideráveis durante um período no qual o país sofria sob as nuvens sombrias de uma crise financeira prolongada, os Fab Four haviam imbuído a nação nas cores vivas da esperança.

Em meados dos anos 1960, o grupo vivia num vórtice estonteante de novos movimentos na música, arte, literatura e moda, cujo epicentro era Londres. Os chamados "Swinging Sixties" atraíam uma cultura contemporânea à capital. Em lugares remotos, jovens imaginavam novas vidas para si na longínqua Londres, em meio à *intelligentsia* que ali evoluía. Numa entrevista a um jornal litorâneo minúsculo, Arwen Dolittle, de 19 anos, e sua amiga Amanda Hawkins, de 18 – ambas de uma vila remota do sudoeste da Inglaterra –, reclamaram da falta de atividades voltadas à juventude disponíveis lá. Arwen e Amanda contaram ao repórter que planejavam dar o passo extraordinário de deixar a pacata cidade natal pela sedutora Londres.[29]

Naquele mesmo outono, Mal e Lily descobriram que um segundo filho estava a caminho. Mais tarde, ela remontou a concepção do bebê à estreia de *Help!*, em julho, quando passou a noite com o marido no apartamento da Montagu Mews West. Com as frequentes e prolongadas ausências de Mal, a família de Lily se provara inestimável – sobretudo sua sobrinha de 15 anos, Shan, que frequentemente fazia companhia a ela e Gary em Mossley Hill. Fred e Joan Evans, que viviam a poucos quilômetros, em Wavertree, também eram visitantes regulares à residência do casal na Hillside Road, onde apareciam sempre que podiam à medida que a gravidez de Lily avançava.

No dia seguinte à condecoração no Palácio de Buckingham, os Beatles voltaram ao estúdio, que rapidamente se transformava no endereço profissional de Mal, dada a enorme quantidade de tempo que a banda passava ali elaborando sua música. A extensão das sessões vinha aumentando também com rapidez, quase sempre exigindo que Mal estivesse nos estúdios da EMI durante todas as horas da noite – à disposição para providenciar uma refeição, trocar as cordas de um instrumento ou atender a praticamente qualquer coisa que os Beatles imaginassem. Não é de surpreender que o pessoal da EMI estava mais do que disposto a servir ao grupo em suas empreitadas criativas. "Em suma, tivemos muita carta branca no estúdio 2, mas não mandávamos gente embora", George Martin se recordaria, "apesar de ter existido momentos nos quais surgia uma pressão e alguém que estava com o estúdio reservado recebia a desculpa de que os Beatles queriam usá-lo. Eu não aprovava isso de maneira nenhuma, mas, às vezes, os rapazes passavam por cima dos outros. A EMI contribuiu para isso ao exigir material, de modo que nós fomos frequente e injustamente acusados de arrogância".[30]

Martin sentia-se fortemente pressionado para concluir *Rubber Soul* a tempo de um lançamento no início de dezembro. Assim como em *Help!*, o novo LP viu os Beatles expandirem sua paleta musical. Na comovente "In My Life", de John, por exemplo, o próprio Martin fez um solo de piano barroco. "Eu adoro 'In My Life'", comentaria Mal posteriormente. "É a minha favorita de todos os tempos, tem alguma coisa mágica."[31]

Em 11 de novembro, os Beatles passaram cerca de 15 horas no estúdio num esforço alucinante para terminar o álbum. E foi nesse dia que Mal foi convidado a participar da mágica pela primeiríssima vez. Quando o grupo estava concluindo o trabalho em "You Won't See Me", Paul teve a ideia de incluir um *overdub* de órgão Hammond no finalzinho da canção. Instruído por Paul, Mal apertou uma tecla do órgão nos últimos compassos de "You Won't See Me". Os rapazes se divertiram muito na elaboração das notas do encarte do LP, que incluíam descaradamente um crédito a "Mal 'Organ' Evans".

Devido ao prazo apertado, o estresse naturalmente se acumulou durante as sessões de *Rubber Soul*. "As coisas ficaram tensas, às vezes até mesmo entre amigos próximos", Mal rememorou, "e gravar não é a coisa mais fácil do mundo, sabe? Especialmente entre quatro pessoas com ideias diferentes que você precisa moldar numa única direção". Até certo ponto, Mal entendia que estava, num determinado sentido, servindo de figura maternal para os membros da banda. "Eu sempre preparava chás, sanduíches ou ovos mexidos", disse, "qualquer coisa para cuidar deles, para garantir que continuassem trabalhando bem. O esquema todo era: 'Vocês fazem música e eu faço qualquer coisa no mundo para deixar vocês confortáveis'".[32] Mal percebeu o valor intrínseco desse esforço – de manter os Beatles bem alimentados para uma longa noite no estúdio –, mas também começou a reconhecer um papel secundário que ele passara a desempenhar nas vidas criativas dos Beatles, papel esse que permitia a ele apaziguar as divisões e voltar a uni-los quando as tensões passavam do ponto.

Mal relembrou de certa noite quando entrou na técnica "e o ar estava elétrico. Era possível cortá-lo com uma faca, todo mundo rosnando, então entrei e joguei a bandeja com as xícaras no chão. Todos eles se voltaram para mim e disseram: 'Ei, olha esse palhaço!'". Para Mal, esse foi o momento de sucesso, o instante em que os rapazes "tiveram um inimigo em comum. Eu quebrei o gelo de forma a divergi-los [das tensões]". Bem, de repente, "todos estavam brincando e rindo. As xícaras estavam todas no chão e eles voltaram a entrar na música", escreveu o *roadie*. "Eu não me importei", acrescentou. "Enquanto estão rindo de você, não podem gritar com você."[33]

Alguns dias depois da sessão de "You Won't See Me", George Martin e a banda deram os retoques finais em *Rubber Soul*. O lançamento aconteceria simultaneamente com o próximo *single*, "We Can Work It Out", tendo "Day Tripper" como lado B. Sabendo que os Beatles tinham a intenção de tocar "Day Tripper" na turnê britânica que estava por vir, começando no dia

3 de dezembro em Glasgow, Mal confeccionou um pandeiro personalizado. Ele removeu a pele externa, inseriu uma haste interna e acrescentou um anel, para então prender o instrumento num suporte de prato.[34]

Enquanto Mal e os Beatles rumavam para a Escócia, *Rubber Soul* foi lançado e aclamado quase que universalmente, destacado por muitos críticos de música como uma elevação nítida na sonoridade e na criatividade da banda. Na longínqua Califórnia, Brian Wilson, dos Beach Boys, prestou atenção especial à contribuição de Mal a "You Won't See Me", escrevendo: "Há um *drone* de órgão ali, uma nota que é sustentada pelo último terço da música ou algo assim. Eles estavam experimentando com esse tipo de detalhe, quase que como música de arte".[35]

Na tarde de 3 de dezembro, enquanto Mal cuidava dos preparativos finais de palco, os Beatles já haviam decidido – em particular com Brian e entre seu círculo mais fechado – que aquela seria a última turnê em sua terra natal. "Lá pelo fim de 1965, as turnês começaram a pesar para todo mundo", recordou-se Ringo. "Eu me lembro de que fizemos uma reunião em que todos falamos sobre como a musicalidade estava indo ladeira abaixo, sem falar no tédio de viajar para longe e passar por tantos hotéis."[36]

Mal não sabia o que pensar da decisão. Por um lado, ele adorava a oportunidade de desfrutar da companhia dos Beatles a qualquer momento, mas sobretudo na estrada, dia após dia, quando compartilhavam refeições e se comportavam, segundo suas palavras, como uma "unidade familiar".[37] Por outro, ele havia testemunhado como fãs aparentemente comuns podiam perder a cabeça num único instante e se tornarem capazes de praticamente qualquer coisa, até mesmo de violência, vez ou outra.

15

A FACHADA DA FAMÍLIA

Para Mal e os Beatles, a turnê de nove dias deve ter lembrado os velhos tempos: banda e equipe caíram na estrada ao invés de depender das viagens aéreas que tinham dominado seus últimos giros. Depois de carregar a van Commer com o equipamento do grupo – incluindo sete guitarras, duas para John, duas para Paul e três para George –, Mal seguiu para Glasgow um dia antes. Com Alf ao volante, Neil e os rapazes partiram no Austin Princess no dia seguinte. O chofer foi responsável por levar duas guitarras adicionais – uma Rickenbacker e uma Gretsch Country Gentleman – no porta-malas do veículo. John e George, respectivamente, estavam usando esses instrumentos num último ensaio pré-turnê na tarde anterior, no apartamento de Mal e Neil.

Em algum lugar nas redondezas de Berwick-on-Tweed, não muito longe da fronteira da Inglaterra com a Escócia, um revés aconteceu. Alf se deu conta de que havia um problema quando um caminhão começou a dar sinal de luz. Assim que Alf parou o Austin Princess para descobrir o motivo da agitação, foi saudado pelo caminhoneiro incrédulo, que lhe perguntou: "Você não escutou cair?". Eis que a Country Gentleman reserva tinha caído do porta-malas da limousine alguns quilômetros atrás, quando o Austin Princess passou por um trecho particularmente esburacado da estrada.[1]

Perturbado, George observou em choque enquanto Alf e Neil juntavam os pedaços da guitarra destruída ao longo da rodovia. "Uns 13 caminhões passaram por cima dela antes que o nosso motorista conseguisse chegar perto", recordou-se.[2] Ironicamente, as partes soltas da guitarra quebrada viriam a calhar alguns dias depois. Quando Paul quebrou uma das tarraxas de seu baixo Höfner, Mal conseguiu usar as partes que restaram da Country Gentleman arruinada para fazer o reparo.

Em Liverpool, onde o grupo tocaria no Empire Theatre, as tensões estavam incrementadas por uma polêmica local envolvendo o futuro do Cavern Club. Nos anos pós-Beatles, o público do porão caiu fortemente. O dono, Ray McFall, contador de formação, tinha sido um homem de negócios notadamente medíocre. Recentemente, as coisas haviam chegado a um ponto crítico quando a prefeitura da cidade exigiu do clube melhorias sanitárias, gastos que McFall não tinha como dispender. Na tarde do show no Empire Theatre, os Beatles foram abordados por fãs bem-intencionados que estavam numa campanha para salvar o Cavern de ser fechado. De sua parte, Paul gostou da ideia de transformar o clube numa atração local permanente. Já John se sentiu menos caridoso, afirmando sem rodeios que "não sentimos que devemos nada físico ao Cavern".[3] A salvação chegaria, pelo menos temporariamente, na forma do *restauranteur* Joey Davey e seu sócio Alf Geoghegan, pai da frequentadora de longa data do clube Debbie Geoghegan (hoje, de sobrenome Greenberg).

Com um show de despedida na cidade natal, os Beatles e seu *entourage* foram compreensivelmente bombardeados de pedidos de ingressos por amigos e familiares. Entre os convidados de destaque estavam a querida mãe de Ringo, Elsie, os pais de George, Harry e Louise, bem como sua noiva, Pattie Boyd. Lily também marcou presença para apoiar o marido e curtir uma rara noite fora. Alan Smith, do *NME*, acompanhou o grupo por toda a turnê e destacou a postura contida dos fãs naquela noite no Empire. "Até mesmo em Liverpool notei um abrandamento da reação do público em comparação a shows anteriores. Não é, de modo algum, uma crítica – só acho que os fãs do grupo estão ficando mais sensatos ultimamente. Houve um turbilhão de aplausos estrondosos para compensar os decibéis a menos dos gritos!"[4]

Ainda assim, a clássica chuva de jujubas continuou inabalável, deixando, como sempre, o equipamento da banda grudento e exigindo horas de atenção de Mal no pós-show. Nas apresentações em Newcastle, além dos doces, fãs também arremessaram *gonks*, brinquedos em formato oval decorados peculiarmente com cabelos felpudos. Embora diminutos, os *gonks*, semelhantes a gnomos, eram capazes de deixar um pequeno vergão nas vítimas. Em Sheffield, alguns dias depois do show no Empire, Paul foi atingido no olho por uma bala dura, o que o fez piscar por todo o resto da performance.

Antes da apresentação, Mal surpreendeu John ao presenteá-lo com um banjo *vintage*. Ciente de que a falecida mãe de John, Julia, tocava o instrumento, o *roadie* simplesmente não pôde deixar passar a oportunidade durante um passeio de compras recente em Chester, incluindo também um exemplar de *Amateur Banjo Tutor* para servir de referência para John. E foi aí que Mal apontou para a assinatura rabiscada no *headstock*: "George Formby". John, que tinha nos braços um banjo pertencente à lenda do *vaudeville* de Liverpool, ídolo dele e de George, não conseguia acreditar na sua boa sorte.[5]

A turnê foi encerrada com dois shows no Capitol Theatre, em Cardiff, no dia 12 de dezembro. No intervalo entre os *sets*, Mal e os Beatles jantaram salsichas com purê de batata no camarim e, para a grande alegria do *roadie*, assistiram a um filme de faroeste na TV. Por acaso, a plateia do *set* da noite – um dos últimos shows dos Beatles para um público pagante em sua terra natal – foi consideravelmente mais desordeira do que a da tarde. Em dado momento, Mal entrou na briga depois que uma fã pulou no palco e foi para cima de Paul e George, antes de ser contida pela segurança.[6] Ao refletir sobre a turnê, Alan Smith declarou – talvez de forma prematura – que "a Beatlemania louca acabou, com certeza". Acrescentando que não houve tumultos ou caos generalizado nos últimos shows, Smith opinou que "os fãs dos Beatles agora são um pouco mais sofisticados do que os seguidores dos Rolling Stones".[7]

Neil e a banda viajaram de volta a Londres com Alf ao volante, ao passo que Mal ficou em Cardiff para carregar meticulosamente o equipamento na van Commer. Enquanto ele dirigia noite afora, os Beatles prestigiavam uma festa de Natal na casa noturna Scotch of St. James. Muito mais tarde naquela noite, Paul experimentou ácido na companhia de Tara Browne, 20 anos, herdeiro da cerveja Guinness. No dia seguinte, o círculo interno dos Beatles se reuniu para debater os planos para 1966, que incluíam uma turnê mundial programada para iniciar em Munique, em junho. Numa decisão ousada, os rapazes foram unânimes ao rejeitarem a ideia do produtor cinematográfico Walter Shenson de fazer um terceiro filme pela United Artists na esteira de *A Hard Day's Night* e *Help!*. Intitulado *A Talent for Loving*, o roteiro pedia que os Beatles interpretassem personagens do Velho Oeste. Não haveria, portanto, um novo filme dos Beatles no ano seguinte, o que desmantelou os planos de Brian Epstein e George Martin de dois LPs e um filme por ano.

Tampouco haveria uma residência natalina, o que deixou Mal livre para passar em casa seu primeiro Natal sem trabalhar desde 1962. Claramente sopravam os ventos da mudança. Com uma quinzena de descanso pela frente, Mal provavelmente teve alguma pane no sistema, embora sem dúvida tenha ficado empolgado com a chance de finalmente bancar o Papai Noel para Gary. Ainda arranjou tempo para colocar a correspondência em dia, enviando vários cartões de Natal, um dos quais endereçado a uma pacata rua em Indianapolis. Para sua grande surpresa, Georgeanna Lewis recebeu uma carta de Mal. "Naquele Natal, recebi um cartão dele, um desenho muito bonitinho", lembrou. "Então tentei escrever para ele. Nós nos correspondemos por um bom tempo."[8]

No dia 6 de janeiro, Mal e os Beatles estavam de volta à labuta, juntando-se a George Martin no estúdio Cine-Tele Sound, em Bayswater, para uma das sessões mais estranhas da carreira da banda. A tarefa era executar retoques no áudio bruto do show de agosto de 1965 no Shea Stadium, que a BBC One pretendia lançar como documentário no dia 1º de março. Sabendo que o áudio havia sido capturado num estádio cavernoso diante de 55 mil fãs, Martin escolheu o estúdio a dedo devido ao seu alto nível de *reverb*, concluindo que boa parte da performance distorcida da banda demandaria regravação.

Os trabalhos iniciaram-se normalmente enquanto Mal ajustava o baixo Höfner para que Paul pudesse começar a brincar à espera da chegada dos demais. Dentro de uma hora, John, George e Ringo apareceram, entrando no estúdio de mãos abanando. Ao se dar conta de que os instrumentos deles não haviam sido entregues, o *roadie* sentiu um súbito arrepio de medo.

Sem tempo a perder, ele entrou em ação e recorreu à Sound City. Com Alf a tiracolo, disparou para a loja do outro lado da cidade, onde, para seu grande alívio, os donos emprestaram um conjunto completo de instrumentos aos Beatles, permitindo o "adoçar" da gravação do Shea Stadium.[9] Na maior parte, os rapazes puderam fazer *overdubs* de instrumentos e vocais na etapa de mixagem, exceto pela performance ao vivo de Ringo em "Act Naturally", que estava tão brutalmente distorcida que Martin simplesmente colou a *master* original e a camuflou com um som de público pré-gravado. Quando o show do Shea Stadium foi exibido em março pela BBC One, Mal se deleitou em ver a si mesmo na telinha, claro como a luz do dia atrás de Ed Sullivan enquanto o apresentador de TV fazia sua introdução diante das hordas de fãs aos berros.

Assim como Mal no ano anterior, Martin começava a se dar conta da situação cada vez mais precária dos rapazes perante as turnês. "Em 1966, os Beatles estavam num carro ladeira abaixo rápido demais", se recordaria. "Não que a carreira deles estivesse indo ladeira abaixo; mas eles eram um rolo compressor midiático que saía cada vez mais do controle do empresário Brian Epstein – e de todo mundo, na verdade. Não é que houvesse alguém pisando no acelerador com muita força, mas ninguém estava pisando no freio."[10]

Em 21 de janeiro de 1966, Mal e Neil foram ao casamento de George e Pattie no cartório de Epsom, em Surrey, com Paul como padrinho. Os *roadies* passaram a noite na casa dos noivos em Esher, de olho em Paul, que foi ficando cada vez mais bêbado e despertou com o aroma de um café da manhã caseiro, cortesia dos recém-casados. Segundo Pattie, Mal era uma companhia bem-vinda em qualquer ocasião – para ela, o *roadie* era "um grande ursinho", que "estava sempre com um sorrisinho e os olhos mansos, bem mansos".[11]

Naquela primavera, os Beatles iniciaram os trâmites de um novo álbum com Martin na EMI. Tendo à mesa de mixagem o engenheiro de som Geoff Emerick, 20 anos, a banda começou com uma canção experimental de John que ganhou o título temporário de "Mark 1" para, por fim, ser rebatizada de "Tomorrow Never Knows", fruto de outro "ringoísmo" ["o amanhã nunca sabe"]. John quis que Martin manipulasse sua voz para a música, instruindo o produtor a fazê-lo "soar como o Dalai Lama entoando um mantra no topo de uma montanha".[12] Chegou a perguntar a Martin se era possível suspendê-lo do teto com uma corda para que o volume e a intensidade de sua voz oscilassem enquanto seu corpo pendia acima do microfone. Martin, é claro, se opunha à ideia de pendurar um Beatle com uma corda em qualquer circunstância. Em dado momento, Paul trouxe uma série de *loops* de fita ao estúdio para inclusão na composição surreal de John. Junto com Neil e Alf, Mal se viu ajudando Geoff a incorporar os *loops* ao maquinário do estúdio para criar uma colagem sonora rodopiante. "Rimos muito até cair", relembrou Alf. "John estava tão bobo quanto a gente e quis empilhar os móveis para subir neles e fingir que estava cantando das montanhas na companhia dos monges."[13]

Poucos dias depois, Mal fez uma pausa no estúdio para buscar uma seleção de novos e mais potentes amplificadores para a próxima turnê mundial. Com um design híbrido de transistores e válvulas, os Vox 4/7 Series possuíam controles variáveis que exerceriam um impacto imediato sobre o trabalho criativo da banda no estúdio. Altos a ponto de alcançar os ombros e com 120 watts, eram amplificadores volumosos e pesados. Com a ajuda de Alf, Mal os transportou até os estúdios da EMI na van Commer. "Não sei como ele iria lidar com eles, pois eram bem grandes", recordou-se Alf. "Ele dizia que os rapazes precisavam de mais potência para se ouvir acima do barulho das multidões."[14]

Com os poderosos amplificadores instalados no estúdio 3, os Beatles começaram a trabalhar em "Paperback Writer", que seria o novo *single*. A

Mal com a pequena Julie

essa altura, "a Onda" seguia inabalável. Com a adição de "We Can Work It Out"/"Day Tripper", o grupo havia emplacado 11 primeiras posições consecutivas nas paradas de sucesso do Reino Unido. Enquanto Ringo e Neil jogavam xadrez num canto do estúdio, Paul e John criavam novos sons com a assistência de Martin e Emerick – tanto em "Paperback Writer" quanto em seu lado B, "Rain", que tinha vocais ao contrário. Nesse ínterim, Mal mantinha o time abastecido para a longa sessão. "Bem na deixa no fim do quarto *take*", escreveu Sean O'Mahony, editor do *Beatles Book*, "Mal surgiu no estúdio com chás, biscoitos e algo muito especial – torradas e geleia de morango. Largaram de imediato tudo o que estavam fazendo e correram até a torrada e a geleia".[15]

Durante a sessão de 16 de abril, Alf percebeu que o *roadie* estava cada vez menos à vontade – e logo descobriu a razão. "Mal estava desnorteado, parecia perdido", observou. "Entendo como ele se sentia, pois sua esposa, Lily, estava para dar à luz, e ele ficou bastante nervoso com isso tudo. Batemos um papo sobre vida familiar e vida com os Beatles. Ele estava com eles há muito mais tempo do que eu."[16] Ao fim da sessão, por volta da 1h30min da manhã, Mal e Neil retornaram ao apartamento, onde logo foram despertados por uma ligação da maternidade em Liverpool, informando que Lily acabara de dar à luz uma filha. Por muitas horas depois, Mal compartilhou a notícia por todo canto.

Às 14h30min, os *roadies* estavam de volta ao estúdio, com Mal já preparando os lanches da tarde da banda.

"Ah, você tem chá, então", disse Ringo quando Mal adentrou o estúdio com uma bandeja.

"Tenho uma filha também", respondeu Mal.

"O quê?!", exclamou John. "O que você está fazendo aqui, então?"

Com isso, os rapazes insistiram para que Mal retornasse sem demora a Liverpool para estar com a esposa e a filha recém-nascida. Pela associação dele aos Beatles, um repórter do *Liverpool Echo* foi enviado para cobrir a história. "Vamos chamá-la de Julie Suzanne, mas ela será conhecida como Julie. É a nossa primeira filha. Estamos emocionados até não poder mais. Já temos nosso menino, Gary, que agora está com quatro anos e meio."[18]

Em questão de poucos dias, Mal estava de volta à órbita dos Beatles. Em 21 de abril, com a filha de quatro dias ainda no hospital com Lil, ele retornou aos estúdios da EMI, onde a banda gravava a base instrumental de "Taxman". "Estou no estúdio de gravação neste momento", escreveu Mal à esposa, "e o barulho é ensurdecedor quando eles estão tocando, mas a gente se acostuma no fim, e, na verdade, é um barulho bem inofensivo". Quando ele chegou naquele dia, uma fã que estava na frente do estúdio lhe presenteou com um pequeno par de sapatinhos para Julie. "Foi muito legal ver você e Julie no fim de semana", Mal escreveu para Lily. "Devo ser o homem mais sortudo do mundo por ter você, Gary e Julie para amar, e isso em si é algo sensacional, mas ser amado por três pessoas maravilhosas nenhum dinheiro compra." Ele assinava as cartas com uma variedade de iniciais brincalhonas que refletiam suas múltiplas funções:

L.H. (Loving Husband) – marido amoroso

B.R.M. (Beatle Road Manager) – road manager *dos Beatles*

C.S. (Channel Swimmer) – Nadador de Canal

O.P. (Organ Player) – tocador de órgão

F.O.T. (Father of Two)[19] *– pai de dois*

Mal escreveu uma segunda carta para Lily no dia 29 de abril. Nesse momento, sua esposa estava se recuperando com a ajuda de um vaivém de familiares e amigos. Embora o parto da filha, em contraste com o de Gary, tenha transcorrido sem complicações, a condição pós-natal de Lily foi dura. Como Mal se recordaria mais tarde, "Lil também passaria por maus bocados com a nossa segunda filha, Julie Suzanne, ficando vários meses parcialmente paralisada, mas havia muita coragem e determinação naquele maravilhoso um metro e meio dela".[20] O nascimento de Julie claramente deixou Mal ansioso por estar de volta a Liverpool, como expressou na carta para Lily, porém, ele nunca se distanciou do entusiasmo que sentia pelas tarefas relacionadas aos Beatles. "Tenho todo o amor do mundo por você, Gary e Julie", escreveu. "Neste momento, meus pensamentos estão pulando por todo lado e é muito difícil colocar no papel o amor e o que sinto por você – mas acho que você sabe o quanto sou sincero." Ele concluiu a carta mencionando um "grande dia de domingo no show dos vencedores da enquete do *NME*. Deseje-me sorte. Primeira aparição pública de Mal desde novembro passado – ainda estou tentando decidir o terno que usarei no palco. Mas, piadas à parte, estou muito nervoso com isso – então, por favor, não deixe de pensar em mim, certo?".[21]

No dia 1º de maio, Mal estava coordenando o primeiro show desde Cardiff, em dezembro. Era também a primeira oportunidade dos Beatles de testar os novos amplificadores Vox diante de um público – neste caso, o do Empire Pool, com dez mil lugares, em Wembley. A ocasião era o show anual dos vencedores da enquete do *New Musical Express*. Quando entraram no palco naquele dia, os Beatles encabeçavam uma escalação estelar que incluía os Rolling Stones, The Who, Yardbirds, Spencer Davis Group (com Steve Windwood), Small Faces, Roy Orbison e Cliff Richard and the Shadows. Para garantir uma chegada segura, Mal e Neil elaboraram um estratagema no qual os Beatles se disfarçaram de funcionários da cozinha, com aventais e toucas de chef, e entraram no local pelas portas de serviço.

A encrenca começou quando os Stones terminaram seu *set*. Enquanto John, Paul, George e Ringo se preparavam para entrar no palco, o assessor de imprensa do *NME*, Maurice Kinn, anunciou que os Beatles só tocariam depois da cerimônia de premiação. "Não vamos esperar", rosnou Lennon. "Vamos tocar agora." Os Beatles eram os superastros magnânimos da Inglaterra – do mundo, na verdade – e de jeito nenhum ficariam em segundo plano para os Stones. Kinn explicou que ele não tinha o poder de atender aos desejos de John, pois já havia feito um acordo prévio com Andrew

Loog Oldham, o empresário dos Stones. Depois de alguma barganha, Brian concordou com as demandas de Kinn, embora em contrapartida tenha proibido a ABC-TV de filmar o *set* dos Beatles. "Você não pode fazer isso conosco", rugiu Lennon para Kinn. "Nunca mais vamos aparecer em nenhum show seu."

E não apareceriam. Ao concluir a performance, os rapazes largaram os prêmios nas mãos de Mal e Neil e pularam para dentro da limousine de Alf para uma saída rápida. Quanto ao desempenho dos novos amplificadores Vox, Mal ficou devidamente impressionado. Os Beatles entregaram um *set* incendiário no Empire Pool, sem dúvida inflamados pelo bate-boca no *backstage* e com a potência extra lhes servindo muito bem. No dia seguinte, Alf pescou uma conversa de Brian, irritado com o clima ruim em Wembley e sugerindo que isso havia marcado a última apresentação ao vivo dos Beatles. O chofer supôs que ficaria sem emprego após a iminente turnê, presumivelmente como Mal e Neil. Em que mundo uma banda que só ficaria no estúdio precisaria de *roadies*?[23]

No meio do mês, os Beatles já tinham dado os retoques finais a seu mais recente projeto, intitulado *Revolver*, decisão tomada numa troca de ideias na Alemanha Ocidental durante a turnê. Para promover o lançamento do *single* "Paperback Writer", Brian contratou o diretor americano Michael Lindsay-Hogg, que comandara vários episódios de *Ready Steady Go!*, popular programa musical da ATV. Lindsay-Hogg estava compreensivelmente nervoso com a perspectiva de conhecer a banda antes da filmagem do videoclipe na Chiswick House, propriedade luxuosa nos arredores oestes londrinos. Para grande alívio do diretor, Mal ajudou a aplacar essa ansiedade. "Ele aquecia seu coração", Lindsay-Hogg se recordaria. "Passava uma vibração de tranquilidade. Sabia o que estava se passando na minha cabeça. Minha primeira impressão dele foi a de um cara gentil, bondoso, sensível, com o físico de um guarda-costas."[24]

No dia 1º de junho, Mal não só participou, como assumiu um papel central na sessão de gravação mais incomum dos Beatles até então. Naquela noite, no estúdio 2, John teve a ideia de acrescentar efeitos sonoros a "Yellow Submarine", uma divertida canção infantil com Ringo na voz principal. O resultado foi uma sessão de 12 horas regada a *marijuana*. Depois da pausa para o jantar, os Beatles convidaram um grupo de amigos aos estúdios da EMI, entre eles os Rolling Stones Mick Jagger e Brian Jones, junto a Marianne Faithfull, nova namorada de Mick, e Pattie Boyd. John estava particularmente determinado a gravar sua voz debaixo d'água. "Primeiro, ele tentou cantar fazendo gargarejo", lembrou Geoff Emerick. "Quando isso não deu certo (ele quase engasgou), passou a insistir que fosse trazido um tanque para que ele fosse submergido." Foi aí que ocorreu a Emerick a ideia de gravar a voz de John usando um microfone submerso.[25] Aproveitando a deixa, Mal sacou um preservativo das profundezas de sua maleta de médico.

"Boa, Malcolm!", exclamou John. "Afinal, nós não queremos que o microfone comprometa a fachada da família,* não é mesmo?"[26] O *roadie* conseguiu proteger o microfone ao inseri-lo no preservativo e então mergulhá-lo numa garrafa de leite cheia d'água, providenciada por Neil. Quando esse experimento submerso falhou, Martin ficou observando enquanto "Mal Evans desenvolvia um método genial pelo qual as palavras eram faladas por John através de seu amplificador de guitarra".[27] Em seguida, os Beatles e seus amigos passaram a saquear o fosso do estúdio, o *closet* sob a escadaria do estúdio 2, repleto de efeitos sonoros. Mal se recordou de ter "batido correntes num balde d'água e mexido em areia para criar ruídos".[28] A sessão bizarra foi concluída com ele marchando pelo estúdio com um bumbo preso ao peito enquanto a banda farreava atrás, como numa conga, cantando o refrão grudento da canção.

No dia 14 de junho, os Beatles se dedicaram a uma nova composição, intitulada "Here, There, and Everywhere". Escrita essencialmente por Paul na casa de John, em Weybridge, alguns dias antes, ela era inspirada por "God Only Knows", dos Beach Boys, um dos destaques de seu novo LP, *Pet Sounds*. Mal relembrou o momento em que Paul estreou "Here, There, and Everywhere" para ele: "Neil Aspinall e eu estávamos num hotel em Londres, e tínhamos ficado acordados até bem tarde, tipo 7h da manhã. Estávamos bastante zuretas. Às 9h, ouvimos uma batida na porta. Era o bom e velho Paul com um sorriso de orelha a orelha. 'Bom dia, rapazes. Pensei em vir tomar café da manhã com vocês.' 'Ah, claro, Paul', respondemos. Aí ele disse: 'Tenho uma música que estou travado num verso'. Então se sentou, tocou e cantou para nós".[29]

Quando Paul chegou ao fim da música, uma frase começou a se materializar na mente de Mal. "Eu presto muita atenção nos olhos", recordou-se, "e o verso que bolei foi '*watching her eyes, and hoping I'm always there*'.** Tenho muito orgulho disso". Num caderno que levava consigo naquele período,

* No original, "in the family way", uma expressão britânica para gravidez. Além disso, é possível que a piada de John Lennon também tenha sido uma referência ao filme *The Family Way* (1966), cuja trilha sonora foi composta por Paul McCartney, com produção e arranjos de George Martin. (N.E.)

** "Observando os olhos dela e esperando que eu sempre esteja ali"

Mal descreveu "Here, There, and Everywhere" como uma "bela canção", acrescentando que estava sozinho com Paul no chão do estúdio quando ele gravou a voz. Paul reclamou de seu desempenho – "Ele acha que está 'maricas' demais", escreveu Mal, "[mas] eu não".[30] Como compositores, Lennon e McCartney quase sempre aceitavam – e até pediam – ajuda na concepção das letras. Às vezes era questão de apenas tentar capturar a palavra que estava na ponta da língua do compositor. "As outras pessoas não necessariamente te dão uma palavra ou um verso", disse John, "elas apenas te lançam a palavra pela qual você já estava procurando".[31]

Um exemplo disso aconteceu nos estúdios da EMI no final de abril, depois que Mal retornou de Liverpool, onde fazia companhia a Lily. Os Beatles estavam trabalhando numa nova canção intitulada "Eleanor Rigby", mais uma iniciada por Paul em Weybridge. Quando se reuniram no estúdio para gravá-la, Paul ainda não tinha terminado a letra. Segundo John, "estávamos sentados com Mal Evans e Neil Aspinall, e [Paul] nos diz: 'Ei, caras, terminem a letra'. Ora, lá estava eu com Mal, um instalador de telefones que era o nosso *road manager*, e Neil, um estudante de contabilidade, e me senti insultado e magoado por Paul ter simplesmente jogado isso no ar. Na verdade, o que ele queria era que eu terminasse a letra – e, é claro, não tem um verso deles na música, porque eu enfim fui para uma sala com Paul e nós terminamos a canção".[32] Nesse exemplo, John ficou claramente indignado diante daquilo que sentia ser uma atitude despojada do parceiro em relação a seu processo criativo. Porém, a situação demonstra também as práticas porosas de composição de Lennon e McCartney. De maneira similar àquela com que Paul buscou a ajuda de Mal para completar a letra de "Here, There, and Everywhere", John frequentemente consultava Neil na hora de elaborar os versos finais de suas canções.[33]

Em meados de junho, após os Beatles concluírem o trabalho em "Here, There, and Everywhere", Mal teve menos de uma semana para as preparações da turnê mundial, cujas duas primeiras etapas os levariam à Alemanha Ocidental, ao Japão e às Filipinas. Seu caderno evidencia um turbilhão de providências de última hora, que iam desde um inventário dos trajes de palco dos rapazes até a garantia de que sua maleta de médico estivesse totalmente estocada; faz referência, inclusive, à quantidade de pasta e escovas de dente necessárias para a viagem. Mal ainda deu um giro pelas lojas de instrumentos de Londres para abastecer seu estoque de cabos, cordas de guitarra e baixo, baquetas e afins. E fez questão especial de checar e rechecar a voltagem dos amplificadores Vox e do órgão Vox Continental dos Beatles, que carregou cuidadosamente na van Commer para serem transportados até Heathrow.[34]

Como de costume, a van suja e surrada de Mal para transporte dos equipamentos estava decorada com os nomes dos Beatles rabiscados com batom. Segundo o *Beatles Book*, como um favor para o *roadie*, "quatro fãs, que esperavam pacientemente por autógrafos, ficaram uma hora limpando o veículo para Mal. Porém, assim que elas acabaram e partiram com muitos agradecimentos do *road manager* dos Beatles, uma nova turma de caçadores de autógrafos chegou e escreveu novos slogans".[35] Com os instrumentos acondicionados, Mal foi cuidar de seu dever mais importante: garantir que houvesse palhetas no bolso de sua camisa a todo momento. Depois do fiasco com Elvis em Bel Air, o *roadie* jamais seria pego de calças curtas de novo.

Às 11h da manhã do dia 23 de junho de 1966, Mal, a banda e o restante da equipe embarcaram no avião rumo a Munique. E foi aí que Mal foi dominado pela ansiedade e por uma premonição de força avassaladora. "Eu soube naquele momento que ia morrer", escreveu. Num floreio, começou a redigir às pressas um testamento/oração. "Sou do sexo masculino, me chamo Malcolm Frederick Evans e sou casado com uma esposa verdadeiramente adorável, Lily", começou. "Tenho muito pelo que viver. Minha esposa e eu, acredito que nós adoramos (com licença, Senhor) o nosso filho Gary, de quatro anos e meio, e Julie Suzanne, agora com quase 11 semanas de idade." Ele prosseguiu: "Rezei para Deus muito a sério, coisa que não fazia desde que era muito jovem. Lily, eu te amo", acrescentou. "Por favor, diga aos nossos filhos algumas coisas ruins a meu respeito, porque assim vou ser mostrado como um ser humano, imperfeito de muitas maneiras, de forma alguma perfeito, mas como um filho de Deus que ama ao próximo."[36]

Enquanto o avião se preparava para decolar, Mal escreveu: "Sinto-me bastante calmo em relação à morte e espero que possa encará-la pensando não em mim mesmo, mas nos meus entes queridos. Deus conhece os meus pecados, por favor, me perdoe. Só espero nunca ter machucado ninguém. Magoei Lily e Gary, eu sei, mas meu amor cresceu a cada momento que se passou". Nisso, Mal sentiu o poder dos "motores [do jato] impulsionando para frente, me encostei com força no assento, os trens de pouso deixaram o chão". Num floreio final, escreveu: "Sigam me amando, Lil, Gary e Julie. Amo vocês".[37]

16

BEATLES, NÓS AMAMOS VOCÊS!

"Após pousar em segurança em Munique", escreveu Mal, revelando uma súbita fé na providência divina, "agora sei que sempre viajarei seguro num avião".

Na tarde seguinte, depois que o *roadie* preparou o palco, os Beatles abriram a turnê com dois shows no Circus-Krone-Bau, em Munique. Num contraste nítido com as apresentações da banda na turnê norte-americana de 1965, os fãs alemães foram fervorosos, mas não desordeiros. Na visão de Mal, a intensa resposta da polícia foi desproporcional ao comportamento do público. "Fiquei enojado com a brutalidade dispensada aos fãs apenas por demonstrarem nada mais que entusiasmo", recordou-se. "Ainda consigo ver um garoto que ficou animado e se levantou, balançando os braços e o corpo, e então foi agarrado por quatro policiais, carregado pela multidão e chutado selvagemente pelas escadas do *backstage*."[1]

Em Munique, Mal e os Beatles nunca se sentiram tão isolados, tendo ficado cada vez mais na sua e chegando até a dispensar as loucas festas noite adentro que caracterizaram as turnês anteriores. Em vez disso, todos ficaram nos quartos do hotel, quase sempre jogando baralho para passar o tempo. E, é claro, com a maleta de substâncias de Mal sempre por perto.

O *roadie* entendia a sensação de torpor e isolamento dos membros da banda. Durante o braço alemão-ocidental da turnê, o restante da equipe viajou de trem entre um show e outro. "Eu passei muitas noites solitárias em diversas cidades", escreveu Mal, "viajando sozinho no dia seguinte, em razão da insistência da polícia de que o trem [dos Beatles] partisse logo após o show, e, é claro, era impossível que eu me juntasse a eles a tempo, já que tinha de desmontar e cuidar do equipamento". Mesmo assim, ele se

Brian num trem a caminho da Alemanha Ocidental

surpreendeu mais tarde, em Hamburgo, quando a banda não festejou no famoso Reeperbahn, o centro da vida noturna da cidade, depois do show no Ernst-Merck-Halle. Afinal, Hamburgo tinha sido, de muitas maneiras, o berço deles como legítimos artistas. "A cidade inteira esperava que os Beatles fossem ao Star Club para celebrar", escreveu Mal. "Sinto que, se tivessem ido, a festa teria durado umas duas semanas."[2] Eles, no entanto, se contentaram em se encontrar com os velhos amigos no *backstage* e dar a noite por encerrada.

Com a Alemanha Ocidental para trás, a banda e sua trupe embarcaram num voo de 30 horas até Tóquio, onde tocariam na famosa arena Nippon Budokan. A jornada levaria ainda mais tempo devido a um tufão, que os forçou a pousar em Anchorage, no Alaska, à espera de que a tempestade passasse. De volta ao avião, segundo a memória de Tony Barrow, "em vez da partida de pôquer de costume iniciada por Mal, todos se reuniram na parte dianteira da aeronave para beber scotch com Coca-Cola e jogar 'Dicionário', um jogo que eles alegavam ter inventado para passar o tempo nesse tipo de viagem. Para abrir os trabalhos, Mal lia, de seu dicionário de bolso, uma palavra obscura para a qual os jogadores inventavam definições malucas, que eram então lidas em sequência, ao som de muitas risadas. A melhor era escolhida por votação".[3]

Durante o voo, Mal escreveu mais uma carta para Lily: "Pensando muito em você nesta viagem. Sabe, quando se está ocupado, o trabalho toma conta de boa parte da nossa consciência. Mas, desta vez, você e as crianças nunca saem dos meus pensamentos por muito tempo, e eu nunca tinha me dado conta de que poderia sentir saudades de alguém e me sentir tão aborrecido por estarmos separados como eu sinto quando penso em vocês."

Pela primeira vez desde que se embrenhou naquela grande aventura rock 'n' roll, Mal começara a duvidar de suas escolhas. Após quase nove anos de casamento e com dois filhos em casa, ele concluía que "acho que estou mesmo pronto para sossegar e ser um pai de família, ou talvez agora eu sinta que cresci, percebendo o que e quem é realmente importante na minha vida: o seu amor e que você me ame".[4] A ideia de que estava finalmente "pronto

Paul, Mal e Alf a caminho de Tóquio

para sossegar" era, por qualquer medida, uma admissão extraordinária de sua parte.

Uma vez pousados no Japão, Mal estava determinado a absorver ao máximo a cultura local. Neil se recordaria mais tarde de que o *roadie* foi o primeiro membro da equipe dos Beatles a provar uma xícara de saquê, embora talvez tivesse preferido algo mais forte.

"Tem gosto de que, Mal?", perguntou Ringo.

"Não se parece muito com vinho. E *definitivamente* não é como scotch", proclamou Mal.

"Isso nos dá uma ideia bem clara. Obrigado, Mal!"[5], retrucou John.

Depois que os Beatles desembarcaram em Tóquio, todos ficaram imediatamente impressionados com o nível de segurança empregado pelas autoridades japonesas. Eram 40 veículos pesados à disposição e mais de 30 mil policiais uniformizados ao longo do trajeto do aeroporto até o Tokyo Hilton, onde a banda ocupou a suíte presidencial.

Eles logo ficaram sabendo sobre a polêmica que envolvia os shows na arena Nippon Budokan, construída para receber competições de artes marciais para as Olimpíadas de 1964. Os Beatles seriam a primeira banda de rock a tocar na arena, considerada um templo nacional. Com numerosas ameaças de morte registradas antes da chegada do grupo, o governo japonês estava determinado a evitar qualquer constrangimento nacional relacionado à visita dos Beatles. Por esse motivo, a banda e seu *entourage* foram proibidos de fazer qualquer excursão, dado o medo predominante de um incidente internacional referente à segurança deles. Com os passeios proibidos, o *promoter* japonês regalou a banda com uma festa particular em sua suíte. "Ficamos todos deleitados em desfrutar da companhia de meia dúzia de gueixas muito impressionantes", recordou-se Mal, "cada uma delas era como uma bela pintura ou uma peça perfeita de porcelana".[6]

O *roadie*, por sua vez, conseguiu se esgueirar para fora do hotel, sendo logo seguido por Paul, que decidiu se juntar a ele nessa excursão. Entretanto, quando tentaram sair do Hilton, os dois foram interceptados quase que de imediato pela polícia, que insistiu para que eles fossem acompanhados por detetives à paisana. Com seus novos e recém-designados seguranças a tiracolo, Mal e Paul fizeram um passeio pelo Santuário Meiji e parte dos arredores do Palácio Imperial, até que uma turba de fotógrafos os encontrou e eles foram levados rapidamente de volta ao Hilton.

Quanto aos shows em si, os fãs japoneses estavam especialmente contidos, com cerca de três mil policiais à disposição para supervisionar dez mil pessoas. Do *backstage*, Mal e os Beatles observavam os oficiais ocuparem as fileiras da frente – tanto no chão da arena quanto nos mezaninos –, e só então o público adentrou a Budokan, sentando-se calmamente atrás das filas de seguranças. "Havia uma presença policial pesada", recordou-se Neil, "e a plateia era extraordinariamente calma. Pela primeira vez em muito tempo, um público pôde ouvir a música. Não houve gritos barulhentos, o que foi uma surpresa: a banda percebeu subitamente que estava desafinada e teve de se recompor". Para os Beatles, a experiência toda foi "meio que um choque".[7]

Mal teve seu próprio choque quando, pela primeira vez na memória recente, sua montagem de palco parcialmente falhou. Em dado momento, um suporte de prato de Ringo começou a se afrouxar e foi se desmontando aos poucos sobre o tablado. Compreensivelmente, esse vacilo embrulhou o estômago de Mal, por menor que fosse. Porém, nada do que deu errado em Tóquio – muito menos na totalidade da experiência deles na estrada – poderia tê-los preparado, nem de longe, para Manila.

Na manhã do dia 3 de julho, os Beatles e sua equipe partiram para as Filipinas, via Hong Kong. "Manila era nossa próxima parada a caminho de volta para a Inglaterra", Mal se lembraria, "e foi ali que, pela primeira vez na vida, experimentei medo de verdade". A questão é que as coisas já tinham começado tortas. Depois da costumeira coletiva de imprensa na chegada, John, Paul, George e Ringo foram tirados do salão às pressas por uma porta traseira e levados para o porto, onde foram conduzidos a bordo de um iate.

"Estava muito úmido, era a terra dos mosquitos", registrou George, "e nós estávamos todos suando e amedrontados. Pela primeira vez em toda nossa existência Beatle, fomos separados de Neil, Mal e Brian Epstein. Nenhum deles estava por perto. E não só isso. Agora havia toda uma fileira de tiras armados no deck ao redor da cabine onde nos encontrávamos. Entramos num clima muito tenebroso, tudo aquilo nos colocou muito para baixo".[8]

Por incrível que pareça, as coisas piorariam ainda mais. Depois que Brian garantiu o retorno dos Beatles à terra firme, eles se abrigaram no opulento Manila Hotel para passar a noite. O que o *entourage* da banda não sabia era que os Beatles receberam um convite do presidente filipino Ferdinand Marcos e da primeira-dama Imelda Marcos, pedindo a presença deles no Palácio Malacañang às 11h da manhã do dia seguinte. Brian e a banda, no entanto, nem sequer viram esse convite. Após o incidente na embaixada britânica em fevereiro de 1964, os pedidos oficiais pela presença dos Beatles eram rotineiramente ignorados. Assim, em vez disso, o grupo seguiu a vida em Manila e fez o primeiro dos dois shows para cerca de 35 mil pessoas no José

Rizal Memorial Stadium, reunindo mais 50 mil na segunda sessão naquele mesmo dia. Até então, tudo parecia normal. "O público era composto pura e simplesmente por fãs dos Beatles", lembrou Mal, e ambos os shows foram "recebidos com o calor humano maravilhoso dos fãs de todo lugar".[9]

Até aquele momento, a banda e a equipe não tinham sentido nenhuma retaliação por terem esnobado a primeira-dama, exceto por algumas matérias mordazes na TV filipina. Naquela noite, o *promoter* providenciou uma festa luxuosa no hotel, com várias prostitutas prontas para atender às necessidades dos rapazes. "Num dado momento das festividades da noite", escreveu Mal, "abri a porta do quarto de Neil, onde ele dormia profundamente no escuro, após se recolher mais cedo com dor de cabeça, e coloquei uma garota lá para lhe fazer companhia. Ora, Neil não quis saber de jeito nenhum, e ela sairia dali uns cinco minutos depois, o deixando com algum tipo de doença venérea terrível!".

Na manhã de 5 de julho, Mal começou a pressentir encrenca quando um membro armado da equipe do *promoter* pediu fotos autografadas dos Beatles. "Eu estava no meio da explicação de que já tinha distribuído a maioria das fotos e guardado algumas para a tripulação do avião na viagem de volta", escreveu Mal, "quando fui interrompido pelo mesmo cavalheiro, que brandia a arma na minha cara, repetindo o pedido. Eu não consegui entregá-las a ele rápido o suficiente. Foi o prelúdio de uma manhã de terror".[10]

Mal pôde sentir a tensão crescendo ao buscar um caminhão para transportar a bagagem e o equipamento até o aeroporto. "A sensação no ar era de que ninguém queria se associar a nós", escreveu. "No aeroporto, fui informado pela polícia de que não poderia estacionar perto do portão da companhia aérea, mas sim na área de estacionamento comum, para o público em geral. A atitude era de 'quem vocês pensam que são?'" Quando a banda e o restante da equipe chegaram, Mal descobriu que ninguém os ajudaria, exceto os funcionários da companhia aérea KLM, que despacharam a bagagem.

Tudo se tornaria um inferno quando eles começaram a se dirigir para o embarque internacional, sendo prontamente interceptados por uma dúzia de filipinos. "Era óbvio que eles estavam à procura de encrenca e bem preparados para nos dar uma baita de uma surra por causa do fiasco da noite anterior com a primeira-dama", escreveu Mal. "Pisavam nos nossos pés, nos davam cotoveladas, nos importunavam de forma generalizada, mas a última coisa que poderíamos fazer era revidar. Até aquele momento, eles eram apenas um estorvo que nos fazia sentir desconfortáveis. Eu daria meu braço direito por qualquer um daqueles rapazes, porém, sob aquelas circunstâncias, qualquer tipo de revide era desaconselhável. Ver meus queridos Beatles tratados de forma tão dura e não poder fazer nada foi desolador para mim."[11]

De todos ali, o chofer Alf Bicknell foi quem não conseguiu se conter. Ao ousar revidar os acossadores, ele foi brutalmente atacado e acabou no chão do aeroporto com duas costelas quebradas. Apesar de seu tamanho, Mal levou muitos golpes, assim como Ringo, que foi derrubado por um gancho hábil e se arrastou para longe enquanto os agressores o chutavam. As coisas pareceram piorar quando o grupo se aproximou da aduana, onde John e George levaram socos e chutes. Paul conseguiu se livrar do grosso da violência ao sair adiante em disparada. Junto com Alf, Brian foi quem sofreu mais, tendo um tornozelo torcido durante a briga. A certa altura, Mal notou que sua perna sangrava.

O *roadie* nunca se esqueceria do quão surreal foi caminhar pela pista após a violência que vivenciaram no terminal. Os malfeitores ainda estavam em evidência, gritando insultos e palavrões enquanto os britânicos se dirigiam para o jato da KLM que os esperava. Contudo, as fãs também estavam lá, clamando "Beatles, nós amamos vocês!" e jogando buquês de flores aos pés deles.

Uma vez a bordo do avião, "sentados e apertando os cintos, todos nós suspiramos de alívio, pensando que nos encontrávamos num território neutro e seguro", escreveu Mal. "Estávamos tremendo, gotas de medo escorriam dos nossos rostos. É em momentos como esse que a lembrança de casa e dos entes queridos preenche sua mente."

Foi então que oficiais da imigração subiram na aeronave, exigindo que Mal e Tony os seguissem de volta ao terminal. Nesse instante, escreveu Mal, "eu soube que nunca mais voltaria a ver os céus amigáveis da Inglaterra. Visões de ser jogado na cadeia e deixado ali para apodrecer surgiram na minha mente, e, quando passei pelo assento de Brian, me debrucei e disse a ele: 'Brian, por favor diga a Lil, Julie e Gary que eu os amo'".[12]

No terminal, Mal e Tony foram levados ainda mais para o interior do prédio. "Tony e eu caminhamos juntos o mais próximo possível", lembrou o *roadie*, "buscando alguma migalha de conforto na companhia um do outro". No gabinete da imigração, viram-se mais uma vez à mercê de uma turba, sendo empurrados de todo jeito enquanto os oficiais exigiam o preenchimento de novos formulários de imigração. Filmados por equipes de TV, os dois lutavam para preencher os documentos, com as mãos visivelmente trêmulas de terror.

E então, simples assim, os dois foram levados de volta ao avião, mais uma vez em meio a um estranho leque de violência e insultos, por um lado, e de boa vontade calorosa das fãs ali reunidas, por outro. Depois de cerca de 40 intensos minutos longe dos amigos, Mal e Tony estavam de volta a seus assentos. "As últimas palavras que ouvimos antes de as portas se fecharem foram 'Beatles, nós amamos vocês'", escreveu o *roadie*.[13]

Na volta para a Inglaterra, o jato da KLM fez uma escala em Délhi para reabastecer. Por incentivo de George, o grupo decidiu ficar ali por alguns dias para desopilar depois da experiência no Pacífico Sul e experimentar a cultura oriental de perto. Desta vez, porém, Mal não topou. "Os Beatles estavam tão aliviados por terem saído vivos de Manila, que senti que eles queriam se manter unidos", escreveu, "mas meu lar me chamava". Incrivelmente, seu desejo por passar momentos preciosos com a nova bebê Julie e o restante da família superou o típico anseio por estar com os amados Beatles. Além disso, ele estaria de volta à estrada com os rapazes em questão de um mês, para a terceira turnê pelos EUA.

Na ausência de Mal, o grupo tomou uma decisão categórica após Neil deixar escapar que Brian já planejava turnês para 1967. "Ninguém consegue ouvir uma maldita de uma nota mesmo", disse John. "Para mim, chega. Devemos parar com as turnês."[14] No dia 8 de julho, o restante do grupo chegou a Londres, onde George brincou com um repórter, dizendo "vamos tirar umas duas semanas para nos recuperarmos antes de tomar surra dos americanos".[15]

O descanso de Mal em Liverpool seria curto. Nos dias antecedentes à data prevista para o início da turnê pelos EUA, a revista americana *Datebook* republicou uma entrevista que Maureen Cleave, do *London Evening Standard*, tinha feito com John em março. "O cristianismo vai sumir. Vai encolher e desaparecer", disse Lennon, acrescentando: "Somos mais populares do que Jesus hoje; não sei o que vai sumir primeiro – o rock 'n' roll ou o cristianismo".[16] Nos dias seguintes ao artigo de 31 de julho da *Datebook*, estações de rádio por todo o Cinturão da Bíblia* promoveram "queimas [de discos] dos Beatles", elevando as observações de John a uma polêmica internacional.

Para Mal, era muito barulho por nada. "Não posso ler a mente de John", escreveu, "mas, no meu modo de pensar, sempre que fizemos um show no domingo em qualquer cidade, havia muito mais gente no público para ver os

* Região dos EUA que abrange os estados do Alabama, Arkansas, Carolina do Norte, Carolina do Sul, Geórgia, Kentucky, Louisiana, Mississippi, Missouri, Oklahoma, Tennessee e Virgínia Ocidental e partes da Flórida, Illinois, Indiana, Kansas, Novo México, Ohio, Texas e Virgínia, onde o protestantismo predomina e exerce uma influência cultural e social profunda. (N.T.)

Beatles do que na igreja. Sei que, na época, autoridades religiosas geralmente reclamavam das igrejas vazias e da falta de apoio de seus paroquianos".[17]

A turnê norte-americana de 1966 começou com a coletiva de imprensa mais incomum dos Beatles da qual se tem registro. Em 11 de agosto, um dia antes do show no International Amphitheatre, em Chicago, John tentou apaziguar a tempestade: "Eu não estava dizendo o que estão dizendo que eu estava dizendo", explicou. "Sinto muito por ter dito aquilo. Não era para ser um negócio antirreligioso baixo. Peço perdão, se isso vai fazê-los felizes. Ainda não sei muito bem o que fiz. Tentei lhes dizer o que eu de fato fiz, mas, se quiserem que eu peça desculpas, se isso vai fazê-los felizes, então tudo bem, sinto muito."[18] E então teve início o que John mais tarde descreveria como a "Turnê de Jesus Cristo", um giro com 18 shows planejados pela América do Norte que terminaria no dia 29 de agosto em São Francisco.

Victoria Mucie, de 16 anos, estava em Chicago naquele dia, na esperança de cobrir a coletiva de imprensa para a revista *Teen Life*. Natural de Kansas City, Victoria estivera na coletiva da banda em setembro de 1964 e, nos anos seguintes, entrevistou artistas como Gerry and the Pacemakers, Herman's Hermits e The Dave Clark Five. Na turnê de 1965, ela foi ao show no Shea Stadium e, com a credencial de imprensa da *Teen Life* em mãos, obteve acesso à coletiva em Toronto. Após perder por pouco a coletiva de Chicago, se preparou para jantar cedo com o pai, Dick Mucie, médico de Kansas City. E foi então que ela viu Mal entrar num elevador no hotel Astor Tower.

"É claro que eu fui atrás dele", recordou-se Victoria, "e ele perguntou: 'Qual andar?'. E eu respondi: 'Bem, eu estou no 11, mas prefiro ir ao 27'. E ele: 'Eu estou no 27'. E eu só pensei: 'Você acha mesmo que eu não sei disso?'. Contei para ele sobre a coletiva e de como eu deveria ter estado lá, ao que ele disse: 'Bem, os rapazes estão exaustos, mas se você puder ficar na cidade até amanhã, eles devem acordar por volta das 8h, aí você pode entrevistá-los'. Ele então quis saber aonde eu estava indo. Respondi que ia me encontrar com meu pai para irmos jantar. E aí ele perguntou: 'Posso ir com vocês?'".

Depois de compartilharem um jantar agradável com o pai de Victoria, que se recolheu cedo, os dois voltaram para o hotel e subiram ao 27º andar. Ao chegarem à suíte dos Beatles, Victoria notou que todas as portas estavam fechadas, o que a levou a presumir que os membros da banda já tinham ido dormir. "Mal foi muito doce", recordou-se ela, "e nós conversamos muito e meio que nos pegamos". E embora ela não tenha conseguido conhecer os Beatles na manhã seguinte para fazer uma entrevista, trocou contatos com Mal. Alguns meses depois, as cartas de seu novo amigo por correspondência começaram a chegar, adornadas elegantemente com "uma bela caligrafia britânica".[19]

Além do caos e da polêmica, Mal enfrentou os tradicionais desafios que acompanham uma turnê de rock 'n' roll das grandes. Os artistas de abertura incluíam as Ronettes, The Cyrkle, The Remains e Bobby Hebb, que recentemente tivera um grande sucesso com "Sunny". Em contraste com as turnês norte-americanas anteriores, Mal contou com auxílio extra a seu dispor: Ed Freeman, fotógrafo profissional, cantor e compositor, servia de *roadie* para os Remains, ao passo que Mike Owen desempenhava a mesma função para o The Cyrkle. Freeman, que se juntara à turnê como um favor para Barry Tashian, dos Remains, era, na melhor das hipóteses, um *roadie* novato, que ajudava Mal e Mike afinando os instrumentos de todas as bandas. Quanto às ameaças de violência que surgiram no rastro dos comentários de John sobre

Mal protegendo Paul de fãs que invadem o palco do Cow Palace, em São Francisco

Jesus, Freeman admitiu que "eu provavelmente estava chapado demais para me preocupar além do normal". Assim como outros antes dele, observou maravilhado enquanto Mal, sem ajuda nenhuma, carregava os amplificadores dos Beatles nos braços. "Era assim que ele os levava para o palco", rememorou. "Simplesmente os pegava, colocava uma trava e os levantava sozinho. Um ser humano normal nunca conseguiria fazer aquilo."[20]

Vern Miller, baixista dos Remains, então com 21 anos, desenvolveu um respeito saudável por "gente como Mal, Neil e Brian", que pareciam "devotados ao bem-estar e à máquina bem lubrificada fundamentais para o sucesso dos Beatles". Miller relembrou que Epstein em particular era "muito preciso. Sabia o que queria. Certa noite, ficou bravo com Neil porque ele escolheu os ternos da cor errada, diferente da cor que Brian acreditava que a iluminação do estádio pedia". Ao mesmo tempo, Miller percebia o início da exaustão dos Beatles com esse nível de precisão: "Lembro-me de que estávamos num avião e John teve de trocar de calças antes de desembarcar com o restante do grupo. Brian queria que os Beatles apresentassem um visual coeso, e John resmungava: 'Por que eu tenho de trocar de calças?'".[21]

Quanto a Mal, Vern relembrou o *roadie* dos Beatles como uma figura exuberante: "Ele era espirituoso". Quando chegava a hora de preparar ou desmontar o palco, não havia dúvidas de que Mal era "o veterano". Mesmo assim, segundo Miller, ele era capaz de farrear tão intensamente quanto os outros. Durante a turnê, Mal tinha começado a carregar um estojo de violino, que chamava de seu "kit do pecado", um complemento etílico da maleta de drogas que geralmente continha uma garrafa de bebida. No entanto, o apetite de Mal para o vício não parava por aí. "Lembro-me de estar sentado no corredor oposto ao dele no avião, num dos voos, porque todos nós compartilhávamos um jato fretado", disse Vern. "E de ver Mal com uma repórter bonitinha pulando no colo dele. Quer dizer, ele era um cara bem desinibido. E aparentemente a repórter também era uma garota bem desinibida."[22]

Naquela primeira noite em Chicago, Mal ouviu horrorizado o que pareciam ser os amplificadores Vox ligando e desligando. Ele resolveu o problema em dez minutos, ao descobrir que os fãs nos mezaninos estavam dançando em cima dos cabos de força, o que então causava as interrupções. Algumas noites depois, em Toronto, ele se esqueceu de levar os figurinos de palco dos rapazes para o Maple Leaf Gardens – os trajes tinham ficado no avião. Ao volante de uma limousine, Mal escreveria mais tarde, "dirigi endemoniado até o aeroporto, ligando com antecedência pelo rádio do carro para que já deixassem aberto o compartimento de bagagem do avião. Também conta-

John, Mal e Paul no camarim do Circus-Krone-Bau

mos com uma escolta policial por causa do trânsito. Passamos metade do trajeto passando por cima da calçada e dos canteiros. O status dos Beatles era tamanho que a polícia fez milagre e me deixou de volta no estádio no momento preciso para encontrar os Beatles saindo do camarim para entrar no palco".[23]

Em Cleveland, a comitiva se deparou com o primeiro problema de controle de multidões da turnê. Nessa ocasião, a encrenca começou quando Paul, faltando sete músicas para o show acabar, apresentou "Day Tripper" equivocadamente como a última do *setlist*. Acreditando que o grupo estava prestes a ir embora do Cleveland Stadium, a multidão começou a avançar para frente até quebrar o cordão da polícia e forçar os Beatles a suspender a apresentação por meia hora até que a segurança fosse restabelecida.

Ao longo de toda a viagem pelos EUA, lembretes dos comentários de John na *Datebook* estavam sempre em evidência. Em Washington, DC, cinco membros encapuzados da Ku Klux Klan desfilaram na frente do estádio em protesto à suposta blasfêmia do Beatle. No dia seguinte, na Filadélfia, Mal encontrou um momento livre para escrever uma carta para Lily. Estava deslumbrado com a própria fama: "Lil, é incrível como tanta gente me conhece aqui. Sei que parece lorota, mas quase todos os fãs me conhecem. E é fantástico quantos sabem de Gary e me perguntam: 'Como está sua esposa e sua filhinha?'. Eu fico muito feliz com isso".[24]

Embora essa turnê tenha sido consideravelmente menos tumultuada que a de 1965, os shows de 19 de agosto em Memphis deram à trupe motivos para se preocupar. O prefeito William B. Ingram endossara uma resolução da Câmara Municipal que proclamava que "os Beatles não são bem-vindos em Memphis", acrescentando: "Nós, da comissão, sentimos que é nosso dever proteger os cidadãos de Memphis contra o uso do Coliseum, propriedade pública, pelos Beatles para ridicularizar qualquer religião".[25] O trajeto do grupo até o Mid-South Coliseum foi marcado por protestos com cartazes exibindo os dizeres "Fora Beatles", além de um piquete montado pela Ku Klux Klan no local. Mal se recordou de que "no sol cálido na frente do Coliseum, o anonimato da mortalha branca [dos supremacistas brancos] não causou medo ao coração, só pareceu idiota".[26]

Ao fim do show da tarde, Mal embarcou numa peregrinação rock 'n' roll até Graceland. Infelizmente, o Rei não estava na cidade, mas, para sorte do *roadie*, o pai dele, Vernon, morava na propriedade. "Ganhando coragem,

Mal e Paul em Tóquio

bati na porta de Vernon Presley", escreveu Mal, "e fiquei eletrizado ao ser convidado a entrar para tomar café com biscoitos. Os dois assuntos da conversa foram Presley, da minha parte, e os Beatles, da parte da família dele".

Embora o show vespertino dos Beatles tenha transcorrido sem incidentes, a apresentação da noite foi marcadamente diferente. Enquanto George cantava "If I Needed Someone", um estrondo reverberou pela arena. Uma bomba de artifício tinha sido jogada no palco. Nesse momento, escreveria Mal, "pude ver os quatro Beatles se entreolhando para checar se alguém estava sangrando, pensando com certeza que havia sido um tiro".[27] Incrivelmente, o grupo seguiu tocando sem perder uma batida.

No *backstage*, a equipe sentia um alívio palpável, uma gratidão pelo último show no sul dos EUA estar chegando ao fim. Entretanto, eles ainda não estavam totalmente a salvo. "A cidade seguinte a Memphis foi Cincinnati", escreveu Mal, "e foi lá que eu quase fui eletrocutado".[28]

17

BABUÍNOS, UM TANTÃO

Quando a turnê chegou a Cincinnati para um show noturno no Crosley Field, nuvens escuras assomavam no horizonte de um modo bem literal. Naquela tarde, Mal recebeu uma visita de Georgeanna Lewis, que tinha viajado duas horas de Indianapolis com a mãe. "É muito bom ver amigos que são realmente amigos!", anunciou ele ao vê-las. Georgeanna passou a tarde com Mal no hotel Vernon Manor, onde o grupo reservara o sexto andar inteiro. Em dado momento, ela observou Paul deitado "de barriga para cima na cama, totalmente vestido, desconectado do mundo".[1]

O destaque do dia para Georgeanna aconteceu durante uma conversa com Mal sobre *Revolver*, o novo LP dos Beatles, lançado nos EUA em 8 de agosto. "Uma das minhas músicas favoritas no momento é 'Here, There, and Everywhere'", comentou. Hoje, ela se recorda de que o *roadie* literalmente parou o que estava fazendo, "olhou para baixo e disse: 'Ah, essa é sua música favorita, querida?'". E então lhe contou orgulhosamente que "ajudei Paul com a letra". Georgeanna nunca se esqueceria de caminhar pelos corredores do hotel de mãos dadas com Mal, cantando "Here, There, and Everywhere".[2]

Quando o *roadie* chegou ao Crosley Field mais tarde, descobriu que o palco havia sido deixado descoberto durante uma chuva torrencial recente – e a previsão do tempo ainda acusava a possibilidade de mais chuvas. Tudo no palco estava ensopado. "Fui testar mais uma vez todo o equipamento", recordou-se, "e caí de costas com um choque elétrico forte".[3] Ao recobrar os sentidos, ele procurou Epstein no camarim e o alertou de que, se o show daquela noite fosse mantido, "poderia significar colocar as vidas dos Beatles em risco". Brian rebateu, dizendo que "é uma decisão forte e eu detestaria decepcionar todos aqueles fãs maravilhosos lá fora". Mal mudou de estratégia, adotando um tom mais incisivo, talvez na única vez em que ousou desafiar Brian. "Pense na decepção de todos os fãs se um dos Beatles fosse morto!", exclamou.[4] Epstein então levou o conselho do *roadie* a sério e cancelou o show, que foi remarcado para o dia seguinte ao meio-dia.

Infelizmente, a chuva seguiria os rapazes até o Busch Memorial Stadium, em St. Louis, no dia seguinte. Embora o palco tenha ficado coberto durante a tempestade, ainda assim a água conseguiu alcançar lentamente o equipamento da banda. Como medida de segurança, Mal posicionou Ed Freeman na frente da conexão de energia principal, na qual enrolou toalhas para mantê-la seca. Ed foi instruído a ficar de olho nos artistas e cortar a energia do palco diante do menor sinal de problema. Felizmente para ele e para os Beatles, Freeman não precisou puxar o fio.

Terminado o show em St. Louis, os Beatles embarcaram num caminhão cromado. Enquanto eles deslizavam na caçamba do veículo, Paul finalmente concordou com a sugestão de John, no rastro do fiasco em Manila, de que pusessem um fim naquela loucura e parassem de fazer turnês. Aparentemente, o Busch Memorial Stadium foi a gota d'água para McCartney – "O pior showzinho que já fizemos". Na lembrança de Paul, "George e John eram os que mais refutavam as turnês; estavam especialmente fartos. Então concordamos em não dizer nada – mas nunca mais fazer turnês".[5] De sua parte, Brian ficou desolado diante da ideia de deixar as turnês dos Beatles para trás. Mal também desanimou ao pensar que não mais compartilharia da irmandade deles, não mais se sentiria parte de seu mundo.

Depois de uma modesta reprise do triunfo no Shea Stadium no dia 23 de agosto, os Beatles deram uma passada final na Costa Oeste, onde se hospedaram numa casa alugada em Beverly Hills. No dia 25 de agosto, os rapazes voaram para o norte para dois shows no Seattle Center Coliseum. O primeiro não teve ingressos esgotados, mas o segundo lotou até o teto. Ann Wilson, de 16 anos, estava lá junto da irmã mais nova, Nancy. As futuras fundadoras da banda de rock Heart se deleitaram com a experiência e gravaram na memória cada momento, por menor que parecesse. Além dos ternos verde-floresta dos músicos, Ann se recordou vividamente da imagem de John mascando chiclete ao longo de todo o *set* e do instante em que George quebrou uma corda durante "Nowhere Man". Porém, sua lembrança mais duradoura do dia aconteceu antes da apresentação dos Beatles. "Lá estava o palco vazio. A tensão crescendo enquanto todo mundo esperava o show começar. E, de repente, surge esse cara grandão, Mal Evans, carregando o famoso bumbo escrito 'The Beatles' e o posiciona no palco. O lugar explodiu com os urros da multidão. Todo mundo conhecia Mal!"[6]

O penúltimo show da banda, no Dodger Stadium, em Los Angeles, terminou quase num pandemônio quando cerca de sete mil fãs romperam o cercado que separava o palco da plateia. Forçados a se esconder numa sala segura dentro do estádio enquanto a multidão era dispersada, os Beatles foram enfim levados embora dali num carro forte.

Na segunda-feira, 29 de agosto, o grupo fez seu último show, no Candlestick Park, em São Francisco – embora ele quase não tenha acontecido. Na verdade, tinha sido originalmente marcado no Cow Palace, o lugar habitual dos Beatles na Bay Area, mas os *promoters* preferiram o Candlestick Park, na esperança de maior bilheteria. Essa aposta falhou quando só conseguiram vender 25 mil ingressos contra a capacidade da casa de 42,5 mil pessoas.

Entretanto, nas horas que antecederam o show, o problema mais urgente envolvia a superfície de grama natural do estádio. "Os Beatles tocariam cercados por uma tela de arame para protegê-los", rememorou Mal. "O meio de saída após o show seria um carro forte estacionado atrás do palco." A encrenca começou quando o zelador do Candlestick Park se recusou a permitir que a van dos *roadies*, que transportava os equipamentos, percorresse o gramado, levando Mal a entrar numa discussão acalorada com as autoridades do estádio. No fim, ele cedeu e carregou o equipamento até o palco. Não bastasse isso, o zelador também se recusou a permitir que o carro forte onde estavam os membros da banda circulasse sobre o gramado.

No *backstage*, Mal notou Brian "muito preocupado e tenso, falando sozinho tanto quanto com as pessoas ao seu redor. Eu o ouvi dizer: 'Não vou colocar a vida dos meus rapazes em perigo'".[7] Contudo, assim como Mal, Brian por fim cedeu, temendo que a multidão destruísse o lugar se ele insistisse em cancelar o show. Depois da apresentação, que terminou com Paul arrebentando as cordas vocais para uma última execução de "Long Tall Sally", os Beatles correram pelo gramado até o carro forte que os esperava.

Mal ficou sozinho em meio ao tumulto, enquanto fãs e seguranças passavam por ele, alheios aos Beatles, que já tinham fugido. Com Ed Freeman e Mike Owen a tiracolo, começou a desarmar o palco, desmontando os equipamentos e guardando os instrumentos para serem transportados de volta a Londres. No alvoroço pós-show, Ed se viu brevemente sozinho com a pele do bumbo de Ringo, estampada com o famoso logo com o *T* rebaixado. De sua parte, ele não fazia ideia de que o grupo estava abandonando a vida na estrada, possivelmente para sempre.

"Se eu soubesse, teria feito diferente", disse, "porque depois que já tínhamos guardado todos os instrumentos, a pele do bumbo dos Beatles ainda estava ali no palco. 'Ah, pelo amor de Deus, eu não quero desencaixotar toda a bateria para guardar este negócio dentro', pensei. E então me liguei: 'Eu poderia pegar de lembrança, sabe?'. Mas aí me dei conta de que seria errado. Eles vão precisar disso de novo para a próxima turnê, certo? Então desencaixotei a maldita da bateria inteira e guardei a pele. Mas, se eu soubesse, talvez tivesse ficado com ela, no fim das contas!".[8]

No dia 30 de agosto, a banda e seu *entourage* retornaram a Londres, e, pela primeira vez em anos, os Beatles – aquele "monstro de quatro cabeças" – seguiram caminhos separados. George planejava desfrutar de uma estadia extensa na Índia para saciar seu interesse crescente em música e filosofia orientais. Ringo estava pronto para se estabelecer numa vida em família com Maureen e seu novo bebê, Zak, em Sunny Heights. Em julho, John aceitou interpretar o papel do "Mosqueteiro Gripweed" no longa-metragem *Como Eu Ganhei a Guerra*, de Dick Lester, cujas filmagens estavam marcadas para começar na Alemanha Ocidental e na Espanha em setembro. Paul, por sua vez, se contentou em sair motorizado pelo Vale do Loire, na França, em seu esportivo Aston Martin DB6, passando despercebido, fingindo ser "um poetinha solitário na estrada com meu carro".[9]

Quanto a Mal, o *Beatles Book* publicou que o *roadie* "está passando algumas semanas de folga com a esposa e os dois filhos em Liverpool. Mas eventualmente ele dá uns pulos em Londres e visita os rapazes, que estão em casa, para garantir que seus equipamentos estejam em boas condições e para checar se eles precisam de mais instrumentos de alguns dos fabricantes".[10]

Na verdade, a rotina em Mossley Hill não estava tão fácil para o *roadie*. Mal se acostumara a ter uma vida compartimentada, como sua irmã June temia que aconteceria, e esses compartimentos começavam a transbordar uns nos outros. Posteriormente, Lily se recordaria de descobrir "cartas de garotas que diziam o quanto ele era maravilhoso. Eu as encontrava quando esvaziava a mala dele para lavar a roupa. Era muito chato. 'Por que você não pode jogá-las fora antes de chegar em casa?', eu perguntava". Tudo o que Mal conseguia fazer era baixar a cabeça e lhe dizer que as cartas não significavam nada.[11]

Durante esse intervalo na carreira dos Beatles, sua música continuou a dominar as paradas. No Reino Unido, "a Onda" crescera para 14 primeiros lugares consecutivos com a chegada de "Paperback Writer" e, mais recentemente, o duplo lado A "Yellow Submarine"/"Eleanor Rigby". Nos últimos meses, Mal tinha sido abordado por Sean O'Mahony, editor do *Beatles Book* – que usava o pseudônimo "Johnny Dean" –, a respeito de escrever uma coluna regular para o fanzine, publicado mensalmente desde 1963. Com uma variedade de câmeras à disposição, Mal providenciaria fotos para a publicação, bem como uma série de artigos que seria conhecida como Mal's Diary – "Diário de Mal" – e, em alguns casos, Mal's Pages – "Páginas de Mal". "Sempre tive gosto por escrever e, como meio de comunicação, achava maravilhoso que as voltas e reviravoltas da tinta no papel fossem compreensíveis para tanta gente", mencionaria mais tarde. Além disso, como "a oratória não é um dos meus melhores talentos", ele se animou para afiar as habilidades na palavra escrita.[12] Por acaso, o assunto de sua primeira coluna para o *Beatles Book* – nada menos que um safári – se apresentaria em questão de semanas.[13]

Como escritor novato, Mal sem dúvida ficou nas nuvens quando Paul incluiu sua sugestão de letra em "Here, There, and Everywhere". Embora admirasse cada um dos Beatles, a opinião de Paul tinha um peso especial para ele. Após ganhar um bom tanto de autoconfiança por causa da contribuição àquela canção, Mal começara a escrever poesia. Talvez um pouco exagerada, sua primeira incursão como escritor revelava uma claustrofobia interior, sugerindo que ele estaria confinado numa verdadeira prisão de linguagem: "Sou cada animal já colocado em cativeiro/ Caminhando, rastejando, balançando no meu novo habitat falso/ Eu me alimento, durmo, para sonhar com brincadeiras infantis". No mundo de seu poema, Mal descreve a hipocrisia como "uma coleira que me estrangula", por fim "negando-me os rascunhos limpos e frescos do pensamento/ Que me elevariam dos outros animais". Em concordância com seu anseio pelo capricho das "brincadeiras infantis", ele conclui com a imagem de seu coração em formato de uma pipa que deseja voar, porém permanece insatisfeito, puxado para a Terra pela gravidade.[14]

Para Mal, esse poema sem título talvez seja a confissão mais pura de seu dilema. Sua luta para conciliar, por um lado, as obrigações da vida adulta (Lily e as crianças) e, por outro, ceder a seu desejo esmagador pelos deleites inconsequentes, da carne ou não, que acompanhavam a fama dos Beatles.

No fim de outubro, Paul se entediou de percorrer sozinho o continente e fez um acordo com Mal para que o *roadie* o acompanhasse no *tour*. Às 19h do dia 12 de novembro, Mal encontrou Paul sob a torre Grosse Cloche, na porta da igreja de Saint-Eloi, no centro de Bordeaux. "Cheguei em meio a uma chuvarada, me hospedei num pequeno hotel e fui até o pilar designado", lembrou Mal, "quando, precisamente às 19h, ouvi uma vozinha atrás de mim: 'Psiu, psiu'. Era Paul".[15]

Com um mapa Michelin como único guia, os dois partiram alegremente. O plano era viajar até Almería, na Espanha, onde John estava filmando *Como Eu Ganhei a Guerra*. Revezando-se ao volante do Aston Martin, Mal e Paul passaram o dia turistando, com o Beatle "indo à loucura, como sempre, com sua câmera, usando rolo atrás de rolo de filme aonde quer que fôssemos", escreveu o *roadie*. Ao se aproximarem da fronteira da França com a Espanha, foram procurar antiguidades. Paul comprou uma velha lâmpada "como a de *Aladdin*" enquanto Mal se deparou com uma espingarda de cano duplo que simplesmente não pôde deixar passar. Porém, ele não ficaria de posse da arma por muito tempo. Os oficiais da aduana espanhola o impediram de entrar no país com a espingarda. Concluindo que os oficiais "pensaram que talvez fôssemos revolucionários à moda antiga", Mal deixou a arma nas mãos do proprietário de um café na fronteira francesa.[16]

Dirigindo pela Espanha, eles passaram por San Sebastián, Madrid, Córdoba e Málaga até Torremolinos, fazendo registros com suas filmadoras portáteis Canon e capturando imagens da Playa de la Concha, em San Sebastián, e da estátua de um pastor em Pancorbo, na província de Burgos. Da sacada do hotel, filmaram pores do sol deslumbrantes e ondas douradas se desmanchando na costa. Em dado momento, Paul mandou um cartão postal a Ringo. "Queridos Rich e Mich, e Zak, Tiger, Donovan, Daisy e todos em Sunny Heights: Estamos passeando um pouco pela Espanha, não entendemos uma palavra sequer, mas estamos nos divertindo. O tempo está péssimo, mas dentro de casa está ótimo. Paul e Mal. Disponíveis para eventos."[17]

A dupla passou a primeira noite espanhola em San Sebastián antes de seguir para Madrid. E foi aí que a calamidade se abateu. Com Mal ao volante durante uma nevasca carregada, o Aston Martin bateu num bloco de gelo e deslizou para fora da pista. Além de documentar cada passo que davam por meio de fotografias, Paul também levava um gravador portátil, que ficou ligado durante todo o acidente. "Ao sairmos da pista, caímos mais ou menos um metro e meio num campo congelado", se recordou Mal. "Na fita, ouve-se Paul gritar: 'Estamos batendo – cuidado com a cabeça, Mal!'. Isso vem acompanhado de vários estrondos e batidas até o carro parar. Há um minuto de silêncio na fita, seguido de duas respiradas fundas que soltamos muito lentamente."[18] Os dois amigos tinham escapado por pouco de uma tragédia.

A essa altura, eles já sabiam que John não se encontrava mais na Espanha, tendo retornado a Londres com a esposa, Cynthia, e Neil. "O que você acha de irmos para um safári?", perguntou Paul. Com a extravagância a seu lado, eles compraram passagens para Nairóbi com escalas em Sevilha, Madrid e

Roma. Na noite anterior à viagem, Mal escreveu uma carta às pressas para Lily. "Um dia desses, vamos tirar umas boas férias aqui no continente. Quero compartilhar muita coisa com você; não, eu compartilharia o mundo com esta bela dama." Para encerrar, escreveu: "Eu sei, Lil, como sou sortudo por ter você. Vou tentar muito, muito mesmo, não ser rabugento e temperamental no futuro, já que não quero perder nenhum de vocês".[19]

Com uma escala de dez horas na Itália, Mal pegou um ônibus de turistas para conhecer a Basílica de São Pedro, enquanto Paul ficou no aeroporto. Mal nunca se esqueceria de fitar maravilhado a *Pietà*, "minha escultura favorita no mundo inteiro".[20]

Em Nairóbi, Mal e Paul foram recebidos por seu motorista queniano, Moses, que os transportou até o Parque Nacional Tsavo, onde Paul reservou hospedagem para eles sob o pseudônimo de "Hunt Hanson". Durante a estadia em Tsavo, Paul foi intimidado por alguns soldados britânicos, que começaram a fazer comentários depreciativos sobre os Beatles. Sem recuar diante dessas farpas, ele se juntou aos homens numa partida amigável de pôquer. Aparentemente, as horas que passara competindo com mentes como Mal, Neil e Alf valeram a pena: Paul conseguiu ganhar com facilidade. Porém, "sendo o boa praça que é", observou Mal, ele "devolveu o dinheiro aos soldados".[21]

No dia seguinte, fizeram um passeio guiado ao Parque Nacional de Amboseli, com vistas estonteantes do Monte Kilimanjaro. Certa noite, com Moses ao volante, ficaram cara a cara com um elefante imenso na beira da estrada. "Ele ignorou completamente os nossos faróis e buzinadas", lembrou Mal, "então foi cruzar os dedos, pisar fundo e passar correndo! O elefante deve ter tomado o maior susto da sua vida, porque imediatamente veio atrás de nós. Não sei se foi o mesmo elefante dando o troco, mas, na manhã seguinte, a nossa cabana começou a balançar loucamente. Pensamos que poderia ser um terremoto, mas era só um elefante coçando as costas na quina da cabana. Quando se tem coceira, vai árvore ou cabana, quem se importa?!".[22]

Durante o safári fotográfico com Moses, Mal se encantou com uma alcateia de leões encontrada no parque. "O que é estranho num leão", escreveu, "é que ele parece mesmo ser uma figura meio preguiçosa, e, muito frequentemente, é a leoa quem sai para caçar alimento para os pequenos. Em princípio, o que acontece é que uma das leoas cuida de todos os filhotes enquanto as outras estão caçando. Filmamos uma reunião quando a leoa retornou e, ao saudar a tia que ficara cuidando das crianças, as duas agiram como gatinhas, rolando e brincando de dar patadas e mordidas".[23]

Mal posando com sua espingarda do Quênia e uma pistola no coldre

Para a última noite, Paul reservou o hotel Treetops, hospedagem favorita da família real britânica no Quênia. Construído sobre um bosque de figueiras, o hotel foi projetado a partir do conceito de uma casa na árvore, com os galhos serpenteando pelos quartos. No caderno de anotações do Treetops, Mal registrou os animais que observou durante a estadia, entre eles um rinoceronte, dois javalis, três hilocheros* e, ao lado da palavra "babuínos", ele escreveu "um tantão". Depois de uma refeição suntuosa, Mal e Paul se recolheram para a varanda, onde assistiram aos "babuínos incrivelmente ágeis, com filhotes pendurados ao colo, clamando por migalhas dos visitantes". Na manhã seguinte, enquanto se preparavam para a viagem de volta a Nairóbi, a dupla se deparou com uma tropa de babuínos durante a última passagem pela selva. À luz do dia, Mal os achou intimidadores e até perigosos. "Esses

* Animal também conhecido como porco-gigante-da-floresta. (N.T.)

babuínos podem ser uns bastardinhos e tanto", escreveu, "com esses caninos grandes e bundas vermelho-vivo!".[24]

Já em Nairóbi, Mal e Paul passaram a noite na ACM local, onde, no meio da madrugada, Mal acordou com a sensação de que havia uma pequena cobra preta passando por seu ombro. Ele, que nutria um medo longevo de cobras, contou até nove – seu número da sorte – e se jogou da cama. Ao fazer isso, caiu em cima de Paul, que dormia profundamente na cama ao lado.

No dia seguinte, durante os últimos momentos dos dois no Quênia, Mal guardou "uma lembrança muito simples" de seu querido Paul sentado em meio a um grupo de crianças em idade escolar. "Paul estava se divertindo à beça só de conversar com elas", disse Mal, que pensou na cascata de acontecimentos que o levou até aquele lugar. "Se John não tivesse acabado as filmagens mais cedo", se deu conta, "essas crianças nunca teriam conhecido um Beatle muito discretamente disfarçado na ACM de Nairóbi, e eu não teria feito um safári de dez dias dos mais memoráveis".[25]

Em 19 de novembro, Mal e Paul embarcaram no voo de volta a Londres. Durante a viagem de nove horas, Paul começou a imaginar o que o futuro guardava para os Beatles, o que viria no próximo capítulo. Mais tarde, se recordaria de que, no voo, "tive uma ideia. 'Não vamos ser nós mesmos', pensei. 'Vamos criar alter egos de modo a não ter de projetar uma imagem que já conhecemos. Seria muito mais livre'". Afinal, ele gostou da relativa liberdade que viajar disfarçado lhe proporcionara nos últimos meses. Com isso, se voltou para Mal, com quem "trocava palavras frequentemente", e pediu a ele para "pensar em nomes" para os novos alter egos dos Beatles.[26]

Na memória de Paul, "estávamos comendo e havia aqueles saquinhos que diziam 'S' e 'P'. 'O que isso significa? Ah, sal e pimenta'*, disse Mal. Fizemos uma piada com isso, então eu falei: '*Sergeant Pepper*', só para variar, '*Sergeant Pepper, salt and pepper*' – um trocadilho fonético, não por ter ouvido errado, mas só para brincar com as palavras". A conversa se voltou para as bandas do momento com nomes grandiloquentes – como Country Joe and the Fish, Big Brother and the Holding Company e Quicksilver Messenger Service. Isso levou Paul a "Lonely Hearts Club", segundo se recorda o Beatle. "Só juntei as duas coisas, bem do jeito que qualquer um poderia juntar Dr. Hook and the Medicine Show, por exemplo."[27]

---

* *Salt* e *pepper*

Já na lembrança de Mal, eles primeiro optaram por "Doctor Pepper's Lonely Hearts Club Band" como nome do grupo fictício, para então se dar conta de que "Dr. Pepper" já era uma marca registrada.* Isso pediu mais troca de ideias, o que rendeu "Captain Pepper" até que a dupla chegasse a "Sgt. Pepper's Lonely Hearts Club Band". O envolvimento de Mal poderia muito bem ter acabado ali no avião se não fosse por eventos imprevistos na vida de Paul.

Em questão de dias após a chegada a Londres, os Beatles já voltavam ao estúdio para gravar o próximo *single*. Mal e Neil estavam prontos quando, no dia 24 de novembro, John estreou "Strawberry Fields Forever" nos estúdios da EMI. Com uma letra surreal e uma mescla psicodélica de instrumentos, a canção mudaria o jogo para a banda. Como prenúncio do que viria, Paul tocou a introdução distinta num Mellotron Mark II com som de flauta – Mal transportara prestativamente o "teclado de *samples*" da casa de John em Weybridge até a EMI. Mais tarde, ele participaria da gravação tocando meia-lua. O *roadie* também esteve presente no dia 25 de novembro, quando os Beatles gravaram a mensagem anual para o fã-clube, contribuindo com sua voz para a pantomima intitulada "Everywhere It's Christmas".

Naqueles primeiros dias da vida pós-turnês, os *roadies*, ao contrário de terem seus papéis reduzidos, pareciam estar ainda mais presentes no mundo dos Beatles. À medida que o estilo e a aparência dos membros do grupo começaram a se adequar ao clima da Swinging London, o mesmo aconteceu com Mal e Neil. Em dezembro, enquanto os Beatles retocavam "Strawberry Fields Forever" e "Penny Lane", de Paul, Mal foi capturado em imagens descendo as escadas do estúdio com o baixista. Resplandecente num fino traje da Carnaby Street, o *roadie* – num contraste bruto com o visual imberbe dos anos de turnê – agora exibia um farto bigode. A *Beat Instrumental* prestou atenção especial às mudanças no visual dos Beatles e seu *entourage*: "Tanto Neil quanto Mal cultivaram bigodes junto com os Beatles. O de Mal, porém, é diferente dos demais. Bem espesso e quase um cavanhaque, o faz parecer um guarda vitoriano". Os jornalistas da revista musical também observaram uma transformação marcante nas tarefas de Mal e Neil: "No começo, eles dividiam as funções, com Neil cuidando da maioria dos detalhes pessoais, e Mal, do equipamento. No entanto, essa distinção tem se tornado mais difusa, de modo que hoje os dois fazem o mesmo trabalho".[28]

* Refrigerante de caramelo popular nos EUA. (N.T.)

Uma dessas funções envolvia ser chofer dos Beatles pela cidade. Após a conclusão da turnê norte-americana, Alf Bicknell deixou o emprego com o grupo para trabalhar para outros clientes célebres, cedendo lugar a Mal ao volante do Austin Princess. Em novembro, Mal levou Brian, Neil e a banda para a reabertura do Bag O'Nails como um clube só para membros na Kingly Street. Para Mal e Paul em particular, "o Bag" rapidamente se tornava um ponto de encontro regular depois das sessões de gravação dos Beatles tarde da noite.

Em janeiro de 1967, Mal acompanhou Paul e Ringo para ver o Jimi Hendrix Experience tocar nesse clube subterrâneo. O público estelar incluía Mick Jagger e sua namorada, Marianne Faithfull, Eric Clapton, Donovan e Pete Townshend, do The Who. Este último se recordaria de, após o show, observar Hendrix entregue ao flerte com Faithfull, para grande desgosto de Mick. "No fim, o próprio Jimi quebrou a tensão ao pegar a mão de Marianne, beijá-la e pedir licença para vir até mim e Paul", relembrou Townshend. "Mal Evans, o adorável *roadie*/ajudante dos Beatles, virou-se para mim e soltou um longo e irônico suspiro de Liverpool: 'Isso se chama trocar cartões de visita, Pete'."[29]

Naquele mesmo mês, as tarefas de Mal se expandiram mais ainda quando Paul despediu abruptamente os empregados de sua residência na Cavendish Avenue, número 7. McCartney se mudara da propriedade dos Ashers no ano anterior, depois de comprar essa casa a poucos quarteirões dos estúdios da EMI. Quando ficou sabendo que a sra. Kelly, sua governanta, e o marido George, seu mordomo, pretendiam contar sua história a uma revista australiana, Paul prontamente dispensou o casal. Com Jane Asher na América do Norte para uma temporada de seis meses com a companhia teatral Old Vic Theatre, Paul convidou Mal para morar com ele na Cavendish Avenue.

Após ter assumido toda uma gama de funções, o *roadie* dos Beatles agora podia acrescentar "governança" a essa lista sempre crescente. No início de fevereiro, ele já estava instalado como companheiro de casa temporário de Paul, assumindo as tarefas de cozinhar, faxinar e jardinar. Para Mal, era um sonho realizado. Ele adorava todos os Beatles, é claro, mas reservava uma estima especial para Paul. Se havia um revés, ele vinha na forma da amada – e, em breve, enorme – *sheepdog* de Paul, Martha. Mal em geral gostava de animais de estimação, mas Martha podia dar um trabalho e tanto. Paul a comprou ainda filhote, de um criador de Buckinghamshire em 1966. De início, a batizou de Knickers*, depois de um acidente que ela teve em seu

* No inglês britânico, "Calcinha". (N.T.)

colo. Mas assim que sua namorada rechaçou o nome, Paul passou a chamar a mascote de Martha.[30] No que se tratava dos cuidados de Mal com a casa, Martha se mostrava um incômodo constante. "Uma coisa da qual nós dois ríamos era chegar em casa após as gravações ou filmagens tarde da noite e descobrir que a cachorra, Martha, tinha feito cocô na cama dele ou na minha, bastante indiscriminadamente!", rememorou o *roadie*.[31]

Os aposentos de Mal na Cavendish Avenue ficavam no porão, mas sua parte favorita da casa era o terceiro andar, onde Paul montara uma suntuosa sala de música. "Passaríamos muitas noites agradáveis naquela salinha no topo da casa", escreveu. Embora o espaço fosse repleto de instrumentos, a peça central era "um piano bem extravagante". Pintado por Simon Posthuma e Marijke Koger – artistas holandeses que adotariam o nome de "The Fool" para seu coletivo de design* –, o piano foi projetado pelos designers de pop art Dudley Edwards e seu parceiro, Douglas Binder, em outubro de 1966. Por seu visual psicodélico, Paul passou a chamar o instrumento de "piano mágico".[32]

Sem surpresas, Lily ficou desanimada com a nova situação de moradia de Mal, ainda mais depois de ter passado as recentes festas de fim de ano com ele em Liverpool. Ela acusou o marido de "se rebaixar" para os Beatles. Em seu diário, Mal admitiu que a raiva dela foi "um tapa na cara", mas, ao mesmo tempo, escreveu que queria fazer "tudo" pelo grupo – enfatizando assim a preocupação da esposa quanto à sua baixa posição na hierarquia dos Beatles. "Ele estava sempre à disposição total deles", disse Lily. Mesmo assim, no que se tratava da insistência dos Beatles em monopolizar o tempo de seu marido, ela compreendia. "Ele era um cara legal de se ter por perto, tanto que isso podia provocar pequenos ciúmes internos na banda." Da parte de Mal, seu colega de casa, Paul, estava ganhando as apostas naquele momento.[33] O *roadie* continuava a se preocupar com a decepção de Lily, mas começou a elaborar uma solução para as aflições da família, concluindo que devia trazê-los para Londres em sua própria casa.

No dia 27 de janeiro de 1967, Paul começou a trabalhar numa nova música com Mal, que o *roadie* chamava de "Where the Rain Gets In". As raízes da composição, ao menos de início, surgiram dessa primeira experiência de Paul como dono de sua própria casa, quando Mal descobriu um vazamento

* A dupla também foi responsável pela pintura da célebre Gibson SG usada por Eric Clapton no Cream. (N.T.)

no teto da sala de música. No dia seguinte, segundo o *roadie*, os dois continuaram a refinar a canção – "Espero que as pessoas gostem", escreveu ele no diário. Depois de progredir em "Fixing a Hole", como a música passaria a se chamar, a dupla voltou suas atenções para "Sgt. Pepper's Lonely Hearts Club Band". De acordo com as recordações de Mal, essa canção foi "fruto de duas pessoas fazendo companhia uma à outra num piano pintado". À medida que trabalhavam rapidamente na música, Mal ficava cada vez mais eufórico com a possibilidade de se tornar um compositor publicado. Não só a canção "soava bem", como também "Paul me diz que vou receber *royalties* – ótima notícia, agora talvez para uma casa nova".[34]

Ao fim de janeiro, Mal e os Beatles começavam a trabalhar nos vídeos promocionais para "Strawberry Fields Forever" e "Penny Lane". Eles foram gravados no Knole Park, em Sevenoaks, Kent, sob a direção de Peter Goldmann e produção de Tony Bramwell. Mal fez uma série de fotos durante o desenrolar dos trabalhos e, nesse ínterim, Neil trouxe algumas ideias sobre como transformar *Sgt. Pepper* numa espécie de álbum conceitual. "Eu disse a Paul: 'Por que você não faz do Sgt. Pepper um mestre de cerimônias do LP? Ele entra no início do show e apresenta a banda e, no fim, encerra'. Um pouco depois, no estúdio, Paul contou a ideia a John, que veio até mim e

Julie com Martha, a amada *sheepdog* de Paul

disse: 'Ninguém gosta de um metido a besta, Neil'."[35] No segundo dia de filmagem, Paul insistiu em levar Martha, o que significava que Mal ficaria responsável por "limpar a bunda dela" para não sujar o interior do Austin Princess – e, em Londres, ele resolveu comprar um "antilaxativo canino" para controlar o intestino irritável da cachorra.[36] Além disso, o *roadie* estava lidando com problemas contínuos de segurança na Cavendish Avenue, onde as garotas que costumavam ficar no portão agora estavam conseguindo entrar na casa.

Em 29 de janeiro, Mal e Paul trabalharam novamente na sala de música, dessa vez para dar os toques finais a "Door" – o título provisório de "Fixing a Hole". Alguns dias depois, de volta a Sevenoaks, Mal vestiu um "uniforme de lacaio" decorado com tranças douradas e com direito a peruca branca para interpretar um garçom no videoclipe de "Penny Lane".[37] A pitoresca canção retrata uma porção de figuras da vizinhança, entre eles um barbeiro simpático, uma enfermeira bonita e um bancário com um automóvel bastante parecido com o de Eric Hoyle, marido de Barbara, irmã de Mal. Nessa época, ele era justamente gerente de um banco em Penny Lane* e, assim como o personagem da música, deliciava seus amigos e conhecidos até não poder mais ao falar de seu requintado veículo. Houve um momento em que fizeram imagens na rotatória de ônibus em Penny Lane, em Liverpool, o que deu a Mal a chance de visitar seu lar em Mossley Road pela primeira vez em semanas. "Depois de muitos anos fora de casa", escreveu ele em seu diário, "espero que as crianças me reconheçam".[38]

Para o deleite de Mal, no dia 1º de fevereiro, uma quarta-feira, os Beatles trouxeram "Sgt. Pepper's Lonely Hearts Club Band" à vida no estúdio. A essa altura, ela já tinha sido escolhida como faixa-título do novo álbum. "*Pepper* se tornou um tema, eu diria, logo no começo", disse Ringo. "Paul escreveu uma música com Mal Evans chamada 'Sgt. Pepper'. Acho que Mal pensou no título. Grande Mal, super *roadie*!"[39] Na noite seguinte, com a faixa base concluída, Mal e Neil fizeram *backing vocals* no refrão da canção.

Qualquer esperança que Mal pudesse ter nutrido sobre seu reconhecimento público pela colaboração com Paul nas composições duraria pouco. "Estávamos indo a algum lugar tarde da noite, no carro", se recordou ele. "Éramos Paul, Neil Aspinall, um motorista e eu, então Paul se virou para mim e disse: 'Olhe, Mal, você se importa se não colocarmos seu nome nas

* O nome da alameda em Liverpool também se aplica à área ao seu redor. (N.T.)

músicas? Você vai receber os *royalties* e tudo, porque 'Lennon e McCartney' é o que há de maior nas nossas vidas. Somos um item muito cobiçado e não queremos transformar em Lennon-McCartney-Evans. Então, você se importa?'" A súbita mudança de ideia teria sido um golpe duro para qualquer outra pessoa, mas não para Mal. "Eu era tão apaixonado pelo grupo que não me importei. Eu mesmo sabia o que havia acontecido."[40]

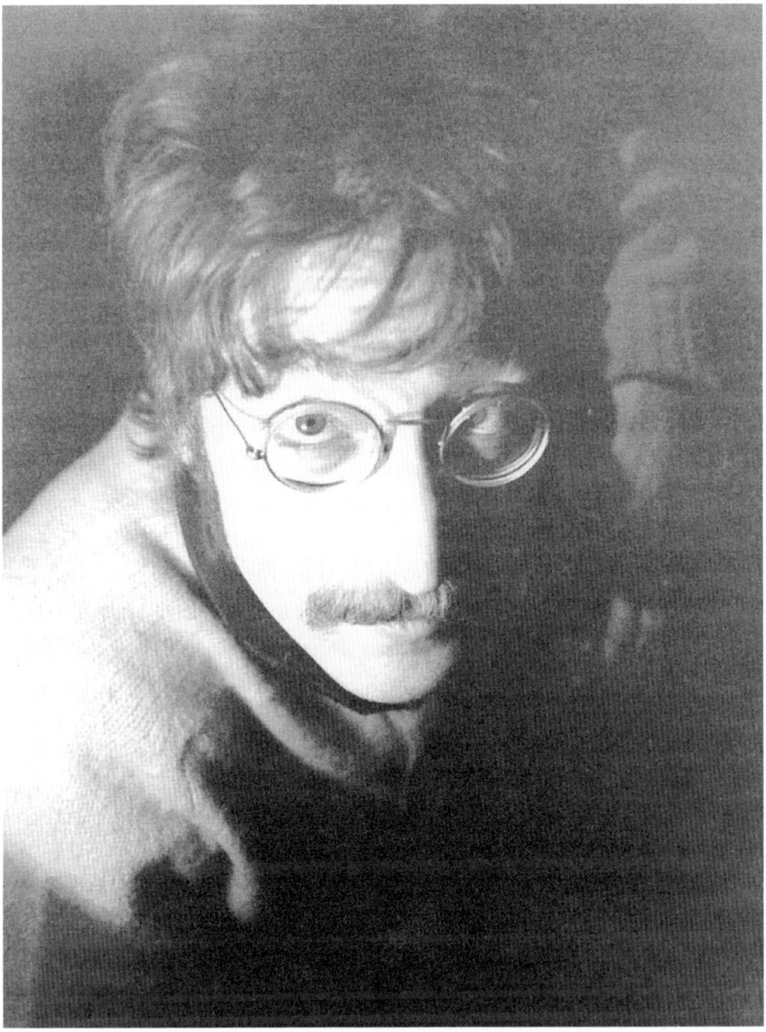

John durante a produção de *Sgt. Pepper's Lonely Hearts Club Band*

18

MUNDOS PRATEADOS RELUZENTES QUE GIRAM

Na sexta-feira, 10 de fevereiro de 1967, Mal foi encarregado de decorar o cavernoso estúdio 1 para um evento sem precedentes na história dos Beatles. A ocasião era a gravação de uma orquestra de 40 músicos para "In the Life Of", título provisório de "A Day in the Life". Em janeiro, os Beatles haviam gravado a faixa base da música. Depois de tocar as primeiras estrofes, John anunciou que "não sei para onde seguir a partir daqui". Sabendo que seu parceiro queria uma ponte para a canção, Paul ofereceu de bom grado uma solução: "Bem, tem uma outra música na qual estou trabalhando", disse.[1]

Para acomodar a antecipação orquestral da futura seção de Paul, George Martin deu instruções a Mal para o primeiro *take* de um "*middle eight*", ou ponte, em potencial. Como o produtor escreveria, o "trabalho [de Mal] era contar os 24 compassos no meio de 'A Day in the Life' que ainda estavam vazios. Por que 24 compassos? *Por que não?*". Assim como o vocal de John, a contagem de Mal foi coberta de eco, que aumentava à medida que ele contava ainda mais alto até o clímax do 24º compasso, que o *roadie* acentuou com o som de um despertador. Como se recordaria o engenheiro de som Geoff Emerick, "calhava de haver um despertador a corda em cima do piano – Lennon o trouxe um dia como piada, dizendo que seria útil para acordar Ringo quando precisassem dele para algum *overdub*".[2]

Com a ponte de Paul agora no lugar, Martin se preparou para sobrepor a orquestração em "A Day in the Life" no dia 10 de fevereiro. Os Beatles tinham decidido que essa não seria uma sessão qualquer, mas sim um *evento*.

A tarefa de preencher os 24 compassos contados por Mal em janeiro caiu por completo nas costas de George Martin. "Pedi ideias a John", recordou-se o produtor. "Como sempre, era questão de eu tentar entrar na mente dele, descobrir que quadros ele queria pintar e, então, tentar concretizá-los para ele. John disse: 'Quero que seja como um orgasmo musical. O que eu gostaria de ouvir é um crescente tremendo, que vai do zero a algo que seja absolutamente como o fim do mundo. Gostaria que fosse do silêncio extremo ao barulho extremo, não só em volume, mas também na expansão do som'."[3]

Com um plano secreto na manga, os rapazes instruíram os músicos a usar trajes formais na noite da gravação. Enquanto isso, Mal foi até a loja de brinquedos mais próxima e comprou uma variedade de chapéus engraçados, narizes de borracha, perucas de palhaço, carecas de mentira, patas de gorila e um estoque pesado de mamilos falsos. Para criar o clima para os músicos eruditos, John concluiu que "se os vestirmos com os chapéus e os narizes de borracha, talvez aí eles entendam o que é que nós queremos. Isso vai afrouxar os traseiros tensos deles!".[4] Com uma equipe de filmagem pronta para registrar os trabalhos, Mal decorou o estúdio 1 com uma infinidade de acessórios de festa. Quanto a si mesmo, colocou uma máscara de careca com olhos engraçados e um nariz enorme. Seu diário refletiu a natureza de fantasia daquela ocasião tão incomum e sem precedentes: "LUZES! CÂMERA! AÇÃO! BEXIGAS?".[5] O "orgasmo musical" de John estava quase completo.

No dia seguinte, extasiado com o triunfo da gravação da noite anterior, Mal percorreu os mais de 300 km até Liverpool, absolutamente determinado a concluir uma reforma há muito prometida no quarto de Julie. Além de encontrar tempo para tomar chá com os pais na Waldgrave Road, ele buscou uma porção de móveis – "Umas coisas bem boas", incluindo uma cômoda galesa de primeira – que Neil havia comprado para o apartamento dos dois. Na segunda-feira, 13 de fevereiro, com um trailer acoplado ao Super Snipe, Mal saiu de Liverpool. "Mantive 60 km/h até depois de uns 2 km já na M1", escreveu, quando então "uma viatura me parou [e o policial] disse: 'Registramos que você estava a 110 km/h, acima da velocidade permitida'." Mal protestou, em vão, argumentando que não passara de 60, mas os policiais não engoliram. "Fazer o quê?", escreveu o *roadie* no diário, "assim é o *show business*. Essa é minha terceira infração em três anos – mantenham os dedos cruzados por mim".[6]

Com Epstein e a EMI clamando por algo novo dos Beatles, o *single* de "Strawberry Fields Forever", com "Penny Lane" do outro lado, foi lançado na Grã-Bretanha em 17 de fevereiro e venderia mais de 2,5 milhões de cópias, dominando as ondas do rádio no Reino Unido e nos EUA. E então, incrivelmente, o *single* empacou na segunda posição, incapaz de conseguir chegar ao primeiro lugar nas paradas do Reino Unido. Mais tarde, George Martin ponderaria que talvez cada lado do *single* tivesse emperrado o outro. E havia ainda a questão do baladeiro inglês Engelbert Humperdinck, que, com "Release Me (and Let Me Love Again)", chegara do nada para ocupar a primeira posição nas paradas britânicas. Embora estivesse claramente decepcionado em perder "a Onda", Martin descreveu "Strawberry Fields Forever"/"Penny Lane" como "o melhor disco de todos que fizemos".[7]

Num esforço raro para manter a chama acesa em casa, Mal retornou a Mossley Hill já no fim de semana seguinte. Paul o acompanhou com Martha, planejando se hospedar com o pai, "Jim Mac", em Rembrandt, a casa que comprou para ele na Península de Wirral. Porém, qualquer boa vontade que Mal possa ter esperado engendrar com a família naquele sábado foi toda em vão. "O PESADELO COMEÇA AQUI", rabiscou no diário. "Lil e eu só brigamos o fim de semana inteiro." Com marido e mulher nesse gancho emocional, especialmente por conta do cenário financeiro precário da família, Mal foi embora de Hillside sem se despedir. Mas Lil não ia engolir em seco: telefonou para a casa de Jim Mac no momento exato de pegar o marido lá antes de ele partir para Londres com Paul. Mal se recordou de que "a última vez que nos separamos aos palavrões, eu bati e quase morri".[8]

Na quarta-feira, 22 de fevereiro, Mal acordou cedo, enfrentou o orgulho e foi até a NEMS, onde pediu a Brian um empréstimo pessoal no valor de 500 libras para aplacar a aflição econômica da família. A papelada foi completada a tempo de ele se encontrar com os Beatles nos estúdios da EMI, onde enfim trouxeram todo o sonho de John de um "orgasmo musical" à realidade.

O plano original de John e Paul era terminar "A Day in the Life" com um *om* gigantesco na forma de um acorde de Mi maior murmurado. O resultado fora pouco inspirador e mandou os Beatles de volta à prancheta para criar uma conclusão mais tempestuosa para a canção. Trabalhando no estúdio 2, Martin instruiu o pessoal a reunir o máximo de pianos que pudesse – a ideia era executar um estrondo bombástico saído deles. "Para obter um ataque o mais forte possível, todos decidiram tocar em pé ao invés de sentados", lembrou Emerick. "John, Mal e George posicionaram-se cada um num piano, enquanto Ringo e Paul compartilharam um Steinway vertical desafinado."[9] McCartney assumiu o comando dos trabalhos e fez a contagem para o primeiro *take*:

Paul: Você está pisando no pedal de sustentação, Mal?
Mal: Qual é esse?
Paul: O da direita, da ponta direita. Ele sustenta o eco.
John: Não tire o pé em nenhum momento.
Paul: Certo. No quatro, então. Um, dois, três...

O nono *take* foi escolhido como o melhor, com o acorde resultante colocando um ponto final em "A Day in the Life" num estilo inesquecível.

Nesse momento, a banda já estava trabalhando em tempo integral no LP *Sgt. Pepper*, mas, mesmo assim, sempre propensa a desvios de rota. No dia 23 de fevereiro, por exemplo, Mal anotou que "Paul tem uma reunião com uma japonesa que quer fotografar o traseiro dele", se referindo à artista conceitual Yoko Ono, de 34 anos, que conhecera John numa exposição na Indica Gallery em novembro.[10] Em 1966, nos Estados Unidos, Yoko e seu marido, Tony Cox, haviam feito um curta-metragem que consistia em *derrières* de celebridades – e agora estavam ávidos por repetir a experiência na Grã-Bretanha. Com os cilindros criativos de John e Paul a todo vapor, George e Ringo frequentemente se viam sem nada para fazer. Mais tarde, o baterista brincaria que aprendeu a jogar xadrez durante a produção do álbum.

A diferença gritante entre a vida de Mal em Liverpool e na Swinging London nunca foi tão aparente como na semana do dia 1º de março de 1967. Um dia, ele estava desempenhando o papel do legítimo homem de família, que lavava o carro e atendia ao lar. Entretanto, em questão de horas, trocou novamente de persona para se engraçar com a droga do momento. Naquela noite, Mal enfim saiu do casulo e se juntou a Neil e aos Beatles como último membro da trupe a experimentar LSD.

Tudo começou no Bag O'Nails, onde Mal e Neil encontraram-se com Steve, um amigo americano, que disse: "Tenho aqui um pouco de ácido para vocês e os rapazes". Um tempo depois, ao saírem satisfeitos do Bag, rumaram para a Montagu Mews West. (Jim Mac estava na cidade para uma visita, o que levou Mal a dar um tempo da Cavendish Avenue, oferecendo privacidade a pai e filho.) "Estávamos no apartamento com vários amigos, bebendo e ouvindo música, então calhou de eu estar em um dos quartos com o cara que tinha me dado o ácido", mencionou Mal. Ele se lembraria de virar para Steve e dizer: "Coma-me e eu vou ficar grande!". E foi aí que começou a viajar. "Foi incrível. Se você for tomar ácido, esse é o único jeito de fazê-lo – sem preparativos, sem ideias pré-concebidas."[11]

Assim como tantos usuários de LSD antes dele, Mal empreendeu uma autópsia rigorosa na qual buscou por evidências das mudanças trazidas pelo ácido. Teria a substância de fato aberto sua mente? Teria ele deixado de ser a mesma pessoa de antes? Embora a viagem tenha sido, no geral, "desfrutável", ele passou por diversos microincidentes no caminho que o fizeram parar e pensar. "Por exemplo, fiquei lúcido em um dado momento e pensei que devia estar louco, mas expliquei para mim mesmo que estava tudo bem, pois eu tinha uma família linda que iria me visitar", escreveu. "Em outro instante, pensei que deveria ser um drogadicto, mas sabia que tinha muitos amigos que cuidariam de mim e me manteriam suprido – então estava tudo certo com o mundo."[12]

Neil não conseguiu se conter em zombar do colega – mesmo naquela hora de grande vulnerabilidade e autodescobrimento. "Uma coisa engraçada da viagem foi Neil ligando para Paul e contando que eu tinha tomado ácido", lembrou Mal. "Ora, o pai de Paul estava hospedado com ele na época e ficou horrorizado. Paul cuidadosamente lhe explicou que o ácido não mudava minha personalidade – eu seria o mesmo de sempre." Mesmo assim, à medida que a viagem de Mal continuava a se desdobrar, Neil não saiu do lado do amigo.

Mal descreveu a experiência como "muito pitoresca", acrescentando que foi "bom ter Neil ali, na primeira vez que conheci a mim mesmo – um teste de ácido". Horas depois, Mal ainda estava viajando. No chuveiro, ele imaginava o cabelo se transformando em "cachos prateados voadores" enquanto "mundos prateados reluzentes giravam ao meu redor". Depois, se vestiu e viu suas roupas do dia a dia numa espécie de verso poético – um "traje reluzente" que "enchia o ar de um barulho sem som/ Cabelo vivo e respirando que se dissolve/ Ali, sereno, com um aprumo bom".[13]

Para os membros do círculo interno dos Beatles, deve ter sido difícil demais resistir à oportunidade de observar Mal durante uma viagem de ácido completa. Mais tarde naquele dia, Jim Mac e Paul, com Martha a tiracolo, apareceram no apartamento, seguidos por George. O guitarrista, na percepção de Mal banhada pelo LSD, parecia estar segurando "um punhado de flores e cantando sobre a Índia". No dia seguinte, o ácido já havia se dissipado por completo do organismo de Mal, mas, para sua grande surpresa, ele descobriu que a psicodelia o envolvera por completo, que fora, *sim*, mudado pela experiência. "Ora, eu sempre fui sóbrio nas vestimentas e aparência", escreveu, "mas, naquela manhã, só queria usar as coisas mais coloridas que pudesse encontrar, então cheguei à casa de Paul para buscá-lo para a grava-

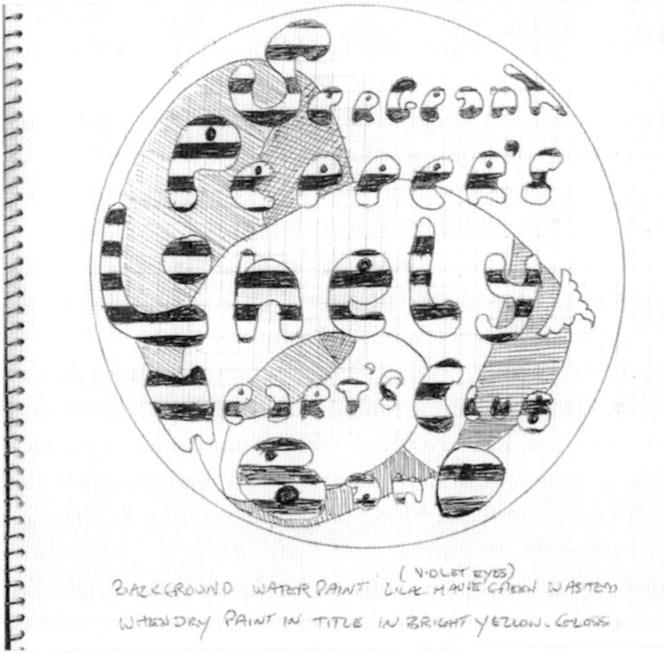

O logo de *Sgt. Pepper* feito por Mal

ção e, com um sorriso quilométrico, usando toda uma gama de cachecóis, gravatas e meias coloridas, dei de cara com o pai dele!".[14]

Com o transcorrer de março, os rapazes aceleraram o ritmo de trabalho em *Sgt. Pepper*, cujo prazo para uma conclusão já se materializava. No dia 3 de abril, Paul planejava surpreender Jane Asher, que ainda estava na América do Norte em turnê com a Old Vic, no seu aniversário de 21 anos. No início de março, Geoff Emerick e o resto da equipe da EMI passaram a sentir a pressão. "Perto da finalização do álbum, não era incomum que as sessões começassem à meia-noite e terminassem ao amanhecer, o que foi pesado para todos nós", se recordou o engenheiro de som. "Às vezes suspeitávamos de que Mal Evans estava colocando alguma coisa no nosso chá para nos manter acordados, mas nunca soubemos com certeza. Duvido muito que ele nos tenha dosado com ácido – não teria sido muito útil para os Beatles se estivéssemos viajando de ácido na técnica! –, mas suponho que ele pode ter, uma vez ou outra, batizado o chá com um estimulante moderado."[15]

Enquanto os Beatles davam os toques finais ao novo álbum, Mal e Neil se encontravam tomados por um projeto de imensa complexidade. Junto aos artistas Peter Blake e sua colaboradora e esposa, Jann Haworth, a banda havia imaginado um design ambicioso para a capa. Mal e Neil ficaram encarregados então de reunir os diversos elementos – figurinos, fotografias, apetrechos e até paisagismo, dentre várias outras coisas – para o quadro que seria construído no estúdio. Haworth se recordou vividamente da atitude boa praça de Mal durante as longas sessões da criação da capa. "Ele era uma pessoa muito doce num mundo de *posers*", disse. "Enquanto todos pareciam rebeldes e egoístas, Mal era tranquilo e genuíno."[16]

No meio disso tudo, Mal e Neil assumiram o papel de carregadores de mudança, transportando a mobília de Ringo e Maureen de Liverpool para Sunny Heights. Em Liverpool, Gary acompanhou o pai na condução dos móveis ao trailer. A eles, se juntaram Neil, que foi levado de carro até Mossley Hill pela namorada, Mona Best, e o filho deles de cinco anos, Roag, que ficou brincando no quintal com Gary. Antes de partir para Londres, Mal fitou Gary maravilhado, contemplando sua boa sorte. "Eu o amo", escreveu no diário, "acho que daria a minha vida por ele – espero que sim".[17]

Ao mesmo tempo, Mal fez questão de especular sobre os motivos de manter um diário em primeiro lugar. "Será que escrevo isso para outras pessoas lerem?", se perguntou.[18] Será que o ato de registrar suas emoções e experiências num diário era uma performance para o benefício de outros? Estaria o *roadie* mantendo um diário para a posteridade?

19

MAL, MEIAS!

Mesmo que os anos de turnês dos Beatles estivessem no passado, havia um fluxo constante de atividades nas vidas de Mal e Neil. No início de março, depois que Paul contratou uma nova pessoa para cuidar da casa na Cavendish Avenue, Mal voltou a se juntar a Neil, com os dois se mudando de Montagu Mews West para um lugar melhor na Fordie House, na Sloane Street. E, como sempre, esperava-se que eles estivessem à disposição dos Beatles no estúdio.

Em 7 de março, Mal descarregou móveis e um piano para Ringo em Sunny Heights. Porém, um único dia podia fazer total diferença no Mundo Beatle. Naquela noite, ele e Neil se viram juntando, dentre tantas coisas, rolos de papel higiênico com o logo da EMI: John, Paul e George estavam tentando fazer kazoos artesanais com papel e pentes para usar em "Lovely Rita".

Incrivelmente, o papel higiênico da EMI era um assunto frequente das conversas entre Mal e os Beatles. George Harrison era o mais estridente dos críticos. Mais tarde, George Martin se lembraria de que o guitarrista "reclamava com constância à gerência da EMI sobre a dureza escorregadia e horrível do papel. (Cada folha vinha estampada com os dizeres 'Propriedade da EMI'!) Ele argumentava que servia para enrolar num pente e soprar, mas, para o que era feito, você podia esquecer!".[1]

Quando não estavam criticando a qualidade do papel higiênico, Mal e os rapazes usavam os rolos para executar pegadinhas elaboradas. Uma delas aconteceu durante a recente promoção do amado engenheiro de som Ken Townsend ao cargo de gerente de operações técnicas da EMI. Mal deu início à pegadinha ao telefonar para o gabinete de Townsend e informá-lo bruscamente de que os Beatles exigiam sua presença imediata no estúdio para registrar uma reclamação. Quando chegou ao estúdio 2, o educado profissional tremia de medo. "Meu Deus!", pensou. "Nunca recebi uma reclamação dos rapazes antes." Pior ainda, a última coisa de que ele precisava nessa nova função de gerência era arrumar problema com os clientes mais importantes da EMI.[2]

Assim, Townsend se recordaria, "entrei na técnica do estúdio 2", onde Mal e os Beatles se encontravam ao redor da mesa de som com expressões sérias. John foi o primeiro a levantar a voz, repreendendo Townsend porque "o papel higiênico é duro e brilhante demais. E tem o emblema da EMI, Ltd. estampado. Se você não fizer algo a respeito", prosseguiu, "vou contatar Sir Joseph Lockwood", se referindo ao celebrado presidente do EMI Group.

"Meu Deus", pensou Townsend, "vou ter de levar isso a sério". Só depois de contatar o chefe do estúdio, Allen Stagg, com quem descartou todo o papel higiênico do local e substituiu por um "papel bom e macio", foi que Townsend se deu conta do que tinha acontecido. Percebeu que tudo era uma grande "peça" pregada por Mal e os Beatles para celebrar sua promoção.[3]

À medida que as sessões de *Sgt. Pepper* seguiam a todo vapor, Mal trabalhava cada vez mais ao longo do dia, tirando só algumas poucas horas de sono. Na mesma semana em que se dedicaram a "Lovely Rita", ele e Paul atravessaram noites no Bag. Além disso, davam um jeito de conferir os lançamentos do cinema com John e Neil – como *A Noite dos Generais*, com Peter O'Toole – e de vasculhar as mercadorias no Chelsea Market, onde Mal comprou vários cachecóis multicoloridos. Quando ele não estava transportando mais mobília de Liverpool ou nas sessões de "Getting Better" e "She's Leaving Home", estava preparando o jantar (mariscos com arroz) na Cavendish Avenue para os rapazes e Neil antes de uma gravação noturna com a Sounds Incorporated de *overdubs* de sopros em "Good Morning Good Morning".

Durante uma sessão para "Lucy in the Sky with Diamonds", em março, Mal dispôs os *snacks* favoritos dos Beatles: uma variedade de doces (incluindo barras de chocolate Mars e confeitos Smarties) e um engradado de Coca-Cola. Enquanto John, Paul e George debatiam sobre a nova composição, Ringo se acomodou para o primeiro prato – *baked beans* Heinz com torrada, preparados por Mal numa frigideira num fogão elétrico portátil. Um repórter e um fotógrafo da revista *Life* estavam presentes para observar os trabalhos e, quando o repórter viu o que Ringo estava comendo, comentou: "Meu Deus, cara, você não pode comer isso!". Ele parecia acreditar que o baterista estelar não lanchava nada menos do que caviar. Ringo cortou a seco a conversa com o repórter ao exclamar: "É mesmo?!".[4]

Embora esperasse que Mal e Neil providenciassem um suprimento constante de maconha, a banda tinha expectativas claras quanto à sua própria conduta no estúdio. Barry Miles, um dos donos da Indica Gallery e confidente frequente dos Beatles, se recordou de que os rapazes "tinham uma política de nada de cocaína, nada de LSD, nada que adulterasse seus sentidos. Até mesmo o álcool era mal visto, pois achavam que resultava em preguiça e falta de vontade na hora de fazer mais um *take* para acertar alguma coisa". Ainda assim, no que dizia respeito aos visitantes – celebridades do rock na linha de Mick Jagger e David Crosby –, a hospitalidade dos Beatles era infalível. Além de oferecer cadeiras dobráveis para os convidados da banda, "Mal Evans montava seu próprio armazém de provisões, incluindo refrigerantes, bebidas alcoólicas, biscoitos Wagon Wheels, chocolates Penguin e outras guloseimas".[5]

Uma particularidade rememorada por Miles era o fato de Mal ser bastante sintonizado com os desejos dos rapazes, culinários ou não. "John, em especial, gostava de ter todas suas vontades atendidas. Ele só precisava dizer 'Mal, maçãs', às 3h da manhã, e Mal Evans ia até o mercado de Covent Garden, voltando com uma caixa de maçãs Golden Delicious frescas." Miles ficou admirado com o "fundo de conhecimento impressionante" de Mal, recordando-se de que "uma vez, ouvi John murmurar 'Mal, meias!', e, uma hora depois, Mal surgiu no estúdio com uma dúzia de pares diferentes de meias coloridas. Onde Mal as encontrou no meio da noite é um mistério".[6]

Com pouco mais de duas semanas restantes para a conclusão de *Sgt. Pepper*, Mal participava de uma sessão atrás da outra nos estúdios da EMI, atendendo a cada necessidade dos rapazes e, em várias ocasiões, assumindo um instrumento. Em "With a Little Help From My Friends", tocou cowbell, e em "Being for the Benefit of Mr. Kite", atacou na gaita baixo ao lado de Neil. Esta última era conhecida pelo título provisório "Bad Finger Boogie"*, após John, que tinha lesionado o indicador, ser forçado a tocar piano com o dedo do meio.

Com John, Ringo e Neil a tiracolo, Mal passou várias horas no Bag O'Nails no dia 15 de março, onde entornou muitos *pints* – e, aparentemente, muitas fatias de torta, para rebater – com Bill Collins, um *roadie*

* Em tradução livre, "o *boogie* do dedo ruim".

de Liverpool. Um pouco mais cedo, Bill tinha sido o convidado de Mal na sessão de "Within You Without You", de George. Durante um intervalo, ele agraciou Paul e Mal com histórias do Ivey, grupo de rock galês com o qual estava trabalhando. Em concordância com o estilo de vida puxado dos rapazes daqueles primeiros meses de 1967, a festa só acabou às 5h da manhã.

Em meados de março, Mal e Neil passavam a maior parte do tempo no estúdio do fotógrafo Michael Cooper, em Chelsea, onde a capa do álbum estava sendo meticulosamente montada. Na visão de Blake e Haworth, a base de fãs da banda dos "corações solitários" seria disposta atrás dos membros, incluindo nomes como Mae West, Bob Dylan, Edgar Allan Poe e Karl Marx. Blake e os Beatles "tinham uma lista de pessoas que queriam ao fundo", recordou-se Neil, "então Mal e eu fomos a diferentes livrarias e pegamos fotos delas, que Peter Blake ampliou e coloriu. Ele as usou para fazer a colagem, além das plantas e tudo o mais que se vê na capa".[7] Em preparação para a foto com a banda, Mal levou os rapazes até a loja de fantasias Berman's, em West End, para provar seus uniformes militares psicodélicos. Fotos da época exibem um corpulento Mal usando uma echarpe, como um costureiro gigante.

Nesse ínterim, ele e Neil começaram a buscar as permissões para usar as imagens dos personagens ainda vivos, cujos retratos foram colados em papelão e posicionados no fundo da foto. Quanto à liberação dessas imagens, escreveu Mal, "recebemos algumas respostas muito interessantes. Várias pessoas famosas não saíram na capa porque queriam dinheiro, mas quase todo mundo com quem falamos achou a ideia maravilhosa e não pôde ficar mais satisfeito em ser considerado amigo dos Beatles".[8] Mesmo assim, Brian Epstein estava morrendo de medo dos processos que talvez resultassem da capa e chegou a sugerir que o LP fosse lançado envolto em papel pardo.

A certa altura, chegou a ser cogitada a inclusão de imagens de Jesus Cristo e Hitler, mas a ideia foi descartada para evitar qualquer furor religioso, por um lado, e acusação de mau gosto deplorável, por outro. Na lembrança de Mal, "todos contribuíram com ideias para a capa, inclusive Neil e eu, e foi só quando o álbum já estava para sair que Paul comentou comigo que eu não tinha incluído Elvis. Foi um balde de água fria para mim, e eu não consigo imaginar por que isso aconteceu".[9] Para o design de capa *gatefold* do LP, foi encomendada originalmente uma pintura de Simon Posthuma e Marijke Koger, que acabou rejeitada em favor de um retrato do grupo feito por Cooper. O quadro descartado, uma mescla estonteante de futurismo e fantasia no espírito daquela época, foi em seguida dado a Mal por John.

Mal posando no set de *Sgt. Pepper* com (da esquerda para a direita) Jann Haworth, Mohammed Chtaibi, Peter Blake, Andy Boulton, Trevor Sutton, Nigel Hartnup, funcionário não identificado do Madame Tussaud's e Michael Cooper

Na noite de 21 de março, Mal e Neil se juntaram aos Beatles para uma sessão nos estúdios da EMI onde se pretendia trabalhar nos arranjos vocais de "Getting Better", canção inspirada na observação frequentemente repetida pelo baterista Jimmie Nicol no início da primeira turnê mundial. Hunter Davies, biógrafo dos Beatles, também esteve presente, assim como Ivan Vaughan, o amigo de infância que apresentara John e Paul em julho de 1957.

Foi George Martin quem primeiro notou que John parecia meio desligado. "Eu estava ao lado dele", se recordaria o produtor, "debatendo alguns ajustes finos do arranjo de 'Getting Better' quando, de repente, John levantou o olhar para mim. 'George', disse lentamente, 'não estou me sentindo muito bem. Não estou me concentrando em mim'". E foi aí que Martin percebeu a estranheza daquele momento. "Foi algo bem esquisito de se dizer, mesmo para John. Observei-o com atenção. Até então, eu estava alheio àquilo, mas ele realmente parecia péssimo – não doente, mas inquieto e estranho."[10]

Martin então sugeriu a John que fosse com ele ao terraço do estúdio 2 para tomar ar fresco. "A noite estava bonita e clara", disse o produtor. "John respirou fundo e, um pouco curvado, deu uns dois passos em direção à beirada do prédio. Agarrei seu braço: estávamos a uns bons 15 metros do chão. Ficamos ali por um minuto ou dois, com John balançando suavemente contra meu braço."[11] Nesse momento, Martin o deixou sozinho no telhado, ávido por voltar à gravação. Logo depois, Paul e George, prevendo problemas, correram para o terraço para resgatar o companheiro antes que ele caísse para a morte.

Ao descobrirem que John havia ingerido um tablete de LSD por engano, pensando que fosse uma anfetamina, Paul e Mal deram a noite por encerrada e levaram o amigo chapado à Cavendish Avenue. No intuito de fazer companhia ao parceiro convalescente, Paul também tomou um tablete de ácido – pela segunda vez na vida –, enquanto Mal se manteve sóbrio para cuidar deles. Depois de várias horas, Paul decidiu ir para a cama, concluindo que "é como bebida. Chega. Foi muito divertido, mas agora preciso ir dormir para o efeito passar. Porém, é claro que você não simplesmente dorme no meio de uma viagem de ácido, então fui para a cama e acabei tendo muitas alucinações. Lembro-me de Mal subir para checar se eu estava bem. 'É, acho que sim.' Quer dizer, eu conseguia sentir cada centímetro da casa e John parecia um tipo de imperador no controle de tudo. Foi bastante estranho".[12]

Naquele final de semana, Mal deixou os companheiros à própria sorte e fez outra visita corrida a Liverpool, onde registrou em Super-8 imagens de Gary cambaleando ao sair da escola. Nesse momento, ele já ponderava a sério a ideia de levar a família para morar em Londres. De sua parte, Lily estava relutante, temendo perder a rede de apoio dos amigos e parentes. Julie era pequena demais para se importar, ao passo que Gary parecia positivamente dividido – não queria atrapalhar sua vida na mudança para a cidade grande, mas, ao mesmo tempo, amava o pai e queria estar com ele o tempo todo. "Se eu pudesse reter esse amor", escreveu Mal, vendo-se infantil tanto aos olhos de Gary quanto aos seus próprios.[13]

Mal transbordava inspiração naquele fim de semana e começou a escrever um poema de aventura marítima para o filho, que desempenhava um papel na narrativa, comandando um navio no mar salgado:

A tarde era agradável e a tripulação só vagabundeava
Usando velhos ferros elétricos para pescar a truta dourada
Que tremulava na brisa da noite e dúvidas não deixava
Por quem eles mais tinham amor
Era Gary, o Capitão Gary, que era um perfeito anfitrião-mor.[14]

Mal tinha dificuldades em conter as emoções pelo garoto, mas seu arroubo sentimental não pararia por aí. Antes de retornar a Londres naquela segunda-feira, compôs um hino à esposa, exaltando sua boa sorte e sua família com termos efusivos. "Cada dia é um fim de semana de sete dias com vocês. O tempo é um pavão, cheio de cor e entusiasmo – com vocês", escreveu no caderno. "Sempre fui sortudo, acho, nunca fui pobre ou rico, e nem os seria. Fui abençoado com uma mulher muito boa, linda e com um belo rosto, que contemplaria nosso lar com beleza e graça na forma de meu filho e minha filha. Ele, com grandes cinco anos, e ela, com pequenos 11 meses e engatinhando." Num último impulso emocional, concluiu que "o desejo por minha mulher e o desfrute dos outros da nossa família me fizeram um 'eu' completo. Que isso assim permaneça é minha oração constante, pois não conheci a tragédia com minha família, exceto na minha mente e imaginação, onde muitas vezes visualizei meu filho, filha ou esposa feridos ou com alguma deficiência, o que é uma compensação de culpa por ser feliz. Espero que escrever essas palavras me livre disso para sempre – pois eu os amo".[15]

Quando a data da realização da foto de capa de *Sgt. Pepper* enfim chegou – "GRANDE SESSÃO DE FOTOS ESTA NOITE! ESTOU COM TUDO CHECADO", rabiscou Mal em seu diário –, seus esforços alucinantes com Neil haviam valido lindamente a pena. A icônica imagem se mostrou cativante, o emblema perfeito para marcar o lugar dos Beatles como sumos sacerdotes da cultura psicodélica. "A sessão de fotos ontem à noite foi sensacional", escreveu Mal no dia seguinte. No último minuto, ele posicionara "um vaso de flor com um soldadinho gordo" na dianteira da imagem, após comprar o boneco de porcelana no Chelsea Market naquele dia.[16] Na foto, os membros da banda seguram instrumentos musicais enquanto posam ao redor de uma pele de bumbo exclusiva, pintada pelo artista de parque de diversões Joe Ephgrave.[17]

Assim que os Beatles foram embora do estúdio de foto, Mal, os artistas e os fotógrafos que trabalharam por trás das câmeras, incluindo Haworth, Blake e Cooper, posaram em meio aos "corações solitários" para celebrar a ocasião. Mal raramente sentiu-se tão conectado aos esforços criativos dos Beatles, ten-

Mal durante as sessões de *Sgt. Pepper*

do dividido ideias musicais meses antes com Paul na Cavendish Avenue e, agora, participado tão amplamente da produção da capa de *Sgt. Pepper*.

No início de abril, enquanto Mal e Paul faziam os preparativos finais da viagem aos EUA para comemorar o aniversário de Jane Asher, os Beatles concluíram as gravações de *Sgt. Pepper* com uma reprise escaldante e pesada da faixa-título. Antes da sessão no estúdio 1, Mal e Neil montaram a bateria e os amplificadores num posicionamento igual ao de palco. O resultado foi um dos registros mais afiados do álbum.

Enquanto isso, com o cálido clima primaveril envolvendo a capital, Mal se via regularmente barrando fãs tanto nas escadas na porta do estúdio quanto na frente do número 7 da Cavendish Avenue. Certo dia, ele desfrutou de sua "própria aventura pessoal" enquanto batia papo com alguns fãs na frente do estúdio. De repente, "ao ouvir uma mulher gritar que sua bolsa tinha sido roubada, persegui [o ladrão], peguei-o e o detive até que a polícia chegasse". Várias semanas mais tarde, quando ele e Paul retornaram dos EUA, a sorte não foi a mesma. "A casa de Paul foi invadida por alguns fãs", escreveu Mal, "e duas cópias do álbum foram roubadas, semanas antes da data de lançamento. Estranhamente depois disso, uma rádio londrina tocou o álbum na íntegra, afirmando que era um pré-lançamento exclusivo".[18]

No fim das contas, o novo LP realmente teria uma estreia prematura – cortesia dos próprios Beatles. Numa manhã de primavera daquele abril, Mal, Neil e os rapazes bateram na porta do apartamento de Mama Cass Elliot em Londres, depois de passarem a noite inteira no estúdio. Em suas mãos, um acetato de *Sgt. Pepper's Lonely Hearts Club Band*. Como Neil se recordaria, Mama Cass "tinha um ótimo aparelho de som. O apartamento dela ficava num quarteirão de casas, uma ao lado da outra, bem perto mesmo. Nós então colocamos o som no parapeito de uma janela, fazendo a música ecoar pela vizinhança a todo volume. Todas as janelas ao nosso redor começaram a se abrir, com as pessoas se debruçando curiosas. Era óbvio de quem era o disco. Ninguém reclamou", acrescentou. "O pessoal sorria e fazia sinal de positivo." Mama Cass retribuiu o favor na forma do LSD "White Lightning", de Owsley Stanley, generosamente compartilhado com os convidados. À medida que o ácido fazia efeito, lembrou Neil, "John e Mal foram passear de ônibus (coisa que normalmente nós nunca fazíamos) e ficaram lá até ele chegar ao fim da linha e dar meia-volta".[19]

Mal refletiria sobre suas experiências durante as gravações de *Sgt. Pepper* como uma das épocas em que mais se engajou com a banda, com quem se sentia conectado de um modo muito profundo, disposto a fazer praticamente qualquer coisa para apoiar sua arte. Incrivelmente, quando o LP foi lançado para o mundo em junho daquele ano, o status dos Beatles – que já eram icônicos de tantas maneiras – se tornaria ainda maior. "*Sgt. Pepper* foi certamente a capa de álbum mais colorida produzida por eles", escreveu Mal, "e a psicodelia corria solta, espelhada nos carros, casas e roupas muito coloridas [da banda]. Sem se esquecer, é claro, das músicas, já que os Beatles, sendo os bons compositores que são, pegam as experiências que vivem e as transmitem para as pessoas por meio de suas canções".[20]

O disco emergiria como mais um ponto alto para os Beatles. Entretanto, para além do orgulho abundante que tinha dos rapazes e de sua associação a eles, o *roadie* experimentaria uma sensação discreta de arrependimento. Quando o álbum chegou às lojas, como Paul o havia alertado, "Lennon-McCartney" constavam como os autores de "Sgt. Pepper's Lonely Hearts Club Band" e "Fixing a Hole". E, "infelizmente para mim", escreveu Mal, "eu não receberia crédito algum e, no fim das contas, tampouco *royalties*".[21]

20

VIAGEM MÁGICA MISTERIOSA

Depois de passarem algumas horas numa escala no aeroporto de Orly, em Paris, Mal e Paul embarcaram no longo voo até a Costa Oeste dos EUA. Era precisamente o tipo de aventura da qual o *roadie* mais gostava – ter uma sensação de camaradagem profunda e, ao mesmo tempo, ser indispensável.

No total, a jornada levou quase 24 horas. Ao chegar a Los Angeles na noite de 3 de abril, a dupla foi brevemente atrasada enquanto Paul resolvia algumas questões de visto antes de Mal ter o primeiro gostinho do luxo. Depois de passarem pela imigração, eles desfrutaram de "um passeio casual até o Lear Jet [*sic*] que esperava por nós", escreveu o *roadie*, "e avante para São Francisco, onde passearíamos por Nob Hill".[1]

Em São Francisco, Mal e Paul foram confrontados por um clima inesperadamente frio – que contou com a primeira queda de neve na Bay Area em 42 anos. No entanto, como turistas com um calendário curto, estavam numa missão: "Paul e eu saímos às compras, adquirimos discos e tiramos fotos da famosa ponte Golden Gate".[2] Foram então para um ensaio do Jefferson Airplane no Fillmore Auditorium. Em fevereiro, a banda havia lançado o LP *Surrealistic Pillow*, que continha faixas de grande destaque como "Somebody to Love" e "White Rabbit". O guitarrista Marty Balin nunca se esqueceria do momento em que Mal entrou: "Estávamos tocando no velho Fillmore e eis que chega esse cara, Mal, de terno e gravata, e nós totalmente hippies".

Adotando um tom formal, Mal anunciou que "o Mestre Paul McCartney gostaria de conhecê-los".

Perplexo, Balin respondeu: "Ah, bem, mande-o entrar!". Na verdade, ele "não sabia se esse cara era real ou uma piada. Ele então sai e entra Paul".[3]

Paul numa *jam* com integrantes do Jefferson Airplane

Mais tarde, o Beatle se juntou a Balin e ao baixista Jack Casady no apartamento deles na Oak Street para uma *jam* improvisada, enquanto Mal ficou no vão da porta tirando fotos daquele grande encontro do rock 'n' roll de meados dos anos 1960. Os britânicos fumaram maconha com seus novos amigos norte-americanos e, nesse momento, Paul sacou um acetato de *Sgt. Pepper*, que compartilharia de bom grado com pessoas como Balin e Casady, se não com o mundo todo.

Então lá se foram Mal e Paul em mais um voo de Learjet – desta vez para Denver, onde a Old Vic estava num breve hiato da turnê norte-americana de *Romeu e Julieta*. No trajeto, Mal ficou impressionado com a rapidez do avião, sobretudo durante o pouso na cidade. "Eram 41 mil pés a mil quilômetros por hora!", exclamou. "Este deve ser um dos aviões mais manobráveis do mundo, já que parece descer na vertical daquela altura até o aeroporto – é de cair o queixo."[4]

Os dois foram recebidos em Denver por Bert Rosenthal, jornalista esportivo da Associated Press, que cedeu sua casa a Paul por toda a estadia. Enquanto isso, Mal hospedou-se num quarto no Driftwood Motel, nos mesmos arredores. Enquanto se preparava para a festa surpresa de Jane Asher, que aconteceria naquela noite num hotel grã-fino da cidade, foi interrompido por um telefonema de Paul, receoso quanto à segurança em suas acomodações emprestadas. "Chamei um táxi para me levar até lá", se recordou Mal, "dei uma segunda olhada no local e então combinei de me encontrar com Paul e Jane na entrada do hotel. Consegui levar os dois para dentro sem nenhuma intercorrência, mas muitos fotógrafos, incluindo nosso velho amigo Harry Benson, acompanharam a entrada do bolo! Foi uma festa deliciosa, a Old Vic se agregou superbem e nós fizemos uma boa e velha farra".[5] O *roadie* conseguiu até sair de penetra em algumas fotos, desengonçadamente debruçado sobre a mesa enquanto Jane admirava seu bolo de aniversário.

No dia seguinte, Mal teve o momento mais memorável dessa viagem aos EUA – isto é, fora do luxuoso Learjet. Com Jane ao volante, os três se viram no coração das Montanhas Rochosas. Para os naturais de Liverpool, a experiência foi "uma verdadeira viagem mágica misteriosa; saímos da estrada e estacionamos em meio a árvores das mais verdes, onde caminhamos por uma ravina rochosa até um rio cintilante, que nos proporcionaria um passeio pelo País das Maravilhas", rememorou Mal. "Era um dia quente e preguiçoso, assim como nós, que achamos estranho caminhar pela neve, que ainda es-

Paul relaxando nas Montanhas Rochosas

tava no chão numa confusão ofuscante, pisar naquela brancura virgem com os pés nus, como muitas reencarnações do homem devem ter feito antes de nós."[6] Como de costume, Mal fez fotos de sobra, incluindo uma do jovem casal num momento particular recatado durante a trilha nas Rochosas. Naquela tarde, Mal voltou às origens. Como nunca ignorou um corpo d'água, jogou-se no rio congelante para um mergulho desafiador.

Naquela noite, Jane preparou um jantar para os três na cozinha de Rosenthal. Mal e Paul estavam inquietos com um conceito que bolaram nas Rochosas algumas horas antes. Como de costume, o *roadie* e o Beatle não soltaram suas filmadoras Canon, o que inspirou Paul a considerar fazer uma espécie de filme caseiro dos Beatles. "A ideia que corria naquele momento era a de um tipo de viagem misteriosa, na qual todos embarcam num ônibus sem ter ideia de qual é o destino", escreveu Mal, "e o título provisório era *Roll in for the Mystery Tour*. Trabalhamos na ideia durante a viagem e aí nasceu *Magical Mystery Tour*. A mágica nos dava carta branca para fazer todas as coisas bestas que quiséssemos".[7] Juntos, eles elaboraram o conceito de uma viagem *sharrabang* – de fato muito semelhante àquela que o próprio Mal fez em outubro de 1961 para ver o Illuminations em Blackpool.

Na lembrança de Paul, "quando éramos crianças, subíamos num ônibus sem saber aonde íamos, mas quase sempre era Blackpool. De Liverpool, inevitavelmente era Blackpool, e todo mundo falava: 'Ahhh, é Blackpool, afinal!'. Todos gastavam tempo tentando adivinhar aonde estavam indo, e isso era parte da emoção. E nós nos lembramos dessas viagens".[8] Com o conceito da *sharrabang* definido, Paul sugeriu que o filme para televisão imitasse as atividades regadas a ácido do escritor Ken Kesey e seu grupo Merry Pranksters, que haviam embarcado numa jornada de ponta a ponta dos EUA num ônibus escolar decorado com cores psicodélicas.

Na tarde seguinte, enquanto Jane estrelava uma matinê com a Old Vic, Mal e Paul saíram para explorar os arredores de Central City, passear pela antiga Boodle Mine e atolar o carro alugado na lama que acompanhava o degelo de primavera. Num momento, Mal tirou uma foto de Paul de bigode tomando sol no capô do carro. Naquela noite, jantaram no "Paul's Café", uma escolha irresistível para a dupla, é claro. Depois bebericaram alguns drinks no Gilded Garter. Enquanto assistiam à apresentação de uma banda local, o vocalista perguntou: "'Vocês dois são cantores folk? Conheço a cara de vocês de algum lugar.' Talvez eu pareça um cantor country", escreveu Mal.

"Na manhã seguinte, chamei um táxi para buscar Jane e levá-la ao aeroporto enquanto Paul ficou dormindo. Mas o gerente do hotel em que eu

Paul e Jane nas Montanhas Rochosas

estava hospedado não me deixava ir embora sem pagar a conta – talvez eu também parecesse inescrupuloso!"[9]

Antes de partir do Colorado, a dupla dirigiu até Red Rocks, o espetacular anfiteatro nos arredores de Denver, onde os Beatles haviam se apresentado na primeira turnê americana, em agosto de 1964. Depois de Paul dar alguns autógrafos, eles visitaram um entreposto comercial nativo americano antes de pegar o voo para Los Angeles.

Como sempre, Mal não poderia ter ficado mais entusiasmado com a experiência, escrevendo que "partimos de Denver no Lear Jet [*sic*] de Frank Sinatra, que ele nos emprestou muito gentilmente. Uma coisa linda, com bancos de couro preto e, para o nosso deleite, um bar bem abastecido".[10] Eles foram recebidos no aeroporto por Derek Taylor, agora relações-públicas dos Beach Boys e de outros roqueiros da Costa Oeste, e sua esposa Joan.

Mal e Paul sentiam muita falta de Derek, especialmente da sua astúcia urbana e da boa vontade inata. Os dois gostaram de aproveitar a piscina dos Taylors e de brincar com as filhas do casal. De sua parte, Derek ficou feliz em saber que as coisas estavam melhorando no *front* dos Beatles, sobretudo para os membros do círculo interno da banda. "Parecem ser um grupo muito unido agora na Inglaterra – os quatro Beatles, Malcolm e Neil", recordou--se. "Mal e Neil também estão envolvidos na parte criativa, sugerem coisas e são ouvidos." Com as turnês aparentemente no passado, ao menos num futuro próximo, o grupo parecia ter encontrado uma rotina de trabalho, o que muito agradou a Derek. "Mal disse que a vida nunca havia sido tão fácil para ele, que os Beatles eram absolutamente uma beleza de se ter por perto e que não existiam discussões, nem irritação, nem baixo astral, nem tédio", escreveu. "Todos estão meio que fazendo coisinhas aqui e ali que querem fazer. Cada um tem seu próprio lance. O que quer que isso signifique. Foram as palavras dele."[11]

Durante a última noite em L.A., Mal e Paul foram até a casa de Michelle e John Phillips em Beverly Hills, onde ficaram de bobeira, bebendo vinho. A certa altura, Paul se retirou para ir a uma gravação dos Beach Boys. Após muitas horas e garrafas vazias, ele retornou com Brian Wilson a tiracolo. Num piscar de olhos do *roadie*, Michelle e John trouxeram vários instrumentos para uma cantoria improvisada. Mal tocou violão em "On Top of Old Smokey" com Paul se arriscando no violoncelo e, depois, no flugelhorn. Para tristeza de Mal, Brian "acabou com a espontaneidade ao chegar com uma bandeja de copos d'água e tentar arranjá-los como algum tipo de instrumento".[12]

Na manhã seguinte, durante o voo de volta para o Reino Unido, Paul se ocupava cada vez mais com a ideia de trabalhar no novo projeto. Ele chegou a pedir um bloco de notas emprestado a uma comissária, onde começou a escrever a letra de "Magical Mystery Tour". Sob o olhar de Mal, Paul esboçou todo um esquema para o filme, um círculo dividido em oito segmentos para acomodar um programa de televisão de 60 minutos.

Na chegada a Londres, "nos surpreendemos ao ver uma multidão de fotógrafos", lembrou Mal, "mas eles estavam esperando por Lynn Redgrave, que chegava sem o Oscar e me irritara um tanto com suas gargalhadas e gritos [no avião] no trajeto. Mantive-me o mais perto de Paul que pude", acrescentou, embora isso não tivesse nada a ver com preservar a segurança do Beatle. Na verdade, foi uma tentativa desengonçada de Mal de garantir que fosse fotografado ao lado de celebridades como McCartney e Redgrave. Ele tentou o máximo que pôde, "mas ainda assim Paul foi fotografado sozinho!".[13]

Como sempre, Mal e Paul se viram diante de uma torrente de atividades ao voltarem à Inglaterra. No dia 19 de abril, a NEMS elaborou uma solução para os iminentes problemas fiscais dos Beatles ao supervisionar a abertura da "Beatles and Company". Substituta da "The Beatles Limited", aberta em junho de 1963, a nova entidade possuía apenas quatro majoritários, John,

Paul, George e Ringo – mais dois funcionários, Mal e Neil. Com a criação da Beatles and Company, a banda não só driblaria uma perda imensa de capital existente para a Receita Federal, como também garantiria que seus rendimentos fossem realocados em sua nova sociedade legal, que, por sua vez, seria taxada com um imposto corporativo mais baixo. Foi um golpe de mestre de perspicácia nos negócios, mas os Beatles tinham uma jogada muito maior em mente. E ela estava bem ali, escondida a olhos vistos na contracapa de *Sgt. Pepper's Lonely Hearts Club Band*: "The Apple".[14]

Em 21 de abril, Mal, Neil e os Beatles estavam de volta aos estúdios da EMI para colocar um último floreio em *Sgt. Pepper*, uma *coda* de poucos segundos, mas que exigiu uma noite inteira de gravação para ser produzida. Posteriormente, Barry Miles relembraria que, durante a interminável ses-

Mal e Paul retornam dos Estados Unidos

são, os Beatles "se posicionaram ao redor de dois microfones murmurando, cantando pedaços de músicas e gritando pelo que pareceram horas, com o restante de nós ao redor deles, participando aqui e ali. Mal chegou com engradados de Coca-Cola e garrafas de scotch. Ringo estava completamente doido. 'Estou tão chapado que acho que vou cair!', disse. Quando ele foi tombando aos poucos, Mal o pegou e o apoiou confortavelmente numa cadeira sem um murmúrio sequer. Na técnica, ninguém pareceu notar".[15] Por sugestão de John, Martin acrescentou o som de um apito de cachorro, uma nota de 18 quilociclos que seria praticamente inaudível para humanos.

Com Martin e Emerick engajados na pós-produção de *Sgt. Pepper*, os rapazes voltaram sua atenção a dois projetos: *Magical Mystery Tour*, que Paul revelaria em breve, e um longa-metragem de animação baseado em "Yellow Submarine", de *Revolver*. Ambos demandariam novas músicas dos Beatles, sendo que o primeiro pedia que Mal e os membros da banda atacassem de cineastas. Para a animação *Yellow Submarine*, que estava sendo desenvolvida pela King Features Syndicate, a banda recebeu a tarefa de entregar repertório novo, um punhado de canções – a maioria "sobras", na visão dos Beatles – que, ao longo dos meses seguintes, incluiria "It's All Too Much", "All Together Now", "Hey Bulldog" e "Only a Northern Song", essa última um resquício de *Sgt. Pepper*.

Magical Mystery Tour foi uma história totalmente diferente, pois já tinha sido concebido por Paul como sucessor natural de *Sgt. Pepper*. Como John se recordaria depois, Paul "concebeu *Magical Mystery Tour*, tendo elaborado a ideia com Mal Evans, para então me mostrar do que se tratava, qual era a história e como ele já tinha tudo, a produção e coisa e tal. George e eu meio que só resmungamos, sabe: 'Droga de filme, ah, fazer o quê? Vamos nessa'".[16]

Num primeiro momento, o desenrolar de *Magical Mystery Tour* foi lento, o que não era incomum quando o grupo engatava um novo projeto. "As sessões dos Beatles sempre eram muito caóticas nos primeiros dias, acho que pelo fato de todo mundo ficar um pouco nervoso para entrar no estúdio de novo depois de uma pausa", se recordou Mal. "E eles certamente não me deixavam quieto! Eu recebia pedidos dos quatro para fazer seis coisas diferentes ao mesmo tempo, e era sempre um caso de confiar no instinto e na experiência para decidir quais as prioridades. Eles eram bem malas nos primeiros dias, até se darem conta de que tudo ia correr tranquilamente e de que poderiam entrar na rotina de gravações mais uma vez."[17] Com *Magical Mystery Tour*, Mal estava especialmente ávido por rastrear o progresso do projeto, ainda mais levando em conta seu papel na gestação dele.

Esse foi decerto o caso da sessão de 25 de abril, quando ele se viu na função de copista enquanto Paul criava a letra da faixa-título. Naquela noite, Hunter Davies observou Paul tocar "os acordes iniciais no piano enquanto Mal Evans escrevia o título com uma caligrafia infantil. 'Trompetes, sim, teria trompetes', disse Paul, uma fanfarra para combinar com '*Roll up, roll up for the Magical Mystery Tour*'. Era melhor Mal anotar aquilo; era o único verso que tinham. Paul ainda lhe disse para registrar D – A – E, os primeiros três acordes da música. Mal lambeu a ponta do lápis e esperou, mas nada mais saiu".[18]

Naquela noite, os rapazes gravaram a base instrumental da canção, com os *roadies* dando canjas na percussão – Mal voltou a tocar cowbell. Em seguida, Paul convidou seus companheiros a fazer associações livres para completar a letra de "Magical Mystery Tour". Mais cedo naquele dia, ele encarregara Mal de vasculhar as estações de ônibus de Londres para encontrar anúncios de viagens misteriosas, esperando que pudessem tomar frases emprestadas e reempregá-las na canção. Porém, não obtiveram sucesso. Mal retornou aos estúdios da EMI de mãos vazias, o que forçou Paul a improvisar. "Só cantem qualquer palavra ou expressão que consigam pensar", disse o baixista. "É claro, não *qualquer* palavra, mas coisas que poderiam ser berradas por alguém que quer que as pessoas se aproximem e embarquem numa viagem de ônibus, como '*invitation*' ["convite"], '*reservation*' ["reserva"], '*satisfaction guaranteed*' ["satisfação garantida"]."[19]

Naquela mesma semana, Mal e Neil estiveram com os Beatles no Bag O'Nails, onde foram encarregados de desenterrar "possíveis itens para o 'Especial do Ônibus'", rememoraram. "Basicamente, combinamos que o plano deveria ser 'tudo inclusivo, nada exclusivo'. Isso significava tentar encaixar algo para todo mundo no especial, com o máximo de variedade possível".[20]

Com a chegada do fim de abril, a família de Mal se juntou a ele no espaço que dividia com Neil na Fordie House. O fim de semana familiar em Londres não transcorreu sem seus traumas. No domingo, Lil atendeu a uma batida na porta e ficou cara a cara com Victoria Mucie, a repórter estagiária da *Teen Life* e uma das amigas de correspondência de Mal.

Agora com 17 anos, Victoria estava na cidade com o pai, Dick, o médico de Kansas City, aparentemente para um teste para uma escola de teatro, embora, na verdade, só quisesse conhecer Londres – e ver Mal. Numa carta recente, ele combinara com Victoria uma visita na segunda-feira, presumivelmente depois que sua família tivesse retornado a Liverpool. Pai e filha estavam hospedados no hotel Carlton Tower, na Sloane Street, a pouco mais de um quarteirão da Fordie House.

Ansiosa para ver o *roadie*, Victoria pensou consigo mesma: "'Por que você não simplesmente vai lá [no domingo] e dá um oi?'. Então bato na porta e a esposa dele abre. Fiquei muito chocada, porque eu não sabia que ele tinha esposa. Ele veio até a porta e disse: 'Minha família veio de Liverpool me visitar neste fim de semana'".[21] Um pouco atordoada, ela foi embora às pressas, prometendo encontrá-lo no dia seguinte. Naturalmente, tinha perguntas de sobra – sendo a primeira "Por que você não me disse que era casado?". Ele respondeu: "Na Inglaterra é diferente". Para a mente adolescente dela, a desculpa soou razoável. "OK, faz sentido", pensou. "É uma coisa cultural."

Naquela semana, ela esteve com Mal quase todos os dias na Fordie House, onde "comecei a ver papéis pela casa com letras, então eu soube, pela primeira vez, que ele estava de fato contribuindo com algumas das canções". À noite, Victoria e seu pai desfrutavam de jantares no Alvaro, um restaurante exclusivo na King's Road que recebia os ricos e famosos. O chef e proprietário, Alvaro Maccioni, era o grande nome da gastronomia na Swinging London. Mal dera a Victoria um número de telefone secreto que permitiu a ela acesso ao restaurante, no qual, em sua lembrança, "Alvaro deixava as cortinas fechadas como se fosse algum tipo de bar clandestino".[22]

"Meu pai e eu acabamos indo lá quase todas as noites", lembrou ela, "e nós vimos Terence Stamp, Jean Shrimpton, Michael Caine, Brian Jones e, certa noite, o jogador de futebol americano que virou ator, Jim Brown", que reconheceu o pai de Victoria dos tempos de NFL. "Sentada lá, eu pensava, tenho 17 anos, sou de Kansas City, como é que isso pode estar acontecendo?"

Enquanto Mal estava pela cidade fazendo tarefas diversas para os Beatles, Victoria usou sua credencial de repórter da *Teen Life* e conheceu os Yardbirds. Eles a levaram num *tour* por Londres, se certificando de mostrar os mercados que haviam comprado para o dia em que "tudo isso terminasse", disseram, se referindo à carreira no rock 'n' roll. "E eu me lembro de pensar: 'Vocês são uma banda muito grande. Isso nunca vai acabar'."

Na noite de quinta-feira, Victoria e seu pai se reuniram com Mal no Bag O'Nails, onde o *roadie* anunciou timidamente que "tem alguém aqui que eu gostaria que você conhecesse". Victoria se recordou de segui-lo "até os fundos daquele clube grande e escuro e, de repente, lá estava Paul McCartney, que disse: 'Olá, Vicky'. E eu pensando: 'Eu poderia morrer agora e minha vida estaria completa'. Então nos sentamos e Paul pediu drinks: 'Scotch e Coca, três duplos'. E eu pensando: 'Tenho 17 anos. Nunca tomei nem um simples'". De um modo pungente, durante a conversa com o Beatle, ela se lembrou de olhar para Mal e perceber que "ele estava muito feliz porque sabia o que estava fazendo por mim. Sabe, ele tinha total noção de que estava me proporcionando uma lembrança que duraria para sempre".[23]

Victoria e o pai voltaram ao clube na noite seguinte. Afinal, "parecia um lugar tão mágico". A visita valeu a pena quase de imediato quando ela avistou John. "Fui até ele, disse que era amiga de Mal e que vinha de Kansas City. Ele na hora levantou as mãos como se estivesse segurando um taco de beisebol e falou: 'Beisebol de Kansas City'", obviamente lembrando o cachê astronômico por um único show durante a turnê norte-americana de 1964. "Conversamos brevemente", disse ela, "porque eu não queria parecer uma fã abobada". Bem mais tarde, quando o Bag já estava prestes a fechar, ela ficou emocionada quando John fez questão de passar por sua mesa para se despedir.[24]

Para Mal (e, na verdade, para todos os fãs da música que estavam na expectativa), o destaque do mês seguinte seria o ilustre lançamento para a imprensa de *Sgt. Pepper*, que Brian Epstein deu em sua casa na Chapel Street no dia 19 de maio. Para o grupo – que andava longe dos olhos do público desde o lançamento do *single* "Strawberry Fields Forever"/"Penny Lane" –, foi uma espécie de festa de apresentação. Enfatizando o peso do evento com uma astuta referência a Greta Garbo, o *NME* trombeteou a manchete "Beatles Talk Again!"*. "John Lennon foi o primeiro a entrar no salão", escreveu Norrie Drummond, do *NME*. "Depois chegaram George Harrison e Paul McCartney, seguidos por Ringo Starr e os *road managers* Neil Aspinall e Mal Evans. Os Beatles participaram de um jantar na casa de Brian Epstein em Belgravia para falar com jornalistas e radialistas pela primeira vez em muitos meses."[25]

Uma das convidadas naquela noite era a fotógrafa de rock americana Linda Eastman, que tinha conhecido Paul quatro noites antes no Bag O'Nails, durante um show de Georgie Fame and the Blue Flames. Futuramente, Linda se recordaria de que ela e Paul "flertaram um pouco" antes de irem para outro clube, o Speakeasy – onde ouviram "A Whiter Shade of Pale", do Procol Harum, pela primeira vez. Eles terminaram a noite na Cavendish Avenue, onde Linda rememorou ter ficado "impressionada" ao ver o estimado trio de pinturas de Magritte do futuro marido.[26]

Mais tarde naquele mês, Brian deu uma festa em Kingsley Hill, sua casa de campo em Sussex. Mal e Neil, porém, se atrasaram dramaticamente para

---

* Referência ao filme *Anna Christie*, de 1930. Primeiro trabalho falado de Greta Garbo, foi divulgado com o slogan "*Garbo Talks!*" – "Garbo fala!". (N.T.)

o evento, depois de tomarem ácido durante a viagem e se perderem pelas estradas rurais. Os dois acabaram dirigindo pelo campo por horas e enfim chegaram a Kingsley Hill às 6h da manhã do dia seguinte. Num momento especialmente bizarro relembrado por Neil, ele parou num posto policial para pedir orientações enquanto Mal estudava um mapa das estradas na parede. Na névoa de ácido em que Mal se encontrava, as estradas e atalhos ali retratados começaram a ganhar cores surreais. Ele só foi capaz de fitar o mapa numa espécie de descrença entorpecida, murmurando "Oh, uau, cara" repetidamente enquanto Neil tentava domar o amigo instável e retomar a jornada.[27]

Para os Beatles – John em especial –, a festa foi uma oportunidade para um fim de semana regado a ácido no campo. A essa altura, ele já estava profundamente ligado ao White Lightning de Owsley, a ponto de ter providenciado para que seu fornecedor regular contrabandeasse a droga para o Reino Unido dentro de latas de filme.

No dia seguinte, com a família de Mal presente, as festividades continuaram em Weybridge, com os Evans se alternando entre a propriedade

Mal e Gary posando com o gatinho dos Starkeys em Sunny Heights

dos Lennons, em Kenwood, e as abundantes terras dos Starkeys ao pé da St. George's Hill, Sunny Heights. Mal nunca se cansava de visitar a mansão de Ringo, que contava com seu próprio pub, o Flying Cow; um cinema particular; e 4 km² imaculadamente ornamentados, com direito a cachoeira, pista de kart, lago koi e um jardim secreto cujo destaque era um labirinto de cerca viva.

Para Gary, a experiência foi verdadeiramente mágica. Quando não estava subindo na casa da árvore em Sunny Heights ou fazendo palhaçadas com Ringo, que registrou filmagens dele tocando violão, o garoto passava horas brincando com Julian Lennon, de quatro anos, em Kenwood, onde, assim como o pai, se encantou com a piscina elevada de John. Gary adorava brincar com o gato dos Lennons, Mal, que John batizou carinhosamente inspirado em "vocês sabem quem".[28] Quanto a John, ele passou a maior parte do tempo na cama, segundo o diário de Mal, sem dúvida acachapado pela mais recente remessa de White Lightning.[29]

Ao levar a família de volta a Liverpool no finalzinho de maio, Mal pressentiu estar ficando doente. Na noite de 1º de junho, enquanto trabalhava numa gravação dos Beatles no estúdio De Lane Lea, no Soho – os estúdios da EMI estavam indisponíveis –, começou a ver "manchas no rosto" reveladoras.[30] Na noite seguinte, já se encontrava no ápice de uma infecção por sarampo. Mal correu para Liverpool em seu Humber Super Snipe. Em pouco tempo, Gary também adoeceu com manchas vermelhas e coceira. "Mamãe e papai me deram um kit de médico de brinquedo", lembrou ele, "com uma seringa de plástico e estetoscópio – tudo numa maleta branca de plástico".[31]

Durante sua recuperação na Hillside Road, Mal recebeu uma carta de melhoras datilografada por John, na qual o Beatle adotou o estilo Joyceano típico de seus best-sellers *In His Own Write* (1964) e *A Spaniard in the Works* (1965). Citando comicamente seu endereço como "Kenwood Mixer Weybrige on Toast", John se esforçou ao máximo – incluindo erros de ortografia e equívocos deliberados – para animar o amigo convalescente:

> *Querido Mal*
>
> *Fiquei tonto de saber sobre seu Grave Desamor (que sarampo malvado).*
>
> *Espero que esse Percalço Adulto, esse OMNIPRESENTE para o seu próprio e bom corpo não lhe tenha debilitado. Por mais que o tempo esteja fechado, não está tão fechado quanto eu...*

De verdade, nós com certeza estamos melindrados pela sua ausência e todos os nossos Raios Potentes deverão serão direcionados a esses Pontinhos...

ESTE felegremente é o fim de uma longa fila de dedos de seu camarada sempre amo-roso em questão J. F. LEPPER.

CORDIALMENTE NUM SUÉTER PESADO DAS HIGHLANDS
JOHN

XXXXXXXXXXXXXXXXX

A carta terminava com um PS enigmático: "e com carinho é claro a Lil, Gary e alguns outros filhos que você parece ter".[32]

Quando Mal se recuperou e retornou a Londres, Neil e a banda estavam em meio ao fervor associado à participação vindoura dos Beatles em *Our World*, programa que seria transmitido internacionalmente no dia 25 de junho. A produção era a menina dos olhos de Aubrey Singer, produtor da BBC, e vinha sendo elaborada há cerca de dez meses. Porém, fiéis à forma – e, como sempre, notavelmente ocupados –, os rapazes esperaram 15 dias antes do evento para decidir qual canção apresentariam ao vivo diante de centenas de milhões de telespectadores. Depois de optarem por "All You Need Is Love", de John, George Martin insistiu para que a banda gravasse uma faixa instrumental para impedir quaisquer falhas de última hora. "Vamos evitar correr riscos", disse ao grupo. "Quando entrarmos no ar, solto a faixa e vocês fingem que estão tocando. Mas suas vozes e a orquestra serão ao vivo; vamos mixar tudo e transmitir para o mundo assim."[33]

No dia 14 de junho, os Beatles se reuniram no Olympic Studios, em Barnes, para a primeira gravação de "All You Need Is Love", cuja estrutura John e seus companheiros elaboraram em tempo real. Para facilitar o trabalho, Mal mapeou o arranjo em seu caderno.[34] Na sexta-feira, antes da transmissão, Brian Epstein interrompeu o ensaio para recomendar que o próximo *single* fosse "All You Need Is Love" com "Baby, You're a Rich Man" do outro lado. A ideia era tanto tirar proveito do status de *Our World* como um acontecimento global quanto faturar em cima daquele que poderia ser o maior e mais visível debute de uma canção pop na história da indústria fonográfica.

Como Martin temia, a transmissão de 25 de junho, um domingo, sofreu uma falha técnica. Momentos antes do início, ele soube que o produtor de

Our World perdera todo contato com o estúdio. "Eu estava à beira de um ataque de risos", recordou-se. "Lembro-me de pensar: 'Se vamos fazer algo errado, que o façamos então em grande estilo, diante de 200 milhões de pessoas'."[25] Para o grande alívio de Mal e da banda, "All You Need Is Love" se mostrou um triunfo. Em pouco tempo, o *single* assumiu seu posto no topo das paradas do Reino Unido. "Strawberry Fields Forever"/"Penny Lane" havia sido uma anomalia. A Onda voltara com tudo.

Depois de terminarem "All You Need Is Love", os rapazes tirariam um hiato do estúdio que duraria cerca de dois meses. Porém, não ficaram totalmente ociosos durante esse período. Naquele mês de julho, enquanto *Sgt. Pepper* tomava seu lugar como a legítima trilha sonora do Verão do Amor, os Beatles embarcaram no verão mais incomum de sua história.

Com John na liderança, naquele seu estado regado a ácido, os rapazes decidiram estabelecer sua própria comunidade hippie numa ilha do Mar Egeu. Como rememoraria Neil, "a ideia era ter quatro casas com túneis que as conectavam a um domo central".[36] Naturalmente, haveria ainda acomodações para ele e Mal. No dia 22 de julho, o grupo – que incluía John, Cynthia e Julian; Paul e Jane; George, Pattie e a irmã mais nova dela, Paula; Ringo, Mal, Neil e Alistair Taylor – partiu de Londres para Atenas. Lily e as crianças foram convidadas a se juntar a eles, mas tiveram de declinar porque seus passaportes não estavam em ordem. Já Brian perdeu a viagem devido à recente morte de seu pai, Harry, por quem o empresário dos Beatles se encontrava na semana de luto do judaísmo. A viagem se mostraria uma aventura relativamente curta para Neil e Ringo, que ficou ansioso para voltar e ficar ao lado de Maureen, que esperava o segundo filho.

Em Atenas, o grupo foi ciceroneado pela cidade por Alexis Mardas, ex-técnico de TV e cientista maluco que conquistara a simpatia de John. Tudo graças às suas promessas estapafúrdias de feitiçaria tecnológica, tais como uma substância secreta que ele aplicaria para erigir um campo de força ao redor das casas, papéis de parede alto-falantes e outras bugigangas eletrônicas duvidosas. E com Magic Alex, como John o apelidara, sempre havia a perspectiva de mais delas.

Ainda com Neil e Ringo presentes, Magic Alex levou os Beatles e seu *entourage* num passeio guiado pelo interior. Mal se recordou de viajar "num comboio de carros, um grande Mercedes e uns táxis americanos antigos e enormes, rumo à praia. Por três horas, rodamos pelo interior sob o sol quente e agradável, até que, de repente, nos demos conta de que o táxi que levava Paul, Jane e Neil não estava nos seguindo. Aparentemente, o calor extremo foi demais para o carro e, ao darmos meia-volta, os achamos ao redor do veículo, cujo motor cuspia fumaça preta, só faltava pegar fogo".[37]

Mal não pôde deixar de notar que o comitê turístico grego "sempre parecia estar um passo à frente de nós", graças a Magic Alex, que vinha avisando os compatriotas sobre a presença dos Beatles. "Dois músicos, um flautista e um violonista, nos entretiveram no almoço", recordou-se o *roadie*. "E todo mundo dançou. Ringo, aliás, dançou com tanta intensidade que ganhou um corte no tornozelo." Quando chegaram à costa, Mal naturalmente deu um mergulho, que lhe rendeu um espinho no pé. A cena que se deu em seguida foi cômica: Paul e Neil seguravam a perna de Mal enquanto Jane tentava remover o espinho. As gargalhadas irromperam quando ficou claro que Jane estava, na verdade, tratando do pé de Neil, o tempo todo "se perguntando por que Mal não fazia uma careta sequer!".[38]

O grupo encerrou a tarde com um passeio de compras, no qual Ringo, ainda se recuperando do ferimento no tornozelo, tentou despistar as multidões esperando até que elas seguissem John e o resto do grupo para dentro de uma loja, para então explorar sozinho outro estabelecimento. No fim, o plano de Ringo saiu pela culatra e "ele se viu sozinho e cercado por dezenas de fotógrafos e um grande número de turistas americanos, um dos quais ele ouviu dizer: 'Fala se não é uma loucura – viajamos de Chicago e encontramos Ringo numa sapataria na Grécia!'".[39]

Alguns dias depois, a banda e sua comitiva começaram a navegar pelo Egeu num iate alugado, o *Arvi*, à procura da ilha utópica. O luxuoso barco contava com 24 leitos, uma tripulação de oito pessoas, além de um chef e duas comissárias. Graças a Magic Alex, uma grande multidão compareceu ao porto ao entardecer para se despedir do grupo.

"Naquela noite, como fazia muito calor, dormi no deck superior do barco ao lado de John", lembrou Mal. "Nós conversamos e desfrutamos do ar noturno antes de o sono nos pegar." Ele se deleitou em "maravilhosos dias quentes com George tocando um banjo que eu levara e que havia sido pintado por ele com um grande rosto na pele e o mantra Hare Krishna atrás". Toda a experiência "foi onírica, a espuma branca que corria da proa para as laterais do barco, as montanhas enevoadas ao longe, nós sentados à frente entoando o mantra. As montanhas gregas pareciam não ter passado nem futuro ao nos deslocarmos por elas, só uma presença eterna, noites passadas à procura de discos voadores entre os pontos frios, gélidos que salpicavam o céu".[40]

Quando enfim chegaram ao destino, a ilha de Aegos, que compreende cerca de 300 km^2, os rapazes descobriram uma extensão rochosa "ocupada pelo que parecia ser um milhão de grilos".[41] Mas qualquer decepção que possam ter sentido foi irrelevante; John e George haviam passado a maior parte da jornada chapados de ácido, cortesia da maleta de drogas de Mal. De sua parte, o *roadie* desfrutou por completo das férias no Egeu e se esbaldava nas belas águas claras a cada oportunidade que tinha. Com uma viagem para os EUA chegando, George e Pattie foram embora da Grécia no dia 29 de julho. John e Paul insistiram para que Mal acompanhasse o casal no voo de retorno à Inglaterra e trouxesse Lil e os filhos para compartilharem da aventura egeia.

No entanto, antes que Mal pudesse retornar à Grécia com a família, John e Paul já haviam voado de volta à Inglaterra. Apesar das desconfianças a respeito da habitabilidade de Aegos, os rapazes instruíram Alistair a comprá-la mesmo assim, o que lhes renderia um lucro modesto com a revenda da propriedade alguns meses depois. Não querendo decepcionar Lil e as crianças, John convidou a família Evans para passar algumas semanas em sua casa em Weybridge. Enquanto estavam lá, o pai de Lily, William White, su-

Mal visitando John em Weybridge

cumbiu a um ataque cardíaco aos 67 anos. Ao longo dos tempos, Mal havia compartilhado com ela o quão intimidador John podia ser, então Lil ficou surpresa quando o Beatle lhe trouxe uma xícara de chá, baixou a guarda e a consolou.

Assim como Lily, Mal sempre se lembraria do gesto terno de John. "Em horas como essa, é muito difícil dar conforto verbal a alguém", escreveu ele, "mas John foi fantástico, e sei que ele deu muito conforto a Lil no momento de necessidade dela – algo pelo qual sempre o abençoei". Pouco depois, Mal e a família retornaram tristemente a Liverpool, "onde receberíamos uma carta das mais belas de Brian Epstein, oferecendo suas condolências e compaixão".[42]

Agosto passou num sopro, com Mal se mantendo perto de Liverpool e Lily tentando conduzir a vida no rastro da morte do pai. Reunida, a família Evans retornou a Londres ao fim do mês.

No dia 22 de agosto, a banda começou a trabalhar em "Your Mother Should Know", canção que Paul tinha separado para o especial de televisão. A sessão de gravação daquela noite aconteceu no Chappell Recording Studios. Mal estava a postos, é claro, e os rapazes receberam uma rara visita de Brian Epstein, ainda abatido em consequência da morte de seu próprio pai.

Com os Beatles planejando viajar ao País de Gales para participar do seminário de dez dias do Maharishi Mahesh Yogi sobre Meditação Transcendental, Mal e Lily aceitaram de bom grado a oferta de George e Patti para que cuidassem de Kinfauns, o bangalô deles em Esher. Os membros da banda entraram na órbita do sacerdote de 50 anos durante uma recente palestra dele no Hilton, do Hyde Park, e ficaram fascinados com a oportunidade de aprender mais sobre filosofia oriental aos pés do mestre.

Para Gary, visitar a residência dos Harrisons era certamente uma das experiências favoritas de sua jovem vida. Em julho, ele tinha ido com o pai a Kinfauns, onde os dois ajudaram George e Klaus Voormann, de 29 anos, amigo de longa data dos Beatles desde os tempos de Hamburgo, a repintar o bangalô nas cores psicodélicas da moda. De sua parte, Voormann ficou impressionado com a atitude "bonita e solar" de Mal. Não é de surpreender que os dois rapidamente tenham ficado amigos. "Mal era uma pessoa maravilhosa, fantástica. Eu morria de amores por ele." O músico alemão logo descobriria que Mal era "o homem certo para o trabalho certo quando mais precisavam dele".[43] Quanto à pintura de Kinfauns, o *Beatles Book* publicou naquele agosto que "todas as partes brancas das paredes externas estavam agora adornadas com belos desenhos florais. O próprio George fez um pouco da pintura, e Mal apareceu para dar uma mão, o que lhe rendeu um prato de feijão cozido com torrada pelo entusiasmo com o pincel!".[44]

Na percepção de Gary, a possibilidade de pegar um pincel para pintar a casa de alguém – a convite, ainda por cima – era nada menos que um sonho realizado. Suas visitas a Kinfauns, embora poucas e distantes entre si, renderam algumas de suas lembranças de infância mais queridas. Mas elas nem sempre corriam tão bem. Como Pattie mais tarde se recordaria, numa dessas ocasiões, Gary ficou de mau humor e logo se transformou num "menino arteiro", passando a brincar deliberadamente com os pêndulos do relógio cuco que George tinha pendurado na cozinha da casa. Em pouco tempo, o garoto conseguiu quebrar o relógio. De sua parte, Pattie ficou secretamente satisfeita, porque "eu nunca gostei mesmo [da peça]", mas o incidente deixou Mal compreensivelmente ruborizado de constrangimento.[45]

Na sexta-feira, 25 de agosto, os Beatles e sua trupe, sem Mal Evans, seguiram para a estação de Euston, onde embarcaram no trem para a University College, em Bangor, País de Gales, local do seminário do Maharishi. Pelo menos desta vez, Mal ficou com a família enquanto todos os demais – Neil, as namoradas dos Beatles e até Brian, que deveria se encontrar com eles na segunda-feira – seguiriam adiante. Porém, naquele domingo, enquanto o *roadie* se aconchegava para mais um dia agradável em Esher com a família, a euforia deles foi interrompida brutalmente por um telefonema.

Brian Epstein estava morto.

21

O QUINTO MÁGICO

Brian foi encontrado em seu elegante quarto na Chapel Street, morto por uma aparente *overdose*. Estava a apenas três semanas de seu 33º aniversário. Sua morte veio na sequência de um período extenso de depressão que datava pelo menos de agosto de 1966, quando os Beatles decidiram encerrar as turnês.

"O veredito oficial foi morte acidental", escreveu Mal. "Muita gente já disse que Brian cometeu suicídio, e vocês sabem como os boatos tendem a se espalhar. Nunca vou acreditar nisso, pois embora Brian e eu não fôssemos muito próximos, eu sentia, sim, que éramos amigos." De fato, os dois homens se desentenderam em mais de uma ocasião, mas Mal sabia muito bem que tinha sido Brian quem o trouxera para o campo dos Beatles, primeiro como guarda-costas, depois como *roadie*. Mais do que isso, Mal entendia implicitamente o elo indissolúvel entre Brian e seus amados Beatles, o tipo de conexão que ele mesmo continuaria a nutrir da sua própria maneira. "Ele tinha muito pelo que viver para ter tirado a própria vida", concluiu. "Era uma pessoa solitária de muitas maneiras, mas os Beatles eram seu orgulho e sua alegria, e eu sei que ele teria vivido por eles, se não para si mesmo."[1]

É fato que Mal e os Beatles não compareceram ao funeral de Brian, ocorrido em Liverpool no dia 29 de agosto, um ano depois da apresentação deles no Candlestick Park, em São Francisco. Se os rapazes estivessem presentes, o evento teria se tornado um circo para a mídia, o que afligiria ainda mais a mãe de Epstein, a recém-viúva Queenie.

As implicações da morte de Brian pairavam imensamente sobre o universo da banda. "Naquele instante, eu soube que estávamos encrencados", disse John. "Não tinha ilusões de que éramos capazes de fazer qualquer outra coisa que não música. E tive medo. 'Acabou essa porra para nós', pensei."[2]

Mal a caminho da cerimônia memorial de Brian com (da esquerda para a direita) Pattie, George, Neil e Paul

Para seu grande mérito, Neil reconheceu que os Beatles estavam subitamente caminhando sobre gelo fino. "Houve uma reunião entre nós seis – os quatro rapazes, Mal e eu", recordou-se, "e eles se deram conta de que não tinham um único contrato para o que quer que fosse com Brian; nada com a gravadora, nada com a produtora de filmes – Brian era quem tinha tudo". A situação, acrescentou Neil, "não os tornava vulneráveis, mas os fez perceberem que precisavam tomar jeito. De repente, os lunáticos tinham tomado o controle do manicômio. Eles receberam vários tipos de conselhos sobre o que deveriam fazer, mas decidiram que precisavam de um escritório e de uma organização próprios. E foi por isso que expandiram a Apple". Mais importante, "decidiram que tinham de tocar o caminhão", disse Neil, usando uma expressão popular da época, tomada de um cartum de Robert Crumb.* "Precisavam achar um jeito de seguir em frente e sair daquele mal-estar."[3]

Seis semanas após a morte de Brian, Mal, Neil e os Beatles estiveram em uma cerimônia memorial para o empresário falecido, na Nova Sinagoga de

* Tradução livre para "*keep on trucking*". (N.T.)

Londres, localizada em Abbey Road, 33, a poucos quarteirões da EMI. Mal levou Paul, George, Pattie e Neil à solenidade, com seus rostos cabisbaixos capturados para a eternidade pelas lentes de Clive Limpkin, fotojornalista do *The Sun*. A lembrança mais pungente que George Martin tem daquele dia é de ver "os Beatles entrando na sinagoga, pálidos e com os rostos paralisados pelo choque. Por respeito a Brian, todos usavam quipás. Todos tinham lavado os cabelos para a ocasião, mas os chapeuzinhos redondos não paravam de escorregar e cair. Wendy Harrison [ex-assistente de Brian], que estava atrás dos Beatles, pegava os quipás do chão e ajeitava-os de novo nos seus cabelos. De algum modo, isso me deixou tão triste, mais triste do que tudo".[4]

Nas semanas que se passaram entre a morte de Brian e a cerimônia memorial, Paul colocou os planos para *Magical Mystery Tour* rapidamente em prática. Na visão dele, seria um banquete psicodélico multicolorido para os olhos e ouvidos. Reuniu os Beatles e seu círculo interno na sala de música na Cavendish Avenue e reavivou o esquema circular para concretizar o especial de televisão e a respectiva trilha sonora. Mais tarde, Mal deu o tom da cena, se recordando de Paul debruçado sobre a máquina de escrever, "usando um dedo muito sobrecarregado para fazer uma lista intitulada 'Pontos Principais'.

Mal posando com o ônibus de *Magical Mystery Tour*

Embaixo, 'viagem de ônibus (três dias) com pessoas a bordo, semana que começa em 4 de setembro, câmeras, som, elenco, motorista, hotéis a serem reservados por duas noites, design do emblema de *Magical Mystery Tour*, aluguel de ônibus amarelo (4-9 de setembro), sistema de microfones no ônibus. Deve ser uma visão abrangente, equipe da viagem, motorista, mensageiro, recepcionista, destino do ônibus, Cornualha? Depois ônibus, Sheperton Studios uma semana'". Numa folha à parte, Paul "datilografou uma lista de providências a serem tomadas. 'Escrever esboço do roteiro, fechar o elenco, decidir quando a filmagem começa, *sets* para os estúdios, ajustar a data de conclusão'".[5]

Quem dera as coisas tivessem sido tão simples. "À medida que nos aproximávamos do momento de filmar", disse Paul, "percebemos que cada um de nós tinha ideias muito específicas sobre o especial, e a melhor maneira de garantir que as nossas ideias saíssem como queríamos era dirigir e editar nós mesmos. Assim, se não ficássemos satisfeitos com alguma coisa no filme concluído, só poderíamos culpar a nós mesmos".[6] Porém, quando o projeto começou a andar, em setembro, Neil não se iludiu quanto às chances de sucesso dos Beatles como empreendedores do cinema. "Fomos fazer um filme e ninguém tinha a mais vaga ideia do que se tratava."[7]

Para fazer as coisas literalmente rodarem, Mal ficou responsável por encontrar o ônibus que serviria como o palco móvel do grupo. Ele alugou o veículo – um Bedford Val Panorama Elite de 1959, placa URO 913E, de 62 lugares – da viação Fox of Hayes, após Alistair Taylor ter visto a besta-fera sobre rodas durante uma recente viagem de férias com a esposa, Lesley, em Eastbourne. Ele nunca se esqueceria do dia em que pôs os olhos no ônibus. "Estava batendo um pratão quando um ônibus encostou no estacionamento do hotel", lembrou. "Dei um pulo e não parei de gritar 'Achei! Achei!', para então sair correndo na chuva, deixando Lesley confusa. Deixei-me ensopar no estacionamento, encarando aquele ônibus amarelo-ácido e azul-gritante. Era perfeito."[8] Para completar a visão de Paul, Mal e Neil pintaram rapidamente o logo de *Magical Mystery Tour* em cartolina e fixaram na lateral do ônibus.

Com uma semana de atraso em relação ao projeto original de Paul, a produção do filme começou em Allsop Place, atrás da estação Baker Street do metrô, na segunda-feira, 11 de setembro, tendo atrasado ainda mais duas horas uma vez que a cartolina de Mal e Neil não parava de soltar da lataria do ônibus graças às rajadas de vento naquela manhã chuvosa. As filmagens duraram duas semanas, com a parte do "Mystery Tour" serpenteando pelo West Country em Devon e na Cornualha, seguida por três dias dedicados ao registro de mulheres de biquíni no Atlantic Hotel, em Newquay. Devido à natureza não planejada da produção, os Beatles foram forçados a filmar boa parte do material na base militar de West Malling, um campo de aviação desativado perto de Maidstone, em Kent. O local consistia em pistas abandonadas, onde filmaram o videoclipe de "I Am the Walrus", e um lote de hangares vazios, um dos quais foi transformado num salão para a sequência do baile que acompanhou "Your Mother Should Know". Nesse ínterim, a cena do *striptease* aconteceu no Raymond Revuebar, no Soho.

"Nos primeiros dias de viagem naquele grande ônibus cheio de gente, levamos as coisas com tranquilidade e deixamos todo mundo conhecer qual era a proposta", disse Paul. "Depois de um tempo, ficaram tão entusiasmados quanto a gente."[9] A maior parte do pessoal a bordo do ônibus pintado em cores berrantes consistia de figurantes contratados por Mal e Neil após uma folheada nas páginas da *Spotlight*, uma revista de *casting*, de onde selecionaram as figuras mais excêntricas. Apenas alguns atores foram especificamente escalados, entre eles Nat Jackley (como Happy Nat the Rubber Man), comediante de *music hall* admirado por John, e Victor Spinetti (como o Recruiting Sargeant), ator galês que participara com os rapazes de *A Hard Day's Night* e *Help!*. Outros destaques incluem a exuberante acordeonista/atriz Shirley Evans (como a acordeonista), Ivor Cutler, que interpretou o inimitável Mr. Bloodvessel, e Jessie Robins, que estrelou no papel da tia viúva de Ringo.

Leslie Cavendish, o cabeleireiro de Paul, de 20 anos, estava entre os passageiros que embarcaram no ônibus naquela manhã, uma turma diversa que incluía 33 atores, uma porção de secretárias de fã-clubes dos Beatles e outros amigos e agregados. Prestes a entrar no veículo, Cavendish perguntou se estavam indo ver as luzes de Blackpool.

"Não sei", respondeu Paul. "É um mistério!"

Enquanto Mal batia boca com a equipe de filmagem perto dali, Cavendish embarcou naquele que "parecia o tipo de veículo fantástico que poderia te levar para sobrevoar a lua", disse. "Todos entramos muito empolgados e então, enquanto partíamos, Neil deu cinco libras para cada um, para cobrir as despesas de comida e bebida no caminho."[10]

Cavendish conheceu Mal em 1966, quando começou a cortar o cabelo de Paul. Na época das sessões de *Sgt. Pepper*, também já atendia o *roadie* e suas madeixas grossas e costeletas bem aparadas. O cabeleireiro se recordou de que Mal manteve um perfil altamente visível ao longo de toda a produção, em especial considerando-se a proximidade cada vez maior que os fãs dos Beatles desfrutavam à medida que o ônibus percorria o sudoeste da Inglaterra. "Se uma fã tentasse tocar um Beatle, teria muito menos chance com Mal Evans no caminho", apontou. "O mais engraçado, no entanto, é que ele não tinha uma abordagem agressiva. Isso era o mais esquisito. Era um cara grande, é claro, sempre sorridente, mas era impossível contorná-lo."[11] Embora boa parte das imagens registradas tenham ficado no chão da sala de edição – afinal, o filme deveria ter apenas 60 minutos –, os Beatles sempre conseguiam se divertir.

Não foi surpresa nenhuma que o ônibus do Magical Mystery Tour tenha se tornado a sensação do sudoeste inglês. "As pessoas faziam fila de ambos os lados da estrada em Teignmouth", contou o *roadie* a um repórter do *Disc and Music Echo*. "A polícia foi chamada para contê-las. Foi como voltar aos tempos da Beatlemania."[12] Quando chegaram ao vilarejo, descobriram que o hotel estava "abarrotado de câmeras, repórteres e turistas", lembrou Mal, "e até as primeiras horas da manhã, passei muito tempo expulsando fãs que haviam invadido o hotel".[13]

Não tardou até que o ônibus se mostrasse largo e pesado demais para as estreitas vias britânicas. Em Dartmoor, a caminho do minúsculo vilarejo de Widecombe in the Moor, o veículo ficou preso numa pequena ponte de pedra, que, infelizmente para os Beatles e cia., era dez centímetros mais estreita que o ônibus. Naturalmente, um engarrafamento se seguiu, com o motorista sendo forçado a recuar até um descampado para elaborar uma rota diferente.

Graças ao clima rigoroso – e à ponte do vilarejo –, a produção já se encontrava em atraso. Para compensar o tempo perdido, segundo Mal, eles filmaram "muito mais dentro do ônibus para consolidar os personagens profissionais no filme, com Paul escrevendo e improvisando diálogos na hora. Boa parte do meu tempo depois das filmagens do dia parecia dedicada a superar a obra do clima e dos fãs, de modo que eu passava muitas horas tarde da noite colando pôsteres de *Magical Mystery Tour* nas laterais do ônibus". Na manhã seguinte, Mal acordou desiludido pelo que alguns fãs desagradáveis tinham aprontado durante a noite. "George ficou muito aborrecido", escreveu, "porque alguém havia invadido o ônibus e roubado sua jaqueta jeans favorita. E qualquer um que já teve uma jaqueta jeans por anos que finalmente chegou à cor desbotada desejada vai entender como ele se sentiu".[14]

Na sequência favorita de Mal no filme, ele vive o "Quinto Mágico", estrelando ao lado de seus quatro amados companheiros no laboratório deles. A cena começa com uma narração de John anunciando que "para além do horizonte azul, muito acima das nuvens numa terra que ninguém conhece, vivem quatro ou cinco mágicos que passam os dias conjurando feitiços maravilhosos. Agora venham comigo para esse lugar secreto, onde os olhos dos homens jamais pisaram!". Em outra cena, Mal faz uma ponta junto a Neil, quando eles têm fotos tiradas por "Little George", o Fotógrafo (papel de George Claydon), que emerge do capuz da câmera usando uma cabeça de leão.

No dia 1º de outubro, o elenco e a equipe retornaram a West Malling para filmar a climática cena do salão de baile. Cerca de 200 dançarinos estavam à disposição para criar a pompa necessária para "Your Mother Should Know", o *grand finale* do filme. Porém, antes que pudessem começar a rodar, os geradores portáteis pararam, deixando centenas de figurantes sem nada para fazer até que fossem feitos os reparos.

Da parte de Mal, sua frustração começou a transbordar. "Levou três horas até que o mecânico do gerador, que estava sendo muitíssimo bem pago, decidisse que não havia conserto, depois de dizer a cada cinco minutos que estaria pronto em cinco minutos", escreveu, "e foi um tanto de horas mais até que um gerador sobressalente pudesse ser trazido de Londres".[15] Enquanto esperavam pelo novo gerador, surgiu uma ideia: a impaciência dos dançarinos talvez fosse amenizada por algumas fotos autografadas dos Beatles. Mesmo anos depois, o produtor assistente Gavrik Losey ainda se lembrava do momento perigoso em que ele começou a se aproximar da multidão de dançarinos com apenas um punhado de fotos autografadas para distribuir. Mal tentou em vão impedir que ele entrasse na confusão: "Não vá até lá!". Infelizmente, era tarde demais. Losey se recordou de que "fui até eles e sumi. Vieram para cima de mim. A multidão – garotas em vestidos de paetês – me engoliu! Mal me puxou do meio delas e disse 'Eu te avisei!', para então me colocar debaixo do braço e me levar de volta à área segura".[16]

Com a estreia do filme na BBC agendada para o feriado de Boxing Day, 26 de dezembro de 1967, Mal e os rapazes não tinham tempo a perder. Após reunirem mais de 20 horas de filmagens, os Beatles trabalharam com o editor Roy Benson na Norman's Film Productions, no Soho. Originalmente, foram reservadas duas semanas para editar o filme, mas o processo acabou se estendendo para 11 semanas, com Paul tomando a dianteira na pós-produção. Mal relembrou que o trabalho na sala de edição "não foi desprovido de momentos mais leves. Havia um visitante constante, um cavalheiro permanentemente embriagado de nome Billy, bem conhecido por dançar pelas ruas do Soho com uma garrafa de vinho na cabeça. Depois de dobrá-lo com uma ou duas garrafas, o incentivávamos a ir embora, mas, no fim, muito provavelmente esse era o motivo de suas visitas recorrentes!".[17]

Incrivelmente, Mal e Neil foram forçados a alugar o ônibus mais uma vez logo após o início do processo de edição de *Magical Mystery Tour*. "Quando John e Paul estavam editando o negócio, perceberam que ninguém tinha filmado cenas de transição", se recordou Neil. "Não havia uma tomada sequer do ônibus do lado de fora." Para remediar a situação, "Mal e eu conseguimos o ônibus de novo, colocamos todos os pôsteres nas laterais e saímos dirigindo. Paramos num pequeno acampamento cigano. Consegui que algumas crianças acenassem quando o ônibus passasse e, como não havia ninguém a bordo, pedi ao motorista para dirigir rápido. Fizemos tomadas do ônibus vindo em direção à câmera, passando por ela e então indo embora. Agora tínhamos algumas transições".[18]

Quando não estava na pós-produção de *Magical Mystery Tour*, a banda se encontrava no estúdio, trabalhando em "Hello, Goodbye", o próximo *single*, além das gravações para a trilha sonora. Em novembro, com Mal integrando a equipe técnica, filmaram várias versões diferentes para o videoclipe promocional de "Hello, Goodbye" no Saville Theatre, incluindo imagens dos integrantes trajando os uniformes coloridos de *Sgt. Pepper*.

Para complicar ainda mais as coisas, continuaram a filmar imagens extras para *Magical Mystery Tour*. No fim de outubro, Paul se virou para Mal enquanto ouviam "The Fool on the Hill" e disse: "Esta música precisa de um curta?". De sua parte, o *roadie* discordava. "Bem, você está errado, amigo", retrucou Paul. "Consiga passagens para nós do voo noturno para Nice e vamos filmar alguma coisa nos penhascos ao nascer do sol."[19]

Em 30 de outubro, Mal juntou alguns equipamentos cinematográficos e se encontrou com Paul no aeroporto. "Bem, Mal, está pronto para um passeio pelo Sul da França?", disse o Beatle. "Você acha que Alistair Taylor trouxe o meu passaporte?"[20] Mal e Paul conseguiram chegar ao Hôtel Negresco, em Nice, sem o passaporte de Paul e com pouquíssimo dinheiro. Depois de buscarem por locações, sem sucesso, saíram à procura de diversões para a noite, decidindo enfim visitar um clube psicodélico na Promenade des Anglais. Com os recursos financeiros perigosamente baixos e à espera do envio de dinheiro de Londres, Mal negociou uma linha de crédito com o clube.

Bem cedo na manhã seguinte, Paul e ele, junto ao *cameraman* Aubrey Dewar, seguiram a busca pela locação perfeita, preferencialmente esperando incorporar o nascer do sol ao curta. "Dirigir até o topo da montanha por aquelas estradas retorcidas, tortuosas e estreitas não ajudou em nada as nossas ressacas", lembrou Mal. "Os resultados, porém, valeram muito a pena, o nascer do sol foi excelente, fiz algumas fotos incríveis e, então, no fim do dia, descobri que o filme tinha torcido na câmera, ou seja, estava completamente vazio."

Naquela noite, retornaram ao clube psicodélico, ainda planejando tirar proveito da linha de crédito. Ao longo do dia, "a notícia sobre a visita de Paul ao clube na noite anterior se espalhara e o lugar estava abarrotado", escreveu Mal. "Paul, sendo uma pessoa generosa, agora estava com uma conta e tanto no bar."[21] E foi aí que o gerente exigiu pagamento imediato.

Mal tentou explicar as circunstâncias incomuns da dupla, ao mesmo tempo que atraía a atenção do gerente para a fama de Paul. "Ou vocês pagam a conta ou eu chamo a polícia", respondeu o homem. "Com certeza, parecia que nós íamos acabar na cadeia", escreveu Mal. "Foi irônico estar num clube com um milionário, sendo ambos incapazes de pagar a conta. Depois de muitos telefonemas, conseguimos contatar o dono do nosso hotel, que muito generosamente garantiu o pagamento."[22]

Felizmente, graças a Dewar, eles conseguiram registrar imagens de Paul brincando no topo da montanha e caminhando pela esplanada, um pano de fundo sublime para "The Fool on the Hill". Entretanto, inacreditavelmente, os rapazes ainda não tinham concluído as filmagens de *Magical Mystery Tour*. Ainda faltava um acompanhamento em vídeo para "Blue Jay Way", de George. Eles então se reuniram em Sunny Heights no dia 3 de novembro, onde fizeram imagens de cada Beatle tocando um violoncelo branco no jardim de Ringo, seguido por eles chutando e cabeceando uma bola de futebol no gramado dos Starkeys. Naquele que foi provavelmente o momento mais estranho da produção, filmaram um *close* do peito nu de Mal, sobre o qual projetaram uma sequência das filmagens de West Malling. Mais esquisita ainda seria a próxima cena, que retrata os Beatles prestes a assistir às imagens que acabaram de rodar no peito de Mal. Com isso, as filmagens foram finalmente concluídas, permitindo a continuação, sem interrupções, do trabalho de edição.

Naquele outono, Mal – até o pescoço nas inumeráveis atividades que compunham sua vida profissional – conseguiu mudar a família de mala e cuia para os subúrbios de Londres. Originalmente, o *roadie* planejava comprar uma casa em Weybridge, com fácil acesso às residências de John e Ringo, mas, por mais que tentassem, Mal e Lily não conseguiram as duas mil libras extras de que precisavam para fechar o negócio, então se contentaram com acomodações mais modestas em Sunbury-on-Thames.[23]

Localizada na Staines Road East, 135, a casa de 63 anos ficava a poucos metros do hipódromo de Kempton Park, o que, sem dúvida, apeteceu ao

Paul tocando bateria no set de *Magical Mystery Tour*

homem da casa. Para o propósito de Mal em particular, a localização era ideal, a apenas 27 km dos estúdios da EMI e da casa de Paul, na Cavendish Avenue; 11 km da casa de Harrison, em Esher; e 9 km das propriedades de John e Ringo, em Weybridge. A propriedade em Sunbury contava com quatro quartos e um jardim nos fundos. Com a venda da casa em Liverpool, Mal e Lil obtiveram 331 libras, uma boa quantia naquela época. Para fechar negócio no novo imóvel, os Evans fizeram uma hipoteca de 5,1 mil libras

Com isso, o sonho de Mal de trazer a família para mais perto de sua vida profissional aparentemente se concretizou. E, pelo menos por um tempo, também era o sonho de Lil. Viver na mesma área metropolitana que o marido significava que ela finalmente poderia tirar proveito das oportunidades dele para socializar com celebridades.

No início de novembro, a família Evans foi convidada a celebrar a Noite de Guy Fawkes em Sunny Heights, onde festejaria junto aos Beatles e suas famílias, com direito à tradicional fogueira e fogos de artifício para maravilhar as crianças. Ringo mais tarde se recordaria de que ele e John compraram "um monte de fogos de artifício. Tínhamos fumado muita erva, então não queríamos nada muito barulhento. Montamos tudo e estávamos sentados, relaxando um pouco, aí fomos para fora para dar um grande show aos pequenos, mas tudo o que compramos explodiu! Explodiu! Sei lá o que as crianças devem ter pensado, porque os adultos gritavam 'Ah! Ah! Argh!'. Ficamos tão chocados que precisamos voltar para dentro".[24]

Se houve uma vítima precoce da mudança da família foi Gary, aos seis anos, transferido da escola primária Dovedale, em Liverpool, para a Kenyngton Manor, em Sunbury, que ainda tinha abrigos antiaéreos ao redor das quadras esportivas. Logo de cara, ele foi atormentado pelas diferenças regionais que separam a experiência de um inglês nortenho da vida na capital. "Eu sofria *bullying* na escola por causa do meu sotaque", lembrou. "Mas me mantive bastante estoico com isso, mesmo quando batiam em mim por falar *Scouse* [sotaque e dialeto de Liverpool] na escola." Não surpreende que ele tenha aprendido rapidamente a se resguardar e só falar quando fosse necessário, a fim de não revelar o sotaque.[25]

A essa altura, Gary não admirava mais os Beatles como nos primeiros anos do pai como *roadie* deles, quando o garoto dançava despreocupado ao som de "From Me to You" no rádio. "Os Beatles eram um ruído tumultuoso ao redor do meu pai", revelou, razão expressa pela qual ele raramente conseguia passar tempo com Mal. "Eu nem deleitava meus amigos na escola com histórias dos Beatles", recordou-se. "Se fosse para a casa de George no domingo, na segunda eu não ia para a escola e me gabava dizendo 'Estava na casa do George ontem'. Mesmo quando ia à aula de teatro e usavam 'Yellow Submarine', eu não me dava ao trabalho de dizer 'Ei, sabiam que o meu pai colaborou nessa música?'"[26]

Em certas ocasiões, sua associação com o quarteto mais famoso do mundo chegava a constrangê-lo. Naquela primavera, John tinha providenciado que seu Rolls-Royce fosse repintado num estilo psicodélico. Com frequência, Mal dirigia o veículo chamativo pela cidade para realizar tarefas diversas. "Às vezes, eu achava tudo meio exagerado", rememorou Gary. "Meu pai me buscava na escola no Rolls-Royce psicodélico de Lennon. Usava um chapéu de caubói e era cercado pelas crianças. 'Não preciso disso', eu pensava."[27]

Em novembro, Mal e os Beatles se reuniram no estúdio 3 para gravar a mensagem natalina anual da banda. Assim como nos anos anteriores, ela foi distribuída pelo Beatles Fan Club em "flexi disc" – um disco de vinil fino e flexível que podia ser facilmente encartado com o material impresso. A última edição, intitulada "Christmas Time (Is Here Again)" trazia as costumeiras brincadeiras inspiradas pelas festas e o humor britânico irônico.

Mal chegou tarde à sessão de 28 de novembro, depois de ficar no pub com um amigo. Seu atraso deixou Ringo na mão, forçando o baterista a montar o próprio kit pela primeira vez em anos. O *roadie* regressou justo a tempo de gravar uma curta faixa chamada "13 Amp", referência ao fusível de 13 watts padrão no Reino Unido. Em sua participação, Mal interpretou o papel do mítico *roadie* dos Ravelers, adotando um sutil sotaque escocês para essa ocasião. Os créditos o identificavam como "Malcolm Lift-Evans" e atribuíam a produção a "George (Is Here Again) Martin". O disco ainda trazia a críptica frase "*Another little bite of the Apple*".*

No próximo trabalho de Mal em favor de Ringo – uma viagem a Roma com tudo pago para as filmagens de *Candy* e a oportunidade de ficar lado a lado com as maiores estrelas de cinema do mundo –, nada impediria o *roadie* de chegar ao aeroporto a tempo. Para Mal, o set de *Candy* propiciou um banquete de celebridades de primeira linha. A mera presença de Richard Burton significava que sua esposa, Elizabeth Taylor, poderia estar por ali, junto do poderoso Marlon Brando e da própria "Candy", interpretada pela ninfeta sueca de 17 anos, Ewa Aulin. Mal desempenhou alegremente a função de secretário social de Ringo e Maureen, organizando um almoço com Burton e Taylor, seguido de um fim de semana no iate do casal superestelar, ancorado na baía de Anzio. O quinteto saiu de Roma em dois Rolls-Royces – um com Burton e os Starkeys, outro com Taylor e o *roadie*.

Em Anzio, Brando juntou-se a eles – "Marlon Brandy", como o ator era carinhosamente conhecido por Burton e Taylor. O iate, chamado *Kalizma*, era o verdadeiro retrato do luxo e tinha o nome derivado das três filhas do casal, Kate, Liza e Maria. Brando, Burton e Taylor eram nomes de peso, é claro, mas Ringo era um *Beatle*, então Mal quase não continha o orgulho enquanto o grupo ouvia *Sgt. Pepper* e *Magical Mystery Tour* a bordo do iate. "Todos os presentes são fãs ávidos dos Beatles e, para mim, foi um deleite ver Elizabeth, Richard e Marlon (segurando a capa do álbum) sentados no sofá lendo as letras enquanto o LP tocava."[28] Na manhã seguinte, Mal fez uma caminhada inesquecível pela praia com Brando, que até então ele só conhecia por meio de uma imagem bruxuleante nas telas dos grandes cinemas de Liverpool. Enquanto Burton e Taylor passeavam com os cachorros, "Marlon

* "Mais uma mordidinha na maçã."

e eu demos uma corridinha na areia, por entre os restos das ondas, parando de vez em quando para sentar e conversar. Devo admitir que ele não é nada como a imagem que eu tinha dele, é uma pessoa muito sensível".[29]

E as férias de sonho de Mal na Europa ainda não estavam terminadas. Em Roma, ele ficou pasmo ao ver a própria imagem numa banca de jornal, posando com o elenco de *Magical Mystery Tour* na capa da edição de 14 de dezembro da *Rolling Stone*.

Enquanto os Starkeys voltavam a Sunny Heights para se reunirem com os filhos, Mal fez um desvio até Paris, onde aconteceria o baile de gala beneficente da Unicef no Palais de Chaillot. Burton, Taylor e Brando estavam presentes, assim como John e George e suas esposas, que voaram para a ocasião para se sentar aos pés do Maharishi, com quem tiveram uma reunião particular na suíte do Yogi no Ritz da Place Vendôme. Os Beach Boys e Ravi Shankar foram o entretenimento da noite. As notícias mais urgentes sobre os Beatles a saírem de Paris, no entanto, chegariam na última edição da *Billboard*.

A matéria, escrita por Nigel Hunter, correspondente internacional da revista, informava que "os Beatles planejam visitar seu mentor de meditação transcendental, o Maharishi Mahesh Yogi, na Índia, em 25 de janeiro para um curso de três meses em sua academia no Himalaia".[30] Aparentemente, o grupo daria continuidade aos estudos, que haviam sido interrompidos em agosto com a morte precoce de Brian Epstein.

Nesse ínterim, para marcar a estreia televisiva de *Magical Mystery Tour*, que já estava próxima, os Beatles deram uma festa de arromba em 21 de dezembro no hotel Royal Lancaster. Centenas de convidados, incluindo elenco e equipe completos, compareceram em trajes coloridos e criativos. "Havia caubóis de sobra, a começar por mim, é claro", escreveu Mal, além de "freiras, vários Charlie Chaplins, Paul e Jane como o rei e a rainha perolados,* Ringo vestido de dândi, e Maureen, de princesa nativa-americana. John foi como ele próprio, com muita roupa de couro, e George estava ótimo de Errol Flynn, com direito a calça apertada e espada, e Pattie perfeita de princesa oriental".[31]

O jantar começou sofisticadamente tarde, às 21h – uma "refeição pré-natalina deliciosa e completa, com peru e pudim", apontou Mal –, seguido de baile; depois, uma apresentação da Bonzo Dog Doo Dah Band, que tocara a

* Trajes tradicionais de uma organização de caridade da classe trabalhadora londrina, caracterizados por roupas e chapéus pretos decorados com madrepérola. (N.T.)

Mal em Roma

canção "Death Cab for Cutie" durante a cena de *striptease* do filme; e então uma visita do Papai Noel em pessoa (interpretado pelo ator Robert Morley). Por fim, todos se acomodaram para uma exibição especial de *Magical Mystery Tour* – nitidamente a cores e numa tela grande. "Era o que era mesmo, nada além do que não pretendesse ser", escreveu Mal. "Um veículo para a música e a fantasia dos Beatles. Eu adorei, assim como os outros presentes ali."[32]

Nem todo mundo no entorno dos Beatles, porém, se sentiu tão positivo a respeito do filme. Peter Brown, fiel assistente de Brian na NEMS, assistiu ao resultado final e recomendou que a banda o engavetasse, chegando a sugerir até que descartassem a coisa toda por completo (que incluía cerca de 40 mil libras em gastos de produção) e seguissem suas vidas.

Cinco dias depois, no Boxing Day, *Magical Mystery Tour* estreou na TV britânica – desta vez, em preto e branco e em telas pequenas ao longo de toda a nação. Lá se foi o banquete psicodélico multicolorido para os olhos e ouvidos. As críticas foram devastadoras – marcando, de fato, as primeiras coletivamente desanimadoras recebidas pelos Beatles. "Quanto maior se é, maior a queda. E que queda foi essa", escreveu James Thomas no *Daily Express*. "Toda a saga entediante confirmou uma suspeita longeva que eu tinha de que os Beatles são quatro jovens simpáticos que ganharam tanto dinheiro que aparentemente podem bancar o desdém pelo público." O *Daily Mirror*, por sua vez, ridicularizou *Magical Mystery Tour* como "lixo... baboseira... nada a ver!".[33]

A música, entretanto, era estelar como sempre. Com Mal e Neil creditados como "Consultores Editoriais (para a Apple)", a trilha sonora foi lançada como um EP duplo e chegou ao topo das paradas britânicas, assim como o *single* "Hello, Goodbye"/"I Am the Walrus". A Onda estava firme e forte.

Um pouco antes, na semana de 11 de novembro, os artistas amigos do grupo, Simon e Marijke, conhecidos coletivamente como The Fool, começaram a pintura de um mural gigante psicodélico na esquina das ruas Baker e Paddington, em Marylebone, Londres. À medida que a impressionante imagem começava a tomar forma, revelava a figura de um chefe nativo-americano em toda sua glória multicolorida. O The Fool não se dera ao trabalho de solicitar uma licença para pintar o mural, tampouco obtivera o consentimento da administração local para a empreitada – mas esses pontos eram aparentemente triviais para o momento.

Em 7 de dezembro, com o mural à plena vista, os Beatles inauguraram a Apple Boutique, na Baker Street, 94. Como era típico de tudo o que acontecia no Mundo Beatle, uma multidão enorme começou a se juntar na frente da loja, especializada em roupas e acessórios para a Swinging London. A aglomeração cresceu tanto que nem Simon e Marijke conseguiram entrar no local, onde John, George e suas esposas faziam sala. Pete Shotton, amigo de infância de John, e Jenny, irmã de Pattie, eram os gerentes da loja, onde aparentemente tudo estava à venda – até os móveis e prateleiras. Nas palavras de Paul, a Apple Boutique seria "um lugar lindo onde gente linda pode comprar coisas lindas". Isso mesmo: os rapazes estavam entrando no mercado da moda.

Não surpreendentemente, os rumores começaram a se espalhar a todo vapor a respeito do império de negócios dos Beatles e que rumo ele tomaria. Com uma certa razão, os críticos rapidamente questionaram a decisão dos Beatles de se aventurarem a empreendimentos comerciais fora de seu ramo principal de *expertise*. E o que afinal era essa tal de Apple? Tanto os fãs de música quanto aqueles de dentro da indústria fonográfica haviam prestado atenção às dicas dos Beatles ao longo do ano. Circularam reportagens sobre a formação de entidades como a Apple Music e a Apple Records, com algumas chegando a sugerir que Mal e Neil – ninguém menos que os *roadies* da banda – seriam nomeados a cargos executivos.

O coelho saiu da cartola num artigo de 23 de dezembro da *Billboard*, que citou Terry Doran, membro de longa data do círculo interno dos Beatles. "[Eles] estão discutindo a formação de seu próprio selo, sob o nome de Apple, para 1968", anunciou. "O quarteto usou o nome comercial para uma empresa, a Apple Holdings, que controla a companhia musical, uma boutique recém-inaugurada e uma produtora."[34]

Aí estava. De um jeito ou de outro, o portfólio sempre crescente de Mal estava fadado a aumentar uma vez mais. Seria ele nomeado "Malcolm Frederick Evans, executivo da gravadora"?

22

DIRETOR-GERENTE?

Mal realmente não tinha expectativas. Junto a figuras como Neil e Alistair Taylor, ele encontrou-se com os rapazes na antiga sala de reunião de Brian na NEMS para a divisão das responsabilidades associadas à nova empreitada, por mais vago que tudo fosse naquele momento. Uma das primeiras ordens do dia foi corrigir um antigo equívoco e trazer Derek Taylor de volta ao time. E foi aí que aconteceu.

A ideia sobre Mal atuar na função de caça-talentos, como o primeiro agente de A&R da Apple, aparentemente surgiu do nada. O *roadie* mais tarde se recordaria de "Paul se virando para mim e dizendo: 'O que você tem feito, Mal?'. 'Bem, Paul, não muito', respondi, 'as coisas andam bem tranquilas, não?'. 'OK, então você vai ser o novo diretor-gerente da Apple Records'".[1]

Mal não tinha ideia do que fazia um diretor-gerente, mas não perdeu um segundo sequer para tentar descobrir. Para ele, a incumbência era clara: procurar e contratar novos talentos para o selo Apple Records. "Em dezembro, a Apple Boutique foi inaugurada na Baker Street", escreveu, "e fui instalado no último andar para fazer testes de novos talentos para a Apple Records – cantores e músicos aspirantes passavam pelos meus ouvidos naquele escritório solitário no topo do prédio. Eu gravava o que eles apresentavam e, no intuito de manter um toque pessoal, escrevia para eles de próprio punho, já que sentia que notas datilografadas não tinham o espírito da Apple".[2]

Não é de surpreender que Mal tenha começado a receber material não solicitado quase de imediato. "O mais típico era o caubói cantor", escreveu, "com fotos que mostravam [o aspirante a artista da Apple] de peito nu, montado num cavalo com um cachorro grande ao lado, nos informan-

John durante a filmagem do videoclipe de "Lady Madonna"

Paul durante a filmagem do videoclipe de "Lady Madonna"

do que, quando entrasse no palco, saltasse do cavalo e começasse a cantar, colocaria a casa abaixo! Eu acredito neles – mas não era exatamente o que a Apple procurava".

Logo no início do novo selo, desenvolveu-se uma ética de que a Apple seria o lugar onde os artistas crus e inexperientes teriam uma oportunidade justa. Mal gostava de brincar que "eu assobiei e cantei pelos corredores dos estúdios da EMI por muitos anos e nunca fui descoberto!". E acrescentou: "Ao escrever isso, penso naqueles primeiros anos de estrada, quando comecei a dirigir para os Beatles. Ora, eu gostava de me entreter cantando e, em certo ponto, me esquecendo de quem estava sentado atrás de mim, comecei uma cantoria e só me dei conta quando John deu o seguinte pitaco: 'Você sabe que soa como Dean Martin, Mal? Vamos, cante mais uma!'".[3]

No entanto, no que dizia respeito a seu novo papel na Apple, Mal deixava toda brincadeira de lado. Aquele homem sempre pronto para uma boa gargalhada estava agora intensamente determinado a se transformar numa pessoa séria, o tipo de sujeito capaz de aproveitar ao máximo a oportunidade singular que se encontrava diante dele. Em suma, já passava da hora de trocar a maleta de drogas por uma maleta executiva. Desde o início, Mal ficou firme ao dedicar todas as suas energias à Apple Corps, a empresa guarda-chuva que supervisionaria várias subsidiárias que, na visão original dos rapazes, incluiria a Apple Records, a Apple Retail (varejo), a Apple Publishing (editorial), a Apple Electronics, a Apple Films e a Apple Studios.[4]

Quando o formato da Apple Corps estava apenas começando a se materializar, Mal almoçou num pub em Marylebone com Alistair Taylor, nomeado pelos rapazes como gerente geral, na esperança de colher o máximo que pudesse sobre o modelo de negócios da companhia. Em poucos dias, descobriu que seu novo papel já tinha sido modificado – e de uma maneira muito desfavorável. "A Apple Records será gerenciada por Derek Taylor e este que vos escreve será um dos codiretores-gerentes", rabiscou Mal no diário. "É uma empreitada completamente nova para mim, mas, com esforço e ajuda dos meus amigos, tudo será bem-sucedido." Apontando que o retorno de Derek a Londres estava previsto para 31 de março de 1968, Mal começou a esboçar diversos "Pontos-Chave para a Apple Records", incluindo questões relacionadas à distribuição e prensagem de discos (e como esses aspectos interagiriam com a EMI, a distribuidora da Apple Records no Reino Unido), bem como designs de capa e selos para os produtos da subsidiária.[5]

Mal logo constatou que, na esfera de caçar talentos, não seria deixado sozinho. Durante os feriados natalinos, Paul enfim propôs casamento a Jane

Várias tentativas de Mal de criar um logo para a Apple Corps

Asher depois de tanto tempo de namoro, encerrando as especulações sobre os planos do glamouroso casal. Ao ficar sabendo que o irmão dela, Peter, de 23 anos, estava numa pausa como membro de Peter & Gordon – a dupla que conquistou um hit internacional com "A World Without Love", composição de Lennon-McCartney –, Paul sugeriu ao futuro cunhado que produzisse gravações para a Apple. Logo de cara, Peter compartilhou da visão de Paul a respeito das possiblidades éticas e até humanistas da Apple, "um novo tipo de selo, com uma atitude mais generosa e respeitosa do que era comum na época com os artistas".[6] Assim, naturalmente, Asher aceitou a proposta.

No dia seguinte, Paul aumentou as apostas, dizendo: "Bem, por que você não se torna o chefe de A&R?".

"Claro, que ótimo. Eu adoraria", respondeu Peter, concluindo que "esse era o modo como a companhia estava sendo montada na época. A única outra pessoa nomeada para a Apple Records, em qualquer função, era Mal Evans, como diretor-gerente".[7] E Peter certamente não teve objeção quanto à perspectiva de trabalhar com Mal. Ao longo dos anos, tornou-se simpático ao *roadie*, mesmo que não por outro motivo se não a proximidade com os Beatles, ao lado de quem "ele sempre estava. Não falava muito, mas era extremamente amável", lembrou. "Você ficava com a impressão de que ele era consistente, confiável." Mais significativamente, "percebia que sua afeição pelos Beatles era inquestionável. Ele queria ser insubstituível", acrescentou Peter, "e *era*".[8]

Entretanto, o novo agente de A&R também reconhecia uma diferença sutil, porém fundamental, na abordagem de Mal à vida com os Beatles versus a de seu antigo colega, Neil. Peter só realmente conheceu Neil depois de entrar para a Apple, mas notava que Mal – em sua devoção inabalável aos rapazes – era "reativo, que fazia o que lhe pediam para fazer". Por meio da irmã, Asher soube que os dois homens já haviam antes desempenhado funções diferentes no Mundo Beatle, quando Neil era o *tour manager* e Mal trabalhava como *roadie*. Na visão de Peter, "Neil era muito mais proativo, ao passo que Mal era o cara que, quando um Beatle dizia que queria algo, garantia que ele fosse atendido. Neil, por sua vez, era o cara capaz de saber o que um Beatle queria antes mesmo que o próprio Beatle o soubesse".[9]

Com a Apple acrescendo pessoal a cada dia, o espaço começou a ficar escasso. Em 22 de janeiro de 1968, a empresa fechou um contrato de aluguel de um ano de escritórios no quarto andar de um prédio na Wigmore Street, 95, West End, endereço que serviria como quartel-general inaugural da Apple Corps, mesmo que só temporariamente. Mal celebrou com a compra de uma mesa de trabalho pela primeira vez na vida. Contudo, quando o móvel chegou, no dia 1º de fevereiro, a equipe da Apple já estava na mira dos outros inquilinos por tocar discos em horário comercial. Não poder escutar música para caçar talentos em potencial para a Apple Records era um obstáculo profissional que Mal simplesmente não podia tolerar, de modo que as reclamações o obrigaram a ter de se alternar entre as operações da Apple na Wigmore e na Baker.

Mesmo assim, aparentemente nada afetaria sua determinação de fazer essa nova chance de trabalho dar certo. Valendo-se de sua habilidade como desenhista, Mal tentou até desenvolver um logo que capturasse a essência da Apple Corps. "Eles estavam procurando por algo que expressasse a sensação de ser completamente autossuficiente, já que todas as facetas do negócio em que estavam envolvidos seriam reunidas sob um único teto", recordou-se.

Por fim, ele criou três candidatos para a consideração dos colegas: um *A* maiúsculo alaranjado bulboso moldado como uma maçã verde; um design circular com a palavra *APPLE* escrita grande em negrito, com letras cor-de-rosa contra um fundo amarelo; e, por último, um *A* maiúsculo bordô contra uma maçã verde. Qualquer consideração que os desenhos de Mal possam ter recebido duraria pouco. "Paul tinha uma pintura de Magritte de uma maçã", disse ele, "e todo mundo concordou que seria o logo ideal para a nova companhia dos Beatles".[10]

No escritório da Wigmore Street, Mal e Neil não perderam tempo em transformar a visão de Paul em realidade. Richard DiLello, o "hippie da casa" americano da Apple, de 22 anos, relembrou uma reunião que o ex-*roadie*, agora executivo fonográfico, teve com o publicitário londrino Gene Mahon. "Neil disse a Gene que queria uma foto de uma maçã para um selo de disco", contou DiLello. "Bem, parecia muito simples. De repente, de bate-pronto – naquele mesmo instante – Mahon teve um flash! Um daqueles arroubos de iluminação em que o universo inteiro do design se abre. 'Escutem', disse, 'por que nós não fazemos o lado A do disco como uma maçã inteira, sem nada escrito. E, no lado B, colocamos uma maçã cortada ao meio com toda a informação.'" Na memória de DiLello, "foi o conceito de design ácido-purista definitivo para um selo fonográfico. Neil e Mal o fitaram e assentiram em silêncio", pois conheciam a genialidade quando se deparavam com ela.[11]

Depois de semanas ouvindo material não solicitado em sua sala na Baker Street, Mal decidiu resolver a questão com as próprias mãos. Originalmente, esperava assinar com os Perishers (antes denominados The Seftons), que conhecia devido à amizade com o baixista Norm Bellis. Os Perishers chegaram até mesmo a gravar um acetato da canção "How Does It Feel?". Incapaz de levantar interesse pelo grupo na Apple, Mal se recordou então de seu encontro com Bill Collins no Bag O'Nails em março de 1967. Na ocasião, quis aproveitar a oportunidade para ouvir os Iveys, banda galesa com a qual Collins estava muito empolgado. Felizmente, não teria de esperar muito tempo. Na segunda-feira, 22 de janeiro, pôs as mãos à obra num almoço com Bill. Dois dias depois, Mal compartilhou suas intenções com Peter, Neil e Paul durante uma sequência de reuniões na Apple. Também ficou sabendo, embora não tivesse começado a entrar em pânico – dada a confiança que possuía de que os rapazes tinham fé nele –, que a Apple Records era agora "Derek, Peter e Mal".[12] Apenas um mês antes, o trabalho parecia ser somente seu.

Na quinta-feira, 25 de janeiro, Mal estava a caminho de um show dos Iveys com Bill no Marquee, um clube da moda na Wardour Street, Soho. Na lembrança de Mal, Peter Asher juntou-se a eles naquela noite. O baixista dos Iveys, Ron Griffiths, nunca se esqueceria do instante em que Mal chegou. "Tínhamos acabado nosso momento de 'embromar o público e dar umas habituais risadas' quando esse camarada gigante surgiu dos fundos com Bill. Nós o reconhecemos porque já tínhamos visto fotos dele nas revistas anos antes. Ficamos animadíssimos, pois foi o mais próximo que chegamos dos Beatles na época."[13] Porém, em princípio, Peter já tinha visto o suficiente. Segundo Mal, "quando os Iveys terminaram o primeiro *set*, Peter lhes deu uma negativa, me dizendo que não valia a pena escutá-los e que eles não tinham chance nenhuma de virar alguma coisa".[14]

Mal, entretanto, não ia jogar a toalha ainda. "'Isso é o que você acha, menino Peter', pensei. Tive um pressentimento curioso, algo que sempre levo em conta, então fiquei para o segundo *set*, que foi de fato muito melhor." Nesse momento, Mal decidiu acreditar em si, confiar nos seus instintos. "Depois do show, banquei o executivo e paguei uma rodada de drinks para os Iveys e o empresário deles, Bill Collins", escreveu. "Tendo a não fechar a boca quando me empolgo com alguma coisa, mas o que eu gosto, o público gosta."[15] Mal fez questão de evitar se valer de presepadas do *showbiz* – nada de "os Iveys serão maiores que Elvis" ou qualquer papagaiada do tipo –, mas se havia alguma coisa que ele conhecia era o som de uma banda de rock 'n' roll da pesada conquistando um público: tinha experiência de sobra dos tempos no Cavern.

Algumas noites depois, Mal levou Bill e os Iveys para jantar, na esperança de continuar seduzindo-os para ser sua primeira contratação para a Apple. Ron Griffiths lembrou-se de que "ficamos acordados a madrugada toda tocando nossas demos". Mal ficou impressionado não só com a sonoridade deles, mas também com o fato de, assim como seus queridos Beatles, os Iveys comporem as próprias músicas. Mal "não se conformava com a variedade de canções", disse Griffiths. "Enquanto servíamos drinks, ele começou a passar um baseado. Foi a primeira pessoa a nos fornecer um. Eu não gostei." Nesse momento, o baseado chegou a Pete Ham, vocalista e guitarrista da banda, que tinha muito receio de fumar maconha. Já com Tom Evans, o outro guitarrista, foram outros quinhentos. "Tom certamente apreciou", se recordou Griffiths.[16]

No dia 30 de janeiro, Mal se encontrou por acaso com Bill num pub em Marylebone. Almoçaram juntos e começaram a discutir os contornos de um possível contrato da Apple para os Iveys. Num salto de fé – ou talvez após ter sido cutucado por Mal –, Bill partiu para as cabeças e deu seus termos. Na memória de Mal, o empresário disse que "um contrato com a EMI deve ceder uma porcentagem para cobrir tudo da parte do artista, ou seja, prensagem e distribuição, divulgação etc. E, então, a porcentagem restante será dividida 50/50 entre a gravadora e a Apple".[17] No geral, um acordo bem padrão.

Mas o que Bill não sabia era que Mal já tinha atacado no escritório, onde tocava a demo dos Iveys para praticamente qualquer um disposto a ouvir. Começara a compartilhar as gravações com Mike Berry, novo membro da equipe editorial da Apple, que havia trabalhado na Sparta Music e agora estava convertido ao som dos Iveys. Assim como Mal e Bill, Mike ficou impressionado com a popularidade de base que o grupo galês já tinha conquistado – e sem contrato fonográfico, ainda por cima. Levantando a bandeira com Mal, Mike se recordou de "dizer ao meu parceiro na Apple Publishing, Terry Doran, que os Iveys seriam a nossa primeira contratação. Dei a minha própria fita demo deles a Paul McCartney, mas ele disse que não viu nada de mais".[18] E começou assim uma saga constante em que Mal, de tempos em tempos, levantava a bola dos Iveys, na esperança de impressionar os rapazes – Paul em especial – quanto ao incrível potencial da banda. "Por seis meses, levei as demos à Apple, onde as tocava para os caras e era rechaçado", lembrou. Porém, quanto mais o tempo passava, mais determinado ele ficava. "Agarrei mentalmente a ideia com unhas e dentes, decidido a provar a todos que eu tinha razão."[19]

Enquanto isso, Mal percebia aos poucos que ter a família tão perto não necessariamente havia tornado sua rotina mais fácil, que os compartimentos de sua vida, cuidadosamente mantidos, estavam começando a transbordar de um para outro num ritmo alarmante. Pior ainda, embora sua nova função fosse estimulante, as tarefas como gerente de equipamentos dos Beatles não tinham diminuído, nem de longe: eram ainda maiores agora que sua família morava na área metropolitana. De fato, os rapazes ainda contavam com o auxílio dele para que suas vidas funcionassem, tanto criativa quanto pessoalmente.

Para Gary, o novo ano começara num tom azedo. Os feriados de fim de ano tinham sido um alívio do *bullying* que o atormentava na escola devido a seu sotaque nortenho. No dia em que as aulas voltaram na Kenyngton Manor, ele se confortou lembrando que o feriado de Páscoa estava a apenas alguns meses de distância.

Enquanto isso, Mal ficou em alerta máximo após a menstruação de Lily falhar e ela acreditar estar grávida. Já era duro para o casal conseguir pagar as contas na situação atual, então como poderia sustentar mais um filho? Nesse meio tempo, os rapazes se preparavam para uma série de gravações antes da viagem à Índia, cujo início estava previsto, ao menos para Mal, para o dia 15 de fevereiro. Enquanto fazia planos para receber as vacinas necessárias da viagem, Mal discutiu com John a possibilidade de levar Lily e as crianças com ele para a Índia. Ir até o *ashram* remoto do Maharishi, às margens do Ganges, iria no mínimo dar um descanso da escola a Gary.

Na metade do mês, o trabalho de Mal com os rapazes já estava a todo vapor. No sábado, 13 de janeiro, ele combinou com Paul de levar a bateria de Ringo dos estúdios da EMI até a Cavendish Avenue para praticar suas habilidades na percussão. Gary estava determinado a acompanhá-lo. Chegou a correr para o quarto na casa dos Evans em Sunbury para vestir seu "traje de visitar o Paul", que consistia em camisa, calças e meias novas, além de um lenço ornamentado posicionado cuidadosamente no bolso da camisa. "Você penteia meu cabelo antes de eu entrar na casa do Paul?"[20], pediu Gary ao pai.

Naquela tarde, Mal montou a bateria no porão de Paul, sabendo muito bem que a transportaria de volta ao estúdio logo no dia seguinte. Seria a data da sessão de gravação de uma seleção de craques, que contaria com Paul na bateria, Jeff Beck na guitarra, Paul Samwell-Smith no baixo e Nicky Hopkins nos teclados. Para a ocasião, a banda improvisada gravou um *cover* de "And the Sun Will Shine", dos Bee Gees, no estúdio 3 da EMI, com o ex-*frontman* do Manfred Mann, Paul Jones, no vocal, além de "The Dog Presides", lado B do *single*. A sessão marcou a estreia de Peter Asher na função de produtor.

No mesmo dia, Mal deveria ir a uma recepção para a imprensa da banda de rock psicodélico Grapefruit, cliente da Apple Publishing e uma das primeiras contratadas para a nova empreitada pelo chefe da subsidiária, Terry Doran. O nome do grupo foi uma sugestão de John, em referência ao livro homônimo da artista conceitual Yoko Ono, de quem o Beatle vinha se tornando muito próximo. Com a sessão de "And the Sun Will Shine" terminada, Mal se juntaria a Doran e a outros colegas da Apple para o evento. Numa tentativa expressa de alinhar prioridades, ele acabou dispensando o compromisso e foi para casa em Sunbury jantar com a família. Em seu diário, Mal se repreendeu, escrevendo que "Gary chora quando digo que não vou chegar para o jantar".[21]

No dia 4 de fevereiro, Mal e os Beatles retornaram aos estúdios da EMI, onde os rapazes trabalharam pela primeira vez na etérea "Across the Universe", de John. Depois de finalizar a faixa básica da canção, Paul concluiu que a gravação ficaria melhor com harmonias soprano. Quando abordou a turma de fãs que congregava regularmente na frente do estúdio para ver se alguma delas era capaz de segurar uma nota alta, Lizzie Bravo, de 16 anos, e Gayleen Pease, de 17, responderam afirmativamente. Alguns minutos depois, Mal recebeu as jovens no estúdio, onde ficaram compreensivelmente boquiabertas não só por estar dentro das famosas instalações, mas também prestes a participar de uma gravação dos Beatles, na qual cantaram "*Nothing's gonna change my world*".*

Vinda do Rio de Janeiro, Lizzie chegara a Londres na primavera anterior, durante as sessões de *Sgt. Pepper*. No primeiro dia em que foi até os estúdios da EMI, vislumbrou os membros da banda, Brian e Mal, que passou a conhecer durante as vigílias na frente do lugar. Assim como muitos dos devotos dos Beatles que faziam a peregrinação até St. John's Wood, ela rapidamente descobriu que Mal era nada menos que um fã que idolatrava os rapazes tanto quanto os próprios fãs, se não mais.[22]

Uma semana depois, Mal conheceu Yoko Ono quando a artista japonesa foi assistir à gravação de "Hey Bulldog", uma das faixas reservadas para a trilha sonora do desenho animado *Yellow Submarine*. Na sessão, Mal tocou pandeireta nessa nova faixa roqueira, filmada por Tony Bramwell e sua equipe para um videoclipe promocional. Imagens da banda tocando "Hey Bulldog" foram reutilizadas em "Lady Madonna", o próximo *single* do grupo. Como os acontecimentos demonstrariam, a presença de Yoko não foi um mero convite de última hora. John tinha a total intenção de convidá-la para se juntar aos Beatles e seu *entourage* na viagem à Índia. Yoko chegou a ir a uma reunião dos Beatles para os preparativos finais da viagem, mas John perdeu a coragem depois que ela entrou no Rolls-Royce na frente de Cynthia e pediu que a levassem direto para casa.

De sua parte, Mal intuiu os sentimentos que John começava a nutrir pela artista e fez questão de ser infalivelmente educado e receptivo com Ono durante a sessão de "Hey Bulldog". Ele poderia não ter conseguido fechar contrato com os Iveys – pelo menos não ainda –, mas sabia alguma coisa ou duas sobre demonstrar hospitalidade, se mantendo determinado a providenciar que Yoko fosse bem recebida.

* "Nada vai mudar o meu mundo"

23

A POBREZA LANÇA UMA SOMBRA SORRIDENTE

No dia 14 de fevereiro, Mal viajou para a Índia – sem a família. Os custos para transportar todo o clã Evans ao subcontinente seriam exorbitantes demais. O salário dele com certeza havia subido desde que Brian o contratou, passando das 25 libras por semana em agosto de 1963 para 30 libras em outubro de 1964, quando Alf Bicknell se juntou ao time. Em 1968, Mal já levava para casa um salário semanal de 38 libras, presumivelmente incrementado por aumentos salariais que acompanhavam a inflação. Naquele ano, ele teve um ganho anual de 1,97 mil libras, em comparação à média britânica de 1,14 mil libras.[1] Pelos padrões da maioria das famílias, Mal e Lily estavam bem. Porém, os apetites dele aumentaram a passos largos ao longo daquele mesmo período; em resumo, tinha se acostumado a viver como um Beatle. Além disso, depois de ter precisado restituir os gastos da viagem a Paris em janeiro de 1964 a NEMS em parcelas mensais, era improvável que Lily dispendesse de seu orçamento doméstico dessa forma mais uma vez.

O dia do voo começou com um turbilhão de emoções para Mal, que se despediu de Gary enquanto o garoto ia para o parquinho com seu novo amigo Barry. "De braços dados, lá se foram eles", recordou-se Mal, sentindo-se "bastante embargado" ao observar os meninos se afastarem. Depois de buscar as malas dos Harrisons e dos Lennons em suas casas – pelas quais pagou 195 libras por excesso de bagagem –, Mal embarcou no voo Qantas 754 para Délhi, levando o violão de John consigo, por segurança. Uma longa jornada o aguardava, com "apenas cinco passageiros na primeira classe" e "nenhuma loira solitária com quem puxar papo", escreveu. Após cumprir a função de homem de frente, garantindo carros e outras necessidades para o trajeto de 240 km até o *ashram*, Mal esperou pela chegada dos Harrisons e dos Lennons.

Com poucos jornalistas esperando no aeroporto, o *roadie* conseguiu transportar as duas famílias a Rishikesh, local do *ashram* do Maharishi no estado nortenho de Uttarakhand, até o início da tarde. "Nossa chegada ao *ashram* foi perfeita", registrou, "o Maharishi nos recebeu com palavras gentis e chá, fomos realmente muito bem-vindos".[2] O Maharishi fez questão de explicar a natureza da visita dos Beatles à leva de alunos presentes no complexo de 60 km^2 do *ashram*. "Por favor, lembrem-se", disse, "eu ofereci a estes jovens um refúgio tranquilo da vida de celebridades. Prometi a eles que não seriam incomodados de forma alguma por caçadores de notícias. Por favor, não se aproximem deles com câmeras, não peçam autógrafos e não os tratem de forma diferente de qualquer outra pessoa aqui".[3]

Mal estabeleceu uma rotina tranquila quase de imediato. Os quartos eram de seu agrado – "Não vi insetos assustadores em lugar nenhum" – e

Mal em Rishikesh

as refeições vegetarianas, revigorantes. Seus aposentos no *ashram* estavam impregnados de "um cheiro bom de incenso", escreveu ele a Lily.[4] A agenda diária incluía duas palestras de 90 minutos, marcadas para as 15h30min e as 20h30min. Mal estava ansioso para aprender sobre Meditação Transcendental, pois tinha adorado a *Autobiografia de um Iogue*, de Paramahansa Yogananda, livro publicado originalmente em 1946 que ele leu por sugestão de George. Para Mal, a vida e a busca por sabedoria espiritual do iogue lhe ofereceram uma fonte de inspiração pronta.

A única mácula na experiência oriental de Mal aconteceu no segundo dia, quando "a imprensa tentou derrubar os portões do *ashram* com força". A equipe do Maharishi logo convocou Mal, que, a princípio, foi respeitoso com os jornalistas, explicando com calma que os Beatles queriam ficar em paz. Porém, eles abusaram da sua paciência, sobretudo quando "um repórter indiano me disse: 'Nenhum estrangeiro maldito vai me barrar no meu próprio país'".[5]

No susto, Mal quase se deixou tomar por um pavio curto. Porém, no espírito do *ashram* e dos ensinamentos do Maharishi, deu a outra face e voltou para os aposentos. Nas semanas seguintes, ele tentou aplacar a turba de jornalistas fazendo boletins diários do tipo mais tedioso – reportava, com um ar blasé, que os rapazes tinham comido, meditado e dormido. Depois disso, houve menos incursões da mídia no *ashram*, exceto por um fotojornalista ou outro que subia em alguma árvore numa tentativa audaciosa de fazer imagens dos Beatles com uma teleobjetiva. Por sorte, a experiência de Mal com a imprensa do país foi uma exceção. Ele rapidamente passou a admirar o povo indiano e escreveu, mais tarde, que "'a pobreza faz uma sombra sorridente' resume meu sentimento pela maioria das pessoas que conheci durante minha estadia na Índia. Pobres e trabalhadoras de modo geral, elas sempre parecem encarar a vida com um sorriso e uma fortitude que eu invejei".[6]

Na segunda-feira, 19 de fevereiro, Mal voltou ao aeroporto de Délhi para buscar os Starkeys, que chegavam com Paul e Jane. Enquanto esperava pelo desembarque dos casais, comprou "um instrumento de uma corda e uma espécie de banjo" para o 25º aniversário de George, que seria dali a seis dias. A empolgação de seu reencontro com Paul e Ringo, porém, acabou durando pouco. Enquanto Mal e Raghvendra, discípulo do Maharishi, colocavam guirlandas sobre os ombros dos recém-chegados, Ringo disse: "Mal, meu braço está me matando; por favor, me leve agora mesmo até um médico". O comboio rumou até um hospital local, onde Mal tentou garantir atendimento imediato para o Beatle, para então "receber uma resposta sucinta do médico indiano: 'O caso dele não é especial, então ele vai ter de esperar sua vez'". O *roadie*, no entanto, se recusou a deixar a condição de Ringo sem assistência, "assim lá fomos nós pagar dez rupias a um médico particular pelo privilégio de ouvi-lo dizer que tudo ficaria bem".[7]

No domingo, o *ashram* preparou-se para comemorar o aniversário de George. Mal e Raghvendra foram até Dehradun, perto dali, buscar um bolo para o Beatle, decorado à base de cobertura branca e flores cor-de-rosa e brancas, com letras douradas dizendo "Jai Guru Deva e Feliz Aniversário, George". Juntos, Raghvendra e Mal pegaram um táxi-charrete e percorreram a cidade atrás de bexigas e fogos de artifício para a festa. "Em dado momento, enquanto caminhava sozinho pela cidade, fui seguido por um grupo de crianças animadas e sorridentes, que aparentemente me acharam incrível", se recordou o *roadie*. "Acho que foi por eu ser alto, branco e loiro!"[8]

Na festa, os convidados foram embalados por músicos indianos, enquanto bexigas e fitas adornavam as mesas e as figueiras. Num momento que aqueceu seu coração, lembrou Mal, "todos os presentes receberam guirlandas e as colocaram sobre George, que quase sumiu debaixo daquele monte de flores! Ele então nos devolveu algumas e, quando chegou minha vez, acabamos com uma guirlanda no pescoço de cada um, mas ligadas entre si, o que um fotógrafo local explicou que significava 'afeto verdadeiro'. George e eu então rimos até cair, o que acendeu de verdade o espírito da festa".[9]

Mal se esbaldou no sentimento de comunidade vivenciado no *ashram*. Quando não estavam nas palestras do Maharishi, John e Paul tocavam violão alegremente, compondo novas canções com grande despretensão, bastante inspirados pelos ensinamentos do homem santo. Como sempre, Mal garantiu que todos os seus camaradas desfrutassem da estadia. Sabendo do histórico de Ringo de problemas estomacais, o *roadie* ia até Rishikesh todas as manhãs para comprar provisões frescas e poder preparar o café da manhã do baterista.

Quando não estava servindo aos rapazes, Mal encontrava tempo para atender a seus próprios impulsos criativos, provavelmente inspirados depois de uma sessão de composição com Donovan. O músico escocês havia chegado recentemente, na companhia de "Gypsy" Dave Mills, um artista inglês, e a namorada de Mills, Yvonne. Trabalhando com Donovan, Mal ajudou a criar a letra evocativa e aérea de "The Sun Is a Very Magic Fellow", que seria incluída no LP seguinte do cantor, *The Hurdy Gurdy Man*. E Donovan não foi o único artista notável a ir até o retiro do Maharishi: a atriz Mia Farrow e sua irmã Prudence também se aventuraram até o *ashram* para participar do celebrado seminário de Meditação Transcendental do homem santo.

A certa altura, Mal compôs uma canção intitulada "I'm Not Going to Move", cuja letra descreve "a perfeita paz de espírito" que ele obteve por meio dos auspícios da meditação, uma transcendência que o motivou a se tornar uma pessoa melhor: "*Lord, I want to be your man/ Follow your eternal plan*".* Porém, a busca pelo nirvana podia ser ilusória de vez em quando, como o *roadie* aprenderia pouco antes de partir do *ashram*. "Certa noite, achei que a minha meditação estava alcançando uma nova e especial profundidade", escreveu. "Pude ver *flashes* ao meu redor na escuridão, apesar de meus olhos estarem fechados. Então, quando abri um olho para espiar, me dei conta de que estava enganado." Para grande surpresa de Mal, "Raghvendra estava piscando uma lanterna na minha direção através da janela. Ele tinha lido o aviso de NÃO PERTURBE na porta e pensou que essa seria a maneira mais educada de atrair a minha atenção!".[10]

No decorrer do mês de fevereiro, o *ashram* ficou em polvorosa com a notícia de que um tigre havia matado uma pessoa a menos de um quilômetro dali. Mal ficou maravilhado ao ver Mike Love, dos Beach Boys – que depois do evento de gala da Unicef se inspirara a fazer sua própria peregrinação a Rishikesh –, decidir que eles deveriam confrontar o animal. "Mike Love e eu, cheios de paz, marchamos para a selva para espantá-lo!", escreveu. "Por sorte, tudo o que achamos foi nossa própria companhia em meio a um cenário esplendoroso."[11]

A euforia aumentou assim que o filho da socialite Nancy Cooke de Herrera, uma das seguidoras mais devotas do Maharishi, chegou dos EUA para se juntar à mãe. Um fervor se acendeu pelo *ashram* quando o jovem, Rik Cooke, fez planos de uma caçada ao tigre. "Achamos uma total contradição à paz e à serenidade que a meditação traz, mas lá foi ele", escreveu Mal. "No primeiro dia, com um grito arrepiante, o tigre saltou do meio do mato para as costas do elefante que carregava o rapaz. [Cooke] ficou muito abalado com a experiência, mas não o bastante para desistir da caçada. No dia seguinte, devia estar emanando vibrações deliciosas, porque o tigre ignorou a cabra deixada como isca e escalou uma árvore para chegar até Cooke de novo. Isso foi demais, o fazendo retornar ao *ashram* num estado miserável e sofrendo de todas as doenças tropicais conhecidas, o que todos achamos que era apenas castigo."[12] John celebraria o episódio farsesco em "The Continuing Story of Bungalow Bill", uma das inúmeras canções que compôs em Rishikesh.

* "Senhor, quero ser um homem teu/ Seguir teu plano eterno"

No dia 1º de março, um outro tipo de novidade sacudiu o *ashram*: Ringo anunciou a Mal que ele e Mo estavam prontos para retornar à Inglaterra. "Estamos com saudades das crianças e Maureen não gosta das moscas", admitiu o baterista. Ringo confessou ao estudante canadense e aspirante a cineasta Paul Saltzman que Maureen, toda noite antes de irem para a cama, insistia que Ringo caçasse todas as moscas ou insetos no banheiro e no quarto. Foi inventada uma matéria que alegava que Ringo se cansara da culinária vegetariana do *ashram*, mas era somente um estratagema.[13]

Com o êxodo dos Starkeys se aproximando, outros rapidamente se somaram à viagem de volta a Délhi, entre eles Saltzman, Gypsy Dave, Yvonne e Mal, que não só providenciou os táxis, como também acompanhou Ringo e Mo até a cidade. Antes da partida, o Maharishi organizou uma foto em grupo para celebrar a estadia dos Beatles no *ashram*. O homem santo fez as vezes de diretor, organizando os lugares em que todos deviam se sentar enquanto flores e guirlandas eram colocadas sobre os alunos. "Que todos de fora do *ashram* vejam o quão felizes as meditações estão tornando vocês!", disse. "Pronto! Agora, todo mundo feliz!" Saltzman recordou-se de que a experiência toda foi festiva, "como uma foto de formatura que todos levam para casa".[14] Pouco depois, as imagens do Maharishi e seus celebrados alunos, com John e Mal à esquerda, correram o mundo.

No dia 3 de março, Mal liderou a caravana de táxis que saía de Rishikesh. Ringo mais tarde lembraria que "fomos até Délhi, compramos uma passagem e foi isso. Paramos em Teerã, onde um moço da companhia aérea veio até mim e perguntou: 'Com licença, você é um dos Beatles?'. Eu respondi 'não', ele se afastou e terminou aí. Acho que não somos muito famosos em Teerã!".[15] Mal os seguiu seis dias depois, embarcando no longo voo de volta a Londres em 9 de março. Com os feriados de Páscoa se aproximando – e Gary ansioso para ter uma folga do *bullying* na Kenyngton Manor –, ele parecia estar acertando suas prioridades.

Na segurança do seio da família em Sunbury, Mal soube que o alarme sobre a possível gravidez de Lily tinha sido falso. Ele chegou à capital em meio a uma inquietação sociopolítica, marcada por uma manifestação na Grosvenor Square na qual dez mil pessoas protestaram contra a Guerra do Vietnã. Embora Mal abominasse o conflito no Sudeste Asiático, ficou particularmente incomodado com o tratamento dispensado às forças policiais. Em seu diário, opinou que o protesto "se transformou numa pequena guerra em si. É irônico que usem violência para protestar contra a violência. A po-

Mal na ponta direita da foto em grupo no *ashram*

lícia britânica é a de mais excelência do mundo", acrescentou. "Manteve-se firme e não tentou usar mais violência do que foi necessário!"[16]

Com os tumultos e protestos só aumentando, Mal foi tratar dos negócios da Apple nos escritórios na Wigmore. Após mandar flores para a mãe de George, Louise, em Liverpool, como presente de 57º aniversário atrasado, ele sentiu a chegada de uma experiência extracorpórea. "Eu estava no elevador na Apple ao lado de um executivo comum de meia-idade", escreveu, "e fui tomado por uma sensação potente de que a vida é um jogo, um jogo em que eu faço as regras para servirem a mim, e, quando eu morrer, nada disso que há ao meu redor agora irá existir".[17]

Sentado à mesa de Neil – que tinha viajado para a Índia para substituí-lo ao lado dos Beatles que lá restavam –, Mal mergulhou nesse devaneio, numa tentativa de desenredá-lo o máximo possível em sua mente. Sentiu-se como se estivesse "reencenando um roteiro cinematográfico com fragmentos de coisas que vi no passado. A mesa é do tipo certo, a recepção parece estar correta, como se eu tivesse planejado tudo. Será que eu realmente construí todos esses prédios e modelei essas pessoas, minha bela família, sob medida – uma medida que conheci muito tempo atrás?". Agarrando-se a uma "forte consciência de si" recém-descoberta, ele se perguntou se "isso é a morte e eu estou brincando para me divertir até o nascimento?".[18]

Mal também refletiria com carinho sobre a notável produção criativa dos Beatles durante a estadia em Rishikesh. A música florescera como nunca antes, com o *roadie* podendo desfrutar do privilégio de observar a arte do grupo se manifestar em tempo real. Meses mais tarde, Paul contaria a ele sobre uma canção que começara a compor no *ashram*, longe dos ouvidos de Mal. Depois de muitas horas de meditação ininterrupta, disse o Beatle, experienciou uma visão em que o *roadie* se encontrava diante dele repetindo suavemente palavras de auxílio e conforto: "Deixe estar. *Let it be*".[19]

24

GRANDE, FOFO, ALEGRE E SEXY

Em sua estadia de um mês em Rishikesh, Mal não estava apenas cumprindo suas obrigações permanentes no Mundo Beatle. Claro, ele queria impressionar os rapazes e estava ávido por aproveitar ao máximo a oportunidade na Apple Corps, que foi um assunto frequente nas conversas – mesmo em meio à paz e à tranquilidade relativas do *ashram*. Contudo, sua jornada ao subcontinente indiano tinha raízes mais profundas do que a proteção de seu território no que dizia respeito aos Beatles. Na verdade, Mal vinha fugindo de algo que teve origem nos meses finais de 1967.

Em algum ponto do outono daquele ano, Arwen Dolittle, de 21 anos, adentrou a órbita do *roadie*. As coisas entre eles podem ter começado perto da costa, à medida que o ônibus do Magical Mystery Tour passava por Devon e pela Cornualha. Ou pode ter sido um pouco depois – num pub da cidade, quem sabe, após ela deixar sua terra natal rural rumo a Londres, onde conseguiu um emprego administrativo – quando Mal viu a bela loira de olhos azuis pela primeira vez. A essa altura, *onde* ele a conhecera não importava. Quando Mal desembarcou em Londres, o susto da possível gravidez de Lily era o menor de seus problemas: Arwen estava grávida de cinco meses dele.

É impossível saber o que Mal estava pensando nesse período. Na maior parte, as referências à jovem no diário são vagas e infrequentes. A vida do *roadie*, como de costume, era um verdadeiro turbilhão de negócios ao redor dos Beatles. E agora, com a família morando por perto, ele provavelmente achava mais difícil ocultar seus movimentos. Além disso, não teria sido o primeiro marido infiel a simplesmente ficar firme e esperar que o problema sumisse, que de algum modo se resolvesse num passe de mágica.

Quando Mal retornou a Sunbury em março, havia mudanças em andamento. O motorista de John, Les Anthony, presenteara gentilmente Gary e Julie com um par de coelhos, o que deu a Mal a tarefa de instalar gaiolas de madeira no quintal da família. De início, as crianças batizaram os animais, ambos machos, de Bernie e Priscilla. Ao se darem conta tardiamente que Priscilla era menino, o rebatizaram de Snowy, para combinar com seu pelo branco macio como a neve. Ao contrário dos porquinhos-da-índia das crianças, Sweet Pebbles e Nicola, os coelhos frustravam Mal até não poder mais: frequentemente conseguiam escapar das gaiolas e sair correndo.[1]

Enquanto isso, na Apple, as coisas se moviam rapidamente apesar de John e George terem ficado no *ashram*. Em 24 de março, Paul e Jane haviam retornado com Neil e o recém-nomeado diretor da Apple Films, Denis O'Dell, trazendo a notícia de que o próximo filme dos Beatles seria uma adaptação de *O Senhor dos Anéis*, de J. R. R. Tolkien. No entanto, a questão maior para Mal envolvia o destino dos Iveys. Bill Collins estava, com certa razão, se coçando por uma resposta, depois de aparentemente ter discutido os termos do contrato quase dois meses antes. Desde julho de 1966, Collins atuava como empresário da banda galesa cujos membros, nos anos seguintes, largaram seus empregos para tentar a sorte como músicos profissionais. Collins estava ansioso para levar a carreira dos Iveys adiante – e Mal ainda parecia sua melhor aposta.

De volta ao cenário de janeiro, Mal atendia por diretor-gerente da Apple Records, logo em seguida se tornando codiretor-gerente com Derek e, agora, caindo a *co*-codiretor-gerente ao lado de Derek e Peter Asher. De sua parte, Bill prometeu providenciar a Mal mais demos dos Iveys para compartilhar pelo escritório, onde Peter estava envolvido com sua própria descoberta promissora, o cantor e compositor americano James Taylor. Asher nunca se esqueceria da primeira audição da fita demo de Taylor, que incluía "Something in the Way She Moves". Ele se recordaria de ter caído de costas, pensando que "esta é uma das melhores coisas que já ouvi na vida".[2] Quem lhe cantou a bola sobre Taylor foi o guitarrista Danny Kortchmar, ex-integrante da finada banda do cantor, The Flying Machine. Peter ficou então ansioso não só para contratar o músico, como também para colocá-lo em estúdio o mais rápido possível.

Em meados de abril, George, John e suas esposas deixaram Rishikesh, de onde partiram após um escândalo emergir do *ashram* a respeito das supostas investidas sexuais do Maharishi às suas alunas. Com a partida dos dois Beatles, John começou a compor uma canção mordaz, que receberia o título de "Sexy Sadie", sobre a hipocrisia que testemunhara no subcontinente.

Nesse ínterim, Mal e Neil se preparavam para lançar o conceito da banda para a Apple ao mundo. Richard DiLello estava empolgado em assistir a tudo aquilo se desenrolar. Segundo sua estimativa, aqueles dois homens de Liverpool ocupavam uma fonte essencial de poder na empreitada toda. E ele descreveu Mal como "*road manager* e um dos principais adidos dos Beatles, só um tantinho ao lado de Neil Aspinall na hierarquia psicológica da Apple".[3]

No parecer de DiLello, foi o acréscimo de Derek Taylor – cujo retorno triunfal à trupe dos Beatles ocorreu em 1º de abril – que injetou a energia e a visão de que tanto a Apple necessitava. "Neil Aspinall e Mal Evans podiam conhecê-los por mais tempo", escreveu o hippie da casa, "mas Derek Taylor era quem tinha o toque humano articulado e imediato. Desde o início, foi quem inseriu nos desejos de seus patrões a energia para tornar realidade esse sonho deslumbrante, esquizofrênico e incessante. Quase sozinho, criou e sustentou todas as aspirações anunciadas com tanta confiança pela jovem Apple".[4]

No dia 18 de abril, a campanha publicitária inaugural da Apple chegou à mídia impressa. Num conceito sonhado por Paul, o anúncio exibia Alistair Taylor retratado como um homem-banda sitiado. "Este homem tem talento", dizia a propaganda. "Um dia, ele cantou suas músicas para um gravador (emprestado do vizinho). Com uma caligrafia cuidadosa, escreveu uma nota explicativa (informando seu nome e endereço) e, lembrando de incluir uma foto, mandou a fita e a carta para a Apple Music, Baker Street, 94, Londres, W.1. Se você está pensando em fazer a mesma coisa – faça agora! Este homem é o atual dono de um Bentley!"[5] A resposta foi previsível – e avassaladora. Em duas semanas, centenas de aspirantes a artistas da Apple inundaram os escritórios da Baker Street de material.

Naquele mesmo mês, Victoria Mucie retornou a Londres para continuar seus estudos. Agora com 18 anos, estava ansiosa para retomar a amizade com Mal, admitindo posteriormente que "houve momentos em que achei que estava apaixonada por ele. Era o cara mais doce e muito compreensivo. E eu sei que ele conheceu centenas, se não milhares, de jovens. Mas escrevia cartas para mim". Porém, houve muitas mudanças desde a última vez que Mal viu Victoria: ela adentrara um período obscuro que envolvia muita agitação familiar e não era mais o espírito descontraído que visitara as Ilhas Britânicas no ano anterior com tanto desprendimento e despreocupação.[6] E foi nesse estado de espírito que ela convidou Mal até seu apartamento no intuito de seduzi-lo.

Se vai seduzir alguém, você usa lingerie – ou pelo menos foi o que Mucie disse a si mesma. Em sua ingenuidade juvenil, entretanto, ela acreditava que "lingerie" se referia simplesmente a pijamas. "Então, vesti uma camisola de vovó", contou ela, "e quando ele chegou, tenho certeza de que pensou: 'Esta menina dá pena'. Mas nós nos sentamos e batemos papo por muito tempo. Eles tinham acabado de voltar da Índia, então conversamos sobre meditação e o sentido da vida. E eu me lembro da última coisa que ele me disse, algo que eu nunca vou esquecer: 'Eu já estive em todo lugar e já fiz de tudo, mas aquela espiritualidade, cara, na verdade é tudo o que existe, né?'".[7]

Victoria nunca imaginaria a encruzilhada na qual Mal se encontrava naquele mês decisivo. Como uma bomba relógio, um de seus casos extraconjugais colocara seu casamento e sua vida familiar em risco. Além disso, sua jornada profissional parecia estar, ao mesmo tempo, decolando e murchando diante de seus próprios olhos. Desta vez, ele parecia determinado a endireitar a vida doméstica e ser o marido que Lil merecia.

Nos anos seguintes, Victoria viria a entender o lugar de Mal no universo dos Beatles como a força motriz por trás das ações dele. "Eu me dei conta de que Malcolm vivia para agradar àqueles caras, exatamente como os Hare Krishnas vivem para agradar a seu guru. É algo do tipo: 'Vou lustrar o corrimão, depois vou me ajoelhar para polir os degraus. E então vou fazer tudo de novo, porque quero servir ao guru'. É como eu acredito que Mal se sentia ao servir aos Beatles. Eles eram os gurus dele."[8]

E se servir aos Beatles significava tornar a Apple o sucesso sonhado por eles, então Mal não se perdoaria se não tentasse fazer os Iveys darem certo. Na sua visão, os galeses mereciam ser a primeira contratação do novo selo. De modo a manter a pressão, Mal incentivou Collins a providenciar mais uma fita demo, totalizando quatro delas nesse momento. No dia 6 de maio, Mal compartilhou as gravações com Peter e Derek. Foi quando Peter notou uma diferença significativa entre as últimas demos e a banda que ele ouvira tempos atrás no Marquee. "Esta é uma banda muito boa e sólida", pensou. "E tem músicas boas, dignas de um disco. Não foi exatamente da mesma forma que me senti em relação a James [Taylor], mas achei os Iveys muito bons."[9]

Derek não conseguiu evitar a comparação dos galeses com as demais bandas encontradas na enxurrada de fitas que chegava às portas da Apple, concluindo que "os Iveys tinham um som extremamente melódico, profissional e coerente. Eles se destacavam em meio a todas as outras fitas. E o material deles soava como um disco, o que era o melhor teste". Mal sabia que a chave para fechar o contrato envolvia ter um Beatle ao seu lado, e, para seu deleite, Paul achou a última fita um êxito, dizendo a Mike Berry, da Apple Publishing: "Você ouviu a demo nova dos Iveys? É boa pra caralho!".[10] Porém, para seu crédito, Mal não queria parar em Paul, que ainda não tinha certeza de que os Iveys eram capazes de cravar um hit. O *roadie* queria o apoio *de todos*.

Após voltar a falar com Collins e pedir mais uma demo, Mal confrontou seus colegas na Apple no dia 21 de maio. Peter se recordou de que Mal fez um discurso passional em defesa dos Iveys antes de sair da sala. Depois de ouvir as últimas demos, "Paul os admirou", disse Peter, "e George e John curtiram. E todos nós gostávamos de Mal. Então não titubeamos. Eles se tornaram a sua cria".[11] Ainda que Mal sentisse ter sido forçado a extremos ímpares em favor dos Iveys, as evidências pareciam sugerir que, em retrospecto, o grupo estava destinado a receber um contrato da Apple a partir da mera força de seu apoio.

No que dizia respeito aos termos do contrato, Mal providenciara aos Iveys um início forte. O acordo de três anos pedia um mínimo de 12 músicas novas por ano. A certa altura, Collins discutiu as particularidades do contrato com George, que, nostálgico, disse: "Vou te falar o seguinte, Bill, vocês não vão ser extorquidos como nós fomos no nosso tempo. Conosco, vocês vão receber 5% e não vão pagar pelos custos de produção". Collins ficou entusiasmado, acreditando que era um acordo fantástico.[12]

Com os Iveys no rol da Apple, Peter Asher não perdeu tempo em encontrar um produtor para os galeses. Num comunicado interno, escreveu que "eles são um grupo encontrado por Mal Evans. Nunca gravaram discos, mas fizeram várias fitas demo, algumas das quais são extremamente boas e impressionaram John Lennon e George Harrison consideravelmente". Peter estava disposto a incumbir Denny Cordell da tarefa, dado o histórico do produtor, que incluía o sucesso arrasador do Procol Harum "A Whiter Shade of Pale". Depois de receber uma resposta positiva de Cordell, Peter lhe enviou "uma cópia das duas canções [dos Iveys] das quais gostava mais, e acho que ele está preparado para fechar o contrato para a produção de, pelo menos, um *single*. Obviamente, se for sucesso, irá fazer mais, e acho que nas mãos de um experiente produtor de bandas como Denny, eles podem se sair muito bem".[13]

Nesse período, o próprio Paul tinha começado a defender uma artista sua: Mary Hopkin, cantora adolescente galesa que teve uma participação potente em *Opportunity Knocks*, popular programa de TV britânico que exibia talentos amadores. Incentivado pelas recomendações da supermodelo inglesa Twiggy e do empresário dela, Justin de Villeneuve, Paul sintonizou o programa e, na sequência, fez *lobby* para que Hopkin tivesse um contrato de gravação da Apple. No fim das contas, foi Mal quem fechou o negócio – sem dúvida, animado por ter atendido às expectativas de Paul. O desafio, como ele descobriu, era convencer o pai de Hopkin de que a Apple era o selo certo para sua talentosa filha. Mal se lembrou de persuadir Hywel Hopkin "a permitir que Mary assinasse o contrato numa sala do Trident Studios", onde "seus interesses foram cuidados por um advogado de sua cidade natal, Pontardawe, no País de Gales. Algumas das cláusulas acrescidas ao contrato nos fizeram rir – uma delas era a de que nunca forçaríamos Mary a se apresentar nua!".[14]

Com vários artistas a bordo – os Iveys, James Taylor, Mary Hopkin e o maior prêmio de todos, na forma dos próprios Beatles –, a Apple estava pronta para começar o show. No dia 11 de maio, Mal acompanhou John e Paul no grande anúncio em Nova York. O *entourage* contou com Neil, Derek e Magic Alex, recém-nomeado diretor da Apple Electronics. Durante a visita de cinco dias, John e Paul se instalaram no apartamento de seu advogado americano, Nat Weiss, no Upper West Side, enquanto os demais ficaram por conta própria. Futuramente, Derek se lembraria de que aquela "semana louca e ruim" foi regada pela adição inesperada de um alucinógeno chamado Purple Holiday, que deixou John e Paul num leve e distante estupor ao longo das entrevistas e coletivas de imprensa organizadas por Derek para a revelação da Apple.[15]

Paul, em particular, relembrou ter se sentido desconfortável por todo o decorrer daquela estranha semana. "Eu tive uma paranoia real muito pessoal", disse. "Não sei se foi o que eu estava fumando na época", acrescentou, mas "por algum motivo, me senti muito inquieto com aquela coisa toda; talvez fosse porque estávamos fora do nosso radar. Estávamos conversando com veículos como a revista *Fortune*, que nos entrevistavam como se fôssemos uma força econômica séria, o que não éramos. Não tínhamos um planejamento de negócios; só estávamos de palhaçada e nos divertindo muito".[16]

Quando Mal não estava ao lado de John e Paul em entrevistas no hotel St. Regis ou navegando pelo rio Hudson com os rapazes num barco chinês, tentava pôr em prática sua habitual conduta amigável para bancar o turista. E, por fora, parece ter dado certo. Num artigo bajulador para a revista *Eye*, Lillian Roxon o retratou como "grande, fofo, alegre e sexy. Se os EUA o mordessem, seus olhos cintilantes te diriam que ele não hesitaria em morder de volta".[17]

Na verdade, o estado de espírito de Mal não se parecia em nada com isso. Estava absolutamente arrasado. Seu casamento andava cada vez mais permeado por uma guerra fria interna, havia um bebê extraconjugal a caminho em Londres e seu papel na Apple parecia ter sido construído sobre uma base de areia movediça, que vacilava a cada dia e ameaçava sufocá-lo. Ao escrever em seu diário naquela semana, Mal fez uma tentativa débil de filosofar sobre a situação atual. "Medo é saber a resposta certa", observou, "ao mesmo tempo em que se espera que seja a resposta errada". Porém, também lhe ocorreu que o conceito de medo pode ser algo ainda mais problemático, que "o medo é não saber [sequer] a resposta certa".[18] Será que sua bússola moral se danificara tanto que era tarde demais para reorganizar suas prioridades deslocadas?

Magic Alex, John, Mal e Paul chegando a Nova York para promover a Apple

25

O GIGANTE QUE RI

No dia 15 de maio, a Apple Boutique finalmente sucumbiu às pressões locais, com os Beatles concordando em cobrir de branco o mural do The Fool para entregar o imóvel. Para George, "isso é típico do pensamento estreito que tentávamos combater. Todo aquele negócio do Flower Power dos anos 1960 tinha a ver com isso: 'Vão embora, seu bando de chatos'. O governo, a polícia, a opinião pública – todos eram chatos demais, e, de repente, as pessoas viram que podiam se divertir. Quando disseram que teríamos de nos livrar da pintura, a coisa começou a perder o apelo".[1] Após perder dinheiro num ritmo alarmante – talvez até 200 mil libras durante o breve período em que esteve em operação –, a Apple Boutique teve seu fechamento marcado para 31 de julho.

Num comunicado para a imprensa, Paul atribuiu essa decisão a um comprometimento compartilhado com a visão central da companhia. "Nosso negócio principal é o entretenimento – a comunicação", disse. "A Apple está preocupada sobretudo com a diversão, não com roupas. Queremos dedicar todas as nossas energias a discos, filmes e nossas aventuras eletrônicas. Tivemos de retomar o foco." Na noite de 30 de julho, essa retomada de foco começou quando os Beatles e seu pessoal mais próximo escolheram para si alguns itens de última hora na loja. "Estava tudo bem quieto quando entramos", escreveu Mal, "parecíamos ladrões na noite, pois embora a loja pertencesse a eles, havia aquela sensação de não querer ser pego. Sei que eu mesmo hesitei muito em tocar em qualquer coisa, esperando que o alarme soasse a qualquer momento. Porém, superada essa desconfiança, passei a encher sacolas grandes com tudo o que conseguisse pegar. Essa segunda fase terminou quando me dei conta de que nenhuma das peças que coloquei nas sacolas me serviria, então passei a devolver tudo, ficando só com um relógio da Apple".[2] No dia seguinte, os Beatles escancararam as portas da loja para o público. A distribuição insana de produtos grátis levou a polícia a ser chamada, como nos tempos da Beatlemania, para apaziguar o quase tumulto que se seguiu.

Para Mal, retomar o foco se tornou a ordem do dia na Apple. Em Nova York, John e Paul haviam se encontrado com Ron Kass, de 33 anos, executivo da indústria musical americana que gerenciara a operação europeia da Liberty Records. Kass tinha sido altamente recomendado pela Capitol, responsável pela distribuição do grupo nos EUA para a EMI, então os Beatles foram todo ouvidos. Como líder, ele exalava sofisticação, estilo e competência, elementos que os rapazes viam como essenciais para sua marca. Com a Apple Boutique indo pelo ralo tão precocemente – e John e Paul recém-chegados da ofensiva de persuasão em Nova York –, um novo lançamento para a Apple parecia um próximo passo vital.

Até que um dos Beatles se dignasse a lhe dizer o contrário, Mal podia contar com algum refúgio em ser diretor-gerente da Apple Records. Peter estava claramente posicionado como chefe de artista & repertório, enquanto Derek cumpria o papel de assessor de imprensa da Apple Corps. Um rol sólido de novos talentos começava a emergir com os Iveys, James Taylor e Mary Hopkin a bordo. De sua parte, George Harrison estava motivado para contratar Jackie Lomax, 24 anos, que os Beatles conheciam dos tempos de Merseybeat e de Hamburgo como membro dos Undertakers. Mais recentemente, o cantor e guitarrista nascido em Cheshire tinha feito parte do catálogo de Brian, gravando três *singles* para a CBS com o Lomax Alliance, seu grupo de apoio. Já Paul queria muito trazer a Black Dyke Mills Band para a Apple. As origens da banda de metais de Yorkshire, uma instituição britânica, eram do início do século 19, e Paul a via como um veículo para gravar seu tema instrumental "Thingumybob".

Ansioso para agregar novos talentos – na tentativa de conseguir algo que realmente impressionasse os rapazes –, Mal ficou de olho em Luan Peters, nome artístico de Carol Ann Hirsch. Atriz e cantora de formação, Peters (como "Karol Keyes") tinha anteriormente atuado como *frontwoman* do Big Sound, especializando-se em vocais roucos e blueseiros. Em contraste com os Iveys, seu currículo já incluía uma presença de palco explosiva e um *cover* emocionante de "A Fool in Love", de Ike e Tina Turner, lançado pela Columbia em 1966. Mal concluiu que se providenciasse o repertório certo para Peters – uma composição original de Paul McCartney se encaixaria com perfeição –, ela seria um acréscimo formidável ao próspero elenco do selo.

Durante o mesmo período em que batalhava para manter seu cargo na Apple, Mal se viu desviado mais uma vez por seu *outro* trabalho. Desde maio, os Beatles estavam de volta aos estúdios da EMI para gravar o aguardado LP que sucederia *Sgt. Pepper*. Como sempre, isso significava que o *roadie* seria altamente requisitado, talvez por meses a fio, para atender às necessidades deles, tanto pessoais quanto profissionais. Quando as coisas engataram para a elaboração do novo disco, no fim de maio, Mal foi recebido por Chris O'Dell, a americana de 21 anos que era um rosto novo no Mundo Beatle. O'Dell tinha chegado a Londres por meio de Derek, com quem trabalhou brevemente como motorista poucos meses antes, em Los Angeles. Chris agora atuava nos escritórios da Apple na Wigmore Street, cobrindo diferentes membros da equipe aqui e ali e fazendo tarefas diversas. "No meu primeiro dia, John e Yoko estavam sentados na recepção, depois chegou Paul. E é claro que Mal estava lá. Eles haviam acabado de começar o Álbum Branco, então ele estava por ali todos os dias para organizar coisas para o estúdio".[3]

Para Chris, Mal era "acessível", o que foi vital para a jovem que tentava se orientar num novo ambiente. "Era meio estranho estar naquele mundo", lembrou, "porque, para os jovens americanos da época, os Beatles eram meio surreais. Eu, com certeza, era fã deles, então cair de repente num universo em que aquelas pessoas de fato andavam e falavam foi alucinante". Felizmente para O'Dell, Mal estava lá, "como um grande urso de pelúcia, bem típico de Liverpool, e nós nos entrosamos muito rapidamente".[4] Na época, tudo o que ela sabia sobre Mal era que Derek se referia a ele como "guarda-costas chefe". E ela "logo descobriria que isso significava que você tinha de passar por Mal – um cara grandão que levava seu trabalho a sério – para chegar nos Beatles. Isso funcionava bem para ele, pois todas as jovens que se jogavam na banda acabavam ricocheteando nele, que estava mais do que disposto a entretê-las".[5]

Depois de alguns dias na Apple, Chris perguntou a Paul se podia visitar o estúdio para ver os Beatles em ação. "Na minha ingenuidade, eu não sabia que isso não se perguntava", disse. Paul, por sua vez, a instruiu a "falar com Mal". Aquele era um mantra que ela repetidamente ouvia durante seus dias na Apple: "Fale com Mal". Ela então o fez, recebendo um convite do *roadie* para uma sessão nos estúdios da EMI. Naquela noite, enquanto ela esperava na frente do estúdio, "Mal foi muito amigável e muito legal. Conversamos sobre várias coisas – o que rolava na Apple, o clima, o que ele comeu no jantar –, mas ele nunca mencionava o ato de entrar no estúdio. Depois de um tempo, me dei conta de que Mal só estava matando tempo e não tinha a menor intenção de me levar para dentro com ele". Chris ficou compreensivelmente decepcionada, sentindo ter sido levada a crer que era bem-vinda na EMI. "Eu poderia ter perguntado sem rodeios – 'Podemos entrar no estúdio agora?' –, mas ele sabia por que eu estava lá, e eu tinha o meu orgulho, afinal de contas. Também tive medo de que, se eu fizesse essa pergunta à queima-roupa, ele explicaria a 'regra' de não haver visitas no estúdio e eu nunca poderia entrar."[6]

E conhecendo a reputação de Mal como alcoviteiro principal do grupo na época das turnês, Chris também ficou meio preocupada que ele pudesse começar a abordá-la com esse fim. Seus receios, porém, duraram pouco. Momentos depois, Pete Shotton, amigo de infância de John, chegou ao local e informou a Mal que precisavam dele lá dentro. Quando Mal saiu para atender às necessidades dos rapazes, Pete perguntou a Chris se ela gostaria de ir com ele até o estúdio 2, e, em questão de minutos, ela estava ao lado de John, Paul e George, gravando palmas em *staccato*, junto a Pete, para "Revolution 1".[7]

A essa altura, a guerra que rugia no Vietnã já se tornara um assunto regular das conversas no estúdio. Shotton se recordou de uma noite em que presenciou os rapazes discutindo os recentes protestos antiguerra que surgiam por toda a Europa e a América do Norte. "Se eu tivesse a oportunidade", Mal interrompeu bruscamente, "meteria bala em todos eles!". Shotton relembrou que os Beatles reagiram com vaias bem-humoradas, surpresos pelo apoio convicto do amigo às autoridades.[8]

Na sexta-feira, 7 de junho, a banda fez uma pausa nas gravações do álbum, inicialmente apelidado de "o álbum duplo", dada a quantidade considerável de material composto em Rishikesh. Para Mal, esse intervalo serviu para acompanhar George até a Califórnia, onde ele se encontraria com Ravi Shankar para a filmagem de uma cena de *Raga*, documentário de Howard Worth sobre a vida e a obra do guru da música clássica oriental. Com pressões acumuladas tanto em casa quanto na Apple, Mal estava ansioso para viajar, tendo rabiscado no diário que "a aventura começa aqui".[9] Com Ringo a tiracolo, bem como Pattie e Mo, a viagem deve ter sido como nos velhos tempos para o *roadie* – ele jogou baralho por horas no avião com os dois Beatles, socializou com celebridades e bancou o turista sem a menor preocupação.

As filmagens ocorreriam em Big Sur, então Mal e o grupo ficaram hospedados por perto, em Pebble Beach, no Hotel Del Monte, onde o *roadie*, sempre atento às celebridades, alegrou-se ao saber que Bing Crosby também era hóspede. Ao se instalarem nas luxuosas acomodações, George praticou cítara enquanto Mal fazia as vezes de gerente de equipamentos. Dada a proximidade aos campos de golfe mundialmente famosos de Pebble Beach, "George sugeriu uma partida e foi fantástico!", escreveu Mal. "Se alguém passasse por ali e visse George, nunca o ligaria ao Beatle de mesmo nome. Imagine-o de óculos de sol enormes debaixo de um chapéu de feltro laranja, vestindo um terno laranja claro para combinar, taco de golfe em punho, sentado no meio de um campo num carrinho maluco!"[10]

No dia seguinte, Mal escoltou George até o Esalen Institute, encantado com as paisagens enquanto Worth filmava Ravi ensinando a George um novo raga, como são chamados os padrões melódicos tradicionais na música indiana. À medida que as câmeras rodavam, escreveu Mal, "ali estavam os dois com suas cítaras, bem informalmente e sem nenhum ensaio ou diálogo planejado".[11] No outro dia, Worth filmou planos de George e Ravi caminhando pelos penhascos enquanto Mal fazia várias fotos dos músicos e de Pattie, que relaxava serena sob o sol da Califórnia. Finalizaram as férias em Los Angeles na casa do ator Van Heflin, em Brentwood. Mal teve a chance de testemunhar as legítimas diabruras hollywoodianas ao visitarem a casa de Peter Tork, em Laurel Canyon, onde o membro dos Monkees nadava com várias mulheres nuas quando eles chegaram. Mais tarde, George e Ringo fizeram uma *jam session* com Tork ao piano, Peter Asher no baixo e David Crosby na guitarra.

O grupo então voou para Nova York, hospedando-se no hotel Drake, onde também estavam Jimi Hendrix e Eric Clapton. Para Mal, um dos grandes destaques da viagem foi levar Ringo e Mo a um show intimista de Hendrix no The Scene, noite em que o deus da guitarra fez um dueto com o flautista de jazz Jeremy Steig. Mal também acompanhou George e Eric até a Manny's Music, principal loja de instrumentos musicais da cidade, onde o Beatle arranjou "um [violão] Gibson Jumbo dos gordos, maravilhoso, bem country".[12]

A viagem foi exatamente o que Mal mais desejava – uma distração de seus problemas da vida real no Reino Unido e uma oportunidade para conhecer gente nova no caminho. Uma dessas pessoas foi o cantor Harry Nilsson, de 27 anos, que lançara seu LP de estreia, *Pandemonium Shadow Show*, pela RCA em dezembro. O álbum trazia a inteligente releitura de Nilsson para "You Can't Do That", dos Beatles, na qual ele fazia referência a 18 outras canções do quarteto numa mixagem inovadora e de múltiplas camadas.

Mais tarde naquele mês, Paul fez sua própria viagem à Costa Oeste dos EUA para comparecer à convenção anual da Capitol Records, marcada para

20 de junho, no Hilton de Beverly Hills. Tony Bramwell também esteve presente, bem como Ron Kass, recentemente nomeado presidente da Apple Records. Na convenção, lembrou Bramwell, Paul anunciou a intenção dos Beatles de lançar seus trabalhos pelo novo selo e então fez um "bom e velho *meet and greet*" com os cabeças da Capitol. Após a apresentação, que Tony descreveu como uma "obra-prima das relações públicas", os dois retornaram a seus bangalôs, onde ficaram surpresos ao ver Linda Eastman, a encantadora fotógrafa da festa de lançamento de *Sgt. Pepper*. "Ela tinha um baseado numa mão e um sorriso enorme no rosto", disse Tony. "Paul logo se desligou do circo que o rodeava e chamou Linda de lado. Da outra ponta da sala, vi de repente algo acontecer. Bem diante dos meus olhos, eles se apaixonaram. Foi como o trovão de que os sicilianos falam, o *coup-de-foudre* de que os franceses falam em tons sussurrados, aquela sensação de uma-vez-na-vida."[13]

Ken Mansfield também estava na convenção, onde trabalhou com Paul e Ron, ajudando-os a posicionar a Apple no rol crescente de subsidiárias da Capitol. Em dado momento, Mansfield expressou seu maravilhamento com o impacto notável que a Grã-Bretanha tinha sobre a música popular.

"Caramba", disse a Paul, "eu gostaria muito de ir a Londres algum dia".

Paul respondeu levemente surpreso: "Você nunca esteve na Europa?".

Mais tarde, quando Mansfield levou Paul, Ron e Tony ao aeroporto, o Beatle fez questão de tirar um medalhão que usava no pescoço e colocá-lo no de Ken. "A próxima vez que eu vir essa peça, vai ser em Londres, quem sabe?" Algumas semanas depois, Mansfield recebeu um telefonema de Ron, que o convidou para ir à Inglaterra para atuar como gerente da Apple nos EUA.[14]

A novidade da nomeação de Ron Kass como presidente da Apple Records não surpreendeu Mal em nada. Ele já vinha numa queda-livre emocional e profissional praticamente desde que Paul o convidou para assumir uma função de liderança no novo selo. Por um bom tempo, Mal sentia que "a Apple estava escapando de mim. Meu mandato como diretor-gerente da Apple Records durou pouco. Os Beatles então ficaram sérios com esse negócio todo e chamaram gente profissional. Eu não me importei, sabendo que era para o bem da companhia, mas, por não ser do tipo insistente, sentia que não tinha status de verdade na Apple, à parte de ser um amigo e companheiro".[15]

O fato era que um desses profissionais já estava de saco cheio. Mike Berry andava maluco na tentativa de fazer a Apple Publishing decolar. "Desde que entrara para a Apple em janeiro de 68, eu estava frustrado", disse.

"Lembro-me de perder a chance de assinar um contrato com um compositor porque não tinha nenhum Beatle por perto para aprovar. Uma das músicas dele que eu queria muito chegou ao Top 5. Por fim, tivemos uma reunião entre os Beatles e todo mundo, de todos os departamentos. McCartney presidiu. Todos concordamos que precisávamos ter mais comunicação em todos os níveis. Foi então decidido que Derek Taylor seria o coordenador, um intermediário para ajudar todo mundo a fazer as coisas. No dia seguinte, eu quis falar com Derek sobre fazermos algo para os Iveys, aí me avisaram que ele tinha ido a Los Angeles. 'Este lugar não está funcionando', falei."[16] Desiludido, Berry retornou à sua velha conhecida, a Sparta Music, onde recebeu um cargo de diretoria.

Ninguém se surpreendeu muito – Mal menos ainda – quando Neil foi nomeado diretor-gerente da Apple Corps. Exceto a preocupação de Mal quanto à diminuição de seu papel na nova companhia, ninguém parecia se importar muito com o próprio título. Como Derek se recordaria mais tarde, "qualquer que fosse o nome que alguém de fora tivesse escolhido para o seu papel" era relativamente indiferente, "já que nenhum de nós tinha qualquer título naquela época, a não ser quando negociávamos para ter um, pois Sir Frank ou Lorde Kenneth, ou seja lá com quem a Apple estivesse negociando, apreciavam que o nosso lado também os tivesse". O título de executivo de relação com o artista foi por fim concedido ao *roadie*, a quem Derek se referiu, sem animosidade, como "Mal, o gigante que ri".[17] Num contraste nítido, Derek comparou o rosto de Neil à "máscara mortuária de Alexandre, o Grande".[18]

Talvez por causa de seus estudos de contabilidade, ou pela longevidade no círculo interno dos Beatles, ou até mesmo por sua obstinação astuta, fazia sentido que Neil atuasse como diretor-gerente. Entendendo essa lógica interna, Mal escreveu que "Neil é uma pessoa proativa, que tira proveito total de qualquer situação que surja, ao ponto de o escritório que [depois] compartilhamos ser conhecido como o escritório dele".[19] Quando se tratava de comparar as forças e tendências dos dois, Peter Asher via Neil como sagaz, "muito mais reservado", o tipo de camarada que "sentava-se no escritório e gerenciava as coisas". Mal, por sua vez, "era muito extrovertido, risonho e simpático – ele abraçava as pessoas". Falando sobre personalidades distintas, Peter opinou "que sempre foi assim, imagino", remontando aos primeiros tempos nos quais eles trabalharam juntos, se não até antes disso. Neil "cuidava dos negócios", enquanto Mal "fazia todo o resto – *ele estava presente*. Se os Beatles fossem viajar, Mal ia junto. Estava em todo lugar".[20] Mal entendia *isso* também. "Eu era arrogante à minha maneira quanto à minha relação com os Fab Four", escreveria, "me sentia seguro na nossa amizade mútua – bem acostumado a ficar nas coxias e a ajudar a levar o show para a estrada".[21]

Naquele julho, à medida que a administração da Apple expandia-se para além de seu controle, Mal se confortava com seu lugar no ecossistema dos Beatles. Ele poderia não ter um título sofisticado, mas tinha *eles*. "Todos os quatro têm essa boa conduta que te faz se sentir bem e nada ser um grande problema", escreveu – acrescentando generosamente "assim como Ron Kass".

No dia 5 de julho, Mal foi até a Cavendish Avenue para buscar Paul e John para uma sessão nos estúdios da EMI, onde os rapazes deveriam retomar os trabalhos em "Ob-La-Di, Ob-La-Da", de influência ska. Paul saudou o *roadie* dizendo: "Estivemos conversando e concluímos que você é o cara mais certinho da organização". Mais tarde naquela noite, no decorrer da sessão, Mal transcreveu as palavras de Paul para a posteridade, acrescentando que "estou escrevendo isso porque me agradou demais".[22] Não é possível que ele tenha deixado passar despercebida a ironia de que, na forma de pensar de John e Paul, *ele* fosse, de algum modo, o mais certinho da turma. Eles muito provavelmente não faziam ideia de que ele mantinha cuidadosamente compartimentos na vida que ameaçavam transbordar um em cima do outro, com consequências perigosas em quase todas as direções.

Com Neil tendo assumido uma responsabilidade maior como diretor-gerente da Apple, as tarefas de *roadie*/gerente de equipamento/assistente pessoal dos Beatles aparentemente dobraram para Mal da noite para o dia, ficando evidente que ele precisava de seu próprio assistente. Este chegou na forma de Kevin Harrington. Com uma cabeleira ruiva, Kevin tinha começado a trabalhar como office boy na NEMS aos 16 anos. Conheceu Mal e Neil antes da terceira e última turnê dos Beatles pelos EUA, em agosto de 1966, quando os dois braços-direitos do grupo chegaram aos escritórios da NEMS para buscar vistos de viagem. "Eles entraram com um ar de confiança", recordou-se Kevin. "Mal e Neil eram inseparáveis. Para eles, nunca foi sobre trabalhar para a banda – era uma vocação. Viviam e respiravam os Beatles." Pouco depois, Kevin foi encarregado de alguma tarefa na Montagu Mews West. Quando chegou, Mal e Neil o convidaram a entrar, e ele observou os dois enrolarem centenas de baseados e colocá-los com cuidado em caixas de cigarro vazias, que então envolveriam em papel celofane para levar na próxima turnê. "Devo admitir que foi muito legal", disse Kevin. "Aqueles caras eram maneiros."[23]

No verão de 1968, Harrington já trabalhava nos escritórios da Apple na Wigmore Street. Certa noite, Mal ligou para ele, pedindo que levasse saladas e sanduíches para os rapazes nos estúdios da EMI. Kevin não sabia na época, mas já estava em pleno teste para ser assistente de Mal. No dia seguinte, o *roadie* o convidou para uma visita ao estúdio durante uma sessão dos Beatles. Kevin nunca se esqueceria da imagem de Mal chegando no Humber Super Snipe – "um carrão bestial". Quando adentraram a EMI, Mal deu ao jovem um *tour* despretensioso pelas instalações, fazendo questão de passar pelo bar do porão. Quando chegaram ao estúdio 2, Harrington se recordou de que "minhas pernas tremiam. Fiquei muito preocupado, porque era uma área proibida". No tempo em que trabalhou na NEMS, era lembrado repetidas vezes de que "ninguém entra no estúdio". Para Kevin, era "um lugar místico. Então, quando entramos, não acreditei. Só falava 'uau' e meus joelhos batiam um contra o outro de puro nervosismo".[24]

No dia seguinte, Mal se encontrou com Kevin na Wigmore Street. "Quer vir trabalhar comigo no estúdio com os rapazes, cuidando do equipamento?", perguntou. "Eu te mostro o que fazer." Com Kevin no círculo interno, Mal o levou às lojas de instrumentos, como a Sound City, na Shaftesbury Avenue, onde costumavam repor os estoques de cordas, baquetas e palhetas dos rapazes. Alguns dias depois, Mal fez uma pegadinha com o novo recruta, o mandando até a Sound City para comprar uma "palheta elétrica" para o violão de George. Por sorte, o pessoal da loja entrou na piada e chegou até a encaminhar Kevin para outro estabelecimento à procura do item inexistente.[25]

Mal obviamente ensinou Kevin a atender a *todas* as demandas de estúdio dos Beatles, incluindo os pontos mais refinados, como separar as folhas das sementes para enrolar um bom baseado. Mais tarde naquele verão, Kevin tirou sua carteira de motorista e foi no Humber de Mal buscar maconha. "Mal me apresentou ao primeiro traficante que conheci", se lembraria o jovem assistente, "um caribenho adorável que morava em Notting Hill. Eu comprava 30 g por semana por 11 libras, com Mal me orientando a discriminar nos gastos como 'doces'". Em duas ocasiões, o contador da Apple na Wigmore Street questionou Kevin sobre a quantia gasta em doces – isso até Harrington contar a Mal sobre a importunação que vinha recebendo da contabilidade. Da próxima vez que Kevin apresentou os recibos de doces, o contador apenas sorriu.[26]

A essa altura, os escritórios da Apple na Wigmore Street já não davam conta. Um comunicado interno de 10 de julho inteirou a equipe sobre os novos termos do aluguel do imóvel, que proibia estritamente música tocada de gravadores, toca-discos e até de instrumentos musicais no recinto a qualquer horário. "Se houver queixas dos proprietários acima de nós ou abaixo de nós, podemos ser processados por infração de contrato"[27], afirmava o comunicado. Para uma firma como a Apple Corps, tais estipulações eram insustentáveis.

Alistair Taylor rememoraria que, quando os rapazes e a liderança da Apple começaram a buscar soluções, chegaram a considerar alguns conceitos bastante surreais. "A ideia original trazida a mim era a compra de uma propriedade onde todos nós moraríamos", disse. "Haveria um grande domo no meio, que seria a Apple, e então corredores conduziriam a quatro casas grandes, uma para John, uma para Paul, uma para George e uma para Ringo. Ao redor da propriedade haveria outras casas, tipo estufas, e nós viveríamos nelas. De um jeito ou de outro, todos se divertiriam. Bem, a realidade foi que eles não tentaram comprar uma propriedade, pois, a terra sendo o que é, o lugar mais próximo que conseguiríamos seria Norwich. E ninguém nos via tocando uma gravadora de Norwich, por mais que fôssemos malucos."[28]

No fim, optaram pelo meio-termo e compraram um prédio de cinco andares na Savile Row, nº 3, no distrito londrino da moda, pela polpuda quantia de 500 mil libras. Embora parte da equipe ainda ficasse na Wigmore Street até o vencimento do contrato de aluguel, o endereço na Savile Row se tornou rapidamente o quartel-general da Apple. Mesmo assim, a predileção dos Beatles e dos funcionários por ouvir música – e tocar, de vez em quando – irritava o pessoal na pomposa vizinhança de Mayfair. "Tínhamos uns vizinhos bem esnobes na Savile Row, que os rapazes adoravam provocar", escreveu Alistair. "Sempre que tínhamos algo novo para ouvir, o que era bem frequente devido ao nosso ramo, eles faziam questão de deixar as janelas bem abertas e o volume no máximo. Recebíamos telefonemas dos nossos vizinhos de altíssima classe, que exigiam: 'Olha só, vocês poderiam abaixar o volume dessa porcaria péssima?', e os Beatles urravam de tanto rir."[29]

No dia 17 de julho, Mal e os rapazes percorreram o trajeto familiar até o London Pavilion para a *première* de *Yellow Submarine*. Depois de tratarem o longa-metragem de animação como uma ideia secundária por boa parte da produção, os Beatles ficaram fascinados com o resultado final, incluindo a espirituosa ponta que fizeram ao fim. Para Lily, foi uma das raras ocasiões em que ela pôde participar da vida do marido entre os ricos e famosos. As futuras estrelas da Apple estavam presentes – James Taylor e Mary Hopkin –, bem como Keith Richards, dos Rolling Stones, e membros dos Bee Gees, Cream e Grapefruit. Ringo foi com Mo, George com Pattie, enquanto Paul foi notadamente sozinho. John foi na companhia de Yoko, após ter trocado, sem cerimônias, Cynthia, na vida e na cama, pela artista conceitual. No que tangia às suas vidas pessoais, o chão sob os pés dos Beatles estava se movendo.

O simples ato de chegar ao cinema naquela noite foi uma provação para Mal e Lily. No fim de semana que antecedeu a *première* de gala, o casal teve uma discussão na qual o marido atribuiu o mal-estar, por um lado, à sua exaustão, e por outro, num gesto machista, à menstruação da esposa.[30] Os esforços aparentemente incansáveis de Mal para servir aos rapazes ficaram – sem nenhuma surpresa, em retrospecto – mais complicados após o fim das

Mal, Paul, John e Lily na *première* de *Yellow Submarine*

turnês, quando passou a estar constantemente ao volante, transitando entre as mansões dos Beatles, ou batendo cartão a cada vez mais horas no estúdio.

Enquanto o casal saía às pressas de casa para encontrar os Beatles a tempo de pisar no tapete vermelho para *Yellow Submarine*, Lily se machucou ao carregar Julie, de dois anos, pelas escadas. Determinada a ir brincar com o irmão mais velho, a bebê pulou dos braços da mãe e presenteou Lily com uma pancada feia no nariz.[31]

O trajeto até Londres pode ter sido angustiante – e fotos de *paparazzi* registraram o galo vermelho de Lily para a posteridade –, mas uma saída noturna ansiosa era o menor dos problemas da família. A essa altura, embora vivesse na mesma cidade que Mal, Lily sabia que ela e as crianças sempre viriam em segundo lugar. "E isso me magoava muito", diria ela futuramente. Mal deixava a família de lado ao menor sinal de assuntos dos Beatles, e "eu encobria para ele, dizendo 'O papai tem de trabalhar longe'. Um dia, estávamos todos prontos para uma visita ao zoológico em família", recordou-se, "quando George ligou para Mal porque precisava de uma corda de guitarra. Ao invés de insistir que levaria os filhos para passear, ele saiu para se encontrar com George. Eu não suportava ver a decepção no rosto das crianças".[32]

Mesmo assim, Lil tinha de admitir que gostava das vantagens, ainda que raras, de viver na órbita dos Beatles. "Tive a minha parcela da alta sociedade", reconheceu. Naquele verão, ela e Mal foram convidados para uma exibição privada de *O Bebê de Rosemary* por Mia Farrow, que desenvolvera grande estima pelo *roadie* em Rishikesh. Mal lembrou-se de que "Lil e eu chegamos vários minutos após o início do filme, por causa do trânsito pesado. Ao entrarmos no cinema escuro, vimos dois assentos livres, cruzamos por cima de alguns pés e os ocupamos". Lil logo passou a cutucar o marido. "Olhe só do lado de quem estou sentada", sussurrou. "Não conseguíamos nos conter de excitação por estarmos ao lado de Robert Mitchum", disse Mal. Eles então notaram que o ator havia escondido copos de uísque debaixo do assento. Em certo momento, lembrou Lily, Mitchum "confundiu o meu pé com um copo e disse: 'Perdão, senhora'". Quando as luzes se acenderam após a exibição, Lily, provando que podia ser quase tão deslumbrada quanto Mal, ficou empolgada ao ver que Yul Brynner e Clint Eastwood estavam sentados à sua frente.[33]

Como sempre, Mal tentava compensar suas falhas em casa. E em quase todas as vezes era Gary quem ficava ao seu lado, pronto para qualquer coisa, embora tenha passado anos à sombra dos Beatles. No dia 20 de julho, pai e filho foram à cidade assistir ao filme de maior sucesso do momento no cinema Odeon, no West End. "O grande evento do dia foi ir com Gary ver *2001: Uma Odisseia no Espaço*", escreveu Mal no diário. "Efeitos especiais e cores belíssimos, enredo bastante fraco e o fim – pode esquecer. Muito colorido, mas nada de mais. Gary achou um ótimo filme, mas não entendeu o final."

Em 28 de julho, Mal tinha algo ainda mais grandioso em mente para o filho. Naquele domingo, levou Gary para passear por Londres durante um dos dias mais inesquecíveis da história dos Beatles – a sessão de fotos que ficou conhecida como "Mad Day Out". Foi um dia mágico para Gary, que se deleitou com a oportunidade de observar o pai trabalhar com o quarteto mais famoso do mundo. Cinco fotógrafos estavam à disposição – Stephen Goldblatt, Tom Murray, Ronald Fitzgibbon, Don McCullin e Tony Bramwell – além de Mal, que conduzia os trabalhos para o *Beatles Book*. Yoko também estava lá, bem como a recém-chegada Francie Schwartz, americana de 24 anos e nova namorada de Paul. A presença solo dele na estreia de *Yellow Submarine* não tinha sido mera casualidade – o relacionamento com Jane Asher estava definitivamente acabado. Mal havia conhecido Francie em circunstâncias traumáticas quando foi convocado até a Cavendish Avenue no meio da noite após fãs que ficavam de vigília na frente da casa de Paul

Gary posando com Martha e a banda na Cavendish Avenue durante o Mad Day Out

sequestrarem Eddie, o Yorkshire Terrier de McCartney. "Mal teve de ir até a delegacia para recuperá-lo", lembrou-se Francie. "As garotas insistiam que não entregariam o cachorro a menos que Paul viesse. Conversei com elas por telefone e, de algum modo, devolveram o pobrezinho. Paul ficou menos chateado do que eu."[34]

A sessão de fotos do Mad Day Out compreendeu sete locações diferentes pela Grande Londres. Depois de dar a partida na Thomson House, na Gray's Inn Road, lar do *Times*, o grupo se deslocou até o Mercury Theatre, em Notting Hill, onde os rapazes posaram com um papagaio e, mais tarde, segurando uma grande placa com os dizeres "International Theatre Club". Com um pouco de incentivo, Gary entrou na foto, posicionando-se na frente da placa imponente. Num determinado momento, enquanto os fotógrafos e os Beatles se preparavam para mais uma imagem, Gary estava brincando num terreno baldio, onde empurrava inexplicavelmente um considerável pedaço de madeira, e Mal aproveitou para tirar fotos dele. A sessão prosseguiu no cemitério de Highgate, em North London, e também na Old Street, onde os rapazes subiram numa ilha de concreto no centro de uma rotatória movimentada. Na St. Pancras Old Church e nos St. Pancras Gardens, posaram com Gary num banco e, na sequência, pararam para fazer fotos na frente da entrada arqueada da igreja.

Nesse instante, Don McCullin, um dos fotógrafos, sugeriu que os Beatles e Yoko posassem em meio a um monte de curiosos que tinham se reunido numa grade ali perto. Várias crianças estavam por lá, incluindo um menino particularmente atrevido que ficou ao centro e à frente sem se importar com nada. Gary, no entanto, não quis saber e se recusou a entrar no quadro; afinal, era parte do *entourage* dos Beatles – não um curioso anônimo.

Em East London, os Beatles foram fotografados dentro e em torno do prédio do Wapping Pier Head. Ali, John, de jaqueta camuflada, fingiu-se de morto, com os demais posando solenes ao seu redor.

Ao pôr do sol, concluíram o Mad Day Out na Cavendish Avenue, onde Paul posou com Martha dentro do domo de meditação geodésico que agraciava seu quintal. Mais tarde, os demais se juntaram a ele, inclusive Gary, que se recordou vividamente da experiência de estar numa foto com os Beatles e a enorme Martha. Ao observar como situar o corpo, ele desviou o olhar da câmera de propósito após notar que John e Paul fitavam despreocupadamente o espaço, de um modo quase onírico. Gary obteve um efeito semelhante ao bater o olho num Buda de pedra dentro do perímetro do domo. "Vou olhar para isso por alguns segundos", pensou.[35]

No dia seguinte, segunda-feira, 29 de julho, Mal se juntou aos Beatles no estúdio 2 para ensaios e primeiros *takes* da nova composição de Paul, "Hey Jude". A reconfortante canção tinha raízes na recente visita de McCartney ao filho de John, Julian, de cinco anos, vítima do divórcio iminente dos pais. As expectativas eram altas de que a música fosse o primeiro *single* dos Beatles depois de "Lady Madonna", lançado em março. Para Mal e Kevin, "Hey Jude" marcou outra longa noite no estúdio, com os rapazes encerrando os trabalhos só por volta das 4h da manhã. No diário, Mal escreveu: "Noite estranha, de fato. Lil telefonou bem no começo. Não liguei de volta". Uma observação enigmática, sem dúvida. Porém, a próxima linha do diário era tudo menos sutil: "Arwen teve bebê na noite de sábado [27 de julho], 3 kg".[36]

Batizada de "Malcolm" na certidão de nascimento, a criança veio à luz no Charing Cross Hospital. A profissão da mãe foi registrada como "secretária", e o endereço, "Narcissus Road, 11", a três quilômetros dos estúdios da EMI, no noroeste de Londres. Não consta um pai do pequeno Malcolm na certidão. Em algum momento daquele verão, Mal visitaria mãe e filho, presenteando o menino com um ursinho de pelúcia gigante da Harrods.[37]

26

DOMINAR É SERVIR

No dia 1º de agosto, Mal e os Beatles já estavam nas etapas finais da gravação de "Hey Jude" no Trident Studios, onde George Martin e os rapazes tiveram acesso a uma mesa de oito canais ao invés do equipamento de quatro canais da EMI. "Quase no fim da noite, decidimos fazer um uso duplo dos 40 músicos, perguntando a eles se queriam cantar um pouco e bater palmas", escreveu Mal no *Beatles Book*. "Toparam de bom grado, com a orquestra inteira se levantando, batendo palmas e cantando '*la-la-la*' sob a supervisão cuidadosa de Paul!"[1] Em privado, ele sentia que Paul "às vezes pesava um pouco a mão no estúdio, num pedestal, pressionando [os Beatles] com força quando ele não estava na técnica".[2] Quanto a "Hey Jude" e a orquestra de 40 músicos, aparentemente nem todos estavam tão dispostos a compartilhar sua voz no refrão. Houve relatos de que um músico teria ido embora, reclamando que "não vou bater palmas e cantar numa droga de canção de Paul McCartney!".[3]

Enquanto isso, Ken Mansfield finalmente ganhou sua viagem a Londres e se juntou a Mal, Neil, Ron Kass e outros membros do time de liderança da Apple para sessões de estratégia no hotel Royal Lancaster. Os rapazes também estavam presentes, recordou-se Mansfield, "então era uma reunião muito importante. Não havia nada de frívolo – foi tudo muito sério". Estavam mapeando o futuro da Apple Corps, incluindo o audacioso lançamento, em 30 de agosto, de *Our First Four*, uma coleção especial composta pelos *singles* inaugurais do selo Apple Records: "Hey Jude"/"Revolution", dos Beatles, "Those Were the Days", de Mary Hopkin, "Sour Milk Sea", de Jackie Lomax, e "Thingumybob", da Black Dyke Mills Band.

Num intervalo dos trabalhos, Mal e Neil levaram Mansfield à sala ao lado. A ideia, em princípio, era fumar um cigarro, mas o cardápio não incluía os Senior Services de Mal. Uma vez sozinhos com o novo recruta, o presentearam com um baseado de haxixe antes de eles mesmos darem uns tragos. "Ora, aquilo não era algo com o qual estava acostumado", lembrou Mansfield, "e os dois me deixaram bem chapado." Ao fim do intervalo, Mansfield voltou à reunião da Apple flutuando na fumaça do baseado de Mal e Neil. "Infelizmente, foi aí que John começou a me mostrar umas fotografias – imagens dele e de Yoko nus. Minha cabeça entrou em parafuso." Mansfield então descobriu, graças a Paul, que aquilo tudo – a maconha, as fotos – era parte de um elaborado ritual de iniciação. "Acho que Mal e Neil se divertiram um bocado com aquilo, especialmente porque eu não usava drogas mesmo."[4] Mais tarde, ele soube que a foto que segurou se tornaria a notória capa de *Unfinished Music No. 1: Two Virgins*, o álbum de John e Yoko que estava por sair.

Em 9 de agosto, os Iveys finalmente entraram em estúdio para gravar seu *single* de estreia, porém sem Denny Cordell encabeçando a produção. Após experimentar fazer algumas sessões com os Iveys, ele passou a banda para Tony Visconti, seu aprendiz de 24 anos vindo dos EUA. Mal assistiu aos Iveys trabalharem rápido em "Maybe Tomorrow", balada emotiva composta pelo guitarrista Tom Evans. Visconti mais tarde relembraria que "eles me deram o que tinham elaborado, e eu quis colocar uma orquestra. Escrevi as partes, toquei-as no piano e perguntei se tinham gostado. Acho que ficaram tão maravilhados por terem violinos que basicamente só disseram: 'Ótimo. Pode fazer assim como está'". A banda ficou ainda mais animada depois que Paul McCartney ouviu uma das gravações e disse: "Acho que vocês têm um hit".[5]

Na sequência, depois de terem mixado "Maybe Tomorrow" para seu lançamento comercial, Mal levou os Iveys, Visconti e Bill Collins para jantar e tomar uns drinks no Bag O'Nails em celebração.[6] Empolgado com o prospecto de transformar os Iveys em legítimos *hitmakers* internacionais, Mal começou a planejar o percurso da carreira deles e, para deleite da banda, contemplar a produção do primeiro álbum. Enquanto isso, apresentou-os a Swinging London e os recebeu em sessões de gravação dos Beatles, onde puderam observar o trabalho de seus ídolos. E também os introduziu ao LSD. "Mal nos deu nosso primeiro ácido", contou o baterista Mike Gibbins. "Chamou de Strawberry Fields Forever." Tom Evans ficou particularmente encantado pela experiência. "Agora sei para onde estou indo", disse. "O ácido me ensinou o caminho."[7]

Quando o álbum duplo dos Beatles entrou em seus estágios finais de produção, George convidou o clã Evans para acompanhar sua família num cruzeiro de quatro dias pelo mar Egeu. O grupo partiu no *Arvi*, o mesmo iate de luxo usado na viagem de 1967 em busca da ilha para a comunidade. Com Twiggy e Justin de Villeneuve também a bordo, o *Arvi* navegou ao redor da ilha de Corfu. Durante o cruzeiro, Twiggy, George e a mãe do Beatle, Louise, revezaram-se na leitura de histórias do personagem Rupert, o Urso, para Gary e Julie.[8] Enquanto viajavam pelo Egeu, todos se esbaldaram em refeições suntuosas de cordeiro na brasa e assistiram a George e Mal balançarem-se alegremente em cordas de árvores e mergulharem nas águas do oceano. Quanto às crianças, lembrou Mal, "só colocávamos coletes salva-vidas nelas e as jogávamos no mar. Elas não sabiam nadar, mas se divertiam demais".[9] Além de jogar baralho, tomar sol e andar de esqui aquático, alguns dos presentes visitaram as ilhas de Hydra e Paxos, onde conheceram a cidade portuária de Gaios. Em dado momento, Mal tirou uma foto de George, Pattie e as crianças ao redor de uma estátua de Georgios Anemogiannis, o herói revolucionário grego que, em 1821, deu a vida pela causa da independência grega. Porém, o cruzeiro não foi só alegria. Gary recordou-se da relação fria dos pais na época, das discussões frequentes entre eles e dos estranhos sumiços do pai por horas a fio.[10]

No dia 21 de agosto, Mal e George pegaram o voo de volta a Londres em Atenas, ainda desfrutando da calidez da estadia no Egeu, embora o guitarrista estivesse se sentindo um pouco resfriado. Naquela noite, retornaram aos estúdios da EMI, onde John colocava os toques finais em "Sexy Sadie", sua ácida homenagem ao Maharishi. Na mesma sessão, Paul sentou-se ao piano do estúdio e presenteou Mal com um trecho de "Let It Be", a canção inspirada por um sonho e que ele tinha começado a escrever em Rishikesh. Paul já tinha cantado partes rudimentares da letra para Mal no carro em frente à sua casa na Cavendish Avenue, mas agora era diferente. Para o *roadie*, foi emocionante ouvir o verso "*When I find myself in times of trouble, Mother Malcolm comes to me/ Whisper words of wisdom, let it be*"*.[11]

Se Mal e George estavam revigorados pelas férias recentes, essa sensação não duraria muito. No dia seguinte, 22 de agosto, um pandemônio se instalou. Antes da sessão de gravação, Ringo saiu da banda abruptamente. Mal

* "Quando estou vivendo tempos turbulentos, Mamãe Malcolm vem até mim/ Sussurrando palavras de sabedoria, deixe estar."

observou o desenredar do incidente em tempo real, escrevendo em seu diário que "Ringo largou a bateria".[12] Ron Richards, sócio e colega de longa data de George Martin, já tinha previsto que isso aconteceria. Mais tarde, ele relembraria que "Ringo estava sempre sentado na recepção, sem fazer nada ou lendo um jornal. Ficava lá por horas esperando os outros aparecerem. Certa noite, ele não aguentou mais, se cansou e foi embora".[13]

Quando souberam o que tinha transcorrido, os Beatles remanescentes tentaram prosseguir com a gravação. Paul mostrou um novo rock que teve gênese em Rishikesh, chamado "Back in the U.S.S.R.", uma paródia de "California Girls", dos Beach Boys, e de "Back in the U.S.A.", de Chuck Berry, ambientada na Guerra Fria. À medida que a música evoluía no estúdio 2, John, Paul e George se revezavam à bateria. Durante essa tentativa de seguir em frente com a banda sem Ringo, todos concordaram em manter a situação "em sigilo", segundo o produtor George Martin, que vinha observando ao longo de todo o verão as políticas internas cada vez mais corrosivas do grupo.[14]

Mal e Kevin logo descobririam que a roda da fofoca dos estúdios da EMI vazava como um pneu furado. Algumas noites depois, os dois estavam fumando na recepção quando um homem estranho, bêbado e aparentemente baterista, cambaleou para dentro do prédio. "Vim tocar com os Beatles", anunciou, já que tinha ouvido falar que Ringo saíra do grupo. Mal se levantou e aproximou-se do homem muito menor que ele, dizendo que "Ringo não saiu dos Beatles. Ele só está de férias". Começou a embromar o camarada, sutilmente o encaminhando para a saída, com o homem lhe seguindo. "Foi uma progressão lenta", lembrou Kevin, mas em cerca de 20 minutos Mal conseguiu remover com cautela o pretenso substituto de Ringo do recinto até o estacionamento do estúdio, chegando até a parar para compartilhar com ele um cigarro de seu útil maço de Senior Services.[15]

"Foi absolutamente incrível", recordou-se Harrington. Quando Mal retornou à recepção, Kevin não pôde evitar a pergunta: "Por que você apenas não o agarrou e o pôs para fora?". Se fosse Neil no lugar de Mal, concluiu o assistente, Aspinall provavelmente teria dito: "Vá se foder e saia daqui", já que não tinha a paciência necessária para um exercício tão longo e arrastado.

Ao pensar sobre a pergunta de Kevin, Mal meneou levemente a cabeça e falou: "Se eu tivesse feito isso, o cara teria dito aos amigos: 'Que bando de babacas'. Ao invés disso, ele foi embora muito feliz, nos achando muito legais. O que nós fazemos reflete na banda. É sobre a banda". Para Kevin, esse episódio foi "algo incrível de se ver, presenciar Mal em ação". Porém, mais importante, acrescentou, "foi uma lição muito boa".[16]

Por sorte, o hiato de Ringo foi curto. No dia 27 de agosto, ele retornou aos estúdios da EMI, onde Mal havia decorado sua bateria com um buquê de flores para recebê-lo. Naquela noite, George Harrison estava produzindo uma sessão para Jackie Lomax, que gravava "You've Got Me Thinking", acompanhado por uma formação estelar com Eric Clapton na guitarra, Klaus Voormann no baixo e Ringo na bateria.

Naquele mesmo mês, Neil casou-se com Suzy Ornstein, de 24 anos, numa cerimônia organizada às pressas no cartório de Chelsea. Filha de George "Bud" Ornstein, o falecido diretor-executivo da United Artists, Suzy havia conhecido Neil durante a produção de *A Hard Day's Night* e *Help!*, com os dois se reencontrando por acaso numa festa em 1967. Após o casal trocar votos, com Magic Alex como padrinho, Peter Brown deu uma festa improvisada num restaurante na King's Road, com a presença de Paul, Ringo, Mo e Mal para celebrar a união.[17] Os Beatles não deixariam em branco o casamento de Neil, nem sua recente ascensão na Apple. Meses depois, Brown providenciou que os rapazes comprassem um apartamento sofisticado para os recém-casados em Knightsbridge.[18]

Com Ringo a bordo, os Beatles voltaram ao Twickenham Film Studios em 4 de setembro para as filmagens dos videoclipes promocionais de "Hey Jude" e "Revolution". Dirigidos por Michael Lindsay-Hogg, eles estreariam no popular *talk show* britânico de David Frost, *Frost on Sunday*, e no programa de variedades americano *The Smother Brothers Comedy Hour*. Exceto pelos vocais, os Beatles fingiram tocar diante das câmeras de Lindsay-Hogg. Depois de registrarem "Revolution", apresentaram "Hey Jude" naquela noite diante de um público de estúdio, gentilmente reunido por Mal e Kevin. Após sondar possíveis convidados na frente dos estúdios da EMI, a dupla tentou garantir uma ampla variedade de idades, etnias e profissões. Para aumentar o número de presentes, Mal recrutou 20 estudantes para distribuir panfletos pela cidade.

Os espectadores em potencial receberam um convite para "participar de uma performance de TV dos Beatles" datilografado com palavras enigmáticas. Cada participante também foi instruído a "confirmar que reconhece que fará parte de uma plateia de estúdio, não objeta ser visto na atração de TV e concorda em não receber cachê pela aparição no programa", embora fosse oferecido um lanche gratuitamente. No intuito de evitar convidados indesejados, eles foram orientados a se reunir com antecedência no Grosvenor Hotel, onde um ônibus os aguardaria para levá-los até o estúdio.

No fim das contas, Mal e Kevin conseguiram juntar mais de 300 participantes para a filmagem. Nada disposto a correr riscos em meio a tantos fãs,

Mal instruiu Kevin a ficar de guarda atrás da bateria de Ringo para o caso de alguém começar a surrupiar *souvenires*. Depois de servir chá e sanduíches aos fãs no refeitório do Twickenham, Mal conduziu os sortudos até o estúdio.

Diretamente à frente do palco improvisado estava Joel Soroka, 20 anos, estudante americano que conseguira o ingresso sentado no piso superior de um ônibus de dois andares. Entre um *take* e outro, Soroka observou uma pandeireta repousando sobre o tablado de Ringo. Ele então cruzou olhares com o baterista, que gesticulou para a pandeireta, incentivando que Soroka se arriscasse no instrumento. "Eu tinha fumado um pouco de haxixe naquela noite", admitiu o estudante, "então estava meio chapado. Talvez isso tenha reduzido alguma inibição que eu pudesse ter".[19] Soroka aceitou o desafio de Ringo, pegou a pandeireta e passou a golpeá-la no tempo à medida que "Hey Jude" entrava na famosa *coda* do final. Como se atendendo a uma deixa, dezenas de outros presentes o seguiram e congregaram ao redor dos Beatles.

Foi aí que Mal teve uma ideia. Enquanto Lindsay-Hogg e os Beatles se organizavam para o próximo *take*, Mal anunciou ao público: "Quando o coro começar, queremos que todo mundo venha em direção à câmera lentamente. Não se apressem. Cerquem o palco e entoem o coro. É uma festa. Vocês estão se divertindo, pareçam felizes".[20] E foi exatamente o que fizeram. Seguindo a deixa de Soroka, os fãs ali reunidos congregaram de um modo descontraído ao redor do palco e se misturaram aos membros da banda para uma cantoria espirituosa na *coda* da canção. De repente, Lindsay-Hogg tinha o seu *take* dos sonhos para "Hey Jude". "Meu plano era começar com um *close* de Paul e calmamente ir apresentando os outros membros da banda", relembrou o diretor. "Então chegaríamos ao início do coro, e a tomada seguinte, ampla, estaria repleta de gente."[21] Foi magia pura.

Mal saiu do Twickenham nas nuvens. Trabalhando com Lindsay-Hogg e Kevin, ele levara a cabo as providências para a filmagem com perfeição. E embora estivesse imensamente ocupado, tinha conseguido encaminhar os Iveys ao seu primeiro marco da carreira, o lançamento de "Maybe Tomorrow", agendado para meados de novembro como o quinto *single* da Apple. Ele poderia até não ser diretor-gerente, mas estava confiante de que contribuía com a causa maior da Apple Corps, o que, para ele, era mais importante do que títulos. As emoções de Mal voaram ainda mais alto alguns dias depois da filmagem, quando Paul o chamou de lado e proclamou que "sem você, fico mais perdido que cego em tiroteio".[22] Para o *roadie*, não havia como melhorar.

A essa altura, os rapazes se aproximavam da linha de chegada do álbum duplo que tinham iniciado em maio. Intitulado *The Beatles* e apresentado numa capa puramente branca e minimalista – em contraste com o festival de cores psicodélicas de *Sgt. Pepper* –, o LP, poucos dias após seu lançamento, em novembro, ficaria conhecido no mundo todo como o Álbum Branco.

Como de costume, Mal desfrutou de oportunidades de sobra de participar do álbum. Bateu palmas em "Birthday" enquanto Pattie e Yoko faziam *backing vocals*. Em "Dear Prudence", gravada durante o hiato de Ringo, Mal cantou harmonias junto a Jackie Lomax e um primo de Paul chamado John. Em "What's the New Mary Jane", que não entrou na versão final do disco, tocou sineta e diversas outras miudezas percussivas.

Entretanto, a performance mais estridente de Mal foi, de longe, em "Helter Skelter", que, nas palavras do *roadie*, Paul cantou "numa voz de rock gritante".[23] Para a base instrumental ruidosa da música, Mal contribuiu com uma parte de trompete enquanto John tocou, de todos os instrumentos possíveis, saxofone. Nenhum dos dois fazia a menor ideia de como tocar tais instrumentos, é claro, mas esse aspecto só incrementou a loucura inerente à canção. Ao fim de um *take* particularmente barulhento, Ringo arremessou as baquetas até o outro lado do estúdio, gritando: "Tenho bolhas nos dedos!".*

"Eles estavam completamente fora de si naquela noite", se recordou o engenheiro de som Brian Gibson. "Mas, como de costume, fez-se vista grossa à conduta dos Beatles nas sessões. Todo mundo sabia quais substâncias eles andavam usando, mas, no estúdio, eles eram a própria lei. Contanto que não fizessem nada excessivamente ultrajante, as coisas eram toleradas."[24]

Enquanto John, Paul e George Martin se preparavam para conduzir a mixagem e o sequenciamento finais do Álbum Branco, Mal acompanhou George Harrison e Pattie numa viagem extensa aos EUA para trabalhar no LP de estreia de Jackie Lomax. Na visão de Harrison, a viagem significava vários dias concentrados num estúdio em Los Angeles, onde ele esperava concluir o álbum de Jackie. Quando Mal deixou Lily e as crianças em Sunbury, supôs que ficaria fora por duas semanas, talvez três, no máximo. No fim, a viagem durou mais de sete semanas – levando Mal e, sobretudo, Lil a um limite emocional.

Muita coisa estava em jogo para Jackie Lomax, uma vez que seu *single* de estreia, "Sour Milk Sea", tinha empacado, apesar das resenhas sólidas na im-

* O famoso "*I've got blisters on my fingers!*"

prensa musical. Em contraste com "Hey Jude", dos Beatles, e "Those Were the Days", de Hopkin, que chegaram ao topo das paradas ou perto disso, "Sour Milk Sea" nem fez cócegas nos mercados britânico e americano. A cópia de Mal do relatório de vendas cumulativas de discos da Apple no Reino Unido da semana de 12 de setembro trazia argumentos fortes: uma quinzena após o lançamento, "Hey Jude" vendeu 395.565 cópias, enquanto "Those Were the Days", 127.152 cópias; nesse ínterim, "Thingumybob", da Black Dyke Mills Band, um *single* definitivamente nada descolado, tinha 6.307 cópias vendidas, superando "Sour Milk Sea", muito mais contemporâneo, mas que só vendeu 5.829. Portanto, a viagem era uma festa de debutante vital para Jackie, com diversas coletivas de imprensa marcadas nos EUA, além de uma aparição na convenção anual dos operadores de música do país e na feira do ramo no hotel Sherman House, em Chicago. E Mal estaria lá em cada uma dessas etapas.

Para a tarefa de apresentar Jackie a figuras importantes da mídia e da indústria americanas naquele outubro, Mal teve a companhia de Ken Mansfield. "Quando estávamos trabalhando com a Apple, nos divertíamos no emprego", recordou-se. "Mal era um cara grandão e adorável. Mas, no que dizia respeito à turnê de Jackie para a imprensa, ele me garantiu que cuidaria dele como se fosse um dos Beatles, que o músico receberia esse nível de tratamento. Nessa situação, onde qualquer coisa podia acontecer, Mal não era apenas o servente de alguém. Era firme como uma rocha, não subestimava nada e estava preparado para qualquer eventualidade." Numa das lembranças favoritas de Mansfield sobre esse tempo que passou com Mal e Jackie, os três estavam relaxando num bar em Cleveland quando o músico por pouco não foi acossado por um fã hostil. Lomax e Mansfield não tinham visto o homem se aproximar, vindo do outro lado do bar, mas Mal claramente sim. Portanto, os outros dois se surpreenderam quando o *roadie*, sem perder o fio da meada da conversa, levantou-se de repente e se posicionou entre Jackie e o sujeito. "Mal apenas desdobrou-se e usou seu tamanho para fazer o cara pensar duas vezes nas suas supostas intenções", lembrou Mansfield. "Foi simplesmente incrível."[25]

A viagem, porém, não se resumiu a negócios. Durante a parada em Cincinnati, Mal e Jackie foram a um show de Janis Joplin e o Big Brother and the Holding Company. Mal ficou abismado quando, na metade da apresentação, "Janis parou a banda, pediu que todas as luzes fossem desligadas e trouxe uma televisão para o meio do palco. Era o programa dos Smothers Brothers no qual os Beatles apresentavam sua nova música, 'Revolution', o que me deixou com um nó na garganta e muito impressionado". Quando a aparição dos Beatles terminou, a TV foi retirada do palco e o show, retomado. Mais tarde naquela noite, Mal e Janis se embebedaram e assistiram à televisão no quarto de hotel dela. Com Jackie a tiracolo, Mal também viu shows dos Statler Brothers, Sonny James e "um Johnny Cash exuberante".[26]

Chegando a Indianapolis, Mal fez questão de telefonar para Georgeanna Lewis, agora com 20 anos. "Meu Deus, o que aconteceu com você?", exclamou ele no jantar. "Você cresceu. Está linda!" De sua parte, Georgeanna apreciou a gentileza, ao mesmo tempo em que garantiu que ele soubesse que ela tinha um namorado firme com quem pretendia se casar. Ao caminharem até o carro dela, "Mal começou a me beijar e eu não resisti muito. Aquilo remexeu alguns sentimentos, e ele sabia". Ela o lembrou que "você ainda é casado, você tem uma família", acrescentando que "você vive em outro mundo. Não vive no mundo em que eu vivo. Provavelmente faz isso em toda parte. Se não sou eu, é alguém do Texas, da Inglaterra ou de algum outro lugar". Foi aí que Mal apostou tudo e sugeriu a Georgeanna que se encontrasse com ele naquela semana em Nova York. No dia seguinte, apesar de tudo, ela aceitou.[27]

Depois de uma parada na Filadélfia, Mal, Jackie e Mansfield chegaram a Nova York em 17 de outubro para mais algumas entrevistas e reuniões antes de partirem para a Costa Oeste, onde se encontrariam com George na semana seguinte. Como prometido, Georgeanna veio de Indianapolis e passou o fim de semana com Mal no hotel Americana. Jogando todas as fichas, ele a levou para ver *Hair* na Broadway. Ela relembrou-se de estar "bem no centro, na primeira fila, com gente nua voando por cima de nós". Durante as cenas mais ousadas do musical, Mal apertava a mão dela com toda força, depois de ficar desconfortável por sujeitar a jovem a tamanho mau gosto.[28]

Quando Mal estava nas reuniões com Jackie e Mansfield, Georgeanna passeava livremente na limousine deles, vendo os pontos turísticos de dentro do carro de luxo. À noite, Mal e ela compartilhavam uma cama no Americana. "Se dormi com Mal? Sim, dormi", disse. "Se consumamos o ato? Não, não consumamos. Ele era muito amoroso e passional, mas a única coisa que eu conseguia pensar era 'Quantas outras como eu existem ao redor do mundo?'" Sentindo pontadas de culpa, ela lhe perguntou sobre a esposa sem rodeios.

"Não tenho mais um casamento", ele respondeu. "O que temos é um entendimento. Não ando muito em casa, o que tem sido difícil para ela – para mim. Tem sido difícil para todo mundo." Georgeanna o observava à medida que ele ficava cada vez mais sério. "Eu não esperava ter esta vida. Nunca achei que sairia de Liverpool pelo resto dos meus dias. Tem sido uma vida boa, mas também difícil. Não existe mais uma vida comum – ela se foi."

Quando se despediram no aeroporto, Mal já tinha recobrado seu lado jovial de costume e prometeu manter contato. De sua parte, Georgeanna sentiu que o *roadie* "estava à procura de algo na vida, que poderia estar em Indianapolis com essa garota maluca que quis começar um fã-clube para ele".[29]

Na Califórnia, com a turnê de divulgação finalizada, Mal se deu ao luxo de desatar todas as amarras. Na maioria das noites, ia às sessões de gravação de Jackie com George no Sound Recorders. Porém, quando não estava no estúdio, sua vida se transformava numa libertinagem ébria e num consumo de *junk food* aparentemente incessantes. Compartilhava uma casa com George em Beverly Hills, onde sua dieta resumia-se a pizza. "As sessões tendiam a ir até tarde e, como a comida mais próxima disponível era numa pizzaria perto do Sound Recorders, toda noite era noite da pizza", escreveu. "Não consigo mais olhar para uma pizza até hoje." Na casa alugada, Mal passou a cobiçar as funcionárias. "Enquanto estivemos no local, fiz o que considero um dos meus melhores negócios", acrescentou. "Troquei uma governanta de 40 anos por duas de 20 anos, Gayleen e Mona, acréscimos muito decorativos à casa."[30]

Mal e George passaram um tempo considerável na companhia de Alan Pariser, um dos criadores do Monterey Pop Festival e empresário de Delaney & Bonnie and Friends, uma trupe de R&B capitaneada pelo casal Delaney e Bonnie Bramlett. Pariser ciceroneou Mal pelo sul da Califórnia, levando-o aos pontos turísticos e apresentando-o à crescente cultura de rock 'n' roll da região. No dia 10 de novembro, Pariser lhe propiciou um dos grandes destaques da viagem ao levá-lo para atirar na praia de Malibu ao pôr do sol. Mal ficou chocado com o arsenal de Pariser, que incluía uma réplica de um rifle Winchester de 1892 e um revólver Colt .48 de 1887. Com o Colt firme nas mãos grandes, Mal acertou uma lata a 90 metros de distância. "Dá para acreditar?", escreveu no diário.[31]

Conforme o tempo passava nos EUA, Mal ficava cada vez mais ansioso em relação a telefonar para a esposa e sua família em Sunbury. Ao longo daquele primeiro mês, enviava uma carta de vez em quando – ou seja, quando não estava ocupado jantando com Frank Sinatra; indo a festas em Laurel Canyon, nas quais ele e George se encontravam com os astros do R&B Delaney e Bonnie; ou observando fascinado George Harrison e Eric Clapton comporem "Badge" num bangalô do Beverly Hills Hotel. Em 17 de outubro, Mal enfim conseguiu levar a caneta ao papel, redigindo que "toda noite me deito aqui e quero que você esteja comigo. Sinto tanta a sua falta que dói, e meus olhos se enchem de lágrimas quando penso em você, Julie e Gary. Amo vocês com todo meu ser e sinto que nunca mais quero estar separado de vocês".[32]

Porém, logo em seguida, Mal escreveu que ele e George ficariam nos EUA por pelo menos mais um mês para passar o feriado de Ação de Graças com Bob Dylan e sua família em Woodstock, Nova York. Os dias transcorriam e ele ainda não conseguia juntar coragem para ligar para Lily, talvez temendo ser repreendido por ficar tantas semanas nos EUA. "Lil, por que não te ligo?", escreveu no diário. "Sigo inventando desculpas para mim mesmo para justificar por que não deveria. Acho que tenho medo de que você grite comigo."[33] Uma semana depois, no fim de novembro, Mal enfim cedeu e telefonou para a esposa. Para seu desespero, ela disse que não suportava mais e que queria o divórcio. Naquela noite, ele recorreu ao diário. "Lil, o que você está fazendo? Esta viagem me fez perceber o que você e as crianças significam para mim."[34]

Em Woodstock, quando não estava boquiaberto assistindo a Dylan e a The Band fazendo *jams* com George, Mal se ocupava brincando com os filhos de Bob e Sara Dylan. Também encontrou tempo para escrever mais uma carta para Lily. "Vou tentar ser aquilo que você quer que eu seja", disse. "Perdoe meus maus hábitos, Lil, e eu serei seu para sempre."[35]

Antes de ir embora de Woodstock, Mal fez questão de dizer a Dylan que "George sempre pensou [em você] como um bom amigo". Dylan então respondeu que "também penso em George como um bom amigo", acrescentando, para a alegria absoluta do *roadie*: "E penso em você, Mal, como um *muito* bom amigo". Ao refletir sobre essa amizade que desabrochava com o cantor, Mal concluiu que "obviamente, os filhos são nosso denominador comum. Ao longo da vida, descobri que, para se fazer qualquer amigo, é preciso encontrar esse denominador comum, qualquer que seja ele, trabalho, diversão, filhos, política, sexo ou colecionar meias velhas. Se vocês têm algo em comum, é a estratégia inicial para conhecerem um ao outro".[36]

Em 30 de novembro, Mal retornou enfim a Sunbury, onde Lil pareceu genuinamente feliz de recebê-lo de volta. Entretanto, qualquer calidez residual que tenha sentido após saber que a esposa não mais pretendia se divorciar dele diminuiu quando voltou à Apple na primeira semana de dezembro. De sua parte, Lil acreditava há muito tempo que os Beatles tinham ciúmes no que se tratava da fonte quase inesgotável de energia e boa vontade de seu marido em nome de cada um deles. O próprio Mal estava claramente ciente da relação especial que tinha com Paul, o Beatle de quem, em sua cabeça, era o mais próximo. Ao mesmo tempo, entendia bem a psique do baixista, admitindo que o amigo "parecia ter a atitude de um dono de fábrica do norte da Inglaterra". Numa ocasião especialmente dolorosa, Mal lembrou-se de quando Paul "se voltou para mim e disse: 'Você é meu servo. Você faz o que eu mandar'".[37]

Mal ficou seriamente abalado. "'Nunca fui servo de ninguém'", rebateu, "sempre senti de coração que trabalhava *com* os Beatles e nunca *para* eles". Magoado e com raiva, Mal pediu conselhos a John. "Também conduz quem serve", disse ele ao *roadie*, parafraseando o famoso verso do Soneto 26 de John Milton (1673): "Também ajuda quem fica e espera".[38] Durante a Primeira e a Segunda Guerra Mundiais, gerações de britânicos encontraram conforto nas palavras de Milton enquanto aguardavam seus entes queridos retornarem dos horrores de algum *front* longínquo. Pleno com a orientação de John, Mal foi ao diário e transformou as palavras de sabedoria do Beatle num poema:

Não tome a minha fraqueza
Dê-me a sua força
Não me dê a sua fraqueza
Tome a minha força

Dominar é servir
Conduzir é seguir
Vou servir-te e conduzir-te
E levar-te ao amor.[39]

Para Mal, o bom conselho de John fez toda a diferença, acalmando-o depois daquilo que ele sentiu como uma afronta pessoal.

Ao fim de 1968 – ano em que ele tentou em vão se remodelar como executivo fonográfico –, Mal teve sorte de ainda residir na Staines Road East, 135, levando-se tudo em consideração. A desconfiança que Lily sentia do marido chegara a um ponto febril. A essa altura, ela não estava encontrando apenas "cartas bobas de *groupies*" na mala dele, mas também calcinhas perdidas aqui e ali e outros sinais reveladores de infidelidade.[40] Ela reconhecia que Mal estava sendo seduzido – e o vinha sendo por algum tempo – por forças sobrepujantes, impulsos contra os quais ela dificilmente conseguiria competir. "Num minuto, ele estaria em Hollywood", disse ela. "No dia seguinte, estaria aqui de novo limpando a gaiola dos coelhos."[41]

A família Evans na festa de Natal da Apple

Quanto à Apple Corps, "Maybe Tomorrow", dos Iveys, motivo de tanta expectativa, sobretudo para Mal e Ken Mansfield, não alcançara as apostas mais intensas do *roadie*. Mansfield tinha encomendado cerca de 400 mil cópias do *single* para o mercado americano, além de trabalhar dobrado para gerar execuções no rádio e resenhas para os galeses. No fim das contas, o lançamento nos EUA não passou da 67ª posição, com mais de 300 mil cópias do *single* empacadas. Já o Álbum Branco entrou na parada do Reino Unido em primeiro lugar no dia 7 de dezembro e ainda reinava sem previsão de ceder o posto. "Hey Jude" não só havia estendido a Onda, como conseguido se tornar o *single* mais vendido do ano com ampla margem. Foi dada uma festa de Natal na Apple para celebrar um ano produtivo e receber o novo a caminho.

Adornando as paredes do novo endereço da Apple, no número 3 da Savile Row, estavam os impressionantes retratos de John, Paul, George e Ringo feitos por John Kelly, que acompanhavam o Álbum Branco. Também presentes, posando sob as fotografias de Kelly durante a festa de Natal, estavam Mal, Lil, Gary e Julie, com sorrisos que pareciam eternos.

Mal com Ken Mansfield

27

VEJO VOCÊS NOS CLUBES

Na chegada de 1969, Mal estava fora de forma e malcuidado – muito distante da época de estrada, quando carregar amplificadores e segurar fãs o mantinha em forma e aprumado apesar de seu apetite voraz. Com "Maybe Tomorrow", dos Iveys, enfrentando dificuldades nas paradas, Mal estava ansioso para retornar ao estúdio para gravar mais material, talvez até um LP. Assim como os Beatles, que, animados pela interação com aquele público de estúdio reunido por Mal e Kevin, tinham elaborado um sistema no qual filmariam os ensaios antes de um retorno triunfante aos palcos. O projeto *Get Back*, como passou a ser conhecido, estava em andamento.

No dia 2 de janeiro, Mal e Kevin entregaram os instrumentos, amplificadores e demais equipamentos dos Beatles ao cavernoso estúdio número 2 do Twickenham. Quando chegaram na van da Apple, a parafernália de gravação móvel já estava instalada, cortesia da EMI, com a equipe de filmagem de Lindsay-Hogg, liderada por Tony Richmond, pronta para começar. Para dar ao público do documentário uma visão íntima da preparação dos Beatles, Lindsay-Hogg complementou as duas câmeras da equipe com um par de gravadores Nagra estrategicamente posicionados, estilo *audio vérité*, pelo estúdio para capturar as interações entre o grupo à medida que as performances ao vivo se desenredavam.

Num aceno ao realismo cinematográfico, a tomada de abertura de Lindsay-Hogg mostra Mal e Kevin descarregando o equipamento dos Beatles no palco vazio, focando nitidamente na imagem da antiga pele de bumbo de Ringo, completa com o logo do *T* rebaixado de tempos longínquos. Paul acabou se atrasando uma hora e meia naquele dia, depois de dispensar uma carona de Mal para ir de transporte público. Como explicou Mal, "às 8h30min daquela manhã, entre uma mordida e outra no desjejum, liguei para todos os quatro para lembrá-los de que era hora de acordar e de que os esperaríamos no Twickenham às 11h. Naquele primeiro dia, Paul foi o último a chegar – às 12h30min! – pois pegou o metrô, depois o trem e, então, um táxi na estação Hampton Court. Ele pretendia fazer o trajeto todo de transporte público, mas sabendo que estava atrasado, desistiu e tomou um táxi ao invés de esperar no ponto de ônibus!".[1]

Determinados a causar um rebuliço com o novo conceito, os Beatles e seu círculo interno se engajaram em horas de discussões a respeito de *onde* encenar um acontecimento tão importante. "Houve muitas sugestões quanto ao lugar em que o show deveria ser filmado", escreveu Mal, "mas duas características eram necessárias para a locação. Uma era ter uma acústica segura, a outra, é claro, ser aprazível aos olhos. Em dado momento, foi sugerido que fizéssemos o show na África, onde poderíamos ter algum sol. E eu quase viajei com nosso produtor, Denis O'Dell, para checar um antigo teatro romano nas praias de Tripoli, mas essa ideia foi abandonada".[2]

No Twickenham, Mal tentou estabelecer sua rotina padrão em estúdio, cuidando do equipamento, preparando chá e torradas para o grupo e sendo uma fonte de boa vontade em geral. Quando não estava atendendo às necessidades culinárias dos rapazes ou transcrevendo as letras em tempo real, dava uma palhinha em algum instrumento – às vezes, da estirpe mais peculiar. No dia 3 de janeiro, Paul discutia sobre a potencial instrumentação para "Maxwell's Silver Hammer", composição nova cuja origem remontava a uma das lições do Maharishi no *ashram*. "Originalmente, eu tentei incluir um martelo, que talvez colocássemos Mal para tocar", disse o baixista. "Um martelo com uma bigorna. Um grande martelo numa bigorna – não se pode fazer esse som com nenhuma outra coisa. *Bang, bang!*" Quatro dias depois, enquanto os Beatles ensaiavam a música, Paul anunciou de repente: "Mal, precisamos arrumar um martelo", para então acrescentar, quase como se tivesse acabado de se lembrar, "e uma bigorna".[3] Por um momento, Mal pareceu perplexo com o pedido incomum. Porém, sem se dar ao trabalho de fazer perguntas, simplesmente deu de ombros e foi tratar de atender ao pedido de Paul durante o intervalo. Quando os rapazes voltaram do almoço, Mal tinha providenciado uma bigorna de um estabelecimento no West End especializado em apetrechos teatrais. Com a bigorna posicionada, ele logo entendeu que Paul queria que ele golpeasse aquele naco de aço durante o refrão de "Maxwell's Silver Hammer".

No dia seguinte, Mal e os Beatles continuaram a ensaiar a canção. Entre um *take* e outro, Mal transcrevia a letra em desenvolvimento num papel timbrado da Apple Corps. Ao mesmo tempo, anotava lembretes de execução para orientar seu trabalho na bigorna. A essa altura, "Maxwell's Silver Hammer" incluía um trecho proeminente com assovios de John, em concordância com as origens de *dance hall* da composição. Mais adiante na sessão, George pediu gentilmente por mais uma passada no final da canção para beneficiar Mal, percebendo que o *roadie* estava com dificuldade para manter o tempo na *coda* relativamente traiçoeira da música.

Naquele mesmo dia, enquanto Paul se preparava para conduzir um ensaio de "Let It Be", John sugeriu uma modificação na letra, que originalmente se referia a "Mother Malcolm". "Mude para 'Brother Friar Malcolm' e aí fazemos", disse Lennon. "Ficaria ótimo. 'Brother Malcolm.'"[4]

Com Mal como copista, Paul também experimentou tocar "The Long and Winding Road", balada emotiva que ele revelara alguns dias antes no Twickenham. Mal admirou a nova composição, que comparou ao *Mágico de Oz*, em especial ao tema central do filme envolvendo a Estrada dos Tijolos Amarelos e encontrar o caminho de volta para casa. Após admitir que não tinha assistido ao clássico de Hollywood, Paul aconselhou-se com Mal sobre a letra. Enquanto o *roadie* transcrevia as palavras, McCartney lhe pediu para ponderar sobre a ordem das frases "*don't leave me* standing *here*" e "*don't leave me* waiting *here*".* Momentos depois, Paul entrou numa imitação improvisada de Elvis, levando Mal a lembrá-los que 8 de janeiro marcara o 34º aniversário do Rei. Ao saber disso, John se levantou e fez uma saudação formal.

Contudo, o espírito de criatividade e camaradagem dos Beatles durou pouco. No almoço do dia 10 de janeiro, um pandemônio se instalaria com a saída abrupta de George da banda. Mal estava comendo com Lindsay-Hogg na cantina, apenas um andar acima do estúdio, quando "George veio até a mesa e declarou: 'Estou indo embora. Vou para casa'". Segundo Lindsay--Hogg, ele ainda disse: "Vejo vocês nos clubes" e saiu às pressas. No diário, Mal registrou o incidente de seu jeito tipicamente sutil: "George entrou no carro e foi embora".

Em princípio, durante o almoço, Harrison tinha trocado palavras acaloradas com John fora do alcance da audição de Mal – e além das capacidades dos gravadores Nagra de Lindsay-Hogg –, embora o *roadie*

* "Não me deixe aqui *parado*" e "não me deixe aqui *esperando*".

nitidamente tenha visto o imbróglio de uma maneira um tanto quanto diferente. George não estava apenas voltando para Esher. Na cabeça dele, estava saindo da banda. "Houve vários fatores envolvidos na sua decisão", escreveu Mal posteriormente. "Um deles era que George não gostava muito da ideia de fazer um filme para televisão. O outro – mais decisivo – tinha a ver com as diferenças pessoais com Paul. George sentia que Paul estava tolhendo sua contribuição às sessões de gravação dos Beatles. No passado, cada um deles trazia sua própria coloração de bom gosto ao quadro que era gravado, mas, ultimamente, Paul vinha querendo que George seguisse instruções, várias vezes pegando sua própria guitarra e dizendo: 'Toque deste jeito'. Para mim, era uma crítica à habilidade de George como guitarrista – pessoalmente, o considero um dos melhores do mundo. É claro, todos têm seus favoritos, e eles até podem ser melhores tecnicamente, mas, para mim, o jeito de tocar de George sempre teve muito mais sentimento, muito mais alma."[6]

Para Mal, qualquer cenário em que os Beatles não permanecessem intactos como quarteto era inaceitável. Ele admirou a discrição de George e escreveu que "a partida aconteceu com calma e tato, mas, é claro, para o pessoal da imprensa que ficava na frente do estúdio foi uma informação suculenta que eles extrapolaram ao máximo".[7]

O que com certeza mais irritou o *roadie* foi o comportamento de John depois que George foi embora do Twickenham. "Acho que se George não voltar até segunda ou terça, vamos ter de chamar Eric Clapton para tocar conosco", disse Lennon. "A questão é: se George sair, nós vamos querer continuar com os Beatles? Eu quero. Devemos só conseguir novos membros e seguir em frente."[8] Como se para sublinhar o mal-estar instaurado com a ausência de George, a sessão daquele dia terminou com uma *jam* de cacofonia improvisada, incluindo uma interpretação retorcida de "Martha My Dear", do Álbum Branco, na qual Yoko fez um solo de gritos, berrando o nome de John repetidas vezes. Enquanto isso, Paul apenas seguia tocando, aparentemente imperturbado pelo caos ao seu redor.

Apesar da turbulência no Twickenham, Mal viu George pessoalmente naquela noite. A ocasião foi uma sessão de gravação orquestral para "King of Fuh", peça irreverente do cantor e compositor americano de 28 anos Stephen Friedland, que gravava sob o nome Brute Force. A composição ganhou vida como um poema até que, em 1967, Friedland elaborou uma melodia em torno do texto. No fim de 1968, ele então gravou uma demo no Olmstead Studios, na 54th Street, em Manhattan. Dada a letra controversa da composição – que tece uma história melancólica sobre um monarca mítico, o "Fuh King"* –, Friedland sabia implicitamente que ela seria difícil de vender para a maioria dos selos. A essa altura, é claro, os Beatles já tinham convidado músicos do mundo todo a enviar suas músicas para consideração da Apple. Aproveitando uma conexão com Tom Dawes, cofundador do The Cyrkle, uma das bandas de abertura da turnê anterior dos Beatles, Friedland conseguiu que a demo de "King of Fuh" chegasse às mãos de Nat Weiss. Para sua grande sorte, Weiss tocou a demo para George, que achou a canção perfeita para ser lançada pela Apple.[9]

Na noite de 10 de janeiro, com os outros Beatles aparentemente já no seu espelho retrovisor, George encontrou-se com Mal no estúdio Trident para supervisionar a sessão dedicada a "King of Fuh", com 11 músicos de cordas da Royal Philharmonic. Desempenhando o papel de executivo de relação com artistas, Mal cuidou da comunicação com Friedland na pós-produção. Algumas semanas depois dessa sessão, ele escreveu uma carta ao compositor: "Caro Brute Force, estive na gravação das cordas, e, quando terminamos, colocamos para tocar a faixa do vocal também. Foi terrivelmente engraçado, a orquestra inteira rolou de rir e gostou muito de toda a experiência".[10]

Depois de uma malfadada reunião do grupo na nova casa de Ringo em Brookfield, no domingo, 12 de janeiro, os Beatles começaram a contemplar um futuro sem George. Na terça-feira, enquanto as perspectivas da banda de seguir em frente continuavam duvidosas, John e Yoko deram uma entrevista a Hugh Curry, repórter da CBC-TV, do Canadá. O fotógrafo Richard Keith Wolff, que estava a postos para a entrevista ao meio-dia no Twickenham, não pôde deixar de notar a presença persistente de Mal naquele dia. "Era possível sentir que ele estava checando discretamente se estava tudo bem com John." Para Wolff e os membros da equipe de Curry, em pouco tempo ficou aparente que John estava sob o efeito de heroína.

À medida que a entrevista avançava, o Beatle ficava cada vez mais pálido e inquieto, até por fim dizer: "Com licença, estou me sentindo um pouco indisposto", levando a equipe de Curry a parar a gravação. Sem perder um segundo, Mal entrou em ação em auxílio ao camarada tombado, que vomitou fora das câmeras.[11] Lennon e Ono vinham experimentando heroína pelo menos desde novembro de 1968, quando Yoko sofreu um aborto. "Sentíamos uma dor imensa", Lennon afirmaria mais tarde. E a tristeza compreensível no rastro da perda do bebê, que receberia o nome de John Ono Lennon

* Numa tradução livre, "Rei Fu", mas, em inglês, se trata de um trocadilho com o palavrão *"fucking"*. (N.T.)

II, levara o casal ao abuso prolongado de heroína. A droga sobrepujante os deixou debilitados entre os últimos meses de 1968 até os primeiros de 1969, se não por mais tempo. "Os dois estavam usando heroína", disse Paul, "e isso foi um grande choque para nós, porque todos achávamos que éramos uns viajandões avançados, mas meio que entendíamos que nunca viajaríamos tão longe assim".[12]

Nesse ínterim, uma sensação coletiva de alívio quanto ao futuro dos Beatles logo chegaria sob a forma de um consenso determinado no dia 15 de janeiro: George topava voltar à banda se os demais concordassem em abandonar o Twickenham e a ideia de um show truqueiro e ousado em algum lugar no

Mal indo ao auxílio de John durante a entrevista para a TV canadense

exterior. Ele sugeriu ainda que transformassem o material mais recente no embrião de um novo LP. Para os outros, foi uma escolha fácil, na verdade. Ringo já não tinha interesse em viajar para fora mesmo – estava para começar a filmagem de *Um Beatle no Paraíso*, com Peter Selles, no Twickenham no início de fevereiro. Além disso, compor um álbum era o que os Beatles sabiam fazer de melhor. Lindsay-Hogg poderia simplesmente mudar o foco do filme para a documentação do processo criativo deles. "Passada toda a fase de gravar com orquestras de 40 membros e acrescentar músicos de estúdio", escreveu Mal, "a sensação no ar era a de que seria legal fazer um álbum de grupo novamente".[13] Talvez *Get Back* fosse exatamente esse disco.

E os trabalhos poderiam ter sido retomados na semana seguinte nos recém-concluídos estúdios da Apple, localizados no porão na Savile Row, nº 3 – não fosse por Magic Alex. George tinha sérias desconfianças quanto ao autoproclamado gênio da eletrônica, alguém que ele mais tarde descreveria como "o maior desastre de todos os tempos. Ele andava por aí num jaleco branco como se fosse um químico ou coisa do tipo, mas não tinha a menor ideia do que estava fazendo".[14] Pior ainda, Magic Alex fizera promessas ousadas sobre as instalações fonográficas inovadoras que vinha elaborando no porão da Apple – na visão dele, um estúdio multipistas sob medida para os Beatles, único no mundo. Com as gravações em oito pistas entrando em voga, Magic Alex prometeu dar ao grupo o dobro dessa capacidade, mesmo sem entender muito bem o que isso queria dizer. "Era um sistema de 16 pistas", disse George, e Magic Alex "colocou 16 alto-falantes minúsculos por todas as paredes. A coisa toda era um desastre e precisou ser retirada".[15] Os Beatles agora trabalhavam com o prazo autoimposto de 31 de janeiro para completar o projeto. George Martin então entrou em ação e fechou um acordo com a EMI para a instalação de um equipamento portátil no Apple Studios. Isso tornaria as instalações funcionais a curto prazo para Glyn Johns, o prodígio engenheiro de som que estava cuidando da produção para a filmagem.

Como um bônus inesperado, Billy Preston, agora com 22 anos, passou pelo estúdio a convite de George. Com o tecladista na cidade tocando com Ray Charles, George pressentiu que sua presença talvez fizesse diferença na atitude dos Beatles. Na visão de Mal, o fato de o grupo conhecer Billy desde os tempos de Hamburgo não seria nada ruim. "Logo de cara, houve uma melhora de 100% do clima no estúdio", disse George. "Ter essa quinta pessoa foi o suficiente para quebrar o gelo que tínhamos criado entre nós."[16] A estratégia de George se pagou quase de imediato. John, que andava bem apático naquele janeiro, defendeu que Billy se tornasse o quinto Beatle de modo permanente, embora Paul não aprovasse. "Já é ruim o bastante com quatro!", rebateu.[17]

Acompanhados por Billy Preston, os Beatles começaram a ensaiar a sério o novo material. Enquanto George Martin arrumava o fiasco técnico de Magic Alex, Mal e Kevin transportaram o equipamento da banda para o porão na Savile Row, incluindo o piano de cauda Blüthner de Paul, que foi afinado e estava pronto para o próximo estágio do projeto. Em questão de dias, uma série de músicas começou a se materializar, entre elas "Get Back", "Two of Us", "I've Got a Feeling" e "Don't Let Me Down", além de avanços em "Let It Be" e "The Long and Winding Road".

As sessões no Apple Studios foram festivas em comparação aos dias rígidos no Twickenham. Numa ocasião memorável, os ensaios da banda foram interrompidos pela bem-vinda visita de Linda Eastman e sua filha de seis anos, Heather. Com o namoro de Paul e Francie Schwartz tendo se provado curto, ele não perdeu tempo em reacender o contato com a fotógrafa americana que tinha chamado sua atenção desde a festa de lançamento de *Sgt. Pepper*. Não muito tempo depois, Linda e Heather se mudariam para Londres, indo morar com Paul em sua residência na Cavendish Avenue. Durante a sessão no Apple Studios, a pequena Heather roubou a cena, chegando a convencer Mal a dançar com ela diante das câmeras de Lindsay-Hogg. Para o *roadie*, foi o paraíso. "Quase todas as manhãs, os Beatles se aqueciam tocando qualquer tipo de música, gravando várias *jams* interessantes", disse Mal, que se sentiu nostálgico de seu início com a banda no Cavern. "Tocavam aquelas velhas canções de *skiffle*, e, em dado momento, Paul disse: 'Esta é para você, Mal', com a banda emendando uma sequência dos primeiros sucessos de Elvis."[18]

Em busca de um clímax para o documentário, Lindsay-Hogg defendeu a ideia de montarem um show no terraço da Savile Row. Na mente do diretor, uma apresentação climática no telhado oferecia a "recompensa" perfeita para o projeto. Acompanhado por Mal e Kevin, Paul e o diretor subiram até lá para avaliar o local. Segundo a experiência de Mal, seria necessário reforçá-lo para suportar os Beatles e o equipamento. Com o show marcado para 29 de janeiro, uma quarta-feira, Mal contratou um engenheiro para checar o terraço já na segunda. A conclusão foi de que, naquele estado atual, o teto só suportaria dois quilos por polegada quadrada. Para garantir a segurança dos músicos, o engenheiro recomendou que usassem andaimes para erguer uma plataforma mais sólida. Eles também reforçaram o terraço com tábuas içadas com polias.

Chris O'Dell recordou-se de que foi incapaz de se concentrar no trabalho no último andar, onde operários especializados erguiam tubos de aço para dar apoio estrutural de baixo para cima.[19] Enquanto isso, Mal foi encarregado de providenciar um helicóptero para fazer tomadas aéreas do show, além de imagens da multidão que se esperava juntar na rua. "Vai saber", concluiu ele, "a polícia pode tentar nos impedir".[20]

A data original para o show no terraço foi cancelada devido ao tempo inclemente, forçando Lindsay-Hogg e os Beatles a remarcarem para 30 de janeiro, quinta-feira. E o concerto quase não aconteceu. Para começar, George torceu o nariz para a ideia de se apresentarem entre as "chaminés". Já Mal e Kevin sentiram o peso do simples ato de montar o equipamento, que, embora às vezes fosse oneroso, tinha se mostrado uma tarefa hercúlea no caso do terraço. De fato, Kevin lembrou-se da ocasião como "ridícula – não parávamos de subir e descer de elevador para levar o equipamento do porão". A encrenca de verdade veio no transporte do amplificador de baixo e do teclado de Billy pela escada estreita logo abaixo do terraço. "Não havia jeito de passá-los pelos corrimãos que levavam à entrada", disse Kevin. "Não ia acontecer."[21]

Com o tempo se esgotando, Mal decidiu resolver o problema por conta própria, desmontando a claraboia no alto da escada e, depois, a recolocando rapidamente a tempo para o show. Ainda assim, George seguia desprezando a ideia de tocar lá no alto com aquele vento invernal. "Planejamos fazê-lo às 12h30min para pegar o movimento do almoço", recordou-se Lindsay-Hogg, mas "eles só chegaram a um acordo às 12h40min. Paul queria tocar, George não. Para Ringo, tanto fazia. Até que John disse: 'Ah, porra, vamos lá', então subiram e tocaram".[22] Por conta das condições frias, Alan Parsons, engenheiro de som da EMI, de 20 anos, comprara meias-calças da loja de departamentos Marks and Spencer para improvisar proteção para os microfones. Quanto ao helicóptero, "a lei não nos permitia sobrevoar Londres", escreveu Mal, "e era tarde demais para ir atrás de um balão emprestado, outra ideia que eu tive".[23]

Por fim, havia a questão de onde o público ia se reunir, além dos espectadores aguardados cinco andares abaixo. Mal colocou um banco de madeira contra a chaminé para acomodar convidados especiais. Com Yoko e Mo já pretendendo comparecer, ele concluiu que poderia juntar mais alguns sortudos para desfrutar de um assento de primeira no show dos Beatles no terraço. Ken Mansfield nunca se esqueceria de olhar para cima e ver "Mal Evans pairando sobre mim", convidando-o para subir. "Tínhamos nos tornado amigos

Mal no terraço da Savile Row com os oficiais da Polícia Metropolitana

próximos num curto tempo, e ele estava com aquela expressão no rosto que dizia que ia dividir algo especial comigo. Mal era como uma criança para aqueles que o conheciam, e seu convite foi semelhante à maneira como as crianças querem compartilhar algo muito legal com os amiguinhos."[24]

Usando um sobretudo branco para espantar o frio, Mansfield sentou-se ao lado de Chris O'Dell, que havia sido convidada a subir por Tony Richmond sob o pretexto de ser sua "assistente".[25] Nem todo mundo, porém, ficou contente naquele dia. Leslie Cavendish esforçou-se para conseguir um lugar no terraço, sendo barrado por Mal. "Sinto muito, Leslie, só será possível algumas pessoas no terraço", disse. "O espaço é restrito, com todo o equipamento. Mas, francamente, está bem frio e ventando bastante lá fora. Você vai ficar melhor aqui dentro mesmo." Cavendish surpreendeu-se, pois acreditava que o *roadie* e ele eram próximos. "Mal podia ser osso duro de roer", ponderou Leslie, se questionando sobre o porquê de o *roadie* ter escolhido Mansfield no lugar dele.[26] Neil esteve ausente naquele dia, hospitalizado por amigdalite aguda.

Quando os Beatles pisaram no terraço, tudo parecia estar no lugar. Somente Ringo exibia uma certa irritação. "Mal, você me pregou na posição errada!", exclamou, referindo-se à localização da bateria na plataforma de madeira. Após Mal fazer alguns ajustes às pressas, Ringo estava pronto, com a banda engatando a primeira apresentação de "Get Back" para sentir o terreno.

Para quem teve a sorte de observar os acontecimentos no topo do número 3 da Savile Row, o grupo deve ter oferecido uma visão incrível. Para enfrentar o frio, John vestiu o casaco de pele de Yoko, enquanto Ringo usou a capa de chuva vermelha de sua esposa, Maureen. Paul e George flanquearam John, na formação clássica do passado, enquanto Mal apreciava das beiradas. No decorrer do mais improvável dos shows, ele estava pronto para qualquer coisa.

28

BEBUNS NUMA JORNADA

Considerando a tendência conservadora de Mayfair, Lindsay-Hogg previu que a polícia chegaria ao local em reposta às reclamações por causa do barulho. Pediu a Mal para servir de intermediador entre os Beatles e a Polícia Metropolitana, função que ele prontamente aceitou. "Foi Mal quem nos deu, eu diria, uns 10 a 12 minutos extras de música no terraço", recordou-se Lindsay-Hogg, "porque ele soube o que fazer com a polícia. Foi a nossa anteguarda".[1]

O diretor acertou em cheio quanto à intervenção policial. "O dia em que filmamos no terraço da Apple causou muito rebuliço", escreveu Mal. "Assim que os Beatles começaram a tocar, a central telefônica da delegacia da Savile Row já ficou congestionada por dezenas de chamadas de vizinhos irados, a maior parte deles executivos caretas com escritórios contíguos à Apple. A coisa ficou tão feia que a polícia logo chegou ao prédio, onde nós tínhamos uma cabine com um espelho falso, de onde filmávamos o entra e sai de todo mundo."[2]

Mal tentou enrolar os oficiais por meio de uma combinação de conversa casual e pausas para fumar, mas o policial Ray Dagg, de 19 anos, não embarcou naquilo. "Eles insistiam que tinham recebido tantas queixas que nós precisávamos parar o show ou pelo menos abaixar o volume", disse Mal. "Subi por cinco minutos, fumei um cigarrinho providencial e voltei perguntando se tinha melhorado. Como os Beatles queriam gravar pelo menos meia dúzia de músicas no terraço para o filme, eu estava ganhando o máximo de tempo que podia para eles. Porém, depois de várias dessas minhas escapadelas, a polícia insistiu em subir até o topo da Apple." No elevador, Dagg deu voz de prisão a Mal, chegando até a escrever seu nome na caderneta. Ele ainda informou ao *roadie* que "se eu não desligasse a energia dos amplificadores, eles prenderiam os Beatles e os levariam à delegacia. Senti que isso seria uma coisa tola de se deixar acontecer".

Quando chegaram ao terraço, Mal tentou estabelecer a paz pela última vez. "Desliguei o equipamento, começando pelo amplificador de George, bem quando eles estavam prestes a começar uma música nova." O plano fracassou imediatamente quando "George se irritou, com razão, e voltou-se para mim: 'Que porra você está aprontando?', exigiu saber. Religuei o amplificador, eles tocaram a última música, decidiram que tinham levado a filmagem ao limite e então terminaram". Após concluir a última de várias versões de "Get Back" naquela tarde, John se dirigiu ao público que estava sentado abaixo da chaminé e proclamou: "Gostaria de agradecer a vocês em nome do grupo e de nós mesmos. Espero que tenhamos passado no teste".

Por sorte, Mal não acabou pegando uma carona até a delegacia. "Paul, como o perfeito relações públicas que é, desculpou-se profusamente com a polícia e livrou a minha barra", escreveria o *roadie*. "A missão foi cumprida e está registrada em vídeo para a posteridade."[3]

Com a apresentação de 42 minutos gravada, Mal e os Beatles retornaram ao estúdio no porão no dia seguinte para polir as versões do novo repertório para o LP planejado, *Get Back*. Lindsay-Hogg filmou o processo, incluindo "Let It Be" e "The Long and Winding Road", as principais baladas do álbum. Recentemente, Paul alertara Mal de que estava fazendo uma alteração importante na letra de "Let It Be". Como o *roadie* se recordaria mais tarde, os dois estavam no carro em frente à Cavendish Avenue nas horas que precediam o nascer do sol numa manhã londrina muito chuvosa. Instantes antes de entrar, Paul lhe contou que pretendia mudar "Mother Malcolm" para "Mother Mary", "para as pessoas não entenderem errado".[4] Ainda assim, durante a gravação naquele dia na Savile Row, ao menos um dos *takes* de "Let It Be" teve Paul cantando "Brother Malcolm". Mal, na verdade, não se incomodou nem um pouco. Fosse "Mother Malcolm", "Brother Malcolm" ou "Mother Mary", ele amava a música, que acreditava ser uma das mais belas composições de Paul.

Embora janeiro tivesse terminado em triunfo, com a banda capaz de materializar uma seleção de novas canções, apesar das tensões daquele início de ano, o mês de fevereiro – pelo menos para Mal – se mostrou muito menos bem-sucedido. No dia 1º, os Beatles se reuniram com Allen Klein, o notório e caótico executivo nova-iorquino que fizera nome ao ganhar um grande adiantamento para os Rolling Stones num momento crucial da carreira deles. Ele estava determinado a fazer o mesmo, se não mais, pelos Beatles, de quem vinha planejando se tornar empresário já há alguns anos – mesmo quando Brian Epstein ainda estava vivo.

A reunião com Klein pareceu amigável o bastante, apesar de Mal ter escrito no diário que Ron Kass tinha ficado particularmente abalado ao fim. Alguns dias depois, uma conversa com Paul deixou Mal numa crise profunda. "Paul está fazendo cortes sérios na equipe da Apple", anotou. "Fui reposicionado como office boy e me sinto muito magoado e triste por dentro – só que meninos grandes não choram." Ele admitiu que "o motivo para escrever isso é o ego; veja, eu achava que era diferente de outras pessoas na minha relação com os Beatles, e, por ser amado por eles e tratado tão bem, sentia que era parte da família. Parece que sou apenas um burro de carga".[5]

A espiral psicológica emocional de Mal não tinha a ver só com status. "É difícil viver com as 38 libras que levo para casa toda semana e adoraria viver como os outros amigos [dos Beatles], que compram casas fantásticas, se beneficiam de todas as alterações feitas por eles e ainda assim pedem aumento. Sempre digo a mim mesmo – todo mundo quer tomar [deles], fique satisfeito." No fundo, Mal sabia que merecia um aumento de salário, mas, como lhe era característico, optou por deixar as coisas nas mãos do destino. "Tente dar e você irá receber", disse a si mesmo. A verdade amarga era que "eu tenho cerca de 70 libras no meu nome, mas estava contente e feliz amando-os como eu amo, e nada é trabalho demais, porque quero servi-los". Ele encerrou essa entrada no diário ao enumerar sua devoção aos Beatles como um mantra:

Eu os quero,
Eu os necessito,
Eu os amo,
Sinto-me um pouco melhor agora – ego?[6]

Foi nesse contexto que Arwen Dolittle provavelmente desistiu que Big Mal servisse como pai ao filho deles. Desde que saíra do hospital, ela criava o pequeno Malcolm numa casa apertada em West Hampstead. Em algum ponto, por volta dos seis meses, o bebê foi colocado para adoção e deixou em definitivo os cuidados de Arwen, com o urso de pelúcia de Mal como seu único consolo. O diário do *roadie* relataria almoços e telefonemas com a jovem em vários momentos ao longo de 1969, mas, por fim, Arwen decidiu seguir em frente e colocar todo o episódio doloroso no passado.[7]

Para melhorar o que via como o enfraquecimento de seu status na Apple, Mal determinou-se a colocar os Iveys de volta ao estúdio para continuar as apostas na carreira deles. Ele acreditava que uma vitória para uma das principais contratações do selo poderia fazer toda a diferença. Também ruminava sobre a incapacidade de "Maybe Tomorrow" de marcar uma presença significativa nas paradas. "Essa deve ser com certeza uma das músicas mais belas que [os Iveys] já lançaram", escreveu. "Mas, infelizmente, no mercado fonográfico, a boa música nem sempre vende."[8]

A essa altura, Mal havia se dado conta de que, assim como os Iveys, se encontrava numa encruzilhada, lamentando em seu diário que eram apenas "bebuns numa jornada".[9] E os Iveys sentiam o mesmo. Já tinham gravado várias músicas novas com o produtor Tony Visconti, porém, segundo Mal, a banda achava que ele a estava "empurrando numa direção que não queriam seguir. Ele era um produtor excelente, não havia dúvidas, e andava naquele momento envolvido com o T. Rex. Mas o grupo não estava contente com ele e se voltou para mim". Para Mal, fazia total sentido. "Por causa da nossa forte amizade, o grupo me perguntou se eu os produziria. Fiquei um pouco atônito no início, pois nunca tinha feito isso, mas, como eles apontaram, eu havia passado um bocado enorme de tempo em estúdios de gravação com os maiores artistas fonográficos do mundo", acrescentou, "e devo ter absorvido alguma coisa!".[10] Visconti, mais tarde, admitiu que foi "pego completamente de surpresa", relatando que "me lembro de Mal por perto em muitas das nossas sessões. Eu o adorava – era um cara muito legal –, mas questionei suas qualificações. Fiquei arrasado. Eu adorava trabalhar com a banda".[11]

Com Mal à mesa de som no Trident, os Iveys gravaram várias músicas novas ao longo de fevereiro e março. Junto ao material produzido por Visconti no último outono, tinham canções o suficiente para preencher o primeiro LP pela Apple, que intitularam *Maybe Tomorrow*. Foi encomendada uma foto de capa com a banda em Golders Green, o bairro que mais frequentavam. Ao mesmo tempo, Mal encarregou Tony Bramwell de fazer um clipe promocional da faixa-título. Numa referência ao início dos Beatles, o *roadie* insistiu que os Iveys usassem ternos combinando. Como forma sutil de protesto, os galeses levantaram os colarinhos desafiadoramente. "Mal Evans era um pouco superprotetor com eles", lembrou Bramwell. "Achou que eles seriam os próximos Beatles e os vendia como tal antes que estivessem prontos para tanto."[12]

Mal se encarregou por conta própria do planejado lançamento de *Maybe Tomorrow* nos EUA, incluindo na capa do álbum uma imagem emoldurada de sua filha Julie ao lado da fotografia da banda. No início de abril, estava sentado na cadeira de produtor, preparando o álbum dos Iveys para distribuição na expectativa de que isso melhoraria sua posição na Savile Row. Tudo o que precisava agora era de um sinal verde de Ron Kass.

Naquele mesmo mês, Mal se confortou com a companhia de Gary, seu parceiro inabalável, apesar de tudo. Acompanhados de Lil e Julie, tiraram um tempo para ir ao cinema, seu passatempo favorito, onde viram o recém-lançado *O Calhambeque Mágico*. Na volta para casa, passaram por Snaky Lane, a locação na estação de tratamento de água de Kempton Park que serviu de cenário para a fábrica de doces da família Scrumptious no filme. Mesmo muitos anos depois, sempre que passa por acaso pela Snaky Lane, Gary se lembra com carinho das idas ao cinema com o pai.[13]

Com a chegada de março de 1969, Mal levou John e Yoko no Rolls-Royce Phantom V branco do Beatle até o Lady Mitchell Hall, em Cambridge. O evento marcou a estreia artística do casal, com Yoko no vocal e John fazendo o acompanhamento musical. Os dois convidaram Mal a fazer parte da apresentação, o posicionando estrategicamente no palco, entre o público e eles. "John estava tocando, segurando a guitarra perto do alto-falante para criar *feedback*", escreveu Mal, e "Yoko fazia aquela modulação de voz. Acho que os dois juntos criam um som incrível, na forma como a guitarra e a voz se complementam. Foi no caminho até lá que Yoko teve a ideia de que eu deveria me sentar no palco na frente deles e encarar o público. O sentimento dela era de que, na maioria dos shows, o público fica encarando o palco, então por que os artistas não deveriam dar o troco? Sentei-me numa cadeirinha com um despertador programado para disparar em meia hora, o que marcaria o fim do show. As reações do público a isso foram muitas e variadas. Algumas pessoas me olhavam nos olhos, outras ficavam constrangidas e olhavam para outro lado. Também peguei algumas que me fitavam quando achavam que eu não estava olhando. Foi uma empreitada interessante de minha parte e uma emoção estar no mesmo palco que dois grandes artistas".[14]

Enquanto isso, Paul e Linda estavam prestes a se casar, optando por uma cerimônia no cartório de Marylebone para meados de março. Mal se recordou de uma conversa com Paul no início daquele mês enquanto saíam da Apple no fim de um dia de trabalho. "'O que você acha, Mal, eu deveria me casar?' Minha resposta foi: 'Bem, Paul, não posso fazer sua cabeça. Mas olhe para mim, sou casado há 11 anos e não teria feito diferente'. Não sei se isso o influenciou de alguma maneira."[15]

No dia 11 de março, véspera do casamento, Paul e Mal estavam caminhando por Mayfair quando se encontraram por acaso com Carol Bedford, integrante das "Apple Scruffs". Compostas em sua maioria por jovens garotas, as Apple Scruffs acampavam na frente do número 3 da Savile Row, dos estúdios da EMI e do número 7 da Cavendish Avenue, entre outros locais de circulação Beatle. Quando um fotógrafo bateu uma foto de Paul e Carol lado a lado, ele mandou Mal perseguir o enxerido e apreender o filme, o que o *roadie* fez prontamente.[16]

Embora Linda e Paul tivessem considerado cancelar o evento depois de um bate-boca de última hora, encontraram-se sorridentes com Mal e Peter Brown bem cedo no dia 12 de março para percorrer o trajeto, ao lado da pequena Heather Eastman, até o cartório de Marylebone. Mal e Peter estavam prontos para servirem de testemunhas do casal, bem como o irmão de Paul, Mike, que viria de trem de Birmingham para ser padrinho. Infelizmente, o trem quebrou, atrasando em várias horas a chegada de Mike. Quando ele enfim apareceu no cartório, esperava que a cerimônia já tivesse terminado.

"Onde diabos você estava?", perguntou Paul.

Mike não acreditava que eles haviam esperado.

"Você é o padrinho, seu mala", brincou Paul com o irmão. "Vamos lá resolver isso!"[17]

As coisas nunca eram tranquilas no mundo dos Beatles, de modo que Mal ficou acordado até tarde atendendo os Harrisons na noite do casamento de Paul e Linda. Como escreveu no diário na manhã seguinte, "um grande drama ontem à noite por volta das 19h30min. Pattie ligou de casa para George no escritório para dizer: 'Oito ou dez policiais, incluindo o sargento Pilcher, chegaram aqui com mandados de busca de *cannabis*'".[18] O sargento Norman Pilcher estava ganhando nome ao pegar astros pop britânicos por porte de drogas, além de já ter prendido John e Yoko em outubro do ano anterior. Sendo apenas a mais recente vítima, George depois conjeturou que a batida foi programada para coincidir com a boda de Paul naquele mesmo dia.[19]

John e Yoko ganharam as manchetes em 20 de março ao encenarem o próprio casamento, perto do Rochedo de Gibraltar, seguido de um "*bed-in* pela paz", protesto não violento contra a Guerra do Vietnã, que realizaram na cama de seu quarto no Hilton de Amsterdam. Como lhe era habitual, John transformou a saga toda numa nova composição, intitulada "The Ballad of John and Yoko". Com George no exterior e Ringo no set de *Um Beatle no Paraíso*, John e Paul fizeram experimentos com a música nos estúdios da

EMI no dia 14 de abril. John Kosh, recém-nomeado diretor criativo da Apple, esteve presente.

Kosh tinha ouvido histórias tempestuosas sobre a relação dos Beatles, só para descobrir que John e Paul – dois homens que supostamente nem falavam um com o outro – "estavam se divertindo muito e fazendo uma música verdadeiramente alegre".[20] Com Paul à bateria e nos *overdubs* de baixo, John fez a voz, violão e guitarras. Durante uma pausa na sessão, se pôde ouvir John dizer: "Um pouco mais rápido, Ringo!", ao que Paul respondeu, bem-humorado: "OK, George!". O segundo *take* falhou, levando a gravação a uma parada abrupta momentânea. "*Un string avec kaput*, Mal"*, exclamou John, de quem o *roadie* foi ao resgate.

A empolgação que Mal sentiu depois da sessão de "The Ballad of John and Yoko" cresceu a passos largos no dia 30 de abril, quando John e Paul o convidaram para completar "You Know My Name (Look Up the Number)", um tema cômico que haviam começado dois anos antes, após a conclusão de *Sgt. Pepper*. Nos estúdios da EMI, Mal acrescentou efeitos sonoros com uma pá sobre cascalho. "Fizemos umas sessões infinitas, loucamente divertidas e, no fim, juntamos tudo", se recordou Paul. "Fizemos um esquete – Mal e o cascalho. Ainda consigo ver Mal cavando o cascalho. E foi tudo tão hilário que tivemos de lançar. Não é uma grande melodia, nem nada. Só é singular."[21]

Enquanto isso, Mal continuava a trabalhar atrás da mesa de som, coproduzindo "New Day" com Jackie Lomax. A música groovada contava com Billy Kinsley, dos Merseybeats, no baixo; Tim Renwick na guitarra; Chris Hatfield no piano; e Pete Clarke na bateria. Quando "New Day" foi lançada como *single* mais tarde naquela primavera, a produção foi creditada a "Jackie e Mal". Construir um nome para si como engenheiro de som se tornara o objetivo principal de Mal, mas ele sabia que conquistar isso significava superar os preconceitos arraigados dos Beatles e de outros membros de seu círculo interno que o viam estritamente como um *roadie* ou, pior ainda, um servo.

"Eu tinha sido *road manager* deles por tempo demais", lamentou Mal, "e não havia como os Beatles me verem em qualquer outra função. Dali até o final da minha carreira como *road manager* deles, tive de lutar a cada passo do caminho. O que teria acontecido se Ringo tivesse escutado os críticos dizerem: 'Você não é um ator, Ringo, você é um baterista'? Ou se tivessem

* Algo como "uma corda quebrou", numa espécie de mistura torta e algo *nonsense* de inglês, francês e alemão. (N.T.)

Mal com Linda, Paul e Heather depois do casamento dos McCartneys

dito a George ou a John: 'Vocês não são guitarristas, são eletricistas', ou sei lá o quê?". Mal também reconhecia que, de muitas maneiras, só podia culpar a si mesmo por seu status na organização Beatles. "Na minha relação com a banda, eu não estava interessado em crédito", escreveu. "Coloquei muitas ideias e reflexões nos projetos em que os Beatles se envolveram, mas estava tão apaixonado pelo grupo", acrescentou, que, no que dependesse dele, receber crédito explícito não era necessário.[22]

Porém, quando Mal de fato recebeu crédito, embora tangencialmente, as coisas não deram muito certo para ele. Com os lançamentos britânico e norte-americano do LP *Maybe Tomorrow* marcados para julho, mas adiados, a Apple lançou prensagens do álbum no Japão, na Alemanha Ocidental e na Itália no outono. As notas de capa faziam uma menção especial aos esforços de Mal em nome do grupo: "Nós, os Iveys, dedicamos este álbum a Mal". O gesto enfureceu Ron Kass, que o considerou "infantil", ao mesmo tempo em que criticou o design de capa.[23] Quanto às notas, havia um quê de verdade nas preocupações de Kass. Além de destacar seus próprios créditos de produção, Mal tomara algumas liberdades e atribuíra o arranjo de algumas das faixas a "Mal Evans e John Barham". "Isso foi um pouco sacana de Mal", disse Barham. "Era um cara adorável, mas não teve nada a ver com os arranjos."[24]

Foi nessa linha de pensamento que Mal fez o que, em retrospecto, só pode ser descrito como um erro crasso de estratégia. A repercussão negativa que ele vinha experimentando como defensor interno e animador de torcida dos Iveys na Apple só pesava. No dia 24 de abril, ele confessou a George que a "situação com os Iveys [estava] ficando um tanto quanto pesada demais para mim". Ele teria levado as coisas um passo adiante, admitindo ao Beatle que "estou quebrado". Mal acrescentou que se sentia "muito triste e deprimido, porque estou no vermelho e as contas não param de chegar, a pobre Lil sofre, e não quero pedir um aumento à Apple". Como de costume, ele se sentia culpado até por pensar nisso – afinal "os camaradas já estão com dificuldades do jeito que está". Com seu próprio panorama financeiro numa espiral da morte, Mal contemplou até mesmo compartilhar isso com Allen Klein e pedir ao executivo durão um empréstimo de mil libras para ajudar os Iveys, que definhavam com seu próprio aperto orçamentário.[25] A capacidade de Mal para a vulnerabilidade e para gerar empatia nos outros era facilmente seu mais forte atributo. Klein, porém, interpretaria isso somente como um sinal de fraqueza, como uma fissura na armadura do adversário.

Por mais sério que Mal estivesse quanto a somar produção fonográfica ao seu portfólio – ou, o que era mais preocupante, quanto a tratar de seus infortúnios financeiros crescentes –, isso logo se tornaria uma preocupação secundária. Em maio, Glyn Johns e George Martin haviam começado a trabalhar firme na mixagem do novo LP dos Beatles, que, por ora, recebera o título provisório de *Get Back, Don't Let Me Down, and 12 Other Songs*. Lançado em abril, o *single* "Get Back", com "Don't Let Me Down" do outro lado, conquistou mais um topo nas paradas e foi merecidamente creditado a "The Beatles with Billy Preston". A EMI estava, com razão, ávida por outro álbum no rastro do *single*. Os Beatles já tinham começado a trabalhar em material novo no Olympic em maio, incluindo "You Never Give Me Your Money", uma canção complexa e autobiográfica sobre os perigos da fama e de envelhecer.

Foi no Olympic, na sexta-feira, 9 de maio, que os Beatles entraram em discordância quanto à designação de Allen Klein como sucessor de Brian

Epstein. Apenas uma semana antes, John havia dito ao *Disc and Music Echo* que Klein não tinha intenção de se tornar empresário do grupo e estava "simplesmente fazendo um trabalho para nós. Se ele faz alguma coisa, é pago. Se não faz, não é pago".[26] Porém, no dia 9, claramente já existia uma mudança de planos. A essa altura, John, George e Ringo eram favoráveis a Klein atuar como empresário do grupo, ao passo que Paul ansiava que seus novos sogros, os advogados Lee e John Eastman, fossem considerados para a função. Naquela noite, Mal observou, um pouco horrorizado, os três outros Beatles colocarem Paul na parede no Olympic, insistindo para que ele se juntasse na escolha de Klein não só como representante de negócios deles, mas também como diretor-gerente da Apple Corps no lugar de Neil. Na lembrança de Paul, eles disseram que "você tem de assinar um contrato – ele precisa levar isso a seu conselho". Paul rebateu que "é sexta à noite. Ele não trabalha no sábado e, mesmo assim, Allen Klein é sua própria lei. Não tem um conselho a quem dar satisfação. Não se preocupem – podemos fazer isso com calma na segunda. Ao invés disso, vamos gravar. Vocês não vão me pressionar a fazer isso".[27]

Paul finalmente começou a perder a paciência quando os outros o acusaram de criar bloqueios desnecessários e de favorecer os sogros, o que parecia um conflito de interesses. Conforme se lembrou Paul:

> Eles disseram: "Ah, você está enrolando? Ele quer 20%". E eu disse: "Diga a ele que pode ficar com 15%". E eles: "Você está enrolando". Respondi que "não, estou trabalhando em nosso favor; somos um nome grande". Lembro-me das palavras exatas: "Nós somos um nome grande – os Beatles. Ele vai ficar com 15%". Porém, por alguma estranha razão – acho que eles estavam intoxicados demais com ele –, disseram: "Não, ele tem de ficar com 20% e tem de levar isso ao conselho dele. Você precisa assinar, agora ou nunca". Então eu disse: "Certo, é isso. Não vou assinar agora".[28]

Anos mais tarde, Paul refletiu sobre o incidente daquela ocasião no Olympic. "Foi a noite em que terminamos os Beatles", disse ele ao historiador Mark Lewisohn. "De verdade, foi o grande racha. Nunca mais remontamos por completo depois daquilo."[29]

Para Mal, todo aquele negócio sórdido não foi nada menos do que desolador. Ver seus amados Beatles em tamanha turbulência estava além de

Desenho feito por Mal de Paul furioso no Olympic Studios

sua compreensão. Naquela noite, quando se sentou para registrar os acontecimentos do dia em seu diário, as palavras simplesmente não bastaram. Ao invés disso, fez um desenho de Paul se enfurecendo no Olympic Studios, gritando a plenos pulmões enquanto seus preciosos Beatles – *os preciosos Beatles de Mal* – eram desfeitos.[30]

29

ADORADOR DO SOL

Ao longo dos últimos oito anos, Mal protegera os Beatles inabalavelmente, contando com seu físico imponente e impulsionado por uma devoção inequívoca aos rapazes. Contudo, a cisma interna da banda que ele testemunhara no Olympic havia, com efeito, tornado seus poderes discutíveis. Do ponto de vista de Mal, Allen Klein parecia determinado a piorar as coisas.

Alistair Taylor desconfiou dos motivos de Klein desde o início. "Ele tinha o charme de um assento de vaso sanitário quebrado, mas também a reputação de ser um homem de negócios implacável", recordou-se. "Só conversei com o sr. Klein uma vez. Encontrei-o na escada certa manhã e disse: 'Bom dia, sr. Klein'. E ele grunhiu. Não é muito para se basear uma opinião, eu sei, mas será que esse cara brusco, desgrenhado e obeso poderia mesmo ser o novo Brian Epstein? Eu achava que não."[1] Em pouco tempo, Klein demitiria Alistair, o "consertador" dos Beatles.

Cientes dos planos de Klein de enxugar a gordura da Apple, os próprios Beatles deram ao nova-iorquino uma lista de funcionários intocáveis. Alistair obviamente não estava nela, assim como Ron Kass, que foi dispensado logo depois. Sem nenhuma surpresa, Magic Alex não teve a menor chance de sobreviver ao expurgo. Quando uma auditoria revelou que o inventor custara à Apple mais de 180 mil libras, Klein se encarregou rapidamente do ex-técnico de TV. A análise de Klein dos registros da Apple também revelou que dois carros da companhia haviam desaparecido sem deixar vestígios, enquanto vários pagamentos por "ereções e demolições" foram, na verdade, com prositutas.[2]

Prevendo a má sorte, Peter Asher pediu demissão em junho, resignando-se a conduzir a carreira de James Taylor. Sem medir palavras, ele mais tarde informaria à imprensa que se juntara à Apple porque "a política [da empresa] era ajudar as pessoas e ser generosa", mas, com Klein, acrescentou, isso ficara no passado, bem como a "sensação original" de boa vontade em prol da arte musical.[3]

Nesse ínterim, surgiu uma teoria interna na Apple de que as decisões de Klein em relação às demissões eram motivadas por um desejo de tirar de cena as personalidades mais fortes e admiradas da companhia – em especial aquelas que haviam nutrido uma proximidade com os próprios Beatles. Num momento crucial daquele mesmo mês, Klein ignorou a lista e começou a tomar providências para demitir Mal e Neil.

Os Beatles não perderam tempo em resgatar seus principais braços-direitos. Abrir mão de tamanhos correligionários era simplesmente impensável. Os dois foram reintegrados sem demora, ainda que com certa ironia: apesar dos diversos títulos ao longo dos anos, Mal e Neil, na verdade, não trabalhavam para a Apple, de modo que Klein não tinha autoridade para demiti-los. Além de seus quatro chefes mundialmente famosos, Mal e Neil eram os únicos empregados da Beatles & Co., conseguindo assim ficar fora do alcance do machado do americano.

Da parte de Mal, seu breve período na berlinda não deixou cicatrizes. Afinal, ele já havia sido relegado a "office boy". Neil, provavelmente percebido por Klein como uma ameaça maior do que seu colega grandalhão, não teve tanta sorte e foi rebaixado da altiva posição de diretor-gerente da Apple para uma espécie de assistente pessoal glorificado[4] – pelo menos por enquanto.

Tony Bramwell também estava na lista aparentemente sacrossanta de intocáveis, grupo que incluía Derek Taylor e Jack Oliver, que assumira a função de presidente da Apple Records no lugar de Kass. Tony, porém, tinha apenas desdém por Klein e pelo que ele percebia como os verdadeiros motivos do novo diretor-gerente para perturbar as águas da Apple. "Ele queria se livrar de todo mundo para que pudesse manipular os registros financeiros e ordenhar a companhia até secar", disse. "Passava os dias conspirando sobre como se livrar de nós, sussurrando a respeito de todo mundo pelas costas para John e George, que pensavam que ele era algum tipo de gênio financeiro de Nova York. Os tentáculos de Klein eram longos. Ele rasgava tudo em pedaços."[5] Tony entendia a necessidade de defenestrar figuras como Magic Alex, mas lamentava profunda e especialmente as ideias de Klein quanto a encerrar as atividades da Apple Publishing. Do ponto de vista de Tony, a editora já estava numa trajetória sólida, com uma série de propriedades lucrativas sob seu comando. Além disso, Tony sabia quem eram os líderes das perdas da Apple o tempo todo: culpava John e Yoko por seus gastos pessoais exorbitantes, apesar dos protestos contrários do Beatle. Bramwell também tinha uma visão privilegiada da extravagância da Apple em termos de gastos com alimentação e bebidas alcoólicas, os quais, sob qualquer parâmetro, eram substanciosos.[6]

Enquanto isso, Mal continuava a procurar compreender as más novas no Mundo Beatle, numa tentativa desesperada de manter as pontas unidas. Da noite para o dia, a Apple tinha passado de um lugar de possibilidades e, sim, de frivolidades, a uma cidade fantasma onde os sobreviventes tentavam manter a cabeça baixa e, mais importante, os empregos intactos. E aí havia os rapazes em si. Depois do confronto no Olympic, uma espécie de guerra fria se instaurara. Como Tony lembraria mais tarde, "gente como eu, Neil Aspinall e Mal Evans recebiam telefonemas constantes de algum dos Beatles nos pedindo para fazer alguma coisa, mas não contar aos outros". Na Savile Row, "numa semana, Paul ficava no escritório, na seguinte, eram John e Yoko no comando. Era difícil para aqueles de nós que tinham crescido fiéis a eles e que, de repente, se viam precisando jogar uns contra os outros pelas costas".[7]

Do ponto de vista de Mal, as coisas pareciam ainda piores. Ele dera tudo de si, elevando os Beatles acima de Lil e seus filhos, para atender às suas necessidades. Com o verão se aproximando, o *roadie* transbordava de temor e desespero. Ele não era mais o nexo no mundo do grupo, o ponto aglutinador para mover as vidas e projetos deles adiante, para deixar a diversão rolar. Mas, no que dizia respeito a reunir a inteligência vital que o permitira manter a posição de confidente por tantos anos, ele se via, pela primeira vez, forçado a contar com terceiros – neste caso, com as Apple Scruffs.

Descrever as fortemente unidas Scruffs como *groupies* seria desonrar sua causa. Esse coletivo surgira para ficar de olho em Paul, o Beatle favorito delas e – porque vivia a um pulinho dos estúdios da EMI – o mais acessível. E elas estavam dispostas a ir a extremos que Mal sequer cogitava contemplar – ele, um amante de uma refeição quente, uma cama acolhedora e todo conforto material possível. Elas também tinham uma rede de coleta de informações que colocava no bolso até mesmo os maiores esforços de Mal. "As fãs no comando se chamavam Big Sue, Little Sue, Gayleen, Margo, Willie e Knickers", contou Tony, "e elas tinham suas fontes. Uma delas era provavelmente – e, em sua maior parte, involuntariamente – Rosie, a governanta de Paul. Quando Rosie ia embora ou saía para fazer compras, as garotas costumavam entrar na casa dele".[8] Sabiam exatamente onde Paul escondia a chave reserva e, quando o sistema de segurança estava ativado, já tinham dominado a arte de desativá-lo.

Quando o ídolo Paul ficava bravo pela intrusão dessas atividades de vigilância e pelos furtos – com frequência, elas se revezavam para usar as roupas saqueadas do quarto dele –, as Scruffs invariavelmente culpavam o *roadie*. Diziam a Paul que Mal as jogara à força pelas escadas dos estúdios da EMI durante as vigílias; ou, para reconquistar sua simpatia, mostravam como tinham burlado as medidas de segurança da Cavendish Avenue. Paul passou a descrever as Scruffs como "os Olhos e Ouvidos do Mundo" e, para o grande desgosto de Mal, o apelido não era tão distante da verdade.[9]

Por fim, Mal desenvolveria sua própria relação vital com as Scruffs, embora tivesse suas detratoras – a saber, Carol Bedford. Integrante mais distante da turma e aficionada por George, ela posteriormente alegaria que Mal havia dado em cima dela. Em princípio, Mal continuara a abordar mulheres no universo dos Beatles da mesma maneira transacional com que ele e Neil "testavam" as fãs dispostas na época das turnês da banda.[10]

Cathy Sarver, outra Apple Scruff, rememorou uma situação semelhante em que as tentativas de Mal de se engraçar com elas deu terrivelmente errado. Ao que parece, ele se esgueirou por debaixo do cobertor de uma das garotas e "tocou em algo que não deveria". Com isso, a Scruff ofendida voou de debaixo do cobertor gritando: "Quem você pensa que é? Paul McCartney?". Em outra ocasião, Mal flertou com Sarver, sugerindo estar disposto a fazer sexo com ela.

"Não sou fraco, não!", exclamou ele.

"Eu é que não vou cometer um erro desses", respondeu ela com frieza.

Depois disso, Mal conseguiu manter a paz com as Scruffs, chegando até mesmo a desenvolver uma amizade mútua com elas. De fato, quando perceberam que "ele não era um perigo", declarou Sarver, elas ficaram especialmente próximas do *roadie*. "De vez em quando, ele nos deixava ficar no carro dele para sairmos do frio", disse. Posteriormente, quando "um bêbado mexeu comigo" na frente do Trident, Sarver foi resgatada por Mal, que encontrou um lugar seguro para ela dentro do estúdio. Ela nunca se esqueceria de Mal indo buscá-la mais tarde naquela noite, quando "George estava prestes a ir embora, de forma que eu não perdesse a oportunidade de vê-lo".[11]

No fim, Mal passou a entender as Scruffs porque, assim como ele, elas eram *überfans*. Era uma afinidade que existia acima de qualquer outra coisa, até mesmo do sexo, do dinheiro ou da fama. Ele adorava os rapazes, assim como as garotas que ficavam à espera deles também os adoravam. Mal garantiu que as Scruffs pudessem comparecer à filmagem de "Hey Jude" no Twickenham em setembro. E quando uma delas surrupiou uma estimada foto de Jim

Mac da casa de Paul, após entrar por uma janela do banheiro, ele ajudou a negociar a devolução da lembrança. As Apple Scruffs ficavam genuinamente comovidas com a proteção dele em relação a elas, que beirava o mesmo nível de preocupação que ele tinha pelos Beatles. "Mal tomou como missão ir lá fora o tempo todo enquanto os rapazes gravavam para se certificar de que estávamos seguras", lembraram. "Era, de verdade, um perfeito cavalheiro e como um irmão mais velho protetor. Nós o adorávamos por isso."[12]

Em junho de 1969, tanto Mal quanto as Scruffs estavam empolgados com a notícia de que os Beatles retornariam aos estúdios da EMI para começar um novo álbum. Por ora, o projeto *Get Back* estava em pausa. "Os caras ouviram juntos as fitas finais de todas as gravações do LP *Get Back* depois de voltarem de suas diversas viagens ao exterior a negócios ou passeio", informou Mal ao *Beatles Book*. "Eles se deram conta de que seria muito mais apropriado segurar esse conjunto de gravações para poderem formar um LP que sairia na época da exibição do documentário na TV britânica e na americana."[13]

Porém, como Mal bem sabia, atrasar o lançamento de *Get Back* não tinha a ver apenas com sincronização de marketing. Não importava quantas vezes Glyn Johns mexesse na mixagem, John e Paul simplesmente não gostavam do álbum. De sua parte, Mal não só curtia *Get Back*, como achava fascinante o conceito de a banda voltar às raízes. No *Beatles Book*, ele descreveu o disco não lançado como "os Beatles descalços, os Beatles humanos botando para quebrar, se livrando das inibições, encarando os problemas e os resolvendo com música. Durante e entre a maioria das faixas, vocês vão ouvir muitas conversas de estúdio, cada um deles batendo papo, se preparando para a próxima música, berrando comentários para a técnica. Em outros álbuns, esse tipo de sobra é cortado das fitas antes de as faixas serem registradas em disco. Desta vez, tudo foi deixado para vocês ouvirem – exatamente como aconteceu".[14] A natureza nua e crua do LP talvez não apetecesse aos próprios Beatles, mas Mal adorou, com defeitos e tudo.

Quanto à produção de um álbum totalmente novo, a banda marcou o retorno aos estúdios da EMI com George Martin para julho. Pela primeira vez, desde agosto de 1963, nem Mal nem Neil estariam presentes, já que haviam planejado férias à moda antiga, em que ambas as famílias viajariam juntas, no fim de junho, para o Algarve, Portugal. Desta vez, não haveria iates, ônibus ou jatos. Mais do que isso: no mundo de Mal, quando chegava a hora de optar entre os Beatles ou a família, os rapazes haviam vencido todas as vezes – isto é, até junho de 1969, quando ele decidiu passar um tempo com Lil e as crianças.

Antes de partir de Londres, porém, Mal tratou de um último negócio. No dia 25 de junho, lançou mão de um recurso derradeiro para convencer Allen Klein – a mesmíssima pessoa que recentemente tentara demiti-lo – a dar um adiantamento aos Iveys para os custos de produção. Apostando todas as fichas, Mal chegou até a pedir a Klein para fechar com ele um contrato de produção pelo trabalho com os Iveys e outros. No geral, foi um golpe arriscado, mas também notavelmente sagaz. Ao invés de recuar diante de Klein como os outros sobreviventes da Apple, Mal estava fazendo um esforço de boa-fé para negociar com ele. E havia motivo para acreditar – como os acontecimentos demonstrariam ao longo dos meses seguintes – que esse risco poderia muito bem valer a pena, que ele entrara na cova do leão e escapara com vida.

Depois de alugar uma *villa* em Portugal, os clãs Aspinall e Evans partiram para a costa em dois carros. Para as duas famílias – Mal e Neil, em particular –, aquele descanso de Londres simplesmente não poderia ter chegado em melhor hora. Gary gostava de brincar com o filho de Neil, Roag, com a pequena Julie a tiracolo enquanto exploravam as praias imaculadas do Algarve. Nesse ínterim, Mal se encontrava num aperto. Com os tremores interpessoais na Apple e entre os Beatles cobrando seu preço, ele estava em busca de alguma coisa, *qualquer coisa* para apaziguar sua psique dolorida. O alívio veio na forma de uma revelação à beira-mar.

"Eu sou, por natureza, um adorador do sol", recordou-se Mal, "e, não importa o quão quente fique, consigo ficar sob o sol. Numa tarde em particular, com a praia inteira para mim, pois todo mundo tinha ido tirar uma sesta, saí para passear me sentindo muito filosófico, conversando em voz alta comigo mesmo e com Deus". Muito barbudo e desgrenhado, Mal gritou para os céus: "Se você realmente está aí, Deus, me dê um sinal". Ele havia prestado atenção especial aos indícios já evidentes – "a tarde pesada, as pequenas ondas lambendo a praia, o crocitar interminável das gaivotas perfurando a luz quente do sol, mas eu ainda pedia mais um".[15]

Não, Mal precisava de mais do que uma caminhada agradável pela praia. Precisava de uma prova genuína para elevar sua alma. "Deus, se você está aqui comigo", proclamou, "faça os penhascos tombarem". Após andar por mais uns 20 metros, Mal ouviu um "estrondo avassalador". Adiante dele, "uma grande porção dos penhascos havia tombado. Quase morri de susto, te digo, mas, na minha cabeça, aquilo renovou e fortaleceu minha fé no ser supremo".[16]

Mal certamente se entusiasmou com seu testemunho à beira-mar, mas tal providência duraria pouco. Depois que a praia foi atingida por uma inundação repentina, ele ouviu horrorizado Lily correr até ele e dizer que "Roag não está encontrando Gary em lugar nenhum". Mal não acreditava no que escutava. "A primeira coisa que a minha imaginação fez foi colocá-lo na água, lutando pela vida e gritando por mim", escreveu. "Berrei o nome dele e procurei pelas ondas até que o encontramos brincando numa poça d'água segura."[17]

Alguns dias depois de perder Gary de vista brevemente durante a borrasca, Mal e Lil ficaram preocupados quando Julie começou a apresentar febre. Essa aflição discreta se transformou em medo real quando ela aparentou ter caído num coma tarde da noite. Um médico português advertiu que a condição poderia ter sido o resultado de algo que ela ingeriu – ou, o que seria ainda mais angustiante, febre tifoide. Quando retornaram pela Espanha, os médicos descartaram a doença. "Foi só depois de chegarmos a Madrid que ela melhorou", escreveu Mal.[18]

No domingo, os clãs Evans e Aspinall passaram o dia em Madrid, onde assistiram juntos à cobertura televisiva do pouso da missão Apollo 11 na lua. Com Julie recuperada, as duas famílias seguiram para a França. Na fronteira espanhola, por coincidência, cruzaram pelo mesmo posto alfandegário pelo qual Mal e Paul passaram em novembro de 1966, quando o *roadie* teve de deixar a espingarda recém-comprada nas mãos do proprietário de um café na fronteira francesa. Incrivelmente, a arma ainda estava lá, esperando por ele, três anos depois. Talvez a providência ainda estivesse do lado de Mal, afinal?

Na tarde de 23 de julho, quarta-feira, Mal já estava alegremente de volta ao *front* dos Beatles, revigorado depois do retiro de um mês no Algarve. A relação com a família parecia estar novamente nos eixos e a camaradagem com Neil, forte como nunca. A música dos Beatles que ouviu naquele dia era estupenda, canções como "Come Together", com um *groove* marcado, e o espetáculo eletrizante de rock 'n' roll então intitulado "Ending". Durante a ausência do *roadie*, os rapazes haviam elaborado um *medley* que recebera o título provisório de "The Long One". O conceito tinha sido instigado por George Martin, na esperança de que a banda experimentasse um formato mais longo, sinfônico.

Enquanto Mal esteve no Algarve, as coisas haviam se deteriorado vertiginosamente no universo dos Iveys. A ascensão de Klein na Apple comprometera as datas de lançamento de *Maybe Tomorrow* no Reino Unido e nos EUA. Naquele julho, o álbum foi arquivado. Ainda flutuando no departamento de promoção da Apple Records, Tony Bramwell culpava Klein por atravancar os trabalhos relativos aos lançamentos. "Acho que ele travou tudo como se quisesse dizer: 'Não vamos lançar mais nenhum disco até eu resolver essa bagunça'", recordou-se. "A Apple não era uma bagunça de fato, até onde nós sabíamos. Mas muitas coisas pararam. Acho que o *single* de Billy Preston foi segurado, bem como um disco de Mary Hopkin." Como presidente do selo nos EUA, Ken Mansfield sequer fora consultado quanto à decisão de adiar o LP de estreia dos Iveys. "Eu nem cheguei a ouvir [o disco]", disse. "Não fomos envolvidos naquela decisão. Muitas coisas foram executadas sem explicações." Na cabeça de Mansfield, Klein pode ter descartado o projeto pela simples razão de Ron Kass ter sido tão disposto a apoiar os Iveys.[19]

Foi nesse estado de espírito e sob essas condições que o baixista Ron Griffiths e o guitarrista Tom Evans foram às páginas do *Disc and Music Echo*. "Nós nos sentimos um pouco negligenciados, sim", declarou Griffiths. "Seguimos compondo músicas para um novo *single* e as enviamos para a Apple, mas os Beatles as devolvem dizendo que não são boas o bastante." Ele acrescentou que "os Beatles não nos ofereceram nenhuma das canções deles, mas também não estamos esperando que o façam mesmo".[20] O fato é que o ataque de raiva público de Griffiths não passou despercebido.

Pouco depois do retorno de Mal do Algarve, o próprio Paul assumiu o problema. Obrigado contratualmente a fornecer três canções para a trilha sonora de *Um Beatle no Paraíso*, ele gravou uma demo de "Come and Get It" no dia 24 de julho nos estúdios da EMI. No espaço de uma hora, tocou todos os instrumentos, fez os vocais dobrados e instruiu Mal a compartilhar o acetato com os Iveys. Com Paul como produtor, eles se juntaram ao Beatle na EMI para aprender a música e gravá-la. Enquanto estiveram no estúdio, Tom Evans lembrou ter visto John e Yoko. Em dado momento, "Lennon parou e olhou para Paul, inclinou a cabeça e disse: 'Ó, douto, ó, sábio, mostre-nos a luz'".[21]

Mal também estava presente – e não apenas como principal apoiador da banda. Tocou uma pandeireta nervosa, golpeando o instrumento de percussão com tanta força que acabou com um "dedão dormente".[22] Nesse ínterim, Paul deixou absolutamente claro que a versão dos Iveys de "Come and Get It" precisava ser gravada exatamente como a sua demo. E, com apenas uma discreta mudança de andamento, foi. De súbito, os Iveys tinham o próximo *single* pronto para lançamento para coincidir com a estreia de *Um Beatle no Paraíso*, em dezembro. Com Paul McCartney do lado da banda, não havia possibilidade de Klein atrapalhar o próximo *single*.

Trabalhar por muitas horas com os Beatles nos estúdios da EMI era o habitat natural de Mal. Como sempre, ele mantinha os rapazes bem alimentados e os instrumentos nos trinques, ao mesmo tempo em que tirava alguns minutos para se divertir com as Apple Scruffs e outros fãs reunidos na frente do estúdio. À medida que o mês de julho passava, a verdadeira ação acontecia em meio às sessões, onde Mal fazia sua parte para ajudar a banda a concluir o *medley* e o álbum de fato. Vários títulos em potencial ainda estavam sob consideração a essa altura, como *Four in the Bar*, *All Good Children Go to Heaven*, *Turn Ups* e *Inclinations*.[23] No dia 30 de julho, o operador de fita John Kurlander preparou uma mixagem teste de "The Long One", que incluía uma versão recente de "She Came in Through the Bathroom Window", baseada no furto realizado pelas Apple Scruffs na Cavendish Avenue. No prelúdio à canção, é possível ouvir John brincando com Mal no estúdio. Por instrução explícita de Paul, Kurlander havia excluído a cantiga acústica "Her Majesty" da mix. "Disseram-me para nunca jogar nada fora", recordou-se ele, "então, depois que [Paul] foi embora, peguei o trecho descartado do chão, coloquei uns 20 segundos de fita vermelha antes e colei no fim da fita editada".[24]

Uma das lembranças duradouras de Kurlander sobre as sessões daquele verão é a de ficar trabalhando até tarde com Mal, que transportava as gravações de cada dia até a Apple, onde o cortador de discos Malcolm Davies criava acetatos para revisão da banda. Por sua experiência com os Beatles, Kurlander sabia que "Mal tinha muitas tarefas confiadas a ele, sendo algumas muito sensíveis. Mas talvez o dever mais delicado de todos era o de transportar o material inédito pela cidade".[25] Em 31 de julho, Mal começou o dia de trabalho na Savile Row, onde buscou os acetatos do dia 30 e os levou até os estúdios da EMI. Quando chegou para seu turno naquela tarde, Kurlander ficou surpreso ao descobrir que "Her Majesty" ainda estava no *medley* – precisamente onde havia deixado, cerca de 20 segundos depois da conclusão de "The Long One". Quando ouviram o acetato, os rapazes adoraram onde a música foi inserida. "Os Beatles sempre sacavam coisas acidentais", disse Kurlander. "Ficou ali como uma agradável surpresa no final."[26]

Em 5 de agosto, o debate sobre o título do novo álbum foi encerrado. Uma das últimas entradas na competição tinha sido *Everest*, em referência à marca de cigarros preferida do engenheiro de som Geoff Emerick. Não é de surpreender que os rapazes abandonaram a ideia quando foi feita a sugestão, por mais absurda que parecesse, de viajar uns oito mil quilômetros até o Tibet para fazer a foto da capa. Além disso, afirmou Paul, "não se pode dar o nome de uma marca de cigarro a um álbum!".[27] Foi ele quem finalmente resolveu o impasse. "Não sei como tive a ideia", disse. "*Abbey*

Road! É o estúdio em que estamos, que é fabuloso, além de soar um pouco como um monastério."[28]

Mal adorou o novo título, especialmente como homenagem ao estúdio onde os rapazes haviam construído seu nome. Para ele, *Abbey Road* confirmara a realização criativa mais ampla dos Beatles – e o potencial, apesar da recente sequência de tensões interpessoais e profissionais, para chegar a alturas ainda maiores. "O Sgt. Pepper está vivo, bem e vivendo em Abbey Road", escreveu Mal no diário, provavelmente um tanto otimista além da conta, considerando-se os acontecimentos no Olympic em maio.[29]

No papel de diretor criativo da Apple, John Kosh foi convocado para refinar o design da capa do álbum. A partir de um esboço feito por Paul dos quatro Beatles cruzando Abbey Road, Kosh coordenou uma sessão com o fotógrafo Iain Macmillan para a sexta-feira, 8 de agosto. Por sugestão de Kosh, Mal sondou o departamento de obras públicas de Londres para obter informações sobre a fonte usada nas placas de rua em Abbey Road, de modo que o designer pudesse reproduzi-la. Antes disso, naquela mesma semana, enquanto Mal segurava o trânsito, Macmillan fez testes com Polaroids de Kevin Harrington, Steve Brendell, da Apple, e diversos funcionários do estúdio indo e voltando pela faixa de pedestres a poucos metros da entrada do estúdio.

Enquanto isso, os rapazes continuavam a gravar – muitas vezes operando em diferentes estúdios ao mesmo tempo durante a pós-produção. *Abbey Road* foi o produto de diversas inovações, incluindo a ultramoderna mesa TG12345 de oito canais da EMI e o sintetizador Moog, que aparece com destaque em "Because", de John, e "Here Comes the Sun", de George. Paul gravou um *overdub* de uma seleção do complexo instrumento eletrônico em "Maxwell's Silver Hammer", que o grupo finalizou enquanto Mal esteve ausente, em Portugal, com Ringo assumindo o martelo e a bigorna no lugar dele.

Infelizmente, os Beatles também tinham dias como 7 de agosto, quando momentos de pura majestade se intercalavam com o máximo do estresse interpessoal. Na véspera da sessão de fotos com Macmillan, Mal e os integrantes da banda se reuniram na técnica do estúdio 2 para ouvir os *takes* de "Come Together". Yoko estava visível no estúdio em si, abaixo deles. Enquanto George e os outros observavam tudo com a vantagem da vista ampla da técnica, Yoko atravessou a sala e se serviu de um dos biscoitos digestivos do guitarrista. "Que vaca!", berrou George. "Ela acabou de pegar um dos meus biscoitos!" Com isso, uma disputa de gritos começou na técnica, com John tentando defender a esposa.[30]

Incrivelmente, apesar de tudo, o grupo conseguia virar a chave do desastroso ao sublime num piscar de olhos. Mais tarde, no mesmo dia, John e George colocaram as diferenças de lado para gravar uma saraivada de solos de guitarra para concretizar "Ending" – agora intitulada "The End". Para capturar o momento, Mal posicionou os amplificadores dos guitarristas no estúdio de forma muito similar à que fez na reprise de "Sgt. Pepper" dois anos antes, quando dispôs o equipamento numa formação de palco. Com George com "Lucy", sua Gibson Les Paul Standard, e John e Paul tocando suas Epiphones Casino, cada um arrasou num solo de dois compassos, tro-

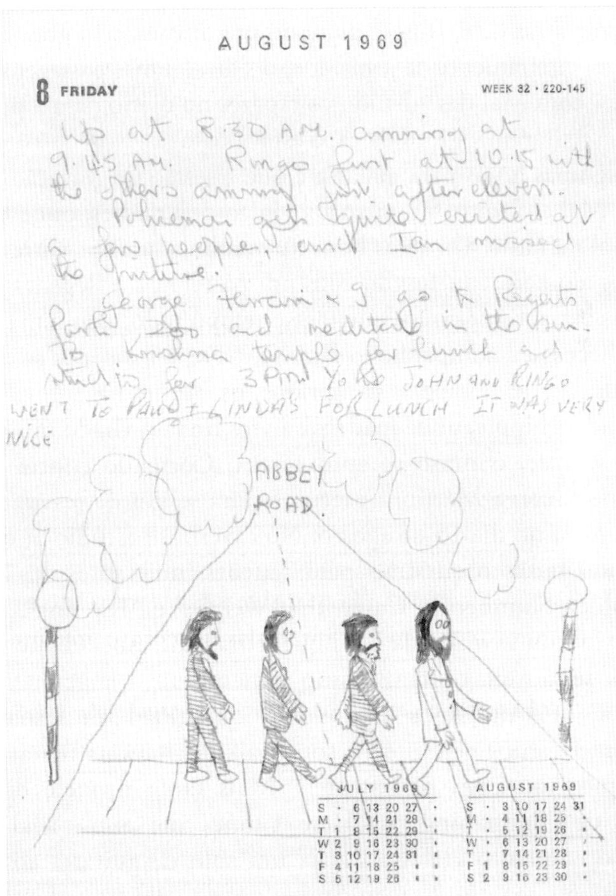

O desenho de Mal da capa de *Abbey Road*

cando *licks* numa performance virtuosa. O que tinha começado como mais um dia escuro no Mundo Beatle concluía num triunfo inesperado. Talvez o espírito do Sgt. Pepper estivesse vivo e bem nos estúdios da EMI, afinal.

Na sexta-feira, 8 de agosto, Kosh sentiu a pressão para concluir o design da capa do álbum. "Trabalhávamos sob um prazo", recordou-se. "Precisávamos ir à gráfica, sendo que o álbum já estava atrasado no que dizia respeito à EMI."[31] O dia de trabalho de Mal começou às 8h30min daquela manhã. Por quase duas horas, ele se preocupou com um Fusca branco, de placa 28IF, que perigava estragar a foto. Incapaz de guinchar o veículo, ele se deu por derrotado e convocou os Beatles.

Enquanto a Polícia Metropolitana de Londres fechava o tráfego da área, os rapazes atravessaram a rua em fila indiana. John foi à frente, num terno branco solene; atrás dele, Ringo, de terno preto; Paul, sem gravata e descalço; e George, inteiramente de jeans. Depois de algumas passagens pela faixa de pedestres, com Mal desenhando os rapazes no diário para a posteridade, os Beatles se retiraram. A foto da capa estava feita.

Com algumas horas para matar até que a sessão de gravação vespertina começasse, Mal e George foram ao zoológico de Londres, onde meditaram juntos ao sol da tarde. Por duas horas, perambularam por entre as jaulas e recintos dos animais, concluindo com um passeio pelo Regent's Park. Para Mal, o mais extraordinário foi que, nesse tempo todo, nenhuma pessoa sequer reconheceu seu companheiro famoso.[32] Depois de anos se destacando entre a multidão pelos cabelos compridos, os Beatles haviam caído no padrão da Londres hippie, onde madeixas livres tinham virado moda.

Como sempre, o prazo se aproximava. Correndo contra o relógio, Mal auxiliou George Martin a executar uma sessão de *overdubs* colossal para *Abbey Road* no dia 15 de agosto. No cavernoso estúdio 1, o produtor supervisionou faixas orquestrais para canções integrantes de "The Long One": "Golden Slumbers", "Carry That Weight" e "The End". Enquanto isso, Mal se juntou à equipe da EMI que tentava desesperadamente manter a complexa sessão em ordem. Como rememorou o engenheiro de som Alan Brown, "nós tínhamos uma grande quantidade de linhas entre os estúdios e andávamos pelo prédio com walkie-talkies na tentativa de nos comunicarmos uns com os outros".[33] Mais tarde naquele dia, Martin se ocupou de "Something" e "Here Comes the Sun". Mal observou maravilhado enquanto Harrison fazia um solo de guitarra ao vivo para "Something" no estúdio 2, acompanhado pela orquestra de Martin que tocava do outro lado do corredor, no estúdio 1.

Na sexta-feira, 22 de agosto, Mal se juntou aos membros da banda em Tittenhurst Park, a nova propriedade de John e Yoko, em Ascot, para uma sessão de fotos. Ele tinha as melhores expectativas para um dia agradável no campo, com a previsão do tempo anunciando céus ensolarados. Incrivelmente, a nova residência de John era ainda mais régia e grandiosa do que Kenwood. Comprada por 145 mil libras, Tittenhurst Park incluía uma casa principal de 26 cômodos, um salão da Era Vitoriana, um chalé Tudor, uma capela, casas para empregados e diversas outras instalações em meio a gramados extensos e muito bem cuidados, jardins e um campo de críquete. Além de Mal, Yoko e da banda, os presentes do dia incluíam Derek Taylor, uma Linda McCartney bem grávida e a *sheepdog* de Paul, Martha. Quanto aos fotógrafos, Derek convidara o americano Ethan Russell, de 23 anos, que havia feito fotos dos Beatles durante as sessões de *Get Back* em janeiro, além do popular repórter de esportes do *Daily Mail* Monte Fresco. Linda, ela própria uma fotógrafa profissional, se juntaria à turma dos cliques, assim como Mal, que levara sua boa e velha Pentax para a ocasião.

"Era só mais uma sessão de fotos", Ringo se recordaria mais tarde. "Eu não estava pensando: 'Ok, esta é a última sessão de fotos'."[34] Mas foi. Para Russell, que já tinha passado horas fotografando a banda meses antes, "o clima era estranho". Enquanto os Beatles posavam para ele naquele dia, Russell percebeu uma sensação de descontentamento no ar, especialmente com George, que, na lembrança do fotógrafo, sequer esboçou um sorriso.[35] De sua parte, Mal fez dezenas de fotos, que planejava enviar para Sean O'Mahony em consideração para o *Beatles Book*.

Como de costume, os Beatles estavam com figurinos muito estilosos. Para a ocasião, Mal contribuiu de bom grado com o visual ao compartilhar seu chapéu preto de feltro com John, que gostara da peça. Lily tinha usado uma echarpe roxa para decorar com bom gosto a copa do chapéu, o mesmo que Mal comprou em Houston em 1965 na selaria Stelzig, acessório *vintage* que complementou o chapéu de caubói aba larga que George usou no ensaio fotográfico. Ringo usou uma echarpe *Paisley*, enquanto Paul vestiu um terno preto discreto, sem gravata, ao estilo do ensaio para a capa de *Abbey Road*.

Enquanto o grupo vagava de um local a outro da propriedade, Mal tirou algumas dezenas de fotos, mostrando deferência a Russell, Fresco e Linda como os fotógrafos profissionais ali presentes. Se ele soubesse que restava aos Beatles apenas um tanto de horas juntos, talvez tivesse se comportado de maneira diferente naquele dia.

Fresco conseguiu fazer a última foto, na qual registrou Paul e Ringo acenando uma despedida, bastante adequada, para sua câmera. Ao fim do ensaio, Mal ficou por ali mais um tempo para ouvir um acetato de *Abbey Road* novo em folha com a banda e Yoko. Talvez tivesse ficado ainda mais tempo saboreando a companhia de seus queridos Beatles, mas, como sempre, tinha de voltar à cidade. Quando se trabalhava para os rapazes, sempre havia tarefas de sobra a cumprir.

Mal e Neil em Portugal

30

BADFINGER BOOGIE

Para Mal, os acontecimentos grandiosos de setembro de 1969 seriam um verdadeiro borrão. No entanto, antes disso, houve o Festival da Ilha de Wight. Unindo-se a John, George, Ringo e suas respectivas esposas, Mal e Lil levaram as crianças numa viagem até a ilha no Canal da Mancha. Além de assistir à apresentação de Bob Dylan como atração principal do festival, o grupo de amigos jogou várias partidas acaloradas de tênis durante o dia, intercaladas com festas estelares à noite. Ao longo desse tempo, os Beatles tocavam acetatos de *Abbey Road* para mostrar orgulhosamente o novo LP a vários ouvintes sortudos – muitos dos quais comentaram sobre as destacadas faixas de George, "Something" e "Here Comes the Sun".

Para Gary Evans, visitar a Ilha de Wight foi uma experiência de sonho – viajar de aerobarco da Inglaterra, ver Ringo chegar de helicóptero de Londres, ter permissão para ficar acordado até a meia-noite e ganhar uma gaita de presente de Bob Dylan, que chamou o menino de seu "melhor amigo".[1]

Paul não viajou com o grupo. Ficou em Londres com a esposa Linda, que dera à luz uma filha no dia 28 de agosto. A recém-chegada foi batizada de "Mary" em homenagem à falecida mãe do Beatle.

Nesse ínterim, as tensões persistentes entre os Beatles enfim vieram à tona durante uma reunião entre John, Paul e George na Savile Row no dia 10 de setembro. Com Mal e Neil como testemunhas, John se incomodou em particular com aquilo que entendia como uma megalomania de Paul, dizendo que "se você analisar os álbuns dos Beatles, bons ou ruins ou seja lá o que pense deles, vai ver que, na maioria das vezes, se alguém tem espaço sobrando ali é você! Por nenhuma outra razão além de você ter operado para que fosse assim".[2] A conversa deve ter sido agonia pura para Mal, que idolatrava Paul, sobre quem mais pendeu o peso do veneno da reunião.

Em sua própria defesa, Paul argumentou que tentou "deixar espaço nos álbuns para as músicas de John, só para então descobrir que John não tinha composto nenhuma".

Mas John não quis saber dessa conversa. "Não quero pensar em [quantidade de] tempo igual", disse. "Só quero que se saiba que tenho o direito de colocar quatro músicas no álbum, aconteça o que acontecer."

John sentia que George merecia a mesma consideração, mas George rebateu dizendo que "particularmente, não busco aclamação". Ele apenas desejava uma atribuição justa para suas canções.[3]

Paul queria que a relação de trabalho dos Beatles continuasse sem mudanças ou deferências aos desejos de John e George. "Quando entramos num estúdio", disse, "até no pior dos dias, ainda estou tocando baixo, Ringo ainda está na bateria e ainda estamos aqui, entendem?".

Com a ideia de gravar um novo álbum aparentemente fora de questão, John propôs que, ao invés disso, produzissem um *single* de Natal. Afinal, ponderou ele, logo chegaria a demanda pelo disco de fim de ano do fã-clube. Quando essa sugestão foi recebida com silêncio e indiferença, John concluiu sobriamente: "Acho que este é o fim dos Beatles".[4]

Por mais horrível que a experiência deva ter sido para Mal, o pânico ainda não havia se instalado. Ao longo dos últimos 15 meses, Ringo e George tinham saído da banda diversas vezes, só para então serem trazidos de volta. Na sexta-feira, 12 de setembro, enquanto Mal saía da Savile Row para assistir a uma apresentação dos Iveys na base de Brize Norton da Força Aérea, em Oxfordshire, ouviu John falar sobre uma iminente viagem ao Canadá. "De ouvidos aguçados", escreveu no diário, "entrei com meus cabos e palhetas" à disposição para ser *roadie* na performance de estreia da Plastic Ono Band no dia seguinte, no festival Rock 'n' Roll Revival, em Toronto.[5]

Mal estava ansioso para ajudar. "Os Beatles não subiam num palco há mais de três anos", escreveu, "e, particularmente, eu sentia uma tremenda falta da animação das turnês". O único problema era que John e Yoko não tinham banda de apoio. Em pouco tempo, Mal reuniu Klaus Voormann e Alan White para, respectivamente, tocar baixo e bateria. "John e Yoko queriam muito Eric Clapton para completar o quinteto", disse Mal, "mas não conseguimos contatá-lo, mesmo passando a noite telefonando para todo mundo que conhecíamos".[6]

Na manhã seguinte, Mal requisitou uma limousine para buscar os músicos, na esperança de que, contra todas as probabilidades, fosse capaz de encontrar Clapton a tempo. White, músico de estúdio de 20 anos, lembrou-se da visão de Mal chegando para levá-lo ao aeroporto. "Ali estava um cara amável e fofo", disse. "Parecia um grande ursinho."[7] Felizmente, no último minuto, o jardineiro de Clapton conseguiu passar o recado ao guitarrista, que se juntou à banda e ao *entourage* no voo vespertino para o Canadá. "Foi aí que percebi", escreveu Mal. "Nenhuma das pessoas que deveriam fazer o show naquela noite já tinham tocado juntas. Como iriam criar um show juntas antes de entrar no palco à noite? John obviamente também pensou nisso, pois Eric e ele foram para a traseira do avião ensaiar após um lanche rápido. Já tentou ensaiar nos fundos de um Boeing 707 com guitarras – e sem amplificação?"[8]

Quando chegaram ao Varsity Stadium, em Toronto, Mal começou "a sentir toda a empolgação tremenda dos velhos tempos de turnês". John sentiu o mesmo, entregando um *set* enérgico que fechou com "Give Peace a Chance", dele e de Yoko. "Foi para isso que viemos, na verdade", anunciou John aos 20 mil presentes, "então cantem junto!". Para Mal, o show foi uma

John e Yoko em Toronto

revelação que sublinhou seu anseio por voltar à estrada. Quando terminaram de tocar, ele escreveu: "Todos os caras apoiaram seus instrumentos contra os alto-falantes dos amplificadores e se dirigiram para o fundo do palco. E quando a microfonia começou a crescer, John, Klaus, Alan e Eric acenderam cigarros. Então entrei e os conduzi para fora do palco e, na sequência, finalmente desliguei os amplificadores, um a um. Fim. E eu amei cada minuto".[9]

Mal havia tentado se repaginar repetidas vezes ao longo daqueles últimos anos, apenas para encontrar bloqueios em quase todas as curvas. No entanto, gerenciar um grupo na estrada era natural para ele. Quando estava em turnê ou preparando uma banda para um único show, se sentia inigualável, como se fosse capaz de fazer qualquer coisa sozinho. Naquela noite em Toronto, Mal se sentiu como se tivesse fechado um ciclo. "Sempre vou me lembrar de me virar durante a performance no palco e ver Gene Vincent ao meu lado com lágrimas escorrendo pelo rosto", escreveu. "'Maravilhoso. Fantástico, cara', dizia ele."[10] De repente, era maio de 1963 de novo, com Mal de volta ao Cavern Club, louco para ter um vislumbre de Vincent em toda sua glória. E agora eles estavam juntos novamente, apenas seis anos depois, embora para Mal deva ter parecido uma vida inteira.

Para John, pode ter sido tão simples quanto a confiança que ele ganhou naquela noite no Varsity Stadium. Ou talvez a resistência demonstrada por Paul na semana anterior, quando John propôs quatro canções de cada um dos três principais compositores da banda no próximo LP dos Beatles. Em todo caso, tudo transbordou durante uma reunião na Apple no sábado, 20 de setembro. No que dizia respeito ao futuro da banda, John simplesmente não conseguia mais conter as emoções.

Mal e Allen Klein estavam presentes, assim como Yoko e Neil. George, por sua vez, falava no viva-voz de Cheshire, onde visitava a mãe doente. O tópico em questão era um novo acordo com a Capitol, que Klein estava compreensivelmente ansioso para firmar. Mal observava enquanto Paul começava a enumerar as oportunidades que estavam por vir para o grupo, incluindo uma série de shows intimistas e um possível especial de TV. A cada exemplo dado, John dizia "não, não, não" para, enfim, cravar a Paul: "Bem, eu acho que você é um tolo". Finalmente, ele soltou que queria um "divórcio".

"Como assim?", perguntou Paul, desnorteado.

"O grupo acabou", respondeu John. "Estou fora."

A essa altura, recordou-se Paul, "todo mundo empalideceu, menos John, que ficou um pouco ruborizado e disse: 'É bastante empolgante. É assim que me lembro de ter dito a Cynthia que queria o divórcio'". O normalmente imperturbável Allen Klein ficou perplexo com a súbita reviravolta e interviu com rapidez, exigindo sigilo absoluto para evitar perturbar o acordo com a Capitol. John assentiu às exigências do empresário. "Paul e Allen disseram estar contentes por eu não anunciar", relembrou ele, "como se eu fosse criar todo um acontecimento em volta disso. Não sei se Paul disse 'não conte para ninguém', mas ele ficou aliviado demais por eu não contar. 'Ah, bem, isso quer dizer que nada aconteceu mesmo, se você não vai contar nada', foi o que ele falou".[11]

Em seguida, Mal e Paul retornaram à Cavendish Avenue, nº 7, onde se recolheram ao jardim, ainda tentando processar o que havia acontecido na Savile Row, nº 3. Paul seguia esperançoso de que John talvez mudasse de ideia, de que os Beatles seguiriam inabaláveis. Mal, porém, sabia que não seria bem assim. A reunião de 20 de setembro foi diferente. Mal já havia refletido que "todos eles tinham saído do grupo em um momento ou outro, a começar com Ringo", bem como George. Mas quando "John entrou no escritório e disse: 'O casamento acabou! Quero divórcio', foi o fim. Foi o que realmente pegou Paul, sabe, porque eu o levei para casa e acabei no jardim aos prantos".[12]

O trauma que Mal sentiu no jardim de Paul naquela tarde poderia ter sido ainda mais agudo se o *roadie* não estivesse tão desesperadamente ocupado. Em questão de dias, ele estaria trabalhando uma semana inteira a serviço de "Cold Turkey", de John, cuja ideia era ser um lançamento da Plastic Ono Band. Quanto ao futuro dos Beatles, Mal veio a reconhecer, assim como Paul, que o véu de sigilo de Klein imbuía o episódio todo de uma aura de irrealidade. Se não fosse público, então talvez não fosse verdade. E se não estava na consciência do público ainda, então John talvez mudasse de ideia. Afinal, era notório que ele era temperamental.

Naquela quinta-feira, Mal estava de volta aos estúdios da EMI, onde John conduzia a Plastic Ono Band no ensaio de "Cold Turkey", com Clapton na guitarra, Voormann no baixo e Ringo na bateria. Ao contrário de George, que achou que John tinha sido arrogante, Ringo foi o menos afetado pelo estouro de Lennon na Savile Row. Já havia se dado conta da extensão do mal-estar na banda há algum tempo. "Em muitos dias, apesar de toda a maluquice, [a banda] funcionava muito bem", ponderou ele. "Mas ao invés de funcionar todos os dias, funcionava, digamos, dois dias por mês. Ainda havia bons dias, pois ainda éramos amigos muito próximos, e então as coisas voltavam a resvalar em algum tipo de loucura."[13]

Quanto a "Cold Turkey", John apresentara a canção aos Beatles para ser o próximo *single*, mas foi rejeitado por Paul e George, que não concordaram com uma música sobre abstinência de heroína. Depois de trabalhar no estúdio 3 da EMI por vários dias, John começou a duvidar da qualidade da gravação, o que o levou a transferir tudo, com Mal no trabalho braçal, para o Trident em 28 de setembro. Após registrar um *take* consistente no estúdio no Soho, John e Yoko voltaram para a EMI no dia seguinte. Trabalhando com Geoff Emerick, eles mixaram "Cold Turkey" para lançamento.

Com os Beatles num hiato que talvez fosse permanente, Mal se voltou com força total para os Iveys. "Come and Get It", de autoria de Paul, dera uma nova vida aos galeses. O Beatle ainda produzira a banda tocando "Rock of All Ages" e "Carry on Till Tomorrow" para cumprir suas obrigações para a trilha sonora de *Um Beatle no Paraíso*. Com o LP *Maybe Tomorrow* na prateleira, Mal sabia que o grupo precisava maximizar o sucesso da trilha sonora. Ao longo dos meses seguintes, ele mixou várias canções para o LP, cujo lançamento ficou marcado para janeiro de 1970 como *Magic Christian Music**, um álbum independente de faixas dos Iveys ao invés de uma trilha sonora padrão. Naquele outono, Mal também ajudou a banda a lidar com uma mudança importante de formação depois que o baixista Ron Griffiths decidiu sair. Além de ser um homem de família, Griffiths havia perdido diversas sessões de gravação por motivos de saúde e, com a banda à beira de conquistas possivelmente maiores e melhores, se tornara um ônus.

Quando Mal não estava trabalhando com os Iveys, concentrava-se em procurar novas oportunidades para demonstrar seus talentos. A possibilidade de atuar com uma nova banda chegou na forma do cantor e compositor Rod Lynton, que capitaneava um grupo chamado Rupert's People – em homenagem às histórias de Rupert, o Urso. Mal conhecia Lynton da cena musical londrina, bem como seus companheiros de banda: Dave "Dai" Jenkins, ex-guitarrista base dos Iveys, o baixista Ray Beverley e o baterista Steve Brendell, que trabalhara na Apple como assistente pessoal de John e Yoko.

Detentor de uma empatia sobrenatural, Mal sabia muito bem da história difícil da banda. Em 1967, Lynton havia escrito uma canção com Chris Andrews intitulada "Hold On", que arranjaram com o auxílio do organista Matthew Fisher. Durante a sessão de composição, Lynton apresentou aos músicos sua canção original "Reflections of Charles Brown", baseada na "Ária da Corda Sol" de Bach. Enquanto Lynton a preparava para lançamento, Fisher entrou para o grupo Procol Harum, com quem tocou "A Whiter

* O título original em inglês de *Um Beatle no Paraíso* é *The Magic Christian*. (N.T.)

Shade of Pale", que, assim como a música do Rupert's People, baseava-se na familiar melodia de Bach. A gravação do Procol Harum virou hit absoluto, é claro, relegando "Reflections of Charles Brown" a um status de lanterninha e deixando Lynton num estado de decepção amarga.[14] Ávido para ajudar o amigo e melhorar a sorte do Rupert's People, Mal produziu o *single* seguinte da banda, "Water to a Stone", composto por Lynton e Beverley. Para a alegria do *roadie*, a imprensa musical favoravelmente comparou a canção a "Born to Be Wild", do Steppenwolf.

Enquanto isso, com a proximidade do lançamento de *Magic Christian Music*, os Iveys voltaram a uma antiga questão do nome da banda. Para Mal e Bill Collins, "The Iveys" não funcionava mais. Além disso, eram frequentemente confundidos com o Ivy League, trio britânico que tinha conquistado vários hits em meados dos anos 1960. "Ouvimos muitas vezes que The Iveys era um nome estúpido", lembrou Tom Evans. "Tivemos vários debates com as pessoas por causa disso. Por fim, concluímos que o nome era uma desvantagem." Com Mal atuando como agente de relações com o artista para a Apple, Bill Collins e os Iveys ofereceram diversos nomes para consideração. "Escrevíamos uma lista", disse Evans, "e afunilávamos para dez nomes, depois três, que talvez um cara gostasse e outro não. Ou nós todos gostávamos, mas a gravadora, não".[15]

Uma série de nomes esteve sob deliberação, entre eles "Fresh", "The Glass Onion", "Tendergreen", "The New", "The Old" e "Hyena's Nose". Paul e John também foram consultados, sugerindo "Home" e "Prix", respectivamente. Os Iveys, por fim, se viram correndo contra o relógio. A Apple preparava *Magic Christian Music* para lançamento e não havia tempo a perder. A solução chegou por meio de Neil Aspinall na comemoração de seu 28º aniversário, na companhia de Mal e Bill Collins num pub de Mayfair chamado The Thistle. "Eles pediram que eu sugerisse alguma coisa. Badfinger me veio à cabeça", disse Neil, que se lembrou que "Bad Finger Boogie"* tinha sido o título provisório de "With a Little Help From My Friends".[16] Em novembro, Joey Molland, de 22 anos e natural de Liverpool, fez um teste para entrar nos Iveys, que ainda estavam superando o desfalque de Griffiths. Para acomodar o novo guitarrista na banda, Tom Evans assumiu o baixo.

Durante esse mesmo período, Mal ainda se alternava entre coordenar *Sentimental Journey*, LP solo de estreia de Ringo, e, com Neil, compilar um

* Em tradução livre, "*boogie* do dedo ruim".

vídeo promocional para "Something", o primeiro lado A de George nos Beatles. Gravado em outubro de 1969, o clipe foi filmado nas casas dos integrantes, com George e Pattie passeando entre os jardins de Kinfauns; Paul e Linda brincando com a *sheepdog* Martha na fazenda na Escócia; John e Yoko de robes escuros e solenes em Tittenhurst Park; e Ringo e Mo percorrendo Brookfield de moto. Com as imagens em mãos, Mal e Neil retornaram à Savile Row, onde Neil editou as sequências individuais num todo ilusório.

No dia 11 de outubro, Mal celebrou o oitavo aniversário de Gary num estilo inesquecível, com um grande estouro de fogos de artifício no jardim da família em Sunbury. O *Beatles Book* marcou a ocasião – não só o aniversário da criança mais velha no círculo interno dos Beatles, mas também a maneira como as boas intenções de Mal poderiam dar horrivelmente errado. "Quando chegou a hora de acenderem os fogos, Mal decidiu que ficaria bonito – algo como uma grande fonte – se os colocassem numa das macieiras antes de acendê-los. Porém, ele se esquecera do quão potentes são esses fogos, e, assim que os pavios se queimaram, os vizinhos começaram a ver bolas de fogo vermelhas, azuis, verdes e amarelas passarem voando ao lado das janelas. O vizinho da porta ao lado ficou um pouco aborrecido ao ver que duas macieiras suas haviam sido incendiadas!"[17]

Naquele outono, Ken Mansfield visitou Londres pela primeira vez desde a sangria causada por Allen Klein na Apple. Mais tarde, ele escreveria o que definiu como sua "primeira carta de fã", embora não fosse "dirigida a uma pessoa ou atitude, mas a um conceito e àqueles que compõem o corpo e a alma desse conceito". Ele estava falando, é claro, da Apple. Endereçando a carta a Mal, Mansfield lamentou a triste situação na Savile Row, nº 3, onde sentiu "tanta frustração e descontentamento da parte de tantos de vocês". Na esperança de alegrar o espírito do amigo, Mansfield observou que "os Beatles, essa coisa da Apple e aqueles de vocês que estão honestamente *com* os Beatles compõem um belo núcleo de calidez magnética do qual é gerado um desejo de fazer coisas grandes de verdade". Referindo-se claramente a Klein, Mansfield acrescentou ter ficado perturbado com "o quão ferradas as coisas podem se tornar quando os 'impuros de coração' as tocam". O propósito da carta, concluiu, era "só dizer que me importo; que a minha associação a você e aos outros é muito cara para mim e que sempre estarei aqui para ajudar de qualquer forma possível. Fique bem. Seja feliz – Seja! Amor e Maçãs, Ken".[18]

Mal dificilmente seria a única pessoa capaz de se beneficiar dos bons votos de Mansfield. Sem nenhuma surpresa a essa altura, Paul havia se afastado de seus companheiros de Beatles, situação datada desde o estouro no

Olympic, em maio. O anúncio de divórcio de John deixou Paul numa depressão feroz, que ele nutriu no outono da Escócia com uma dieta regular de álcool. Para piorar, tinha se tornado alvo dos bizarros boatos de que "Paul está morto", o forçando à curiosa posição de ter de defender sua própria existência. Apesar das "dicas da morte" ridículas descobertas por fãs histéricos, a atenção da mídia se tornara tão profusa que Paul, por fim, se submeteu a uma matéria de capa na revista *Life* cuja manchete dizia "Paul ainda está conosco". Quando ele finalmente emergiu desse estupor, retornou com Linda à Cavendish Avenue, onde começou a contemplar uma carreira solo.

Em dezembro, George se reencontrou com Delaney & Bonnie and Friends após vê-los tocar no Royal Albert Hall, com Eric Clapton na guitarra. George ficou tão emocionado com o show que topou se juntar a Delaney e Bonnie na turnê. "Alguns dias depois, ele me pediu para acompanhá-lo na estrada", escreveu Mal, "o que atendi com satisfação. Esse foi certamente um dos trabalhos mais fáceis que já fiz, pois George é muito autossuficiente e cuida de si na maior parte do tempo. Com apenas uma guitarra e um amplificador para cuidar, foi moleza para mim. Tocaríamos em Liverpool nessa turnê, quatro anos desde o dia em que George subiu ao palco do Empire pela última vez como membro dos Beatles".[19]

Assim como no *set* da Plastic Ono Band em Toronto, em setembro, Mal se deleitou em repetir sua familiar função de *roadie*, sobretudo no que dizia respeito às estripulias associadas a uma turnê de rock 'n' roll. Depois de uma noite especialmente efervescente com Delaney & Bonnie and Friends, "as coisas fugiram um pouco do controle. Uma guerra de cerveja começou e todo mundo acabou encharcado até os ossos numa quantidade generosa da bebida – tudo com muita diversão, veja bem. Em dado momento, Eric me desafiou a despejar um *pint* de cerveja sobre George, que ainda estava intacto. Eu amarelei e, no último minuto, derramei sobre mim mesmo, para a surpresa de todos os envolvidos, mas não demorou até que George se ensopasse também. A gerência e os funcionários do hotel foram muito tolerantes com tudo isso, mas nos apresentaram, sim, uma conta de várias centenas de dólares no dia seguinte para cobrir os custos da limpeza do carpete".[20]

Naquele mesmo mês, Mal inesperadamente atuou como *roadie* na aparição da Plastic Ono Band no Lyceum Theatre, na Strand.* Um dia depois de

* Uma das ruas principais de Westminster, na região central de Londres, parte do distrito teatral de West End. (N.T.)

retornar a Londres das aventuras com Delaney e Bonnie ao lado de George, Mal recebeu um telefonema urgente de Kevin Harrington, chamado por John e Yoko para gerenciar o show no Lyceum em benefício da Unicef. "Seria o primeiro trabalho de Kevin sozinho e ele estava apavorado", escreveu Mal. "Eu entendia perfeitamente como ele se sentia e, embora estivesse cansado da viagem, assumi o comando." Intitulado Peace for Christmas, o evento de gala contou com uma enorme faixa com os dizeres "WAR IS OVER (IF YOU WANT IT)" acima do palco. John e Yoko dividiram os holofotes com George, Eric Clapton, Klaus Voormann, Alan White, Billy Preston, Keith Moon e Delaney e Bonnie, entre outros dos músicos do mais alto gabarito da época.

Mal foi forçado a trabalhar em dobro para realizar o evento. "Precisei providenciar três baterias e o máximo de instrumentos de percussão que pude", escreveu. "Pode ter sido caótico fora do palco e nos bastidores, mas a performance fez valer a pena todo o trabalho duro e as dores de cabeça."[21]

Incrivelmente, depois de um hiato de vários anos sem atuar como *roadie*, Mal retornara com força total ao seu habitat natural.

31

AGENTE DUPLO

Foi mais ou menos nessa época que Mal começou a trabalhar com Paul de forma clandestina, ocultando seus movimentos de modo a não chamar a atenção de nenhum outro Beatle e ficar fora do radar do pessoal da Apple. Escondeu até mesmo de Neil suas atividades a serviço de Paul. No dia 26 de dezembro – aniversário de dois anos do desastre televisivo de *Magical Mystery Tour* –, Mal descarregou um gravador Studer de quatro canais na Cavendish Avenue. Com exceção dele e de alguns camaradas na Apple e na EMI, ninguém sabia que Paul estava se aventurando musicalmente sozinho com Linda, que era exatamente como o Beatle queria as coisas – pelo menos por enquanto.

Gravar um álbum dessa maneira se mostrou o bálsamo perfeito para a depressão de Paul. Com visitas periódicas de seu leal servo Mal, que transportava instrumentos e fitas novas até sua casa, ele começou a desfrutar da natureza simplória da vida pós-Beatles.

Nesse ínterim, Mal recebeu o Ano-Novo – a nova década, na verdade – acompanhando Bill Collins e o recém-rebatizado Badfinger numa filmagem do *Top of the Pops*, onde a banda dublou uma performance de "Come and Get It" diante de uma plateia de estúdio. Naquele mês, Mal ficaria orgulhoso ao saber que a canção estava vendendo cerca de quatro mil cópias por dia. O *single* enfim traria uma quinta posição ao Badfinger nas paradas do Reino Unido. Depois de quase dois anos de labuta, a banda finalmente colhia os frutos que merecia.

Porém, nada era melhor do que trabalhar numa sessão dos Beatles. No dia 3 de janeiro de 1970, pela primeira vez em meses, Mal encontrou os rapazes nos estúdios da EMI. Estavam contratualmente obrigados a lançar um álbum de trilha sonora em paralelo ao documentário de Michael Lindsay-Hogg, que agora chamava-se *Let It Be*. Nesse dia, Paul, George e Ringo se reuniram no estúdio 2 com George Martin, que celebrava seu 44º aniversário com a banda que fez seu nome. John não foi, pois estendera suas férias com Yoko na Dinamarca.

Enquanto a banda se preparava para gravar "I Me Mine", George reconheceu a ausência de John com uma referência irônica à popular banda britânica Dave Dee, Dozy, Beaky, Mick & Tich: "Vocês todos vão ler que Dave Dee não está mais conosco", brincou, "mas Mickey, Tich e eu decidimos prosseguir com o bom trabalho que sempre foi feito no estúdio 2".[1] Encerraram às 23h30min, quando o equipamento de oito canais do estúdio começou a "soltar fumaça", escreveu Mal em seu diário. Isso deu a ele a desculpa perfeita para se juntar a Lil numa festa que o empresário do ramo de instrumentos musicais Ivor Arbiter deu naquela noite. Mal chegou bem a tempo de saborear um prato de comida chinesa que a esposa reservara para ele.[2]

Mal e os três Beatles retornaram aos estúdios da EMI no dia seguinte para uma corajosa sessão de 14 horas para completar "Let It Be", que o *roadie* agora equiparava a "In My Life" entre suas canções favoritas da banda. Naquela tarde, George, Paul e Linda gravariam harmonias vocais para a gravação original que o grupo fez em 31 de janeiro de 1969 – "*aahs* e *oohs*", como rabiscaria Mal no diário.[3] Mary Hopkin deveria participar dos *backing vocals* também, mas não conseguiu chegar a tempo.[4] Naquele mesmo dia, George experimentaria um solo de guitarra diferente, enquanto Martin arranjava um *overdub* com dois trompetes, dois trombones e um saxofone tenor. No decorrer da noite, Ringo e Paul acrescentaram percussão à mixagem, além de mais uma versão do solo de guitarra, ainda mais emocionante, cortesia de George. Uma das realizações supremas de Paul em Rishikesh, "Let It Be" estava, para todos os efeitos, pronta. Naquela tarde, Mal buscara o acetato de "You Know My Name (Look Up the Number)", que seria o lado B do *single*.

Com novas versões de "I Me Mine" e "Let It Be" à sua disposição, Glyn Johns começou a compilar mais uma mix de *Get Back*/trilha sonora de *Let It Be* para consideração dos Beatles. Alguns dias depois, Mal compartilhou um acetato do LP com Paul na Cavendish Avenue, onde havia combinado com Doug Ellis, gerente da Sound City, uma exibição privada de uma série de guitarras para canhotos para o Beatle. Ellis conhecia Mal há anos como uma presença bem-vinda na loja da Shaftesbury Avenue. "Ele tinha uns três metros de altura", recordou-se. "Um bom rapaz." A equipe da Sound City adorava o jeito maroto de Mal, frequentemente dando uma escapada até o pub para um *pint* rápido com ele após resolvidos os negócios com os Beatles. Numa ocasião, Mal presenteou Ellis com um conjunto de autógrafos dos rapazes, embora "provavelmente tenha sido ele mesmo quem assinou", brincou o gerente.[5]

Ansioso para encontrar novos sons de guitarra para seu disco solo, Paul testou uma Fender Telecaster e uma Gibson Firebird. Para Mal, a demonstração de Doug foi uma distração bem-vinda depois de um dia brutal com George na Savile Row. "Vou te envergonhar agora na frente dos seus amigos", Harrison anunciara diante da equipe da Apple. "John Barham fez os arranjos das faixas do álbum do Badfinger pelos quais você toma o crédito." Aparentemente, o erro de Mal na primavera anterior – pelo qual Ron Kass o tinha repreendido – dera as caras uma vez mais com o lançamento de *Magic Christian Music*.

"Bem, acho que ele de fato me constrangeu", Mal ponderaria mais tarde, "mas não deveria ter saído no álbum – eu, como arranjador". Recusando-se, porém, a deixar o assunto de lado, Mal admitiu que ainda se sentia como se tivesse conduzido os arranjos, argumentando que havia apenas usado Barham do mesmo modo que George tinha usado o arranjo de outras pessoas para o LP de Jackie Lomax.[6]

Se Mal sentiu alguma pontada persistente por causa da reprimenda de George, não registrou no diário. Como de costume, ele encontrou projetos de sobra para os quais voltar sua atenção, incluindo uma nova empreitada com Neil, que passara a beber consistentemente desde a ascensão de Klein e o hiato e possível dissolução dos Beatles.[7] Juntos, os dois outrora *road managers* começaram a compilar *Scrapbook*, uma história falada dos Beatles em que narravam suas memórias num gravador Nagra.

Nesse meio tempo, por incentivo de George, Mal começou a gerenciar as sessões de gravação para o debute de Billy Preston na Apple, no qual George e Ringo serviram como banda de apoio do tecladista. Para ocupar a cabeça durante uma sessão particularmente extensa no Olympic, Mal comprou um kit de montagem de uma espingarda de plástico por poucas libras numa loja perto do estúdio. Era uma réplica de um rifle Winchester – muito distante do artigo genuíno que Alan Pariser mostrara a ele alguns anos antes, em Malibu. Satisfazendo seu fascínio pelo Velho Oeste, Mal montou a arma em tamanho real e a expôs orgulhosamente na parede de sua sala de estar, perto das fotografias dos seus filhos bebês.

À medida que janeiro de 1970 chegava ao fim, Mal começou a cair num escorregador emocional que vinha se propagando nos últimos anos. "Parece que estou perdendo Paul", escreveu em 27 de janeiro. "Ele foi muito injusto comigo hoje, me desapontou", adicionando "Fixing a Hole", "Pepper" e "Directorship" misteriosamente a uma lista crescente de decepções. Em princípio, a conversa mais uma vez se voltara para a questão do papel servil de Mal na vida de Paul em conflito com a crença do *roadie* de que a associação dos dois era marcada pela amizade e pelo amor. "Um servo serve", escreveu Mal, mas "aquele que serve nem sempre é um servo", acrescentou, ecoando aquela filosofia de John de dezembro de 1968. "O amor é afiado e pontiagudo como uma espada", refletiu Mal, "mas à medida que o fio da espada se desgasta – você a afia. Assim, o entusiasmo do amor precisa ser afiado – precisa de honestidade".[8]

Justamente a avassaladora honestidade de Paul quanto ao papel de Mal em sua vida é o que vinha trazendo tanto desconforto ao *roadie*. Nesse intervalo, enquanto dirigia por toda Londres executando tarefas secretas para o Beatle, Mal acabou encontrando um alívio muito necessário às 15h30min por meio de um telefonema de John, que lhe pedia para organizar uma sessão naquela noite sob o comando do lendário produtor americano Phil Spector. Aparentemente, John tinha acordado naquele dia e escrito "Instant Karma! (We All Shine On)", que estava ansioso para registrar. Uma das primeiras ligações de Mal foi para Alan White, que rememorou a falta de rodeios do *roadie*. "Pegue sua bateria e vá para o estúdio o mais rápido possível", disse Mal. "John compôs uma música de manhã, quer gravá-la hoje e lançar na semana que vem."[9]

Às 19h, Mal já tinha os músicos reunidos nos estúdios da EMI. Com John na voz e no piano, George na guitarra, Klaus no baixo e White na bateria, o grupo rapidamente gravou uma faixa básica, com adornos de Billy Preston no órgão Hammond e Mal no carrilhão. Quando John começou a elaborar a ideia do refrão, Mal e Billy foram até o Hatchetts Playground, uma casa noturna da moda no Piccadilly Circus, onde juntaram um grupo de fanfarrões que, com Yoko, Allen Klein e os músicos, fizeram *backing vocals*. Para Mal, a sessão de "Instant Karma!" foi magia pura. Em uma única noite, a gravação estava pronta.

Em 11 de fevereiro, Mal apareceu com John e Yoko numa performance dublada de "Instant Karma!" no *Top of the Pops*, vestido de terno bege e gravata verde-clara, tocando pandeireta. A essa altura, a relação de longa data de Mal com Paul estava em queda livre. Alguns dias antes, ele despertara com um telefonema do Beatle às 13h. Foi "mais ou menos assim", segundo seu diário:

> **Mal:** Sim?
> **Paul:** Tenho um tempo na EMI no fim de semana. Queria que você pegasse uns equipamentos em casa.
> **Mal:** Ótimo, cara. Excelente. Sessão na EMI?!
> **Paul:** Sim, mas não quero ninguém lá para me fazer chá. Vou estar com a família – esposa e filhos lá.
> **Mal:** [*pensando consigo mesmo*] "Por quê????", disse minha pobre cabeça.[10]

Na semana seguinte, Mal se viu ao volante da van da Apple, transportando o equipamento de Paul dos estúdios da EMI para o Morgan Studios, outra instalação no noroeste londrino onde o músico poderia trabalhar incógnito. Em dado momento, Neil pressionou Mal a respeito das sessões de gravação de Paul às escondidas e exigiu saber mais. "Onde está Paul?", perguntou, ao que Mal respondeu secamente: "Não vou te dizer".

Em outra ocasião, Mal encomendou um Mellotron para Paul, ao mesmo tempo que o mantinha suprido de palhetas e outros equipamentos. No fim de fevereiro, Paul pediu a Mal que levasse tudo de volta à EMI, onde ele gravaria "Maybe I'm Amazed" no estúdio 2. Para o *roadie*, a gota d'água ocorreu na Cavendish Avenue, quando "meu antigo amor, Paul, a quem devotei tantos anos de lealdade, se virou para mim e disse: 'Não preciso mais de você, Mal'".[11]

É difícil imaginar um golpe mais arrasador para Mal ao longo de seus muitos anos a serviço dos Beatles. Ele claramente havia elevado Paul ao status de uma espécie de herói, maravilhado com seu talento e encantado com a oportunidade de ser seu amigo. "Fiquei magoado e muito incomodado, pois ouvir alguém, a quem dei tanto amor e dedicação por tantos anos, dizer aquilo para mim foi uma pancada amarga. Paul estava fazendo seu primeiro álbum solo, no qual tocou quase todos os instrumentos sozinho, e me pediu para montar todo o equipamento para ele na EMI antes de passar essa mensagem de despedida."[12]

Anos depois, Mal atribuiria um motivo mais gracioso à forma brusca como Paul o dispensou. "Em retrospecto", escreveu, "tenho uma compreensão melhor do que ele estava me dizendo e me dou conta de que deve ter sido muito difícil para ele traduzir em palavras". Mal se consolou escrevendo que "nós gostávamos de verdade um do outro e ainda gostamos até hoje". Ele, porém, passou a crer que o tumulto nas vidas profissionais dos Beatles – principalmente o alinhamento de Paul com seus sogros, enquanto os demais membros da banda apostavam em Klein – estava por trás da cisão em sua relação com Paul. "Era a única coisa que ele podia fazer", concluiu Mal. "Paul não podia me pedir para ficar em cima do muro." Na visão de Mal, ele estava só tentando evitar qualquer tipo de constrangimento para o *roadie*, na esperança de não ter de forçá-lo a uma posição em que teria de ficar do lado de um Beatle em detrimento de outro. "Ele foi honesto comigo, o que certamente é a marca de um verdadeiro amigo."[13]

Praticamente no mesmo período em que Paul o afastava, Mal passou a desfrutar de uma afinidade maior com os outros Beatles, George em especial. Em fevereiro, George e Pattie convidaram Mal para conhecer a futura casa deles, uma propriedade suntuosa em Henley-on-Thames chamada Friar Park. A construção da mansão começou em 1889 em nome de Sir Frank Crisp, um advogado londrino idiossincrático que transformou a propriedade de 25 hectares num esplêndido retiro gótico, repleto de jardins elaborados e decorados com gnomos e outras estátuas, incluindo uma réplica do Matterhorn. Nas décadas que se passaram desde a morte de Crisp, em 1919, Friar Park entrou numa lenta decadência até sua decrepitude. George e Pattie haviam considerado comprar a propriedade há pelo menos um ano; por fim, em janeiro de 1970 – com a conta bancária polpuda depois do sucesso de "Something" no topo das paradas nos EUA –, George estava pronto para desembolsar as 140 mil libras.

Em 15 de janeiro, Mal se juntou a George e Pattie para um *tour* em Friar Park. Assim como George, ele conseguia ver os atributos da propriedade. Em certo momento, Mal tirou uma fotografia do Beatle caminhando em frente à casa principal. Na imagem, George parece encolhido pela mansão, que estava cinza após anos de negligência, com várias janelas quebradas e o interior entregue aos elementos naturais. Ao imaginar um futuro potencial para Friar Park, ocorreu a George a ideia de Mal e sua família morarem numa casa no local. "Eu me sentiria um amigo pela vida inteira, de verdade", escreveu o *roadie* no diário.[14]

Antes do fim do dia, George orgulhosamente mostrou as escavadeiras gigantes a postos para consertar as lagoas de Sir Frank e posou bem-humorado em cima de uma delas para a Pentax de Mal. O guitarrista retribuiu o favor e fotografou o *roadie* diante de uma das gravuras de Sir Frank na parte externa da casa principal, que retratava um monge de robe sobre um pedestal, segurando uma frigideira com dois buracos. A legenda dizia: "Dois Freis Santos".* Assim como George, Mal adorou os jogos de palavras de Sir Frank, visíveis em quase cada cantinho da propriedade – da placa de "Pise na Grama" na frente do enorme gramado às palavras dispostas acima das janelas do galpão de jardinagem: "Ontem – hoje – era amanhã" e "Amanhã – hoje – vai ser ontem".

Em meados de março, Mal ajudou George e Pattie na mudança de seus pertences de Kinfauns para Friar Park. Anos mais tarde, Gary se recordaria de entrar na mansão, nervoso com os corredores escuros e assustadores, enquanto o pai procurava em vão uma lâmpada que funcionasse. Alguns dias depois, Chris O'Dell foi a anfitriã de uma espécie de evento de inauguração da casa e comemoração do 26º aniversário de Pattie. "A festa foi um grande sucesso", relembrou Chris. "Ringo e Maureen, Paul e Linda, John e Yoko, Derek e Joan, Neil e Suzy Aspinall, Klaus e Christine Voormann e Peter Brown estavam lá." Como sempre, Mal ficou em evidência, bebericando vinho, beliscando aperitivos e acompanhando os amigos num passeio fantasmagórico pelas cavernas secretas de Sir Frank no subsolo da propriedade. De lanterna em punho, os convidados percorreram os túneis rochosos e escuros. Num dado momento, alguém riu e disse: "Este é um verdadeiro *tour* mágico e misterioso".[15] A reunião no Friar Park naquela noite se mostrou alegre – um grande sucesso, de fato. Porém, para Mal e os Beatles, foi também a última. John, Paul, George e Ringo nunca mais estariam debaixo do mesmo teto.

No dia 10 de abril, com o primeiro álbum solo prestes a chegar às lojas, Paul entregou o jogo. "PAUL ESTÁ SAINDO DOS BEATLES", trombeteou a manchete do *Daily Mirror*. Enquanto John, George e Ringo mantiveram silêncio total por quase sete meses, Paul veio a público para falar da dissolução da banda. Mal escutou o anúncio no rádio do carro. Desta vez, a notícia triste não foi recebida com uma saraivada de lágrimas, como aconteceu em setembro no jardim da Cavendish Avenue. As experiências com Paul, que vinham murchando desde janeiro, já o tinham preparado bem para um novo mundo pós-Beatles.

Na Apple, Derek Taylor redigiu um comunicado, na tentativa de plantar sementes de otimismo diante de tanta tristeza e melancolia na impren-

* Em inglês, "*Two Holy Friars*", o que cria uma brincadeira com "*hole*" (buraco) e "*frying pan*" (fridigeira). (N.T.)

sa e entre as legiões de fãs da banda. "A primavera chegou, o Leeds joga contra o Chelsea amanhã e Ringo, John, George e Paul estão vivos, bem e cheios de esperança. O mundo ainda está girando, assim como nós e assim como vocês. Quando este giro parar – aí é que será hora de se preocupar. Não antes disso. Até então, os Beatles estarão vivos e bem e a batida segue, a batida segue."[16]

Assim como todos aqueles que tinham alguma conexão com o grupo, Mal seria bombardeado por perguntas sobre a separação pelo resto da vida. O *roadie* traçava as sementes da ruptura a 1966, ponderando que "o término das turnês foi o começo do fim para os Beatles e suas relações pessoais. Enquanto estavam juntos, encarando um inimigo comum, o que, no caso deles, era o tédio das viagens, as multidões, a reclusão em quartos de hotel que pareciam todos iguais em qualquer lugar do mundo, as pressões dos shows noite após noite com a melhor atuação possível, [isso tudo] os mantinha unidos como uma família".[17]

Para Derek Taylor, era uma questão que se resumia à sobrevivência dos rapazes, para quem os desejos de superfãs como ele e os outros membros do círculo interno não eram mais suficientes. "Neil, Mal, Peter e eu estávamos ali porque queríamos servir aos Beatles", escreveu. "Éramos fãs fervorosos, assim como todos ao redor deles; acho que o mundo inteiro é. E o milagre não é os Beatles terem sobrevivido à adoração mundial (não sobreviveram, usaram um pó para acabar com a dor), mas Lennon, McCartney, Harrison e Starkey terem possuído a esperteza e a sabedoria para manter os pés no chão e não cair."[18]

Derek passara a admirar Mal imensamente, vendo nele uma espécie de sobrevivente à medida que os Beatles navegavam pelas águas turbulentas das turnês e do superestrelato mundial, tudo isso antes de assumirem os próprios negócios com a Apple até chegar ao outro lado, com a separação da banda e a distensão. Na visão de Taylor, Mal estava bem posicionado para criar algo nesta nova paisagem, escrevendo que "Mal Evans (parceiro de Neil no gerenciamento das coisas na estrada, antes mesmo que esse trabalho tivesse uma designação e dignidade próprias e seu fascinante lugar nas complexidades de uma turnê; em outras palavras, antes de ouvirmos a palavra '*roadie*') ainda está na Apple e é um dos maiores *roadies* que o mundo já viu. Mas, mais do que qualquer um de nós, ele encontrou uma forma de se adaptar à mudança dos tempos e se tornou produtor fonográfico, fez papéis em filmes e está disposto a servir, se puder, e não há nada mais nobre do que um serviço de verdade, creio eu".[19]

No dia 1º de abril, Mal trabalhou na última sessão dos Beatles nos estúdios da EMI. O único membro da banda presente naquele dia foi Ringo, que se sentou à bateria no estúdio 1 durante as sobreposições orquestrais do produtor Phil Spector para "The Long and Winding Road", "Across the Universe" e "I Me Mine". Com base nas partituras orquestrais de Richard Hewson, John Barham criou arranjos de coral para "The Long and Winding Road" e "Across the Universe". O LP da trilha sonora, com créditos de produção a Spector, George Martin e Glyn Johns, teve dois *singles* no topo das paradas dos EUA, "Let It Be" e "The Long and Winding Road". Ao mesmo tempo, "Let It Be" não chegou a tanto no Reino Unido, onde parou na segunda posição, colocando um ponto final na "Onda" de George Martin, cujo último capítulo fora "Get Back"/"The Ballad of John and Yoko", o último *single* da banda a chegar ao primeiro lugar no país.

Foi um feito extraordinário, sob qualquer critério – Mal poderia quantificar centenas de horas de apoio dedicado na EMI, nutrindo os rapazes com chá e comida e mantendo o equipamento deles sempre na melhor forma. De fato, no estúdio, Mal era "Mother Malcolm" na enésima potência.

Em maio, quando o documentário de Lindsay-Hogg, *Let It Be*, finalmente estreou no London Pavilion, Mal e Lil foram até a cidade e se juntaram a Neil, Derek e suas esposas para uma última *première*. Não houve, é claro, nem sinal dos Beatles, que deixaram o encargo desse figurino ao seu círculo mais íntimo e aos parceiros de negócios. "Nós nos sentimos miseráveis e culpados ao participarmos de algo tão inatamente mentiroso e tão celebratório quanto uma *première*", Derek escreveria, "pois sabíamos que, por mais cruéis que parecessem os piores trechos no filme, os fatos e as abstrações eram terríveis".[20]

Para Mal, ver a si mesmo na tela grande foi, como sempre, uma emoção tremenda. Sem nenhuma surpresa, o momento do *roadie* na bigorna em "Maxwell's Silver Hammer" rapidamente se tornou uma das cenas favoritas dos espectadores. "Quando os fãs ficaram sabendo disso", escreveu Mal, "me presentearam com meu próprio martelo prateado cuidadosamente embrulhado, o que me agradou até não poder mais".[21] Os Beatles podiam ter acabado, mas Mal estava destinado ao estrelato.

No 35º aniversário dele, as Apple Scruffs se somaram à diversão e o colocaram como matéria de capa da edição de maio de 1970 de sua *newsletter* mensal, com as palavras "Feliz Aniversário, 'Maxwell'-Mal!" escritas ao redor de um desenho do *roadie* prestes a martelar um bolo de aniversário. Assim como Derek, Mal era membro honorário das Apple Scruffs, com direito à carteirinha. E graças a George, ele passaria tempo de sobra com as Scruffs ao longo dos próximos meses. Com dezenas e mais dezenas de canções guardadas, "o Beatle Discreto" planejava retornar aos estúdios da EMI com Spector para produzir seu primeiro LP pós-dissolução.

A princípio, Spector mostrou-se um hábil coprodutor para George, comparecendo às sessões e dando orientações sobre a implementação de sua muito festejada técnica de gravação conhecida como "Parede de Som". Com o passar do verão, porém, ele começou a beber pesadamente pela primeira vez, o que o fez perder aos poucos a eficácia e retornar aos EUA para entrar na linha.

Quanto aos músicos, George visualizava a reunião de um grande conjunto para a ocasião. Auxiliado por Kevin Harrington, Mal coordenou quase a totalidade do álbum, um disco triplo que seria intitulado *All Things Must Pass*. Parte de suas tarefas era tomar notas extensas sobre as faixas e os músicos – missão nada fácil. "Estive em umas duas sessões", recordou-se o engenheiro de som da EMI Alan Parsons, "e sempre que um músico chegava, George lhe dizia para pegar um violão e se juntar".[22] Quando o trabalho em *All Things Must Pass* começou para valer, George convidou Pete Ham e Tom Evans, do Badfinger, para servirem como sua banda de apoio, que também contou, em momentos diversos, com nomes como Ringo, Eric Clapton, Peter Frampton, Bobby Whitlock, Klaus Voormann, Carl Radle, Gary Wright e Jim Gordon.

No entanto, como sempre, os deveres de Mal não se restringiam a manter o diário de estúdio de George. Com tantos músicos envolvidos, não faltavam contratempos para serem remediados. Durante um *take* improvisado de "Get Back", é possível ouvir George convocando o *roadie* para limpar um líquido derramado no chão do estúdio: "Mal, traga um esfregão e outro copo de suco de laranja!". Posteriormente, Peter Frampton se lembraria de trabalhar com Mal, a quem reconhecia de vista durante as sessões de *All Things Must Pass*. "Ele era um gigante gentil, um urso de pelúcia", disse sobre o *roadie*. "Um cara amável e, da maneira dele, quase tão famoso quanto os Beatles."[23]

Quanto ao Badfinger, Mal estava determinado a encontrar sucesso para a banda com a Apple. Quase um ano antes, enquanto se preparava para viajar com Neil nas férias em família no Algarve, ele lançara a ideia de um contrato de produção com Klein. Embora o empresário americano não tenha aprovado a proposta, tampouco foi específico na sua recusa. Com o Badfinger em alta depois do sucesso de "Come and Get It" e de *Magic Christian Music*, Mal sentiu que chegava a hora de dar sua cartada.

Em fevereiro, Ringo apresentou uma nova composição chamada "You Gotta Pay Your Dues", oferecida originalmente ao Badfinger. Por fim, renomeada "It Don't Come Easy", esse rock pulsante ganhou vida com força total na voz do próprio Ringo. Produzida por George, "It Don't Come Easy" contou com uma pandeireta tocada por Mal, bem como Pete Ham e Tom Evans, do Badfinger, nos *backing vocals*. Concluída a sessão, Mal e o engenheiro de som Ken Scott se alternaram nos *overdubs* da voz principal. "Não faço ideia do que aconteceu com essas mixagens", escreveu Scott, "mas tenho bastante certeza de que ninguém vai pirateá-las, para a sorte de todos".[24]

No dia 18 de abril, apenas uma semana após a separação dos Beatles virar notícia internacional, Mal levou o Badfinger de volta aos estúdios da EMI, onde produziu quatro faixas novas do grupo, incluindo os destaques "No Matter What" e "Without You". Mais de um ano depois do expurgo

Mal na capa da *newsletter* mensal das Apple Scruffs

de Allen Klein, Jack Oliver conseguiu se manter no cargo de presidente da Apple Records. Assim como o restante do pessoal da organização, ele estava bem ciente do histórico de Mal como *roadie* e, implicitamente, compreendia como isso servia como um jugo no que dizia respeito a avanço profissional. Contudo, Oliver também estava aberto a enxergá-lo por uma nova ótica. "Mal era o gigante gentil, uma pessoa amável", observaria ele. "Todo mundo adorava Mal, sobretudo os Beatles, mas é claro que todos ficavam um pouco duvidosos quanto a ele como produtor. Isso sempre acontece quando se vê alguém sair do papel em que se costuma vê-lo. Mas, contanto que o que sair do estúdio soe bem, não importa quem o fez."[25]

Quando Pete Ham tocou a demo de "No Matter What", Mal caiu de costas, confiante de que o Badfinger tinha um tremendo hit nas mãos. "Without You", balada grandiosa coescrita por Ham e Tom Evans, não ficava para trás. Quase no mesmo momento, Bill Collins se encontrava nos EUA para conhecer Stan Polley, um negociador sagaz que, para todos os efeitos, parecia ser o defensor determinado de que a banda tanto precisava. Eles adoravam Collins, é claro, mas ele era fraco no campo dos negócios, então concordaram em fechar um acordo com Polley que dava a ele autoridade total e irrevogável de negociar todos os contratos em nome da banda.

Em 13 de maio, Mal conduziu o Badfinger numa nova e envenenada versão de "No Matter What" nos estúdios da EMI, com John Kurlander e Richard Lush como engenheiros de som. Todos ficaram eletrizados com o resultado. O guitarrista Joey Molland relembraria mais tarde que o pessoal da bolha dos Beatles havia se acostumado a "ver Mal como o *roadie*, meio como um bufão, na verdade. Mas ele não era assim no estúdio. Era muito competente. Ficou conosco dentro do estúdio e até opinou no arranjo".

Durante a sessão, a composição que surgira com uma canção acústica lamuriosa agora brilhava com uma potência elétrica e um balanço rock 'n' roll. "Criei o solo de guitarra na minha Firebird", disse Joey. "Era um solo arrastado, com notas duplas com bends e então palhetadas comuns." Num dos intervalos, o guitarrista aproveitou a oportunidade para dar uma olhada no armário embaixo da escadaria do estúdio 2. "Havia ali um velho *lap steel*, com o qual comecei a brincar." Mal e os companheiros de banda de Joey gostaram do que ouviram e sugeriram que ele tocasse o *lap steel* por cima do solo feito com a Firebird.[26]

À medida que "No Matter What" continuava a evoluir no estúdio, Mal recomendava diversos adornos estilo Beatles, incluindo uma boa dose de ADT (ou "*automatic double tracking*", "dobras automáticas") na guitarra da introdução e como um efeito para incrementar o timbre da Firebird de Joey com uma sonoridade de caixa Leslie.[27] Para a gravação, Mal e a banda elaboraram até um final falso para dar um certo brio a "No Matter What". Quando a sessão terminou, "ficamos muito felizes", lembrou Joey. "Soava como nós, mas, ao mesmo tempo, soava como um disco. Ficamos de queixo caído."[28]

Entretanto, quando chegou a hora de lançar "No Matter What" como o próximo *single* do Badfinger, o pessoal da Apple hesitou. "Todos nós acreditávamos [nessa música]", disse Mike Gibbins. "Mal acreditava nela. Mas a Apple achou que não seria um bom *single*."[29] Mal se recordou de lutar para conseguir a aprovação dos rapazes. "Quando fui até os Beatles e a Apple em

Mal com o Badfinger: da esquerda para a direita, Tom Evans, Pete Ham, Mike Gibbins e Joey Molland

geral, dizendo que sentia que 'No Matter What' deveria ser lançada como *single*, me deparei com uma oposição ferrenha, com os quatro Beatles me dizendo que não valia a pena." George foi especialmente depreciativo ao alertar Mal: "É o seu pescoço. Se quer colocá-lo na reta, depois não nos culpe se for decapitado".[30] Geoff Emerick, engenheiro de som de longa data dos Beatles, ouviu as gravações apresentadas por Mal e as considerou "sem brilho", concluindo que "entusiasmo ou súplica nenhuma de Mal convenceria os Beatles a mudar de ideia, então as fitas foram simplesmente negligenciadas".[31] Determinado a provar sua fibra como produtor fonográfico, Mal não desistiria de "No Matter What", que, a seus ouvidos, soava como um legítimo hit.

Nesse ínterim, com base no sucesso de "Come and Get It", o Badfinger foi convidado para representar a Apple na convenção anual da Capitol, marcada para junho, próxima à praia de Waikiki, em Honolulu. Sucedeu que tal convenção traria implicações duradouras para as ambições profissionais de Mal. Num todo, ele estava animado com a possibilidade de exibir a banda e, como bônus, tomar sol nos trópicos. Porém, havia problemas fermentando no círculo interno do Badfinger, e, em retrospecto, Mal pode ter sido pego desprevenido pelas marés políticas que se voltaram contra ele.

Na hora de planejar a viagem, a Apple concedeu fundos para o Badfinger levar uma pessoa a mais ao Havaí e, como se esperava uma apresentação da banda, o escolhido natural foi seu *roadie*, Ian "Fergie" Ferguson. "O grupo decidiu que eu deveria ir", lembrou ele, decisão que foi recebida com escárnio pelo empresário do Badfinger. "Quando Bill [Colins] ficou sabendo, enlouqueceu completamente!", acrescentou Fergie. "Não soube como lidar com isso."[32]

Collins posteriormente sustentaria que não teve problema com Fergie ter sido convidado para ir à convenção, mas sim com os planos de Mal de viajar para o Havaí. A essa altura, Collins havia concluído que Mal pretendia usurpar seu posto no Badfinger como empresário do grupo. No dia da partida, Collins se reuniu no café da manhã com a banda, Fergie e, por sorte, Stan Polley. Enquanto o Badfinger preparava-se para o longo voo até Honolulu, Polley interceptou Collins, dizendo que ele deveria ir à convenção mesmo sem ter recebido um convite oficial. Furioso, Collins respondeu a Polley: "Eu deveria estar com eles. Há uma passagem para mim. Há um quarto de hotel para mim. Mas Mal Evans vai tomá-los sem que ninguém diga uma palavra a respeito disso!".[33]

A ideia de que Mal, como figura importante na Apple, estaria de alguma maneira impedindo Collins de ir ao Havaí era ridícula. Talvez por compaixão pelo empresário – ou num esforço ousado de solidificar seu próprio lugar no ecossistema político do Badfinger –, Polley se ofereceu para pagar a passagem de Collins. Ao chegar ao hotel da convenção, Collins alegou que Mal pareceu surpreso ao vê-lo em Honolulu, o que, na cabeça do empresário, deu mais credibilidade à hipótese dele de que Mal nutria motivos não tão escrupulosos para comparecer ao evento. "Tenho certeza de que ele queria tirar a banda de mim", disse Collins. "Ele ficou chocado ao me encontrar lá." Collins não conseguia entender por nada nesse mundo que o posto pleiteado por Mal era o de *produtor* da banda, já há muito tempo. De fato, antes da viagem ao Pacífico Sul, Mal tinha capitaneado 25 sessões para o grupo.

Beverley Ellis, namorada de Pete Ham, atribuiu o comportamento de Collins a uma paranoia descontrolada. "Mal Evans era um grande ursinho de pelúcia. O grupo todo tinha uma relação muito boa com ele", rememorou. "Foi ele próprio quem conseguiu isso ao conhecer todo mundo, e Bill não precisava se preocupar que Mal estivesse atrás de alguma coisa. O único motivo que Mal poderia ter para andar com o grupo era por gostar muito dele."[34] Com Collins e Fergie a tiracolo, Mal se deleitou em escoltar o Badfinger e seu *entourage* pela convenção em meio aos muitos contatos que cultivara durante os anos em que esteve com os Beatles.

Em meio à viagem, o grupo participou de uma recepção com Allen Klein. Var Smith, funcionário da Capitol por 30 anos, também esteve presente, recordando-se de Klein agir de forma arrogante ao longo de toda a convenção. "Ele tinha toda uma marra", disse Smith, "e carregava um taco de golfe. Cutucava as pessoas no peito com o taco para enfatizar o que estivesse falando. Era simplesmente um grande *bully*".[35] Durante a recepção, Mike Gibbins viu uma cena da qual nunca se esqueceria. "Allen Klein estava sentado numa poltrona, conversando com todo mundo", lembrou o baterista, "e as bolas dele estavam aparecendo pela bermuda. Ninguém disse nada, mas todo mundo queria rir".

Infelizmente, a apresentação da banda na convenção não teve motivos para risos. Com Mal à frente, os membros do grupo naturalmente aproveitaram muitas horas de praia. "O dia começara fechado", disse Fergie, "então ninguém imaginou que ia se queimar". Quando finalmente chegou a hora de tocar, Mal e os membros do Badfinger estavam devastados pelo sol. "Os ombros de Tom e Joey estavam tão queimados que eles nem conseguiam pendurar as guitarras", relembrou Fergie. "Tocaram o *set* inteiro sentados!"[36]

Quando a banda e seu *entourage* retornaram a Londres, as suspeitas de Collins chegaram a um ponto de ebulição. O empresário tinha se convencido de que o baixista Tom Evans, um dos melhores amigos de Mal, era parte do plano para tirá-lo de cena – e possivelmente até o próprio Klein. Pouco depois, houve uma reunião na Apple para mapear o futuro do Badfinger. Klein e Derek Taylor estiveram presentes junto a Collins, Geoff Emerick e Tom Evans. Mais tarde, Collins descreveria a reunião como um "grande alvoroço", no qual aproveitou a oportunidade para se defender, engrandecendo seu papel na ascensão do Badfinger. Na lembrança do empresário, Mal pouco murmurou uma palavra e "quase atravessou o pé no chão". Quanto a Klein, Collins acreditava que o havia derrubado de seu pedestal "de pompa e circunstância".[37]

Emerick tem uma memória sobre a ocasião um tanto diferente de Collins, a quem descreveu como "muito paranoico, sempre na defensiva de sua posição e extremamente manipulador". Pior ainda, Emerick notou um traço adicional que pode ter escapado a Mal. "Agravava a situação o fato de que o grupo tinha agora um novo membro – Joey Molland –, que, para mim, parecia tão paranoico e manipulador quanto Bill", disse. "Eles logo entraram em conflito e, de repente, Mal seria chamado para prestar satisfações a Allen Klein. Pobre sujeito – tudo o que ele tinha feito fora apresentar o grupo, que não era ninguém na época, aos artistas mais famosos do mundo e arrumar um contrato de gravação." A reunião finalmente terminou quando Klein, enojado com aquele negócio todo, nomeou Emerick como produtor da banda. Ele aceitou o Badfinger de bom grado como cliente, mas detestou a forma como Mal, seu colega e amigo há tanto tempo, foi tratado. "Foi uma reunião vergonhosa, constrangedora", recordou-se. "Mal estava sendo forçado a cair fora, não só por não ter sido um produtor muito bom, mas porque Bill Collins achava que ele iria tomar seu lugar de empresário!"[38]

Mal ficou compreensivelmente magoado com o resultado da reunião, que o limou dos assuntos musicais do Badfinger dali em diante. Gibbins não conseguia conter o desgosto, apontando mais tarde que "Mal Evans nunca quis assumir o controle da banda. Isso era paranoia do Bill. [Mal] só queria que nós fizéssemos sucesso, já Bill foi superprotetor com sua posição. Mal era nosso amigo. Visitávamos sua casa, com sua mulher e os filhos. Ele nunca desejou que Bill fosse carta fora do baralho".[39] A namorada de Tom Evans, Marianne, atribuiu as razões de Mal a nada mais além do que um desejo por amizade. Ela e Tom conheceram Mal e Lily numa das festas da Apple e logo ficaram amigos do casal, com quem compartilharam jantares de domingo em Sunbury.[40]

Quanto a Molland, ele negou veementemente a afirmação de Emerick sobre seu papel na confusão. "Mal era carinhoso, um cara ótimo mesmo", disse o guitarrista. "Ele simplesmente gostava de ajudar as pessoas. Preocupava-se com a banda a ponto de alienar Bill. E isso bagunçou a sua relação com ela."[41]

Quando chegou a hora de atribuir culpa a essa reviravolta infeliz em sua vida, Mal não pegou leve. "Minha carreira como produtor do Badfinger chegou ao fim abrupto pelas mãos do sr. Allen Klein, que me apunhalou pelas costas verbalmente", escreveu. "Bill Collins e eu nos conhecíamos há muitos anos, e sempre achei que fôssemos amigos próximos, mas, de repente, depois que fui descartado, Bill me contou que Allen teria insinuado que eu queria assumir o papel de empresário do grupo. Não havia nada mais distante do que isso na minha cabeça, mas tamanha foi a paranoia de Bill que ele acreditou nisso prontamente e contribuiu para me afastar do grupo."[42]

Ainda que os diversos agentes e os papéis desempenhados por eles na ruína de Mal como produtor do Badfinger sejam nebulosos, Emerick tinha certeza total de uma coisa: "Como caçador de talentos, Mal era um sucesso. O Badfinger claramente tinha habilidade musical e, assim como os Beatles, era agraciado por não só um, mas dois cantores e compositores – Pete Ham e Tom Evans".[43]

32

HITMAKER

Infelizmente, Mal viria a entender a natureza da paranoia em primeira mão à medida que a produção de *All Things Must Pass* prosseguia. Com o Badfinger aparentemente perdido, ele mergulhou de cabeça no trabalho com George – tanto que passou a ver Kevin Harrington, dentre todas as pessoas, como uma ameaça.

"Durante [a gravação de] *All Things Must Pass*, comecei a sentir como se Mal estivesse me afastando de George, uma vez que só restava ele trabalhando", recordou-se Kevin. Depois de quase dois anos de trabalho lado a lado com o mentor, ele se sentia um tanto rebaixado. "Fiquei bravo com Mal, pois ele começou a me tratar como seu assistente pessoal", disse Harrington. Num exemplo particularmente doloroso, ele se viu enredado numa jogada de poder bastante infantil da parte de Mal, que lhe ordenou que fizesse chá. Kevin sabia muito bem que Neil nunca teria pedido a Mal para preparar uma xícara de chá. Kevin lhe obedeceu, para que então "Mal pegasse a xícara de mim e a desse para George. Foi como se Mal tivesse colocado um manto sobre George e me deixado de fora".[1] Pior ainda, o incidente cheirava a desespero.

Felizmente para Kevin, surgiu uma oportunidade durante as sessões de *All Things Must Pass* a que o jovem *roadie* simplesmente não pôde resistir. Derek and the Dominos – banda composta por Clapton, Whitlock, Radle e Gordon, os principais músicos de estúdio do álbum de George – pretendia cair na estrada em agosto e estava desesperadamente à procura de um *road manager*. Para Kevin, era uma vaga dos sonhos. Após servir como assistente de Mal por alguns anos, estava a par de centenas de histórias sobre a vida periculosa e sem limites de uma turnê rock 'n' roll. A essa altura, Harrington "não queria cair na estrada" apenas, lembrou-se. "Eu *precisava* ir para a estrada."[2] Para o jovem, sair em turnê com Derek and the Dominos seria uma prova de fogo, mas, graças a Mal, ele estava bem preparado para qualquer coisa que surgisse no caminho. Por recomendação de Mal, até começara a levar uma palheta extra na carteira, relembrando o que acontecera naquele fatídico agosto de 1965, quando Elvis e os Beatles fizeram uma *jam session* inesperada e não havia palhetas à vista.

Quando não estava encucado sobre seu lugar no universo de George, Mal encontrava tempo para fazer diversas contribuições de destaque em *All Things Must Pass*. No hit "What Is Life", ele registrou uma parte enérgica de pandeireta. Também pode ser ouvido em "Ballad of Sir Frankie Crisp (Let It Roll)" cantando "*oh, Sir Frankie Crisp*" num grave monótono. Participou ainda de "It's Johnny's Birthday", faixa bônus elaborada por George para celebrar a efeméride de John, que estava próxima. Nela, Mal canta junto aos engenheiros de som John Leckie e Eddie Klein, com suas vozes distribuídas contra o som de um órgão de parque de diversões oscilante.

Mais adiante, no dia 9 de outubro, 30º aniversário de Lennon, George presenteou o amigo com a gravação no estúdio 3, onde Mal trabalhava numa sessão com Ringo e Phil Spector para o LP *John Lennon/Plastic Ono Band*. Para Mal, deve ter parecido uma espécie de reunião dos Beatles – ou quase, melhor dizendo. Ele ainda sentia a pontada da rejeição de Paul, mas, assim como legiões de fãs pelo mundo todo, ansiava por uma reconciliação dos Beatles.

Em julho, Mal foi entrevistado para uma edição especial da *Beat Instrumental* dedicada à "Cena dos *Roadies*". Quando questionado sobre o futuro dos Beatles, foi tomado de esperança, afirmando que "acho que eles vão gravar de novo e também posso vê-los fazendo um show, mas não o tipo de turnê que faziam antes". Quando perguntado a respeito do segredo por trás de sua longevidade como *roadie* dos Beatles, creditou essa sobrevivência à "astúcia animal. Eu só sou simpático!".[3]

Naquele que foi, com facilidade, o momento mais terno da realização de *All Things Must Pass*, George gravou "Apple Scruffs" como uma ode às jovens que mantinham vigília pelos rapazes, demonstrando sua devoção inabalável diante de todo tipo de inclemência climática. Gill Pritchard relembrou o momento em que ela e as outras Scruffs ficaram sabendo da canção. "Às vezes, nós xingávamos os Beatles baixinho quando estava frio demais ou quando eles nos ignoravam", disse ela, "e aquela noite estava especialmente fria e nós estávamos bem irritadas. Por volta das 18h, eu e Carol Bedford, que era uma grande fã de George, além de Lucy, Cathy e Margo estávamos na frente dos estúdios da EMI. Vez ou outra, Mal Evans espiava pela caixa do correio, até que ele abriu a porta e falou: 'Entrem, garotas, George quer ver vocês'".

Para alegria das Scruffs, "fomos recebidas na técnica do estúdio 3, onde George disse: 'Sentem-se, tenho uma coisa para mostrar para vocês'. Ele estava bem nervoso, andava de um lado para o outro. Quando colocou a faixa, ficamos todas derretidas. Nós nos entreolhávamos, achando aquilo inacreditável". Segundo Pritchard, "ficamos tão comovidas que fomos para casa nas nuvens naquela manhã e fizemos uma coroa de flores gigante para ele. Quando demos o presente, ele disse: 'Bem, vocês têm a própria revista, o próprio escritório nas escadas [do estúdio], por que não a própria música?'".[4]

Enquanto isso, Mal e Neil continuavam a trabalhar em *Scrapbook*, sua história caseira dos Beatles. A essa altura, o conceito havia se expandido para incluir elementos de áudio *e* vídeo, sendo rebatizado de *The Long and Winding Road*. Para esse fim, Neil começou a reunir fervorosamente clipes de vídeo dos rapazes, o que se provou terapêutico em seu caso. Mal, com certeza, havia passado por seus próprios altos e baixos desde a dissolução dos Beatles, mas Neil estava em plena amargura, uma vez que estivera à disposição dos rapazes desde fevereiro de 1961. O controle tirânico de Klein na Apple havia deixado Neil numa compreensível depressão. Ele, que exercera um papel tão proeminente na concretização da visão que os Beatles tinham para a Apple Corps, agora a via subjugada pelas jogadas maquiavélicas de um contador nova-iorquino. De fato, durante esse período, Mal ia procurá-lo com frequência para um trago entre amigos para, então, encontrá-lo já bêbado ou chapado.

Na Apple, o assistente de Neil, Steve Brendell, que servia de arquivista de filmes e fitas da companhia, começou a catalogar centenas de horas de áudio e vídeo para o projeto. Brendell mais tarde relembrou ter montado um projetor de 16 mm para que Neil e Mal pudessem exibir imagens na parede do gabinete.[5] Em agosto, a imprensa soube de *The Long and Winding Road*, equivocadamente especulando que o documentário estaria nos cinemas no Natal daquele ano.

Embora a data de lançamento do filme fosse uma incógnita, o projeto se mostrou uma fonte de grande alegria para Mal e Neil, que passaram muitas horas trabalhando no documentário na Savile Row. Barbara Bennett, secretária da Apple, lembrou-se de uma ocasião memorável em que, por acaso, deu de cara com os dois confidentes dos Beatles trabalhando intensamente no projeto. "Ao abrir a porta, vi Neil e Mal sentados ao lado do aquecedor registrando memórias para o filme *The Long and Winding Road*", contou ela. "Estava prestes a passar pelos dois quando, de repente, olhei para baixo e, bem à minha frente, dando um amasso no carpete, estava um dos nossos assessores de imprensa. Algo muito bizarro me veio à mente, então só fechei os olhos e pulei por cima deles." Em transe com o projeto do documentário, "Neil e Mal nem perceberam".[6]

Mal, entretanto, não deixaria de perceber uma reunião crucial entre Klein, John e Phil Spector sobre o pagamento de dividendos. Naquele verão, ele simplesmente não pôde escapar do estresse que emanava da Savile Row. Certa manhã, acordou suando frio após ter um sonho vívido com Brian Epstein. "Ele estava exuberante", escreveu Mal. À medida que o sonho se desenrolava, o *roadie* só conseguia encarar confuso o empresário caído, murmurando: "Mas você está morto". Por fim, quando Mal se acostumou à realidade da aparição, implorou ao fantasma de Brian que iluminasse o atual mal-estar na Apple, exclamando: "Dê-nos uma pista do que deveríamos fazer!".[7]

No mundo físico, as coisas não estavam muito melhores para o *roadie*. Com a presença de Mal numa reunião ocorrida em julho de 1970 em Londres – notadamente realizada antes que Phil Spector retornasse aos EUA após concluir as sessões de gravação das bases de *All Things Must Pass* –, as tensões se inflamaram quando John e Phil começaram a questionar Klein sobre questões financeiras. Segundo Ruth Ellen Carter, secretária de Klein na época, seu chefe "disse ao produtor que era ele quem comandava o show, não Spector". Logo que John informou a Klein que ele não tinha direito algum ao dinheiro em questão, Klein rebateu "estapeando John no rosto e com vários xingamentos...". Quando Mal tentou intervir, "foi atingido na cabeça por um guarda-chuva" pelo empresário irado. Klein foi embora em seguida, "fazendo várias ameaças". Carter observou depois que "Mal deve ter exercido um profundo autocontrole – já que ele poderia ter levantado Klein do chão com uma só mão e lhe dado um belo chacoalhão!".[8]

Naquele outono, Mal desfrutaria de um momento inesperado de justiça graças a Allan Steckler. Klein havia nomeado Steckler para cuidar dos interesses da Apple na América do Norte depois da partida de Ken Mansfield, que estava ávido, assim como Mal, para tentar a sorte na produção e no desenvolvimento de artistas. Naturalmente, o trabalho de Steckler o levou à órbita do Badfinger. Durante uma visita a Londres, recordou-se ele, "ouvi as faixas prontas que eles haviam feito com Geoff Emerick. Não parecia nada que pudesse virar um *single*. Tinham algumas canções boas, mas não eram comerciais". Por sorte, "o Badfinger me contou que existiam algumas faixas engavetadas, gravadas com Mal, mas ninguém parecia se importar com elas. Então as escutei e simplesmente adorei 'No Matter What'". Encantado com o potencial de sucesso da canção, Steckler disse ao Badfinger que "este será seu próximo *single*!".[9] Sob a direção dele, a Apple produziu às pressas um videoclipe promocional de "No Matter What". Lançada em *single* para puxar o álbum *No Dice*, a faixa foi lançada em 6 de novembro de 1970, com Mal recebendo sozinho o crédito de produtor.

A essa altura, o braço publicitário da Apple tinha praticamente sido extinto, com Derek Taylor e Richard DiLello buscando novas oportunidades em outros lugares. Tony Bramwell liderava o operativo mínimo do escritório numa tentativa de despertar interesse em "No Matter What" onde quer que conseguisse encontrá-lo. "Coloquei-os no segmento de álbuns do *Top of the Pops*", lembrou Bramwell. "Tocaram algumas músicas e isso pareceu rachar as comportas."[10]

Os esforços de Bramwell foram lindamente recompensados, com "No Matter What" chegando ao Top 5 das paradas do Reino Unido. Mal ficou nas alturas. "Se você ouvir o som de um trompete, caro leitor, é meu", escreveria ele mais tarde. "Estou trombeteando com o que sinto ser um orgulho justificável." Já Ken Mansfield simplesmente não pôde deixar o momento passar e escreveu: "Que esta seja minha primeira carta de fã para vocês. É legal saber que os caras do bem vencem, sim, de vez em quando".[11]

À medida que 1970 se aproximava do fim, Mal mergulhou de cabeça na concepção do álbum *John Lennon/Plastic Ono Band*, que se mostraria um dos projetos mais difíceis da sua carreira. Em abril, John fizera "terapia primal" com o dr. Arthur Janov, que atribuiu um peso considerável à morte prematura da mãe de John, Julia, em julho de 1958, por seus efeitos a longo prazo na psique do músico. "Janov me mostrou como sentir meu próprio medo e minha própria dor", observou John na época. "Consigo lidar com essas coisas melhor do que antes, isso é tudo. Sou o mesmo, só que há um canal. Não fica mais em mim, dá a volta e sai. Consigo me mover um pouco mais facilmente." Mas havia um efeito colateral da terapia, alertou John, que podia deixar algumas pessoas desconfortáveis. "Antes, eu não sentia as coisas", disse ele. "Eu estava bloqueando os sentimentos e, quando eles vêm à tona, você chora."[12]

Naquele outono, John derramou essa torrente de emoções cruas na produção do novo álbum. Durante as sessões, Mal e Ringo não cabiam em si de preocupação. "No meio de alguma faixa, John começava a chorar ou a gritar do nada, o que nos apavorou no início", lembrou o baterista. "Mas sempre éramos abertos a qualquer coisa que alguém sentisse, então seguimos em frente."[13]

Num dos momentos mais dramáticos do álbum, John gravou "God", um hino apaixonado aos Beatles e aos anos 1960, no qual ele canta que "o sonho acabou". A música contou com Billy Preston num piano de cauda estrondoso e Ringo na bateria. Como sempre, Mal forneceu "chá e simpatia", creditados a ele por John nas notas de capa do LP, em referência ao título do filme americano de 1956 no qual a atriz Deborah Kerr, no papel da esposa de um treinador de uma escola preparatória, traz conforto e consolo a um estudante aflito.* Como de costume, a assistência de Mal não se limitou ao serviço de chá e boa vontade. Durante a gravação do *cover* de "Lost John", de Lonnie Donegan, John quebrou uma corda e exclamou estar "acabado" ao convocar Mal para ajudá-lo.

Enquanto isso, *All Things Must Pass* tomava de assalto as paradas de discos, catapultado à primeira posição pela força do *single* avassalador "My Sweet Lord". Foi nesse clima, com George e John conquistando ampla aclamação da crítica por seus primeiros álbuns pós-Beatles, que Paul entrou com um processo na Alta Corte para dissolver a sociedade da banda. "Não me importo em continuar vinculado a eles como amigo", explicou a Ray Connolly, do *Evening Standard*. "E também não me importo em continuar vinculado a eles musicalmente, pois gosto deles como parceiros musicais. Gosto de fazer parte da banda deles. Mas, para minha própria sanidade, precisamos mudar nossos acordos de negócios. Só ao nos tornarmos completamente livres uns dos outros em termos financeiros é que teremos alguma chance de nos reunirmos como amigos. Afinal, foram os negócios que causaram boa parte da separação."[14]

George e Ringo ficaram um tanto perturbados depois de saber da notícia. Já John e Yoko, longe de se abaterem, viajaram para o Japão para se distanciarem da batalha legal iniciada em Londres. Para sua própria surpresa, Mal ficou estranhamente otimista diante das tristes novas envolvendo seus amados Beatles. O sucesso do Badfinger nas paradas com "No Matter What" tinha lhe dado uma nova confiança em seu potencial como produtor fonográfico. Além disso, a vida em Sunbury parecia melhor do que nunca. Ele viajou relativamente pouco naquele ano, o que o aproxi-

* No Brasil, *Tea and Sympathy* recebe mesmo o título literal de *Chá e Simpatia*. (N.T.)

Mal posando nos portões dos estúdios da EMI

mou de Lil como há tempos não acontecia. Enquanto George e ele passavam muitas horas na pós-produção de *All Things Must Pass*, ela preparava refeições e as levava para eles.

Quando não estava no estúdio, Mal passava a maior parte do tempo com a família ao invés de passear por aí com os Beatles, outros membros da elite do rock ou agregados variados. Na mesma semana em que Kevin Harrington partiu para a nova vida como *roadie* de Derek and the Dominos, Mal desfrutou de um momento terno com Julie, então com quatro anos, que desceu a escada no meio da noite para anunciar que tinha andado de bicicleta, com direito a rodinhas, até a casa de uma amiga da família. "Isso é ótimo", disse Mal, "seu primeiro passeio de bicicleta. Que maravilhoso, vou colocar no meu diário". "Como é que você vai fazer isso? Não vai caber!", retrucou ela.[15] Em outubro, Mal pôde até tirar um tempo para ir à montagem de *As Aventuras do sr. Pickwick*, da trupe teatral do Young People's Theatre, da qual sua irmã June participava. Durante a volta da família para casa naquela noite, Gary proferiu a palavra "*arse*", o que lhe rendeu uma bronca dos pais, que explicaram a ele que o termo não era socialmente aceitável. Sentindo-se desafiado, o garoto então usou o palavrão numa frase, provando que os pais estavam errados: "*Arse** *is a nice home, arse is*".[16]

Ficar mais tempo em casa deu a Mal a oportunidade de curtir os filhos, e eles, por sua vez, puderam conhecer o pai, que nos últimos tempos andara tão ausente, se não mais, do que nos anos em que esteve com os Beatles. Como de costume, o clã Evans celebrou a Noite de Guy Fawkes com a família de Ringo, com Gary sendo o primeiro a acender os fogos de artifício enquanto Mal jantava linguiça. Na mesma época, Mal e Julie descobriram que um dos vizinhos dos fundos tinha o ferromodelismo como hobby. Esforçando-se para ver melhor, Mal "subi na cerca com Julie para observar [os trens em miniatura] – isso foi meio difícil com o coldre e o rifle Winchester de brinquedo, veja bem!". Em dezembro, Gary agraciou o pai ao aprender a fazer café e, então, passou a levar a bebida para ele numa bandeja. "[Gary] é fantástico e eu o amo", escreveu Mal. E ainda havia Julie, "que dança e canta no meu coração".[17] Naquele Natal, Mal teve até um agrado festivo, uma cortesia de Phil Spector, que o presenteou com um cheque e escreveu "por favor, beba uma dose por mim e saiba o quanto sou grato pela sua ajuda bondosa e generosa neste ano que passou!".[18]

Na chegada de 1971, os refugiados rebeldes da Apple pareciam mais unidos do que nunca. No início de janeiro, Mal e Lil levaram Gary e Julie para uma visita ao zoológico de Londres. Seus convidados incluíam os Aspinalls, além de Ringo e seus filhos, Zak e Jason. Ao mesmo tempo, algo feio começava a irritar Mal. "No Matter What" estava em alta rotação nas ondas do rádio, e Mal soube dos colegas na Apple que o *single* estava vendendo três mil cópias por dia. Em seu diário, escreveu que "me sinto angustiado por não estar produzindo o Badfinger neste momento, após ter investido tanto tempo, esforço e fé neles". Ele ainda não conseguia conceber como a banda fora "tirada" dele justo quando começava a encontrar o sucesso genuíno. Acrescentou, num tipo de reflexão tardia, talvez para alentar sua alma triste, que "todas as coisas devem passar!".[9]

Mal, no entanto, enganava a si mesmo. Seus tremores de autopiedade e raiva não tinham passado. Na manhã de 13 de janeiro de 1971, ele assistiu ao *Top of the Pops* na TV da sala de estar em Sunbury. Lá estavam eles – o

* Trocadilho com a sonoridade das palavras "*arse*" ("bunda") e "*ours*" ("nossa"): "A nossa casa é bonita, é sim". (N.T.)

Badfinger tocando "No Matter What", a canção produzida por ele e pela qual ele brigara com unhas e dentes para ver lançada pelo selo que, em certa medida, ajudara a fundar. Em algum momento daquela manhã, ele decidiu dirigir até Golders Green e talvez confrontar os rapazes do Badfinger a respeito de seu lugar, ou sua ausência significativa, no ecossistema deles.

No fim das contas, ele deve ter pensado melhor sobre esse plano mal elaborado e, ao invés disso, parou no BBC Club, na Great Porland Street, onde caiu na bebedeira com acompanhamento de *fish and chips*. Foi nesse estado lamentável que Lil conseguiu informá-lo de que ele precisava correr de volta para casa, em Sunbury. Esforçando-se para entender as palavras ansiosas da esposa em meio a um miasma de álcool e fritura, Mal soube que, por mais improvável que isso soasse, Gary tinha atirado em alguém.

33

HAPPY CRIMBLE!

Dada a afeição que sentia pelo Velho Oeste, Mal comprara diversas armas pneumáticas, entre elas um rifle e um par de pistolas. Pai e filho frequentemente praticavam tiro com essas armas de ar comprimido no quintal da família em Sunbury, usando alvos de papel na outra ponta do jardim, que tinha o comprimento da casa e terminava numa cerca de três metros.

Naquela tarde fatídica de janeiro de 1971, Gary montou um alvo para praticar tiro sozinho. Mesmo muitos anos depois, ele ainda teria memórias vívidas do quão perigosamente perto chegou de matar Keith, o irmão mais velho de seu melhor amigo, Barry. "Quando a cabeça de Keith apareceu por cima da cerca, eu me assustei", lembrou Gary. O filho de Mal fora pego no momento em que iria atirar e gritou para Keith "se abaixar ou poderia ser atingido". Ele respondeu rispidamente que "não", o que pareceu confundir Gary ainda mais. "Só Deus sabe o que se passou na minha cabeça", mas, "para meu desgosto, disparei o rifle pneumático e [o projétil] atingiu Keith logo acima do dorso do nariz".[1]

Num instante, Keith caiu de costas no quintal, iniciando um pandemônio na casa dos Evans. Lily compreensivelmente entrou em pânico – será que Gary tinha acabado de assassinar um garoto da vizinhança? –, e o caos fez Julie começar a chorar. Em questão de minutos, Lil teve certeza de que Keith sobreviveria, pois era apenas um machucado superficial. Porém, era melhor chamar Mal. Armas eram o departamento dele.

Gary não precisou que o pai corresse de volta para casa, bêbado e cheirando a *fish and chips*, para interpretar o que havia acontecido no jardim. "Eu e, muito mais importante, Keith nos livramos de uma ali", disse. Seu amigo poderia facilmente ter perdido um olho – ou pior, sofrido uma lesão intracraniana e morrido. Embora Mal tenha se recordado de mandar o filho ir dormir cedo como castigo, Gary tem lembranças diferentes. "Meu pai deixou bem claro o quão mal eu me comportara e eu fiquei de castigo por um bom tempo." No entanto, o flerte de Gary com o potencial terrível da violência com armas não terminou aí.[2]

"Avançamos para 1981, época em que sou engenheiro de combate no Exército Territorial", contou ele. "Estou no campo de tiro esperando para disparar minha submetralhadora 9 mm quando o cara ao meu lado atirou sem querer e, por pouco, não acertou minha orelha direita. O suboficial no comando do campo ordenou que todos deixassem as armas seguras e disse ao cara à minha direita o que achava dele de um modo bem rude." Mais tarde, o colega que quase o atingiu pediu desculpas a Gary, que respondeu que "essas coisas acontecem". Mas ele sabia que não era bem assim. "Se ele tivesse me acertado com a bala de 9 mm, eu teria morrido na hora."[3]

Não, essas coisas não aconteciam por acaso. E Mal sabia tanto quanto qualquer um. Nos últimos anos, aprendera bastante a respeito de causalidade. Sobre o fato de que algumas pessoas eram "proativas", como Neil, que tentava fazer as coisas acontecerem, enquanto outras, muito parecidas com *ele mesmo*, eram vítimas das circunstâncias, tendo, na maior parte das vezes, de aceitar o que conseguiam, esperar sua vez.

E, em 1971, Mal já vinha esperando além da conta. Para o *roadie*, o tempo parecia passar de forma distinta no mundo pós-Beatles. Com Paul aparentemente fora da jogada, o tempo de Mal estava 100% aberto e disponível para John, George e Ringo explorarem a bel-prazer. Às vezes, Mal agia como uma peteca, quicando da raquete de um Beatle a outro, quase sempre num ritmo flutuante que o deixava em Sunbury à espera de o telefone tocar.

Ringo, por exemplo, estava determinado a acelerar sua carreira no cinema. Em fevereiro, Mal se juntou ao baterista/ator no set de *200 Motels*, a leitura surreal de Frank Zappa da vida numa turnê rock 'n' roll. No filme, Ringo interpretou Larry the Dwarf, o sósia maligno e irreverente de Zappa. Mal, em essência, serviu de motorista para Ringo, o levando de um lado para o outro até o Pinewood Studios, em Buckinghamshire. No Pinewood, Mal retomou contato com o aloprado baterista do The Who, Keith Moon, que conhecera como um parceiro esporádico de bebedeira no auge da Swinging London. Numa ultrajante fantasia de freira, o personagem de Moon em *200 Motels* persegue Ringo, que carrega uma harpa, por entre um poço de orquestra dentro de nada menos que um campo de concentração.

Quando não estava matando as horas com Ringo e "Moonie" num estúdio suburbano, Mal se alternava entre sessões com John no Ascot Sound, o recém-montado estúdio caseiro de Lennon em Tittenhurst Park; e com George nos estúdios da EMI, onde o Beatle Discreto trabalhava num álbum com Ronnie Spector. Em Tittenhurst, Mal participou do coral vibrante de um novo hino à paz intitulado "Power to the People". Já nas sessões de Ronnie Spector com George na EMI, ele foi parar por acaso numa peculiar nota de rodapé do rock. Com uma banda de apoio que contava com Pete Ham, do Badfinger, e o grande pianista Leon Russell, George guiou Ronnie como vocalista em "Try Some, Buy Some", composição que sobrara das sessões de *All Things Must Pass*. Sem saber, Mal se tornou o catalisador do lado B do *single*, "Tandoori Chicken", quando saiu para buscar comida indiana. Em parceria com Phil Spector, George elaborou a faixa rapidamente enquanto esperavam Mal voltar com as refeições. "É um som de 12 compassos feito na hora com Mal, nosso *roadie*, e Joe, o chofer", lembrou George. "Gravamos em um *take*, cantando muitos *scats* no meio. É hilário."[4]

Embora o toque do telefone na Staines Road East invariavelmente significasse que Mal estava prestes a ser convocado para algum serviço Beatle, nem sempre era esse o caso. Lil nunca se esqueceria de atender o telefone no fim de semana da Páscoa daquele ano. "Foi um choque", relembrou ela. "Era um homem dizendo: 'Alô, é Elvis quem fala. Mal está?'."[5] Naturalmente, Mal ficou surpreso quando Lily o chamou na banheira para atender um telefonema. Ele desceu as escadas correndo, molhado e vestindo apenas uma toalha. Do outro lado da linha, o Rei em pessoa estava ligando para desejar Feliz Páscoa a Mal e sua família. Ao desligar, Mal tinha ficado tão impressionado com a experiência que fumou um charuto para acalmar os nervos.

Enquanto Mal fazia seu *tour* costumeiro pelos estúdios de Londres naquela primavera, Harry Nilsson estava gravando *Nilsson Schmilsson* com o produtor Richard Perry no Trident. A carreira de Nilsson vinha a todo vapor desde o lançamento de seu *cover* de "You Can't Do That", dos Beatles, além de conseguir um hit internacional com "Everybody's Talkin'" ao mesmo tempo em que compunha "One", *single* de sucesso para o Three Dog Night. Enquanto procurava por um novo veículo para seu vozeirão, Nilsson ouviu "Without You", do Badfinger, numa festa em Laurel Canyon, presumindo ser uma canção dos Beatles que, por algum motivo, não conhecia ainda. Quando descobriu que não era o caso, ele e Perry decidiram gravar a composição de Pete Ham e Tom Evans. Nas mãos de Nilsson e Perry, a canção ganhou um tom passional e emocionante, maravilhosamente incrementado pelo arranjo orquestral de Paul Buckmaster. Quando a versão de Nilsson para "Without You" foi lançada em outubro, mudaria a vida de todos – do Badfinger, de Nilsson e até de Mal.

Em Tittenhurst, os trabalhos avançavam rapidamente para um novo álbum de Lennon, que seria intitulado *Imagine* e cujo repertório incluiria "Jealous Guy", uma releitura de "Child of Nature", da época dos Beatles em Rishikesh. Tom Evans e Joey Molland, do Badfinger, tocaram violão na faixa, provando que, quando se tratava de conseguir um bico com um ex-Beatle, a agenda de contatos de Mal valia ouro. Mais tarde, quando John precisou de mais um guitarrista para completar uma sessão, Mal recorreu a seu velho amigo Rod Lynton, do Rupert's People. Lynton nunca se esqueceria de receber um telefonema enigmático de Mal, perguntando se ele estava livre. "É uma festa? Vamos sair para beber?", questionou Rod.

Mal, porém, se manteve discreto: "Só deixe seus instrumentos prontos".

"Mas com quem vou tocar?", disse Rod, pressionando o *roadie* para mais informações.

"Não faça nenhuma pergunta", respondeu Mal sucintamente. "Você já está em águas profundas."

Num piscar de olhos, Rod estava tocando violão com John Lennon no Ascot Sound Studios, participando de clássicos como "Crippled Inside" e "Gimme Some Truth".[6]

Quem também estava presente era o assistente de John e Yoko, Dan Richter, que nunca se esqueceria do início das sessões de *Imagine*, quando Mal surgiu com um tijolo de haxixe afegão do bom. Richter rememorou ter pensado: "Bem, isso vai deixar todo mundo aceso enquanto fazemos o álbum". Ele ficou maravilhado com a capacidade de Mal de atender a cada necessidade dos membros da banda. Em dado momento, John confidenciou a Dan que Mal "'era incrível. Ele conhece cada chefe de polícia em todas as maiores cidades do mundo – absolutamente em todos os lugares onde já tocamos'. John o amava em absoluto. Nunca conheci alguém, aliás, que não o amasse".[7]

Para Mal e o ex-Beatles, trabalhar fora dos limites amigáveis dos estúdios da EMI, num lugar como o Ascot Sound Studios, de Lennon, exigia certas mudanças no modo como os rapazes conduziam os negócios – sobretudo no que dizia respeito a músicos de estúdio. Com todos na conta da Apple, Mal ficou encarregado de pagar por *tudo* – músicos de estúdio, contas de bar, refeições, hospedagens, transporte e tudo mais – com dinheiro vivo trocado. Isso o obrigou a andar com mais notas do que nunca, sempre pronto para atender às demandas dos rapazes, quando elas calhassem de surgir e quaisquer fossem. E, como veio a se provar, essas "demandas" poderiam ser qualquer coisa.

Nesse meio tempo, graças a John, Mal conseguiu seu primeiro trabalho como produtor em mais de um ano – desde "No Matter What", como se o *roadie* precisasse ser lembrado. A ocasião foi a gravação de "God Save Oz", canção inspirada pela batida realizada pela "Unidade de Publicações Obscenas" da Polícia Metropolitana nos escritórios da *Oz*, uma revista *underground* especializada em sátira, humor e política. Incapazes de bancar a defesa das acusações de obscenidade, os editores da publicação montaram os "Amigos de Oz" para cobrir os custos legais. Ávido por ajudar a revista, John compôs "God Save Oz" e dedicou os *royalties* à causa de uma imprensa livre e independente. Lennon até providenciou hospedagem temporária em Tittenhurst Park para os editores, que ficaram conhecidos como os Três de Oz.

Na verdade, produzir a sessão de "God Save Oz" significava que Mal lidaria com toda uma gama de tarefas. Charles Saar Murray, de 20 anos, estava a postos para tocar guitarra base, após ter contribuído com o número polêmico da *Oz* que colocara a revista em tanta encrenca. Murray se recordou de trabalhar com "o lendário Mal Evans como guru de equipamento, além de resolvedor de problemas e facilitador de propósitos gerais". Ele se viu precisando dos serviços de Mal quase de imediato, já que "meu primeiro aporte às festividades criativas foi quebrar uma corda. 'Não se preocupe', disse Lennon, 'vamos ver se conseguimos chamar Mal para trocar'".[8]

Quando não estava realizando pequenos reparos em guitarras, Mal angariava músicos de estúdio para "God Save Oz", que seria lançada com a grafia "God Save Us". Mais tarde, quando ficou claro que obrigações contratuais impediriam John de aparecer como vocalista na faixa, Mal recrutou Bill Elliott, de uma banda de Newcastle chamada Half Breed, para regravar o vocal em cima do original de John. Depois de operar os botões e completar a faixa em quatro *takes* ágeis, Mal se voltou para a comemoração pós-gravação, oferecendo um verdadeiro banquete aos músicos – pago com os montes de dinheiro vivo saídos diretamente de sua carteira abarrotada.

"Com as tarefas musicais enfim terminadas", disse Murray, "um buffet espantosamente fabuloso apareceu como num passe de mágica, contendo de tudo, de rosbife frio e frango a massas deliciosas e pequenas gororobas vegetarianas finas, tudo acompanhado de garrafas de vinhos antigos, rios de cerveja e fardos de maconha da boa".[9] Como Mal bem sabia, não havia nada de mágico naquele desbunde gastronômico montado às pressas. Para ele, era apenas mais um dia de trabalho.

Naquele maio, à medida que as gravações de *Imagine* prosseguiam, Mal foi chamado de volta aos estúdios da EMI, onde George voltara com o Badfinger para produzir o novo álbum da banda. Para Mal, seria um período piedosamente curto na presença de seus antigos amigos galeses, já que estava com viagem marcada para Roma com Ringo. O baterista iria estrelar *O Justiceiro Cego*, o mais novo *western spaghetti* de Ferdinando Baldi. Sabendo que estaria presente apenas para um tanto de sessões e determinado que George não ficasse sem um responsável pelos equipamentos, Mal recontratou Kevin Harrington, que há pouco tinha acabado o trabalho de *roadie* para o efêmero Derek and the Dominos. A mais recente banda de Clapton havia se exaurido quase tão rapidamente quanto surgiu, após sair na turnê do LP *Layla and Other Assorted Love Songs* e sucumbir a uma bagunça movida a álcool e heroína.

A válvula de escape da viagem à Itália com Ringo trouxe grande alívio para Mal. Quantas sessões ele de fato conseguiria suportar como servente do Badfinger, sendo um mero agregado? George chegava às sessões radiante de inspiração. Na hora de produzir a arrasadora "Day After Day", de Pete Ham, Harrison ficou intrigado com a caprichada linha de guitarra *slide*. Num certo momento, perguntou a Joey Molland se também podia tocar guitarra na música. Joey orgulhosamente se pôs de lado e deu a George e Pete Ham um amplo espaço, dizendo: "Claro, cara. Claro, vá em frente". O que mais ele poderia fazer? "Olha só, o cara é um Beatle", Joey ressaltou, "é um herói".[10] Com a guitarra cativante de Harrison arranjada contra o piano sutil de Leon Russell, "Day After Day" tinha todas as características de um hit inequívoco.

Quando George e a banda concluíram os trabalhos em "Day After Day", Mal já estava longe, hospedado com Ringo na opulência do Grand Hotel em Roma. "Enquanto estivemos lá", recordou-se, "eu receberia um papel no filme, o que me alegrou até não poder mais, já que, como um louco por faroeste a vida inteira, minha ambição, é claro, era estrelar um deles, sendo que uma ponta já é um passo na direção certa, não?". Durante o dia, Mal e Ringo frequentavam rigorosas aulas de montaria guiadas por um instrutor e nas quais o *roadie* caiu diversas vezes da sela. À noite, os dois amigos saíam pela cidade, machucados ou não. Em sua eterna busca por estrelato, Mal gostava da excitação de estar com uma personalidade tão popular como Ringo, "pois há uma raça de fotógrafos *freelancers* chamada '*paparazzi*', e parecia que todas as vezes que íamos a um restaurante, o gerente ligava para eles, que então entravam com tudo no local, tirando fotos, para então o gerente os expulsar indignado, depois, tenho certeza, de receber uma bela gorjeta".[11]

Algumas semanas depois, Mal e Ringo se juntaram ao elenco e à equipe no set de *O Justiceiro Cego* em Almería, a mesma cidade espanhola onde, cinco anos antes, John interpretara Gripweed em *Como Ganhei a Guerra*. Assim que chegou, Mal passou a ter ataques de insônia e períodos extensos de incômodo abdominal. Seu trauma físico trazia insegurança, o levando a escrever para a família para se reerguer: "Nunca parem de me amar, Lil, Gary e Julie, pois vocês são as pessoas mais lindas e mais importantes da minha vida".[12]

Enquanto isso, no set, Ringo interpretava Candy, um fora da lei apaixonado pela filha de um rancheiro. A ponta de Mal era o papel de Honey, um dos capangas sujos de um bandido traidor, interpretado por ninguém menos que Allen Klein, o coprodutor de *O Justiceiro Cego*. Mal desprezava Klein, é claro, e ainda o responsabilizava pelo desastre envolvendo o Badfinger e suas próprias ambições de produtor fonográfico. Para a filmagem, no entanto, Mal pareceu mais do que disposto a oferecer uma trégua ao notório chefe da Apple. Em primeiro lugar, ele se regalaria com a oportu-

Mal e Ringo a cavalo no set de *O Justiceiro Cego*

nidade de interpretar um bandoleiro mercenário e armado sob quaisquer circunstâncias. Em segundo, Klein tinha alugado um iate ao longo de toda a estadia deles na costa andaluza, o atrativo ideal, na perspectiva de Mal, para "tentar pegar mulheres".[13]

A experiência transcendente de Mal no set de *O Justiceiro Cego* poderia ter seguido inabalada não fosse pela ligação angustiante que recebeu da família em Liverpool. Seu pai, Fred, de 66 anos, sofrera uma sequência de ataques cardíacos e estava em coma; não era esperado que ele sobrevivesse. "Consigo ver a cena agora mesmo", Mal escreveria mais tarde, "eu sentado no quarto do hotel, olhando para o belo mar azul que brilhava à luz quente do sol, em prantos".[14] Ainda assim, ele não fez planos de um retorno apressado à Inglaterra.

Desde a viagem à Índia, Mal sempre viajava com seu surrado exemplar de *Autobiografia de um Iogue*, do Paramahansa Yogananda, que lhe serviu como fonte de consulta nesse momento de necessidade. "Desta vez", recordou-se, "abri na página em que o Yogananda fala sobre a morte do próprio pai. Sentei-me na poltrona de descanso e comecei a ler para, então, ter a experiência mais incrível. Foi como se o Yogananda tivesse vindo a mim. Não ouvi nada, não vi nada, mas senti um brilho belo e cálido, como se ele estivesse respirando dentro de mim e dizendo: 'Não se preocupe, seu pai ficará bem'". Sem perder tempo, Mal ligou para casa e anunciou à família que Fred se recuperaria por completo. Sem nada mais a fazer a não ser rezar – afinal, correr até a beira do leito do pai não faria sentido, considerando o que lhe fora profetizado na visão –, Mal esperou pelas boas novas inevitáveis no iate de Klein na costa espanhola. Pouco depois, Fred teve a esperada melhora e, nas palavras de Mal, "uma recuperação que só pode ser descrita como milagrosa".[15]

A recuperação fenomenal de Fred em Liverpool simplesmente não poderia ter acontecido em melhor hora, permitindo a Mal o luxo de passar mais alguns dias relaxando na praia e se preparando para atuar com o abominável Klein. A participação deles envolvia uma cena em que fingiam dormir numa cama ao lado de uma atriz voluptuosa, com a mão de Mal repousando sobre o peito dela enquanto Allen usava a barriga da garota como travesseiro. Em seu momento de bravura, o roteiro instruía Mal a levantar da cama, ir até uma janela e proclamar: "Leve suas irmãs aos mineiros, Justiceiro Cego!".

Por vários dias antes da filmagem da cena, os outros atores no set, muito mais experientes, provocaram Mal incessantemente, prevendo que ele iria pisar na bola com as falas. Ele, no entanto, não deu ouvidos e convenceu o ator americano Lloyd Battista a servir de instrutor de diálogo. Nesse ínterim, Ringo saiu heroicamente em ajuda do amigo, se voluntariando, num momento de inversão de papéis sublime, para atuar de "*road manager* por um dia" para Mal, cuidando de sua maquiagem, saciando sua fome e lhe trazendo café e chá no set. No fim, Mal, determinado, proferiu as falas com perfeição e admitiu que "foi um bom dia para mim, pois adoro estar diante das câmeras".[16]

Naquele mesmo mês, enquanto Mal e Ringo se aventuravam no set de filmagem, George viajou para L.A. para trabalhar na trilha sonora de *Raga* com Ravi Shankar. O músico erudito indiano relatou sua angústia devido às notícias que chegavam de Bangladesh, onde mais de sete milhões de refugiados tinham sido devastados por ciclones, chuvas torrenciais e uma epidemia de cólera decorrente disso. Ao mesmo tempo, mais de 250 mil bengaleses foram assassinados pelas mãos do exército paquistanês, o que resultava num desastre humanitário de proporções épicas.

Decidido a usar sua fama para trazer alguma forma de alívio aos bengaleses, George passou cerca de seis semanas reunindo um supergrupo de músicos para realizar dois shows beneficentes em agosto no Madison Square Garden, em Nova York. Na semana anterior às apresentações, Mal e George se hospedaram no Plaza para cuidar dos preparativos finais. Com Klein como *promoter*, o evento foi anunciado como "George Harrison e Amigos". Os convidados especiais incluíam Ringo, Shankar, Bob Dylan, Eric Clapton, Billy Preston, Leon Russell e o Badfinger. Com Mal a tiracolo, George visitou a suíte de John e Yoko no hotel St. Regis, na esperança de convencê-los a participar do evento. Infelizmente, a missão de boa fé de George se transformou numa briga de gritos com o velho amigo. Mais tarde, John se culparia por não ter participado, dizendo: "Quase fomos, Yoko teria ido. O problema fui eu. Eu estava paranoico demais". Quanto a Paul, ele simplesmente não conseguia conceber se apresentar num evento associado a Allen Klein. Além disso, "se eu tivesse aparecido e John também, as manchetes do mundo todo gritariam: 'Os Beatles Estão Juntos Novamente'".[17]

Dada a enorme complexidade dos concertos beneficentes, com tantos músicos e instrumentos transitando pelo palco numa rápida sucessão, Mal convocou Kevin Harrington para acompanhá-lo como *roadie*. Kevin relembrou que "sentia frio na barriga sempre que conseguia um novo trabalho", mas, num evento da magnitude do Concerto para Bangladesh, esse frio se multiplicou por dez.[10] Além de trabalhar com seu antigo assistente, um dos grandes destaques do show para Mal foi ver Pete Ham tocar "Here Comes the Sun" em dueto com George. "Fiquei orgulhoso ao ver um cara que tinha como meu protegido ao lado de outro amigo querido sob os holofotes, algo que ele merecia imensamente."[19]

Não é de surpreender que, dada a sensação que acompanhou a origem do evento, o Concerto para Bangladesh teve ingressos esgotados rapidamente, deixando alguns fãs tristes por não terem conseguido comprá-los. Lynda Dearborn, fã devota dos Beatles, viajara do Maine para Nova York, desesperada para ver os ídolos em pessoa no Madison Square Garden. Sua decepção foi atenuada pelas interações regulares com Mal, com quem se deparou na frente do Plaza às vésperas do evento. "Mal era exatamente a pessoa sobre a qual nós havíamos lido – amigável, sociável, que gostava das pessoas e da experiência", disse ela, que também se lembrou de ter observado Neil indo e vindo naquela semana. O colega de longa data de Mal claramente ainda estava se recuperando do desmonte da Apple pelas mãos desordeiras de Klein. "Ele ignorou todos nós e nossas perguntas", alfinetou Dearborn. "Ficamos decepcionados com ele. A diferença entre ele e Mal era como a noite e o dia."[20]

Alguns dias depois dos concertos, Mal e George visitaram John e Yoko na sua suíte do 17º andar no St. Regis. O casal tinha até contratado uma nova assistente pessoal, May Pang, de 20 anos, que já havia trabalhado nos escritórios de Allen Klein na cidade. Acompanhados por Bob Dylan, John e George fizeram uma *jam* na suíte. Em questão de minutos, qualquer rixa entre os dois ex-Beatles estava resolvida. Tudo estava bem no mundo.

No dia 1º de setembro, com o Concerto para Bangladesh na história, George assinou orgulhosamente um cheque de quase 250 mil dólares para a Unicef. Seu esforço humanitário foi imensamente recompensado. Mais tarde, ele celebraria o evento concedendo um medalhão a cada um dos participantes; Mal passou a pendurar o seu no pescoço envolto num cordão de couro. Porém, a verdadeira bonança para a Unicef e os refugiados ainda estava por vir: em dezembro, a Capitol Records informou um total de 3,8 milhões de dólares arrecadados com a venda antecipada do álbum ao vivo *The Concert for Bangladesh*. O que Mal não sabia – não teria como saber – era que ele nunca mais atuaria como *roadie* num show novamente.

Nos dias que sucederam o triunfo de George no Madison Square Garden, Mal foi até a Califórnia, onde se encontraria com Lil, Gary e Julie para as férias anuais de agosto. Para sua inveja, a família viajou do Reino Unido num Boeing 747, deixando a oportunidade de Mal de voar num desses jatos jumbo, com direito à corcunda característica, na fila de espera. Nesse ínterim, Ken Mansfield convidou o clã Evans para se hospedar em sua casa em Los

Angeles. Para Gary e Julie, foram férias de sonho. Mansfield morava sozinho em Hollywood Hills numa casa grande e afastada que, mais importante, tinha uma piscina imensa. "Gary e Julie praticamente moravam naquela piscina. Todas as noites, os dois ficavam parecendo ameixas", lembrou Ken. "Para eles, tudo era tão tipicamente californiano, bem como tinham visto nos filmes. O clima estava ensolarado e incrível o tempo todo."[21] Quando não estavam brincando na piscina de Mansfield, as crianças ficavam na praia ou passeando na Disneyland.

Gary ficou especialmente encantado com a propriedade vizinha, onde Harry Houdini morou até sua morte precoce em 1926. A piscina da mansão era onde ele praticava muitas de suas ilusões mais impressionantes. E, por falar em ilusões, enquanto esteve no Sul da Califórnia, Mal executou uma série de seus próprios truques de desaparecimento, nos quais passava horas a fio longe da casa de Mansfield. Gary lembra-se de ver sua mãe cada vez mais desconfiada de que o marido andava se encontrando com outras mulheres.

Enquanto o irmão mais velho tinha interesse por magia e ilusão, Julie, de cinco anos, era louca por vacas, gritando de alegria quando Mal chegou com nada menos que uma fantasia de vaqueira. Alguns meses antes, ela presenteara o pai com a primeira piada que conseguiu guardar. "Por que as vacas usam sininhos?", perguntou a Mal. "Porque os chifres* não funcionam!"[22]

Mais tarde naquele mês, Mal embarcou no voo de volta a Heathrow acompanhado da família, se acomodando em Sunbury por várias semanas antes de imergir no Mundo Beatle novamente. Com George ocupado, aparando pontas soltas do projeto de Bangladesh, Mal se juntou aos mais recentes contratados da Apple – os irmãos americanos Derrek e Lon Van Eaton – no Apple Studios, onde Klaus Voormann estava produzindo o álbum de estreia da dupla de cantores. Lon se recordou de, durante uma pausa nas sessões, observar Mal e Klaus no piano do estúdio, onde trabalhavam em uma das composições originais do *roadie*, uma doce cantiga chamada "You're Thinking of Me".[23]

No dia 1º de outubro, Mal se juntou a George num par de cabines de primeira classe no *SS France*. A bordo do navio de luxo, cruzaram o oceano de Southampton a Nova York. Os dois amigos se divertiram imensamente, festejando a todo momento no *lounge* do navio e tirando *selfies* primitivas nos espelhos de seus respectivos dormitórios. Porém, quando desembarca-

* Em inglês, a piada funciona porque uma mesma palavra – "*horn*" – significa "chifre" e "buzina". (N.T)

ram no píer de Midtown alguns dias depois, George entrou no modo profissional – pelo menos do que dizia respeito a trabalho. Com Mal e Neil ao seu lado, ele passou muitas horas assistindo às imagens dos shows no Madison Square Garden para a versão em filme de *The Concert for Bangladesh*. Ao mesmo tempo, na suíte do Plaza, George provou não ter deixado sua volúpia completamente para trás. "Eu estava sendo entretido por uma jovem tarde da noite", escreveu Mal, "quando George entrou correndo no quarto escuro, para lá de Bagdá, arrancou os lençóis e gritou: 'Eu sou o próximo – vamos, me dê um pouco!'". Mal abriu caminho para o Beatle, concluindo que "à parte disso, fui eu quem se ferrou".[24]

No dia 9 de outubro, Mal e Neil fizeram uma pausa no trabalho do filme de Bangladesh para ir à festa de aniversário de 31 anos de John num hotel em Syracuse, onde Yoko exibia sua exposição *This Is Not Here* no Everson Museum of Art. A reunião estelar era composta por Ringo e Mo, Phil Spector, Eric Clapton, Klaus Voormann e o poeta e herói da contracultura Allen Ginsberg. Os convidados desfrutaram de muita cantoria, incluindo os números "My Sweet Lord", de George, e uma passada bem-humorada pelo recente sucesso de Paul e Linda McCartney, "Uncle Albert/Admiral Halsey". Um dos destaques da noite foi "Attica State", um hino improvisado dedicado às recentes rebeliões na prisão para reivindicar melhores condições e denunciar violações aos direitos humanos.

Enquanto Mal cuidava de negócios de ex-Beatles nos EUA, Lily ficava impaciente com o marido, que mais uma vez estava incomunicável. "Espero receber uma carta sua amanhã", escreveu ela, "já que você partiu faz 20 dias, o que parece um baita de um tempo". A situação ficava especialmente difícil para Lily à noite. Depois que Gary e Julie iam dormir, "me bate uma coisa e eu me sinto muito sozinha, realmente detesto isso".[25]

Como de costume, Mal ainda não estava pronto para retornar a Sunbury. Em novembro, ele daria outro sumiço, perdendo uma tradição da família Evans ao não comparecer às festividades anuais de Ringo na Noite de Guy Fawkes pela primeira vez em anos. Na linha de pensamento de Mal, era por um bom motivo. Num momento que prometia alegria pura, ele planejou ir à performance de Elvis no dia 8 de novembro na Filadélfia. Para Mal, era um show imperdível. Além de nunca ter visto uma apresentação do Rei, a ocasião seria ainda mais emocionante, pois ganhara assentos perto do palco de sua amiga da rádio da cidade. "Foi mágico", escreveu o *roadie*. "De repente, lá estava ele no palco, fazendo o sonho de 15 anos de um fã se tornar realidade! Elvis cantando só para mim!"[26] À medida que o show

Mal no deck do *SS France*

prosseguia naquela noite no Spectrum, Mal se via cada vez mais no sétimo céu. Estreando o macacão "Snowflake" naquela noite, Presley entregou interpretações matadoras de "Are You Lonesome Tonight", "Suspicious Minds" e "Bridge Over Troubled Water", de Simon & Garfunkel.

Em Londres, as atribuições de Mal na Apple enfim chegaram a seu ponto mais baixo. Sua tarefa mais recente até parecia divertida num primeiro momento. Numa visão mais ampla, porém, era um absurdo que Mal, uma vez chefe titular da Apple, se visse perambulando pelas ruas de Londres enquanto arremessava maçãs de espuma em transeuntes inocentes. Alguns meses antes, a companhia tinha perdido mais um de seus baluartes: Tony Bramwell, que foi substituído no departamento de promoção pelo agente de A&R Tony King. Na posição de cara nova num escritório tomado por cortes e por um futuro cada vez mais incerto, King aferiu rapidamente a situação atual dos negócios da Apple. "Onde houvesse um Beatle", se recordou, inevitavelmente "lá estaria Mal".[27]

O motorista de Ringo, John Mears, futuramente relembraria da ocasião em que trabalhou nessa estranha tarefa de fim de ano com Mal. "O Natal de 1971 estava chegando e nós tínhamos centenas de maçãs de espuma, cada uma com os dizeres 'Feliz Natal da Apple' na folha." Sobrepujado pelo ridículo daquela missão, Mal saiu pela Savile Row e começou a arremessar os brindes de espuma em quem passava por ali, gritando "*Happy Crimble!*"* Ainda com sacos inteiros de maçãs de espuma para distribuir, Mal e Mears entraram no Rolls-Royce branco de John e saíram pela Regent Street arremessando-as em pedestres distraídos. "Foi uma loucura", contou o motorista.[28]

À medida que as festas de fim de ano ganhavam força, o mesmo acontecia com o *cover* de Harry Nilsson para "Without You", do Badfinger, que vendeu milhões de cópias tanto no Reino Unido quanto nos EUA e viria a ganhar indicações ao Grammy em múltiplas categorias. Ninguém menos que Paul, um legítimo *hitmaker*, proclamou a versão de Nilsson "a canção mais matadora de todos os tempos".[29] Richard Perry rapidamente se tornaria um dos produtores mais festejados do ramo. "Foi uma gravação diferente para a época", disse Perry. "Era uma grande balada com uma batida pesada, e, embora muitos artistas tenham gravado canções assim desde então, ninguém o fazia naquele tempo."[30]

E agora "Without You" prometia gerar *royalties* polpudos para o Badfinger – num nível que os compositores Pete Ham e Tom Evans nem podiam imaginar. Enquanto o *cover* de Nilsson reinava nas ondas do rádio, fazendo-os contar os dias até que o dinheiro começasse a entrar, os autores eram tomados de orgulho. Mostrada em primeira mão para Mal em abril de 1970, "Without You" era a prova positiva de que o Badfinger, banda que ele defendeu antes que fosse passada de mão em mão na Apple como um chapéu surrado, estava no mesmo patamar dos mais distintos compositores da época.

Perto do fim de 1971, Mal e a família passaram a véspera de Natal em Roundhill, a propriedade dos Starkeys no subúrbio londrino de Highgate. Para Gary, seria uma noite inesquecível, principalmente por um momento que ele contemplaria por décadas mais tarde. O motivo, nada agradável, foi uma frase de três palavras proferida por Zak, filho de seis anos de Ringo. Ele trouxe à tona algo que Gary nunca havia considerado antes, mas, depois daquela noite, não conseguiu mais tirar da cabeça. "Você é pobre", Zak lhe disse casualmente. E quando Gary não reagiu de modo barulhento o suficiente, o menino mais novo passou a repetir as palavras, como crianças tendem a fazer, numa sequência rápida: "Você é pobre! Você é pobre! Você

---

* "*Crimble*" ou "*krimble*" foi um tipo de gíria cunhada pelos Beatles para se referir a "*Christmas*" (Natal) no *single* natalino do fã-clube em 1963. "*Happy Crimble*" se refere, portanto, a "*Happy Christmas*" ou "*Happy Xmas*" – Feliz Natal. (N.T.)

é pobre!". Gary, por sua vez, ficou desconcertado. "Nunca havia ressoado antes que podíamos ser pobres", diria.[31]

Porém, o que realmente o afetou foi a possibilidade de que seu pai, que tinha sido uma peça tão central na fama dos Beatles, pudesse sofrer de algo tão mundano como problemas financeiros. Obviamente, Roundhill era enorme em comparação à casa dos Evans em Sunbury; isso era visível. Mas Gary e sua irmã nunca pareciam passar vontade de nada. Além disso, até onde o menino sabia, seu pai era a verdadeira reencarnação do Super-Homem. Pouco tempo antes, enquanto iam em direção à Key Bridge a caminho da rodovia M1, ele e Mal passaram por um carro com fumaça saindo do capô. Num instante, Mal fez um balão e parou ao lado do veículo pifado. Tirou o extintor de incêndio do lado do motorista do Super Snipe, se dirigiu até o outro carro, gesticulou para que o motorista abrisse o capô e, no que pareceu um único movimento, esvaziou o pó do extintor na dianteira do carro, apagando o fogo do motor num golpe só. Ao dar as costas, acenou amigavelmente para o condutor e assumiu de volta o volante do Super Snipe ao lado do filho.[32]

34

DESCONTENTE

Por muito tempo, Mal se orgulhou de ser um camarada simpático, um velhaco amável sempre pronto para a diversão. No entanto, nos primeiros meses de 1972, ele era tudo menos isso. Em janeiro, teve a primeira interação com Bill Collins desde a cisma com Allen Klein no rastro da convenção da Capitol Records. Mal fora recentemente encarregado de trabalhar como "engenheiro de som *trainee*" no Apple Studios remodelado no porão da Savile Row, nº 3. E eis que sua primeira sessão envolveria seus velhos amigos do Badfinger.

Trabalhar como *trainee* era um aceno bem-vindo – provavelmente instigado por George – à antiga ambição de Mal de atuar em alguma função atrás da mesa de som. Sabendo que, em breve, se encontraria com o grupo, que estava prestes a começar a gravar o próximo álbum na Apple com Todd Rundgren como produtor, Mal decidiu fazer uma visita a Golders Green – para então ter a má sorte de se deparar com Collins no lugar da banda.

Sem nenhuma surpresa, Mal ficou aborrecido com tamanha proximidade ao empresário do Badfinger, que "veio com o mesmo papo furado de dois anos antes". Mal tinha pago muito caro pela paranoia de Collins, independentemente de o estado emocional descontrolado do empresário ter sido atiçado por Klein. O fato era que a carreira do *roadie* levara uma rasteira, forçando Mal, que conseguira um genuíno sucesso de Top 5 como produtor, a recomeçar do zero.

Apesar das suas alegações do contrário, a paranoia de Collins ainda era visivelmente plena. Assim que Mal foi embora de Golders Green, o empresário telefonou para o Badfinger no Clearwell Castle, o novo espaço de ensaio de luxo da banda, convocando uma reunião às pressas. A ideia era fazer uma enquete entre os rapazes e saber se, nas palavras do *roadie*, "eles tinham alguma objeção quanto a [Mal] trabalhar nessas sessões". Ele, por sua vez, não tinha intenção alguma de desperdiçar essa oportunidade no Apple Studios. Até onde ele sabia, Collins não passava de um "velho idiota".[1]

Dito e feito, Mal estava presente na segunda-feira, 17 de janeiro, quando o Badfinger reuniu-se com Rundgren na Apple para contemplar o LP sucessor de *Straight Up*, álbum que rendera o *single* de sucesso "Day After Day". Com "Without You" na voz de Nilsson agora incendiando as paradas, parecia só haver vantagens quanto ao Badfinger. Enquanto Rundgren conduzia a banda nas interpretações de "The Winner" e "I Can Love You", Mal trabalhava no Apple Studios com o veterano engenheiro de som Phil McDonald, que lhe ensinava o básico da engenharia de som. No segundo dia, ele já mostrara a Mal como fazer uma inserção – técnica de edição na qual um músico ou vocalista adiciona ou corrige uma gravação existente. Além do curso intensivo da moderna tecnologia Dolby de redução de ruído, Mal aprendeu os pormenores do posicionamento de microfones e amplificadores no estúdio. Ele também deu alguns passos em falso – tomando nota para si mesmo no diário de que, para melhores resultados, deveria soltar o botão Play uma fração de segundo antes de apertar o Rec.

Mal, entretanto, atuou a serviço de Rundgren e do Badfinger por apenas duas sessões. Como os espaços de gravação profissionais valiam ouro em Londres na época, o Apple Studios tinha a agenda cheia de cobaias para o *trainee*. A cantora americana Doris Troy estava lá para gravar um sucessor para seu LP de estreia de 1970, para o qual Mal fizera uma impactante foto de capa com ela sentada ao piano. Troy havia desfrutado de sucesso nas paradas nos anos 1960 com o clássico do R&B "Just One Look", impacto que seu lançamento pela Apple não conseguiu reproduzir, graças aos esforços promocionais cada vez mais pífios do selo. Ainda assim, ela estava disposta a dar mais uma chance à Apple. No fim de janeiro, Mal trabalhou sob a tutela de Ian Samwell, que estava produzindo um disco da cantora inglesa Linda Lewis. Ao lado de Samwell e de McDonald, Mal acrescentou o preparo de acetatos à sua lista de habilidades.

A questão era que, não importava o que fizesse ou com quem trabalhasse, Mal não conseguia espantar o espectro do Badfinger da sua vida. Naquela sexta-feira, ficou sabendo que um evento tinha sido realizado em homenagem à banda sem sua presença. Ele então não perdeu tempo em confrontar Tony King, o novo chefe de A&R da Apple, a respeito daquilo que considerou uma quebra de etiqueta. "Troquei umas palavras com Tony King sobre o jantar em homenagem ao Badfinger de ontem à noite, para o qual eu decididamente não fui convidado, com muita eloquência", escreveu no diário.[2] Por nada nesse mundo ele conseguia – *e não conseguiria* – entender por que continuava excluído do universo do Badfinger.

Por sorte, o *roadie* ainda era bem-vindo no mundo de Ringo, que, em fevereiro, trouxe "Back Off Boogaloo" para o Apple Studios. O baterista já tinha experimentado gravar a pegajosa canção com George na produção. Agora, com Mal trabalhando tanto como engenheiro de som *trainee* quanto como *roadie*, refizeram "Back Off Boogaloo" com Gary Wright no piano, Klaus Voormann no baixo, Alan White dobrando a bateria de Ringo e George numa guitarra *slide* amalucada. Kevin Harrington também cooperou, em dado momento "limpando nobremente a merda do sapato de George" quando o guitarrista chegou da rua. Durante os *overdubs* de harmonia vocal de Wright, Jean Gilbert e Madeline Bell, Mal aprendeu a sincronizar as diferentes pistas – quer dizer, quando não estava distribuindo os cachês em dinheiro vivo para os músicos contratados.[3]

Lançada um mês depois, "Back Off Boogaloo" foi o único sucesso de um ex-Beatle naquele ano, tirando uma astuta vantagem da "T. Rextasy", que ganhava comparações à histeria da Beatlemania. A canção era inspirada pelo astro do glam rock Marc Bolan, líder do T. Rex, conhecido por marcar suas conversas com a palavra "*boogaloo*". Bolan também foi o tema do filme *Born to Boogie*, dirigido por Ringo a pedido dele. Em março, com Mal a seu lado, o baterista filmou o show do T. Rex no Empire Pool, em Wembley, depois do qual Mal e Bolan saíram da casa numa ambulância para tentar escapar da horda que esperava pelo roqueiro. Para o *roadie*, foi como se ele tivesse sido transportado de volta a 1964, quando fãs do mundo todo queriam um pedaço dos Beatles e seu trabalho era proteger os rapazes.

Só que, quando chegou a vez de Bolan – e, de forma mais específica, o ato de proteger fisicamente seu artista –, Mal tinha perdido o jeito. O produtor do T. Rex, Tony Visconti, estava presente e, mais tarde, se recordaria de que "as fãs ficaram alucinadas quando viram Marc aparecer na saída do palco apenas com Mal a seu lado. A comoção me fez sair do estúdio móvel, de modo que pude ver rapidamente que Mal e Marc estavam encrencados". O plano da ambulância claramente não deu certo, com as fãs – cerca de 500 adolescentes – à beira de despedaçar Bolan. Visconti rememorou que elas "se comportavam como uma matilha de lobos a essa altura, tentando arrastar Marc para o meio da multidão. Atravessei a turba, consegui pegar Marc pelo outro lado e gritei para Mal: 'Vamos!'". Enquanto se aproximavam da ambulância que os esperava, "éramos chutados e arranhados; muitas mãos com unhas afiadas tentavam arrancar Marc de nós. Algumas garotas chegaram mais perto e tiraram retalhos das roupas de Marc; outras conseguiram até puxar fios de cabelo encaracolados da cabeça dele". Quando finalmente alcançaram a segurança da ambulância, Bolan teve um ataque de riso, sem ter noção do quão próximo estivera de ser seriamente machucado – ou coisa pior. Mal, no entanto, não se recuperou tão rápido. Estava "petrificado", como descreveria Visconti.[4]

O período de tutela de Mal como engenheiro de som *trainee* encontrou um fim abrupto quando ele foi convidado para produzir uma gravação do Half Breed, banda baseada em Newcastle desde 1970. Assim como artistas aspirantes do mundo todo, o grupo enviou uma demo para a Savile Row, deixando Mal encantado com a qualidade das composições. Especialmente o que tangia ao trabalho dos músicos de 21 anos, Bobby Purvis e Bill Elliott, o último já tendo, inclusive, trabalhado com Mal durante as sessões de "God Save Oz". Animado com a chance de produzir o Half Breed, Mal viajou para Newcastle, onde gravou um dos shows da banda. "Eu levara fitas para a Apple e falava muito bem deles", escreveu, "e houve um consenso de que seriam contratados. O único porém apresentado por Ringo era de que deveriam trabalhar com outro produtor que não eu. Mas Deus os abençoe por terem recusado tal oferta e preferido que eu fosse o produtor em outro selo".[5] Mais do que duvidar das habilidades de Mal como produtor, era claro que Ringo esperava evitar que ele passasse por outra situação desanimadora como ocorreu com o Badfinger.

Estimulado pela fé inabalável que Purvis e Elliott tinham nele, Mal começou imediatamente a focar na produção do Half Breed, chegando até a iniciar a elaboração de um logo para eles. Quando a banda se separou naquele verão, Mal não perdeu tempo: assinou contratos de gestão e publicação com Purvis, na esperança de que Elliott não ficasse muito para trás. A essa altura, os dois já tinham se repaginado como dupla. "Grupos e egos entraram no caminho", recordou-se Purvis, "então formamos o [duo] Splinter. Mal ficou extasiado; era exatamente o que ele queria desde o começo".[6]

Naquele verão, Purvis hospedou-se com Mal e família em Sunbury, na esperança de que morar perto de Londres ajudaria a alavancar sua carreira. Certa noite, Mal voltou de uma gravação na cidade e o encontrou sentado ao piano, tentando desenvolver a estrutura para uma nova canção então intitulada "Another Chance That I Let Go". Mal observou que Purvis não parecia estar progredindo na composição. "Eu o coloquei um pouco para baixo", lembrou Mal, "dizendo não ter gostado da música. Na noite seguinte, cheguei em casa e ele pegou o violão. Para melhorar as coisas, pensei em me juntar a ele e meio que entrei em cena".[7] Com uma letra super romântica e efusiva de Mal, a canção logo se transformou em "Lonely Man". Porém, não era construída meramente de clichês piegas e deslumbrados. Num momento de revelação autobiográfica, a letra de Mal atingia o cerne de seu mal-estar – ou, no mínimo do mínimo, a fonte de sua autorreflexão durante os anos pós-Beatles: "*Maybe being a lonely man was my destiny/ Holding on to what's past and gone means so much to me*".*

Com o passar do verão de 1972, Mal e Lily fizeram questão de ver os pais dele com mais frequência. O susto na saúde de Fred tinha feito Mal parar para pensar seriamente, preocupando-se não só com a mortalidade do pai, como também com a natureza fugidia de sua própria. Em junho, levou os pais para Londres para assistirem a *The Catching of the Querle*, a mais recente peça de sua irmã June com a Young People's Theatre, na qual ela interpretou três papéis diferentes – e de forma muito convincente, na opinião de Mal.

A visita de Fred e Joan tomaria um rumo ruim em Sunbury, quando, certa manhã, o temperamento de Mal o dominou. Lil tinha preparado ovos poché – os favoritos de Mal –, mas o marido se atrasou 15 minutos para o café da manhã e, a essa altura, a refeição já havia esfriado. Gary nunca se esqueceria do momento em que o pai teve a ousadia de reclamar da temperatura da comida. Com uma irritação compreensível, Joan repetiu a frase cortante que dissera na véspera do casamento de Mal, em 1957. "Lily merece coisa melhor do que você", proferiu, defendendo a nora. Só que, desta vez, Mal não levou o comentário na esportiva. "Vá à merda!", disse ele, numa reação inflamada que fez Gary se arrepiar.[8]

Antes de levar os pais de volta a Liverpool, Mal fez questão de tentar consertar as coisas, proporcionando à família passar o dia na cidade costeira de Littlehampton. Naturalmente, Fred e Joan desfrutaram do tempo com os netos à beira-mar. Mal pescou um pouco com Fred, que conseguiu extrair um fóssil da areia da praia. Naquela noite, de volta a Staines Road East, Mal perdeu a compostura na hora em que as crianças se preparavam para dormir, ficando zangado após Julie deixar de dar um beijo de boa noite no avô. "Que besteira da minha parte", escreveu ele, repreendendo-se nas páginas do diário.[9]

* "Talvez ser um homem solitário fosse o meu destino/ Agarrar-me ao que já passou e se foi significa tanto para mim"

Em agosto, Mal e Lil novamente se encontraram com Fred e Joan, que se juntaram ao clã para férias em família na Cornualha. Desta vez, Mal estava decidido a fazer uma viagem sem estresse com seus entes queridos, de modo a se tornar mais centrado em sua abordagem às vicissitudes da vida. Enquanto se preparavam para partir para o oeste, ele lançou um dístico no diário: "Não tenho nós, não tenho cordas/ Nada para me prender às coisas terrenas".[10] Como bônus, a inclusão dos pais de Mal nos planos de férias ajudou a diluir os custos da viagem à costa da Cornualha. Fred e Joan, por sua vez, não se importaram em ajudar e ficaram contentes por aproveitar um passeio extenso com os netos.

Na chegada daquele verão, a provocação que Zak Starkey fez a Gary na véspera de Natal se provou uma realidade que Mal compreendia bem até demais. Com os Beatles às voltas de uma recuperação judicial, o rastro contábil tinha alcançado o empréstimo não pago que Brian Epstein emitiu para Mal em fevereiro de 1967 no valor de 500 libras.[11] Como Mal não tinha condições de cobrir esse gasto, o empréstimo foi cobrado dos *royalties* a que ele tinha direito pela Apple Corps. Ou seja, todo dinheiro devido a ele pelo trabalho em "No Matter What" seria deduzido até a conclusão do pagamento. De modo geral, era um plano generoso para um empréstimo que Mal tinha, em essência, ignorado pelos últimos cinco anos – e pelo qual ele não estava sendo cobrado dos juros consideráveis que teriam se acumulado ao longo daquele período.

Mal retornou da Cornualha justo a tempo de começar a trabalhar no LP de George que sucederia *All Things Must Pass*. Boa parte do novo álbum seria gravada no Apple Studios, embora já houvesse planos em andamento para a construção de um estúdio caseiro de primeira linha em Friar Park, com a demolição e expansão de vários cômodos da mansão.

Quando não estava trabalhando nas sessões de George na Apple, Mal costumava passar as horas livres bebendo com Ringo e Harry Nilsson no Tramp, o pub de preferência deles na época. Depois do sucesso arrasador de "Without You", Nilsson tinha voltado a Londres para trabalhar com Richard Perry no Trident em seu próximo álbum, *Son of Schmilsson*, com lançamento previsto para setembro. O cantor americano, sem pressa de voltar a L.A., tinha recentemente elaborado um plano para estrelar um filme com Ringo, intitulado *O Filho de Drácula*. Porém, na verdade, ele só queria beber com Mal e Ringo.

No que dizia respeito à concepção de seu próximo álbum, que receberia o título de *Living in the Material World*, George estava sob uma considerável pressão – bem piorada pela condição deteriorante de Phil Spector. George e Mal tiveram dificuldade em convencer o produtor a fazer seu trabalho; até mesmo trazê-lo até o estúdio se tornara um fardo. "Phil nunca estava lá", se recordaria George, "eu tinha de subir até o telhado do [hotel] Inn on the Park, em Londres, caminhar até a janela dele e berrar: 'Vamos! Temos que fazer um disco'".[12]

Travessuras de Spector à parte, as sessões foram bastante profissionais e, em sua maior parte, relaxantes. A pedido de George, Mal conservava sempre aceso um incenso no Apple Studios e nos estúdios da EMI para manter o clima. A seleção costumeira de músicos estava à disposição e incluía nomes relevantes como Nicky Hopkins, Gary Wright, Klaus Voormann e Jim Keltner. Como sempre, Mal pagava os músicos em dinheiro, mantendo cuidadosos registros nos diários à medida que as sessões progrediam – e os gastos também. *Living in the Material World* estava sendo uma empreitada cara. Músicos de estúdio, como Keltner, agora cobravam cachês exorbitantes por seu trabalho. O alto escalão da EMI, incluindo o diretor-gerente Len Wood, estava de olho nisso, cobrando Allen Klein. O diretor da Apple, por sua vez, empurrava essa cobrança para Mal.

Em novembro, a noite da fogueira anual de Ringo foi maior e melhor do que nunca. Além dos convidados de costume – os Harrisons, Starkeys, Evans e Aspinalls –, figuras beberronas, como Harry Nilsson e Marc Bolan, apareceram. Para Gary, essa Noite de Guy Fawkes seria um rito de passagem. Num ataque de picardia pré-adolescente, Zak Starkey causou uma baita confusão ao disparar parte dos fogos de artifício antes da hora, o que levou Gary a assumir o papel, como Mal descreveu em seu diário, de "acendedor oficial de fogos de artifício".[13]

Como sempre, as tarefas de Mal se multiplicavam. Numa noite tranquila no início de dezembro, o turista americano Phil Hilderbrand, de 23 anos, e seu amigo Tom ficaram de plantão na frente das instalações da EMI em Abbey Road, na esperança de vislumbrar algum dos ex-Beatles em carne e osso. No fim, os dois amigos decidiram tomar as rédeas do destino e entrar escondidos no prédio. Hilderbrand lembrou-se de "passar direto pela recepcionista, que disse: 'Parem, vocês não podem entrar aí!'". A poucos passos do estúdio 2, "fomos agarrados pelas costas dos casacos e ficamos pendurados. Mal Evans tinha nos pego. Ele nos carregou até a porta, abriu-a com um chute e nos jogou como bonecos de pano nas escadas. 'Não voltem mais!', rosnou Mal". Enquanto os dois se aprumavam no estacionamento, olharam para cima e viram o *roadie* furioso. Ele vestia uma camisa marfim com colarinho abotoado e calças pretas, seu rosto familiar, de cavanhaque, os encarando debaixo do corte de cabelo Beatle.[14]

Com o fim de 1972 se aproximando com rapidez, algo novo começou a movimentar a mente de Mal – e não eram os moleques invasores, nem os custos astronômicos do novo LP de George. No rastro de "Lonely Man", ele vinha escrevendo mais letras do que nunca – seus diários e cadernos estavam abarrotados de canções em potencial. Ele então decidiu que era hora de parar de esperar que outras pessoas adivinhassem seu futuro e passou a imaginar como seria uma carreira de compositor profissional, calculando o quanto poderia faturar por esse trabalho. E, para fazer isso acontecer, resolveu criar sua própria editora musical, que se chamaria Malcontent* Music (em reverência aos salves dos Beatles para ele no Cavern Club mais de uma década atrás).

À medida que o trabalho de pós-produção cruzava para o novo ano, com o *roadie* passando muitas horas no Trident com George, ele começou a adotar um tom cada vez mais sentimental nas letras. Estava pronto para dar largada à sua nova vida criativa, mas parecia impossível se livrar da antiga. Para início de conversa, precisava de dinheiro. Claro, seu salário semanal de 38 libras cobria a hipoteca na Staines Road East, mas parecia não render mais como antes. Sem contar a lealdade aos ex-Beatles – George e Ringo, em especial –, que dominava seu tempo e sua energia. Os desejos deles eram, sem dúvida, uma ordem, situação da qual parecia impossível sair. Com o avanço das sessões de remixagem de George, Mal escreveu: "Parece que venho construindo castelos de cartas/ Agora parece que, ao invés de sonhos/ Algum filho da mãe chutou a mesa!".[15]

Num golpe do destino, George estava se preparando para produzir um longa-metragem intitulado *Little Malcolm and His Struggle Against the Eunuchs*. Baseado numa peça de teatro cômica que George e Pattie viram em fevereiro de 1966 no Garrick Theatre, em Londres, *Little Malcolm* teria John Hurt no papel-título. Naturalmente, o Beatle estava à procura de material para a trilha sonora. Graças a ele, os rapazes do Splinter acabaram escalados para aparecer em *Little Malcolm* durante uma cena numa casa noturna. Com o Half Breed extinto, Mal seguia se esforçando para que o Splinter virasse uma realidade. Mais tarde, enquanto editava o filme, George se virou para

* Em tradução literal, "*malcontent*" significa "descontente", mas é também, claramente, uma brincadeira com o nome de Mal. (N.T.)

Mal e perguntou: "A música que eles cantam é linda – quem a escreveu?". O *roadie* mal se conteve ao anunciar que Bobby Purvis tinha composto a música enquanto ele mesmo cuidou da letra. A princípio, George não podia crer no tinha ouvido. Mal Evans, seu *roadie*, havia escrito uma música – e uma tão bonita e comovente quanto "Lonely Man"?

Empolgadíssimo com a banda e sua canção cativante, George decidiu produzir uma versão de "Lonely Man" para um *single* do Splinter e sincronizar o lançamento com a estreia de *Little Malcolm*. Mas isso não aconteceria tão cedo. A produção da Apple Films se tornou uma demorada odisseia de dois anos, com altos e baixos relacionados à precariedade das finanças dos Beatles pós-separação, o que exigiu que a Apple fosse colocada em recuperação judicial. No entanto, o que de fato importava para Mal era que George havia destilado elogios incondicionais à sua canção. De repente, após entregar suas energias criativas pelos últimos anos, o *roadie* de longa data dos Beatles se sentiu validado.

Foi por isso que Mal mergulhou de cabeça na chance de acompanhar Ringo no Sul da Califórnia em março. Talvez pudesse criar uma oportunidade de construir uma plataforma para suas ambições de compositor? No Sunset Sound Recorders, em Hollywood, Ringo gravaria seu primeiro álbum desde *Beaucoups of Blues*, de 1970 – e com ninguém menos que o celebrado Richard Perry como produtor. Mal tinha um plano na manga que iria implementar desde o primeiro dia no estúdio, onde era aguardado como *roadie* das gravações do LP. Estava determinado a garantir que o triunfo de Ringo também fosse o *seu*, que faria mais do que apenas trazer "chá e simpatia" aos seus superiores do rock 'n' roll.

Mal com o Splinter: Bill Elliott (à esquerda) e Bobby Purvis

35

CAIXA DE PANDORA

Eis que o plano de Mal se desdobrou logo no primeiro dia de gravação do novo LP de Ringo. Na tarde de 4 de março de 1973, o baterista fez a primeira investida do *cover* de "Have You Seen My Baby?", de Randy Newman, com os parceiros de costume – Nicky Hopkins, Jim Keltner e o camarada dos Beatles Klaus Voormann. Assim que terminaram de ensaiar a música, Mal sugeriu que experimentassem tocar a mais recente encarnação de "You're Thinking of Me", um tema original seu que ele já havia tocado com Klaus em setembro de 1971.[1]

Com Ringo assumindo os vocais principais da melodia calorosa, a banda estelar o seguiu, acrescida de Harry Nilsson, que tocou um acompanhamento no órgão. A sessão terminou com Ringo e o grupo numa *jam* de "You're Sixteen", sucesso de 1960 dos irmãos Sherman na voz de Johnny Burnette. Para Mal, no entanto, foi quase tudo um borrão. "You're Thinking of Me" saiu belíssima naquela noite no Sunset Sound! Será que era minimamente possível que uma composição de Mal Evans enfim visse a luz do dia?

Com o progresso das gravações, Ringo passou por uma canção carismática atrás da outra, incluindo "Oh My My", com um toque de disco music, o rock "Devil Woman" e a terna "Photograph", coautoria do baterista com George. Ao mesmo tempo, Mal estava se entediando com o desfile regular dos mesmos músicos tocando nos discos de George e Ringo. Na sua visão, eles estavam se aproveitando da generosidade dos ex-Beatles, e, de fato, seus cachês pareciam aumentar abruptamente a cada novo álbum. Em um ponto, Mal descreveu os músicos de estúdio contratados como "o elenco estelar bocejante de sempre – bem, a familiaridade gera desdém. Amo tanto Ringo que me irrita de verdade quando tiram vantagem da natureza boa praça dele".[2]

Após chegar a Los Angeles, Mal pegou o bolo de dinheiro de costume na Capitol Records – e, no dia 10 de março, pouco depois de buscar George com *jet lag* no LAX, foi separado da grana.

Naquela noite, no Beverly Hills Hotel, Mal subiu até seu andar e foi recebido por uma visão esquisita. Ao sair do elevador, "um cavalheiro bastante alto parado ao lado da porta me perguntou as horas. Ao responder '20h45min', estranhei que ele gritasse em voz alta: 'O tempo passa rápido, não é mesmo?'". Ao seguir em frente e virar no corredor, "me deparei com dois cavalheiros vindo em minha direção, e o clique de uma porta se fechando atrás deles me indicou imediatamente que eu havia sido roubado". Dito e feito, os três homens tinham assaltado o quarto de Mal e levado cerca de 1,5 mil dólares em dinheiro vivo, além de 200 libras. Indo contra seu bom senso, Mal correu atrás dos bandidos, mas, quando chegou ao *lobby*, já estavam longe. Numa tentativa tacanha de acalmar os medos do *roadie*, "o detetive Deegan, que foi colocado a cargo do caso, me garantiu que geralmente os as-

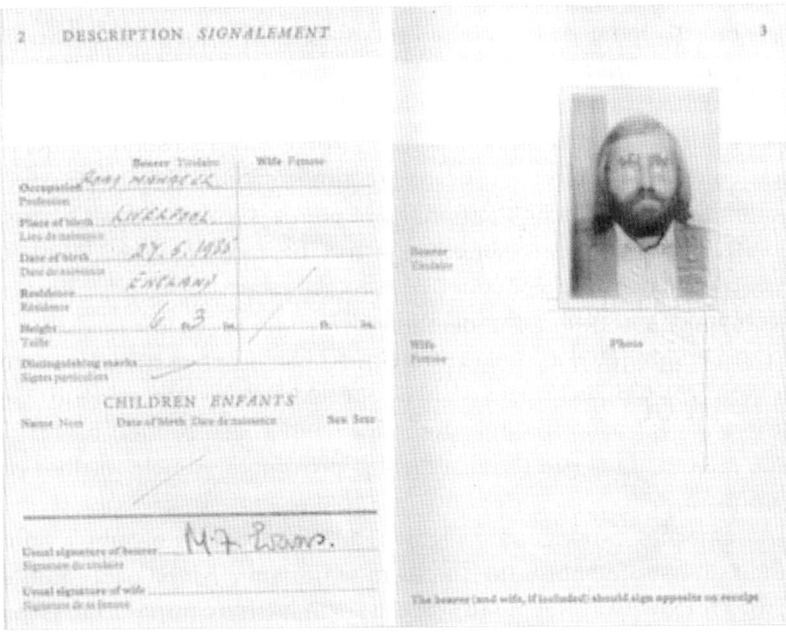

O passaporte de Mal de 1973

saltos a hotéis não envolvem armas, de modo que eles muito provavelmente só teriam me espancado".[3]

À medida que as gravações do álbum avançavam, Ringo caía mais fundo no abuso de álcool. Mal atribuiu isso a "Ringo sendo seu inimitável eu feliz". Mas era mais do que isso. "Certa noite no estúdio", escreveu o *roadie*, "ele bebeu uma garrafa de Southern Comfort e desabou na técnica. Então, como em várias ocasiões com os camaradas, tive de pegá-lo, levá-lo até o carro e de volta para o hotel". Na mesma noite, depois que os dois retornaram ao Beverly Hills Hotel, David Bowie telefonou com um convite para uma festa. "Foi como um grito de guerra para um velho cavalo de batalha – bastou uma rápida lavada no rosto e lá se foi Ringo correndo para curtir a festa!"[4] Mal só pôde dar um passo para trás e se maravilhar com a energia notável do Beatle.

Na concepção de Mal, além de "You're Thinking of Me", o destaque da produção foi uma sessão em 13 de março, com a entrada de John em cena. Na história dos ex-Beatles, raríssimas sessões de gravação, se é que existiram, se equiparariam aos acontecimentos daquela noite, quando Ringo cantou "I'm the Greatest", de autoria de John, acompanhado por ninguém menos que John, George e Klaus como seus músicos de estúdio. Para Mal, a sessão de oito horas foi pura alegria. "Ringo, John, Klaus Voormann e eu nos agrupamos ao redor de um piano no estúdio para colocar os toques finais na canção", lembrou Richard Perry. "E então alguém me chamou para dizer que George estava ao telefone. 'Soube que vocês estão gravando', disse ele, 'posso ir aí?'. Perguntei então a John: 'George está ao telefone e quer vir gravar conosco. Tudo bem?'. 'Claro', respondeu John. 'Diga a ele para vir agora mesmo e me ajudar a terminar essa ponte.' George chegou e, sem dizer nada, entrou na mesma sintonia que nós. Ele tocou guitarra, John tocou piano, complementando-se com perfeição. Ali estava a magia dos Beatles se desdobrando bem diante dos meus olhos!"[5]

Em Londres, Paul e Linda entrariam atrasados nesse espírito ao contribuir com "Six O'Clock" para o disco, que agora estava por receber o título de *Ringo*. O LP não seria uma autêntica reunião dos Beatles, mas já prometia, mesmo ainda não terminado, algo próximo à primeira melhor coisa depois disso.

As emoções prosseguiram algumas noites depois, no Sunset Sound, quando diversos membros do The Band se uniram a Ringo para "Sunshine Life for Me (Sail Away Raymond)". A canção tinha sido composta por George, que ficou eletrizado por tocar na gravação com seus ídolos canadenses.

Quando o Beatle Discreto se instalou mais uma vez no Sul da Califórnia para produzir um LP de Ravi Shankar no A&M Studios, Mal se mudou para a casa alugada de George na Miradero Road, em Beverly Hills. Apaixonado pela nova moradia, ele informou Lily de que planejava ficar na Califórnia por pelo menos mais um mês, o que levou a esposa aos prantos durante uma conversa telefônica no dia 17 de março. "É bom saber que você sente saudades de mim e das crianças", disse ela, apontando que "Gary chorou um pouquinho lá em cima" depois de conversar com o pai.[6]

Algumas semanas depois, os Beatles informaram Allen Klein de que a partir do dia 1º de abril de 1973, ele não seria mais empresário do grupo. Os ex-Beatles sentiram o peso da mudança quase de imediato. "Os dias de George estavam certamente cheios", escreveu Mal, "e, com as reuniões ao longo do dia com advogados para tentar ajeitar os negócios, o primeiro item na lista de afazeres era alugar carros novos, já que Allen havia cancelado os aluguéis que já tínhamos". Sempre um observador atento das coincidências naturais, Mal não pôde deixar de notar que "na noite em que Allen Klein foi informado de que não seria mais empresário deles, um pássaro caiu de uma árvore bem ao lado da minha cama. Eu então tive a satisfação de cuidar desse filhote de pássaro com leite e pão, mantendo-o vivo até que ficasse grande o bastante para voar. Quando liguei para casa e contei ao meu filho Gary que havia uma tempestade, ele logo batizou o pássaro de 'Stormcloud'".[7] Pouco depois, perguntaram a John por que Klein havia sido chutado. "Digamos que é possível que as suspeitas de Paul estivessem certas e que era o momento ideal", admitiu Lennon.[8]

Com a pós-produção de *Living in the Material World* bem encaminhada, George encarregou Mal de supervisionar o ensaio fotográfico para o design da capa *gatefold* do álbum. O conceito pedia uma versão contemporânea da Última Ceia, de Leonardo da Vinci, com uma roda de roqueiros bebendo vinho e comendo à vontade, cercados pelas armadilhas da fortuna material e do excesso. Retratando George ladeado por Ringo, Jim Horn, Klaus Voormann, Nicky Hopkins, Jim Keltner e Gary Wright, a foto foi feita na frente de uma mansão em falso estilo Tudor pelo notório fotógrafo *glam* de Hollywood Ken Marcus. "Para a imagem do banquete, Abe Sommers [*sic*] generosamente nos permitiu usar sua casa e terreno", escreveu Mal, referindo-se ao advogado do ramo do entretenimento Abe Somer, "e enquanto a cena era fotografada, em que outro lugar se não Los Angeles, alguém poderia dizer: 'Não seria uma ótima se tivéssemos uma garota nua sentada na janela da casa?'. E, dez minutos depois, havia uma garota nua sentada na janela da casa!".[9]

Dividir o teto com George traria um evento decisivo na vida de Mal, que o levaria a reconsiderar o rumo de seus planos de carreira de modo dramático. Na semana de 17 de abril de 1973, após Ringo retornar do encontro com Paul e Linda nos estúdios da Apple, os músicos se reuniram no Sunset Sound para completar as faixas básicas do LP *Ringo*. Nessa conjuntura, surgiu uma espécie de conceito no qual "I'm the Greatest", de John, abriria o álbum. Para ter um contraponto, Ringo precisava de um *grand finale* para fechá-lo. Mal sentiu que tinha os ingredientes que tal canção pedia em "I'm Not Going to Move", composição ainda em aberto, que ele começara em Rishikesh cinco anos antes.

"Era tarde da noite e essa ideia de canção não saía da minha cabeça", recordou-se Mal, "então perguntei a George se ele me ajudaria com os acordes, porque não toco muito bem. Ele começou a tocar no piano, a composição evoluiu e esse foi o resultado. Ringo ficou surpreso, suponho".[10] Naquela mesma semana, Ringo e a banda de estúdio gravaram a faixa básica para a composição assinada por Mal e George, "You and Me (Babe)", com Ringo na bateria, Klaus no baixo, George na guitarra, Nicky Hopkins no piano elétrico e o compositor e produtor Vini Poncia no violão. Com a letra de Mal, Ringo propiciou aos ouvintes uma despedida calorosa pela noite, onde ele faria questão de continuar a festejar, passatempo esse bastante compartilhado pelo compositor da canção:

Now I want to tell you the pleasure really was mine.
Yes, I had a good time, singing and drinking some wine.
And when the sun sets in the sky
And you close your weary eyes,
*I'll be in some nightclub, getting high, that's no lie.**

A questão do roubo do dinheiro tinha sido só o começo dos problemas de Mal naquela primavera. Algum tempo depois de George desembarcar no Sul da Califórnia, Mal saiu com uma garota conhecida apenas como Pandora, muito provavelmente seu nome de dançarina. Ela trabalhava na Pips, uma discoteca privada (e clube de gamão) fundada recentemente por

* "Agora quero lhes dizer que o prazer foi mesmo meu/ Sim, me diverti cantando e bebendo um pouco de vinho/ E quando o sol se puser no céu/ E vocês fecharem seus olhos cansados/ Estarei em alguma casa noturna me inebriando, pode acreditar"

Stan Herman, magnata imobiliário de L.A., e Hugh Hefner, da *Playboy*. No encontro, Mal levou Pandora ao Rainbow Bar & Grill. Mais tarde, muito embriagada, ela bateu o carro na frente da casa alugada de George, resultando numa internação hospitalar por fratura craniana e pondo um fim rápido à noitada dela com um certo *roadie*.

Na noite de sexta-feira, 13 de abril, data agourenta para Mal, Pandora, muito sedada, decidiu dar uma passadinha na casa de George novamente, desta vez com alguns amigos enquanto o Beatle estava fora. Horas depois, Mal chegou e descobriu que a casa tinha sido assaltada. Felizmente, as fitas master de Ravi estavam intactas, mas, para o horror de Mal, os ladrões "levaram a guitarra Gibson vermelha de George, um presente recebido de Eric Clapton e que tanto significava para ele". Era nada menos que a estimada "Lucy" de George, que Clapton tocou em "While My Guitar Gently Weeps" e que o próprio George usou em "Revolution" e "The End".

Conhecendo as tendências dos ladrões de guitarras, Mal começou a telefonar para as lojas de instrumentos e de penhores por toda a região. Dito e feito, Lucy havia sido comprada pela Whalin's Sound City, porém, para tristeza de Mal, fora revendida meia hora antes do telefonema dele. Enquanto George continuava a trabalhar com Shankar no A&M Studios, Mal não desgrudava do telefone, na tentativa de descobrir o paradeiro da guitarra.

Tudo podia ter acabado ali se não fosse pela consciência pesada de Pandora. Ela ligou para Mal e explicou que foi à casa de George, na esperança de ouvir uma das gravações dele com Ravi. Ao invés disso, "o que era um desejo de escutar uma música saiu do controle", escreveu Mal, "com os companheiros dela ignorando todas as suas súplicas e roubando tudo o que podiam carregar. Descobri que, felizmente, não interrompi a cena, pois um dos caras tinha uma arma e disse a Pandora que, se eu ou George chegássemos, atiraria em nós".[11]

E foi aí que as coisas ficaram esquisitas. "Na noite em que ela me ligou", prosseguiu Mal, "fui até o apartamento dela e a encontrei muito inquieta e aborrecida com o que tinha feito. Havia um amigo dela sentado no sofá e, após vários minutos da minha presença ali, sendo compreensível como de costume, o cara se levantou, exibiu uma faca enorme que tinha escondido nas costas e falou: 'Se você tivesse entrado aqui e ido para cima dela, eu teria enfiado isto aqui em você'". Por uma fração de segundo, Mal entrou num estado de choque, para então se endireitar e dizer: "Nunca aponte uma faca para mim a menos que pretenda usá-la".[12] Seu instante de bravura deve ter perturbado o bandido, que se ofereceu para levá-lo até a casa onde vivia o resto de seus amigos ladrões.

Subitamente, Mal se viu vivendo no enredo de um filme B da vida real. Acompanhado do portador da faca, ele preparou-se para invadir o esconderijo dos bandidos. "Tudo parecia um sonho", escreveu, "chegar àquela porta de madrugada, bater e dar um passo para o lado até que alguém atendesse". Ao entrar, Mal se viu cara a cara com dois tipos durões que guardavam uma casa cheia de itens roubados. "Eles tentaram dificultar muito as coisas", prosseguiu, "e eu, com certeza, estava morrendo de medo. Especialmente ao abrir uma gaveta e encontrar uma arma. Meu amigo, do nada, pegou a arma, apontou para a cabeça de um dos caras e, quando lhe disseram que não estava carregada, ele rebateu: 'É melhor você ter razão, meu chapa'. E então puxou o gatilho".[13] Num golpe do destino ou providência divina, a arma de fato estava vazia.

O conto de crime casca grossa de Mal seguiu na companhia do detetive Deegan, para quem ele relatou que conseguira reaver todos os itens roubados da casa alugada de George, exceto Lucy, da qual ainda não havia sinal. Na esperança de evitar ver Pandora algemada – por roubo, ao menos –, Mal omitiu o papel dela no assalto. Ainda assim, não ficou totalmente seguro de que esse blefe tinha convencido o detetive. "Tenho certeza de que ele sabia ter acontecido algo diferente do que lhe narrei, mas ele só podia contar com a minha palavra, então o caso foi encerrado", escreveu o *roadie*. "Mesmo eu não tendo prestado queixa e insistido no caso, a consciência pesada da minha namorada a levou a tentar suicídio."[14] Pandora foi internada na ala psiquiátrica do hospital da UCLA.

E a saga não terminou por aí. Quase um mês depois, Mal farejou Lucy depois de conversar com dois *roadies* do Canned Heat, a banda hippie que, no fim dos anos 1960, emplacou sucessos internacionais com "On the Road Again" e "Going Up the Country". Ao saberem que um mexicano chamado Miguel Ochoa comprara Lucy inocentemente na Whalin's Sound City, eles se ofereceram para ir até o México e tentar reaver a guitarra como um favor a George. Mal acreditou que o plano tinha uma chance considerável de sucesso, dadas as conexões sólidas que os *roadies* do Canned Heat tinham com as autoridades mexicanas.

O plano implodiu quando Ochoa descobriu que a guitarra em sua posse pertencia a ninguém menos que o mundialmente famoso George Harrison, dos Beatles. Além disso, na sua visão, o instrumento tinha sido legalmente adquirido na Whalin's Sound City, de modo que, agora, ele era seu dono justo e honesto. Nesse momento, os *roadies* sugeriram que outros tipos de pressão poderiam ser aplicados a Ochoa. "Recebemos até uma oferta para matá-lo por 20 dólares", escreveu Mal, "o que horrorizou tanto George quanto eu, que recusamos, é claro, ter qualquer envolvimento nisso".[15] Felizmente para Mal, com a consciência pesada por causa de sua própria associação com Pandora, Ochoa topou trocar Lucy por uma guitarra de ano, modelo e cor similares. Com a ajuda de Norman Harris, um colecionador de L.A., Mal conseguiu achar uma guitarra adequada para a troca.

Entretanto, fechar negócio com Ochoa provou-se tão complicado quanto tudo o que envolvia o sumiço de Lucy. "As negociações nunca transcorriam de maneira suave", mencionou Mal, "pois sempre que acatávamos suas exigências, ele pedia algo extra, o que acabou custando a George o preço de uma guitarra similar, valor que misteriosamente triplicou da noite para o dia, duas passagens de avião para o México e o preço de um baixo". Felizmente, dinheiro não era um problema para o Beatle Discreto, e, após 43 dias de inquietação, Lucy voltou às mãos de seu legítimo dono.

No dia seguinte, Mal comemorou seu 38º aniversário – e a recuperação de Lucy – no Beverly Hills Hotel em grande estilo. À beira da piscina, ele foi "cercado por uma turma de beldades de biquíni sob os 40 ºC que o dia oferecia. Naquela noite, eu desfrutaria, na companhia de George, Ringo e amigos, da voz encantadora de Lakshmi Shankar num concerto de música indiana".[16]

Alguns dias depois, Mal retornou a Sunbury após uma ausência de três meses. Foi, de longe, o período mais extenso que passou longe da família – um mês a mais do que na viagem norte-americana de 1968, que quase lhe rendeu o divórcio. De qualquer forma, a volta para casa foi um desastre. Logo que Mal chegou, Lil já encontrou fotos dele com outras mulheres na bagagem. Em seu diário, Mal lamentou que "Lil e eu brigamos diante das crianças. Gary fica triste e chora. Julie parece preocupada, mas é muito mais nova". Incrivelmente, ele parecia ter se safado de qualquer confronto posterior – pelo menos por enquanto.

No dia seguinte, o casal desfrutou de um "lindo dia" com as crianças no zoo de Chessington. Talvez por ter pensado duas vezes sobre ter retornado ao seio da família, Mal voltou às pressas para Los Angeles. No total, ele passou menos de 80 horas na Inglaterra naquela semana. "Senti-me triste demais ao me despedir de Gary no aeroporto", rabiscou no diário. "Por favor, não pare de me amar, filho. Que Deus sempre te proteja."[17]

A urgência do retorno súbito de Mal ao Sul da Califórnia foi desmentida pelas páginas do seu diário. Na primeira semana de volta aos EUA, ele descansou numa praia de Malibu, contemplou a poluição que pairava sobre

L.A. e assistiu a horas de televisão sem sentido. Finalmente voltou ao trabalho no dia 16 de junho – o 37º aniversário de Lil –, quando foi com George até o Record Plant West, localizado na West Third Street, 8.456, para reservar horas no estúdio para remixar o álbum de Ravi.

Quando Chris Stone e Gary Kellgren fundaram a filial do nova-iorquino Record Plant em Los Angeles, em 1969, estavam determinados a transformá-lo no estúdio de gravação definitivo da cena do rock, o lugar onde as estrelas mais brilhantes da indústria iriam tocar, ver e ser vistas. Em 1973, o complexo na Third Street contava com três espaços de estúdio de luxo com mesas de som de 16 canais, uma jacuzzi e suítes privadas dignas de hotel, com nomes como "Rack Room", com cordas e molinetes ao estilo sadomasoquista; "Sissy Room", com decoração florida exagerada; e "Boat Room", de tema náutico. O complexo ostentava até uma "Las Vegas Room", com direito a máquinas de fliperama e outros jogos de azar. O Record Plant West também se tornara famoso por suas *jam sessions* regulares nas noites de domingo, organizadas pelo Jim Keltner Fan Club – tão popular nos últimos

A foto de Fran Hughes na parede do Record Plant

tempos que George, num aceno ao lugar do baterista no *zeitgeist*, o referenciou nos créditos de *Living in the Material World*.*

Em sua passagem pelo Record Plant, Mal examinou as fotos na Parede da Fama de lá, que consistia em grande parte de retratos das funcionárias graciosas do estúdio. Foi aí que ele bateu o olho na foto de uma loira linda que usava um biquíni minúsculo e um cocar elaborado. Algumas perguntas o levaram a descobrir que se tratava de Francine Hughes, 24 anos, gerente do Record Plant West. No jargão da indústria, Fran cuidava do "Livro", que, em essência, era a agenda do estúdio. Ser a responsável por isso era sinônimo de servir de centro nevrálgico do local. E quando se trabalhava num estúdio do calibre do Record Plant, cuidar do Livro significava fazer malabarismos com as vidas e o trabalho dos artistas, produtores e engenheiros de som mais talentosos e procurados da indústria. Era também como Stone e Kellgren ganhavam seu pão e pagavam as contas daquela custosa meca dos estúdios.

Depois de ver a foto dela, Mal teve certeza de que queria sair com Fran. "Mas, naquele momento em particular, eu era um roadie grandalhão, acima do peso, peludo e com uma barba enorme. Já Francine estava bem acostumada com gente tentando pegá-la" – escreveu ele, usando uma gíria inglesa ["pull her"] para "dar em cima" – "por motivos bem óbvios, então ela não se impressionou muito comigo, a princípio."

Cansado de ouvir o amigo tagarelar sobre a gerente atraente do estúdio, George decidiu cuidar do assunto por conta própria. "Pelo amor de Deus", disse ele a Fran, "saia com ele ao menos uma noite", acrescentando com um sorriso bem ensaiado que "caso contrário, está demitida!".[18] Fran Hughes podia ser responsável pelo Livro, mas George era um Beatle e acabara de dar um ultimato.

Fran concordou em acompanhar Mal numa festa na casa de Peter Asher. Segundo o *roadie*, ela "ficou bastante bêbada, certamente para fugir de mim e de quaisquer intenções que eu pudesse ter em relação a ela". Ele, porém, jogou suas cartas com cuidado. "Fui um perfeito cavalheiro, como sempre, não avancei de forma alguma e a levei para casa sã e salva."[19] Sua jogada deve ter dado certo, porque Fran topou sair com ele de novo depois que ele voltasse de mais uma viagem para a Inglaterra que se aproximava.

---

* O "Jim Keltner Fan Club" não se tratava de um fã clube de fato, mas de uma brincadeira criada por George em sinal de afeto e agradecimento ao popular baterista de estúdio. (N.T.)

36

TOLOS E BÊBADOS

Mal pode ter sido um "perfeito cavalheiro" em seu comportamento com Fran, mas seu diário sugere que, antes de retornar a Londres no fim de julho, ele tinha, no mínimo, se apaixonado por ela. "As mãos do destino nos uniram", escreveu, "e amarraram o nó do amor para sempre no meu coração".[1] Desta vez, Mal retornou à Inglaterra com um senso maior de propósito – que deliberadamente não envolvia Lil e as crianças.

Nos EUA, Mal havia recebido garantias claras de George que o Splinter estava à beira de uma grande oportunidade com a trilha sonora de *Little Malcolm*. Devido à força de "Lonely Man", George estava interessado em produzir o álbum de estreia do Splinter, que ele pretendia gravar em seu recém-concluído estúdio caseiro em Friar Park. Mal também fazia mais preparativos para sua nova vida como compositor profissional. Inspirado, sem dúvida, na resposta calorosa de George a "Lonely Man", ele começou a criar letras num ritmo notável. Com "You and Me (Babe)" pronta para ser lançada no fim do outono no LP *Ringo* e "Lonely Man" logo atrás, ele seguiu em frente com a confiança renovada. Em meados de julho, passou até a elaborar um logo pessoal no diário.

Em suma: ele era um homem apaixonado e com um propósito. O que poderia dar errado?

Para seu crédito, Mal se recusava a repousar nos louros de "Lonely Man" e "You and Me (Babe)". Estava determinado a refinar aquela arte, chegando a procurar o célebre compositor Jimmy Webb na casa dele, em Encino, Califórnia, em busca de mentoria. Autor de clássicos como "Galveston", "Wichita Lineman", "Up, Up and Away" e "MacArthur Park", Webb lembrou-se das aparições frequentes de Mal à sua porta. "As canções eram difíceis para ele", disse. Mesmo assim, Mal "fazia um progresso doloroso, mas firme, como compositor".[2] E os resultados surgiam à medida que Mal aprimorava de forma lenta, porém segura, a habilidade de criar uma frase memorável ou capturar uma emoção.

Quando não estava escrevendo letras no diário e nos cadernos, Mal estudava todas as possibilidades para conseguir o melhor contrato possível para o Splinter antes das sessões de gravação do outono. Com a Apple Records prestes a expirar junto à sociedade dos Beatles, George se dispôs a contratar a dupla para seu incipiente selo Dark Horse, que ele anunciaria em 1974 como subsidiário da A&M Records. Ao mesmo tempo, a Threshold Records estava competindo pelos serviços da banda, fazendo um esforço tardio para trazer o duo de South Shields para si.

Como de costume, Mal mantinha correspondência com seu volumoso rol de amigas, enviando cartões postais aos montes por todo o Reino Unido e além – tendo Fran subido rapidamente para o topo dessa lista. Em meio a isso tudo, no dia 4 de agosto, ele tirou um tempo para ir ao casamento de Bill Collins. Aos 60 anos, o empresário do Badfinger, embora estivesse se casando com uma mulher muito mais jovem, Toni McMahon, de 24, começava a sentir a idade. Sobre a polêmica com Collins, Mal – possivelmente inspirado pelo espírito de um novo amor – se contentava em torná-la águas passadas. E ele sempre ficava contente em ver os rapazes do Badfinger, que também foram ao casamento ao ar livre naquele fim de semana. Afinal, Klein já era carta fora do baralho dos Beatles depois de ter o que merecia.

Nos últimos meses, Collins vinha trocando farpas com os membros da banda, que se perguntavam quando o dinheiro enfim se materializaria. Do ponto de vista deles, Collins estava no bem-bom e não parecia ter economizado para aquele casamento chique e, sem dúvida, caro. E havia ainda Stan Polley, o executivo que tinha total autoridade sobre as finanças do grupo: ele vivia como um rei enquanto os rapazes ainda moravam em "espeluncas", apesar de contarem com *singles* de sucesso como "Come and Get It", "No Matter What", "Day After Day" e, o mais lucrativo de todos, "Without You" na versão de Nilsson.[3]

Nesse ínterim, a filmagem principal de *Little Malcolm* encerrou-se e George começou a compilar a trilha sonora do filme. Para abrir os trabalhos, ele convocou o Splinter ao Apple Studios naquele verão para uma primeira passada em "Lonely Man". Sob o olhar orgulhoso de Big Mal, a canção ganhou vida no porão da Savile Row, com Elliott e Purvis liderando uma banda estelar com George e Pete Ham nas guitarras, Klaus no baixo e Jim Keltner, o do fã-clube, na bateria. Após trabalhar duro por anos para encontrar uma vocação além de *roadie* e ajudante geral dos Beatles, Mal teve o grande prazer de testemunhar não só uma, mas duas de suas composições originais serem produzidas.

Em agosto, a família Evans fez sua viagem anual de férias – desta vez para Maiorca, a ilha espanhola e meca turística no Mar Mediterrâneo. Eles haviam passado pelas Ilhas Baleares alguns anos antes e Mal estava ansioso para praticar mergulho. Durante a viagem, Gary sentiu alguma coisa peculiar no ar quanto ao pai, como se algo estivesse "fora do lugar". Mal reservou uma tarde de aventuras subaquáticas para ele e Gary, mas, quando chegaram ao clube de mergulho, se depararam com um grupo grande de turistas alemães, que inexplicavelmente ganharam prioridade, apesar das reservas de Mal.

Enquanto voltava para o hotel no carro com Gary, Mal "parecia afundado na tristeza", segundo o filho. Prestes a completar 12 anos, o menino custou a acreditar que o estado de espírito cabisbaixo do pai tivesse alguma coisa a ver com os turistas alemães que usurparam suas reservas de mergulho. "Meu pai estava conosco em corpo, mas sua mente estava em outro lugar. Bem longe." Posteriormente, já em Sunbury, com Mal se preparando para voltar a L.A., Gary apresentou a questão ao pai. "Você vai nos deixar, né?",

Lily posando no jardim dos Evans em Sunbury

perguntou no quintal. Mal fez um carinho no cabelo de Gary, respondendo: "Não seja bobo, filho".[4]

Gary, é claro, tinha razão quanto ao distanciamento do pai. Mal sentia falta de Fran e estava desesperado para retornar ao Sul da Califórnia. Porém, primeiro ele precisava se certificar de que o Splinter, como prometido, entrasse em estúdio com George. Depois de dar uma pechinchada no último minuto, a Dark Horse Records ficou com o Splinter, deixando a Threshold fora da jogada.

Certa tarde, enquanto tomava café com Bobby Purvis, Mal se surpreendeu quando o músico disse: "Espero que George faça um bom trabalho no álbum". Na cabeça de Mal, era algo inacreditável de se dizer. "Só pude rir", rabiscou no diário.[5] O Beatle Discreto acabara de cravar três LPs consecutivos no topo das paradas, *All Things Must Pass*, *The Concert for Bangladesh* e *Living in the Material World*, e, naquele exato momento, seu mais recente *single*, "Give Me Love (Give Me Peace on Earth)" se encontrava em alta rotatividade.

O plano inicial de George era começar a trabalhar com o Splinter no início de outubro, mas atrasos na conclusão do estúdio caseiro em Friar Park empurraram a primeira sessão para o Halloween. Em 15 dias, ele e a banda conseguiram gravar 14 faixas, entre elas uma nova versão de "Lonely Man", que George produziu numa sessão de oito horas no dia 12 de novembro. Com Mal a postos como coadjuvante, o Splinter não podia ter pedido banda de apoio melhor: George na guitarra, Gary Wright no piano, o sempre confiável Klaus no baixo e Jim Keltner na bateria. Alguns dias depois, George entrou no estúdio para começar as gravações de seu novo LP solo, que Mal supervisionou de bom grado, ainda que apenas brevemente. Antes da sessão de "Ding Dong, Ding Dong", o *roadie* até passou nas lojas de música na Shaftesbury Avenue para comprar cordas para "Rocky", a Stratocaster psicodélica de George.

Nesse meio tempo, quando não estava alinhando detalhes do contrato do Splinter com Denis O'Brien, gestor de negócios de George, Mal se preparava para retornar a Los Angeles – e a Fran, esperava ele – no fim do mês. Seu coração se encontrava claramente na Califórnia, como evidenciado no diário. Em algum momento, ele decorou seu monograma "ME" com um verso de poesia: "Não há vida maior do que o homem que dá seu amor a outra" – uma releitura rudimentar de João 15:13. "Ninguém tem maior amor do que este: de dar alguém a própria vida em favor dos seus amigos." Na mesma página, numa veia poética menos altiva, ele simplesmente derramou:

"O amor é uma flor que desabrocha no calor do seu sorriso. Com você, um dia é um jardim de sorrisos."[6]

Na véspera do voo para os EUA, Mal voltou a Gary, que havia sido a razão inicial que o levara a registrar os acontecimentos de sua vida, lá em janeiro de 1963. Num contraste notável com todo o resto do histórico de uma década de autorreflexão, ele cunhou um poema estranho, obscuro e apocalíptico:

Estou te matando, filho, e você não sabe por quê.
Os palhaços se apresentam enquanto a plateia morre,
E minha mãe reprova o papel de parede de um local bombardeado.
Ela é cega para a destruição ao seu redor.

Estou levando minha família para ser queimada,
Acaricio a cabeça do meu filho,
E o amo.

A vida é um rali de carros com toda a raça humana num vai e vem,
À procura de pistas sobre qual direção seguir.[7]

Por ora, parecia que Mal tinha certeza do seu destino. Lil deve ter sentido uma mudança no ar também. Frustrada pelo papel inconsistente do marido na vida familiar – ou talvez simplesmente na esperança de aliviar a pressão de um orçamento doméstico assolado pela inflação –, ela conseguiu um emprego de datilógrafa na Hallite Seals. Localizada a apenas 3 km da Staines Road East, perto do Hampton Court Palace, a companhia fabricava vedações hidráulicas, juntas e outros componentes de borracha e plástico. Mas a verdade é que Lil não se importava com o que fabricavam. Era só um emprego.

Quanto a Gary, isso fez uma diferença na vida dele também. As finanças da família tinham se apertado tanto que ele e Julie se qualificavam para receber refeições gratuitas na escola. A avó de Gary recentemente dissera a ele: "Você deveria se considerar sortudo – veja todos os brinquedos que tem". O menino, porém, via as coisas de maneira diferente, pensando: "Eu preferia não ter todos estes brinquedos e passar mais tempo com meu pai".

Antes de embarcar para os EUA, Mal perguntou a Gary o que gostaria de ganhar de presente de Natal quando ele retornasse no final de ano. Tentando encontrar uma resposta rápida, o menino pediu a versão americana do Banco Imobiliário, popular jogo de tabuleiro da Parker Brothers. Em seguida, emendou com aquilo que não tinha conseguido verbalizar anteriormente para a avó: "O que eu queria mesmo é passar mais tempo com você".[8]

Na semana seguinte, Mal já estava de volta a L.A., onde se encontraria com John. As coisas tinham azedado terrivelmente entre os Lennons ao longo dos anos desde que John e Yoko se instalaram no St. Regis. O período que John mais tarde descreveria como "Lost Weekend" – em referência ao clássico do *film noir* de Billy Wilder, de 1945* – começou no verão de 1973. Yoko havia chutado John do Dakota, prédio onde moravam no Central Park West, semelhante a uma fortaleza, após a bebedeira e a decadência pública dele saírem do controle. Durante o "Lost Weekend", "eu estava absolutamente insano", admitiria John. "Nunca bebi tanto na vida – e eu bebo desde os 15 anos. Mas tentei realmente me afogar na bebida, então precisou de muita. Embora eu não pareça muito forte fisicamente, é preciso uma quantidade incrível [de bebida] para me derrubar. E eu estava na companhia dos maiores beberrões do ramo."[9] O time incluía nomes como Ringo, Harry Nilsson, Keith Moon, Alice Cooper... e Mal Evans.

Yoko despachou John deliberadamente na companhia de May Pang, a assistente dos Lennons de 22 anos. Por seu extenso histórico como cão de guarda dos Beatles, Yoko a princípio considerou Mal para o papel,[10] mas ele não estava em Nova York naquele verão em que decisões cruciais foram tomadas. Depois que John confessou sua atração pela bela jovem, mandá-lo embora na companhia dela fazia perfeito sentido. Pang servira habilmente como assistente de Yoko e como supervisora de produção nos filmes *avant-garde* dela. Yoko sentia então que poderia contar com sua lealdade.

Não é de surpreender que May, no início, tenha ficado horrorizada diante da ideia de um acordo tão pouco convencional e até antiético com seus empregadores. "Vai ser ótimo", Yoko disse a ela. "Ele ficará feliz. Está tudo bem." Porém, até onde Pang sabia, ficar com o marido de outra mulher estava longe de "tudo bem". "Foi errado", Pang lembrou ter pensado, "e eu não queria ter nada a ver com aquilo".[11] Tudo mudou, é claro, quando John jogou suas cartas, o que foi demais para Pang resistir.

Naquela mesma primavera, Mal recebeu um telefonema muito bem-vindo de Paul, que estava preparando os Wings para sua primeira turnê britânica propriamente dita, um giro de 21 shows ao longo de dois meses. A banda de

* Embora a tradução literal de "Lost Weekend" seja "fim de semana perdido", o filme de Billy Wilder de 1945 recebeu no Brasil o título de *Farrapo Humano*. (N.T.)

cinco integrantes iria cair na estrada para promover o álbum *Red Rose Speedway*. Paul contratou Mal como consultor para montar uma equipe de *roadies* e demais técnicos em antecipação à turnê.[12] Sendo a primeira oportunidade de trabalhar com Paul em alguns anos, ele não perdeu a chance de ser útil ao velho amigo. Fãs sortudos que foram ao primeiro show, no dia 11 de maio no Hippodrome, em Bristol, colocaram o papo em dia com Mal num pub perto do local, onde ele distribuiu broches de *Red Rose Speedway*.

Ao longo desse mesmo período, Ringo e Harry Nilsson convocaram os serviços multiúso de Mal após finalmente levarem a cabo a produção cinematográfica *O Filho de Drácula*. O enredo vagamente elaborado trazia Ringo como Merlin, enquanto Nilsson fazia o "Conde Downe", filho do finado Conde Drácula, Rei do Mundo dos Mortos. Uma cena com uma festa de arromba pedia a aparição da banda de rock 'n' roll do Conde Downe, que contava com Bobby Keys no saxofone, Peter Frampton na guitarra e John Bonham, do Led Zeppelin, na bateria. Quando faltaram instrumentos para

Ringo e Mal

os músicos tocarem no palco, Mal correu até seu carro. Frampton ficou de queixo caído quando o *roadie* voltou instantes depois com um punhado de guitarras *vintage* dos Beatles, como a famosa Rickenbacker Capri preta de John Lennon. Frampton alegremente a tocou em cena, boquiaberto ao encontrar um *setlist* ainda colado no braço dela.[13]

No Sul da Califórnia, Mal caiu mais uma vez na rotina que lhe era familiar, reaproximando-se da cena de Los Angeles. Numa ocasião inesquecível, ele juntou-se a John e May Pang numa jornada promocional do álbum *Mind Games*. Susan Markheim, representante da Apple, chegou a alugar uma limousine para levá-los pela região da Grande Los Angeles e visitar estações de rádio. Porém, quando John bateu o olho no Ford Mustang 1966 amarelo-canário de Markheim, não resistiu. Markheim nunca esqueceria a imagem de John, May e Mal se enfiando no seu automóvel minúsculo. "Foi a primeira vez que encontrei Mal", relembrou Susan. "Ele foi muito gentil, muito especial" – até quando precisou forçar seu corpo enorme e resistente no interior apinhado do Mustang.[14]

Depois de anos trabalhando para gravadoras grandes e pequenas, Ken Mansfield decidira entrar nos negócios por conta própria. Naquele outono, Mal foi ao lançamento da Hometown Productions, nova empreitada de Mansfield que atenderia ao gênero emergente do *"outlaw country"*. O evento de gala no rancho de Mansfield, no Malibu Canyon, contou com a presença de Jack Oliver, além de George e Pattie em uma de suas últimas aparições como casal. Em breve, ela o deixaria para ficar com Eric Clapton. Outros convidados incluíam a cantora e atriz franco-americana Claudine Longet, Leonard Nimoy (mais conhecido como o Sr. Spock de *Jornada nas Estrelas*) e o cantor country Waylon Jennings, amigo próximo de Mansfield e uma das figuras centrais de seu novo negócio.

A amizade entre Mal e Mansfield ganhou uma importância ainda maior durante esse período. Como Mansfield se recordaria mais tarde: "Mal e eu nos tornamos 'o inglês e o caubói que cavalgavam pela Sunset Strip até o sol nascer por muitas manhãs".[15] Com o retorno de Nilsson a Los Angeles, os três se tornaram rapidamente inseparáveis – bebendo muito, varando a noite e aproveitando a excitação da cena musical florescente da região.

Mal tinha dois objetivos principais para sua atual estadia em Los Angeles. Primeiro, por sugestão de Neil, ele planejava atuar como *roadie* de John num novo álbum de *standards* do rock 'n' roll que o Beatle pretendia gravar com Phil Spector. Inicialmente, John ficou acanhado quanto a trazer Mal para o projeto, dizendo a Neil que "Mal está trabalhando principalmente com

George e Ringo nos últimos tempos – ele não vai querer vir para cá trabalhar comigo". Sabendo que isso não era verdade, Neil instigou Mal a ajudar John a ver a luz – coisa que ele fez na primeira oportunidade que teve, reservando várias datas em novembro e dezembro para o pontapé inicial do novo LP do Beatle. A respeito desse trabalho, o *roadie* estava um tanto desconfiado de Spector, cuja conduta se tornara cada vez mais instável desde a época de "Instant Karma!".

O outro objetivo de Mal era, é claro, buscar um relacionamento romântico com Fran Hughes. Eis que as coisas por lá seriam inesperadamente aceleradas até a calamidade chegar. Mal estava há três dias acordado com Harry Nilsson, que, em princípio, estava ajudando-o no novo álbum de John com Spector, cujo título provisório era *Back to Mono*. Na verdade, trabalhar com Mal dava a Harry uma desculpa para a farra ininterrupta. Após deixar John e May em casa depois de uma sessão de gravação no A&M Studios, Harry sugeriu que ele e Mal caíssem na estrada no Cadillac alugado do *roadie* para ver aonde ela os levaria.

"Tivemos um belo dia na praia", lembrou Mal, "observando os pinguins jogarem golfe, pescadores em barcos e pássaros tomando sol sobre a cabeça deles. Ficar chapado por falta de sono é uma prova de fogo para qualquer amizade, especialmente com o volume considerável de bebida que consumimos – sendo eu um cara do Southern Comfort e Harry se mantendo no brandy".[16] Mais tarde naquele dia, Mal e Harry jantaram com dois jovens casais que tinham conhecido na praia. Depois foram a um show no Cal's Corral – ponto de encontro para cantores e músicos de country em Huntington Park – onde um imitador de Elvis exibiu um *set* eletrizante dos primeiros sucessos do Rei até alta madrugada. Surpresa zero quando Mal e Harry, muito entorpecidos pela privação de sono e por bebida demais, se perderam ao tentar voltar para a cidade.

Na manhã de 30 de novembro, Nilsson avistou um restaurante 24 horas. Diante do olhar de Mal, "Harry demoliu um grande café da manhã, e eu, ao vê-lo, fui para fora, vomitei e adormeci no banco do passageiro do carro. De repente, a primeira coisa que percebo é o som de ambulâncias", escreveu Mal, "com luzes vermelhas fortes piscando e dois policiais me puxando do Cadillac".[17] Aparentemente, Harry tinha conduzido o veículo durante o apagão de Mal e caído no sono ele mesmo, ao volante, causando perda total no Cadillac e quase acabando com a própria vida e a do amigo.

No hospital, Mal recebeu 15 pontos acima do olho esquerdo, enquanto Harry precisou de vários outros numa das bochechas. A princípio, houve alguma preocupação de que Mal perdesse a visão do olho esquerdo. Para ele, devia existir "um anjo da guarda que cuida dos tolos e bêbados", refletiu ao saber que continuaria a enxergar. "Deve ter sido engraçado para o pessoal do hospital", acrescentou, "pois, quando estavam dando pontos em mim, lembro-me de estar deitado na maca entoando o mantra Hare Krishna, sem sentir nenhuma dor, mas o pobre Harry estava péssimo na maca ao lado, gritando e dando coices".[18]

Mal recuperou-se no hotel Beverly Wilshire, mas não ficou sozinho nessa hora de necessidade. "Após deixar Harry em seu apartamento", escreveu, "liguei para Francine e lhe contei o que tinha acontecido. Ela imediatamente tirou o dia de folga no trabalho, veio ao hotel e cuidou de mim. Creio de verdade que aquela jovem salvou minha sanidade naquele dia em que estava deitado na cama, com os ossos doendo, cheio de hematomas pretos e azuis, mal podendo me mexer". Graças à benevolência de Fran, Mal se recuperou lenta, mas consistentemente. "Ela me alimentava, me dava banho e me trouxe 'de volta à vida'." [19]

Fran Hughes podia possuir o desabrochar doce da juventude, mas não era nada ingênua. E tinha grandes planos para a própria vida e trabalho. Sempre teve. Em 1968, aos 18 anos, largou a faculdade depois de um ano na Temple University, na Filadélfia, e mudou-se para Nova York. Sabia que tinha talento e inteligência para ser bem-sucedida. Devido à sua aparência, tornou-se versada em conseguir trabalhos como modelo. "Mas aí fiquei magra demais", lembrou. "Sempre desmaiava", disse ela, após passar fome para manter um peso de 47 kg digno de Twiggy.[20] Depois de períodos como secretária na revista *Billboard* e como assistente de Morris Levy na Roulette Records, começou a trabalhar no atendimento do estúdio Mirasound, lar de grandes nomes como Led Zeppelin, Vanilla Fudge e Edwin Hawkins Singers. Bobby Hughes também trabalhava lá. Engenheiro de som habilidoso, cujo currículo incluía créditos com nomes como Simon & Garfunkel e Barbra Streisand, Hughes estava ajustando as instalações para 16 pistas quando conheceu Fran. A fofoca no Mirasound dizia que Bobby era gay, mas Fran não ligava. Apaixonou-se pelo engenheiro de som bonitão e os dois se casaram. Com os dons organizacionais e a ousadia natural dela, via o sustento de carreira dupla deles como um desafio – uma espécie de projeto.[21]

Sendo alguém que sabia reconhecer algo bom, Chris Stone contratou o casal 20 do Mirasound e os instalou nas operações do Record Plant na 42nd Street, em Manhattan.[22] A essa altura, Fran já era essencial para o negócio de Stone e Kellgren, pois fazia parte do estúdio desde o início. Foi ela quem recebeu celebremente Jimi Hendrix no local em 1970, quando o deus da guitarra trabalhava no álbum *Cry of Love*. Enquanto Hendrix se preparava para deixar o estúdio pela última vez, Fran rememorou ter lhe dado 450 g de maconha como uma espécie de presente de boa viagem. Parecia que "ele nunca tinha recebido um presente de ninguém", recordou-se, e "a noção de que aquele era um gesto generoso o fez cair em prantos".[23] Quando Stone e Kellgren fundaram o Record Plant West, Fran e Bobby se mudaram para o outro lado do país. Ela então era a peça mais valiosa, já que havia aperfeiçoado a fina arte de gerenciar a agenda de um estúdio de gravação de primeira linha para obter o máximo de lucro.

Após o nascimento da bebê Jody, em 1971, Fran viu o casamento com Bobby estremecer quando ele não pôde mais resistir à cena gay que florescia no Sul da Califórnia. Sempre de pensamento progressista, Fran não olhou para trás e comprou um duplex a leste de Beverly Hills, na West 4th Street, 8.122, a uma tranquila distância a pé do Record Plant. Aninhado numa vizinhança residencial, era um lar aconchegante para mãe e filha, com uma sacada modesta na frente. Os moradores hoje descrevem a área num linguajar imobiliário como "adjacente a Beverly Hills", mas, no início da década de 1970, era conhecida de maneira menos elegante como "The Flats".[24]

Uma vez capturada a atenção de Mal, Fran decidiu que faria do *roadie* o sujeito de seu mais recente projeto. Ele estava obstinado a encontrar sucesso na indústria fonográfica e, com os contatos e desenvoltura de Fran, ela era a parceira ideal para fazer isso acontecer. Nas semanas e meses que viriam, os dois assumiram o posto de casal 20 do Record Plant, festejando com os principais artistas da época, andando a cavalo na praia, saindo com os ex-Beatles quando estavam na cidade e curtindo a vida ao estilo californiano.

Fran relembrou que, quando conheceu Mal, não tinha medo de correr riscos. "Eu era bem ousada, do tipo que saltava de paraquedas."[25] Graças ao promissor relacionamento com Fran, Mal virou figura frequente no Record Plant – para o deleite de Stone e Kellgren, já que ele parecia conhecer todo mundo no ramo. Além disso, eles esperavam que Mal pudesse convencer os ex-Beatles – Paul em especial – a gravar suas novas faixas no complexo na 3rd Street.

Além da companhia de Fran, era muito prazeroso para Mal passar horas a fio com John, desfrutando da sua atenção exclusiva ao invés de compartilhá-la com Paul, George e Ringo. "Era fascinante", disse Mal, "porque John falava comigo como se eu fosse um compositor, e isso era incrível. Pela primeira vez, interagimos de verdade, ao passo que, quando estavam os

Ringo, Mal e John com Bobby Womack

quatro juntos, ele era geralmente o mais difícil de conversar. Sempre achei que, quando John parasse de me insultar, seria porque já não éramos mais amigos". Sobre as provocações de John, ele acrescentou que "quanto mais ele gosta de você, mais te zoa".[27]

Contudo, como Mal logo descobriria, trabalhar com John durante esse período se provaria cansativo – incomparável, na verdade, aos anos de turnê, quando os Beatles quase sempre estavam confinados à relativa segurança de uma suíte de hotel. Em L.A., John poderia ser facilmente encontrado no Rainbow Bar & Grill, na Sunset Strip, que se tornara seu verdadeiro quartel general durante o "Lost Weekend". Com músicos como John, Harry, Ringo, Moon, Alice Cooper e Mickey Dolenz adotando o Rainbow como seu ponto de encontro e bebedeira, começaram a chamar a si mesmos de Hollywood Vampires, apelido que evocava as horas noturnas que passavam entornando no *loft* do bar.

Em uma de suas noites mais angustiantes em Los Angeles, Mal foi com John e Phil Spector até o Rainbow. Certa hora, John foi levar Phil até o carro, garantindo a Mal que voltaria em breve. "Uns 30 minutos depois, comecei a me preocupar e saí à procura de John – nem sinal dele", escreveria o *roadie*. "Eu tinha perdido o rastro de um Beatle por um dia. O que ocorreu, descobri na noite seguinte, foi que, quando ele foi se despedir de Phil, alguns fãs hippies o levaram com eles. John, porém, tinha acabado de se mudar para um apartamento, não se lembrava do endereço e não tinha o próprio número de telefone, nem o meu. Ele acabou aparecendo, mas não antes de eu ouvir poucas e boas de Yoko, que me ligou de Nova York gritando: 'Achei que você fosse guarda-costas do John – por que você não guarda as costas dele?'." Sem palavras para aquilo, Mal admitiu que "nunca me considerei guarda-costas de ninguém, mas suponho que, ao longo dos anos, isso se tornou parte do trabalho. Enfim, eles eram todos adultos, com suas próprias e fortes opiniões sobre o que queriam fazer, e eu certamente não esperava que se colocassem sob minha responsabilidade".[28]

Em dezembro, à medida que o trabalho em *Back to Mono* prosseguia, John e Phil transferiram o projeto para o Record Plant West. A mudança de estúdio não teve nada a ver com as instalações cheias de regalias de Stone e Kellgren, mas com o fato de John e Phil terem sido expulsos do A&M por suas diabruras. Em dado momento, Harry Nilsson e Keith Moon, num estupor ébrio, urinaram na mesa de som do estúdio e estragaram terrivelmente os componentes eletrônicos. Numa carta a Phil intitulada "Uma Questão de Xixi", John escreveu que "não se pode esperar que eu cuide de roqueiros *adultos*, May tampouco. Além disso, ela trabalha para mim, não para a A&M! Vou dar o fora para o Record Plant por causa dessa porcaria!".[29]

Mal adorou a mudança, mas, num intervalo incrivelmente curto – apenas algumas poucas sessões, na verdade –, o "Lost Weekend" de John deixaria sua marca no estúdio da 3rd Street. Quanto a Phil, ninguém na indústria tinha ilusões a respeito da condição do produtor. "Ele era completamente maluco", disse Fran, destacando que a indústria só o tolerava pois ele já fora um *hitmaker* lendário.[30]

As coisas haviam iniciado de modo inocente, após John e Phil fecharem a sessão de 11 de dezembro no Record Plant West, na qual registraram "You Can't Catch Me", de Chuck Berry. Mal observava enquanto os dois, bêbados até os ossos, causavam na Las Vegas Room. Num aceno aos primórdios da Beatlemania, John decidiu pular nas costas de Mal para andar de cavalinho. Infelizmente, Phil quis participar da brincadeira também. Entretanto, com a destreza física do Mal de 1973 muito longe daquela do início dos anos 1960, ele teve dificuldade para sustentar o peso de dois homens em cima de suas costas doloridas. Como sempre, Mal observou, "Phil vai um pouco longe demais" e, na confusão que se seguiu, "me deu um golpe de caratê no nariz, meus óculos saíram voando e, não vou negar, fiquei com lágrimas nos olhos. Virei-me para ele muito irritado e disse: 'Não encoste mais um dedo em mim, cara'".

E foi aí que Phil, "talvez para se recompor para si mesmo", pensou Mal, sacou um revólver. Para surpresa do *roadie*, ele "disparou muito perto de nós, nos ensurdecendo. A bala ricocheteou pelo estúdio e caiu entre os meus pés".[31]

John ficou indignado e exclamou para Phil: "Se você vai me matar, me mate, mas não acabe com a minha audição – é com ela que eu ganho a vida!".

Até aquele momento, Mal e John acreditavam que o revólver de Spector era de brinquedo. Mais cedo naquela mesma noite, Phil engatilhara e apontara a arma para a cabeça de John. Como resultado do incidente no Las Vegas Room, "o medo que John tinha de armas dobrou".[32] Mal, por sua vez, jurou manter distância de Phil. Iria às gravações por respeito a John, mas nada mais.

Quase no mesmo instante em que Mal decidiu banir Phil de seu mundo para sempre, ele e John foram levados às pressas até a casa de Gary Kellgren para uma festa de despedida de arromba para Mal, que estava prestes a retornar a Sunbury. Para a ocasião, Phil providenciou "um bolo lindo e enorme, que devia ter um metro por um metro e meio, decorado muito cuidadosamente com uma grande garrafa de brandy Napoleon e muitas figuras dos quadrinhos, como o Batman e o Super-Homem", escreveu Mal. A suntuosa sobremesa trazia os dizeres: "Para Mal, meu camarada, com amor, Philip".

Eis que o maior presente do produtor aloprado a Mal naquela noite foi sua própria ausência. "Phil, para mostrar o lado mais compreensivo de sua natureza, não foi à festa", disse o *roadie*. "Ele sabia que, se fosse, faria um escândalo e a estragaria para mim. Montou a festa, mas não foi – a verdadeira marca de afeto de um amigo."[33] Contudo, a celebração teve um fim abrupto quando John, caindo de bêbado, enfiou um telefone nas sobras do bolo.

Em suma, "seria um fim de semana agradável, caloroso e amigável para a minha despedida de volta à gelada Inglaterra", escreveu Mal.[34]

37

E DAÍ?

Do ponto de vista de Mal, deixar o calor e a luz do sol do Sul da Califórnia pela sombria e invernal Inglaterra era sempre um choque – como viajar no tempo do brilho do Technicolor para o preto & branco granulado. Ou, dito de outra forma, era como deixar a urgência e a relevância de Hollywood para trás pela mesmice da vida familiar, dos subúrbios e suas gaiolas de coelhos.

Para Gary, o retorno de Mal a Sunbury naquele dezembro não foi diferente de nenhuma das visitas recentes do pai. Fiel à forma, Mal ainda parecia distante e, às vezes, temperamental – sobretudo nas interações com Lil. A única mudança perceptível tinha a ver com as marcas do lado esquerdo de seu rosto, que ainda estava se recuperando do acidente de carro de novembro. Felizmente, Mal se lembrou de trazer o prometido Banco Imobiliário americano para Gary. O filho – que desenvolvera um fascínio por mapas e pelas idiossincrasias dos lugares – adorou ver ruas e avenidas de Atlantic City brotando onde, na versão britânica do jogo, ficavam marcos londrinos, como a Strand e a Trafalgar Square.

Na véspera de Natal, Mal levou a família à casa de Neil e Suzy para celebrar. No que dizia respeito a Neil, com Allen Klein e seu terrível regime enfim dispensados, havia motivos de sobra para festejar. Alguns dias antes, Mal e Lily tinham se encontrado com Neil e os demais membros da equipe da Apple para uma festa de Natal em Covent Garden, que marcou o retorno a uma espécie de normalidade depois de anos enfrentando as políticas de terra devastada de Klein. Neil continuara sua labuta particular como historiador residente, ainda na esperança de um dia lançar *The Long and Winding Road* para o Mundo Beatle.

Julie, Mal e Gary

Na volta para Sunbury naquela noite, Gary teve um lembrete amargo da situação do casamento de seus pais. Do banco de trás, ele pôde pescar os sons do desalento de Mal – "Puta merda, Lil", ouviu o pai dizer, sem dúvida em resposta à litania de queixas da mãe. "Lá estava ele de novo", Gary pensou. O palavrão, o maior dos xingamentos para seu ouvido de 12 anos. "Oh, céus", falou para si mesmo no escuro do carro, "este é o fim".[1]

Mas ainda não era. Quando Mal reuniu seus pertences para retornar a Los Angeles, as coisas estavam estranhamente normais. Era uma sexta-feira, 4 de janeiro de 1974. Mesmo anos depois, Gary relembraria aquele dia, vasculhando a memória em busca de pistas. Mas não havia nada ali, na verdade, a se expor sob a luz do presente, só a imagem familiar do pai partindo para trabalhar para os Beatles – ou pelo menos para algum subconjunto deles – no estrangeiro. A velha história de sempre.

Ao voltar para L.A., Mal foi morar com Fran quase de imediato. O duplex de dois quartos dela, apesar de modesto, com 160 m^2, era grande o bastante para o casal e Jody, a filha dela com Bobby. Não surpreende que o amável Mal tenha rapidamente feito amizade com o ex-marido da namorada. No que dizia respeito a falar de trabalho, Bobby, com seu histórico como engenheiro de som, mais do que se garantia. E o *roadie*, que já tinha trabalhado para o Maior Espetáculo da Terra, ponto final, nunca ficava sem histórias para contar.

O novo ano estava prestes a presentear Mal com o fim de uma história que há muito o intrigava: o sucesso criativo legítimo. Claro, "No Matter What" tinha alcançado o cobiçado Top 10 americano, mas ele tinha sido privado dessa conquista graças à crueldade de Klein nos bastidores e à paranoia descontrolada de Bill Collins. A libertação de Mal finalmente chegaria nas asas do LP *Ringo*.

O álbum estava previsto para ser lançado no início do outono, mas foi adiado – numa jogada astuta, levando-se tudo em conta – para dar ao

O duplex de Mal e Fran na 4th Street

artista Tim Bruckner um tempo extra muito necessário para terminar a brilhante capa à la *Sgt. Pepper*. Ela contaria com imagens cartunescas do elenco de apoio de Ringo, incluindo Big Mal com uma estrela de xerife orgulhosamente presa ao peito, dispostas numa festa ao redor do astro do show. Com o público clamando por uma reunião dos Beatles, o LP *Ringo* era o que havia de mais próximo.

Com dois *singles* no topo das paradas, "Photograph" e "You're Sixteen", *Ringo* foi sucesso total e ganhou disco de ouro da Recording Industry Association of America. Isso significava que Mal, como coautor de "You and Me (Babe)" com George, teve direito a uma peça dourada para exibir na parede do quarto de Fran no segundo andar, que estava se tornando um depósito da sua memorabilia.

A inclusão de "You and Me (Babe)" no LP de sucesso arrasador de Ringo implicava que, em termos de *royalties* puramente mecânicos, Mal e George tinham direito, cada um, a 5% deles. Pelo menos naquele momento, o salário semanal de Mal de 38 libras parecia uma mixaria. Como compositor, ele sonhava há muito tempo alcançar o sucesso e, com o êxito do álbum *Ringo*, estava no caminho. No entanto, não era a única pessoa a se beneficiar de pegar carona com o baterista. Ninguém menos que John Lennon disparou um telegrama para Ringo: "Parabéns. Como ousas? E, por favor, escreva um hit para mim".[2]

Aliás, os primeiros meses de Mal de volta à Califórnia seriam dominados absolutamente por John, que, às vezes, se encontrava numa total crise de personalidade, alimentada por álcool e drogas, enquanto tentava achar rumo na vida pós-Yoko com May. Seu mais recente desafio envolvia reacender a relação com o filho Julian, agora com dez anos, que visitava a cidade com a ex-esposa de John, Cynthia. Àquelas alturas, John não via o menino desde 1971, quando ele e Yoko foram embora do Reino Unido para Nova York. De sua parte, Cynthia adorou colocar a conversa em dia com Mal, que fora uma presença tão constante durante seu casamento com John. "Enquanto Julian ficava com John e May, eu passava tempo com Mal", lembrou. "John pediu a ele que me fizesse companhia e me mostrasse a cidade. Foi bom revê-lo." Fiel à palavra, Mal garantiu que Cynthia se divertisse: "Ele me levou a um restaurante mexicano ótimo, me apresentou aos [drinks] Tequila Sunrise e foi meu chofer por toda Los Angeles".[3]

No dia 14 de janeiro, com Mal e Cynthia a tiracolo, John e May levaram Julian para passear na Disneyland. Como sempre, Mal topava tudo e foi com o garoto no brinquedo da Festa do Chá do Chapeleiro Maluco, onde giraram dentro de uma xícara de chá gigante. Embora fora do seu habitat natural, John conseguiu curtir a experiência graças a uma euforia induzida por drogas. Quando as férias no Sul da Califórnia chegaram ao fim, Cynthia e Julian passaram a última noite na casa de Fran e Mal na 4th Street, onde o casal ofereceu um jantar. Naturalmente, Fran não poupou esforços. "Fui criada assim", disse. "Quando as pessoas vão à sua casa, você tem de garantir que elas se divirtam."[4]

Durante a festa, Cynthia confidenciou a Mal que se sentia desconfortável na presença de John. "Mal, sempre o faz-tudo prestativo, quis ajudar. Pareceu dar certo. Enquanto Mal servia bebidas, John e May se sentaram comigo e nós batemos papo." O encontro amigável pareceu fazer diferença. "Finalmente vi um lampejo de esperança de que as coisas ficariam mais tranquilas", recordou-se Cynthia. "Pela primeira e única vez desde o nosso divórcio, John pareceu colocar de lado sua culpa e vergonha e relaxar comigo. Relembrou os tempos de Liverpool e os velhos amigos e me pediu para mandar saudações a eles."[5]

Mas isso não foi tudo o que Cynthia notou naquela noite. Não era preciso ser detetive para deduzir que o *roadie* estava envolvido com outra mulher. "Eu conhecia a esposa dele, Lil, e os dois filhos – eles costumavam ir a Kenwood –, então fiquei triste ao saber que ele os havia deixado e estava vivendo em L.A. com uma nova namorada", disse.[6] O pequeno Julian, por sua vez, foi convencido de que tinha visitado a casa da "prima" de Mal, não de uma namorada. E foi precisamente isso que o garoto disse a Lily semanas depois na cozinha da casa dela, quando ele e a mãe foram até Sunbury para visitar os velhos amigos.

"Julian estava tocando bateria com colheres de pau em latas de biscoito", lembrou Lil, quando ele anunciou de repente que Mal tinha dado "um beijão" na prima. Quando Julian saiu da cozinha para fazer companhia a Gary e Julie, que assistiam à televisão na sala, Cynthia aproveitou a oportunidade para consolar Lil, que sabia muito bem que Mal não tinha uma prima na Costa Oeste dos EUA. "Ela é só uma mancha para você", disse Cynthia. "É só passar um pano."

Sem que Mal soubesse, seu segredo estava revelado. Lily se deu conta de que o marido não havia partido de Sunbury para mais uma de tantas viagens de trabalho para os Beatles. Ele a deixara por outra mulher. E "ela era mais do que uma mancha", como Lily viria a saber.[7]

Do outro lado, Mal estava bem ocupado, lidando com as consequências da deterioração da condição de John. No dia 12 de janeiro, enquanto

Cynthia e Julian turistavam por L.A., John e May foram ao restaurante Lost on Larrabee, acompanhados de Jim Keltner e do extraordinário guitarrista Jesse Ed Davis. Em certo momento do jantar, John, embriagado, grudou um absorvente Kotex na própria testa e assim ficou até mesmo quando o grupo se deslocou para o Troubadour para ver um show de Ann Peebles. Por fim, a turma encerrou a noite no duplex do advogado Harold Seider, perto de Hollywood Hills, onde John e May estavam hospedados na época.

As porteiras do inferno se abriram quando Davis, que acompanhava John dose a dose, começou a mordê-lo durante uma briga na cozinha. Em choque, John reagiu nocauteando Davis com uma garrafada de Coca-Cola na cabeça, o que levou os demais a acreditarem que ele tinha matado o guitarrista acidentalmente. Na barulheira e no caos que se seguiram, um dos vizinhos de Seider chamou a polícia. May e John atenderam a porta e se depararam com um grupo de policiais de armas em punho. Quando eles se deram conta de que era John e constataram que Davis ainda se encontrava entre os vivos, os oficiais relaxaram e chegaram até a bater um papo com o músico famoso que, apenas minutos antes, tinha sido um possível suspeito de homicídio.

"Os Beatles um dia vão voltar?", perguntou um dos policiais.

"Nunca se sabe", disse John, ainda tentando recompor seus sentidos.[8]

Com um maço de dinheiro à mão, Mal foi encarregado de providenciar os reparos no apartamento de Seider. Nesse ínterim, John e May se hospedaram no hotel Beverly Wilshire, onde o Beatle prosseguiu sua ladainha bêbada. Harry Nilsson, que, é claro, conhecia bem o estilo de vida festeiro pesado de John, se recordou de uma noite particularmente insana no hotel, quando viu Mal tentando consolar o ex-Beatle, perdido em mais uma bebedeira. "Certa noite, ele estava chorando no ombro de Mal Evans, dizendo: 'Sempre fui um bom rapaz. Sempre fui um bom rapaz'", relatou Nilsson. "E Mal falava: 'Isso mesmo, meu irmão, você sempre foi um bom rapaz'. Eu então disse a ele: 'Que merda é esta? Deixe de ser um bebê. Você está agindo como um bebê'. 'Bem, se você está incomodado, pode vazar daqui, caralho!', John berrou. 'Bom, está bem', então bati a porta e comecei a chorar." Sentindo-se rejeitado por John, um de seus ídolos, Nilsson ficou "tão puto que peguei uma garrafa de uísque e arremessei contra o que achei ser a janelinha dele, mas que, na verdade, era uma janela de mais de cinco metros do hotel Beverly Wilshire". Para Nilsson, foi só mais um incidente da "loucura sobreposta" que tipificava sua vida com John e Mal durante aquele período, "mas, meu Jesus, era divertido".[9]

Abrigado no mundo de Fran, Mal passou a imaginar uma nova vida para si além da enorme sombra dos Beatles. Ele e Fran chegaram a discutir a possibilidade de ele solicitar um *green card* e conquistar residência permanente nos EUA. Empolgado pelo sucesso do LP *Ringo*, Mal passou a contemplar abrir seu negócio como compositor profissional, devendo muita dessa confiança recém-encontrada a Fran, cuja natureza ousada e visionária renovara seus ânimos.

Quando Fran o conheceu, ficou imediatamente impressionada, como todo mundo, por sua enorme presença. "Porém, por dentro, ele era uma criança", relembrou, "não tinha autoestima". Não era preciso ser terapeuta para notar que "quando os Beatles se separaram, ele perdeu a identidade".[10] Fran estava determinada a reconstruir Mal, a ajudá-lo a realizar o sonho de ganhar nome fora dos Beatles. Além disso, ela estava apaixonada. Quando se conheceram, ela não sabia que ele ainda estava casado com Lil, presumindo que, assim como muitos *jet-setters* da época, Mal estivesse em meio a uma separação litigiosa a caminho do divórcio. No entanto, as consequências do jantar com Cynthia e Julian mudaram tudo isso. "Eu não sabia que Mal não tinha contado à família sobre nós", disse Fran. "Quer dizer, isso é péssimo."

Depois que Lily, num telefonema, confrontou Mal sobre ele ter uma namorada em L.A., ele se recolheu em sua autoestima já frágil. "Tudo estava bem até esse momento", Fran rememorou. "Mas ele ficou decepcionado demais consigo mesmo por ter desapontado a família." Com seu típico jeito despachado, Fran foi direto ao ponto: se ele iria se afundar na tristeza pelo que havia causado em Sunbury, a solução era fácil. "Simplesmente vá para casa – volte", disse ela.[11]

Mal, no entanto, não estava disposto a isso por uma série de motivos, incluindo a lealdade infalível aos rapazes e seus próprios planos de embarcar numa nova carreira. Porém, como de costume, estava vivendo com propósitos cruzados: queria estar com Fran e desfrutar do estilo de vida californiano junto a ela; ao mesmo tempo, sentia falta da família na Inglaterra. Se estivesse sendo sincero de verdade consigo mesmo – o que raramente era –, teria de admitir que o recente anseio pela vida de volta a Staines Road East só se reacendera *depois* que Cynthia e Julian revelaram seu segredo, que seu mal-estar psicológico atual estava enraizado em sua culpa por ter sido descoberto, mais do que qualquer outra coisa. Era um remédio amargo de se engolir – a noção de que ele não era "o adorável Mal" aos olhos de todos, que Lil e as crianças tinham bons motivos para ficarem contrariadas e desiludidas com seu comportamento egoísta. Como Fran reconhecera com tanta clareza logo de cara, ele era mesmo uma criança crescida perdida dentro daquele corpo de gigante.

No Dia dos Namorados, Mal e Fran deram um tempo das atribulações e foram ao show de Bob Dylan e The Band no L.A. Forum, a parada mais recente da turnê de 1974 do herói folk americano. Os dois aproveitaram o show de um dos camarotes exclusivos do Forum, onde sentaram-se com Ringo e Chris O'Dell. Em dado momento, o sentido de *roadie* de Mal, ainda bem afiado, entrou em ação quando ele notou um homem rastejando pelo chão da arena em direção a Ringo. "Olha só", anunciou ele à namorada. Fran, em choque, observou enquanto Mal tentou barrar o fã insurgente, pisando na perna esticada do homem. Apesar do peso considerável do *roadie* sobre ele, o fã conseguiu rastejar até o lado de Ringo e começou a bater papo com ele, aparentemente ignorando a dor na perna. Mal se recordou de ter pensado que aquele deveria ser um verdadeiro beatlemaníaco, porque "nem piscou".[12]

Se Mal não ia fazer o sacrifício de voltar para a esposa e a família, ponderou Fran, então era melhor que ele decidisse aproveitar ao máximo a vida no aqui e agora. Nesse meio tempo, o Mundo Ex-Beatle deu as caras sob a forma de um novo projeto envolvendo John e Harry Nilsson. A essa altura, a produção de *Back to Mono* tinha entrado em hiato após o comportamento inconsequente de Spector enfim cobrar seu preço num sério acidente de carro. O produtor escapou por pouco depois de ser catapultado pelo para-brisa de seu Rolls-Royce, precisando levar 700 pontos. Quanto a Harry, seu mais recente disco, *A Little Touch of Schmilsson in the Night*, afundara nas paradas, o deixando ávido para retomar os dias de glória da época de "Without You". Como seu companheiro de bebedeira e amigo querido, John se ofereceu para ser produtor do álbum seguinte do cantor. Graças à propensão de Spector a dirigir embriagado, o ex-Beatle tinha tempo livre de sobra nas mãos.

John não pretendia poupar esforços para o álbum do amigo – que tinha o título provisório de *Strange Pussies* – e, para isso, buscou os serviços de Mal para coordenar a produção. Depois da libertinagem alcoólica associada a *Back to Mono*, não havia dúvidas de que *Strange Pussies* não seria uma tarefa fácil. Conhecendo a tendência de Harry a beber demais, John concluiu que a melhor maneira de proceder era garantir que o pitoresco grupo de participantes do álbum vivesse sob o mesmo teto por toda a duração do projeto. A salvação deles chegou na forma de uma opulenta propriedade à beira-mar em Santa Monica.

Por acaso, já tinham passado por ali antes. Recentemente, Mal levara John e May de carro pela Costa Dourada da Califórnia, onde o *roadie* foi parado por dirigir acima do limite de velocidade. Apesar de May ter ficado apavorada com o que poderia acontecer na presença do patrulheiro rodoviário californiano, Mal manteve a calma, gesticulando na direção do músico famoso no banco do passageiro e contando gentilmente ao oficial que estavam com pressa para um compromisso importante. Em questão de minutos, já estavam mais uma vez na estrada, depois que o patrulheiro, embasbacado por ter visto um Beatle legítimo, os deixou ir com uma advertência.

Aconselhados pelo advogado pessoal de Ringo, Bruce Grakal, John e May visitaram a propriedade em estilo espanhol na Palisades Beach Road, o endereço mais histórico entre as casas da Costa Dourada. Construída em 1926, a mansão havia sido a menina dos olhos do lendário magnata de Hollywood Louis B. Mayer. Anos mais tarde, ganhou notória reputação após ser comprada pelo ator Peter Lawford e sua esposa, Patricia (nascida Kennedy). Como John sabia, no início dos anos 1960, o número 625 da Palisades Beach Road era o local do ninho de amor do presidente John F. Kennedy e Marilyn Monroe.

Quando chegou o momento de se mudar para a casa alugada, John e May ficaram com o quarto principal, onde Lennon brincou que "então era aqui que eles aprontavam", referindo-se aos encontros amorosos à beira-mar de Kennedy e Monroe.[13] Os outros quartos foram designados a Harry, Keith Moon e Klaus Voormann. Já a biblioteca – com direito a um retrato do presidente Kennedy na parede – foi convertida num quarto para Ringo, que estava na cidade para fugir do casamento em crise com Mo. Para a gravação de *Strange Pussies*, a RCA Records reservou horas de estúdio para John e Harry no Record Plant, o que era ótimo para Mal, pela proximidade com o duplex de Fran.

Para aqueles que se associaram a *Strange Pussies*, o projeto estava condenado desde o princípio, quando John e Harry ganharam as manchetes internacionais após serem expulsos do Troubadour por conduta desordeira ao provocarem os Smothers Brothers algumas semanas antes. Sobretudo para Mal, trabalhar no álbum de Harry não foi nada menos que um desastre. Para início de conversa, a maioria dos músicos subsistia num estado de embriaguez perpétua, piorada pelas carreiras de cocaína que eram distribuídas. Não ajudava que os outros músicos principais – o saxofonista Bobby Keys e os guitarristas Jesse Ed Davis e Danny Kortchmar – fossem fanfarrões de nível mundial. Ao lado de May, que foi abstêmia a vida inteira, Mal lutou para manter as tropas em ordem, trabalhando pelo objetivo comum de endireitar a carreira de Harry Nilsson. Quando as sessões viravam um caos, o que invariavelmente acontecia, Mal dava de ombros, derrotado, e entrava na dança.

Em abril, Mal já não estava seguro de que John conseguiria dar um ponto final ao álbum. A começar pelo fato de Harry, segundo confidenciou ao *roadie,* ter rompido uma corda vocal numa das primeiras sessões. Desesperado para concluir o álbum a qualquer custo e retomar sua carreira outrora estelar, Nilsson omitiu o fato a John, mesmo com sua performance vocal piorando a cada dia. Além disso, a produção de *Strange Pussies* começara a tomar as pretensões de uma piada rock 'n' roll. Sob hipótese alguma, por exemplo, a RCA aprovaria *Strange Pussies* como título, mas Harry e John seguiram adiante mesmo assim.

Na opinião de Mal, o álbum alcançou o ápice em 28 de março. Em muitos aspectos, essa noite sozinha deveria ter dado o chacoalhão de que *Strange Pussies* tanto precisava. Porém, os músicos simplesmente não estavam a fim. Na ocasião, ninguém menos que Paul e Linda adentraram o Record Plant. Sempre sentimental, Mal foi tomado de emoção ao ver John e Paul juntos pela primeira vez desde a festa de aniversário de Pattie em Friar Park, em março de 1970. Infelizmente, a música feita por eles foi outros quinhentos. De fato, Mal não poderia ter pedido uma reunião mais talentosa de músicos sob o mesmo teto. Os grandes Lennon e McCartney estavam a postos, é claro, além de Nilsson, Davis e Keys. Melhor ainda, foram complementados naquela noite por Stevie Wonder, que tocou teclados. Sem nenhum baterista à mão, Paul se dirigiu à bateria vazia de Ringo e acompanhou John com vocais rasgados em pedradas como "Lucille" e "Stand by Me". Mal e May, por sua vez, participaram sem brilho na percussão. Depois de várias tentativas desajeitadas de achar um *groove*, os músicos decidiram parar, misericordiosamente. O que poderia ter sido um triunfo inesperado de Lennon/McCartney acabou numa *jam* amadora e desconexa.[14]

A tarde ensolarada de 29 de março traria magia pura para Mal em contraste ao encontro decepcionante da noite anterior. O clã McCartney apareceu do nada, desta vez com as filhas Heather, Mary e Stella a tiracolo, deixando o *roadie* empolgado com a possibilidade de ver John e Paul juntos de novo – duas vezes no espaço de dois dias, ainda por cima. Ele não se decepcionou em nada ao observar os dois velhos amigos relaxando juntos no pátio e, mais tarde, caminhando pela praia, com May, Linda e a prole McCartney atrás deles. "É bom vê-los juntos", Mal rabiscou no diário alguns dias depois.[15]

Quando o *roadie* voltou à propriedade de John e May na Costa Dourada no sábado seguinte, chegou de passo firme. Decidira que aquele dia, 6 de abril de 1974, marcaria o fim de seus serviços para os Beatles. Já passava da hora de tornar a Malcontent Music uma realidade. Fran estivera certa o tempo todo: faça acontecer ou fique quieto. Aposte em seu futuro como compositor e caçador de talentos na Califórnia ou dê o fora, enxugue as lágrimas e volte, com o rabo entre as pernas, para Sunbury e as gaiolas dos coelhos. Ele estava finalmente pronto para colocar as próprias esperanças e sonhos acima do bem-estar dos Beatles. Era um panorama difícil para Mal, que já tinha se acostumado a dispor suas próprias necessidades e desejos – e até mesmo aqueles de sua esposa distante e dos filhos em Londres – atrás das demandas de John, Paul, George e Ringo por mais de uma década.

Naquele momento, nada abalaria a determinação que Mal tinha alimentado nos últimos meses. Uma vez decidido, a única coisa que restava fazer era informar a seus empregadores famosos. Seu registro do dia no diário dizia muito por meio de sua simplicidade. Não havia rabiscos distraídos, nem conversinhas sobre o tempo, apenas negócios. Mal inclusive levara Fran e Jody como lastro, com a namorada nutrindo a expectativa de se divertir aos montes. Afinal, ela e a filha passariam um tempo de qualidade com um Beatle. Para a surpresa e alegria delas, se deparariam com *três*.

Ao entrarem na mansão, Mal viu John e May seguidos por Ringo. Pouco depois, os McCartneys retornaram a Palisades Beach Road, 625. Para Mal, não foi nada menos que providência divina. Ao mesmo tempo, ele tinha mais história com Paul, o que aumentava consideravelmente a dificuldade da sua missão. O *roadie* se confortou com o conhecimento de que, ao fim do dia, a aterrorizante tarefa de pedir demissão para os Beatles estaria, em sua maior parte, completa.

Tomando coragem, Mal procurou John primeiro. Para seu alívio, o Beatle estava sentado sozinho a uma mesa na sala. "Disse a ele que sentia que era hora de eu me tornar meu próprio sujeito e fazer minhas próprias coisas", Mal se recordaria. Ele teve de admitir que "fazer minhas próprias coisas" não era algo totalmente claro naquele momento. "Por tempo demais, venho repousando sobre os meus louros", prosseguiu, "sem fazer nada de construtivo para eles, nem para mim mesmo, exceto em nível pessoal, e eu nunca pararia de fazer isso, custasse o que custasse". E, com isso, preparou-se para a reação de John.

Sem perder tempo, John ergueu a voz e disse: "Já era hora, Mal. Eu me perguntava quando você faria isso. Você certamente é capaz de andar com as próprias pernas agora. Eu te desejo toda a sorte do mundo. Se precisar de mim, estarei aqui, e sei que suas composições vão te render uma carreira".[16]

Já a reação de Ringo foi mais difícil de medir. Na lembrança de Mal, os dois velhos amigos "sentaram-se no fundo do jardim, relaxando sob o sol".

Quando Mal informou sua decisão ao baterista, Ringo ficou calado. Paul, em contraste, se mostrou muito mais receptivo ao dar um abraço caloroso em Mal e dizer: "Boa, meu chapa. Sei que você será muito bem-sucedido – você merece". Para Mal, as palavras de Paul foram um alívio bem-vindo. Afinal, ele elevara o Beatle a um status de herói ao longo dos anos. Mais tarde naquela noite, quando contou a reação de Paul a Fran, Mal não pôde deixar de pensar na ocasião em que, quatro anos antes, após anunciar a dissolução dos Beatles, Paul lhe disse que não precisava mais dele. Na visão de Mal, ele acabara de fazer a mesma coisa, como se dissesse aos ex-Beatles, um a um, "não preciso mais de vocês".[17]

No dia seguinte, Mal repetiu o papo com George, para quem telefonou em Friar Park. Ele não sabia muito bem o que esperar, na verdade, e antes de ligar pensou que o telefonema poderia tomar vários rumos diferentes. George, ocupado em comandar uma sessão de gravação do Splinter em seu estúdio caseiro, não estava com tempo para amenidades. "E daí?" foi o que disse antes de desligar e deixar Mal contemplando o silêncio do outro lado da linha.[18] George parecia ter dúvidas quanto à capacidade de Mal de realmente deixar de trabalhar para os Beatles. Num exemplo incomum de autoconfiança, Mal não deixou a reação de George lhe afetar e, por um brevíssimo momento, seus planos de fazer uma pausa amigável na sua antiga vida pareciam estar dando certo.

Na noite de domingo, Mal e Fran se encontraram com John, May e mais um grupo de amigos para jantar frutos do mar no Crab Shell, um bistrô em Venice Beach. Harry estava presente, é claro, e confidenciou a Mal que Ringo passara a noite bebendo com ele e chorando enquanto absorvia a verdadeira medida da decisão do *roadie*. "Agora que Mal foi embora", Ringo se lamentou para Harry, "os Beatles realmente acabaram".[19]

Keith Moon também estava lá e, depois do jantar, pagou várias doses de Brandy Alexander. Entre um drink e outro, o tresloucado baterista do The Who confessou a Mal que queria gravar um álbum solo, embora ninguém parecesse levá-lo a sério como *frontman*. Enquanto Mal ouvia, Keith "ficou muito emotivo, chorando as pitangas", apontando que "todo mundo está fazendo álbuns solo, até o Ringo, e ele é baterista. Há anos tento gravar um, mas ninguém quer trabalhar comigo, pois me acham um lunático. Você seria meu produtor, Mal?".[20]

De repente, Mal estava diante de um primeiro cliente. E, fiel à sua palavra, começou a tocar a vida pós-Beatles naquela segunda-feira, quando teve uma reunião com Wayne Berry, compositor de L.A. que, sob a tutela de

Mal, esperava conseguir um contrato com a A&M Records. E ainda havia Wes Farrell. Nos anos 1960, Farrell compôs sucessos como "Boys" (com Luther Dixon), que era um dos marcos de Ringo nos shows dos Beatles, além de "Hang On Sloopy", que chegou ao topo das paradas americanas com The McCoys em 1965. No entanto, os anos 1970 andavam relativamente insossos para ele, exceto por "C'mon Get Happy", que virou o tema de *A Família Do-Ré-Mi* na TV. Na esperança de seu próprio recomeço, Farrell viu em Mal um parceiro de composição em potencial para ajudar a reaquecer sua carreira.

Na tarde de terça-feira, o Mundo Beatle já tinha conseguido atrair Mal de volta para si. A princípio, foi muito sutil: Ringo o convidou para tocar maracas e pandeireta numa gravação. Ao fim de maio, Mal já atuava como assistente de produção de Ringo nas gravações de seu novo LP, *Goodnight Vienna*, o aguardado sucessor do avassalador *Ringo*. Com Richard Perry supervisionando a produção no Sunset Sound, Mal tinha escorregado com facilidade para sua antiga vida de satisfazer todos os caprichos de um Beatle, de afinar e preparar instrumentos até buscar sanduíches e bebidas tarde da noite.

Mal praticando tiro ao alvo com o rifle Winchester

Para Mal, a própria ideia de fracassar em sua busca, de dar um passo para a frente e dois para trás, o deixava compreensivelmente melancólico. Ele parecia seguir determinado a construir um nome como compositor, pois escrevia letras no diário com disciplina e gravava demos no tempo livre. E, por um lado positivo, seu salário semanal nunca cessou, por mais modesto que fosse. Além disso, vivia sem pagar aluguel na 4th Street e, quando não estava conduzindo os Beatles e seus amigos pela cidade em carros alugados, dirigia o carro de Fran de graça. Porém, por dentro, ele tinha plena noção de que quebrar o feitiço dos Beatles não seria nada fácil. Para seu consolo, pensava, ao menos tinha Fran.

No dia 27 de maio, feriado de Memorial Day*, Mal comemorou seu 39º aniversário. Em uma festa na praia que Ringo lhe ofereceu, quase foi às lágrimas quando o baterista o presenteou com um belo colar de pedras. Já Fran, deu ao namorado um canivete suíço e, para grande alegria de Mal, um rifle Winchester.

Desde que praticara tiro com o Winchester de Alan Pariser em Malibu, em 1968, Mal queria um só seu. Para o *roadie*, ter o rifle o transportava de volta aos tempos mais simples da infância, quando ele não tinha dívidas com ninguém a não ser sua própria imaginação – um mundo em que a gravidade das lealdades e obrigações da vida adulta tinham pouca força.

Isso, porém, já fazia muito tempo. A arma que Mal tinha nas mãos em maio de 1974 não era de espoleta. O presente de Fran era o artigo genuíno.

---

* Este feriado americano, na última segunda-feira de maio, homenageia os militares que morreram em combate pelo país. (N.T.)

38

CONTE A VERDADE

"Estava tudo bem até não estar mais", Fran gostava de dizer, "o que é meio como a vida". E Mal e Fran se divertiam muito, especialmente com John, May e todo o pessoal na casa em Santa Monica. "Éramos um grupo muito unido", se recordou. "Estávamos sempre juntos." Uma das lembranças favoritas de Fran envolve a aparição diária do "Barão von Moon", o alter ego de Keith. Enquanto ela e Mal relaxavam à beira da piscina com os demais, o Barão von Moon surgia na sacada, de monóculo e casaco de couro, mas sem calças, e saudava os convidados com uma saraivada de alemão. "Meu Deus", disse Fran, "nós chorávamos de rir".[1]

Quando não estavam com John, Harry e os outros refugiados do rock 'n' roll, Mal e Fran aproveitavam para levar Jody à praia – o Ocean Park, em Santa Monica, era um de seus lugares favoritos. Naturalmente, Mal sempre tinha tempo para qualquer coisa vagamente relacionada ao estilo de vida de faroeste que ele tanto cobiçava. Com a bênção de Fran, levava o Winchester para o território de caça e atirava em latas com Harry, George ou quaisquer outros amigos que tivessem uma tarde livre. Além do rifle Winchester .30/30, Mal também praticava tiro com sua pistola Colt Woodsman .22. Ele e Fran gostavam de andar a cavalo, ocasião em que Mal usava seu chapéu de caubói de aba larga para entrar no personagem. Num Dia das Mães inesquecível, foram cavalgar no Beachwood Canyon, com o letreiro de Hollywood acima deles. Antes de saírem dos estábulos, Fran recebeu uma advertência séria sobre seu cavalo, que ainda não estava acostumado às rédeas. Sempre ousada, ela foi em frente e caiu do animal indomado, quebrando a clavícula.

Deitada imóvel na trilha, nem o grande Mal pôde resgatá-la. No fim, precisou ser levada do cânion de helicóptero.[2]

Às vezes, a diversão não era tão amena quanto parecia no momento. "Tenho a lembrança de um dia em particular na praia em Malibu", contou Fran. "Estávamos observando toda uma cena se desenrolar, achando que eram pessoas. Depois, porém, percebemos que aquilo que estávamos vendo eram apenas pássaros, não turistas pela praia. Eis o *tanto* que ficávamos doidos." E havia os momentos nos quais Mal ficava bêbado e caía em depressão, quase sempre tomando Valium para aplacar a consciência dolorida e conseguir dormir. Inevitavelmente, ele ficava cabisbaixo por "estar dividido entre a família na Inglaterra e permanecer em L.A. comigo", lembrou Fran. "Nessas

Mal e Fran

horas, a vida ficava difícil demais para ele. Mas assim que outras pessoas chegavam, ele tinha a habilidade de se transformar em alguém despreocupado, não importando o que estivesse acontecendo em sua vida."[3]

E seu namorado se mostrava especialmente hábil em usar essa máscara feliz na companhia dos fãs dos Beatles. Adorava as ocasiões, cada vez menos frequentes com o passar do tempo, em que eles o reconheciam, geralmente relembrando sua ponta em *Help!*. "Sempre tive uma afinidade com os fãs dos Beatles", escreveu Mal, "e, desde que esse filme foi feito, ela vem se fortalecendo quando ouço 'Os penhascos brancos de Dover, Mal' e me viro para me deparar com um fã sorridente".[4]

Naquela primavera, John e Harry viajaram para Nova York para enfim terminar o projeto *Strange Pussies*. A RCA rejeitou o título sem pensar duas vezes, o que forçou Harry a renomear o álbum de *Pussy Cats*. Mal receberia o crédito de assistente de produção por ter providenciado sua marca tradicional de "chá e simpatia". Numa referência juvenil às tendências deles na época, a capa do LP trazia um enigma pouco velado que soletrava a palavra "*drugs*".

Em Nova York, John e Harry falaram num evento beneficente da ONG March of Dimes no dia 28 de abril, no Central Park. Aproveitando o momento, Mark Lapidos, morador de Nova Jersey, encontrou-se com John no Pierre Hotel naquele mesmo dia e lhe lançou uma ideia. "Na suíte do hotel, contei a ele meu plano para uma convenção de fãs dos Beatles", recordou-se Lapidos. "Para marcar o décimo aniversário da primeira vinda deles aos EUA, assistiríamos aos filmes dos Fab Four, teríamos apresentações de convidados especiais e experts no assunto, escutaríamos música ao vivo e compraríamos e venderíamos itens dos Beatles. Seria algo para todos. Lennon não se conteve de empolgação com a ideia e exclamou: 'Sou totalmente a favor. Também sou fã dos Beatles!'."[5]

Na Califórnia, Mal aproveitou o momento para si. Por insistência de Fran, voltou a se dedicar à caça de talentos ao mesmo tempo em que refinava sua arte de compor. Afinal, ele descobrira nada menos que o Badfinger e o Splinter, um histórico admirável sob qualquer parâmetro. Em maio, Mal foi a um evento de divulgação de uma banda de Beverly Hills chamada Silverspoon. Após trabalharem em conjunto por anos, os membros do grupo sentiam que já era hora de se mexer. Sabiam que estavam à beira de enfim conseguir uma grande oportunidade. Antes da apresentação, "nunca tínhamos feito nada", se lembrou o tecladista Blair Aaronson. "*Literalmente.*" E, a essa altura, já tinham conquistado a reputação de preguiçosos. Rodney

Bingenheimer, dono de casas noturnas na região, costumava dizer que "o Silverspoon são os mais faladores da cidade".[6]

Mal foi ver a banda acompanhado de Bob Merritt, engenheiro de som do Record Plant. Apenas para convidados, o evento ocorreu na Studio Instrument Rentals, companhia de produção no Sunset Boulevard, sendo limitado aos principais produtores, engenheiros de som e executivos da indústria. O Silverspoon era composto por filhos de atores – daí o nome, que aludia a ser "nascido com uma colher de prata na boca".* Fãs ferrenhos dos Beatles, seus integrantes eram: Joey Hamilton (filho da comediante Carol Burnett) no vocal; Jimmy Haymer e Stephen Gries nas guitarras; Chas Sandford no baixo; Aaronson nos teclados; e Miguel Ferrer na bateria. Filho do ator José Ferrer e da cantora Rosemary Clooney, Miguel era quem tinha mais pedigree no grupo, embora os demais não ficassem tanto para trás. O pai de Haymer, Johnny, era um ator de TV bem conhecido que tinha um papel recorrente em *M*A*S*H*.

No intuito de apresentar a banda, a performance do Silverspoon deixou muito a desejar. Desde o início, estava malfadada. Uma banda de garagem em todos os sentidos do termo, o sexteto tinha pouca experiência tocando ao vivo. As coisas já começaram terríveis quando Joey, o *frontman*, foi tomado por um pânico de palco. "Ele simplesmente ficou fitando o público", relembrou Aaronson. "Foi uma loucura. E Stephen, que já era meio viajandão, começou seu solo de guitarra, que deveria durar oito compassos. Em vez disso, ele abaixou a cabeça, com o cabelo todo jogado para a frente, e tocou por pelo menos um minuto até que finalmente conseguimos a porra de sua atenção." O pior, porém, disse Aaronson, aconteceu na primeira música. "Entrei na ponte da canção, toquei o órgão e nada. Apertei o botão de ligar e toquei o acorde de novo, esquecendo que o teclado levava uns 30 segundos para aquecer. Foi horrível."[7]

Já no quesito pós-festa, a do Silverspoon foi um sucesso arrasador – que Mal, com certeza, desfrutou imensamente. Os convidados reuniram-se no Continental Hyatt House – o notório "Riot House".** "Foi uma loucura, não cabia mais gente", escreveu Haymer. "Era uma devassidão total no Riot House – sexo, drogas e rock 'n' roll. Meu irmão Robbie estava lá vendo seu irmão mais

* A expressão "*born with a silver spoon in one's mouth*" pode ser considerada equivalente à nossa "nascido em berço de ouro". (N.T.)

** "Casa da Desordem", em tradução livre do trocadilho com as sonoridades de "Hyatt" e "*riot*". (N.T.)

velho cheirar um pó branco num *closet* que tivera as portas espelhadas recentemente arrancadas, com Mal e duas gostosonas peitudas." E elas não estavam sozinhas. "Havia *groupies* e aspirantes a roqueiras de todos os formatos, tamanhos e cores – se misturando, comendo, fumando e bebendo."[8]

Dada a performance que entregaram naquela noite, os músicos ficaram um tanto quanto surpresos quando Mal telefonou para o empresário deles, Larry Gordon, e convidou o Silverspoon para encontrá-lo no Record Plant. Com Merritt a seu lado, Mal anunciou que estavam interessados em produzir a banda. Em pouco tempo, começaram a gravar demos no estúdio. "Gravávamos em horários estranhos, geralmente às 2h ou 3h da madrugada", lembrou Haymer, "porque tínhamos de esperar até que uma sala estivesse disponível. A parte mais difícil era organizar as coisas e enrolar os cabos às 7h ou 8h da manhã, quando já estávamos podres, mas Bob Merritt era um sargento, então era melhor darmos ouvidos ou arriscaríamos ser expulsos do estúdio, que era a nossa Shangri-La".[9]

Os rapazes do Silverspoon não estavam muito convencidos sobre as habilidades sólidas de Mal como produtor, "mas não nos importávamos. Ele tinha histórias dos Beatles que ninguém mais tinha, que escutávamos com atenção". Eles ficavam especialmente felizes quando Mal dizia que "tinha quatro irmãos, John, Paul, George e Ritchie, mas agora tenho dez, com Joey, Jimmy, Stephen, Chas, Blair e Miguel". Riam quando ele "pronunciava o nome de Miguel como se tivesse um 'w' no lugar do 'u'*, o que soava como 'Migwell'. Não tinha como ficar muito melhor do que isso".[10] Quando não estavam gravando demos com Mal e Bob, os parceiros de banda, deslumbrados, gostavam de ficar hipnotizados ao ver nomes como Harry, John e Ringo andando pelos corredores do Record Plant.

Depois de gravarem as faixas básicas para as demos do Silverspoon, Mal e Bob convocaram a banda ao estúdio para uma reunião. Mal sentou-se à mesa de Chris Stone em seu escritório. "Agora, rapazes, vocês podem fazer o que bem entenderem", começou, "mas se quiserem que Bob e eu continuemos neste projeto, sinto que precisamos fazer certas mudanças na cozinha da banda. Sinto muito, Miguel, mas creio que precisamos de um baterista diferente. E Chas, você simplesmente não tem a *vibe* do 'Spoon'." Nesse momento, o Silverspoon tinha uma escolha a fazer. "Poderíamos mexer nossos pauzinhos, nos unir e mandar Mal e Bob para aquele lugar, ou poderíamos

* Ou um trema no 'u', em português: "Migüel." (N.T.)

ir na onda da política daquela situação e seguir sem Chas e Miguel. Escolhemos a segunda opção."[11]

Apesar de o som dos graves da banda não ter apetecido a Mal, ele tinha uma admiração profunda pelos dois principais compositores, Jimmy e Stephen, especialmente por "You Hurt Me So". Para os ouvidos de Mal, a canção, uma história de infortúnio romântico, tinha as características de um hit. Ele fez vários ajustes no arranjo, dizendo: "Precisa de um harmônio, exatamente como usamos em 'We Can Work It Out'". Segundo Haymer, "foi tudo o que precisávamos ouvir para entrar numa veia Beatle". Na verdade, eles teriam saltado cambalhotas se esse fosse o pedido do *roadie*. "Está de brincadeira?", disse Haymer. "Esse era um dos caras que esteve no estúdio com John e Paul."[12]

Com as faixas instrumentais básicas e os vocais de "You Hurt Me So" concluídos, Mal e Bob deram início à mixagem da música para lançamento. Pela estimativa do grupo, a gravação "soava boa, mas não ótima. Faltava alguma coisa". Certa noite, quando Mal e Bob não estavam no Record Plant, Mike Stone, engenheiro de som, de 25 anos, juntou-se ao Silverspoon no estúdio. Sobrinho de um dos donos, Chris Stone, Mike tinha experiência de sobra na mesa de som. Impressionado pelo direcionamento da música, tentou remixar "You Hurt Me So" para dar mais viço à faixa. "Ele deixou a mesa de 16 canais zunindo com a compressão a todo vapor", escreveu Haymer. "Soou brilhante, sem dúvida alguma a melhor mixagem de que aquela banda novata já fizera parte." Porém, seus integrantes agora tinham um novo dilema nas mãos: "Como poderíamos mostrá-la para Mal e Bob sem machucar feio alguns egos?".[13]

Durante esse mesmo período, Mal continuou a insistir em sua nascente carreira de compositor, parecendo ter uma chance ao conhecer Norman Kurban, compositor com uma lista impressionante de credenciais e sua própria editora, a Circus Wheels Productions. No final da década de 1960, Kurban afiara suas habilidades no Pasadena Playhouse, onde elaborou um truque que nunca deixava de impressionar: era capaz de tocar a "Sonata ao Luar", de Beethoven, ao mesmo tempo em que recitava o Discurso de Gettysburg.[14] Quando conheceu Mal, o compositor de 27 anos já era afamado por fazer arranjos para artistas populares como Rita Coolidge, Buddy Miles e Kris Kristofferson, um dos astros do *outlaw country* de Ken Mansfield. Porém, sua maior jogada tinha sido compor e reger as cordas para o LP *Rhymes and Reasons*, de Carole King, menos de dois anos depois do arrasa-quarteirão *Tapestry*. Seu arranjo agraciou "Been to Canaan", *single* de sucesso de King.

De acordo com a forma de pensar de Mal, Kurban poderia ser o parceiro de composição perfeito, um arranjador experiente, capaz de trazer suas letras à vida numa canção. "Toco violão muito mal – sei três acordes", admitiu o *roadie*. "Sou orientado para a música, sim, mas não instrumentista. Sou letrista." Tendo gostado de trabalhar com Kurban, ele exaltava o status de prodígio musical do compositor. "Tinha 11 anos quando regeu sua própria sinfonia, tocada pela Filarmônica de Londres na Alemanha para uma grande convenção", Mal gostava de contar às pessoas, "e ganhou o primeiro prêmio. É o músico".[15]

Como de praxe, Kurban tinha entrado na vida de Mal por meio de Fran, sempre intrépida para ajudar os amigos a fazerem contatos no ramo. "Francine achou que a música dele e as minhas letras deveriam se juntar", escreveu Mal, "e disse a cada um de nós, em momentos distintos, que éramos certeiros um para o outro".[16] Quando se encontraram, Mal gostou do músico quase de imediato. Ironicamente, à medida que Fran foi conhecendo Kurban, começou a achar que ele era um pouco estranho, com uma personalidade obscura. Ainda assim, não podia negar seu talento como pianista. Como lhe era habitual, Mal rapidamente ficou amigo do compositor, logo se envolvendo na vida do músico. Quando não estava elaborando novas músicas com Kurban na casa dele no Valley, o *roadie* passava horas ensinando xadrez a Andy, filho de sete anos do pianista.[17]

Com a carreira avançando, Kurban fundara a Circus Wheels em janeiro de 1973, tendo como sede um escritório no sexto andar de um prédio na frente do Rainbow, no Sunset Boulevard, 9.200. O locatário principal do imóvel era David Mook, 38 anos, agente de A&R que já havia prestado serviço para várias gravadoras antes de fundar uma editora musical e passar a trabalhar por conta própria. Além de Kurban e da Circus Wheels, Mook também deu espaço para Mal e a Malcontent Music, apostando que eles gerariam retornos futuros sob a forma de canções de sucesso e direitos de publicação. De modo a propiciar oportunidades regulares aos clientes de compartilhar seus serviços, Mook mantinha o lugar repleto de produtores promissores, agentes de A&R e outros colaboradores em potencial.

Mal sabia que ter um coautor fixo que pudesse cuidar da parte musical era essencial. Uma das primeiras parcerias da equipe foi numa canção inédita sobre o traumático acidente de carro de Mal com Harry, em especial a parte em que ele quase perdeu a visão. O projeto mais recente envolvia musicar o poema de Mal intitulado "Family Tree". Embora a maior parte de suas letras tratasse de tópicos românticos associados ao encontro (e à perda) do amor – em consonância com os sucessos açucarados do Top 40 das rádios de meados dos anos 1970 –, Mal abraçou um assunto genuinamente pessoal em "Family Tree". De fato, num forte contraste com seus primeiros escritos, foi a letra que falou mais profundamente de seus enigmas pessoais. No que dizia respeito às emoções conflitantes que arrasavam Mal, "Family Tree" ia ao cerne da questão. A guerra entre a necessidade de Mal de obter satisfação profissional e gratificação pessoal no calor do momento *versus* a de nutrir o papel de marido e pai e arcar com as obrigações da vida familiar:

Pergunto-me o que o futuro guarda
Agora que sou livre e solto.
Será que destruí a minha felicidade
Ao cortar a minha árvore genealógica?

Além de se aliar a Kurban, que já tinha começado a elaborar acordes rudimentares para a letra de "Family Tree", Mal ampliou consideravelmente seus círculos profissional e social por meio de Fran, do Record Plant e, como sempre, de sua associação aos ex-Beatles. Reabastecer seu caixa de dinheiro vivo, além do trabalho em muitos dos projetos solo dos rapazes, o levava com frequência à torre da Capitol Records, na Vine Street, 1.750. Sua proximidade com os clientes mais célebres da Capitol o imbuía de um notável prestígio sempre que entrava no prédio. Como Var Smith (hoje gerente de projeto no departamento de propaganda) rememorou: "Os Beatles rendiam tanto dinheiro para a Capitol que literalmente pagaram todos os nossos salários por muito, muito tempo. Há o velho clichê sobre ganhar dinheiro a rodo. Bem, na Capitol, era o que os Beatles faziam".[18] Ao longo dos anos, Mal conheceu muita gente na torre desenhada por Louis Naidorf, que lembra uma pilha de discos. Porém, no auge do rock na rádio FM, não havia nada como a equipe que habitava os corredores do prédio nos anos 1970, quando o dinheiro era muito, a música era quente e havia uma alta tolerância para os tipos criativos que faziam tudo acontecer.

Com o tempo, Fran viria a lamentar as várias maneiras como a Califórnia "mudou" Mal durante esse período – uma era em que os denominadores comuns pareciam ser tonéis de álcool e tigelas de cocaína. Com certeza, Fran não era estranha ao estilo de vida rock 'n' roll, mas tinha seus limites. Embora festejasse com os melhores, precisava pensar no bem-estar da filha, é claro, sem falar no bom emprego no Record Plant. "Havia muitas drogas na Califórnia", disse ela. "Era fácil e de graça. A cocaína te levantava e te fazia sentir bem consigo mesmo." Porém, como uma droga dessas afetaria Mal, que, nas palavras de Fran, "nunca acreditava em si mesmo"?[19]

Na Capitol, havia toda uma subcultura para manter a gravadora funcionando. No centro da ação estava Janet Nichols, uma animada relações-públicas que tinha mechas roxas no cabelo castanho. Conhecida nos corredores da Capitol como "Janet Planet", devido à sua atitude viajandona, Nichols divertia os funcionários e visitantes ao percorrer o prédio de patins. "Era uma mulher muito, muito bonita", lembrou-se o engenheiro de som Richard Digby Smith. "Só meio rebelde, meio louca."[20] Janet Planet trabalhava para Dennis Killeen, que chefiava o departamento de propaganda da Capitol no nono andar da torre.

Killeen relembrou vividamente o dia de novembro em que Mal acompanhou Ringo até o terraço da torre para filmar um vídeo promocional do LP *Goodnight Vienna*. Para a capa do álbum, o rosto de Ringo foi sobreposto ao corpo do ator Michael Rennie no clássico da ficção científica de 1951 *O Dia em que a Terra Parou*. Para evocar o clima de ópera espacial da capa, Killeen preparou uma filmagem aérea de Ringo usando um uniforme espacial, acenando do topo da torre. Ele nunca esqueceria a imagem de Mal, "o cara grandalhão", escoltando Ringo até a beira do terraço. O publicitário ficou um tanto preocupado porque eles levaram Harry Nilsson para a filmagem, claramente entorpecido e usando um roupão marrom. Sabendo que Nilsson "andava com um probleminha com cocaína na época", Killeen quis terminar a filmagem o mais rápido possível antes que o cantor caísse para a morte do alto da torre.[21]

A equipe do departamento de propaganda incluía John Hoernle, de 46 anos, diretor de arte da gravadora, e Joanne Lenard, sua secretária de 27 anos. Um tipo barbudo e carismático, Hoernle tinha criado várias capas de álbuns para nomes como Linda Ronstadt, Buck Owens, Merle Haggard e o Grand Funk Railroad. Recentemente, entregara a arte do LP *Feeling the Space*, de Yoko. Embora a produtividade de Hoernle tivesse caído nos últimos anos devido à bebedeira incorrigível – ele era conhecido por guardar diversas garrafas de bebida alcoólica em sua sala na Capitol –, Killeen valorizava sua habilidade de trabalhar por um fio, ser capaz de cumprir prazos e atender a pedidos urgentes.

Quando Mal fez amizade com Hoernle e Lenard, os dois já formavam um casal. Segundo a nítida lembrança de Lenard, a torre da Capitol ficou alvoroçada certa tarde quando Mal acompanhou John, George e Ringo pelos corredores do histórico prédio. "Eu estava sentada em frente aos elevadores quando eles chegaram", rememorou. "Foi um momento maravilhoso. Mal foi muito gentil ao mostrar o lugar a eles e apresentá-los a todo mundo."[22]

Digby Smith recordou-se de socializar com o casal e com Mal no chalé deles em Laurel Canyon, onde Hoernle e Lenard eram conhecidos por distribuir cocaína como se fosse sorvete. Durante essas reuniões, Mal contava "histórias fascinantes e, às vezes, chocantes de sua época com os Beatles. Todos nós ouvíamos música, sentados ao redor do piano, rindo e fumando, bebendo e cheirando madrugada afora".[23] Como gerente de projeto, Var Smith trabalhou de perto com Hoernle e observou em primeira mão a decadência do diretor de arte. "Ele tinha prestígio e status na Capitol", contou Smith. "Era muito querido, fazia um bom trabalho e era amável. Todo mundo gostava *muito* dele."[24] Porém, no fim das contas, aquilo tudo cobrou um preço de Hoernle – a bebida, a cocaína – e ele seria desligado da Capitol. Constrangido pela implosão de sua carreira na gravadora, Hoernle preferiu dizer que sua saída foi uma questão "política".[25]

Durante seus anos na Capitol, Var Smith testemunhou muitos artistas e funcionários serem vítimas dos excessos. Passou a citar com frequência a sabedoria popular de que "a cocaína intensifica sua personalidade. Se você é um babaca, então a cocaína te deixa ainda mais babaca".[26] No caso de Mal, sua dependência cada vez maior na droga, às vezes combinada com o excesso de álcool, o deixava num estado precário, no qual sua frágil autoestima se exacerbava e sua necessidade inata de agradar ficava mais aguda. E, quando ele ficava deprimido, sua capacidade de autopiedade podia ser opressiva.

Como prometera a Keith Moon entre um Brandy Alexander e outro em abril, Mal tinha toda a intenção de produzir o LP solo do baterista, mas não seria missão fácil. Desde a primeira gravação – um *cover* de "Don't Worry, Baby", dos Beach Boys –, ficou óbvio que o estado de entorpecimento quase constante de Moon seria um desafio colossal. Blair Aaronson esteve presente na primeira sessão, realizada no estúdio C do Record Plant com Harry, Ringo e John Sebastian, fundador do Lovin' Spoonful. Graças a Mal, Aaronson tocou órgão na gravação. "Mas daí em diante, foi só ladeira abaixo", lembrou o músico. Com a faixa instrumental pronta, Blair foi incumbido de ficar ao lado de Moon enquanto ele gravava a voz. Sua tarefa era segurar um pacote de cocaína do tamanho de um frasco de vitamina e borrifar o pó na garganta do artista, que acreditava que isso melhoraria a qualidade de sua performance vocal. Não melhorou.[27]

Em setembro, Mal foi com Keith ao Whisky a Go Go, onde Dick Dale, o rei da guitarra surf, se apresentava numa residência de uma semana. Fã devoto do músico, Keith estava determinado a conseguir que Dale tocasse em seu disco. Dale, por sua vez, parecia apenas vagamente ciente da existência do The Who, menos ainda de Keith Moon. "Eu estava no meio de uma música quando ele entrou no palco com Mal Evans", relembrou o guitarrista. "Keith estava chapado, tomou o microfone de mim e disse: 'Dick Dale, eu sou Keith Moon, do The Who!'. Depois, falou para mim – e para todo mundo ali – que tinha conseguido John Lennon e Ringo para seu álbum solo, mas, se Dick Dale não tocasse no disco, ele iria jogar todo o projeto no lixo."[28]

No dia seguinte, Mal conduziu uma sessão no Record Plant com Dale tocando num *cover* de "Teen Age Idol", velho sucesso de Ricky Nelson, com Moonie no vocal. Trabalhar no projeto de Moon tinha rendido oportunidades de sobra para Mal exibir os talentos de seus amigos, incluindo Norman Kurban e Jimmy Haymer, do Silverspoon, que se juntaram a Aaronson na banda de apoio improvisada. Haymer, que participou de "Teen Age Idol", recordou-se de que Dale "tocava uma Stratocaster dourada com um escudo metálico dourado". Porém, logo ficou claro que nem mesmo músicos do calibre de Dale poderiam salvar o projeto – muito menos a propensão de Mal de engendrar boa vontade. O lendário abuso de substâncias de Moon estava arruinando o LP, que, por sugestão de Ringo, receberia o título de *Two Sides of the Moon*. No fim de setembro, Mal seguiu insistindo e produziu a versão de Keith para "Move Over Ms. L", de autoria de John, para a qual o *roadie* criou um arranjo de metais.

Remontando à sua época com os Beatles, Mal sugeriu que Moonie experimentasse cantar "In My Life", também de John. O resultado deixou o *roadie* encantado. "Uma das faixas do álbum com a qual estou muito satisfeito é 'In My Life'", mencionou. Ele chegou até a mandar uma mixagem preliminar da versão de Moon para o Beatle, que estava em Nova York com May. "Recebi um belo cartãozinho dele, que dizia: 'Esta é a melhor versão de "In My Life" que já ouvi na minha vida'. Então, de verdade, isso foi o máximo de ser um produtor para mim."[29] Até onde Mal sabia, teria de ser.

Em questão de dias, todo o projeto implodiria, deixando Mal de fora. Mais tarde, o *roadie* descreveria o impasse como resultado de um "desentendimento" entre Moon e ele. Haymer, porém, tinha memórias diferentes: "Não só Mal estava tendo de lidar com seus próprios demônios da depressão e da ansiedade, como também havia um racha no disco *Two Sides of the Moon*", disse. "Uma batalha pelo controle do projeto vinha sendo traçada pelo lado escuro, que estava influenciando Keith e sua turma a fazer mudanças. Mal foi demitido do projeto".[30]

Teve início uma guerra verbal na qual Mal afirmou que conseguira extrair performances razoáveis de Moon, apesar do seu estado de embriaguez quase constante. O baterista rebateu, argumentando que o abuso de substâncias de Mal excedia o seu próprio – o que era uma alegação e tanto, dada a reputação de Keith como o festeiro mais desinibido e incontrolável do rock. Mark Volman, que foi um dos vocalistas do The Turtles, presenciou toda aquela situação lamentável. "Houve muitos grandes músicos envolvidos naquele álbum", disse. "[O projeto] também nos deu a chance de trabalhar com alguém que amávamos muito, que era Mal Evans. Foi ele quem primeiro produziu aquele álbum. Fizemos um disco inteiro, o entregamos e a gravadora rejeitou." Depois que a MCA dispensou Mal, os engenheiros de som Skip Taylor e John Stronach entraram em campo para produzir o LP. Pela estimativa de Volman, eles reproduziram 90% de *Two Sides of the Moon*, com pouquíssimas diferenças discerníveis: "Houve apenas regravações de algumas coisas mais musicais, algumas mixagens diferentes e coisas dessa natureza".[31]

Ironicamente, vários dos principais envolvidos na conclusão do álbum, Taylor entre eles, admitiriam que as drogas correram ainda mais livremente depois da partida de Mal. Para Haymer, observar seu amigo e mentor cair em desgraça foi difícil de compreender. "Tudo foi ladeira abaixo muito rápido depois dali", recordou-se. "Mal afundou ainda mais na depressão e, então, se trancou no quarto com apenas seus discos de Elvis e sua coleção de armas de faroeste."[32] Mais tarde naquele mesmo ano, Mal teria a oportunidade de confrontar Moon cara a cara na festa de Ano-Novo de Jim Keltner. Assumindo a responsabilidade pela traição ao *roadie*, "o baterista do The Who me ofereceu seu queixo, dizendo: 'Acerte-me bem aqui, Mal, e vamos acabar com isso'". Mal, porém, não foi por esse caminho, optando pela benevolência. "Dei-lhe um beijo na outra bochecha, o que o deixou muito confuso. Ele tinha dito a Fran na metade da produção do álbum: 'Se não fosse por Mal ter tirado a minha cabeça do meu próprio rabo, eu teria morrido em seis meses'." Mal encontrou consolo na admissão de Moon, acreditando que "todo mundo precisa de algo criativo para fazer na vida, e eu havia dado uma nova chance disso a ele".[33]

Sem ainda saber, o desespero que Mal estava sentindo à medida que o projeto de Moon entrava em colapso não era nada em comparação à tragédia que ele provocaria em Sunbury. No dia 11 de outubro, Gary fez 13 anos. A essa altura, a família já enfrentava mais de dez meses de abandono de

Mal, exceto pelas cartas lisonjeiras ocasionais para as crianças. Na tentativa de ajustar esse comportamento e levar alguma alegria ao filho naquela data especial, Mal gravou uma fita cassete em que desejava felicidades sinceras ao menino no novo ano. Harry Nilsson até incluiu um gravador no pacote como presente para Gary. Porém, qualquer afeição que Mal esperava entregar foi rapidamente desfeita naquela manhã enquanto Gary escutava a gravação no café com a mãe e a irmã. Para sua enorme dor e constrangimento, a fita não terminava com os desejos de feliz aniversário do pai. Aparentemente, Mal tinha reutilizado a fita e, enquanto Gary e sua irmã se preparavam para ir para a escola, ouviram os sons evidentes de Fran fazendo sexo oral no *roadie*. O único consolo do garoto foi saber que a irmã de oito anos não entendia os sons que emanavam do toca-fitas.[34]

Os ânimos de Mal melhoraram, ainda que brevemente, em novembro, quando a turnê de George Harrison e Ravi Shankar passou por Los Angeles. Ele sentiu uma onda de orgulho no Forum enquanto seu querido Beatle apresentava uma porção de canções clássicas que ele conhecia desde a concepção: "Something", "While My Guitar Gently Weeps", "In My Life", "Give Me Love (Give Me Peace on Earth)", "My Sweet Lord". A noite toda foi um desbunde. No show e no pós-festa, Mal foi acompanhado por Laura Gross, de 22 anos, jornalista de rock iniciante. Depois de procurar o *roadie* para uma entrevista impressa, a formanda da Cal State Northridge e DJ da rádio KCSN ficou próxima de Mal e Fran, emergindo como uma verdadeira luz para o casal naquele que havia sido um outono árduo. Quando Mal conheceu Laura, se deram bem logo de cara. "Sei que seremos muito bons amigos", disse a ela.[35]

Fran, que sempre foi uma pessoa de pensamento progressista, não fazia o tipo que se chafurdava na própria tristeza. Portanto, depois do desastre de *Two Sides of the Moon*, ela seria a primeira a evitar que o namorado navegasse sem rumo e inconsolável. O seu plano para a remissão de Mal, que lhe ocorreu naquele inverno, não foi nada menos que brilhante. Leitora ávida, Fran tinha gostado da recente biografia best-seller de Marilyn Monroe escrita por Norman Mailer. Habitualmente interessada em ligar os pontos, ela sabia que o livro havia sido representado por Harold Lipton, célebre advogado de Beverly Hills e também famoso por ser irmão de Peggy Lipton, do seriado policial *The Mod Squad*. Coincidentemente, Mal conhecera a atriz uma década antes, numa festa dada pela Hemophilia Foundation, de Los Angeles. Melhor ainda, o irmão advogado de Peggy tinha conseguido um adiantamento polpudo da editora Grosset & Dunlap por *Marilyn: Uma Biografia*. E embora ninguém jamais fosse confundir Mal com Mailer, o *roadie* tinha uma história incrível para contar sobre sua vida com os quatro garotos de Liverpool.

Quando Fran abordou a ideia de ele escrever um livro de memórias, Mal claramente se animou e não perdeu tempo em compartilhá-la com Ringo, garantindo ao baterista que, custasse o que custasse, "não o rebaixaria". Para seu enorme crédito, Ringo não aceitou essa abordagem e respondeu a Mal: "Olha, se você não for contar a verdade, nem se dê ao trabalho de escrever o livro". Assim, Mal resolveu cumprir exatamente essa premissa para seu livro de memórias. "Será a verdade", disse. "Haverá algumas coisas com as quais eles ficarão bravos, mas será a verdade. Não é para ser algo depreciativo, é só o que aconteceu." Além disso, concluiu ele, "o livro vai ser bom, pois eu só me diverti".[36]

Contudo, a vida no Mundo Beatle – e até no Mundo ex-Beatle – nunca foi tranquila. Logo que Mal determinou que contaria sua história, outro acontecimento importante ocorreu a cerca de 4 mil km dali, na Flórida. No dia 29 de dezembro, no Polynesian Village Resort do Walt Disney World, John, com Julian e May Pang como testemunhas, cravou a assinatura final nos documentos de dissolução da banda. Os Beatles não existiam mais.

39

CHORANDO NUM QUARTO DE HOTEL EM NY

No dia 9 de janeiro de 1975, numa audiência privada, a Suprema Corte de Londres dissolveu formalmente a sociedade do grupo. A empresa The Beatles and Company não existia mais e, com o fim dela, Mal e Neil entraram para as estatísticas dos desempregados.

Nos últimos anos, Neil enredou-se em sua própria depressão, um período desmoralizante só piorado pela bebida e as drogas. "Ele sobreviveu por pouco", disse Tony Bramwell.[1] Até mesmo o muito estimado documentário de Neil foi deixado de lado. Assim como os próprios Beatles, *The Long and Winding Road* estava às moscas. E o mesmo valia para o sonho da Apple Corps.

Fiel à sua natureza, Fran não demorou a marcar uma reunião entre Mal e ela com Harold Lipton. O advogado de 54 anos trabalhava no prestigiado escritório de advocacia Kaplan, Livingston, Goodwin, Berkowitz & Selvin, em Beverly Hills. "Harold era um advogado nova-iorquino da velha guarda especializado em filmes e livros", recordou-se John Mason, então recém-formado na profissão. "Ele se juntou à nossa firma em 1972 como conselheiro sênior." Com a ousadia de Fran e a incrível história de Mal como celebrado confidente dos Beatles, o projeto tinha alto potencial de venda, fazendo Lipton prontamente aceitá-lo. Entraram num acordo no qual Lipton receberia 10% dos *royalties* do livro para o primeiro milhão de dólares brutos em vendas, além de mais 5% daí em diante.[2] Ele propôs uma viagem a Nova York na primavera para levar a história de Mal à apresentação para possíveis editoras. Tudo o que o *roadie* precisava fazer era escrevê-la.

Com os termos acordados, Lipton encarregou Mason de cuidar dos arranjos legais. Recém-saído da UC Berkeley, o advogado de 28 anos estava ansioso para desenvolver uma reputação no direito de entretenimento. "Eu era um jovem advogado deslumbrado", lembrou-se, "boquiaberto diante de alguém com a experiência de Mal Evans".[3] Por acaso, Mason tinha trabalhado brevemente com Mal e Fran em outubro de 1974, quando elaborou um contrato padrão de gerenciamento para que Fran pudesse ser compensada com 20% por cuidar dos interesses de negócios e oportunidades criativas de Mal.[4]

Depois de conhecê-lo melhor, Mason foi até o quarto do casal no duplex, onde Mal ofereceu ao advogado uma imersão em sua memorabilia. Enquanto o *roadie* tirava os itens de diversos baús, Mason não acreditava no que estava vendo. De repente, se encontrava na presença de milhares de fotografias, letras manuscritas pelos Beatles, montes de diários de Mal, datados de 1962 em diante, e uma pilha de filmes Super 8. "Fiquei sem palavras", disse o advogado. "No que tangia aos Beatles, eu simplesmente queria saber mais. Eu nem tinha adjetivos para descrever o que o grupo significava para mim. Eles haviam produzido alguns dos maiores – se não *os* maiores – sons e canções já criados. E, de repente, lá estava eu com um cara que os acompanhou a cada passo do caminho, o cara que os levava de show a show. Era muita coisa para absorver."[5]

À medida que sua amizade com Mal crescia, Mason passou a assumir as tarefas legais de bom grado para o *roadie*. Contentava-se em trabalhar *pro bono* com a compreensão de que negócios maiores futuros pudessem pagar os dividendos. Uma das primeiras tarefas foi formalizar o acordo de Mal com David Mook para o uso do espaço no Sunset Boulevard. Trabalhar com Mook, aliás, se mostraria uma das atribuições mais estranhas da carreira legal de Mason. Quando levou o modelo do contrato para ser revisado por Mook, o editor insistiu numa única alteração: "Quero a inclusão de uma cláusula que diga, exatamente com estas palavras: 'Todo mundo concorda em não foder David Mook'".[6]

Fosse num esforço descarado para parecer mais jovem a Fran ou, talvez mais provavelmente, para se mesclar aos californianos bronzeados, Mal passou a tingir o cabelo de loiro. Seu novo visual – com direito a um corte de cabelo desfiado – estava em voga no fim de março de 1975, quando Paul deu uma festa em Long Beach no *Queen Mary*, o navio de cruzeiro intercontinental aposentado e impressionante atração turística. O evento de gala marcou a conclusão do LP *Venus and Mars*, dos Wings, sucessor do triunfante *Band on the Run*.

Mal com Denny Laine, George e Olivia Arias a bordo do *Queen Mary*

Em poucos anos, Paul conquistara uma série impressionante de *singles* de sucesso e álbuns no topo das paradas com sua nova banda, tendo habilmente ultrapassado o êxito comercial das carreiras solo de seus ex-companheiros. Mal e Fran – que tinha estilizado o cabelo com um permanente da moda – participaram daquela noite no grande salão do navio intercontinental, lado a lado com centenas de potências da indústria. Professor Longhair e The Meters providenciaram a música ao vivo para os convidados, que incluíam Cher, Bob Dylan, Michael Jackson, Marvin Gaye e Jimmy Webb, que compartilhou uma mesa com Mal e Fran. Para o *roadie*, o grande destaque da noite foi a chegada de George com a nova namorada, Olivia Arias, de 26 anos. No dia seguinte, imagens de Paul e George num abraço caloroso seriam transmitidas ao redor do mundo, com Mal em seu lugar ao fundo, sorrindo de orelha a orelha.

Depois da experiência em *Two Sides of the Moon*, Mal não tinha pressa alguma em voltar à produção fonográfica. Contudo, isso não o impediu de seguir mantendo contato com o Silverspoon, com quem achava o máximo compartilhar histórias do início dos Beatles – os membros da banda, em troca, adoravam ouvir os relatos sobre o "incidente do para-brisas" e o eufemismo "faltam 300 km". Se Mal tinha algum ressentimento pela banda ter remixado "You Hurt Me So" com Mike Stone, certamente não transpareceu. Haymer começara a ver Mal como "um compositor frustrado. Acho que um dos motivos pelos quais ele gostava de trabalhar conosco era porque tínhamos mostrado interesse nas composições dele. A maioria delas era sobre manter a paz de espírito e meditação".[7] Em dado momento, o Silverspoon ficou especialmente interessado em "I'm Not Going to Move", que Mal iniciou em Rishikesh e depois reescreveu com George como "You and Me (Babe)". Por um tempo, namoraram a ideia de gravar a própria versão da música, mas, com tanta coisa surgindo no caminho da banda, nunca chegaram a fazê-la. "É incrível o tanto de oportunidades que tivemos. E nós estragamos cada uma delas", lamentou-se Aaronson.[8]

Para o Silverspoon, descendentes privilegiados da elite de Hollywood, as diversões das drogas e da bebida eram sedutoras demais. Aaronson nunca se esqueceria da noite em que comemorou seu aniversário de 20 anos no Record Plant, o ponto favorito da banda. Após ver a namorada consumir uma dose imensa de THC, ele decidiu fazer o mesmo. O barato da droga o atingiu em cheio, fazendo-o mergulhar de cabeça na jacuzzi do estúdio para acalmar os nervos. Intuindo o estresse e a paranoia do jovem, Mal se juntou a ele. Para confortá-lo, contou a história da visão que Paul teve na época em que meditava no *ashram* do Maharishi, quando o *roadie* apareceu para o Beatle durante sua hora de atribulação e pediu gentilmente a ele para "deixar estar".[9] Mais de um continente e sete anos depois, "Brother Malcolm" viera ao resgate mais uma vez.

Mal se encontrava num bom estado de espírito naquela primavera, fazendo preparativos com Harold Lipton e Fran para viajar a Nova York e cortejar possíveis editoras para suas memórias. Como demonstração de boa fé, solicitou cartas de apoio aos rapazes, assim como fizera para "Beatles – U.S.A." para o Southern News Services em 1965. Mason forneceu um modelo de mensagem para Mal compartilhar com os ex-Fab Four, seguidas em maior ou menor grau nas respostas.[10] As cartas dos Beatles – todas elas curtas e gentis – começaram a chegar nas semanas seguintes, iniciando pela de George, que redigiu a aprovação no dia 25 de fevereiro, dia de seu 32º aniversário:

George Harrison

Caro Mal,

Venho por meio desta confirmar a nossa conversa, você tem a minha aprovação para usar meu nome e imagem em relação a seu vindouro projeto sob a forma de um livro sobre as nossas experiências durante "O PERÍODO BEATLE", e lhe desejar sucesso.

Até breve – tudo de melhor,
George Harrison[11]

John Lennon

Caro Mal,

Boa sorte com o livro. E que os céus nos ajudem! Morro de vontade de ler seu diário faz mil anos! Tire um troco, mas não faça merda...

Com amor a você + Fran,

Aquele que está em Nova York,
John[12]

Paul McCartney

Caro Mal,

Claro que você pode fazer o livro, desde que conte como eu sou adorável. Concordo que você escreva a história – e te desejo boa sorte, seu grande FLORZINHA!

Com amor,
Paul (McCartney)[13]

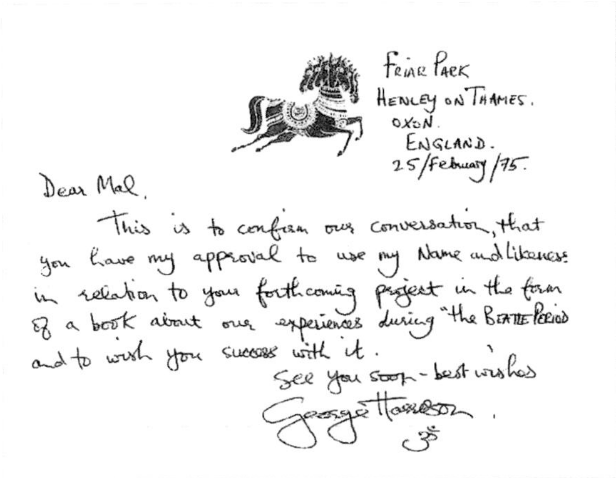

Friar Park
Henley on Thames.
Oxon.
England.
25/February/75.

Dear Mal,

This is to confirm our conversation, that you have my approval to use my Name and likeness in relation to your forthcoming project in the form of a book about our experiences during "the Beatle Period" and to wish you success with it.

See you soon – best wishes
George Harrison

A carta de George

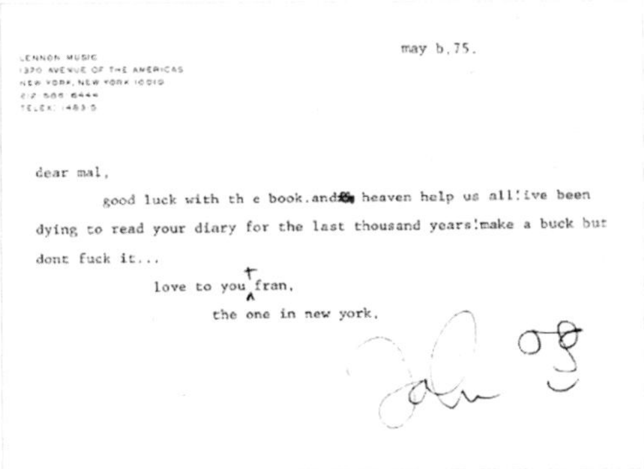

LENNON MUSIC
1370 AVENUE OF THE AMERICAS
NEW YORK, NEW YORK 10019

may 6,75.

dear mal,

good luck with th e book.and heaven help us all!ive been dying to read your diary for the last thousand years!make a buck but dont fuck it...

love to you + fran,

the one in new york,

John

A carta de John

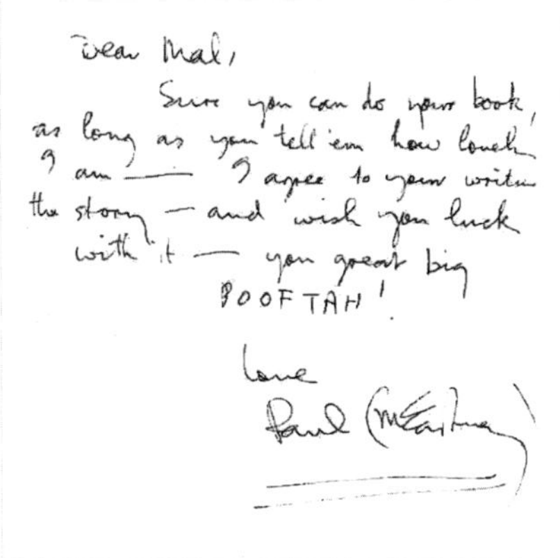

Dear Mal,

Sure you can do your book, as long as you tell 'em how lovely I am — I agree to your writing the story — and wish you luck with it — you great big POOFTAH!

Love
Paul (McCartney)

A carta de Paul

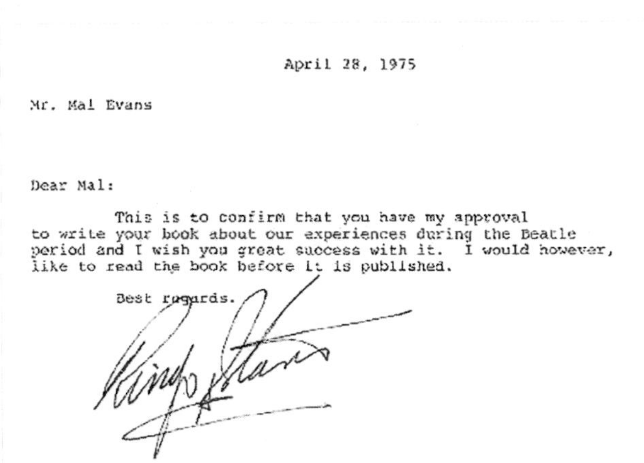

April 28, 1975

Mr. Mal Evans

Dear Mal:

This is to confirm that you have my approval to write your book about our experiences during the Beatle period and I wish you great success with it. I would however, like to read the book before it is published.

Best regards.

Ringo Starr

A carta de Ringo

Ringo Starr

Caro Mal,

Venho por meio desta confirmar que você tem a minha aprovação para escrever o livro sobre as nossas experiências durante o período Beatle e lhe desejar grande sucesso. Eu, contudo, gostaria de ler o livro antes da publicação.

Atenciosamente,
Ringo Starr[14]

Com todas as peças no lugar, Lipton elaborou uma argumentação de venda para o livro com Mal e Fran. O plano original era intitular as memórias de *200 Miles to Go** – ideia de Mal, sem dúvida, em homenagem à sua mais querida lembrança dos Beatles. No que dizia respeito a ganhar as atenções das grandes editoras, Lipton certamente sentia que eles tinham uma variedade de ases na manga. As notas do documento enumeravam diversos itens, incluindo 2,5 mil fotos inéditas de Mal e dos Beatles, acesso aos diários pessoais de Mal e "13 anos de memorabilia", bem como artes e esboços dos rapazes. Quando chegou a hora de decidir o *timing* da publicação, Lipton guardou sua jogada mais sagaz para o fim. O documento fazia referência à oferta multimilionária de Bill Sargent para organizar uma reunião dos Beatles, sugerindo a possibilidade de a banda se juntar para um evento de gala "dentro de seis meses".

Sob a seção "O Que Queremos", Lipton estipulou a publicação das memórias de Mal em capa dura com uma das "maiores editoras", bem como um adiantamento garantido e a promessa de papel e reimpressão de fotos de alta qualidade. A lista de possíveis editoras era um desfile das mais importantes da época, incluindo Random House, Putnam, Simon & Schuster, Delacorte, Doubleday e Grosset & Dunlap. O documento concluía com uma última pérola, que sugeria que Mal tinha dois projetos de escrita adicionais para consideração: um conto "no melhor estilo familiar" e *Roadie*, um romance "baseado em fatos" sobre "o lado mais sórdido da vida" associado a um grupo pop.

* Duzentas milhas equivalem a aproximadamente 320 km, os quais, nesta tradução, optamos por arredondar e adaptar para 300 km para manter a fluidez textual. (N.T.)

Embora o conto de Mal existisse somente como um rascunho a essa altura, *Roadie* já estava em andamento há algum tempo, podendo datar até do fim dos anos 1960. E, sim, era "sórdido" ao contar histórias libertinas sobre uma banda de rock 'n' roll mítica na crista da onda, que não é nomeada. No geral, o documento vendia uma proposta tentadora, com a qual Lipton deve ter se sentido absolutamente confiante, dado o interesse constante do público em relação a tudo o que tivesse a ver com o Mundo Beatle.

Com a viagem a Nova York fechada para o fim de maio de 1975, Mal tirou um tempo para uma visita rápida a Londres. O nono aniversário de Julie se aproximava, em 17 de abril, e ele planejou uma chegada de surpresa a Sunbury. Afinal, não via os filhos – Lil menos ainda – desde 4 de janeiro de 1974. Porém, sem nenhuma surpresa, ele tinha um outro motivo para viajar ao Reino Unido: tinha sido convidado para dar uma entrevista ao apresentador David Frost para um especial de TV dedicado ao legado dos Beatles. Frost já havia marcado a participação de outros nomes, como George Martin, Derek Taylor e Dick Lester, bem como convocado o cantor e compositor inglês David Essex e os americanos Chuck Berry, Bobby Vinton e Andy Williams para fazer comentários de expert sobre a influência do grupo na música popular. Mal, de jeito nenhum, perderia tamanha oportunidade. Além disso, a produção de Frost prometera colocá-lo nas acomodações cinco estrelas do Park Lane Hotel.

Durante a entrevista a Frost, Mal passeou alegremente por suas lembranças e compartilhou histórias de seu papel de "Mother Malcolm" na origem de "Let It Be". Também reviveu a tristeza que chegou com o fim dos Beatles depois que John pediu o divórcio em setembro de 1969. Quando Frost perguntou sobre os motivos para a dissolução da banda, Mal observou que "o grupo ficou pequeno demais para conter os quatro". No geral, foi uma interação formidável, ainda que breve. Mal até se permitiu dar um sorriso acanhado quando Frost fez referência ao seu futuro livro de memórias.[15]

À primeira vista, a viagem tinha sido uma ideia brilhante. Mal poderia desfrutar dos dois mundos: por um lado, se esbaldar sob os holofotes de Frost, e, por outro, se reunir com os filhos, de quem ele sentia saudades desesperadas. Telefonou com antecedência para Lily e elaborou um plano para surpreender a filha ao buscá-la em Sunbury e levá-la à escola. Julie, de fato, teria se surpreendido muito, se o plano tivesse dado certo.

No entanto, tratava-se de Mal, que, é claro, sempre conseguia criar caos no que dizia respeito à família. Após a entrevista a Frost, ele teria tempo de sobra para uma boa noite de sono e, então, dirigir até Sunbury bem cedo na manhã seguinte para buscar Julie. Em vez disso, preferiu sair para beber com David Essex depois de filmadas as participações dos dois para o especial. Para Mal, deslumbrado com celebridades, sair com Essex deve ter parecido um privilégio raro e irresistível. Ídolo pop reinante na Inglaterra, Essex chegara ao primeiro lugar das paradas de sucesso do Reino Unido em novembro do ano anterior com "Gonna Make You a Star". Mais tarde naquela noite, caindo de bêbado, o *roadie* voltou ao seu quarto elegante no Park Lane, onde dormiu até tarde na manhã seguinte e perdeu o compromisso com a filha na Staines Road East. Julie ficou muito triste quando soube que havia sido abandonada – e Lil ficou furiosa.

Incrivelmente, Mal conseguiu aproveitar uma segunda chance, mais uma de uma lista gigante no seu histórico, quando a esposa permitiu que ele ficasse na casa de Sunbury por alguns dias, na esperança de que a proximidade lhe desse a oportunidade de passar um tempo de qualidade com os filhos. Em certa hora, ele deitou-se na cama com Lil, querendo "um pouco de relaxamento horizontal". E Lil topou – ainda amava o sujeito, afinal. Porém, alinhado à sua capacidade comprovada de arrancar a derrota das mandíbulas da vitória, Mal arruinou o clima pós-coito ao se esgueirar para dormir em outro quarto. Com toda a razão, Lil se sentiu usada. "Isso a deixou muito mal", recordou-se Gary.[16]

Alguns dias depois, Mal fez as malas para pegar o longo voo de volta aos EUA. Antes de ir embora, assistiu a um filme na TV com Gary – uma ação sobre a Segunda Guerra Mundial, *O Ataque dos Mil Aviões*, de 1969. Já Lil, que preparava-se de antemão para a partida do marido, relembraria que a despedida foi feita no quintal, onde ela cuidava dos arbustos. Sem nenhum pudor, Mal lhe lançou a ideia de um casamento aberto. "Ele falou que me amava", disse Lil, "mas que estava apaixonado por Francine. Queria viver seis meses comigo, seis meses com ela". Engolindo as lágrimas, Mal disse: "Fran precisa de mim". Sua esposa, porém, não mordeu a isca. "Falei que não podíamos", recordou-se. "Fui bastante calma ao dizer: 'É melhor você ir, então'." Para ela, a situação era inegavelmente clara: "Sempre fiquei em segundo plano em relação aos Beatles – e agora em relação a esta nova garota. Eu me senti muito triste".[17] Mal e Lil então violariam seu pacto nupcial – "sempre saia de casa sorrindo", como prometeram um ao outro em 1957 – pela última vez.

Pouco depois de retornar ao Sul da Califórnia, Mal recebeu a trágica notícia de que Pete Ham, o talentoso cantor e compositor do Badfinger, havia cometido suicídio em Weybridge. A essa altura, o Badfinger vivia uma situação precária graças a Stan Polley, que tinha tomado o controle completo das finanças da banda e relegado Bill Collins a um papel secundário no gerenciamento do grupo. Após o fim do contrato do Badfinger com a Apple, Polley negociou outro com a Warner Bros. Records, pedindo um adiantamento considerável. Nos anos seguintes, ficou claro que Polley tinha fugido com o dinheiro, deixando os membros da banda sem um tostão. Desesperançado quanto à sua habilidade de ganhar a vida, Pete se enforcou no dia 24 de abril. Numa carta, escreveu: "Não me será permitido amar e confiar em todo mundo. Assim é melhor. Pete. PS: Stan Polley é um filho da mãe sem alma. Vou levá-lo comigo".[18]

Mal ficou profundamente abalado quando recebeu a notícia terrível de Tom Evans, parceiro de longa data de Pete e coautor de "Without You", a canção que rendeu tantas conquistas ao Badfinger e, ao mesmo tempo, colocou a banda em quedas de braço financeiras e legais por *royalties* não pagos. De repente, o grupo de powerpop descoberto por Mal no Marquee em 1968 estava acabado. Em maio, com a Warner Bros. cancelando o acordo com o Badfinger, a banda se separou discretamente – um destino muito distante da enorme promessa que Mal enxergara neles no auge de sua potência.

No fim de maio, quando o especial de TV de David Frost, *A Salute to the Beatles: Once Upon a Time*, estreou no *Wide World of Entertainment* da ABC, Mal e Fran estavam se encontrando com Lipton em Nova York. Tendo concebido a ideia por trás do livro de memórias de Mal e conseguido Lipton, Fran estava animada para conhecer as editoras mais célebres da cidade, especialmente agora que o projeto parecia prestes a virar realidade. "Foi fabuloso na época", lembrou ela. "No fim, virou um pesadelo, mas não começou assim." À medida que percorriam as editoras, a narrativa de confidente de Mal gerava um interesse considerável entre os possíveis compradores. A Grosset & Dunlap, entretanto, sempre teve certa preferência para fechar o negócio, dada a longeva relação de Lipton com a marca e, sobretudo, após o sucesso de *Marilyn: Uma Biografia*.

Bob Markel, o editor-chefe da Grosset & Dunlap, estava ansioso para ouvir a proposta de Mal naquele dia de maio no New York Life Building, o imenso complexo com cúspide dourada na Madison Avenue, 51. Na época, Markel surfava numa onda de sucesso que incluía a publicação de *Tarântula*, de Bob Dylan, obra de prosa poética experimental, em 1971. Quanto a Mal, o editor se atraiu particularmente pelo baú do tesouro do *roadie* com fotos inéditas dos Beatles, que pressagiava vendas robustas para um livro no setor de música pop.

Como diretor do departamento de contratos, *copyrights* e permissões da editora, Alyss Dorese relembrou que Markel remontava a um tempo em que "o mercado editorial era um jogo de cavalheiros antes de ter sido corrompido como Hollywood". No auge de Markel, essa "era uma indústria fantástica". Porém, Dorese já conseguia vislumbrar os ventos da mudança, que, em pouco tempo, transformariam o ramo livreiro num mundo ganancioso determinado a conquistar a próxima aquisição de uma grande celebridade.[19]

Fazendo jus ao modo de pensar da velha guarda, Markel ficou animado para ver o acervo de Mal com os próprios olhos. Alguns anos depois, ele se recordaria de uma tarde agradável com Mal, Fran e Harold Lipton na qual vasculharam o estoque impressionante de memorabilia do *roadie* na sala do duplex na 4th Street. Na lembrança de Markel, foi tudo o que ele precisava ver. Com a história de um confidente dos Beatles no horizonte, apoiada por documentos e fotografias exclusivas, ele estava pronto para fazer uma oferta pelas memórias de Mal.[20] Lipton, por sua vez, estava satisfeito com os termos para a publicação do livro, que, no contrato, era citado como "Trabalho sobre os Beatles sem título". O acordo solicitava a Mal um manuscrito de 50 mil palavras e a compilação de 100 fotos e outras ilustrações, tudo a ser entregue para a Grosset & Dunlap no dia 29 de fevereiro de 1976. Para tal, Markel ofereceu um adiantamento generoso de 15 mil dólares – 5 mil a mais do que Lipton captara para Mailer anos antes –, com mais 10 mil dólares que Mal receberia ao apresentar o manuscrito.

Porém, algo muito esquisito aconteceu em Nova York, alguma coisa que só Mal teve conhecimento. Na noite de terça-feira, 20 de maio de 1975 – possivelmente horas depois da reunião com Markel –, Mal recorreu ao caderno, composto estranhamente de páginas soltas timbradas de maneira rudimentar com a imagem do Mickey Mouse. Foi, sob qualquer parâmetro, uma admissão enigmática a se fazer em tal momento, em tal lugar:

Nasci em 3 de agosto de 1963, em Liverpool
Morri em 20 de maio de 1975, chorando num quarto de hotel, NY[21]

A data de 3 de agosto de 1963 remetia à última apresentação dos Beatles no Cavern Club, em Liverpool. Será que Mal estava sentindo remorso prematuro de vendedor ao imaginar que trairia os Beatles no livro?

Quando o acordo com a Grosset & Dunlap foi firmado, Mal já estava bem adiantado no processo de escrita. Porém, desde os primeiros lampejos de Fran na elaboração do plano, Mal sabia que não teria paciência nem habilidade para sentar-se diante de uma máquina de escrever e datilografar sua história. Lembrou-se então de John Hoernle, ex-diretor de arte da Capitol, e da namorada dele, Joanne Lenard, concluindo que "eles seriam a dupla perfeita para fazer isso acontecer". Mal fechou um acordo de 500 dólares por mês por serviços de secretariado, função de Lenard, bem como assistência profissional com as ilustrações do livro, da parte de Hoernle, que seria o diretor de arte do projeto.[22]

Ele ainda prometeu aos dois uma porcentagem dos *royalties* do livro. Ao longo dos meses seguintes, a tendência de Mal de oferecer parte de seus lucros a amigos e colegas aparentemente sairia do controle. O acordo com a Grosset & Dunlap determinava que ele recebesse uma taxa de *royalties* flutuante entre 10 e 15% das vendas da edição de capa dura, com uma taxa menor de 6 a 10% das vendas da edição em brochura. Na função de seu agente, Lipton teria direito a 15% desses ganhos, e Fran ganharia 20% por seu trabalho de gerenciamento em nome de Mal. Entretanto, Hoernle e Lenard, com certeza, não foram os únicos para quem Mal prometeu parte de seus *royalties*. Em novembro, num impulso de generosidade absurda, cedeu 1% de seus ganhos brutos a David Mook. Numa carta manuscrita ao editor musical, Mal atribuiu o agrado ao "entusiasmo inicial gerado por você em relação ao plano" e, melhor ainda para Mook, escreveu que o projeto "não exige mais nenhum envolvimento de sua parte".[23]

Hoernle e Lenard, por sua vez, toparam o desafio de trabalhar para Mal. Ao longo de boa parte de 1975, o *roadie* preencheu um caderno com anedotas referentes a quase todos os aspectos de sua vida com os Beatles. E não parou por aí. Também seguiu à risca a orientação de Ringo sobre "contar a verdade". Embora raramente parecesse trair a confiança ou os segredos dos rapazes nessas notas, expôs várias verdades brutais sobre si mesmo e as escolhas decisivas que fez em relação às suas experiências sexuais e à vida familiar.

Com esse caderno volumoso em mãos, Mal transformou suas lembranças em *writing prompts** e, depois, com a ajuda de um gravador portátil, começou a ditar o livro em voz alta. Lenard registrou obedientemente as palavras dele em taquigrafia Gregg, a técnica de anotação à mão cursiva e de base fonêmica, para então transformar a taquigrafia em páginas manuscritas ao cotejar os cadernos de estenografia com as gravações em fita de Mal. Os

* Um *writing prompt* (algo como "desafio de escrita" ou "comando de escrita", em tradução livre) é uma sugestão ou estímulo criativo usado para inspirar alguém a escrever, como uma frase, uma ideia ou uma pergunta que sirva como ponto de partida para a criação de um texto. (N.P.)

dois empregaram esse processo desde o início de maio – antes mesmo que Lipton tivesse um acordo pronto com a Grosset & Dunlap. Naquele verão, Mal faria 14 sessões de transcrição com Lenard, nas quais produziram algumas centenas de páginas manuscritas. Naturalmente, o assunto tomava fortemente o viés de seus anos inebriantes no Mundo Beatle.

Curiosamente, uma análise do caderno de Mal de 1975 sugere que, de início, ele não planejava incluir detalhes autobiográficos dos anos anteriores a seu trabalho com os Beatles. Em sua forma original, as memórias começariam com o "incidente do para-brisas" de janeiro de 1963 – como se insinuasse que a vida dele pré-Beatles fosse, de algum modo, secundária às experiências que teve com os rapazes, como se ele tivesse "nascido" naquele instante. O caderno de 1975 revela ainda que ele nunca pretendeu escrever sobre a turnê americana de 1965, que já havia explorado detalhadamente em "Beatles – U.S.A.", o malfadado projeto com a Southern News Services. Segundo sua explicação a Markel, o plano sempre foi inserir o texto de "Beatles – U.S.A." no livro.

Em contraste à perseverança do trabalho de Lenard nas transcrições das gravações de Mal, o verão de 1975 acabou sendo uma experiência tempestuosa para o antigo "Casal 20" do Record Plant – sobretudo para Fran, que foi demitida do estúdio. Na lembrança dela, o comportamento descontrolado de Mal, em particular suas farras com álcool e cocaína, contribuiu para "detonar seu trabalho". Blair Aaronson, em suas próprias observações, viu as coisas de maneira diferente. Aaronson ficara encarregado de cuidar da papelada sindical para as sessões do Silverspoon no Record Plant e, quando o sindicato o chamou para esclarecimentos por não ter entregue a documentação de estúdio do grupo, ele foi checar com a gerência. "Aparentemente, Fran andava negligente com boa parte da papelada das sessões." Lendo pelas entrelinhas, porém, Aaronson concluiu que o Record Plant "pode ter usado isso como desculpa" para se livrar do problema Mal & Fran. "Pode ter sido simplesmente o basta do estúdio ao fato de Mal e ela usarem tanta cocaína nas suas dependências", ponderou ele.[24]

Qualquer que fosse o pretexto para sua demissão, Fran ficou sem trabalho. As implicações práticas disso eram consideráveis: ela era, até então, o principal arrimo da família, responsável por pagar o aluguel e as prestações do carro. Os efeitos da perda do emprego foram imediatos e muito pessoais para a ex-gerente, que lamentou: "Estava devastada. Estava desempregada. Estava humilhada".[25] A mulher que lidara com firmeza com os demônios do namorado pelos últimos dois anos, de repente, se viu em seu próprio mundo de tribulações.

40

DEPARTAMENTO DE CORREIO MORTO*

Como uma das amigas mais próximas do casal, Laura Gross testemunhou em primeira mão o declínio de Mal e Fran à medida que o consumo de cocaína deles parecia piorar a cada dia. Abstêmia inveterada, que já vira um bom tanto de *rock stars* sucumbir às drogas, Laura deixou absolutamente claro que valorizava a amizade dos dois, mas que se afastaria quando as drogas surgissem.

Durante esse período, Gross lecionava no ensino fundamental durante o dia e buscava alavancar sua carreira de jornalista de rock no tempo livre. Ela adorava especialmente Jody, a filha de Fran de quatro anos, e se lembrava da relação bonita que Mal havia desenvolvido com a garotinha. "Eles eram amigos de verdade", disse. Quando Jody atendia o telefone – sendo, inevitavelmente, um dos Beatles ligando para falar com Mal –, anunciava "numa voz anasalada: 'Malcolm Frederick, telefone'".[1]

Laura recordou-se calorosamente de assistir a episódios de *Gunsmoke* com Mal e Fran. Dado seu fraco por faroestes, Mal nunca perdia o longevo seriado de TV estrelado por James Arness no papel do delegado Matt Dillon, um destemido e honrado homem da lei de Dodge City. O *roadie* se empolgava com frequência ao fim dos episódios, que geralmente terminavam num grande tiroteio no qual os bandidos eram derrotados pelo

* "*Dead letter office*" é um dos nomes que se dá em inglês às instalações dos correios responsáveis por cuidar da correspondência não entregue, seja por devolução ao remetente ou impossibilidade de entrega ao destinatário. (N.T.)

Laura Gross

delegado Dillon. "É assim que quero morrer", Mal gostava de dizer, "em meio a uma saraivada de balas".

A jornalista adorava as noites na companhia dos dois, mas sempre que Fran ligava para Louise, a traficante deles, Laura ia embora rapidamente. Já tinha visto como o abuso de drogas tendia a tomar à força o controle das vidas dos amigos ao longo dos anos e não queria fazer parte disso. Naquele verão, num jantar fora com o casal e Harry Nilsson, observou os dois homens se dirigirem ao banheiro repetidas vezes para cheirar mais cocaína.[2]

No decorrer do terrível verão de 1975, Joanne Lenard compilou a última versão do manuscrito de Mal, que o *roadie* concluiu intencionalmente com seu pedido de demissão dos Beatles em abril de 1974. Assim como na anotação sinistra que havia escrito em maio num quarto de hotel em Nova York, Mal claramente concebia suas memórias – e, portanto, os contornos de sua história de vida – emolduradas pelos anos que passou com os rapazes entre janeiro de 1963 e abril de 1974. Para encerrar o livro, ele pretendia incluir a letra de "In My Life", sua canção mais querida dos Beatles.[3]

O primeiro rascunho de *200 Miles to Go* tinha cerca de 55 mil palavras, ultrapassando um pouco o estipulado pelo acordo com a Grosset & Dunlap. Nesse ponto, Hoernle entrou em ação, começando a trabalhar na criação de negativos para as ilustrações escolhidas por Mal a serem incluídas no livro. Durante esse período, Lenard se correspondia frequentemente com Shelli Wolis, assistente de Bob Markel, a respeito da seleção de quem produziria as imagens, tarefa relativamente cara naquela época pré-digital. Entre 12 finalistas, uma empresa de Hollywood chamada Schaeffer Photo Supply foi a vencedora e estabeleceu uma linha de crédito com Wolis e a Grosset & Dunlap em setembro. A pedido de Mal, Hoernle criou 30 negativos para *Magical Mystery Tour*, 3 para *A Hard Day's Night*, 5 para *O Justiceiro Cego* e 27 "imagens diversas" da vida de Mal com os rapazes.

Não é de surpreender que uma dessas "imagens diversas" mostrava Mal no filme *Help!*, trajado de Nadador do Canal. Hoernle preparou um *mockup* dessa imagem, que exibiu orgulhoso para a filha de 12 anos, Erika. Ela rememorou a empolgação do pai com a qualidade da reprodução da foto e por estar trabalhando com Mal no livro. Erika o acompanhava com frequência

Mal com Harry Nilsson

à 4th Street, então Mal acabou sabendo sobre um dia, em 1973, em que ela foi com o pai, ainda diretor de arte da Capitol, apresentar a John Lennon as provas da arte de capa de *Mind Games*. Conhecer um Beatle, é claro, foi um dia especial para a garota, que relembrou Lennon murmurando "fantástico" ao examinar a obra de Hoernle. Para essa capa, ele elaborou uma colagem de fotos feita à mão que contava com uma imagem de John se afastando simbolicamente de Yoko, retratada como uma montanha distante. Tocado pela lembrança de Erika Hoernle de ter conhecido Lennon durante o "Lost Weekend", Mal foi até seu baú do tesouro e a presenteou com seu exemplar autografado do livro de John, *In His Own Write*.[4]

Em agosto, Lipton assinou o contrato final com a Grosset & Dunlap em nome de Mal, abrindo caminho para a chegada da primeira e polpuda parcela do adiantamento. A essa altura, já havia circulado no Mundo Beatle e além a notícia de que Mal Evans iria publicar suas memórias. Embora John tivesse dado seu apoio ao projeto sem hesitar, não pôde deixar de fazer um comentário sarcástico numa carta a Derek Taylor. Zombando do que presumiu ser a banalidade da experiência de um *roadie*, Lennon escreveu que "Mal vai lançar o diário dele... 'Quinta-feira, 1965: acordei, carreguei a van'... deverá ser engraçado". John, que já tinha voltado para Yoko no Dakota, também mencionou ter visto as entrevistas de Derek e Mal no especial dos Beatles de David Frost em maio, notando que o *roadie* tinha "tingido o cabelo e mostrado o peito para qualquer um!".[5]

No mesmo mês, Mal recebeu uma carta de Mark Lapidos, que estava prestes a organizar a Beatlefest '75: Welcome to Pepperland no hotel Commodore, perto da Grand Central Station. Além de se oferecer para cobrir as despesas de Mal, Lapidos lhe garantiu que o festival "seria uma experiência muito divertida que [reviveria] a Beatlemania por uma semana com oito mil fãs novos e antigos da banda. As histórias e lembranças que você poderia recontar a eles criariam um barato natural por toda Nova York".[6] Para Mal e Fran, a viagem fazia total sentido. Como eles já estavam se preparando de qualquer modo para uma campanha de marketing para *200 Miles to Go*, o festival ajudaria Mal a começar a afiar seu talento para uma turnê de divulgação do livro. À medida que a notícia da publicação das memórias de Mal passou a se espalhar, ele também recebeu uma oferta da American Program Bureau para vender sua história no potencialmente lucrativo circuito de palestras. Em pouco tempo, John Mason assinou um contrato com a agência de Chestnut Hill, Massachusetts.

No início de setembro, com Jody a tiracolo, Mal e Fran viajaram para o festival. Pouco antes do voo que cruzou o país, Mal recebeu uma mensagem de Lil dizendo que ela não via outra forma de sair do afastamento prolongado deles que não fosse o divórcio. Isso dificilmente seria encarado como uma boa notícia para o *roadie*, que ainda preferia – mesmo após a esposa ter total conhecimento de sua vida em L.A. com Fran – manter seus dois mundos em compartimentos cuidadosamente sustentados. Na melhor das hipóteses, ele poderia se consolar com o fato de que Lily já tinha contemplado o divórcio antes, apenas para recuar e manter a vida familiar intacta – apesar de essa noção já ser amplamente ilusória a essa altura. Em momentos menos sentimentais, Mal até começou a entender o divórcio como um meio para um tipo de vida diferente, uma vida com Fran. "Mal me pediu em casamento quando o divórcio de Lily foi concluído", disse a namorada. "Tínhamos belos planos para o futuro."[7]

Como prometido por Lapidos, Mal teve uma ótima surpresa ao chegar em Nova York. Pelo segundo ano consecutivo, o festival recebeu um público extremamente entusiasmado de ferrenhos fãs dos Beatles. Ao lado do famoso *promoter* Sid Bernstein, Mal foi a atração principal do evento. Naquele fim de semana, ele iria dar duas entrevistas no palco ao radialista Jim Kerr e aparecer numa mesa de integrantes do círculo interno dos Beatles, que também contou com o hippie da casa da Apple, Richard DiLello, May Pang e Jürgen Vollmer, um dos amigos dos rapazes dos tempos de Hamburgo e fotógrafo da capa do álbum *Rock 'n' Roll*, de Lennon (antes conhecido como *Back to Mono*). Além de uma área de compras ao estilo mercado de pulgas, os presentes no festival desfrutaram da chance rara de ver os filmes dos Beatles na telona. Para Lapidos, o destaque foi assistir a *Magical Mystery Tour* da sacada do Commodore com Mal, que propiciou comentários constantes ao longo da exibição.[8]

Esperando para iniciar a conversa com Jim Kerr no Grand Ballroom, Mal ficou boquiaberto com a casa lotada – toda aquela gente estava ali para vê-lo em carne e osso. Ele entrou no palco trajando um jeans branco e sua camisa favorita, uma peça de estilo *western* que Ringo e Mo compraram para ele alguns anos antes. Os acessórios cuidadosamente escolhidos incluíam a medalha de Bangladesh, o colar de pedra presenteado por Ringo e um broche de um submarino amarelo minúsculo.

O fim de semana superou em muito as expectativas de Mal, que admitiu: "Foi realmente o sonho de uma vida".[9] Para sua apresentação, levou "um filme de Rishikesh, na Índia, no qual estamos meditando, e pensei: 'Bem, vou mostrar este filme de 15 minutos, falar por mais uns 10 minutos, responder algumas perguntas e sair de lá o mais rápido possível!'". Porém, não foi o que aconteceu – nem perto disso. Por quase duas horas, Mal manteve o público hipnotizado. "Tiveram de me tirar arrastado de lá no fim porque o público estava muito a meu favor", ele se recordou. "Foi maravilhoso. Era como ser um Beatle por um fim de semana, pois houve muitos autógrafos, fotos, gente causando um rebuliço, recebi muita atenção. Esse tipo de coisa me sobe muito à cabeça, sabe?"[10]

No Grand Ballroom, Mal respondeu bem-humorado uma questão atrás da outra, sem querer que a experiência terminasse. Quando lhe perguntaram a respeito de Neil, ele descreveu o ex-colega afetuosamente como "meu melhor amigo" e destacou que Aspinall ainda estava trabalhando duro no projeto do documentário *The Long and Winding Road*, que Mal esperava concluir com ele algum dia. Em dado momento, alguém da plateia tentou envolver Mal no enredo de Allen Klein e dos emaranhados financeiros dos Beatles, mas ele driblou a pergunta ao dizer: "Nunca entrei muito nos assuntos de negócios deles. Eu estava ocupado demais sendo amigo". E riu

Mal na Beatlefest de 1975

prontamente diante das indagações sobre os boatos absurdos de que Paul estaria morto. "Eu me sento ao lado do cara e converso com ele", disse, "e as pessoas tentam me convencer de que ele está morto". Naquele que foi facilmente o momento mais delicado da tarde, lhe perguntaram sobre o suicídio de Pete Ham. Mal, com a voz embargada pela perda, afirmou ter sido "um momento muito triste".[11]

No encerramento do festival, no domingo, Mal subiu ao palco para tocar pandeireta e cantar junto com a Northern Song, a banda da casa, formada pelos músicos Teddy Judge, Bob Hussey e Paul Unsworth, todos de Nova Jersey. Naquela última noite no Grand Ballroom, Fran esteve ao lado do namorado, desfrutando da luz do entusiasmo dele. Envolto no momento, Mal especulou que talvez até produzisse a banda que, no dia a dia, usava o nome de Pegasus. Ele descreveu a sensação de estar no palco diante dos aplausos da plateia como possivelmente a maior emoção de sua vida. "Não tem erro", disse. "Agarravam minhas pernas – foi ótimo. O clima estava bom demais. Todo mundo com um único propósito, que era se divertir e partilhar." Ao sair do palco naquele domingo, dividiu seu sonho mais querido com aqueles ali reunidos. "Se os Beatles um dia voltarem", bradou radiante, "quero estar presente!".[12]

Porém, a noite ainda não tinha terminado. Mal e Fran ficaram acordados até tarde com Teddy Judge, que mostrou suas demos para eles no hotel. Fiel à sua palavra, Mal considerava seriamente Judge e o Pegasus para um contrato de produção, deixando o músico eletrizado com a possibilidade de trabalhar com o *roadie*. Judge nunca se esqueceria de ter tocado suas composições para o casal, pausando de vez em quando para Mal relembrar mais uma história de sua vida antiga com os rapazes. "Foi uma ótima noite", rememorou o músico. "Eu era um jovem que era o maior fã dos Beatles do mundo naquela época, e ali estava Mal, compartilhando todas aquelas histórias incríveis sobre o grupo."[13]

Mal, Fran e Jody encerraram a estadia na Costa Leste com um jantar no Captain Starn's Sea Food Restaurant & Bar nos arredores de Atlantic City, onde se encontraram com os pais de Fran. Antes de embarcarem para o voo de volta a L.A., conseguiram tempo para uma rápida parada nos escritórios da Grosset & Dunlap no New York Life Building. Na ausência do editor-chefe Bob Markel, eles foram recebidos por Shelli Wolis, que ficou entusiasmada ao conhecer Mal em pessoa. "Ele era um amor!", lembrou. Wolis anunciou alegremente que Markel planejava publicar *200 Miles to Go* em agosto de 1976 como um livro de mesa em tamanho grande. Melhor ainda, a equipe de design pensara numa arte de capa com uma fotografia da famosa maleta de médico da época das turnês dos Beatles, acompanhada de um pôster desenhado à mão, com Mal usando o chapéu de caubói de aba larga. Como sempre, o *roadie* levara presentes, dando a Wolis uma foto autografada dos rapazes.[14]

Sob todas as perspectivas, a visita de Mal à Costa Leste com Fran e Jody foi um sucesso tremendo. Porém, como sempre, parecia não ser o bastante – nem mesmo os autógrafos, as fotos, a adulação. De volta à 4th Street, tudo colapsou rapidamente sobre ele, deixando-o num mal-estar profundo. Fran costumava telefonar em busca de ajuda, geralmente pedindo a Bob Merritt para que fosse até o duplex e trocasse algumas palavras de conforto com o *roadie*. "Eu ia até a casa de Franny e me sentava com ele para conversar", lembrou Merritt. "Ela me ligava e dizia: 'Ei, Mal está muito deprimido. Não sei o que fazer com ele'. Então eu ia até lá, me sentava e conversava com ele até acalmá-lo."[15]

Havia outras ocasiões, no entanto, nas quais Mal não conseguia se soltar de seus demônios tão facilmente e exacerbava sua condição com álcool e drogas. Foi quando, pela primeira vez, Fran se viu com medo do namorado, cuja escuridão nunca estivera tão aguda. O ápice chegou numa noite em que Mal, completamente bêbado, começou a ameaçá-la com sua pistola Colt Woodsman, chegando a encostá-la na cabeça de Fran antes de descarregá-la na máquina de lavar. Quando ficou sóbrio, ele pediu o máximo de desculpas possíveis, jurando que entraria na linha e seria o namorado que ela merecia.[16]

Mal e May dando autógrafos na Beatlefest de 1975

De início, o incidente deixou Fran bem alerta, mas, quando se encontrou com Laura Gross, já estava fazendo piadas sobre o ocorrido. "'Olha, ele matou a máquina de lavar', dizia ela", recordou-se Gross. "E eu rebati: 'Fran, isso não é engraçado. Você precisa me prometer uma coisa. Você tem uma filha de quatro anos que mora nesta casa. Está com um cara que tem sido instável e que agora pegou uma arma e a disparou dentro da sua casa. Você precisa se livrar de todas as armas que existem aqui, tipo hoje ou amanhã'. Então ela me falou: 'Meu Deus, você tem razão'. E eu continuei: 'Você tem de olhar nos meus olhos e me prometer que vai se livrar das armas que estão nesta casa'. E ela respondeu: 'Você está certa, sabe. Eu vou fazer isso. Vou mesmo'."[17]

Semanas depois, Mal saiu para almoçar com Laura e se abriu a respeito do seu estado de espírito atormentado. "Sabe, não sei o que eu quero da vida. Amo Fran, mas penso na minha família na Inglaterra, achando que deveria estar com eles. Não sei o que fazer. Estou numa encruzilhada, de verdade, tentando entender para onde ir." Nesse ponto, ele pediu ajuda a Gross: "Posso ir morar com você por um tempinho? No sofá, sabe, só para me afastar de tudo que está meio que me angustiando, só para pensar nas coisas e esfriar cabeça".[18]

No entanto, Laura – a essa altura com 23 anos – não tinha como aceitar aquilo de jeito nenhum. "Não podia ter esse homem na minha casa, pois ele era instável e já tinha sido violento", disse, abraçando o bom senso e suspeitando que Fran não tinha confiscado as armas do duplex. Gross então respondeu a Mal: "Eu te amo de verdade e espero que você entenda. E se não entender, vou ficar triste. Mas não posso. Não posso correr este risco. Estou preocupada demais com o seu estado mental e com o uso de drogas". Mal, por sua vez, pareceu entender e até concordar com a lógica dela.[19]

Num certo ponto de novembro, Bob Markel deve ter oferecido sugestões a Mal para encorpar mais o manuscrito – principalmente para somar mais conteúdo sobre os anos anteriores aos Beatles e reconsiderar o fim abrupto do livro, que fechava numa espécie de "E então?". Ao mesmo tempo, confidenciou a Martin Torgoff, seu editor associado de 24 anos, que "queria algo com mais profundidade, mais ousado e picante no sentido de sexo, drogas e rock 'n' roll".[20]

Ao longo de quatro encontros de transcrição entre novembro e dezembro de 1975, Mal e Lenard trabalharam febrilmente com o gravador rodando. Durante essas conversas, Mal contou inúmeros detalhes dos anos vividos em Liverpool e no País de Gales, além dos pormenores de como conheceu

Lily e do início de sua carreira como engenheiro de telecomunicações. Uma vez datilografado o novo conteúdo sobre a vida de Mal pré-Beatles, Lenard acumulou mais sete mil palavras, levando o manuscrito de *200 Miles to Go* para perto das 62 mil palavras (cerca de 250 páginas com espaçamento duplo). Em algum momento nesse intervalo, o título do livro passou de *200 Miles to Go* para *Living the Beatles' Legend*. Do ponto de vista comercial, a mudança fazia total sentido. Afinal, os Beatles eram a atração principal. Um leitor que examinasse as prateleiras das livrarias certamente ficaria mais propenso a levar um livro com o nome dos Beatles na lombada do que *200 Miles to Go*, que agora fora relegado a subtítulo.

Para Mal, novembro fechou com uma entrevista amigável a Laura Gross na KCSN, a estação de rádio universitária da Cal State Northridge. Na conversa, Gross delineou a carreira de Mal em relação aos Beatles, sugerindo que "por estar tão próximo de algo que era tão grande, você mesmo era um artista, em certo sentido. Era definitivamente uma celebridade e, para os fãs dos Beatles até hoje, Mal é um dos mais populares – todo mundo adora o Mal. É o favorito de todos os fãs dos Beatles". Ele ruborizou audivelmente e admitiu que possuía uma espécie de "exterior fajuto" que o ajudava conhecer gente com muita facilidade e fazer novos amigos. "Amo as pessoas", disse. "Acho que talvez esse seja o meu lance de toda a vida – pessoas. Em geral, me dou muito bem com elas, sabe?" Quando chegou o momento de discutir o recém-reintitulado *Living the Beatles' Legend*, ele compartilhou seu motivo mais querido para escrever o livro, que era conquistar os rapazes. "Este livro é a minha vida toda", explicou a Laura. "Quero que os quatro adorem o meu livro. Este é o meu sonho. Meu grande sonho se tornaria realidade se eles dissessem: 'Adorei o que você fez'."[21]

Com a chegada de dezembro, Mal entrou na órbita de Joey Molland. O ex-guitarrista do Badfinger tinha viajado para Los Angeles com sua nova banda, Natural Gas, onde planejava registrar algumas demos antes de conquistar um contrato de gravação. O baterista Jerry Shirley, ex-Humble Pie, explicou a origem do nome do grupo. "Soa bobo", disse, "mas, quando você para pra pensar, sem nenhuma besteira atrelada, o único significado é o que o grupo seria – um 'gás natural'".[22] Completado pelo ex-baixista do Uriah Heep, Mark Clarke, e pelo tecladista Peter Wood, o Natural Gas respondeu positivamente quando Mal expressou interesse em supervisionar a gravação das demos e, quem sabe, trabalhar mais com eles no ano seguinte. Como agora era *persona non grata* no Record Plant, Mal se encontrou com a banda no Total Experience Studios, em Hollywood, com Bobby Hughes, o ex de

Fran, como engenheiro de som. Nos dias que se seguiram, Mal supervisionou *takes* de "Little Darlin'", "The Right Time" e, apropriadamente para a época do ano, "Christmas Song". A banda soou afiada e bem ensaiada nas demos e convidou Mal para participar de uma reunião por telefone com o selo Private Stock no fim de dezembro.

Naquele mesmo mês, Mal teve a oportunidade rara de ver não apenas um, mas dois rostos familiares de seu passado com os Beatles. Primeiro foi Neil, que parecia animado, até mesmo sugerindo que a Apple Corps em breve teria um renascimento, agora que a questão terrível da sociedade dos Beatles estava resolvida. Em 2 de maio, a Apple tinha enfim encerrado as atividades na Savile Row, mas ainda manteria escritórios em St. James Place por um futuro próximo. Em essência, Neil comandava uma equipe básica que incluía algumas secretárias e contadores para manter o negócio vivo. Mesmo assim, estava feliz por ter se livrado de Klein e comprometido a sustentar o legado dos rapazes.[23]

Algum tempo depois, no domingo, 14 de dezembro, Mal recebeu um telefonema de Paul. Ele havia se encontrado com o velho amigo uns dias antes, quando o Beatle se hospedou no Beverly Hills Hotel para uma escala de 48

Manuscrito datilografado de *Living the Beatles' Legend*

horas em Los Angeles – estava voltando do Havaí, onde tinha passado férias com Linda e as crianças antes da turnê de primavera dos Wings pelos EUA. Paul agora ligava de Nova York. Linda e ele estavam visitando John e Yoko, que dera à luz o bebê Sean, dois meses antes, no 35º aniversário do marido.[24] Laura Gross estava no duplex da 4th Street na hora do telefonema. Como sempre, a precoce Jody atendeu o telefone e convocou "Malcolm Frederick".

Mal ficou extasiado depois da conversa com Paul, que "me ligou em casa para pedir que eu considerasse cair na estrada com ele na turnê de primavera de 1976". Para lá de satisfeito com o convite, Mal escreveu que "sinto de verdade que nossa amizade está mais forte do que nunca. Eu, com certeza, admiro tudo o que ele tem feito e vou defendê-lo firmemente até a morte". Num arroubo filosófico, citou que "Paul e Linda sofreram muitas críticas de supostos amigos, mas, apesar da mágoa que isso possa ter gerado, ele insistiu em seguir a própria estrela – um homem a ser admirado e respeitado na profissão que escolheu".[25]

Naquela mesma noite, Mal se encontrou com o jornalista Ken Doyle, colega de Laura na KCSN, para participar de *Full Circle*, programa transmitido ao vivo da Cal State Northridge no qual os ouvintes participavam por telefone. O campus estava quase deserto naquela noite, já que os estudantes tinham viajado para o recesso de inverno. Presente na ocasião, Rip Rense, amigo de Doyle, lembrou o entusiasmo de Mal no estúdio. O *roadie* disse ter ficado "trancado por cinco meses" trabalhando nas memórias e ficou emocionado com a chance de conversar sobre os rapazes. "Os Beatles são o meu assunto favorito", explicou. "Posso falar por horas e horas." Porém, quando o programa começou, Doyle não estava recebendo nenhum telefonema de ouvinte. Piscando para Mal da técnica, Rense então começou a ligar para o estúdio sob diferentes nomes e fazendo diferentes vozes e sotaques para forjar um público ativo.[26]

Inevitavelmente, Rense perguntou a Mal sobre a possibilidade de uma reunião dos Beatles. Admitindo que seria maravilhoso vê-los juntos de novo, Mal respondeu que "se desejos tornassem os sonhos realidade", seria quase uma certeza. Quando Rense comentou que ele também desejava essa reunião, Mal ficou emotivo e disse: "É bonito ouvir suas palavras. Fico arrepiado porque acredito nisso. E nada me deixaria mais orgulhoso ou satisfeito do que ouvi-los tocar novamente". Mais adiante no programa, quando Rense insistiu em tocar nessa questão, Mal respondeu de forma mais enigmática. "Enquanto os quatro estiverem vivos – ou se os quatro estiverem mortos – haverá uma chance."[27]

Joey Molland e Mal no Total Experience Studios

Antes de se despedir, Mal confessou sua ambição secreta de ser artista, sugerindo inclusive que "tenho, sim, planos pessoais de fazer um álbum". Contou ainda que acabara de trabalhar com o Natural Gas em estúdio. "Foi uma semana muito bonita, bem 'pra cima'. Adoro produzir – é um lado muito criativo da vida." Perguntado por Rense sobre qual artista ele acreditava que se tornaria o próximo "grande *superstar*" da década, Mal proclamou: "O Natural Gas! É um grupo maravilhoso, você vai adorar, são bonitos, bons rapazes e fazem uma música muito boa – um rock 'n' roll do bom. Abasteça com Natural Gas!".[28]

Com as festas de fim de ano se aproximando, Mark Clarke fez uma visita a Mal e Fran. Enquanto o *roadie* mostrava a ele sua coleção de memorabilia e armamentos no quarto de cima – com uma espada recentemente acrescida ao arsenal –, Clarke percebia que Mal estava abatido. Mas, na verdade, não chegou a ficar surpreso. "Ele tinha acabado de sair do maior turbilhão da história da música, certo?", disse Clarke. "Quem não estaria?"

Alguns dias depois, Mal participou da reunião ao lado do Natural Gas, que contou com Clarke, Shirley, o empresário Bill Cameron e o presidente do Private Stock, Larry Uttal. Enquanto discutiam os detalhes do papel de Mal na banda, a reunião saiu da linha após o *roadie* pedir um cachê exorbitante. Parecia um pedido estranho vindo de Mal, que já fazia parte da indústria fonográfica há tempo suficiente para saber como eram as coisas. Sem nenhuma outra alternativa, foi feita uma votação para ver se seu pedido seria aprovado. Todos – até mesmo Clarke, que se predispusera a ajudá-lo – votou "não", e a reunião foi encerrada.[29]

Joanne Lenard também relembrou a ocasião em que visitou Mal e Fran nesse período. Na opinião dela, Mal parecia estranhamente contido e até um pouco deprimido – um comportamento incomum para uma pessoa que normalmente parecia efusiva. Mal e ela haviam decidido tirar o mês de dezembro de folga e recomeçar o trabalho em *Living the Beatles' Legend* depois da virada do ano. "Acho que ele estava triste principalmente por causa dos filhos", disse Lenard. "Ele os amava e se preocupava muito com eles. Não conseguia parar de falar em Gary e Julie. Sei que ele tentava manter contato com eles, mas ficar afastado pesava muito [em Mal], que ficou deprimido. Mas nunca, nem em um milhão de anos, eu esperaria o que aconteceu poucas semanas depois."[30]

No Natal, Mal telefonou para Lil e as crianças em Sunbury. Na mesma época, tinha enviado uma carta para Staines Road East pedindo desculpas à esposa afastada por "estar mal das pernas" no que dizia respeito a mandar dinheiro para casa. Porém, "no ano que vem, começo a fazer turnês de palestras", escreveu. "Devo ganhar cerca de dois mil dólares por noite e viajar por todo o país." No lugar de presentes de Natal para Gary e Julie, ele incluiu notas de cinco libras para cada um. "Bem, meus amores", escreveu ao encerrar, "no próximo ano, com um milhão de libras, talvez eu possa então voltar para casa marchando como um herói para vocês todos. Amo vocês, Mal".[31]

Em algum momento daquela semana, ele conversou com Mark Lapidos, a quem agradeceu por convidá-lo para a Beatlefest, "o melhor fim de semana da minha vida". Mal explicou que não só esperava voltar ao festival de 1976, como planejava estar "em todos!".[32]

No dia 31 de dezembro, Mal telefonou para Sunbury mais uma vez para desejar a Lil e à família felicidades no Ano-Novo. Gary, abatido por uma forte gripe, se recordou vividamente de estar deitado no sofá e gritar: "Eu te amo, pai", enquanto Lily falava com o marido ao telefone da sala. Após essas amenidades trocadas, ela informou a Mal que marcara uma consulta com um advogado de divórcio no dia 6 de janeiro.[33]

Com o ultimato da esposa fervilhando em sua cabeça, é bem provável que Mal tenha telefonado para John no Dakota. No dia seguinte, em entrevista a Elliot Mintz, célebre personalidade do rádio de L.A., John falou de modo enigmático sobre uma ligação que recebeu de um amigo que "tinha acabado de se separar da mulher". O ex-Beatle estava preocupado que esse camarada, não identificado, "caísse na bebida como eu", referindo-se a seu "Lost Weekend" apartado de Yoko. Ao longo da entrevista com Mintz, John afirmou ter orientado o amigo a embarcar num caminho espiritual. "Esse foi o conselho que eu dei a ele", disse John, porém "provavelmente ele terá de seguir o caminho mais difícil. Afinal, ele é um homem, sabe, e nós costumamos nos expressar de uma maneira mais ríspida e tal".[34]

À medida que o ano de 1976 ia dando seus primeiros passos, Mal e Fran partilharam alguns dias tranquilos em casa. Ele parecia estar se controlando, embora tivesse começado a dar instruções consistentes sobre as várias necessidades estruturais do duplex – tarefas como cuidar corretamente da lareira e deixar o carro preparado para o inverno, que ele já estava executando.[35] Até que no sábado, 3 de janeiro, as coisas tomaram um rumo terrível.

Naquela tarde, Mal telefonou para Tom Evans, do Badfinger, aparentemente do nada. "Se algo acontecer comigo", disse ele, "você pode cuidar da Lily?".[36] Depois, à noite, pediu a Fran que servisse de testemunha de seu testamento. "Ele estava sob efeito de cocaína na hora", lembrou ela, que acatou o pedido com uma dose de ceticismo. Além disso, depois do incidente com a pistola, parecia melhor simplesmente atender ao capricho dele e esperar que o efeito da droga diminuísse até a manhã. Com Fran sentada a seu lado, Mal iniciou a redação do parco documento. "Começou bem, mas aí ele passou a divagar sem rumo à medida que a droga batia", relembrou ela.[37]

"De mente sã e corpo saudável", iniciou Mal, "este é meu testamento de última vontade". O primeiro ponto foi atribuir suas propriedades, deixando "as armas e os livros para Gary" e "as coisas de Elvis para Julie Suzanne". Cedeu os *royalties* de seu livro em parcelas iguais de 20% para Lily, Gary, Julie, Fran e Jody. A partir daí, o documento começou a perder a coerência. "Por favor, me perdoem", prosseguiu. "Eu amava o mundo, mas não soube lidar com ele." Após afirmar seu amor pelos "Beatles, Fran, Lil, Julie, Gary e Jody", repetiu uma leitura rudimentar de João 15:13, como havia feito em outubro de 1973 – escrevendo desta vez que "não há amor maior do que um homem dar a vida pela família".[38]

Naquela que talvez seja a admissão mais explícita de seu estado mental, Mal redigiu que "perdi meu filho e minha filha e nunca parei de amar Lil. Perdoem-me. Eu só quis ser feliz e agradar a todos, mas sofri com tanta culpa, nunca parei de amar Lily – lembre-se do píer. E amei uma fotografia de

Fran... John, George, Ringo, Paul, por favor, pensem em mim com carinho. Vou voltar para cuidar de vocês". Ao contemplar suas providências finais, Mal expôs sua maior esperança, aquela que só poderia ocorrer, como havia proclamado algumas semanas antes na KCSN, "se desejos tornassem os sonhos realidade". "Se vocês, Beatles, me amam, por favor, toquem no meu funeral seu tipo único de rock 'n' roll."[39]

No dia seguinte, domingo, 4 de janeiro, Mal parecia ter melhorado desse estado de esgotamento. "As coisas pareciam normais", disse Fran. "Ele acabara de desmontar a árvore de Natal. E então, em poucas horas, tudo teve fim."[40]

A tormenta pareceu começar naquela tarde, quando Mal telefonou para Ken Mansfield. Os dois velhos amigos tinham conversado apenas esporadicamente nos últimos meses, com Mal trabalhando em *Living the Beatles' Legend* e Ken desfrutando de um sucesso considerável como um dos principais progenitores do movimento *outlaw country*. De fato, naquela mesma noite, ele compareceria ao Billboard Music Awards representando a cantora Jessi Colter, uma de suas clientes estelares e esposa de Waylon Jennings. Mal ligou bem na hora em que Mansfield se preparava para sair para a premiação.

Ken pôde perceber que o amigo estava tomado por uma espécie de "euforia estranha". Mal já começou anunciando que "está tudo ótimo", que falara com Paul recentemente e que ele próprio estava prestes a fechar um contrato de produção de um disco. Antes que Mansfield tivesse a oportunidade de dizer uma palavra sequer, o *roadie* prosseguiu, comentando que havia concluído o livro há pouco e lhe dizendo: "Você vai realmente adorar". Para Mansfield, o tom da voz de Mal não combinava com as notícias aparentemente felizes que ele trazia. "Havia algo abaixo daquilo tudo que não era tão alegre."

Mansfield enfim conseguiu interrompê-lo: "Mal, você tem certeza de que está tudo bem? Vamos, Mal. Há algo errado e nós precisamos conversar".

Depois de uma longa pausa, Mal disse: "Sim".

Explicando que tinha de estar no evento da *Billboard* em nome de Jessi Colter, Mansfield marcou um encontro com Mal para tomarem um *brunch* na manhã seguinte no Musso & Frank, no Hollywood Boulevard.[41]

Algum tempo depois de desligar o telefone, Mal começou a ver fotos de Gary e Julie. "Ele ficou muito abatido", recordou-se Fran. "Passou a relembrar toda a infância, chorando, e eu me sentei e escutei." Nesse momento, ele foi brevemente até o andar de cima. Quando desceu, anunciou a Fran que tinha tomado um frasco inteiro de Valium.

"O que você está fazendo?", perguntou Fran na sala de jantar.

"Não posso ficar com meus filhos", respondeu ele. "Estão mortos para mim, e eu quero morrer."[42]

Deduzindo que talvez ele tivesse tomado os comprimidos numa tentativa desajeitada de se matar, Fran buscou ajuda. Às 20h15min, tentou ligar para Laura Gross, que, sem que Fran soubesse, tinha ido buscar a mãe no aeroporto. Fran estava decidida a não chamar a polícia, temendo que uma ficha policial comprometesse as chances de Mal obter um *green card*. No desespero, ligou para John Hoernle, cuja filha, Erika, relembrou o momento em que o telefone tocou: "Meu pai recebeu um telefonema porque Mal estava muito transtornado. Ele largou tudo e foi até a casa deles".[43]

Hoernle chegou ao duplex cerca de 30 minutos depois. Numa tentativa de acalmar o namorado, Fran persuadiu Mal a se deitar no quarto do

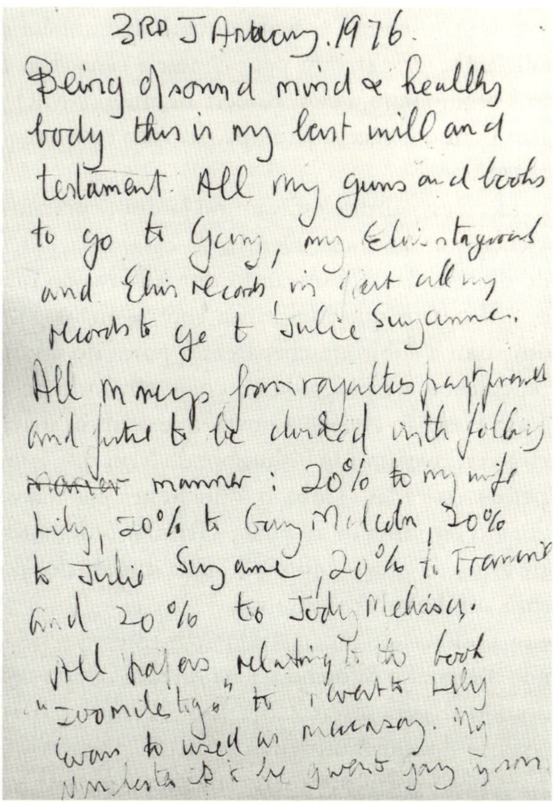
3RD JANUARY 1976.
Being of sound mind & healthy body this is my last will and testament. All my guns and books to go to Gary, my [illegible] and Elvis records, [illegible] all my records to go to Julie Suzanne.
All moneys from royalties past present and future to be divided in the following manner: 20% to my wife Lily, 20% to Gary Malcolm, 20% to Julie Suzanne, 20% to Francine and 20% to Jody [illegible].
All papers relating to the book "200 miles to go" to [illegible] Lily [illegible] as well as [illegible]. [illegible]

O testamento manuscrito de Mal

casal enquanto Jody dormia profundamente num cômodo mais ao fundo. Hoernle os seguiu até o piso superior. Mal parecia ansioso, "muito dopado e grogue", lembrou-se ele. Segundo Hoernle, o *roadie* teria lhe dito: "Por favor, não deixe de terminar o livro com Joanne".[44]

Logo após entrar no quarto, Mal pegou o rifle Winchester. Sentindo-se apreensivo ao ver a arma, Hoernle desceu para o térreo, enquanto Fran tentava convencer Mal a largar o rifle. Sem sucesso, ela tentou lutar para arrancar a arma dele, porém, mesmo naquele estado grogue, Mal era muito mais forte do que Fran, que disse a ele: "Se você não me der esta arma agora, vou chamar a polícia". Nesse instante, Mal "olhou bem nos meus olhos e respondeu: 'Franny, por favor, chame a polícia'".[45] Ele era o único que sabia que o Winchester estava carregado com quatro balas, uma na câmara e três no carregador.[46]

Em minutos, os oficiais David Krempa e Todd Herman, ambos da divisão de Wilshire do Departamento de Polícia de Los Angeles, adentraram o duplex. Fran anunciou que "meu namorado tem uma arma, tomou Valium e está totalmente transtornado". Sabendo que Jody também estava no piso de cima, os policiais se prepararam para conter a cena. Em pouco tempo, mais dois oficiais se juntaram a eles, Robert Brannon e Michael Simonsen. De revólveres em punho – exceto Krempa, armado com uma espingarda –, subiram as escadas.[47]

Fran e Hoernle, a essa altura, estavam no jardim, enquanto mais oficiais uniformizados chegavam ao local. Dentro da casa, os agentes se encontravam na metade das escadas. Observando que a porta do quarto principal estava fechada, ordenaram que Mal saísse com as mãos para o alto. Sem resposta, continuaram a subir até chegarem à porta do quarto. Nesse momento, Krempa colocou a espingarda no chão, temendo pela proximidade do quarto de Jody. Herman chutou a porta, que se abriu suavemente.[48]

Pela primeira vez, tiveram um vislumbre de Mal, que estava sentado no chão com as pernas esticadas. Tinha o Winchester nas mãos, com o cano levemente inclinado em direção ao chão. Herman ordenou repetidamente que Mal soltasse arma. O *roadie* enfim olhou na direção dos policiais e disse: "Não. Estourem a minha cabeça".

O confronto poderia ter prosseguido sem intercorrências se Mal não tivesse começado a erguer o Winchester na direção de seu ombro, como se estivesse preparando-se para atirar. Com isso, Krempa e Brannon dispararam seis tiros, quatro dos quais atingiram o alvo.

Mal caiu para trás, morto instantaneamente, a poucos metros dos diários, fotos e outras recordações que compunham a obra de sua vida.[49]

Para Fran, o som dos disparos foi "apavorante".[50] Quando os policiais dentro da casa descarregaram as armas, aqueles que estavam do lado de fora forçaram Fran e Hoernle a deitarem no chão para se protegerem. Enquanto isso, uma ambulância estacionada perto dali, na 4th Street, esperava em vão para atender ao chamado de socorro de Fran sobre uma possível tentativa de suicídio nos Flats. Momentos depois, Jody foi carregada para fora, ilesa, e reunida à mãe. Incrivelmente, a menina de quatro anos dormiu ao longo de todo o ocorrido.

Naquela noite, Fran foi levada à delegacia de Wilshire como testemunha depois de deixar Jody aos cuidados de vizinhos. Ao ser questionada sobre o processamento do corpo do namorado, ela ficou sem saber o que fazer, até que se lembrou do número de telefone que Harry Nilsson incluíra num cartão de Natal recente. Enlutado, o cantor foi até o cemitério de Forest Lawn para tomar as providências da cremação de Mal. Quando Harry perguntou como as cinzas do amigo seriam transportadas a Londres, foi informado de que o método mais barato envolvia um cilindro de papelão. "Você mandaria os restos mortais de um filho à mãe dele numa caixa de papelão?", perguntou incrédulo ao optar por uma urna sofisticada. As cinzas de Mal foram devidamente enviadas a Londres.

Para sua surpresa, alguns dias depois, Harry recebeu um telefonema de Neil, que perguntou frenético: "Harry, Harry! Onde está Mal?". Ele informava que a urna ainda não tinha chegado. "Ele não está aqui, a mãe dele está lá embaixo, a esposa dele, Lil, também está aqui, e está todo mundo chorando. O que eu devo dizer a elas?"[51]

Foi John, chorando e mergulhado num luto inconsolável no Dakota, quem finalmente deu a resposta. Num momento de leveza que Mal certamente teria apreciado, o ex-Beatle brincou que o amigo devia ter se perdido no departamento de correio morto.[52]

EPÍLOGO

UM PORÃO CHEIO DE POEIRA

IN LOVING MEMORY OF

MALCOLM F. EVANS

AGED 40

FORMER ROAD MANAGER FOR AND FRIEND TO, THE BEATLES

AND FRIEND TO BEATLE FANS EVERYWHERE,

WHO PASSED AWAY JANUARY 4, 1976

AND WHEN THE NIGHT IS CLOUDY
THERE IS STILL A LIGHT THAT SHINES ON ME
SHINE UNTIL TOMORROW, LET IT BE

O programa do memorial de Mal, 1976

Em fevereiro de 1988, 12 anos após a morte de Mal, Leena Kutti aceitou um emprego temporário na editora nova-iorquina G. P. Putnam's Sons. Seria um trabalho curto para a artista de 43 anos, que complementava a renda com bicos pelos cinco condados da cidade de Nova York. Imigrante estoniana, Kutti havia chegado à Ilha Ellis em 1949, quando desembarcou com a família do USNS *General Harry Taylor*, navio de transporte da marinha. Assim como dezenas de milhares de adolescentes, ela assistiu à aparição dos Beatles no *Ed Sullivan Show* em fevereiro de 1964 e foi fisgada.[1]

O emprego na Putnam's a levou ao New York Life Building – mais especificamente, ao porão. Conhecido como depósito pela equipe da editora, o empoeirado piso subterrâneo era abarrotado de todo tipo de detrito possível, em sua maior parte, material administrativo – papelada e contratos relativos a um século inteiro da vida editorial americana. Mas também havia coisas estranhas em meio à acumulação estagnada – *objets d'art* como pinturas, esculturas e fotografias. E o trabalho de Kutti era, mais ou menos, jogar tudo fora.

Em 1982, a Putnam's tinha comprado a Grosset & Dunlap, e, em 1988, quando Kutti desceu até o porão do New York Life Building, as salas da editora estavam literalmente transbordando de material. Designada para ajudar a limpar o depósito, Kutti começou a vasculhar o conteúdo acumulado ali a esmo ao longo das décadas. Seu supervisor, também temporário, disse a ela que a tarefa deles era, em essência, esvaziar o porão. Ele esperava mandar a maior parte daquilo tudo para o lixo, mas, se por acaso encontrassem qualquer coisa de valor, esses itens poderiam ser transportados até o segundo depósito da companhia do outro lado do rio, em Nova Jersey.

No segundo dia de trabalho, Kutti deparou-se com quatro caixas de arquivo, percebendo, quase de imediato, que o conteúdo delas tinha uma significância particular. Ao examiná-las, contemplou o que pareciam ser fotos antigas dos Beatles. Em seguida, encontrou um manuscrito intitulado "Living the Beatles' Legend: Or 200 Miles to Go". Era um exemplar de formatação esquisita – datilografado todo em caixa alta. Ao folhear os cadernos e diários, Kutti certificou-se de que as caixas deveriam ser propriedade de Malcolm Evans, o *road manager* dos Beatles.

Entusiasmada, ela levou esse material ao supervisor, que a lembrou de que eles estavam numa missão de destruição, não num projeto de recuperação. Kutti, porém, persistiu, informando-o de que "há coisas sobre os Beatles aqui". Incrivelmente, o supervisor pensou que ela estivesse se referindo aos insetos*, o que a deixou ainda mais frustrada. "Acho que ele não era muito ligado em música", disse. "Dava para ver que ele era mais velho do que eu."[42] Entretanto, ela não desistiria tão fácil. Ao reiterar que as caixas eram, por

* Indicativo do célebre trocadilho com a sonoridade de "*beetles*" (besouros), palavra que, no nome da banda, se mescla a "*beat*" (batida, ritmo). (N.T.)

direito, propriedade da família de Evans, o supervisor se deu por vencido e mandou Kutti até os escritórios da editora, onde ela falou com Louise Bates, do departamento de contratos, *copyrights* e permissões.

Com quase 66 anos na época em que foi contratada, Bates permaneceu na editora depois que a Putnam's comprou a Grosset & Dunlap, tornando-se uma das decanas do setor. Quando Kutti se encontrou com ela em seu escritório na região central de Manhattan, percebeu que Bates a levava a sério – mas também ficou claro que as caixas de arquivo de Mal a deixaram desconfortável. Ela logo explicou que precisaria checar com o jurídico e talvez até enviar o material a Los Angeles para os advogados que haviam originalmente cuidado do contrato.

No entendimento de Kutti, Bates estava preocupada em demasia. Para a funcionária temporária, aquilo parecia um problema simples com uma solução igualmente simples: por direito, o material pertencia aos familiares sobreviventes na Inglaterra. Naquele sábado, 13 de fevereiro de 1988, Kutti decidiu resolver a questão por conta própria. Foi até a esquina da West 72nd Street com a Central Park West, se dirigiu à guarita banhada a cobre adjacente à majestosa arcada do Dakota e entregou ao porteiro um envelope selado para "Sra. Yoko Ono", com a indicação "em pessoa" escrita abaixo. Na carta, Kutti incluiu seu telefone e não mediu palavras: "Isso diz respeito a alguns itens pessoais de Malcolm", escreveu. "Sinto que eles devam ser devolvidos diretamente à família."

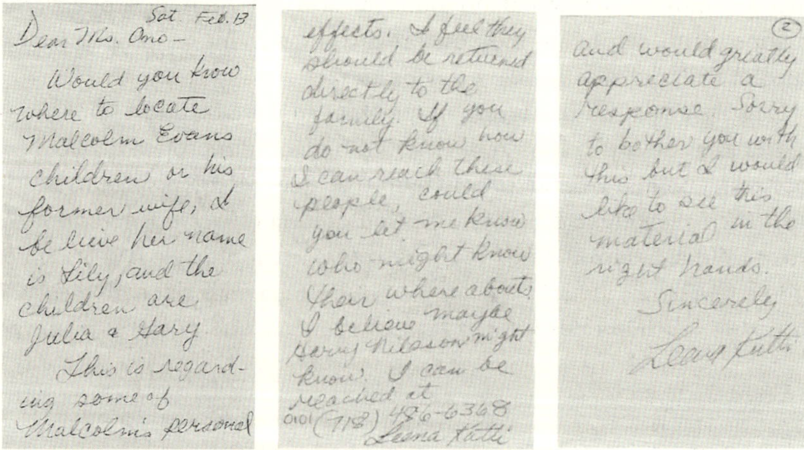
Sat Feb. 13
Dear Ms. Ono –
Would you know where to locate Malcolm Evans children or his former wife, I believe her name is Lily, and the children are Julia & Gary.
This is regarding some of Malcolm's personal effects. I feel they should be returned directly to the family. If you do not know how I can reach these people, could you let me know who might know their whereabouts. I believe maybe Harry Nilsson might know. I can be reached at 0101 (718) 486-6368
Leena Kutti

(2)
and would greatly appreciate a response. Sorry to bother you with this but I would like to see this material in the right hands.
Sincerely,
Leena Kutti

A carta de Leena Kutti para Yoko

E Kutti não parou por aí. Na segunda-feira, compilou um inventário de seis páginas com o conteúdo das caixas de arquivo. Assim que ela começou a organizar o material, parecia ainda mais fascinante do que antes: havia uma foto colorida autografada de Elvis Presley; um desenho de Mal assinado por John Lennon; mais um desenho do *roadie*, feito por Paul McCartney e com os dizeres "Para Mal, a Van, de James Paul, o Baixo". E ainda incluía um total de dez filmes Super 8, com títulos como "Férias em Família", "Beatles na Índia", "África", "Grécia" e "Viagem de Avião (Paul)".

Quando Kutti retornou ao depósito alguns dias depois, prestes a encerrar seu trabalho para a Putnam's, descobriu que as caixas não estavam mais lá. Voltou então a se encontrar com Bates no escritório dela, onde se deparou com todas as caixas cuidadosamente empilhadas ao lado da escrivaninha. Mais uma vez, Kutti não pôde deixar de notar o quão desconfortável e preocupada Bates parecia, "como se quisesse lidar com aquele negócio o mais rápido possível". Bates dava indícios de estar particularmente inquieta quanto aos "advogados em L.A.", que queriam o material, mas se recusavam a pagar o frete das caixas até a Costa Oeste. Aquilo não fazia o menor sentido para Kutti. "Eles estavam tão preocupados com o custo que nem sequer concebiam o quão importantes e valiosas aquelas coisas eram."[3]

Com um novo trabalho iniciando na segunda-feira na Credit Suisse, Kutti se deu conta de que o tempo aparentemente se esgotara. Ela, no entanto, ainda tinha uma carta na manga. Tirou uma xerox do inventário, folheou as listas telefônicas internacionais na Biblioteca Pública de Nova York e, de papel e caneta na mão, escreveu uma carta para Lily Evans, Staines Road East, 135, Sunbury-on-Thames. Kutti queria garantir que a viúva de Mal pelo menos soubesse do drama que se desenrolava em Nova York.

O que ela não sabia era que Yoko tinha, sim, recebido sua carta. De fato, quando Kutti começou o novo trabalho nos escritórios da Credit Suisse, na Madison Avenue, nº 11, trâmites já estavam em andamento na Gold, Farrell & Marks, escritório de advocacia da Apple Corps, que, por coincidência, ficava bem em frente ao New York Life Building. Um dos sócios da firma, Paul V. LiCasi, assumiu a liderança do caso em nome de Yoko e Neil Aspinall, nomeado diretor-executivo da Apple em 1976, no rastro da dissolução da sociedade dos Beatles.

O que LiCasi e seu time conquistaram em poucos dias foi uma obra-prima da advocacia. Assim que a Apple se apossou das caixas de arquivo, estabeleceram um acordo com a Putnam's para proteger o legado de Mal. Matthew Martin, advogado da editora, escreveu para a Apple, afirmando que "conforme nossa conversa por telefone em 4 de março de 1988, venho por meio desta confirmar que nem a Grosset & Dunlap, nem a Putnam Publishing Group e nenhuma de suas subsidiárias ou afiliadas detêm *copyrights* ou direitos de publicação da obra literária sem título sobre os Beatles (incluindo texto, fotografias, desenhos, memorabilia e outros materiais preparados e reunidos para a obra), que teria sido assinada por Mal Evans". Mais importante, acrescentou Martin, "por favor, estejam assegurados de que nem a Grosset, nem a Putnam têm planos ou intenções de publicar qualquer material de autoria de Mal Evans ou preparado por ele".[4]

Infelizmente, esse nem sempre foi o caso da Grosset & Dunlap nos dias, meses e anos que se passaram após a morte de Mal no dia 4 de janeiro de 1976. Como se veria, a editora não era a única parte interessada em tentar levar a história de Mal – e seu baú do tesouro de recordações – ao mercado. Dentro de 48 horas da morte do namorado, Fran fez as malas e partiu para um retiro de seis semanas com Jody na casa de seus pais, na Filadélfia. Para ela, era uma questão de tentar sobreviver à devastação. Aos 26 anos, ela tinha de remontar a vida – e logo – mais do que tudo pela filha.

Antes de Fran partir de L.A. – e antes mesmo de a cena do crime ter sido limpa –, John Hoernle passou pelo duplex para buscar alguns documentos e itens de Mal sob o pretexto de completar o manuscrito para a publicação. Numa declaração juramentada de junho de 1976, Fran afirmou que Hoernle e Joanne Lenard pegaram uma boa parcela do material de Mal porque "temiam que a casa fosse saqueada". No que dizia respeito a "essa coisa do John Hoernle", prosseguiu Fran, "ele tem sido muito sorrateiro o tempo todo. Supostamente, eram amigos próximos. John era o diretor de arte. Quando eu estava na Costa Leste, disse à Grosset que me sentaria com o escritor e o ajudaria a concluir o livro por Mal. Então liguei para John [Hoernle] e pedi que ele contasse a boa notícia a eles, [mas Hoernle e Lenard] disseram que só eles dois sozinhos terminariam o livro, sem mim. Foi a última vez que conversamos. E foi muito frio. Eles ainda estão de posse de todas as coisas dos Beatles. E agora ele está segurando o livro, seis meses depois. Um amigo meu...".[5]

Hoernle e Lenard claramente tinham intenções de publicar o manuscrito. Após resgatarem o material do duplex, lançaram uma ofensiva de persuasão. Numa carta de quase condolências à viúva de Mal, Lenard escreveu: "Pelos últimos nove meses, Lil, nós dois praticamente vivemos com Mal trabalhando no livro, de modo que ele se tornou parte de nós – não acho que nenhum de nós dois já teve uma amizade tão próxima como a que compartilhamos com Mal. Ele falava de você, de Gary e de Julie praticamente todos os dias".[6] Na cabeça de Lenard, ela e Hoernle estavam honrando a memória de Mal na tentativa de concluir o livro de memórias para publicação. Além disso, estavam tão chocados e confusos quanto todo mundo no círculo de Mal e Fran. A morte dele não fazia nenhum sentido, ponderou Lenard. "Ele sempre foi um cara tão alegre, sabe? Tinha uma alma gentil. Era uma pessoa muito maravilhosa."[7]

Hoernle e Lenard, entretanto, seriam logo descartados por completo dos negócios das memórias de Mal Evans. Sob ameaça de queixa criminal, o casal entregou o material ao escritório de Harold Lipton. O advogado então apresentou um recibo com a seguinte discriminação:

1. Diários de Malcolm F. Evans que estiveram de posse do sr. Hoernle e da srta. Leonard [*sic*], correspondentes aos anos de 1964, 1967 [*sic*], 1968 e 1970 a 1974.[8]
2. 208 páginas datilografadas referentes a 23 páginas de manuscrito que o falecido ditou à srta. Leonard [*sic*] até a data de sua morte, que ocorreu a 4 de janeiro de 1976.[9]

No início da primavera, o editor-chefe da Grosset & Dunlap, Bob Markel, enviou o editor associado Martin Torgoff para reaver o material de Lipton. Enquanto embalava a memorabilia e os manuscritos para serem transportados a Nova York, Torgoff lembrou ter ficado "um tanto quanto impressionado ao mexer nas coisas dele. Era fascinante demais ver aquelas fotos".[10] Dias depois, ele depositou o material na frente da sala de Markel, no New York Life Building.

Nesse meio tempo, em Beverly Hills, Lipton claramente vinha reunindo suas forças. No dia 13 de janeiro, contatou Ringo e suplicou que o ex-Beatle o ajudasse a levar as memórias de Mal ao mercado. A cereja do bolo, escreveu Lipton, seria o baterista "se disponibilizar ao escritor que vier a concluir o manuscrito", acrescentando que "seria uma homenagem maravilhosa à memória de Mal".[11] A Grosset & Dunlap havia escalado o premiado jornalista de rock David Dalton para completar o projeto. Um dos cofundadores da revista *Rolling Stone* e autor de *James Dean: The Mutant King*, Dalton parecia a escolha lógica para terminar o manuscrito do livro que agora receberia o título de *The Beatles: A Celebration in Words and Pictures*, com autoria atribuída a Mal Evans e David Dalton. Uma proposta elaborada pela Grosset & Dunlap anunciava que "é desejo dos editores manter o objetivo de Mal nitidamente em foco e preservar seu tom autêntico e sua perspectiva sem recorrer a materiais, mesmo que existam, que coloquem qualquer um dos Beatles em posição de ridículo ou constrangimento".

A proposta parecia arquitetada para comunicar ao time dos Beatles que a publicação das memórias de Mal não seria prejudicial às suas reputações individuais ou coletivas. Mesmo assim, Brian Brolly, diretor-gerente da MPL Communications, organização que cuidava dos interesses comerciais de Paul, fez consultas sobre como garantir uma cópia do manuscrito a seu cliente. A essa altura, Lipton, determinado a ver o projeto acontecer, acreditava que um elemento essencial seria a participação dos Beatles em novas entrevistas. Como sempre, o advogado trabalhava intimamente com a Grosset & Dunlap, com quem tinha uma associação longeva. Em fevereiro, Bob Markel solicitou os serviços de Lipton para providenciar uma cópia do atestado de óbito de Mal, no intuito de abrir um sinistro de seguro para reaver o adiantamento concedido pela editora. Em abril, para garantir a cooperação dos ex-Beatles, Lipton incumbiu o advogado John Mason de contatar Neil e lhe apresentar a nova proposta do livro. Cartas semelhantes foram enviadas a Fran e Bruce Grakal, advogado pessoal de Ringo.

Incrivelmente, Lipton só escreveu para Lily Evans *depois* que Neil o informou de que os Beatles não concederiam entrevistas a Dalton. Numa carta de 11 de junho, Lipton se apresentou à viúva de seu antigo cliente, comunicando a ela que "a editora ainda está muito entusiasmada quanto ao livro. Contudo, precisamos de ajuda. Tenho me esforçado para providenciar uma entrevista dos Beatles aos editores para suplementar e complementar as informações e as experiências relatadas por Mal. Até hoje, porém, não obtive sucesso". Para encerrar, Lipton escreveu: "Acredito que o livro tem um potencial comercial e econômico excelente, mas as entrevistas com os Beatles poderiam fazer uma enorme diferença nas vendas. E agora é a hora!".[12]

A essa altura, Grakal – muito possivelmente por instrução expressa de Ringo – demonstrara seu papel como um aliado-chave para Lil. Em março, ela procurou a ajuda dele para recuperar os documentos e itens pessoais de Mal, busca que só terminaria 12 anos depois, quando Leena Kutti os descobriu no porão do New York Life Building. Embora as cartas a Lil, Fran e Neil sugiram um desejo de ver a emocionante jornada de Mal com os Beatles publicada, os interesses de Lipton eram em grande parte financeiros. Como agente de fato do livro, ele ganharia uma porcentagem das vendas. Muito mais tarde – depois que toda a esperança de publicar a obra de Mal pela Grosset & Dunlap parecia perdida –, Lipton escreveu mais uma vez para Lil, cujos advogados vinham lhe importunando para devolver as posses de Mal.

Lipton calculava que, antes de morrer, Mal somara até 20,1 mil dólares em honorários legais e cerca de 1,5 mil dólares em custos legais – valores descaradamente sem noção para a negociação de um contrato literário naquela época, em especial quando o adiantamento total concedido a seu cliente fora de 25 mil dólares.[13] Inclusive, incorrer em custos legais para obter um adiantamento de tal valor seria considerado mau negócio. Ainda assim, nessa carta de agosto de 1979, Lipton deixou claro que ajudaria Lily a reaver as posses do marido, mas apenas depois que ela quitasse essa conta exorbitante com o advogado.

Para Lily, a experiência de processar a morte do marido, tanto emocional quanto logisticamente, foi um pesadelo. Informar Lil sobre os detalhes do testamento de Mal de 3 de janeiro de 1976 – embora ele não tivesse valor legal – coubera a Neil, que ligou para o Departamento de Polícia de Los Angeles e pediu que as especificações do testamento lhe fossem lidas pelo telefone para que pudesse prestar auxílio à viúva do amigo em seu momento mais sombrio. Na verdade, Lily só veria o testamento de Mal em março de 1988, quando o pacote da Federal Express contendo o tesouro encontrado por Kutti no depósito da Putnam's finalmente chegou à sua porta.

Até onde Lily sabia, o manuscrito "Living the Beatles' Legend" era o produto de um sonho febril inventado por seu marido – o mesmo homem que, na última carta para casa, acreditava que logo estaria dando palestras por dois mil dólares cada uma. Em abril de 1976, Lily respondera a carta de Lenard e Hoernle – não apenas para agradecê-los pelas condolências, mas também para recolher informações vitais. "A morte de Malcolm é um grande mistério para mim, já que eu o conhecia como um grande coração mole que não machucaria uma mosca", escreveu ela. "Embora ele tenha deixado a mim e às crianças, que eu sei que ele amava à sua maneira, ainda tenho muita afeição por ele e não consigo entender como ele chegou a tal estado." E havia ainda a questão do manuscrito do *roadie*: "Talvez vocês sejam capazes de me ajudar a obter dados sobre o livro que Mal estava escrevendo e com o qual vocês estavam tão envolvidos, já que eu detestaria que todos os esforços dele fossem desperdiçados".[14] No entanto, embora viessem a emergir de novo brevemente no fim dos anos 1970, Hoernle e Lenard já tinham sido relegados a figurantes na saga pelas memórias e posses de Mal. Lil teria de prosseguir as investigações com outras fontes.

Sua grande chance finalmente chegou em fevereiro de 1978, quando ela e Gary se reuniram com representantes da Grosset & Dunlap para conversar sobre a possível publicação das memórias de Mal. Gary recordou-se de ter se encontrado, junto à mãe, com duas mulheres no hotel Savoy.[15] Em correspondência para sua irmã Vera, Lily descreveu o desfecho da reunião, durante a qual Jeannie Sakol e Stephanie Bennett, em nome da Grosset & Dunlap, propuseram a ideia de publicar *Living the Beatles' Legend* em troca de 25% dos rendimentos.[16] Harold Lipton, também mencionado na reunião, receberia 10% dos lucros, enquanto Hoernle teria 5%. A divisão financeira apresentada por Sakol e Bennett indicava erroneamente 25% para Fran, embora ela já fosse receber 20% como empresária de Mal.

Quando todos os gastos fossem deduzidos, a proposta de Sakol e Bennett deixava 15% para Lily, incluindo a condição de que quaisquer petições ou despesas subsequentes viriam da parte dela. Além disso, elas a alertaram que "quase todos que conheciam Mal poderiam fazer reivindicações que só virão à tona quando e se o livro for publicado". Preocupada com a paz de espírito da irmã e receosa de que ela se enredasse em histrionismos legais, Vera aconselhou Lily a não fechar negócio com as duas mulheres, por mais empolgadas que estivessem para publicar a história de Mal. "Não me admira que Jeannie Sakol e Stephanie Bennet estivessem *tão* entusiasmadas", escreveu Vera. "Elas irão ganhar 25% enquanto você *talvez* fique com 15."[17]

Desesperada para evitar ainda mais dores de cabeça sobre o destino da obra do marido, Lily recusou a oportunidade. Após confrontar os muitos mistérios e emaranhados deixados para trás por Mal, a essa altura falecido há mais de dois anos, ela estava absolutamente exausta. Naqueles primeiros e terríveis dias de janeiro de 1976, ela lutou bravamente para consolar Gary e Julie, cujo pai, já distante, fora arrancado do mundo de uma vez por todas.

Os pais de Mal, Fred e Joan, estavam visitando a filha mais nova, June, em Greenwich, após o Ano-Novo quando a notícia da morte de Mal chegou. A outra filha deles, Barbara, e sua família também estavam lá. Quando recebeu a ligação de Lily, June estava ao lado da mãe, que disse: "Ele morreu, não?". Em seguida, quando deram a notícia a Fred, ele respondeu: "Deveria ter sido eu".[18]

Os pais e as irmãs de Mal imediatamente dirigiram até Sunbury para ficar com Lily e as crianças. "Assim que pisamos na casa", disse Barbara, "o telefone não parou de tocar. Repórteres queriam saber o que tinha acontecido, então só dizíamos 'sem comentários', 'sem comentários', 'sem comentários', porque nós mesmos não sabíamos de nada".[19] Numa estranha reviravolta do destino, June lembrou-se da terrível ironia da chegada, nos dias seguintes à sua morte, de todos os cartões de Natal que Mal enviara aos familiares dos EUA.

Em Sunbury, a casa transbordou de telefonemas e cartas de condolências – sendo a mais pungente talvez a escrita por John. "É sempre mais difícil para aqueles que ficam", escreveu Lennon a Lily. "Ele era um homem bom, e eu o amava. Ele sempre te amou e *nunca* parou de falar de você e das crianças." Ao final, o Beatle fez uma observação para Gary: "Você é o Homem da casa agora. Cuide da mamãe".[20]

Não é de surpreender que, para os pais de Mal, toda aquela situação terrível já carregava um fardo pesado. E, como se não bastasse a tragédia de perder o filho mais velho com apenas 40 anos, a morte de Mal era agravada pelo borrão das manchetes. "POLÍCIA INVESTIGARÁ O TIROTEIO DE BIG MAL", berrava a primeira página do *Liverpool Echo* na cidade natal deles. Para Fred e Joan, então com 70 e 61 anos, respectivamente, aquilo representava uma insensibilidade absoluta. "Teria sido tudo um erro espantoso?", se perguntavam, ecoando a questão que assombraria fãs e confidentes dos Beatles por décadas.[21] Assim como a figura descomunal de Mal, as lendas, boatos e dúvidas não respondidas cresceriam em estatura. Será que a morte dele foi resultado de algum terrível acidente ou, pior ainda, violência policial? Será que a arma estava carregada? Talvez não tivesse sido nem um rifle, mas uma arma de pressão, um mero brinquedo que a polícia tomou por uma arma letal? Nos momentos mais sombrios, Fred vociferaria contra os próprios Beatles, lamentando que "estava tudo bem com Mal até ele conhecer aqueles quatro".[22] A experiência horrível era intensificada, é claro, pelo extravio das cinzas de Mal. Até mesmo a simples tarefa de organizar um funeral se tornara mais uma saga.

Depois de longas seis semanas, os restos mortais de Mal foram enfim localizados (ainda na urna cara comprada por Harry Nilsson) na prateleira de um depósito no aeroporto de Heathrow. Em fevereiro, o funeral foi realizado numa cerimônia privada no crematório de South West Middlesex, em Hanworth. Embora os Beatles não tenham comparecido – o evento solene teria virado um imediato circo midiático –, George ofereceu cinco mil libras a Lily para cobrir as despesas. Já Bill Elliott e Bobby Purvis, do Splinter, foram prestar homenagens. A família espalhou as cinzas de Mal no local no formato de um crucifixo.[23]

Após alguns dias, em 26 de fevereiro, um memorial foi celebrado na Igreja de Todos os Santos em Allerton, Liverpool. Desta vez, Neil Aspinall e George Martin estiveram presentes, enlutados na mesma cidade onde os Beatles construíram seu nome tantos anos antes. Depois da cerimônia, Fred e Joan fizeram uma recepção em sua casa, na Waldgrave Road, 75. Naquela

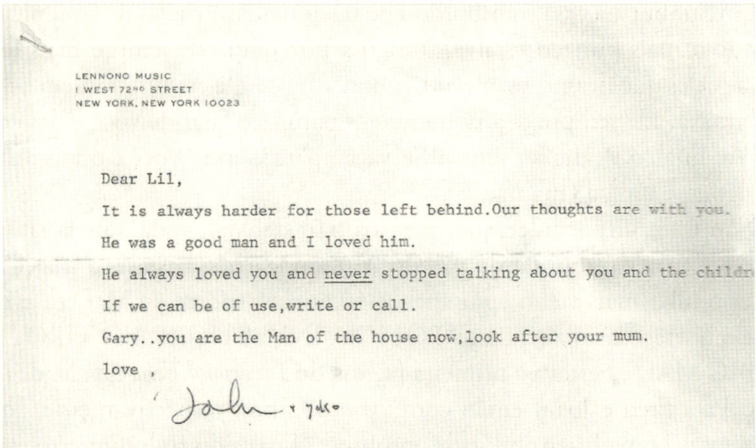

LENNONO MUSIC
1 WEST 72ND STREET
NEW YORK, NEW YORK 10023

Dear Lil,

It is always harder for those left behind.Our thoughts are with you.

He was a good man and I loved him.

He always loved you and never stopped talking about you and the childr

If we can be of use,write or call.

Gary..you are the Man of the house now,look after your mum.

love ,

John + Yoko

A carta de condolências de John e Yoko para Lily

noite, Fred tirou a gravata preta que usava todos os dias desde que recebeu a terrível notícia da morte do filho. "É isso", disse ele, cerca de 52 dias depois. "Sinto que ele foi colocado para descansar com dignidade."[24]

Com tão poucas respostas sobre como Mal tinha morrido, Fred e Joan voltaram sua ira a Fran. "Fiquei de coração partido quando eles pensaram que eu era responsável pela morte do filho deles", se recordou ela. Num esforço para honrar a memória do namorado falecido, Fran escreveu uma carta aos pais dele, delineando a triste história das últimas horas de Mal, incluindo sua morte. "Não pensem mal de seu filho", disse ela. "Ele simplesmente não foi capaz de encarar todas as realidades da vida."[25] Alguns dias depois, ela recebeu uma resposta de Fred e Joan. "Agora sabemos o que aconteceu com nosso filho", escreveram. "Sabemos por que ele te amava tanto."[26]

Ainda assim, a perda súbita de Mal reverberaria por décadas, deixando quase todos num estado de perplexidade, imaginando se a morte dele poderia ter sido evitada. "Foi uma loucura, uma grande loucura", disse Paul. "Mal era um grande ursinho carinhoso *roadie*; exagerava de vez em quando, mas nós todos o conhecíamos e nunca tivemos problemas. A polícia de Los Angeles foi infeliz. Souberam que ele estava no andar de cima com uma espingarda, então correram até lá, chutaram a porta e atiraram nele. A namorada dele tinha dito que ele estava meio taciturno e tinha tomado uns calmantes. Se eu estivesse lá, teria dito: 'Mal, não seja bobo'. Na verdade, qualquer amigo dele poderia tê-lo convencido sem muita dificuldade, pois ele não era um doido. Mas a namorada dele – que era uma garota de L.A. – não o conhecia tão bem. Não deveria ter chamado a polícia. Mas é assim que funciona – uma batida na porta, 'Onde está ele? Onde está o agressor?' Bang, bang, bang. Eles não fazem perguntas. Atiram primeiro."[27]

Com Fran e Jody na Filadélfia, Laura Gross e Bobby Hughes foram até o duplex para deixar o quarto principal apresentável para o retorno delas. Juntos, limparam as manchas de sangue das paredes e cobriram com massa as superfícies expostas. Obviamente, foi uma experiência traumática, que piorou quando eles passaram ao carpete que cobria o chão de madeira do quarto. Assim como as paredes, ele estava cheio de manchas de sangue. Ao se darem conta de que nunca conseguiriam recuperá-lo, enrolaram o carpete e, dado seu peso desconfortável, o jogaram da sacada para o quintal. Quando Fran e Jody voltaram, em meados de fevereiro, Bobby já tinha remodelado e pintado o quarto.

Determinada a apoiar a amiga ao máximo durante o luto, Laura morou com Fran e Jody no duplex pelos três meses seguintes, onde lamentaram juntas aquela perda tremenda. Anos mais tarde, surgiu um boato sem fundamento de que Fran teria mandado a Lily uma conta pela destruição do carpete do quarto. Na verdade, ela escrevera para a viúva de Mal com a esperança de conseguir algum auxílio no pagamento da fatura descomunal do cartão de crédito dele.[28]

Quanto aos terríveis acontecimentos de 4 de janeiro de 1976, o Departamento de Polícia de Los Angeles conduziria uma investigação sobre a morte de Mal, que foi considerada um "homicídio justificável". Mesmo assim, o conselho de revisão interno do departamento recomendou "correção" aos oficiais envolvidos no incidente – não uma medida disciplinar diante de má conduta, mas como meio de incentivá-los a serem mais cuidadosos quando envolvidos em situações de alta tensão e imprevisibilidade como a encontrada no duplex de Fran na 4th Street. Segundo o relatório do conselho, os oficiais "deveriam ter tirado mais tempo para avaliar a situação de forma apropriada". O relatório concluiu que a decisão de entrar na residência sob tais circunstâncias incertas "colocou os oficiais numa posição de desvantagem e poderia ter resultado na morte ou ferimento grave de algum dos agentes".[29]

Ao longo das décadas, a família e os amigos de Mal o homenagearam de inúmeras maneiras. Pelo resto dos anos na Waldgrave Road, Fred e Joan mantiveram uma foto emoldurada do filho num lugar de honra. Era a mesma – Mal com seu chapéu de caubói de aba larga – que o *roadie* pretendia usar na capa de seu livro de memórias. Com o passar dos anos, o casal aprendeu a lidar com a perda arrecadando dinheiro para caridade. Joan se dedicou a encher o apertado espaço em que viviam com todo tipo de itens a serem vendidos em bazares. Não à toa, a mãe de Mal ganharia o apelido* de "Jumbly Joan".[30]

A extensão da família Evans, por sua vez, fazia questão de ajudar o hospital infantil Alder Hey, em Knotty Ash, não muito longe de onde Fred e Joan se casaram em 1934. Sabendo do amor indefectível de Mal por crianças, parecia um modo apropriado de honrar sua memória. Posteriormente, quando os bens pessoais de Mal foram devolvidos a Lily, de tempos em tempos ela venderia alguns dos itens mais valiosos em leilões e doaria o dinheiro ao Alder Hey.

Já a maior parte dos amigos e parentes deixados por Mal o celebrariam de formas sutis. Durante o restante de sua vida profissional, Ken Mansfield manteve um porta-retrato com a foto do *roadie* em sua mesa, onde podia vê-lo e se lembrar dele todos os dias. Era uma fotografia tirada por Jackie Lomax de Mal e Ken num trem para a Filadélfia, em 1968.

Kevin Harrington honrou Mal todo santo dia ao levar sempre consigo algumas palhetas extras, exatamente como seu mentor lhe ensinou. Quando se encontrou com o filho de Mal numa exibição do documentário *Get Back* em novembro de 2021, em Londres, Kevin segurou as lágrimas ao orgulhosamente mostrar as palhetas a Gary.

Durante a realização da série *Anthology*, nos anos 1990, Laura Gross, por seus muitos anos de experiência na indústria, foi convidada para ajudar a produzir o material promocional do projeto. Ela se tornara especialmente próxima de Neil e ficou orgulhosa por colaborar na promoção de *Anthology*, sabendo que a gênese do documentário vinha do trabalho de Neil e Mal em *Scrapbook* e, mais tarde, *The Long and Winding Road*, no início da década de 1970. Em meio à preparação do documentário para seu lançamento, a arte de capa de Klaus Voormann foi levada ao escritório de Neil na Apple. E ali, num canto discreto da pintura, estava o nome de Mal.

Laura pôde sentir sua voz começar a embargar: "Ah, Mal".

"É, eu sei", respondeu Neil enquanto os dois fitavam a pintura com saudades do amigo.[31]

---

* No Reino Unido, o tipo de bazar do qual Joan participava é conhecido como *jumble sale*, que, em tradução literal, significa algo como "venda de bagunça" ou "bazar da bagunça", devido aos itens de segunda mão amontoados, vendidos sempre como meio de angariar fundos para caridade – e de *jumble* vem o apelido "Jumbly". (N.T.)

Também surgiriam momentos arrebatadores no qual membros do círculo interno dos Beatles compreenderiam a ausência gritante de Mal no mundo deles. Num exemplo inesquecível, Gary abriu a porta da Staines Road East, 135, para se deparar com George Harrison na varanda. Era 1982 quando o Beatle Discreto visitou a casa em Sunbury, ansioso para tirar um desconforto do peito. Enquanto Gary e Julie assistiam à televisão na sala, George seguiu Lily até a cozinha, onde desabafou sobre a culpa que sentia por ter convencido Fran a sair com Mal. "George pegou as xícaras enquanto eu esquentava a água", recordou-se Lily. "Ele se virou e, de olhos marejados, disse: 'Sinto muito pelo que fiz a você'."[32]

Enquanto os dois estavam na cozinha, Gary subiu e trouxe um par de guitarras que John Lennon havia dado ao pai – uma Höfner antiga dos tempos de Liverpool e um protótipo Vox branco de meados dos anos 1960, cortesia da marca.[33] George se divertiu muito ao tocar as guitarras para Lily e seus filhos e, depois, folhear velhos álbuns de fotografias e compartilhar lembranças.[34]

Fred e Joan Evans anos mais tarde

Houve ainda a ocasião, em 1989, na qual Yoko recebeu Lily, Gary e Julie em sua suíte de hotel em Londres, onde jantaram e conversaram sobre os velhos tempos. Mãe e filho eram gratos, é claro, pelo papel heroico de Yoko em fazer valer a descoberta de Leena Kutti e retornar os bens de Mal agilmente à família depois de mais de 12 anos num depósito frio. Na lembrança de Gary, foi uma bela noite, embora ele tenha chegado nervoso, envergonhado por seu peso na época. Yoko rapidamente intuiu a fonte daquela ansiedade. "Apenas seja você mesmo", disse a ele. "Pare de tentar parecer mais magro para mim." Para Gary, isso fez toda a diferença. "Isso quebrou o gelo por completo", se recordou. Conforme a hora avançava, Yoko trouxe a triste percepção de que ambos seus entes queridos, de uma maneira ou de outra, tinham sido vencidos pela violência armada. O grupo se abraçou às lágrimas antes da família de Mal ir embora da suíte de Yoko. Assim como a visita de George a Sunbury, a cordialidade e a generosidade de Yoko ajudaram Gary a repensar o papel de seu pai não só nas vidas dos membros da banda, como também em sua própria existência.[35]

Gary amava Mal inabalavelmente, mas nunca se esquivou da realidade do estilo de vida do pai. A história de Mal Evans era dividida em compartimentos, um deles reservado à família e o outro, aos Beatles. No primeiro, ele se deleitava no amor da esposa e dos filhos, a quem adorava inquestionavelmente. No segundo, vivia como um velhaco medieval, um tipo desenfreado que aproveitava a vida até o osso a todo momento. Quando esses dois mundos enfim colidiram no início de 1974, ele nunca se recuperou. Fora *descoberto* pela esposa e pelos filhos de uma maneira irrevogável e jamais foi capaz de se recompor.

No fim das contas, Mal viveu da forma como viveu – com enorme deliberação, às vezes de maneira imprudente e sem pedir desculpas – porque assim *escolheu* expressamente fazê-lo, passo a passo. Para ele, ter tamanha proximidade ao estrelato singular dos Beatles superava as alegrias e os compromissos da família. E com quase nenhuma exceção, quando se tratava dos Beatles *versus* a família, os Beatles sempre ganharam.

Porém, nós também ganhamos. Pessoas como Mal e Neil executam o trabalho muitas vezes invisível que faz com que a grande arte de qualquer estirpe realmente aconteça. Seus esforços na estrada e no estúdio não só ajudaram a tornar as vidas pessoais e criativas dos Beatles possíveis, como também lhes deram o espaço e a liberdade para produzirem suas contribuições ímpares ao mundo da música. Dessa forma, não diferem em nada de Brian Epstein ou George Martin, que também desempenharam papéis vitais e imensamente particulares na construção do firmamento de uma arte que irá eclipsar eras.

Ao longo dos anos, Mal gostava de apontar que o motivo pelo qual ele se dava tão bem com os fãs era porque ele era um deles. Assim como os mais ferrenhos entre nós, ele não se fartava dos ídolos. “Foi certamente emocionante”, disse Mal sobre a época que passou com os rapazes. “Eu poderia sobreviver disso. É melhor do que comida e bebida.”[36] E embora essa dependência tenha, sem dúvida, plantado as sementes de sua ruína, ele não iria – aliás, *não poderia* – fazer de nenhum outro jeito.

Mal em seu auge nos estúdios da EMI

AGRADECIMENTOS

Este livro simplesmente não existiria sem a boa vontade e a perseverança de Gary Evans, que, por décadas, esteve determinado a ver a extraordinária história de seu pai contada da maneira mais completa e honesta possível. Trabalhar com Gary e sua esposa, Vanda, foi uma das grandes alegrias da minha vida. A família Evans foi infalivelmente generosa com seu tempo e paciência. Agradeço também a Julie Evans Rossow, filha de Mal, por nunca se esquivar de meus pedidos por mais informações sobre a vida de seu pai. Devo semelhante gratidão a Barbara e June Evans, irmãs de Mal; e a Shan Morgan, sobrinha de Lily. Sou grato ainda à bondade de Ned Ryan, Paul White, Vic Evans, Paul Evans e Anne-Marie Carlin. Este livro é humildemente dedicado a Lily Evans, viúva de Mal, um modelo de classe e determinação.

Expresso meus sinceros agradecimentos ao extenso círculo de amigos e colegas de Mal e Lily por compartilharem suas lembranças: Stephen Adamick-Gries, Gary Adante, Nancy Andrews, Blair Aronson, Pete Best, Roag Best, Wallace Booth, Pattie Boyd, Tony Bramwell, Lizzie Bravo, Steve Brendell, Brute Force (Stephen Friedland), Leslie Cavendish, Mark Clarke, Ivor Davis, Richard DiLello, Micky Dolenz, Chip Douglas, Ken Doyle, Linda Easton, Marianne Evans, John Fanning, Peter Frampton, Merle Frimark, Laura Gross, Kevin Harrington, Bill Harry, Jann Haworth, Eunice Hayes, Jimmy Haymer, Leslie Samuels Healy, Derek Hughes, Bob Hussey, Mal Jefferson, Teddy Judge, Larry Kane, Freda Kelly, Tony King, John Kosh, Billy J. Kramer, John Kurlander, Judd Lander, Joanne Lenard, Michael Lindsay-Hogg, Rod Lynton, Ken Mansfield, Susan Markheim, Dave Mason, John Mason, Dana Mazetti, Mary McCartney, Mike McCartney, Vern Miller, Elliot Mintz, Joey Molland, Victoria Moran, Chris O'Dell, May Pang, Alan Parsons, John Quinn, Johnny Reed, Rip Rense, Fran Hughes

Reynolds, Dan Richter, Ethan Russell, Paul Saltzman, Chas Sandford, Bill Schnee, Georgeanna Slaybaugh, Richard Digby Smith, Var Smith, Allan Steckler, Chris Thomas, Ken Townsend, Lon Van Eaton, Klaus Voormann, Shaun Weiss, Alan White e, por último, mas não menos importante, as Apple Scruffs, em especial Carole, Chris e Sue.

Inúmeras testemunhas históricas compartilharam gentilmente sua energia e experiência para trazer este livro à tona, entre elas Anita Alexander, Tony Bacon, Peter Blachley, Erika Calvert, Tom Carswell, Pearl Cawley, Rik Cooke, Stan Corwin, Ray Dagg, David Dalton, Andy DiBiccari, Alyss Dorese, Wilfred Frost, Ronald W. Gore Jr., Steve Hale, Tony Hanley, Nigel Hartnup, Phil Hilderbrand, David Kelly, Phil Kenzie, Dennis Killeen, Angela Kurban, Konosuke Kuwabara, Jimi LaLumia, Ray Magee, Bob Markel, Christopher Scarfe, Chris Shaw, Joel Soroka, Martin Torgoff, Rosemary Weeks, Benjamin Whitaker, Ann Wilson, Richard Keith Wolff e Shelli Wolis.

Do mesmo modo, sou grato aos muitos colegas que forneceram conselhos especializados, incluindo Tom Adams, McKinzie Brantley, Jane Clemetson, Doug Ellis, Mark Hayward, Angela Leighton-Jones, J. Michael Lennon, Catharine Lynch, Nigel Pearce, Martin Porter, Mark Pringle, Larry Schiller, Mike Sullivan, Ann Swabey e Nik Wood-Jones.

O mundo do estudo dos Beatles envolve uma comunidade dedicada e seguramente generosa. Sou agradecido a muitos autores e pensadores dos Beatles por serem meus amigos e colegas constantes, como Jo Adams, Tom Adams, Jeffrey Ainis, Billy Amendola, Farshad Arbabi, Mitch Axelrod, Andy Babiuk, Keith Badman, Julia Baird, Glenn A. Baker, Jennifer Ballantyne, David Bedford, Belmo, Jim Berkenstadt, Tom Brennan, Alison Bumstead, Richard Buskin, James Campion, Peter Ames Carlin, Chris Carter, Harry Castleman, Bill Cermak, Ray Connolly, John Covach, Kathryn Cox, Terry Crain, Martin Creasy, Ken Dashow, Hunter Davies, Melissa Davis, Roger DiLernia, Howie Edelson, Mark Ellen, Scott Erickson, Walter Everett, Roger Farrington, Christine Feldman-Barrett, Tom Fontaine, Tom Frangione, Mike Frontani, Chuck Geneslaw, Rob Geurtsen, Joe Goodden, Fred Goodman, Stefan Granados, Debbie Greenberg, George Gunby, Chuck Gunderson, Nick Hale, Paul Harris, Jonathan Harrison, Piers Hemmingsen, David Hepworth, Tom Hunyady, Keith James, Joe Johnson, Ashley Kahn, Jude Southerland Kessler, Bill King, Philip Kirkland, Allan Kozinn, Howard Kramer, Peter Lee, Spencer Leigh, Rob Leonard, Gay Linvill, Bob Males, Steve Matteo, Joe Mayo, Ken McNab, Ken Michaels, Wenty Morris, Patti Murawski, Pete Nash, Alan Parker, Andy Pennance,

Wally Podrazik, Richard Porter, Hudson Ranney, Tim Riley, Dan Rivkin, Robert Rodriguez, Jim Ryan, Susan Ratisher Ryan, Christopher Sandford, Sara Schmidt, Dave Schwensen, Ken Sharp, Rob Sheffield, Adrian Sinclair, Jeff Slate, Cevin Soling, Brian Southall, Jackie Spencer, Bruce Spizer, Roger Stormo, Tony Traguardo, Steve Turner, David Venturo, Davide Verazzini, Vincent Vigil, Phil Winfield, John C. Winn, Doug Wolfberg, Eddie Zareh e Stuart Zolotorow.

Uma das grandes alegrias de viver e trabalhar num ambiente acadêmico envolve a oportunidade de interagir com estudantes e colegas. Por seus esforços na transcrição dos manuscritos de Mal, sou grato a vários assistentes de pesquisa da pós-graduação do departamento de inglês da Monmouth University, entre eles Faith Bates, Kaitlyn Lash, Jennifer Rivera e T. J. Spicer. Este livro foi apoiado, em parte, por uma bolsa de criatividade e pesquisa da Monmouth University. A graduanda Carlee Migliorisi merece menção particular por seus esforços notáveis e altamente hábeis em catalogar a vasta quantidade de fotografias, desenhos e correspondência do Malcolm Frederick Evans Archives. Um salve especial para Kurt Wagner, nosso intrépido bibliotecário da universidade, para quem nenhuma tarefa de pesquisa é pequena demais ou indigna. Agradecimentos singulares a Jonathan Clyde e Aaron Bremner, da Apple Corps, por compartilharem generosamente fotos do acervo da companhia.

Um "muito obrigado" pelo incentivo e apoio de uma série de amigos e familiares, incluindo Patrick Alexander, Sheri Anderson, Isabel Atherton, Steven Bachrach, William Baker, Eileen Chapman, John Christopher, Jeff Cook, Brett Cooke, Todd Davis, James Decker, Chris DeRosa, Linda Deutsch, Mona Dooley, Mike Farragher, Furg, Dave Golland, Susan Goulding, Ryan e Chelsea Harshbarger, Pat Leahy, Colleen Lumadue, Justin Lumadue, Jonathan Meer, Nancy Mezey, Dinty W. Moore, Peter e Becca Moran, Carmen Nitsche, Mike Plodwick, Joe Rapolla, Joe Riccardello, Bob Santelli, George e Kathy Severini, Joe Studlick, Bill Timoney, Tortle, David Tripold, Rich Veit, Kurt Wagner, Andy e Melissa Womack, Jennifer Womack e George Wurzbach.

Sou particularmente grato ao meu agente, Matthew Elblonk, cuja dedicação a descobrir a verdade por trás da história de Mal se equipara à minha. Matthew, você é uma inspiração. Agradecimentos especiais também a Mary Pender, da United Talent Agency, e à equipe de Matthew na DeFiore, incluindo Linda Kaplan, Parik Kostan e Adam Schear. Da mesma forma, sou grato pelo aconselhamento e assistência jurídicos providos por Lee Feldshon, que construiu a parceria no coração do Malcolm Frederick Evans Archives; a Eric Berry, por sua perspicácia inigualável e senso de humor irônico; e a Mark Burton, que originalmente abriu o caminho para que o projeto fosse adiante.

Devo gratidão a Carrie Thornton, da HarperCollins, cuja visão e tenacidade são profundamente apreciadas. A formidável equipe de Carrie também merece menção especial, incluindo Heidi Richter, Megan Wilson, Drew Henry, Angie Boutin, Rachel Meyers, Kyran Cassidy e Matthew Daddona, bem como Imogen Gordon Clark, da HarperCollins U.K. Muitos camaradas compartilharam seus conselhos e boa vontade ao longo de todo o percurso deste projeto, entre eles John Bezzini, Ray Brunt, Ken Campbell, Al Cattabiani, Scott Freiman, Katie Kapurch, Jason Kruppa, Mark Lapidos, Chip Madinger, George A. Martin, Dan Matovina, Jacob Michael, Kit O'Toole, Jeff Pollack, Ed Rakowski, Al Sussman, Steve Valvano, Ward Whipple e meu pai, Fred Womack, que leu vários rascunhos com grande entusiasmo.

É impossível imaginar a conclusão deste livro – ou de qualquer estudo sobre Mal Evans, na realidade – sem o trabalho destemido de Leena Kutti, que salvou o acervo do *roadie* da pilha de lixo. E se há uma heroína nesta história, com certeza é Yoko Ono. Muitas vezes, Ono, apesar de seu comprometimento com a paz, a liberdade e as artes, serviu de para-raios de críticos e detratores. Contudo, em 1988, ela conseguiu o que agentes literários, advogados e editores não fizeram, quase sempre intencionalmente, por mais de 12 anos: mexeu os pauzinhos para que Lily, Gary e Julie pudessem ter acesso ao legado de Mal. Bravo, Filha do Oceano.

Meu trabalho sobre Mal Evans e os Beatles simplesmente não teria acontecido sem a generosidade e a amizade de Mark Lewisohn. Você é um tesouro e todos nós só temos a ganhar com seus esforços inabaláveis em contar a história dos Beatles corretamente. Peter Hicks merece uma menção especial de agradecimento por compartilhar comigo o produto de mais de uma década de pesquisa primária, bem como por ser uma fonte de inspiração. Estou em débito com Simon Weitzman por ter sonhado este plano maluco em primeiro lugar. Você, senhor, é um *mensch*. Sou grato, como sempre, aos esforços de Nicole Michael, minha incansável assessora de imprensa e colega de *Wonderwall*.

P.S. Obrigado por me amar, Jeanine Womack. Obrigado por estar aqui. Você torna tudo possível.

NOTAS

PRÓLOGO: PARA-BRISAS

1. George Martin com Jeremy Hornsby, *All You Need Is Ears* (Nova York: St. Martin's Press, 1979), p. 130.

2. Paul Du Noyer, "Just Out of Shot: Interview with Neil Aspinall", *Mojo* 35 (outubro de 1996), p. 75.

3. Mark Lewisohn, *Tune In: The Beatles – All These Years* (Nova York: Crown, 2013), p. 584.

4. Lewisohn, *Tune In*, p. 728.

5. Mal Evans, diários não publicados, 20 de janeiro de 1963, Malcolm Frederick Evans Archives (daqui em diante, MFEA).

6. Tony Barrow, notas de capa, *Please Please Me*, Parlophone, 1963.

7. Mal Evans, "Living the Beatles' Legend: Or 200 Miles to Go", manuscrito não publicado (daqui em diante, "LTBL"), 1976, p. 33, MFEA.

8. Evans, diários, 22 de janeiro de 1963.

9. *The Talent Spot,* roteiro de rádio, 22 de janeiro de 1963; Evans, diários, 22 de janeiro de 1963.

10. Evans, diários, 23 de janeiro de 1963, e *passim*; The Beatles, *The Beatles Anthology* (São Francisco: Chronicle Books, 2000), p. 83.

11. Evans, "LTBL", p. 33.

12. Barry Miles, *The Beatles Diary*, Volume 1, *The Beatles Years* (Londres: Omnibus, 2009), p. 169; The Beatles, *The Beatles Anthology*, p. 83.

13. Evans, "LTBL", p. 33.

14. Miles, *The Beatles Diary*, 1:169.

15. The Beatles, *The Beatles Anthology*, p. 83.

16. Evans, diários, 23 de janeiro de 1963; Keith Badman, *The Beatles Off the Record: Outrageous Opinions and Unrehearsed Interviews* (Londres: Omnibus, 2001), p. 48.

CAPÍTULO 1: UM BASTARDINHO DAQUELES

1. Evans, "LTBL", p. 5.

2. Mal Evans, caderno, 1975, p. 104, MFEA.

3. Evans, caderno, 1975, p. 104.
4. Entrevista do autor com Barbara Evans, 11 de janeiro de 2022.
5. Entrevista do autor com June Evans, 6 de junho de 2021.
6. Entrevista do autor com Barbara Evans, 20 de maio de 2021.
7. Evans, "LTBL", p. 6.
8. Entrevista do autor com Barbara Evans, 11 de janeiro de 2022.
9. Evans, "LTBL", p. 5.
10. Frederick Evans, carta a Pat Simmons, 12 de abril de 1976.
11. Entrevista do autor com Barbara Evans, 11 de janeiro de 2022.
12. Entrevista do autor com Barbara Evans, 11 de janeiro de 2022; ver Forces War Records, "F. W. Evans, Royal Air Force, Technical Branch", www.forces-war-records.co.uk/.
13. Entrevista do autor com Barbara Evans, 11 de janeiro de 2022.
14. Evans, "LTBL", p. 8.
15. Evans, "LTBL", p. 10.
16. Evans, "LTBL", p. 9.
17. Entrevista do autor com Barbara Evans, 11 de janeiro de 2022.
18. Entrevista do autor com Barbara Evans, 20 de maio de 2021.
19. Evans, "LTBL", p. 11.
20. Peter Hicks, entrevista com Eunice Hayes, 26 de novembro de 2019.
21. Evans, "LTBL", p. 11.
22. Entrevista do autor com June Evans, 6 de junho de 2021.
23. Evans, "LTBL", p. 12.
24. Evans, "LTBL", pp. 11–12.

CAPÍTULO 2: FEIRA DE DIVERSÕES

1. Evans, "LTBL", p. 19.
2. Evans, "LTBL", p. 20.
3. Evans, "LTBL", p. 20.
4. Evans, "LTBL", p. 23.
5. Evans, "LTBL", p. 16.
6. Evans, "LTBL", p. 13.
7. E-mail de Mike Sullivan, 21 de janeiro de 2021.
8. Evans, "LTBL", p. 27.
9. Evans, "LTBL", pp. 27–28.
10. Evans, caderno, 1975, p. 14.
11. Evans, caderno, 1975, p. 13.
12. Entrevista do autor com Barbara Evans, 11 de janeiro de 2022.
13. Entrevista do autor com June Evans, 6 de junho de 2021.
14. Evans, "LTBL", pp. 14–15.
15. Evans, "LTBL", pp. 14–15.
16. Evans, "LTBL", pp. 14–15.
17. National Service (Armed Forces) Act, 1939; estendido como National Service Act, 1948.
18. Evans, "LTBL", p. 11.

19. Entrevista do autor com Barbara Evans, 11 de janeiro de 2022.
20. Entrevista do autor com Mark Lewisohn, 11 de dezembro de 2021.
21. Evans, "LTBL", p. 28.
22. Evans, "LTBL", p. 28.
23. Evans, "LTBL", pp. 28–29.
24. Entrevista do autor com June Evans, 6 de junho de 2021.
25. Peter Hicks, entrevista com Siobhan Maher Kennedy, 6 de dezembro de 2021.
26. E-mail de Billy Maher, 27 de novembro de 2021.
27. Evans, "LTBL", pp. 13–14.
28. Evans, "LTBL", p. 17.
29. Evans, "LTBL", p. 17.

CAPÍTULO 3: UM PORÃO CHEIO DE BARULHO

1. Entrevista do autor com Julie Evans Rossow, 20 de janeiro de 2022.
2. Entrevista do autor com Julie Evans Rossow, 20 de janeiro de 2022.
3. Lily Evans, c.v., 1982.
4. Entrevista do autor com Barbara Evans, 20 de maio de 2021.
5. Entrevista do autor com June Evans, 6 de junho de 2021.
6. Entrevista do autor com Barbara Evans, 20 de maio de 2021.
7. Entrevista do autor com Shirley Ann Morgan, 22 de abril de 2021.
8. E-mail de Julie Evans Rossow, 26 de janeiro de 2022.
9. Entrevista do autor com Julie Evans Rossow, 20 de janeiro de 2022.
10. Laura Gross, entrevista de rádio com Mal Evans, KCSN FM, 29 de novembro de 1975.
11. Ver www.beatlesbible.com/people/mal-evans, 17 de julho de 2014; e-mail de Anita Alexander, 21 de janeiro de 2022.
12. E-mail de Ronnie Gore Jr., 20 de agosto de 2021.
13. Entrevista do autor com Barbara Evans, 20 de maio de 2021.
14. Evans, caderno, 1975, p. 117; entrevista do autor com Gary Evans, 28 de janeiro de 2022.
15. Entrevista do autor com Barbara Evans, 20 de maio de 2021.
16. Peter Hicks, entrevista com Eunice Hayes, 26 de novembro de 2019.
17. Gross, entrevista com Mal Evans, 29 de novembro de 1975.
18. Entrevista do autor com Shirley Ann Morgan, 28 de janeiro de 2022.
19. David Frost, entrevista com Mal Evans em *A Salute to the Beatles: Once Upon a Time*, ABC-TV, 21 de maio de 1975; The Beatles, *The Beatles Anthology*, p. 85.
20. Entrevista do autor com Debbie Greenberg, 25 de agosto de 2021.
21. Frost, entrevista com Mal Evans, 21 de maio de 1975.
22. Entrevista do autor com Debbie Greenberg, 25 de agosto de 2021.
23. Lewisohn, *Tune In*, p. 584.
24. Julia Baird, *Paul Talks: Paul McCartney in Conversation*, CD, 1987.
25. Entrevista do autor com Pete Best, 16 de julho de 2023.
26. Neil Aspinall, "The First Official Mal Evans Story", *The Beatles Book* 46 (maio de 1967), p. 11.
27. Evans, "LTBL", p. 18.
28. Entrevista do autor com Shirley Ann Morgan, 22 de abril de 2021.

29. Ver Vicki Pearce, "Charabanc: All Aboard the Sharrabang!", *Warts and All*, 20 de julho de 2019, wartsandall.blog/2019/07/20/charabanc-all-aboard-the-sharrabang/.
30. Pearce, "Charabanc".
31. Evans, "LTBL", p. 18.
32. Ray Connolly, "Destroyed by the Beatles", *Daily Mail*, 20 de abril de 2005, p. 34.
33. The Beatles, *The Beatles Anthology*, p. 85.
34. Baird, *Paul Talks*.
35. Evans, "LTBL", p. 34.
36. Lewisohn, *Tune In*, p. 514.
37. Evans, "LTBL", p. 34.
38. Ver Spencer Leigh, *The Cavern Cave: Rise of the Beatles and Merseybeat* (Carmarthen, Reino Unido: McNidder & Grace, 2015), p. 34; ver Ken McNab, *The Beatles in Scotland* (Edimburgo: Birlinn, 2008), pp. 195–96.
39. Entrevista do autor com Wallace Booth, 19 de agosto de 2021.
40. Peter Hicks, entrevista com John Quinn, 16 de fevereiro e 9 de maio de 2020.
41. Peter Hicks, entrevista com John Fanning, 27 de setembro de 2020.
42. Ver *Oxford English Dictionary* para "*road manager*" e "*roadie*", respectivamente; Richard O. Boyer, "Profiles: The Hot Bach, Part I", *The New Yorker*, 24 de junho de 1944, p. 30; ver também Jenny Fabian e Johnny Byrne, *Groupie* (Londres: New English Library, 1969).
43. Entrevista do autor com Mal Jefferson, 7 de março de 2021.
44. Lewisohn, *Tune In*, p. 478.
45. Barrow, "Big Mal, the Beatles' Roadie", *The Beatles Book* 180 (abril de 1991), p. 6.
46. Aspinall, "The First Official Mal Evans Story", p. 11; The Beatles, *The Beatles Anthology*, p. 85.

CAPÍTULO 4: *ROADIE?*

1. Evans, "LTBL", p. 36.
2. Tony Bramwell com Rosemary Kingsland, *Magical Mystery Tours: My Life with the Beatles* (Londres: Robson, 2005), p. 68.
3. Aspinall, "The First Official Mal Evans Story", p. 11.
4. Evans, "LTBL", p. 36.
5. Martin, entrevista com Lily Evans, 2004.
6. Aspinall, "The First Official Mal Evans Story", p. 11.
7. The Beatles, *The Beatles Anthology*, p. 85.
8. Lewisohn, *Tune In*, p. 675.
9. Lewisohn, *Tune In*, p. 606.
10. Evans, "LTBL", p. 38.
11. Leigh, *The Cavern Cave*, p. 94.
12. Ken Doyle, entrevista com Mal Evans, KCSN FM, 14 de dezembro de 1975.
13. Brian Higham, "My Story", *Manchester Beat*, 2012, www.manchesterbeat.com/index.php/my-story/brian-higham.
14. Evans, "LTBL", p. 35.
15. Evans, "LTBL", p. 35.

16. Evans, diários, 7 de maio de 1963.
17. Evans, diários, 1º de janeiro de 1963.
18. Evans, diários, janeiro a abril de 1963.
19. Entrevista do autor com Shirley Ann Morgan, 17 de fevereiro de 2022.
20. Evans, diários, 6 e 7 de abril de 1963.
21. Ver www.beatlesbible.com/people/mal-evans, 15 de novembro de 2019.
22. The Beatles, *The Beatles Anthology*, p. 85.
23. Evans, diários, 9 de abril de 1963.
24. Evans, diários, 20 de abril de 1963.
25. Leigh, *The Cavern Cave,* p. 109.
26. Evans, diários, 4 e 5 de maio de 1963.
27. Evans, diários, 23 de janeiro de 1963.
28. Evans, diários, 19 de maio de 1963.
29. Evans, diários, 13 de maio de 1963.
30. The Beatles, *The Beatles Anthology*, p. 85.
31. Aspinall, "The First Official Mal Evans Story", p. 12.
32. Entrevista do autor com Tony Bramwell, 6 de agosto de 2021.
33. Entrevista do autor com Booth, 19 de agosto de 2021; ver McNab, *The Beatles in Scotland*, p. 196.
34. Evans, "LTBL", p. 38.
35. Ver debate do Parlamento sobre salários médios semanais, 21 de março de 1963, em Hansard, vol. 674, cc100–1W, hansard.parliament.uk/.
36. Evans, diários, 4 e 5 de julho de 1963.
37. E-mail de Billy Maher, 27 de novembro de 2021.
38. Evans, diários, 1963.
39. Philip Norman, *Shout! The Beatles in Their Generation* (Nova York: Simon & Schuster, 1981), p. 263.
40. Martin, entrevista com Lily Evans, 2004.
41. Frederick Evans, carta a Pat Simmons, 12 de abril de 1976.
42. Entrevista do autor com June Evans, 6 de junho de 2021.

CAPÍTULO 5: UM HOMEM LIVRE

1. Evans, "LTBL", pp. 38–39.
2. Entrevista do autor com Best, 16 de julho de 2023.
3. Entrevista do autor com Lewisohn, 29 de janeiro de 2022.
4. Leigh, *The Cavern Cave,* p. 113.
5. Evans, "LTBL", p. 40.
6. The Beatles, *The Beatles Anthology*, p. 85.
7. Evans, "LTBL", p. 40.
8. Entrevista do autor com Derek Hughes, 19 de fevereiro de 2022.
9. The Beatles, *The Beatles Anthology*, p. 85.
10. Cynthia Lennon, *John* (Londres: Hodder & Stoughton, 2005), p. 132.
11. Aspinall, "The Beatles and Me! [Part 2]", *16 Magazine* (junho de 1965), p. 26.

12. Evans, "LTBL", p. 41.
13. Entrevista do autor com Derek Hughes, 19 de fevereiro de 2022.
14. Entrevista do autor com Derek Hughes, 19 de fevereiro de 2022.
15. Evans, diários, 30 de agosto de 1963.
16. Evans, "LTBL", p. 42.
17. Evans, "LTBL", p. 42.
18. Evans, "LTBL", p. 42.
19. Evans, "LTBL", p. 44.
20. Evans, "LTBL", p. 44.
21. The Beatles, *The Beatles Anthology*, p. 85.
22. "Welcome to Mal", *The Beatles Book* 89 (setembro de 1983), p. 14.

CAPÍTULO 6: O GRANDE FANFARRÃO!

1. Evans, diários, 11 de setembro de 1963.
2. Evans, "LTBL", p. 40.
3. Aspinall, "Look What Happened in Just One Year", *Record Mirror*, 19 de outubro de 1963, p. 6.
4. Citação em Bob Spitz, *The Beatles: The Biography* (Boston: Little, Brown, 2005), pp. 427–28.
5. Evans, "LTBL", p. 40.
6. Evans, "LTBL", p. 42.
7. Evans, "LTBL", p. 45.
8. Spitz, *The Beatles*, p. 434.
9. Evans, "LTBL", p. 45.
10. Evans, "LTBL", p. 44.
11. Colm Keane, *The Beatles' Irish Concerts* (Bray: Capel Island Press, 2008), cap. 8.
12. Spitz, *The Beatles*, p. 445.
13. George Gunby, *Hello Goodbye: The Story of Alistair "Mr. Fixit" Taylor* (Belper, Reino Unido: Yesterday Once More, 2002), p. 16.
14. Billy Shepherd [Peter Jones], *The True Story of the Beatles* (Nova York: Bantam, 1964), p. 192.
15. Evans, "LTBL", pp. 60–61.
16. Entrevista do autor com Barbara Evans, 18 de fevereiro de 2022.
17. Bramwell, *Magical Mystery Tours*, p. 92.
18. Bramwell, *Magical Mystery Tours*, p. 92.
19. Entrevista do autor com Bramwell, 6 de agosto de 2021.
20. Evans, "LTBL", p. 46.
21. Evans, "LTBL", p. 47.
22. Paul McCartney, carta a Mal Evans, novembro de 1963.
23. Evans, "LTBL", p. 47.
24. Martin, entrevista com Lily Evans, 2004.

CAPÍTULO 7: MAL, ALEIJADOS!

1. Evans, "LTBL", p. 49.
2. Evans, "LTBL", p. 49.

3. Entrevista do autor com Derek Hughes, 19 de fevereiro de 2022.
4. Entrevista do autor com Derek Hughes, 19 de fevereiro de 2022.
5. Evans, "LTBL", p. 50.
6. Hunter Davies, *The Beatles: The Authorized Biography* (Londres: Heinemann, 1968), p. 176.
7. A verdade foi que o violão jumbo de John foi roubado. Foi recuperado em 2015. Ver "How John Lennon's Long-Lost $2.4 Million Gibson J-160E Guitar Was Found", *Guitar World*, 10 de novembro de 2015, www.guitarworld.com/gear/how-john-lennons-long-lost-24-million.
8. Lewisohn, *Tune In*, pp. 107, 752.
9. The Beatles, *The Beatles Anthology*, p. 142.
10. The Beatles, *The Beatles Anthology*, p. 85.
11. Connolly, "Destroyed by the Beatles", p. 34.
12. Evans, "LTBL", p. 53.
13. Evans, "LTBL", p. 54.
14. Ver Michael Braun, *Love Me Do!: The Beatles' Progress* (Londres: Penguin, 1964), pp. 78–79.
15. Evans, "LTBL", p. 55.
16. Entrevista do autor com Gary Evans, 4 de dezembro de 2020.
17. Miles, *The Beatles Diary*, 1:266.
18. Evans, "LTBL", pp. 55–56.
19. Evans, diários, 1º de fevereiro de 1964.
20. Evans, diários, 4 de fevereiro de 1964.

CAPÍTULO 8: MEU ANIMAL FAVORITO

1. Evans, "LTBL", pp. 56–57.
2. Ver Andy Babiuk, *Beatles Gear: All the Fab Four's Instruments, from Stage to Studio* (São Francisco: Backbeat, 2001), pp. 88–89.
3. Evans, "LTBL", p. 56.
4. Evans, "LTBL", p. 57.
5. Evans, "LTBL", pp. 57–58.
6. Evans, "LTBL", p. 58.
7. Spitz, *The Beatles*, p. 478.
8. Evans, "LTBL", p. 59.
9. Evans, "LTBL", p. 60.
10. Evans, "LTBL", p. 60.
11. Evans, diários, 21 e 23 de fevereiro de 1964.
12. Evans, diários, 24 de fevereiro de 1964; ver "Case Against Beatles' Company Fails: Manager Was Hurt in Road Crash", *Liverpool Echo*, 24 de fevereiro de 1964, p. 8.
13. Mal Evans, carta a Lily Evans, 3 de março de 1964.
14. Mal Evans, carta a Lily Evans, 18 de março de 1964.
15. Evans, diários, 18 de março de 1964.
16. Evans, "LTBL", p. 48.
17. The Beatles, *The Beatles Anthology*, p. 109.
18. Bramwell, *Magical Mystery Tours*, p. 96.

19. Entrevista do autor com June Evans, 6 de junho de 2021.
20. Evans, "LTBL", p. 66.
21. Evans, "LTBL", p. 67.
22. Mal Evans, carta a Lily Evans, 17 de abril de 1964.
23. Evans, "LTBL", p. 68.
24. Evans, "LTBL", p. 68.

CAPÍTULO 9: O DEMÔNIO

1. Jim Berkenstadt, *The Beatle Who Vanished* (Madison, WI: Rock and Roll Detective, 2013), p. 3.
2. Berkenstadt, *The Beatle Who Vanished*, p. 61.
3. Citação em Berkenstadt, *The Beatle Who Vanished*, p. 79.
4. Citação em Berkenstadt, *The Beatle Who Vanished*, p. 62.
5. Evans, "LTBL", p. 68.
6. Berkenstadt, *The Beatle Who Vanished*, p. 62.
7. The Beatles, *The Beatles Anthology*, p. 139.
8. Evans, "LTBL", p. 70.
9. Evans, "LTBL", p. 69.
10. Evans, "LTBL", p. 70.
11. Berkenstadt, *The Beatle Who Vanished*, p. 63.
12. Evans, "LTBL", pp. 71–72.
13. Evans, "LTBL", p. 72.
14. Al Aronowitz, "The Return of the Beatles", *The Saturday Evening Post*, 8 de agosto de 1964, p. 28.
15. Berkenstadt, *The Beatle Who Vanished*, p. 106.
16. Ver entrevista de Lennon em 1970 a Jann Wenner, *Lennon Remembers* (Nova York: Verso, 2000), pp. 61–62.
17. Glenn A. Baker com Roger DiLernia, *The Beatles Down Under: The 1964 Australia and New Zealand Tour* (Glebe, Austrália: Wild & Woolley, 1982), p. 35.
18. Peter Hicks, entrevista com Eunice Hayes, 26 de novembro de 2019.
19. Peter Hicks, entrevista com Eunice Hayes, 26 de novembro de 2019.
20. Evans, "LTBL", pp. 73–74.
21. Miles, *The Beatles Diary*, 1:326.
22. Evans, "LTBL", p. 76.
23. Baker, *The Beatles Down Under*, p. 80; para exemplos da cobertura de imprensa, ver "Girl Slashes Wrists Near Beatles", *Sydney Morning Herald*, 24 de junho de 1964, p. 1; e "Frantic Teens Rout Cops and Rush Beatles", *Chicago Tribune*, 24 de junho de 1964, p. 45.
24. The Beatles, *The Beatles Anthology*, p. 142.
25. Baker, *The Beatles Down Under*, p. 80.
26. Evans, "LTBL", p. 76.
27. Evans, "LTBL", p. 75.
28. Evans, "LTBL", p. 74.
29. "People Behind the Stars, Nº 4: Road Manager Mal Evans", p. 33.

CAPÍTULO 10: SR. GENTE BOA

1. Mal Evans, carta a Lily Evans, 5 de julho de 1964.
2. Mal Evans, carta a Lily Evans, 5 de julho de 1964.
3. Entrevista do autor com Gary Evans, 30 de julho de 2021.
4. Outro figurante pode ser visto arrastando um contrabaixo para o *backstage* depois dos 40 minutos. Presume-se frequente e erroneamente que esse ator não creditado seria Mal. O estudo dos *frames* individuais descarta tal possibilidade.
5. Evans, "LTBL", p. 67.
6. The Beatles, *The Beatles Anthology*, p. 144.
7. Christopher Sandford, *McCartney* (Nova York: Carroll & Graf, 2006), p. 88.
8. Howard Sounes, *Fab: An Intimate Life of Paul McCartney* (Boston: Da Capo, 2010), p. 473.
9. Evans, diários, 10 de agosto de 1964.
10. Evans, diários, 11 de agosto de 1964.
11. Ver Babiuk, *Beatles Gear*, p. 138.
12. A. J. S. Rayl e Curt Gunther, *Beatles '64: A Hard Day's Night in America* (Nova York: Doubleday, 1989), p. 73.
13. Evans, "LTBL", pp. 81–82.
14. The Beatles, *The Beatles Anthology*, p. 188.
15. Evans, "LTBL", p. 77.
16. Davies, *The Beatles*, p. 176.
17. Ivor Davis, *The Beatles and Me on Tour* (Los Angeles: Cockney Kid, 2014), p. 16.
18. Entrevista do autor com Larry Kane, 28 de dezembro de 2021.
19. Larry Kane, *Ticket to Ride: Inside the Beatles' 1964 Tour That Changed the World* (Filadélfia, PA: Running Press, 2003), p. 185.
20. Rayl e Gunther, *Beatles '64*, p. 101.
21. Chuck Gunderson, *Some Fun Tonight!: The Backstage Story of How the Beatles Rocked America – The Historic Tours of 1964–1966* (Milwaukee, WI: Backbeat, 2016), 1:51.
22. Georgiana Steele-Waller, *In My Life, So Far...* (Glendale, AZ: Georgiana Steele-Waller, 2013), p. 11.
23. Entrevista do autor com Kane, 28 de dezembro de 2021.
24. Kane, *Ticket to Ride*, p. 36.
25. Entrevista do autor com Kane, 28 de dezembro de 2021; ver Davis, *The Beatles and Me on Tour*, pp. 158–59.

CAPÍTULO 11: SETE NÍVEIS

1. Kane, *Ticket to Ride*, p. 186.
2. Evans, "LTBL", p. 78.
3. Evans, "LTBL", p. 78.
4. Mal Evans, carta sem data a Lily Evans, agosto de 1964.
5. Evans, "LTBL", p. 77.
6. Spitz, *The Beatles*, pp. 535–36.
7. Spitz, *The Beatles*, pp. 535–36.
8. Davies, *The Beatles*, p. 176.

9. The Beatles, *The Beatles Anthology*, p. 157.
10. Kane, *Ticket to Ride*, p. 183.
11. Kane, *Ticket to Ride*, p. 183.
12. Badman, *The Beatles Off the Record*, p. 124.
13. Larry Kane, *Lennon Revealed* (Filadélfia, PA: Running Press, 2005), p. 199.
14. Evans, "LTBL", pp. 79–80.
15. Evans, "LTBL", pp. 79–80.
16. Evans, "LTBL", pp. 79–80.
17. Evans, "LTBL", pp. 80–81.
18. The Beatles, *The Beatles Anthology*, p. 157.
19. Debbie Geller, *In My Life: The Brian Epstein Story* (Nova York: Thomas Dunne, 2000), p. 93.
20. The Beatles, *The Beatles Anthology*, p. 110.
21. Barrow, *John, Paul, George, Ringo, and Me: The Real Beatles Story* (Londres: Carlton, 2005), p. 137.
22. Entrevista do autor com June Evans, 6 de junho de 2021.

CAPÍTULO 12: NADADOR DE CANAL

1. "Alf Bicknell: Gary James's Interview with the Beatles' Chauffeur", *Classic Bands*, 1996, www.classicbands.com/AlfBicknellInterview.html.
2. Ver Evans, "LTBL", p. 41.
3. Esse número é contestado por historiadores musicais que, por vezes, descontam o status de "Please Please Me" de número 1 nas paradas. Embora a canção tenha obtido a primeira posição nas paradas tanto do *NME* quanto da *Melody Maker*, chegou apenas ao segundo lugar no *Record Retailer*, que mais tarde se transformaria na parada de *singles* oficial do Reino Unido.
4. Derek Taylor, "Making a Gold Record", *KRLA Beat*, 5 de maio de 1965, p. 5.
5. James Craig, "The Beatles' Studio Secrets", *Record World*, 31 de outubro de 1964, p. 9.
6. Badman, *The Beatles Off the Record*, p. 297.
7. John Lennon e Yoko Ono, *All We Are Saying: The Last Major Interview with John Lennon and Yoko Ono* (Nova York: Griffin, 2000), p. 173.
8. Hicks, entrevista com John Fanning, 27 de setembro de 2020.
9. Evans, "LTBL", pp. 82–83.
10. Evans, "LTBL", pp. 85–86.
11. Evans, "LTBL", p. 86.
12. Evans, "LTBL", pp. 87–88.
13. Evans, "LTBL", p. 88.
14. Evans, "LTBL", p. 89.
15. Hicks, entrevista com Fanning, 27 de setembro de 2020.
16. Entrevista do autor com Fanning, 17 de fevereiro de 2022; na lembrança de Fanning, o presente dos Beatles para Mal foi uma casa nova em Liverpool, mas essa recordação não bate com a linha do tempo da família Evans: Mal comprou a propriedade em Mossley Hill no início de 1958 e a vendeu com um lucro modesto em 1967. Para mais informações a respeito do Jaguar, ver "Neil's Present", *The Beatles Book*, 18 (janeiro de 1965), p. 29.

17. Ray Coleman, "Inside Showbiz", *Melody Maker*, 30 de janeiro de 1965, pp. 13, 20.
18. Babiuk, *Beatles Gear*, p. 157.
19. The Beatles, *The Beatles Anthology*, p. 167.
20. Geoff Emerick, com Howard Massey, *Here, There, and Everywhere: My Life Recording the Music of the Beatles* (Nova York: Gotham, 2006), p. 121.
21. Kane, *Ticket to Ride*, pp. 196–97.
22. Kane, *Ticket to Ride*, p. 198.
23. Larry Kane, *When They Were Boys* (Filadélfia, PA: Running Press, 2013), pp. 397–98.
24. Evans, "LTBL", p. 91.
25. Dave Hull, "Visitors to Movie Location Tell of Beatlemania Antics", *KRLA Beat*, 17 de março de 1965, p. 4.
26. Louise Harrison, *My Kid Brother's Band: A.K.A the Beatles* (Morley, Reino Unido: Acclaim Press, 2014), p. 312.
27. Evans, "LTBL", p. 92.
28. Rudolf Aigmüller [Tony Barrow], "Filming, Curling, and Playing in Austria", *The Beatles Book* 109 (maio de 1985), p. 36.
29. Evans, "LTBL", p. 90.
30. Evans, "LTBL", p. 90.
31. Martin, entrevista com Lily Evans, 2004.

CAPÍTULO 13: DEUS GREGO

1. Evans, "LTBL", p. 94.
2. Evans, "LTBL", pp. 94–95.
3. Evans, "My Life with the Beatles", *16 Magazine*, maio de 1965, p. 11. Posteriormente, Tony Barrow apontaria que foi o autor de muitos artigos da *16 Magazine* publicados "sob as assinaturas de Neil Aspinall e Mal Evans, com a colaboração deles", apresentadas como "exclusivas de Liverpool, Inglaterra". Ver Barrow, *John, Paul, George, Ringo, and Me*, p. 113.
4. Evans, "LTBL", p. 95.
5. Evans, "LTBL", p. 96; em seu livro de memórias, Bicknell informa que quebrou não a perna, mas o tornozelo. Ver Alf Bicknell com Garry Marsh, *Baby, You Can Drive My Car!* (Newcastle, Reino Unido: Number 9 Books, 1989), diário do dia 30 de junho de 1965.
6. Evans, "My Life with the Beatles", p. 11.
7. Connolly, "Destroyed by the Beatles", p. 34.
8. Ver, por exemplo, o *rider* contratual da NEMS Enterprises para a apresentação dos Beatles em 18 de agosto de 1965 no Balboa Stadium, em San Diego.
9. Mal Evans, "Beatles – U.S.A" (daqui em diante, "BUSA"), 1965, p. 7.
10. Kane, *Lennon Revealed*, pp. 166–67, 169.
11. Kane, *Lennon Revealed*, p. 169.
12. Evans, "BUSA", pp. 16–18.
13. Evans, "BUSA", p. 22.
14. Ver Dave Schwensen, *The Beatles at Shea Stadium: The Story Behind Their Greatest Concert* (Burlington, VT: North Shore, 2013), p. 121.

15. Schwensen, *The Beatles at Shea Stadium*, p. 121.
16. Evans, "BUSA", p. 23.
17. Evans, "BUSA", p. 23.
18. Entrevista do autor com Georgeanna Slaybaugh, 29 de dezembro de 2021.
19. Entrevista do autor com Slaybaugh, 29 de dezembro de 2021.
20. Evans, "BUSA", p. 42.
21. Evans, "BUSA", pp. 43–44.
22. Evans, "BUSA", p. 44.
23. Entrevista do autor com Slaybaugh, 29 de dezembro de 2021.
24. Entrevista do autor com Slaybaugh, 29 de dezembro de 2021.
25. Evans, "BUSA", pp. 51–52; entrevista do autor com Slaybaugh, 29 de dezembro de 2021.
26. Kane, *Lennon Revealed*, p. 176.
27. Evans, "BUSA", pp. 57–58.
28. Evans, "BUSA", p. 68.
29. Evans, "BUSA", pp. 66, 68–69.
30. Evans, "BUSA", p. 73; o aluguel da propriedade no Benedict Canyon foi, na verdade, de 3,5 mil dólares, mais um depósito de 2 mil dólares. Ver Gunderson, *Some Fun Tonight!*, 2:103.
31. Evans, "BUSA", pp. 75–76.

CAPÍTULO 14: A SITUAÇÃO DE ELVIS

1. Bicknell, *Baby, You Can Drive My Car!*, diário de 26 de agosto de 1965.
2. Mikal Gilmore, "Beatles' Acid Test: How LSD Opened the Door to 'Revolver'", *Rolling Stone,* 25 de agosto de 2016, www.rollingstone.com/feature/beatles-acid-test-how-lsd-opened-the-door-to-revolver-251417/.
3. Entrevista do autor com Ken Mansfield, 14 de janeiro de 2021.
4. Mansfield, *The Roof: The Beatles' Final Concert* (Nova York: Post Hill, 2018), p. 105.
5. Mansfield, *The Roof*, p. 105.
6. Evans, "BUSA", pp. 97–98.
7. Evans, "BUSA", p. 117.
8. Evans, "BUSA", p. 117.
9. Ver Chris Hutchins e Peter Thompson, *Elvis Meets the Beatles: The Untold Story of Their Entangled Lives* (Londres: John Blake, 2004), p. 166.
10. Hutchins e Thompson, *Elvis Meets the Beatles*, p. 166.
11. Evans, "BUSA", p. 118.
12. Evans, "BUSA", p. 119.
13. Evans, "BUSA", p. 120.
14. Gross, entrevista com Mal Evans, 29 de novembro de 1975.
15. Evans, "BUSA", p. 121.
16. Barrow, *John, Paul, George, Ringo, and Me*, p. 164.
17. Evans, "BUSA", pp. 127–28.
18. Evans, "BUSA", p. 134.
19. Evans, "BUSA", p. 135.

20. Evans, "BUSA", p. 136.
21. Evans, "BUSA", p. 138.
22. Evans, "BUSA", p. 138.
23. Connolly, "Destroyed by the Beatles", p. 34.
24. Não havia desenhos; ver Evans, "BUSA", pp. A–B.
25. Citação em Brian Southall, *Abbey Road: The Story of the World's Most Famous Studios* (Wellingborough, Inglaterra: Patrick Stephens, 1982), p. 91.
26. "New Amps for Beatles", *Beat Instrumental* 31 (novembro de 1965), p. 25.
27. Evans, "LTBL", p. 126.
28. Hicks, entrevista com Fanning, 27 de setembro de 2020.
29. Depois de corroborar os fatos ligados ao papel de "Arwen Dolittle" na vida de Mal Evans, o autor empregou um pseudônimo para proteger a privacidade dela.
30. Citação em Southall, *Abbey Road*, p. 92.
31. Doyle, entrevista com Mal Evans, 14 de dezembro de 1975.
32. Badman, *The Beatles Off the Record*, p. 201.
33. Badman, *The Beatles Off the Record*, p. 201.
34. Babiuk, *Beatles Gear*, p. 175.
35. Brian Wilson com Ben Greenman, *I Am Brian Wilson: A Memoir* (Boston: Da Capo, 2016), p. 92.
36. The Beatles, *The Beatles Anthology*, p. 199.
37. Evans, "LTBL", p. 109.

CAPÍTULO 15: A FACHADA DA FAMÍLIA

1. Ver James, "Behind the Headlines", pp. 13–14.
2. Alan Smith, "Alan Smith Goes on Tour with the Beatles!", *NME* (10 de dezembro de 1965), p. 3.
3. Steve Turner, *Beatles '66: The Revolutionary Year* (Nova York: HarperCollins, 2016), p. 25.
4. Smith, "Alan Smith Goes on Tour with the Beatles!", p. 3.
5. Neil Aspinall, "Beatles Tour Britain", *Fabulous 208* (16 de agosto de 1966), p. 11.
6. Turner, *Beatles '66*, pp. 23, 30.
7. Smith, "Alan Smith Goes on Tour with the Beatles!", p. 3.
8. Entrevista do autor com Slaybaugh, 29 de dezembro de 2021.
9. "Sound City to Beatles' Aid", *Beat Instrumental* 33 (janeiro de 1966), p. 25.
10. George Martin com William Pearson, *With a Little Help from My Friends: The Making of Sgt. Pepper* (Boston: Little, Brown, 1994), p. 6.
11. Entrevista do autor com Pattie Boyd, 15 de fevereiro de 2023.
12. Emerick, *Here, There, and Everywhere*, p. 8.
13. Bicknell, *Baby, You Can Drive My Car!*, diário de 7 de abril de 1966.
14. Bicknell, diário de 12 de abril de 1966; ver David Petersen e Dick Denney, *The Vox Story: A Complete History of the Legend* (Westport, CT: The Bold Strummer, 1993), p. 61.
15. Johnny Dean [Sean O'Mahony], "The 'Paperback Writer' Session", *The Beatles Book* 35 (junho de 1966), p. 11.
16. Bicknell, *Baby, You Can Drive My Car!*, diário de 26 de abril de 1966.

17. Aspinall, "Neil's Column", *The Beatles Book* 35 (junho de 1966), p. 25.
18. "Daughter for Beatles' Pal", *Liverpool Echo* (19 de abril de 1966), p. 4.
19. Mal Evans, carta a Lily Evans, 21 de abril de 1966.
20. Evans, "LTBL", p. 18.
21. Mal Evans, carta a Lily Evans, 29 de abril de 1966.
22. Turner, *Beatles '66*, p. 171.
23. Bicknell, *Baby, You Can Drive My Car!*, diário de 1º e 2 de maio de 1966.
24. Entrevista do autor com Michael Lindsay-Hogg, 16 de dezembro de 2021.
25. Emerick, *Here, There, and Everywhere*, p. 120.
26. Emerick, *Here, There, and Everywhere*, p. 120.
27. Badman, *The Beatles Off the Record*, p. 207.
28. Badman, *The Beatles Off the Record*, p. 229.
29. Badman, *The Beatles Off the Record*, p. 223.
30. Badman, *The Beatles Off the Record*, p. 223; Mal Evans, caderno de 1966, não publicado, p. 23, MFEA.
31. Davies, *The Beatles*, p. 276.
32. Lennon e Ono, *All We Are Saying*, pp. 139–40.
33. Davies, *The Beatles*, p. 260.
34. Evans, caderno, 1966, pp. 24–26.
35. "Fans Clean Van", *The Beatles Book*, 36 (julho de 1966), p. 29.
36. Evans, caderno, 1966, pp. 16–20.
37. Evans, caderno, 1966, pp. 16–20.

CAPÍTULO 16: BEATLES, NÓS AMAMOS VOCÊS!

1. Evans, "LTBL", p. 98.
2. Evans, "LTBL", pp. 98–99.
3. Barrow, *John, Paul, George, Ringo, and Me*, p. 174.
4. Mal Evans, carta a Lily Evans, 27 de junho de 1966.
5. Aspinall, "Beatle Life", *Fabulous 208* (21 de janeiro de 1967), p. 6.
6. Evans, "LTBL", p. 100.
7. The Beatles, *The Beatles Anthology*, p. 216.
8. The Beatles, *The Beatles Anthology*, p. 219.
9. Evans, "LTBL", p. 101.
10. Evans, "LTBL", pp. 102–3.
11. Evans, "LTBL", p. 105.
12. Evans, "LTBL", p. 106.
13. Evans, "LTBL", pp. 106–7.
14. Turner, *Beatles '66*, p. 254.
15. Lewisohn, *The Beatles Live!* (Londres: Pavilion, 1986), p. 195.
16. The Beatles, *The Beatles Anthology*, p. 223.
17. Evans, "LTBL", p. 112.
18. The Beatles, *The Beatles Anthology*, p. 227.
19. Entrevista do autor com Victoria Moran, 13 de dezembro de 2021.

20. Entrevista do autor com Ed Freeman, 5 de setembro de 2021.
21. Entrevista do autor com Vern Miller, 16 de agosto de 2021.
22. Entrevista do autor com Miller, 16 de agosto de 2021.
23. Evans, "LTBL", p. 111.
24. Mal Evans, carta a Lily Evans, 16 de agosto de 1966.
25. Gunderson, *Some Fun Tonight!*, 2:234.
26. Evans, "LTBL", p. 112.
27. Evans, "LTBL", pp. 112–13.
28. Evans, "LTBL", p. 113.

CAPÍTULO 17: BABUÍNOS, UM TANTÃO

1. Entrevista do autor com Slaybaugh, 29 de dezembro de 2021.
2. Entrevista do autor com Slaybaugh, 29 de dezembro de 2021.
3. Evans, "LTBL", p. 113.
4. Evans, "LTBL", p. 114.
5. The Beatles, *The Beatles Anthology*, p. 227.
6. Entrevista do autor com Ann Wilson, 16 de março de 2022.
7. Evans, "LTBL", pp. 114–15.
8. Entrevista do autor com Ed Freeman, 5 de setembro de 2021.
9. Barry Miles, *Paul McCartney: Many Years from Now* (Nova York: Holt, 1997), p. 296.
10. "Everything Ready", *The Beatles Book* 40 (novembro de 1966), p. 29.
11. Martin, entrevista com Lily Evans, 2004.
12. Evans, "LTBL", p. 51; anos mais tarde, Tony Barrow alegaria ter sido o *ghost writer* de artigos atribuídos a Mal e Neil no *Beatles Book* e outras publicações.
13. Ver "Mal's Page", *The Beatles Book* 42 (janeiro de 1967), p. 25.
14. Evans, "LTBL", p. 116.
15. Evans, "LTBL", pp. 118–19.
16. Evans, "LTBL", p. 119.
17. Ringo Starr, *Postcards from the Boys* (São Francisco: Chronicle Books, 2004), p. 9.
18. Evans, "LTBL", pp. 120–21.
19. Mal Evans, carta a Lily Evans, novembro de 1966.
20. Evans, "LTBL", p. 121.
21. Evans, "LTBL", p. 123.
22. Evans, "LTBL", p. 123.
23. Evans, "LTBL", p. 123.
24. Evans, "LTBL", p. 124.
25. Evans, "LTBL", p. 125.
26. Miles, *Paul McCartney*, p. 303.
27. Miles, *Paul McCartney*, p. 303.
28. "People Behind the Stars, Nº 4: Road Manager Mal Evans", p. 33.
29. Pete Townshend, *Who I Am: A Memoir* (Nova York: HarperCollins, 2012), p. 116.
30. James Tozer, "In Paul McCartney's Arms: The Puppy He Loved So Much He Wrote about Her in the Beatles Hit 'Martha My Dear'", *Daily Mail*, 10 de novembro de

2017, www.dailymail.co.uk/news/article-5071837/In-Paul-McCartney-s-arms-puppy-loved-much.html.
31. Evans, "LTBL", p. 117.
32. Evans, "LTBL", p. 117; Evans, diários, 19 de janeiro de 1967.
33. Evans, diários, 27 de janeiro de 1967; Connolly, "Destroyed by the Beatles", p. 34.
34. Evans, diários, 27 e 28 janeiro e 1º de fevereiro de 1967.
35. The Beatles, *The Beatles Anthology*, p. 247.
36. Evans, diários, 31 de janeiro e 2 de fevereiro de 1967.
37. Evans, diários, 29 de janeiro e 7 de fevereiro de 1967.
38. Evans, diários, 7 de fevereiro de 1967.
39. Badman, *The Beatles Off the Record*, p. 280.
40. Gross, entrevista com Mal Evans, 29 de novembro de 1975; ver também Evans, "LTBL", p. 118.

CAPÍTULO 18: MUNDOS PRATEADOS RELUZENTES QUE GIRAM

1. Martin, *With a Little Help from My Friends*, pp. 53–54.
2. Martin, *With a Little Help from My Friends*, pp. 53–54; Emerick, *Here, There, and Everywhere*, p. 148.
3. Martin com Hornsby, *All You Need Is Ears*, p. 209.
4. Emerick, *Here, There, and Everywhere*, p. 153; Lewisohn, *The Complete Beatles Recording Sessions: The Official Abbey Road Studio Session Notes, 1962–1970* (Nova York: Harmony, 1988), p. 96.
5. Evans, diários, 10 de fevereiro de 1967.
6. Evans, diários, 13 de fevereiro de 1967.
7. Martin, *With a Little Help from My Friends*, p. 26.
8. Evans, diários, 18–20 de fevereiro de 1967.
9. Emerick, *Here, There, and Everywhere*, p. 160.
10. Evans, diários, 14 de fevereiro de 1967.
11. Evans, "LTBL", p. 127.
12. Evans, "LTBL", pp. 127–28.
13. Evans, diários, 1–3 de março de 1967.
14. Evans, "LTBL", p. 128.
15. Emerick, *Here, There, and Everywhere*, p. 142.
16. Entrevista do autor com Jann Haworth, 26 de julho de 2022.
17. Evans, diários, 6 de março de 1967.
18. Evans, diários, 6 de março de 1967.

CAPÍTULO 19: MAL, MEIAS!

1. Martin, *With a Little Help from My Friends*, p. 96.
2. Entrevista do autor com Ken Townsend, 27 de setembro de 2019.
3. Entrevista do autor com Townsend, 27 de setembro de 2019.
4. Barry Miles, *In the Sixties* (Londres: Pimlico, 2003), p. 228.
5. Miles, *In the Sixties*, p. 231.
6. Miles, *In the Sixties*, p. 230.

7. The Beatles, *The Beatles Anthology*, p. 252.
8. Evans, "LTBL", pp. 130–31.
9. Evans, "LTBL", p. 130.
10. Martin, *With a Little Help from My Friends*, p. 110.
11. Martin, *With a Little Help from My Friends*, p. 110.
12. Miles, *Paul McCartney*, p. 383.
13. Evans, diários, 20 de março de 1967.
14. Evans, caderno, 1967–1968, p. 8, MFEA.
15. Evans, caderno, 1967–1968, p. 9.
16. Evans, "LTBL", p. 130.
17. Antes disso, o próprio Mal tentara pintar uma pele de bateria de *Sgt. Pepper*. Ver Evans, caderno, 1967–1968, p. 4.
18. Evans, "LTBL", pp. 126, 130.
19. Taylor, *Those Were the Days*, p. 39.
20. Evans, "LTBL", p. 131.
21. Evans, "LTBL", p. 118. Ao longo dos anos, Ringo continuou a defender a participação criativa de Mal. Numa entrevista nos anos 1980 com Max Weinberg, baterista da E Street Band, Ringo observou: "Aposto que você não sabia que Mal Evans, nosso *roadie*, foi quem inventou o título 'Sgt. Pepper'. Porém, ele não recebeu crédito". Ver Weinberg com Robert Santelli, *The Big Beat: Conversations with Rock's Great Drummers* (Chicago, IL: Contemporary Books, 1984, p. 182); de forma semelhante, Pete Shotton, amigo de infância de John, lembrou que "foi Mal quem não só forjou o memorável nome 'Sgt. Pepper's Lonely Hearts Club Band', como também deu a inestimável sugestão de que o conjunto fictício fosse apresentado como alter egos dos Beatles – a performance inteira como uma apresentação ininterrupta da 'banda' do Sgt. Pepper". Ver Pete Shotton e Nicholas Schaffner, *John Lennon: In My Life* (Nova York: Stein & Day, 1983), p. 244.

CAPÍTULO 20: VIAGEM MÁGICA MISTERIOSA

1. Evans, "LTBL", p. 132.
2. Evans, "LTBL", p. 132.
3. Sounes, *Fab*, p. 169.
4. Evans, "LTBL", p. 133.
5. Evans, "LTBL", p. 133.
6. Evans, "LTBL", pp. 133–34.
7. Evans, "LTBL", p. 134.
8. Miles, *Paul McCartney*, p. 350.
9. Evans, "LTBL", pp. 134–35.
10. Evans, "LTBL", p. 135.
11. Derek Taylor, "Paul McC. Was My House Guest", *Teen Datebook* 6, nº 4 (setembro de 1967): 30.
12. Evans, "LTBL", p. 136.
13. Evans, "LTBL", p. 136. Redgrave perdeu a estatueta para Elizabeth Taylor, vencedora do Oscar de Melhor Atriz por sua brava interpretação de Martha em *Quem Tem Medo de Virginia Woolf?*.

14. Uma pista similar seria lançada na *newsletter* mensal do *Beatles Book*: "Por que Neil e Mal estão usando distintivos plásticos coloridos com o desenho de uma maçã?" Ver *The Beatles Book* 47 (junho de 1967), p. 4.
15. Miles, *In the Sixties*, p. 232.
16. *Lennon Remembers*, p. 54.
17. Evans, "LTBL", p. 137.
18. Davies, "The Beatles, Part II", *Life* 65 (20 de setembro de 1968), p. 71.
19. Davies, *The Beatles Book* (Londres: Ebury, 2016), pp. 335–36.
20. Evans e Aspinall, "Magical Mystery Tour", *The Beatles Book* 53 (dezembro de 1967), p. 6.
21. Entrevista do autor com Moran, 13 de dezembro de 2021.
22. Entrevista do autor com Moran, 13 de dezembro de 2021.
23. Entrevista do autor com Moran, 13 de dezembro de 2021.
24. Entrevista do autor com Moran, 13 de dezembro de 2021.
25. Norrie Drummond, "Dinner with the Beatles", *NME*, 27 de maio de 1967, p. 2.
26. Miles, *Paul McCartney*, p. 433.
27. Entrevista do autor com Kevin Harrington, 3 de fevereiro de 2021.
28. *The John Lennon Letters*, ed. Hunter Davies (Nova York: Little, Brown, 2012), p. 96.
29. Evans, diários, 29 de maio de 1967.
30. Evans, diários, 1º de junho de 1967.
31. Entrevista do autor com Gary Evans, 14 de março de 2022.
32. John Lennon, carta a Mal Evans, 15 de junho de 1967.
33. Martin com Hornsby, *All You Need Is Ears*, p. 162.
34. Ver Evans, caderno, 1967–1968, p. 18.
35. Martin com Hornsby, *All You Need Is Ears*, p. 193.
36. The Beatles, *The Beatles Anthology*, p. 258.
37. Evans, "LTBL", p. 139.
38. Evans, "LTBL", pp. 139–40.
39. Evans, "LTBL", p. 140.
40. Evans, "LTBL", pp. 140–41.
41. Evans, "LTBL", p. 141.
42. Connolly, "Destroyed by the Beatles", p. 34.
43. Entrevista do autor com Klaus Voormann, 12 de setembro de 2022.
44. Ver a *newsletter* mensal de *The Beatles Book* 49 (agosto de 1967), p. 4.
45. Entrevista do autor com Boyd, 15 de fevereiro de 2023.

CAPÍTULO 21: O QUINTO MÁGICO

1. Evans, "LTBL", pp. 142–43.
2. *Lennon Remembers*, p. 25.
3. The Beatles, *The Beatles Anthology*, p. 268.
4. Martin com Hornsby, *All You Need Is Ears*, p. 165.
5. Evans, "LTBL", p. 152.
6. Badman, *The Beatles Off the Record*, p. 312.
7. Barrow, *The Making of the Beatles' Magical Mystery Tour* (Londres: Omnibus, 1999), p. 7.

8. Alistair Taylor, "Forward", em Tony Barrow, *The Making of the Beatles' Magical Mystery Tour* (Londres: Omnibus, 1999), pp. 2–3.

9. Badman, *The Beatles Off the Record*, p. 312.

10. Leslie Cavendish com Eduardo Jáuregui e Neil McNaughton, *The Cutting Edge: The Story of the Beatles' Hairdresser Who Defined an Era* (Richmond, Reino Unido: Alma Books, 2017), p. 104.

11. Entrevista do autor com Leslie Cavendish, 13 de dezembro de 2021.

12. Badman, *The Beatles Off the Record*, p. 313.

13. Evans, "LTBL", pp. 154–55.

14. Evans, "LTBL", pp. 155–56.

15. Evans, "LTBL", pp. 158–59.

16. "The Making of *Magical Mystery Tour*", *featurette* do DVD *Magical Mystery Tour* (Apple, 2012). Andrew Birkin, assistente de filmagem em *Magical Mystery Tour*, rememorou esses acontecimentos de maneira um tanto quanto diferente de Losey. Na lembrança de Birkin, ele se voluntariou para assinar os autógrafos após John se espantar com a tarefa, sugerindo que 100 fotos autografadas haviam sido disponibilizadas naquele dia como uma forma de subornar os dançarinos para permanecerem no set. Isso entra em desacordo com a escassez de brindes que Losey se recordou de tentar distribuir. Ver Birkin, *POV: A Life in Pictures* (Paris: Albin Michel Beaux Livres, 2022).

17. Evans, "LTBL", p. 159.

18. The Beatles, *The Beatles Anthology*, p. 273.

19. Sandford, *McCartney*, p. 147.

20. Evans, "LTBL", p. 159.

21. Evans, "LTBL", p. 161.

22. Evans, "LTBL", p. 161.

23. E-mail de Julie Evans Rossow, 27 de fevereiro de 2023.

24. Starr, *Postcards from the Boys*, p. 11.

25. Entrevista do autor com Gary Evans, 23 de abril de 2021.

26. Entrevista do autor com Gary Evans, 23 de abril de 2021.

27. Mark Edmonds, "Here, There, and Everywhere", *Sunday Times Magazine*, 20 de março de 2005, p. 40.

28. Evans, "LTBL", p. 164.

29. Evans, "LTBL", p. 165.

30. Nigel Hunter, "From the Music Capitals of the World: London", *Billboard* (16 de dezembro de 1967), p. 50.

31. Evans, "LTBL", pp. 161–62.

32. Evans, "LTBL", p. 162.

33. Citação em Badman, *The Beatles Off the Record*, pp. 332–33.

34. "Beatles Firm, Melcher Deal", *Billboard*, 23 de dezembro de 1967, p. 4.

CAPÍTULO 22: DIRETOR-GERENTE?

1. Evans, "LTBL", p. 144.

2. Evans, "LTBL", p. 172.

3. Evans, "LTBL", pp. 172–73.
4. Embora seu lugar na Apple Corps tivesse sido esclarecido em janeiro de 1968, a Apple Publishing vinha assinando contratos com clientes desde pelo menos setembro de 1967.
5. Evans, diários, 19 de janeiro de 1968.
6. Peter Asher, *The Beatles from A to Zed: An Alphabetical Mystery Tour* (Nova York: Henry Holt, 2019), p. 15.
7. Badman, *The Beatles Off the Record*, pp. 338–39.
8. Entrevista do autor com Peter Asher, 2 de novembro de 2021.
9. Entrevista do autor com Asher, 2 de novembro de 2021.
10. Evans, "LTBL", p. 144.
11. Richard DiLello, *The Longest Cocktail Party: An Insider's Diary of the Beatles* (Chicago, IL: Playboy, 1972), p. 8.
12. Evans, diários, 24 de janeiro de 1968.
13. Dan Matovina, *Without You: The Tragic Story of Badfinger* (San Mateo, CA: Frances Glover Books, 2000), p. 37.
14. Evans, "LTBL", p. 144.
15. Evans, "LTBL", pp. 144–45.
16. Citação em Matovina, *Without You*, p. 37.
17. Evans, diários, 30 de janeiro de 1968.
18. Citação em Matovina, *Without You*, p. 37.
19. Evans, "LTBL", p. 145.
20. Evans, diários, 13 de janeiro de 1968.
21. Evans, diários, 18 de janeiro de 1968.
22. Entrevista do autor com Lizzie Bravo, 5 de dezembro de 2020.

CAPÍTULO 23: A POBREZA LANÇA UMA SOMBRA SORRIDENTE

1. Ver debate do Parlamento sobre salários semanais médios, 18 de março de 1968, em Hansard, vol. 761, hansard.parliament.uk/.
2. Evans, diários, 14–16 de fevereiro de 1968.
3. Nancy Cooke de Herrera, *All You Need Is Love: An Eyewitness Account of When Spirituality Spread from the East to the West* (San Diego: Jodere, 2003), p. 221.
4. Mal Evans, carta a Lily Evans, 18 de fevereiro de 1968.
5. Evans, diários, 17 de fevereiro de 1968.
6. Evans, "LTBL", p. 166.
7. Evans, "LTBL", pp. 167–68.
8. Evans, "LTBL", pp. 167–68.
9. Evans, "LTBL", pp. 167–68.
10. Evans, "Beatles in India", *The Beatles Book* 58 (maio de 1968), p. 11.
11. Evans, "LTBL", p. 170.
12. Evans, "LTBL", pp. 170–71.
13. Entrevista do autor com Paul Saltzman, 10 de junho de 2021.
14. Evans, "LTBL", pp. 170–71; entrevista do autor com Saltzman, 10 de junho de 2021.
15. Starr, "I Want to Lead a Normal Life", *Hit Parader*, setembro de 1968, p. 9.

16. Evans, diários, 10 de março de 1968.
17. Evans, diários, 21 de março de 1968.
18. Evans, diários, 21 de março de 1968.
19. Evans, "LTBL", p. 171; Gross, entrevista com Mal Evans, 29 de novembro de 1975.

CAPÍTULO 24: GRANDE, FOFO, ALEGRE E SEXY

1. Entrevista do autor com Gary Evans e Julie Evans Rossow, 21 de março de 2022.
2. Entrevista do autor com Asher, 2 de novembro de 2021.
3. DiLello, *The Longest Cocktail Party*, p. 12.
4. DiLello, *The Longest Cocktail Party*, p. 246.
5. DiLello, *The Longest Cocktail Party*, p. 15.
6. Entrevista do autor com Moran, 13 de dezembro de 2021.
7. Entrevista do autor com Moran, 13 de dezembro de 2021.
8. Entrevista do autor com Moran, 13 de dezembro de 2021.
9. Entrevista do autor com Asher, 2 de novembro de 2021.
10. Matovina, *Without You*, p. 40.
11. Entrevista do autor com Asher, 2 de novembro de 2021.
12. Citação em Matovina, *Without You*, p. 43.
13. Derek Taylor, *Nadolig Llawen* [*newsletter* interna da Apple] (dezembro de 1968), p. 33.
14. Evans, "LTBL", p. 146.
15. Derek Taylor, *Fifty Years Adrift* (Guilford, Reino Unido: Genesis, 1984), p. 327.
16. The Beatles, *The Beatles Anthology*, p. 287.
17. Lillian Roxon, "101 Hours with John Lennon and Paul McCartney", *Eye*, setembro de 1968, p. 33.
18. Evans, diários, 14 de maio de 1968.

CAPÍTULO 25: O GIGANTE QUE RI

1. The Beatles, *The Beatles Anthology*, p. 296.
2. Evans, "LTBL", pp. 186–87.
3. Entrevista do autor com Chris O'Dell, 21 de maio de 2021.
4. Entrevista do autor com O'Dell, 21 de maio de 2021.
5. Chris O'Dell com Katherine Ketchum, *Miss O'Dell: My Hard Days and Long Nights with the Beatles, the Stones, Bob Dylan, Eric Clapton and the Women They Loved* (Nova York: Touchstone, 2009), p. 39.
6. Entrevista do autor com O'Dell, 21 de maio de 2021.
7. Segundo a memória de O'Dell, a música era "Revolution 9", o que parece improvável, dada sua natureza distintamente experimental.
8. Shotton, *John Lennon*, p. 133.
9. Evans, diários, 7 de junho de 1968.
10. Evans, "Ringo and George in California", *The Beatles Book* 61 (agosto de 1968), p. 24.
11. Evans, "Ringo and George in California", p. 26.
12. Evans, "Ringo and George in California", p. 31.
13. Bramwell, *Magical Mystery Tours*, p. 269.

14. Entrevista do autor com Mansfield, 14 de janeiro de 2021.
15. Evans, "LTBL", p. 149.
16. Citação em Matovina, *Without You*, p. 43.
17. Derek Taylor, "Apple 1988: A Year for Nostalgia", *Hit Parader*, março de 1969, p. 36.
18. Derek Taylor, *Gilet de Sauvetage Est Sous la Siege* [*newsletter* interna da Apple] (novembro de 1968), p. 4. Taylor, em "Apple 1988", notadamente trocou "máscara mortuária" para "gravura".
19. Evans, "LTBL", pp. 149–50.
20. Entrevista do autor com Asher, 2 de novembro de 2021.
21. Evans, "LTBL", p. 151.
22. Evans, diários, 5 de julho de 1968.
23. Entrevista do autor com Harrington, 3 de fevereiro de 2021.
24. Entrevista do autor com Harrington, 3 de fevereiro de 2021.
25. Entrevista do autor com Harrington, 3 de fevereiro de 2021.
26. Kevin Harrington, *Who's the Redhead on the Roof? My Life with the Beatles* (Forchheim, Reino Unido: Apcor Books, 2015), p. 47.
27. Derek Taylor, *Gilet de Sauvetage Est Sous la Siege*, p. 12.
28. Badman, *The Beatles Off the Record*, p. 368.
29. Alistair Taylor, *With the Beatles*, p. 207.
30. Evans, diários, 13 de julho de 1968.
31. Entrevista do autor com Julie Evans Rossow, 20 de janeiro de 2022.
32. Martin, entrevista com Lily Evans, 2004.
33. Martin, entrevista com Lily Evans, 2004; Evans, "LTBL", pp. 162–63.
34. Francie Schwartz, *Body Count* (Nova York: Straight Arrow, 1972), p. 81.
35. Entrevista do autor com Gary Evans, 4 de dezembro de 2020.
36. Evans, diários, 29 de julho de 1968.
37. Entrevista do autor com Ned Ryan, 12 de fevereiro de 2022.

CAPÍTULO 26: DOMINAR É SERVIR

1. Evans, "The Eighteenth Single", *The Beatles Book* 62 (setembro de 1968), p. 8.
2. Sandford, *McCartney*, p. 158.
3. Lewisohn, *The Complete Beatles Recording Sessions*, p. 146.
4. Entrevista do autor com Mansfield, 14 de janeiro de 2021.
5. Citação em Matovina, *Without You*, p. 44.
6. Evans, diários, 30 de setembro de 1968.
7. Citação em Matovina, *Without You*, p. 44.
8. Entrevista do autor com Gary Evans, 25 de março de 2022.
9. Evans, "Mal's Diary", *The Beatles Book* 63 (outubro de 1968), p. 12.
10. Edmonds, "Here, There, and Everywhere", p. 40.
11. Evans, diários, 21 de agosto de 1968.
12. Evans, diários, 21–22 de agosto de 1968.
13. Lewisohn, *The Complete Beatles Recording Sessions*, p. 151.
14. Lewisohn, *The Complete Beatles Recording Sessions*, p. 151.

15. Entrevista do autor com Harrington, 3 de fevereiro de 2021.
16. Entrevista do autor com Harrington, 3 de fevereiro de 2021.
17. Ver Frederick James [Tony Barrow], "The Fifth Beatle Gets Married", *The Beatles Book* (outubro de 1968), pp. 6–9.
18. Entrevista do autor com Lewisohn, 29 de janeiro de 2022.
19. Entrevista do autor com Joel Soroka, 31 de agosto de 2022.
20. Entrevista do autor com Soroka, 31 de agosto de 2022.
21. Entrevista do autor com Lindsay-Hogg, 16 de dezembro de 2021.
22. Evans, diários, 9 de setembro de 1968.
23. Evans, "Thirty New Beatle Grooves on Double Disc Album", *The Beatles Book* 64 (novembro de 1968), p. 8.
24. Lewisohn, *The Complete Beatles Recording Sessions*, p. 154.
25. Entrevista do autor com Mansfield, 21 de janeiro de 2021.
26. Evans, "LTBL", p. 175.
27. Entrevista do autor com Slaybaugh, 29 de dezembro de 2021.
28. Entrevista do autor com Slaybaugh, 25 de maio de 2021 e 29 de dezembro de 2021.
29. Entrevista do autor com Slaybaugh, 29 de dezembro de 2021 e 26 de julho de 2022.
30. Evans, "LTBL", p. 177.
31. Evans, diários, 10 de novembro de 1968.
32. Mal Evans, carta a Lily Evans, 17 de novembro de 1968.
33. Evans, diários, 19 de novembro de 1968.
34. Evans, diários, 26 de novembro de 1968.
35. Mal Evans, carta a Lily Evans, final de novembro de 1968.
36. Evans, "LTBL", pp. 182–83.
37. Evans, "LTBL", p. 206.
38. Evans, "LTBL", p. 206.
39. Evans, diários, 1º de dezembro de 1968.
40. Martin, entrevista com Lily Evans, 2004.
41. Connolly, "Destroyed by the Beatles", p. 34.

CAPÍTULO 27: VEJO VOCÊS NOS CLUBES

1. Tony Barrell, *The Beatles on the Roof* (Londres: Omnibus, 2017), p. 5.
2. Evans, "LTBL", p. 188.
3. Exceto onde especificado, todas as aspas das sessões de janeiro de 1969 provêm de *The Beatles: Get Back*, dirigido por Peter Jackson (Apple Corps, 2021).
4. Sulpy e Ray Schweighardt, *Get Back: The Unauthorized Chronicle of the Beatles' Let It Be Disaster* (Nova York: Griffin, 1997), p. 127.
5. Evans, diários, 10 de janeiro de 1969.
6. Evans, "LTBL", p. 189.
7. Evans, "LTBL", p. 189.
8. Peter Doggett, *You Never Give Me Your Money: The Beatles After the Breakup* (Nova York: HarperCollins, 2011), p. 61.
9. Entrevista do autor com Friedland, 20 de junho de 2021.

10. Evans, carta a Brute Force [Stephen Friedland], 10 de fevereiro de 1969.
11. Entrevista do autor com Richard Keith Wolff, 28 de fevereiro de 2023.
12. Miles, *Paul McCartney*, p. 567.
13. Evans, "LTBL", p. 188.
14. The Beatles, *The Beatles Anthology*, p. 291.
15. The Beatles, *The Beatles Anthology*, p. 291.
16. The Beatles, *The Beatles Anthology*, p. 318.
17. Sulpy e Schweighardt, p. 232.
18. Evans, "LTBL", p. 191.
19. Barrell, *The Beatles on the Roof*, p. 89.
20. Evans, diários, 27 de janeiro de 1969.
21. Entrevista do autor com Harrington, 3 de fevereiro de 2021.
22. Citação em Matteo, *Let It Be*, p. 83.
23. Evans, "LTBL", p. 192.
24. Mansfield, *The Roof*, p. 105.
25. O'Dell, *Miss O'Dell*, p. 75.
26. Cavendish, *The Cutting Edge*, p. 151.

CAPÍTULO 28: BEBUNS NUMA JORNADA

1. Entrevista do autor com Lindsay-Hogg, 16 de dezembro de 2021.
2. Evans, "LTBL", p. 191.
3. Evans, "LTBL", p. 192.
4. Frost, entrevista com Mal Evans, 21 de maio de 1975.
5. Evans, diários, 6 de fevereiro de 1969.
6. Evans, diários, 6 de fevereiro de 1969.
7. Entrevista do autor com Ryan, 12 de fevereiro de 2022.
8. Evans, "LTBL", p. 147.
9. Evans, diários, 23 de fevereiro de 1969.
10. Evans, diários, pp. 147–48.
11. Citação em Matovina, *Without You*, p. 55.
12. Stefan Granados, *Those Were the Days 2.0: The Beatles and Apple* (Londres: Cherry Red Books, 2021), p. 57.
13. Entrevista do autor com Gary Evans, 25 de março de 2022.
14. Evans, "LTBL", pp. 193–94.
15. Evans, "LTBL", p. 25.
16. Carol Bedford, *Waiting for the Beatles: An Apple Scruff's Story* (Londres: Blandford, 1984), p. 58.
17. Entrevista do autor com Mike McCartney, 6 de janeiro de 2022.
18. Evans, diários, 13 de março de 1969.
19. Em setembro de 1973, George foi provado inocente quando Pilcher foi condenado e preso por perverter o curso da justiça ao armar para vários de seus alvos célebres ao longo dos anos.
20. Entrevista do autor com John Kosh, 30 de outubro de 2021.
21. Lewisohn, *The Complete Beatles Recording Sessions*, p. 15.

22. Evans, "LTBL", pp. 148–49.
23. Evans, diários, 26 de março de 1969.
24. Granados, *Those Were the Days 2.0*, p. 10.
25. Evans, diários, 24 de abril de 1969.
26. "Another Beatles Music Boss", *Disc and Music Echo*, 3 de maio de 1969, p. 6.
27. The Beatles, *The Beatles Anthology*, p. 326.
28. The Beatles, *The Beatles Anthology*, p. 326.
29. Lewisohn, "Macca to Me in 1991, Speaking of May 9, 1969", 9 de maio de 2019, twitter.com/marklewisohn/status/1126576151072247809?lang=en.
30. Evans, diários, 9 de maio de 1969.

CAPÍTULO 29: ADORADOR DO SOL

1. Alistair Taylor, *With the Beatles*, pp. 242–43.
2. Fred Goodman, *Allen Klein: The Man Who Bailed Out the Beatles, Made the Stones, and Transformed Rock 'n' Roll* (Nova York: Houghton Mifflin Harcourt, 2016), p. 187.
3. O'Dell, *Miss O'Dell*, p. 91.
4. Entrevista do autor com Lewisohn, 11 de dezembro de 2021. Lewisohn apontou ainda que Mal e Neil não só eram empregados diretamente pelos Beatles, como seus salários semanais eram administrados pela NEMS e, mais tarde, pela Apple, sendo debitados diretamente da Beatles Limited e, desde abril de 1967, Beatles and Company.
5. Bramwell, *Magical Mystery Tours*, p. 325.
6. Entrevista do autor com Bramwell, 6 de agosto de 2021.
7. Doggett, *You Never Give Me Your Money*, pp. 97–98.
8. Bramwell, *Magical Mystery Tours*, p. 159.
9. Bramwell, *Magical Mystery Tours*, p. 160.
10. Ver Bedford, *Waiting for the Beatles*, pp. 284–87.
11. Peter Hicks, entrevista com Cathy Sarver, 18 de julho de 2019.
12. E-mail das Apple Scruffs [Carole, Chris e Sue], 15 de dezembro de 2021.
13. "*Get Back* Postponed", *The Beatles Book* 73 (agosto de 1969), p. 29.
14. Mal Evans, "The Beatles Get Back", *The Beatles Book* 72 (julho de 1969), pp. 22–25.
15. Evans, "The Beatles Get Back", pp. 22–25.
16. Evans, "The Beatles Get Back", pp. 195–96.
17. Evans, diários, 12 de junho de 1969.
18. Evans, "LTBL", p. 196.
19. Matovina, *Without You*, p. 59.
20. "Iveys Find It Hard to Please the Beatles", *Disc and Music Echo*, 5 de julho de 1969, p. 16.
21. Granados, *Those Were the Days 2.0*, p. 108.
22. Evans, diários, 2 de agosto de 1969.
23. Evans, diários, 1º de agosto de 1969.
24. Entrevista do autor com John Kurlander, 8 de novembro de 2017.
25. Entrevista do autor com Kurlander, 23 de junho de 2021.
26. Entrevista do autor com Kurlander, 8 de novembro de 2017.
27. Lewisohn, *The Complete Beatles Recording Sessions*, p. 13.

28. The Beatles, *The Beatles Anthology*, p. 337.
29. Evans, diários, 5 de agosto de 1969.
30. Emerick, *Here, There, and Everywhere*, p. 287.
31. Entrevista do autor com Kosh, 30 de outubro de 2021.
32. Ver "Unrecognized", *The Beatles Book* 74 (setembro de 1969), p. 31.
33. Lewisohn, *The Complete Beatles Recording Sessions*, p. 190.
34. The Beatles, *The Beatles Anthology*, p. 345.
35. Entrevista do autor com Ethan Russell, 7 de janeiro de 2021.

CAPÍTULO 30: BADFINGER BOOGIE

1. Entrevista do autor com Gary Evans, 8 de abril de 2022.
2. Anthony Fawcett, *John Lennon: One Day at a Time – A Personal Biography of the Seventies* (Nova York: Grove Press, 1976), pp. 95–97.
3. Fawcett, *John Lennon*, pp. 95–97.
4. Fawcett, *John Lennon*, pp. 95–97.
5. Evans, diários, 12 de setembro de 1969.
6. Evans, "LTBL", p. 197.
7. Entrevista do autor com Alan White, 11 de abril de 2022.
8. Evans, "LTBL", pp. 197–98.
9. Evans, "LTBL", p. 199.
10. Evans, "LTBL", p. 199.
11. Badman, *The Beatles Off the Record*, p. 466.
12. Badman, *The Beatles Off the Record*, p. 467.
13. The Beatles, *The Beatles Anthology*, p. 348.
14. Entrevista do autor com Rod Lynton, 15 de agosto de 2021.
15. Citação em Matovina, *Without You*, p. 66.
16. Citação em Matovina, *Without You*, p. 67.
17. "Gary Fawkes", *The Beatles Book* 76 (novembro de 1969), p. 31.
18. Mansfield, carta a Mal Evans, 20 de novembro de 1969.
19. Evans, "LTBL", p. 201.
20. Evans, "LTBL", p. 203.
21. Evans, "LTBL", pp. 204–5.

CAPÍTULO 31: AGENTE DUPLO

1. Lewisohn, *The Complete Beatles Recording Sessions*, p. 195.
2. Evans, diários, 3 de janeiro de 1970.
3. Evans, diários, 4 de janeiro de 1970.
4. Entrevista do autor com Mary McCartney, 6 de dezembro de 2022.
5. Entrevista do autor com Doug Ellis, 5 de setembro de 2021.
6. Evans, diários, 12 de janeiro de 1970.
7. Entrevista do autor com Bramwell, 6 de agosto de 2021.
8. Evans, diários, 27 de janeiro de 1970.
9. Entrevista do autor com White, 11 de abril de 2022.

10. Evans, diários, 5 de fevereiro de 1970.
11. Evans, "LTBL", p. 205.
12. Evans, "LTBL", p. 205.
13. Evans, "LTBL", p. 205.
14. Evans, diários, 9 de fevereiro de 1970.
15. O'Dell, *Miss O'Dell*, p. 144.
16. Miles, *Paul McCartney*, p. 574.
17. Evans, "LTBL", p. 109.
18. Derek Taylor, *As Time Goes By*, p. 135.
19. Taylor, *As Time Goes By*, pp. 80–81.
20. Taylor, *As Time Goes By*, p. 261.
21. Evans, "LTBL", p. 190.
22. Entrevista do autor com Alan Parsons, 17 de setembro de 2019.
23. Entrevista do autor com Peter Frampton, 6 de setembro de 2022.
24. Ken Scott com Bobby Owsinski, *Abbey Road to Ziggy Stardust: Off the Record with the Beatles, Bowie, Elton, and So Much More* (Los Angeles: Alfred Music, 2012), p. 108.
25. Citação em Matovina, *Without You*, p. 83.
26. Entrevista do autor com Joey Molland, 15 de abril de 2023.
27. Neste caso, a modificação envolveu amplificar a guitarra de Molland através de uma caixa Leslie. Batizada com o sobrenome de seu inventor, Donald Leslie, e criada originalmente para uso com um órgão Hammond, a caixa tinha alto-falantes rotatórios e propiciava vários efeitos especiais sonoros incomuns.
28. Citação em Matovina, *Without You*, p. 90.
29. Citação em Matovina, *Without You*, p. 90.
30. Evans, "LTBL", p. 148.
31. Emerick, *Here, There, and Everywhere*, p. 325.
32. Citação em Matovina, *Without You*, p. 91.
33. Citação em Matovina, *Without You*, p. 91.
34. Citação em Matovina, *Without You*, p. 92.
35. Entrevista do autor com Var Smith, 29 de agosto de 2021.
36. Citação em Matovina, *Without You*, p. 91.
37. Citação em Matovina, *Without You*, p. 93.
38. Emerick, *Here, There, and Everywhere*, p. 326.
39. Citação em Matovina, *Without You*, p. 93.
40. Entrevista do autor com Marianne Evans, 14 de maio de 2021.
41. Matovina, *Without You*, p. 93.
42. Evans, "LTBL", p. 149.
43. Emerick, *Here, There, and Everywhere*, p. 326.

CAPÍTULO 32: *HITMAKER*

1. Entrevista do autor com Harrington, 3 de fevereiro de 2021.
2. Entrevista do autor com Harrington, 3 de fevereiro de 2021.

3. "It's a Hard Road: 'Beat Instrumental' Looks at the Roadie Scene", *Beat Instrumental and International Recording Studio*, julho de 1970, p. 41.

4. Cliff Jones, "Apple Scruffs: 'We're Waiting for the Beatles'", *Mojo* 35 (outubro de 1996), p. 71.

5. Entrevista do autor com Steve Brendell, 17 de agosto de 2022.

6. Barbara Bennett, "*My Beatle Days*", BlogSpot, 30 de junho de 2019, mybeatledays.blogspot.com/2019/06/apple-people.html.

7. Evans, diários, 6 de julho de 1970.

8. Ruth Ellen Carter, declaração juramentada, julho de 1972.

9. Citação em Matovina, *Without You*, p. 101; entrevista do autor com Allan Steckler, 29 de março de 2023.

10. Citação em Matovina, *Without You*, p. 116.

11. Mansfield, carta a Mal Evans, 23 de novembro de 1970.

12. Kane, *Lennon Revealed*, p. 224.

13. Starr, *Postcards from the Boys*, p. 49.

14. Ray Connolly, *The Ray Connolly Beatles Archive* (Londres: Plumray Books, 2011), p. 88.

15. Evans, diários, 19 de julho de 1970.

16. Evans, diários, 3 de outubro de 1970.

17. Evans, diários, 5–6 de novembro e 1º dezembro de 1970.

18. Spector, carta a Mal Evans, datada "Natal de 1970".

19. Evans, diários, 10 de janeiro de 1971.

CAPÍTULO 33: *HAPPY CRIMBLE!*

1. Entrevista do autor com Gary Evans, 31 de março de 2022.

2. Entrevista do autor com Gary Evans, 31 de março de 2022.

3. Entrevista do autor com Gary Evans, 31 de março de 2022.

4. Timothy White, *George Harrison Reconsidered* (Londres: Larchwood & Weir, 2013), n.p.

5. Connolly, "Destroyed by the Beatles", p. 34.

6. Entrevista do autor com Lynton, 15 de agosto de 2021.

7. Entrevista do autor com Dan Richter, 22 de agosto de 2022.

8. Charles Shaar Murray, "Lennon, Lenin, the 'Oz' Schoolkids Issue, and Me", *The Word* (abril de 2011), www.rocksbackpages.com/Library/Article/lennon-lenin-the-iozi-schoolkids-issue-and-me.

9. Murray, "Lennon, Lenin, the 'Oz' Schoolkids Issue, and Me".

10. Citação em Matovina, *Without You*, pp. 136–37.

11. Evans, "LTBL", pp. 207–8.

12. Evans, "LTBL", carta a Lily Evans, 26 de junho de 1971.

13. Evans, "LTBL", p. 210.

14. Evans, "LTBL", p. 210.

15. Evans, "LTBL", pp. 210–11.

16. Evans, "LTBL", p. 212.

17. Chip Madinger e Scott Raile, *Lennonology: Strange Days Indeed – A Scrapbook of Madness* (Springfield, MO: Open Your Books, 2015), pp. 251, 255.

18. Entrevista do autor com Harrington, 3 de fevereiro de 2021.

19. Evans, "LTBL", p. 215.
20. Peter Hicks, entrevista com Lynda Dearborn, 6 de agosto de 2019.
21. Entrevista do autor com Mansfield, 14 de janeiro de 2021.
22. Evans, diários, 1º de março de 2021.
23. Peter Hicks, entrevista com Lon Van Eaton, 27 de dezembro de 2018; entrevista do autor com Lon Van Eaton, 26 de outubro de 2022.
24. Evans, "LTBL", p. 237.
25. Lily Evans, carta a Mal Evans, 18 de outubro de 1971.
26. Evans, "LTBL", p. 216.
27. Entrevista do autor com Tony King, 8 de fevereiro de 2023.
28. Peter Hicks, entrevista com John Mears, 26 de março de 2018.
29. *Behind the Music: Badfinger* (VH1, 2000).
30. "Harry Nilsson's 10 Best Songs", *Far Out*, 15 de junho de 2021, faroutmagazine.co.uk/harry-nilsson-10-best-songs/.
31. Entrevista do autor com Gary Evans, 27 de novembro de 2020.
32. Entrevista do autor com Gary Evans, 16 de abril de 2022.

CAPÍTULO 34: DESCONTENTE

1. Evans, diários, 13 de janeiro de 1972.
2. Evans, diários, 28 de janeiro de 1972.
3. Evans, diários, 12 de fevereiro de 1972.
4. Tony Visconti, *The Autobiography: Bowie, Bolan, and the Brooklyn Boy* (Nova York: HarperCollins, 2007), p. 191.
5. Evans, "LTBL", p. 235.
6. Peter Hicks, e-mail de Bob Purvis, 16 de março de 2018.
7. Gross, entrevista com Mal Evans, 29 de novembro de 1975.
8. Entrevista do autor com Gary Evans, 23 de janeiro de 2021.
9. Evans, diários, 1º de julho de 1972.
10. Evans, diários, 16 de julho de 1972.
11. Peter Howard, carta a Mal Evans, 4 de abril de 1972.
12. Elliot J. Huntley, *Mystical One: George Harrison – After the Breakup of the Beatles* (Toronto: Guernica, 2006), pp. 88–89.
13. Evans, diários, 5 de novembro de 1972.
14. Entrevista do autor com Phil Hilderbrand, 15 de agosto de 2022.
15. Evans, diários, 3 de fevereiro de 1973.

CAPÍTULO 35: CAIXA DE PANDORA

1. Em seu diário, Mal compilou a letra de "You're Thinking of Me". Ver diário de 4 de março de 1973.
2. Evans, "LTBL", p. 217.
3. Evans, "LTBL", pp. 218–19.
4. Evans, "LTBL", p. 219.

5. Jonathan Cott e Christine Doudna, eds., *The Ballad of John and Yoko* (Nova York: Dolphin, 1982), p. 223.
6. Lily Evans, carta a Mal Evans, 17 de março de 1973.
7. Evans, "LTBL", p. 220.
8. Doggett, *You Never Give Me Your Money*, p. 201.
9. Evans, "LTBL", pp. 220–21.
10. Keith Badman, *The Beatles Off the Record 2: The Dream Is Over* (Londres: Omnibus, 2009), p. 117.
11. Evans, "LTBL", p. 222.
12. Evans, "LTBL", p. 223.
13. Evans, "LTBL", p. 223.
14. Evans, "LTBL", p. 224.
15. Evans, "LTBL", p. 224.
16. Evans, "LTBL", pp. 224–25.
17. Evans, diários, 2–5 de junho de 1973.
18. Evans, "LTBL", p. 228.
19. Evans, "LTBL", p. 228.

CAPÍTULO 36: TOLOS E BÊBADOS

1. Evans, diários, 19 de junho de 1973.
2. Jimmy Webb, *The Cake and the Rain: A Memoir* (Nova York: St. Martin's Press, 2018), p. 107.
3. Matovina, *Without You*, p. 243.
4. Entrevista do autor com Gary Evans, 12 de fevereiro de 2021.
5. Evans, diários, 7 de agosto de 1973.
6. Evans, diários, 19 de novembro de 1973; João 15:13 (Bíblia Sagrada).
7. Evans, diários, 20 de novembro de 1973.
8. Entrevista do autor com Gary Evans, 28 de maio de 2021.
9. Lennon e Ono, *All We Are Saying*, pp. 22–23.
10. Ver Connolly, *Being John Lennon: A Restless Life* (Nova York: Pegasus, 2018), p. 358.
11. May Pang com Henry Edwards, *Loving John: The Untold Story* (Nova York: Warner, 1983), p. 61.
12. E-mail de Adrian Sinclair, 13 de dezembro de 2021.
13. Entrevista do autor com Peter Frampton, 6 de setembro de 2022.
14. Entrevista do autor com Susan Markheim, 16 de junho de 2022.
15. Mansfield, *The White Book*, p. 178.
16. Evans, "LTBL", p. 229.
17. Evans, "LTBL", p. 230.
18. Evans, "LTBL", p. 230.
19. Evans, "LTBL", p. 231.
20. Entrevista do autor com Fran Hughes Reynolds, 15 de outubro de 2021.
21. Entrevista do autor com Reynolds, 15 de outubro de 2021; Martin Porter, manuscrito não publicado, janeiro de 2022.
22. Ver "Executive Roundtable", *Billboard*, 25 de outubro de 1969, p. 6.

23. Martin Porter e David Goggin, "The House That Hendrix Built: Inside the Birth of the Record Plant", *Rolling Stone*, 19 de março de 2018, www.rollingstone.com/music/music-features/the-house-that-hendrix-built-inside-the-birth-of-the-record-plant-118904/.
24. Entrevista do autor com Reynolds, 15 de outubro de 2021.
25. Entrevista do autor com Reynolds, 15 de outubro de 2021.
26. Entrevista do autor com Reynolds, 15 de outubro de 2021.
27. Badman, *The Beatles Off the Record 2*, pp. 112–13.
28. Evans, "LTBL", p. 232.
29. Lennon, carta a Phil Spector, dezembro de 1973.
30. Entrevista do autor com Reynolds, 15 de outubro de 2021.
31. Evans, "LTBL", p. 233.
32. Evans, "LTBL", pp. 233–34.
33. Evans, "LTBL", p. 234.
34. Evans, "LTBL", p. 234.

CAPÍTULO 37: E DAÍ?

1. Entrevista do autor com Gary Evans, 19 de novembro de 2021.
2. Schaffner, *The Beatles Forever*, p. 161.
3. Lennon, *John*, p. 257.
4. Entrevista do autor com Reynolds, 15 de outubro de 2021.
5. Lennon, *John*, p. 257.
6. Lennon, *John*, p. 257.
7. Martin, entrevista com Lily Evans, 2004.
8. Entrevista do autor com May Pang, 28 de fevereiro de 2019.
9. Cott e Doudna, *The Ballad of John and Yoko*, p. 237.
10. Entrevista do autor com Reynolds, 15 de outubro de 2021.
11. Entrevista do autor com Reynolds, 15 de outubro de 2021.
12. Evans, caderno, 1975, p. 111.
13. Pang, *Instamatic Karma: Photographs of John Lennon* (Nova York: St. Martin's Press, 2008), p. 12.
14. A sessão de 28 de março de 1974 foi celebrada com o lançamento do *bootleg* intitulado *A Toot and a Snore in '74* (Mistral Music, 1992).
15. Evans, diários, 6 de abril de 1974.
16. Evans, "LTBL", p. 240.
17. Evans, "LTBL", pp. 240–41.
18. Evans, "LTBL", p. 241.
19. Evans, "LTBL", p. 240.
20. Evans, "LTBL", p. 238.

CAPÍTULO 38: CONTE A VERDADE

1. Entrevista do autor com Reynolds, 15 de outubro de 2021.
2. Entrevista do autor com Reynolds, 15 de outubro de 2021.

3. Entrevista do autor com Reynolds, 15 de outubro de 2021.

4. Evans, "LTBL", p. 91.

5. Mark Lapidos, "Preface", *Fandom and the Beatles: The Act You've Known for All These Years*, ed. Kenneth Womack e Kit O'Toole (Oxford: Oxford University Press, 2021), p. xi.

6. Entrevista do autor com Blair Aaronson, 28 de abril de 2022.

7. Entrevista do autor com Aaronson, 28 de abril de 2022, 28 de novembro de 2021.

8. J. W. Haymer, *Silverspoon: The Greatest Band Nobody Ever Heard*, www.jwhaymer.blogspot.com, 2013.

9. Haymer, *Silverspoon.*

10. Haymer, *Silverspoon.*

11. Haymer, *Silverspoon.*

12. Haymer, *Silverspoon.*

13. Haymer, *Silverspoon.*

14. Entrevista do autor com Andrew DiBiccari, 22 de setembro de 2021.

15. Doyle, entrevista com Mal Evans, 14 de dezembro de 1975.

16. Evans, "LTBL", p. 231.

17. Entrevista do autor com DiBiccari, 21 de junho de 2022.

18. Entrevista do autor com Var Smith, 29 de agosto de 2021.

19. Entrevista do autor com Reynolds, 15 de outubro de 2021.

20. Entrevista do autor com Richard Digby Smith, 5 de dezembro de 2021.

21. Entrevista do autor com Dennis Killeen, 17 de setembro de 2021.

22. Entrevista do autor com Joanne Lenard, 13 de julho de 2022.

23. Richard Digby Smith, *One Two Three Four: The Life and Times of a Recording Studio Engineer* (Kilworth, Reino Unido: The Book Guild, 2020), pp. 240–41.

24. Entrevista do autor com Var Smith, 29 de agosto de 2021.

25. Entrevista do autor com Erika Calvert, 13 de maio de 2021.

26. Entrevista do autor com Var Smith, 29 de agosto de 2021.

27. Entrevista do autor com Aaronson, 28 de abril de 2022.

28. Adam Clayson, *Ringo Starr: Straight Man or Joker?* (St. Paul, MN: Paragon House, 1992), p. 250.

29. Gross, entrevista com Mal Evans, 29 de novembro de 1975.

30. Haymer, *Silverspoon.*

31. "Interview: Mark Volman", *Music Illuminati* (4 de agosto de 2011), music-illuminati.com/interview-mark-volman/.

32. Haymer, *Silverspoon.*

33. Evans, "LTBL", p. 239.

34. Entrevista do autor com Gary Evans, 29 de agosto de 2021.

35. Entrevista do autor com Laura Gross, 23 de março de 2021.

36. Gross, entrevista com Mal Evans, 29 de novembro de 1975.

CAPÍTULO 39: CHORANDO NUM QUARTO DE HOTEL EM NY

1. Entrevista do autor com Bramwell, 6 de agosto de 2021.

2. John E. Mason Jr., carta a Mal Evans, 13 de maio de 1975.

3. Entrevista do autor com Mason, 16 de novembro de 2021.
4. Mason, carta a Fran Hughes, 2 de outubro de 1974.
5. Entrevista do autor com Mason, 16 de novembro de 2021.
6. Entrevista do autor com Mason, 16 de novembro de 2021.
7. Haymer, *Silverspoon.*
8. Entrevista do autor com Aaronson, 28 de abril de 2022.
9. Entrevista do autor com Aaronson, 30 de março de 2021.
10. Evans, caderno, 1975, p. 6.
11. Harrison, carta a Mal Evans, 25 de fevereiro de 1975.
12. Lennon, carta a Mal Evans, maio de 1975.
13. McCartney, carta a Mal Evans, 1975.
14. Starr, carta a Mal Evans, 28 de abril de 1975.
15. Frost, entrevista com Mal Evans, 21 de maio de 1975.
16. Entrevista do autor com Gary Evans, 13 de março de 2021.
17. Martin, entrevista com Lily Evans, 2004.
18. Matovina, *Without You*, p. 292.
19. Entrevista do autor com Alyss Dorese, 16 de agosto de 2021.
20. Entrevista do autor com Robert Markel, 16 de agosto de 2021.
21. Página faltante de Evans, caderno, 1975, fornecida por cortesia de Tracks.co.uk.
22. Entrevista do autor com Reynolds, 15 de outubro de 2021.
23. Evans, carta a David Mook, 4 de novembro de 1975.
24. Entrevista do autor com Aaronson, 28 de novembro de 2021.
25. Entrevista do autor com Reynolds, 15 de outubro de 2021.

CAPÍTULO 40: DEPARTAMENTO DE CORREIO MORTO

1. Entrevista do autor com Gross, 31 de agosto de 2021.
2. Entrevista do autor com Gross, 31 de agosto de 2021.
3. Evans, caderno, 1975, p. 25.
4. Entrevista do autor com Calvert, 13 de maio de 2021.
5. *The John Lennon Letters*, p. 327.
6. Lapidos, carta a Mal Evans, 8 de agosto de 1975.
7. Fran Hughes Reynolds, carta a Fred e Joan Evans, 20 de fevereiro de 1976.
8. Entrevista do autor com Mark Lapidos, 10 de maio de 2021.
9. Doyle, entrevista com Mal Evans, 14 de dezembro de 1975.
10. Gross, entrevista com Mal Evans, 29 de novembro de 1975.
11. Áudio da apresentação de Mal no Grand Ballroom, 6 de setembro de 1975, gravado por Tom Carswell e fornecido por cortesia de Bill Cermak.
12. Áudio da apresentação de Mal no Grand Ballroom, 6 de setembro de 1975.
13. Entrevista do autor com Teddy Judge, 19 de agosto de 2022.
14. Entrevista do autor com Shelli Wolis, 19 de março de 2021.
15. Porter, manuscrito não publicado, janeiro de 2022.
16. Entrevista do autor com Reynolds, 15 de outubro de 2021.
17. Entrevista do autor com Gross, 23 de março de 2021.

18. Entrevista do autor com Gross, 23 de março de 2021.
19. Entrevista do autor com Gross, 23 de março de 2021.
20. Entrevista do autor com Martin Torgoff, 24 de janeiro de 2022.
21. Gross, entrevista com Mal Evans, 29 de novembro de 1975.
22. Matovina, *Without You*, pp. 303–4.
23. Ver Roy Carr, "Apple Corps: They Didn't Have to Be So Nice (We Would Have Liked Them Anyway", *New Musical Express*, 17 de maio de 1975, www.rocksbackpages.com/Library/Article/apple-corps-they-didnt-have-to-be-so-nice-we-would-have-liked-them-anyway.
24. E-mail de Adrian Sinclair, 14 de junho de 2022.
25. Evans, "LTBL", pp. 205–6. Sandford, *McCartney*, defende que o entusiasmo de Mal pode não ter meramente se limitado à oportunidade de servir como *roadie* na turnê norte-americana dos Wings. Segundo Sandford, Mal tinha "cantado aos quatro ventos que estava confiante de que receberia um 'cheque de cinco dígitos [do] escritório'" depois de ter "entrado em contato recentemente com McCartney e Lennon para discutir se ele talvez tivesse direito a vários salários retroativos". Ver Sandford, *McCartney*, p. 241.
26. Entrevista do autor com Rip Rense, 12 de dezembro de 2021.
27. Doyle, entrevista com Mal Evans, 14 de dezembro de 1975.
28. Doyle, entrevista com Mal Evans, 14 de dezembro de 1975.
29. Entrevista do autor com Mark Clarke, 27 de fevereiro de 2022.
30. Entrevista do autor com Lenard, 13 de julho de 2022.
31. Mal Evans, carta a Lily Evans, dezembro de 1975.
32. Entrevista do autor com Lapidos, 10 de maio de 2021.
33. Martin, entrevista com Lily Evans, 2004.
34. Elliot Mintz, entrevista com John Lennon, *Earth News Radio*, 1º de janeiro de 1976; agradecimentos especiais devidos a Chip Madinger por destacar essa interação fundamental.
35. Entrevista do autor com Gross, 23 de março de 2021.
36. Entrevista do autor com Marianne Evans, 14 de maio de 2021.
37. Entrevista do autor com Reynolds, 15 de outubro de 2021.
38. Evans, Last Will and Testament, 3 de janeiro de 1976.
39. Evans, Last Will and Testament, 3 de janeiro de 1976.
40. Entrevista do autor com Reynolds, 15 de outubro de 2021.
41. Entrevista do autor com Mansfield, 21 de janeiro de 2021.
42. Reynolds, carta a Fred e Joan Evans, 20 de fevereiro de 1976.
43. Entrevista do autor com Calvert, 13 de maio de 2021.
44. Patrick Snyder e Dolores Ziebarth, "'Sixth Beatle' Mal Evans Killed in Los Angeles", *Rolling Stone*, 12 de fevereiro de 1976, p. 10.
45. Entrevista do autor com Gross, 23 de março de 2021.
46. Relatório do Departamento de Polícia de Los Angeles, D.R. #76–430 212, 6 de julho de 1976, obtido por meio da Lei de Registros Públicos da Califórnia.
47. Relatório do Departamento de Polícia de Los Angeles. Segundo a análise toxicológica conduzida em 5 de janeiro de 1976, Mal tinha um nível leve, terapêutico, de Valium em seu organismo (0,10 mg de Diazepam) e uma concentração de 0,07% de álcool

no sangue. Esses não constituem incapacidade legal sob os estatutos existentes na Califórnia. Laudo de autópsia do médico legista chefe do Condado de Los Angeles, D.R. #76–186, 6 de janeiro de 1976, obtido por meio da Lei de Registros Públicos da Califórnia.

48. Relatório do Departamento de Polícia de Los Angeles.

49. Relatório do Departamento de Polícia de Los Angeles.

50. Entrevista do autor com Reynolds, 15 de outubro de 2021.

51. Citação em Jeff Giles, "The Day Beatles Assistant Mal Evans Was Killed by Police", *Ultimate Classic Rock*, 5 de janeiro de 2016, ultimateclassicrock.com/mal-evans-killed/.

52. Pang, *Instamatic Karma*, p. 177.

EPÍLOGO: UM PORÃO CHEIO DE POEIRA

1. Entrevista do autor com Leena Kutti, 21 de dezembro de 2020.

2. Entrevista do autor com Kutti, 5 de janeiro de 2021.

3. Entrevista do autor com Kutti, 5 de janeiro de 2021.

4. Matthew Martin, carta a Robert P. Mulvey, 18 de março de 1988.

5. Hughes, declaração juramentada, 30 de junho de 1976.

6. Joanne Lenard e John Hoernle, carta a Lily Evans, 7 de janeiro de 1976.

7. Entrevista do autor com Lenard, 13 de julho de 2022.

8. Mal deixara seu diário do ano de 1967 numa prateleira em Sunbury. Lipton provavelmente se equivocou ao mencionar o ano; além disso, o diário de Mal de 1969 estava entre os itens devolvidos por Hoernle naquele dia de fevereiro.

9. Harold Lipton, carta a John Hoernle e Joanne Lenard, 10 de fevereiro de 1976.

10. Entrevista do autor com Torgoff, 24 de janeiro de 2022.

11. Lipton, carta a Ringo Starr, 13 de janeiro de 1976.

12. Lipton, carta a Lily Evans, 11 de junho de 1976.

13. Lipton, carta a Lily Evans, 15 de agosto de 1979.

14. Lily Evans, carta a Joanne Lenard e John Hoernle, 21 de abril 1976.

15. Entrevista do autor com Gary Evans, 20 de agosto de 2021.

16. Sakol morreu em 2014; numa entrevista por telefone conduzida em 23 de janeiro de 2022, Bennett afirmou não ter recordação de haver se encontrado com Lily e Gary Evans. Em 1982, Bennett e Sakol produziram o aclamado documentário *The Compleat Beatles*.

17. Vera Barr, carta a Lily Evans, 22 de fevereiro de 1978.

18. Entrevista do autor com June Evans, 6 de junho de 2021.

19. Entrevista do autor com Barbara Evans, 20 de maio de 2021.

20. Lennon, carta a Lily Evans, janeiro de 1976.

21. Oldfield, "Police to Probe Big Mal Shooting", *Liverpool Echo*, 14 de janeiro de 1976, p. 5.

22. Entrevista do autor com Gary Evans, 5 de fevereiro de 2021.

23. O espólio de Mal foi processado em 22 de dezembro de 1975 no Cartório de Notas do Distrito de Winchester no valor de 3,3 mil libras.

24. Entrevista do autor com Barbara Evans, 20 de maio de 2021.

25. Reynolds, carta a Fred e Joan Evans, 20 de fevereiro de 1976.

26. Entrevista do autor com Reynolds, 15 de outubro de 2021.

27. The Beatles, *The Beatles Anthology*, p. 85.
28. Entrevista do autor com Reynolds, 15 de outubro de 2021.
29. Relatório do Departamento de Polícia de Los Angeles.
30. Entrevista do autor com Julie Evans Rossow, 20 de janeiro de 2022.
31. Entrevista do autor com Gross, 31 de agosto de 2021.
32. Martin, entrevista com Lily Evans, 2004.
33. George Harrison, carta a Lily Evans, 26 de outubro de 1982.
34. Entrevista do autor com Gary Evans, 17 de setembro de 2021.
35. Entrevista do autor com Gary Evans, 16 de julho de 2021.
36. Gross, entrevista com Mal Evans, 29 de novembro de 1975.

BIBLIOGRAFIA

Aigmüller, Rudolf [Tony Barrow]. "Filming, Curling, and Playing in Austria." *The Beatles Book* 109 (maio de 1985): 34–36.

"Alf Bicknell: Gary James's Interview with the Beatles' Chauffeur." *Classic Bands* (1996), www.classicbands.com/AlfBicknellInterview.html.

"Another Beatles Music Boss." *Disc and Music Echo*, 3 de maio de 1969, 6.

Aronowitz, Al. "The Return of the Beatles." *The Saturday Evening Post*, 8 de agosto de 1964, 22–28.

Asher, Peter. *The Beatles from A to Zed: An Alphabetical Mystery Tour*. Nova York: Henry Holt, 2019.

Aspinall, Neil. "The Beatles and Me! [Part 2]." *16 Magazine*, junho de 1965, 20–26.

———. "Beatles Tour Britain." *Fabulous 208*, 16 de agosto de 1966, 11.

———. "The First Official Mal Evans Story." *The Beatles Book* 46 (maio de 1967): 11–12.

———. "Look What Happened in Just One Year." *Record Mirror*, 19 de outubro de 1963, 6.

———. "Neil's Column." *The Beatles Book* 35 (junho de 1966): 25.

Babiuk, Andy. *Beatles Gear: All the Fab Four's Instruments, from Stage to Studio*. Milwaukee, WI: Backbeat, 2001.

Badman, Keith. *The Beatles Off the Record: Outrageous Opinions and Unrehearsed Interviews*. Londres: Omnibus, 2001.

———. *The Beatles Off the Record 2: The Dream Is Over*. Londres: Omnibus, 2009.

Baird, Julia. *Paul Talks: Paul McCartney in Conversation*. CD, 1987.

Baker, Glenn A. com Roger DiLernia. *The Beatles Down Under: The 1964 Australia and New Zealand Tour*. Glebe, Austrália: Wild & Woolley, 1982.

Barrell, Tony. *The Beatles on the Roof*. Londres: Omnibus, 2017.

Barrow, Tony. "Big Mal, the Beatles' Roadie." *The Beatles Book* 180 (abril de 1991): 4–8.

———. *John, Paul, George, Ringo, and Me: The Real Beatles Story*. Londres: Carlton, 2005.

———. *The Making of the Beatles' Magical Mystery Tour*. Londres: Omnibus, 1999.

Beatles, The. *The Beatles Anthology*. São Francisco, CA: Chronicle Books, 2000.

"Beatles Firm, Melcher Deal." *Billboard*, 23 de dezembro 1967, 4.

Bedford, Carol. *Waiting for the Beatles: An Apple Scruff's Story*. Londres: Blandford, 1984.

Bennett, Barbara. "My Beatle Days." *BlogSpot*, 30 de junho de 2019. mybeatledays.blogspot.com/2019/06/apple-people.html.

Berkenstadt, Jim. *The Beatle Who Vanished*. Madison, WI: Rock and Roll Detective, 2013.

Bicknell, Al com Garry Marsh. *Baby, You Can Drive My Car!* Newcastle: Number 9 Books, 1989.

Birkin, Andrew. *POV: A Life in Pictures*. Paris: Albin Michel Beaux Livres, 2022.

Boyer, Richard O. "Profiles: The Hot Bach, Part I." *The New Yorker*, 24 de junho de 1944, 30–44.

Bramwell, Tony com Rosemary Kingsland. *Magical Mystery Tours: My Life with the Beatles*. Londres: Robson, 2005.

Braun, Michael. *Love Me Do! The Beatles' Progress*. Londres: Penguin, 1964.

Carr, Roy. "Apple Corps: They Didn't Have to Be So Nice (We Would Have Liked Them Anyway)." *New Musical Express*, 17 de maio de 1975. www.rocksbackpages.com/Library/Article/apple-corps-they-didnt-have-to-be-so-nice-we-would-have-liked-them-anyway.

"Case Against Beatles' Company Fails: Manager Was Hurt in Road Crash." *Liverpool Echo*, 24 de fevereiro de 1964, 8.

Cavendish, Leslie com Eduardo Jáuregui e Neil McNaughton. *The Cutting Edge: The Story of the Beatles' Hairdresser Who Defined an Era*. Richmond, Reino Unido: Alma Books, 2017.

Clayson, Adam. *Ringo Starr: Straight Man or Joker?* St. Paul, MN: Paragon House, 1992.

Coleman, Ray. "Inside Showbiz." *Melody Maker*, janeiro de 1965, 13, 20.

Connolly, Ray. *Being John Lennon: A Restless Life*. Nova York: Pegasus, 2018.

———. "Destroyed by the Beatles." *The Daily Mail*, 20 de abril de 2005, 34.

———. *The Ray Connolly Beatles Archive*. Londres: Plumray Books, 2011.

Cott, Jonathan e Christine Doudna, eds. *The Ballad of John and Yoko*. Nova York: Dolphin, 1982.

Craig, James. "The Beatles' Studio Secrets." *Record World*, 31 de outubro de 1964, 8–9.

"Daughter for Beatles' Pal." *Liverpool Echo*, 19 de abril de 1966, 4.

Davies, Hunter. *The Beatles: The Authorized Biography*. Londres: Heinemann, 1968.

———. *The Beatles Book*. Londres: Ebury, 2016.

———. "The Beatles, Part II." *Life* 65 (20 de setembro de 1968): 60–82.

Davis, Ivor. *The Beatles and Me on Tour*. Los Angeles, CA: Cockney Kid, 2014.

Dean, Johnny [Sean O'Mahony]. "The 'Paperback Writer' Session." *The Beatles Book* 35 (junho de 1966): 6–11.

De Herrera, Nancy Cooke. *All You Need Is Love: An Eyewitness Account of When Spirituality Spread from the East to the West*. San Diego, CA: Jodere, 2003.

DiLello, Richard. *The Longest Cocktail Party: An Insider's Diary of the Beatles*. Chicago, IL: Playboy, 1972.

Doggett, Peter. *You Never Give Me Your Money: The Beatles After the Breakup*. Nova York: HarperCollins, 2011.

Drummond, Norrie. "Dinner with the Beatles." *NME*, 27 de maio de 1967, 2–3.

Du Noyer, Paul. "Just Out of Shot: Interview with Neil Aspinall." *Mojo* 35 (outubro de 1996): 74–79.

Edmonds, Mark. "Here, There, and Everywhere." *The Sunday Times Magazine*, 20 de março de 2005, 30–40.

Emerick, Geoff com Howard Massey. *Here, There, and Everywhere: My Life Recording the Music of the Beatles*. Nova York: Gotham, 2006.

Evans, Mal. "The Beatles Get Back." *The Beatles Book* 72 (julho de 1969): 22–29.

———. "Beatles in India." *The Beatles Book* 58 (maio de 1968): 7–12.

———. "Beatles—U.S.A." Manuscrito não publicado, 1965. Malcolm Frederick Evans Archives.

———. "Diaries." [1963–1974.] 10 vols. Malcolm Frederick Evans Archives.

———. "The Eighteenth Single." *The Beatles Book* 62 (setembro de 1968): 6–11.

———. "Living the Beatles' Legend: Or 200 Miles to Go." Manuscrito não publicado, 1976. Malcolm Frederick Evans Archives.

———. "Mal's Diary." *The Beatles Book* 63 (outubro de 1968): 11–12.

———. "Mal's Page." *The Beatles Book* 42 (janeiro de 1967): 25.

———. "My Life with the Beatles." *16 Magazine*, maio de 1965, 10–11.

———. "Notebook, 1966." Não publicado. Malcolm Frederick Evans Archives.

———. "Notebook, 1967–1968." Não publicado. Cortesia de Davinia Taylor.

———. "Notebook, 1975." Não publicado. Malcolm Frederick Evans Archives.

———. "Ringo and George in California." *The Beatles Book* 61 (agosto de 1968): 24–26, 31.

———. "Thirty New Beatle Grooves on Double Disc Album." *The Beatles Book* 64 (novembro de 1968): 6–15.

Evans, Mal e Neil Aspinall. "Magical Mystery Tour." *The Beatles Book* 53 (dezembro de 1967): 6–13.

"Everything Ready." *The Beatles Book* 40 (novembro de 1966): 29.

"Executive Roundtable." *Billboard*, 25 de outubro de 1969, 6.

Fabian, Jenny e Johnny Byrne. *Groupie*. Londres: New English Library, 1969.

"Fans Clean Van." *The Beatles Book* 36 (julho de 1966): 29.

Fawcett, Anthony. *John Lennon: One Day at a Time – A Personal Biography of the Seventies*. Nova York: Grove Press, 1976.

"Frantic Teens Rout Cops and Rush Beatles." *Chicago Tribune*, 24 de junho de 1964, 45.

Frost, David, prod. *A Salute to the Beatles: Once Upon a Time*. ABC-TV, 1975.

"Gary Fawkes." *The Beatles Book* 76 (novembro de 1969): 31.

"'Get Back' Postponed." *The Beatles Book* 73 (agosto de 1969): 29.

Giles, Jeff. "The Day Beatles Assistant Mal Evans Was Killed by Police." *Ultimate Classic Rock*, 5 de janeiro de 2016. ultimateclassicrock.com/mal-evans-killed.

Gilmore, Mikal. "Beatles' Acid Test: How LSD Opened the Door to 'Revolver.'" *Rolling Stone*, 25 de agosto de 2016. www.rollingstone.com/feature/beatles-acid-test-how-lsd-opened-the-door-to-revolver-251417/.

"Girl Slashes Wrists Near Beatles." *Sydney Morning Herald*, 24 de junho de 1964, 1.

Goodman, Fred. *Allen Klein: The Man Who Bailed Out the Beatles, Made the Stones, and Transformed Rock 'n' Roll*. Nova York: Houghton Mifflin Harcourt, 2016.

Granados, Stefan. *Those Were the Days 2.0: The Beatles and Apple*. Londres: Cherry Red Books, 2021.

Gunby, George. *Hello Goodbye: The Story of Alistair "Mr. Fixit" Taylor*. Belper, Reino Unido: Yesterday Once More, 2002.

Gunderson, Chuck. *Some Fun Tonight!: The Backstage Story of How the Beatles Rocked America – The Historic Tours of 1964–1966*. 2 vols. Milwaukee, WI: Backbeat: 2016.

Harrington, Kevin. *Who's the Redhead on the Roof?: My Life with the Beatles*. Forchheim, Alemanha: Apcor Books, 2015.

Harrison, Louise. *My Kid Brother's Band: A.K.A the Beatles*. Morley, MO: Acclaim Press, 2014.

"Harry Nilsson's 10 Best Songs." *Far Out*, 15 de junho de 2021. faroutmagazine.co.uk/harry-nilsson-10-best-songs/.

Haymer, J. W. *Silverspoon: The Greatest Band Nobody Ever Heard*. www.jwhaymer.blogspot.com, 2013.

Higham, Brian. "My Story." *Manchester Beat*, 2012. www.manchesterbeat.com/index.php/my-story/brian-higham.

"How John Lennon's Long-Lost $2.4 Million Gibson J-160E Guitar Was Found." *Guitar World*, 10 de novembro de 2015. www.guitarworld.com/gear/how-john-lennons-long-lost-24-million.

Hull, Dave. "Visitors to Movie Location Tell of Beatlemania Antics." *KRLA Beat*, 17 de março de 1965, 1, 4.

Hunter, Nigel. "From the Music Capitals of the World: London." *Billboard*, 16 de dezembro de 1967, 50–51.

Huntley, Elliot J. *Mystical One: George Harrison – After the Break-Up of the Beatles*. Toronto: Guernica, 2006.

Hutchins, Chris e Peter Thompson. *Elvis Meets the Beatles: The Untold Story of Their Entangled Lives*. Londres: John Blake, 2004.

"Interview: Mark Volman." *Music Illuminati*, 4 de agosto de 2011. music-illuminati.com/interview-mark-volman/.

"It's a Hard Road: 'Beat Instrumental' Looks at the Roadie Scene." *Beat Instrumental and International Recording Studio*, julho de 1970, 40–41.

"Iveys Find It Hard to Please the Beatles." *Disc and Music Echo*, 5 de julho de 1969, 16.

Jackson, Peter, dir. *The Beatles: Get Back*. Apple Corps, 2021.

James, Frederick [Tony Barrow]. "Behind the Headlines." *The Beatles Book* 30 (janeiro de 1966): 13–14.

———. "The Fifth Beatle Gets Married." *The Beatles Book* (outubro de 1968): 6–9.

Jones, Cliff. "Apple Scruffs: 'We're Waiting for the Beatles'" *Mojo* 35 (outubro de 1996): 68–72.

Kane, Larry. *Lennon Revealed*. Filadélfia, PA: Running Press, 2005.

———. *Ticket to Ride: Inside the Beatles' 1964 Tour that Changed the World*. Filadélfia, PA; Running Press, 2003.

———. *When They Were Boys: The True Story of the Beatles' Rise to the Top*. Filadélfia, PA: Running Press, 2013.

Keane, Colm. *The Beatles' Irish Concerts*. Bray, Irlanda: Capel Island Press, 2008.

Lapidos, Mark. "Preface." *Fandom and the Beatles: The Act You've Known for All These Years*. Ed. Kenneth Womack e Kit O'Toole. Oxford: Oxford University Press, 2021, ix–xi.

Leigh, Spencer. *The Cavern Cave: Rise of the Beatles and Merseybeat*. Carmarthen, País de Gales: Mc-Nidder & Grace, 2015.

Lennon, Cynthia. *John*. Londres: Hodder & Stoughton, 2005.

Lennon, John. *The John Lennon Letters*. Ed. Hunter Davies. Nova York: Little, Brown, 2012.

———. *Lennon Remembers*. Entrevista por Jann Wenner, 1970. Nova York: Verso, 2000.

Lennon, John e Yoko Ono. *All We Are Saying: The Last Major Interview with John Lennon and Yoko Ono*. Entrevista por David Sheff. Ed. G. Barry Golson. Nova York: Griffin, 2000.

Lewisohn, Mark. *The Beatles Live!* Londres: Pavilion, 1986.

———. *The Complete Beatles Recording Sessions: The Official Abbey Road Studio Session Notes, 1962–1970*. Nova York: Harmony, 1988.

———. "Macca to Me in 1991, Speaking of May 9, 1969." *Twitter* (9 de maio de 2019), twitter.com/marklewisohn/status/1126576151072247809?lang=en.

———. *Tune In: The Beatles – All These Years*. Nova York: Crown, 2013.

Madinger, Chip e Scott Raile. *Lennonology: Strange Days Indeed – A Scrapbook of Madness*. Springfield, MO: Open Your Books, 2015.

Mansfield, Ken. *The Roof: The Beatles' Final Concert*. Nova York: Post Hill, 2018.

———. *The White Book: The Beatles, the Bands, the Biz: An Insider's Look at an Era.* Nova York: Thomas Nelson, 2007.

Martin, George com Jeremy Hornsby. *All You Need Is Ears*. Nova York: St. Martin's Press, 1979.

Martin, George com William Pearson. *With a Little Help from My Friends: The Making of Sgt. Pepper*. Boston: Little, Brown, 1994.

Matovina, Dan. *Without You: The Tragic Story of Badfinger*. San Mateo, CA: Frances Glover Books, 2000.

Matteo, Steve. *Let It Be*. Nova York: Continuum, 2004.

McNab, Ken. *The Beatles in Scotland*. Edimburgo: Birlinn, 2008.

Miles, Barry. *The Beatles Diary*. Volume 1: *The Beatles Years*. Londres: Omnibus, 2009.

———. *In the Sixties*. Londres: Pimlico, 2003.

———. *Paul McCartney: Many Years from Now*. Nova York: Henry Holt, 1997.

Murray, Charles Shaar. "Lennon, Lenin, the 'Oz' Schoolkids Issue, and Me." *The Word*, abril de 2011. www.rocksbackpages.com/Library/Article/lennon-lenin-the-iozi-schoolkids-issue-and-me.

"Neil's Present." *The Beatles Book* 18 (janeiro de 1965): 29.

"New Amps for Beatles." *Beat Instrumental* 31 (novembro de 1965): 25.

Norman, Philip. *Shout!: The Beatles in Their Generation.* Nova York: Simon & Shuster, 1981.

O'Dell, Chris com Katherine Ketchum. *Miss O'Dell: My Hard Days and Long Nights with the Beatles, the Stones, Bob Dylan, Eric Clapton, and the Women They Loved*. Nova York: Touchstone, 2009.

Oldfield, Stephen. "Police to Probe Big Mal Shooting." *Liverpool Echo*, 14 de janeiro de 1976, 5.

Pang, May. *Instamatic Karma: Photographs of John Lennon*. Nova York: St. Martin's Press, 2008.

Pang, May com Henry Edwards. *Loving John: The Untold Story*. Nova York: Warner, 1983.

Pearce, Vicki. "Charabanc: All Aboard the Sharrabang!" *Warts and All*, 20 de julho de 2019. wartsandall.blog/2019/07/20/charabanc-all-aboard-the-sharrabang/.

"People Behind the Stars, Nº 4: Road Manager Mal Evans." *Beat Instrumental* 48 (abril de 1967): 33–34.

Petersen, David e Dick Denney. *The Vox Story: A Complete History of the Legend*. Westport, CT: The Bold Strummer, 1993.

Rayl, A. J. S. e Curt Gunther. *Beatles '64: A Hard Day's Night in America*. Nova York: Doubleday, 1989.

Roxon, Lillian. “101 Hours with John Lennon and Paul McCartney.” *Eye*, setembro de 1968, 32–35, 81–82.

Sandford, Christopher. *McCartney*. Nova York: Carroll & Graf, 2006.

Schaffner, Nicholas. *The Beatles Forever*. Nova York: McGraw-Hill, 1977.

Schwartz, Francie. *Body Count*. Nova York: Straight Arrow, 1972.

Schwensen, Dave. *The Beatles at Shea Stadium: The Story Behind Their Greatest Concert*. Burlington, VT: North Shore, 2013.

Scott, Ken com Bobby Owsinski. *Abbey Road to Ziggy Stardust: Off the Record with the Beatles, Bowie, Elton, and So Much More*. Los Angeles: Alfred Music, 2012.

Shepherd, Billy [Peter Jones]. *The True Story of the Beatles*. Nova York: Bantam, 1964.

Shotton, Pete e Nicholas Schaffner. *John Lennon: In My Life*. Nova York: Stein & Day, 1983.

Smith, Alan. “Alan Smith Goes on Tour with the Beatles!” *NME*, 10 de dezembro de 1965, 3, 16.

Smith, Richard Digby. *One Two Three Four: The Life and Times of a Recording Studio Engineer*. Kilworth, Reino Unido: The Book Guild, 2020.

“Sound City to Beatles’ Aid.” *Beat Instrumental* 33 (janeiro de 1966): 25.

Sounes, Howard. *Fab: An Intimate Life of Paul McCartney*. Boston: Da Capo, 2010.

Southall, Brian. *Abbey Road: The Story of the World’s Most Famous Studios*. Wellingborough, Reino Unido: Patrick Stephens, 1982.

Spitz, Bob. *The Beatles: The Biography*. Boston: Little, Brown, 2005.

Starr, Ringo. “I Want to Lead a Normal Life.” *Hit Parader*, setembro de 1968, 8–10, 51.

———. *Postcards from the Boys*. São Francisco: Chronicle Books, 2004.

Steele-Waller, Georgiana. *In My Life, So Far...* Glendale: Georgiana Steele-Waller, 2013.

Sulpy, Doug e Ray Schweighardt. *Get Back: The Unauthorized Chronicle of the Beatles’* Let It Be *Disaster*. Nova York: Griffin, 1997.

The Talent Spot. Roteiro de rádio. 22 de janeiro de 1963. Malcolm Frederick Evans Archives.

Taylor, Alistair. “Forward.” Em Tony Barrow, *The Making of the Beatles’ Magical Mystery Tour*. Londres: Omnibus, 1999. 1–5.

———. *With the Beatles*. Londres: John Blake, 2003.

Taylor, Derek. “Apple 1988: A Year for Nostalgia.” *Hit Parader*, março de 1969, 36.

———. *As Time Goes By*. Londres: Faber & Faber, 2018.

———. *Fifty Years Adrift*. Guilford, Reino Unido: Genesis, 1984.

———. *Gilet de Sauvetage Est Sous la Siege*. *Newsletter* interna. Apple, novembro de 1968.

———. “Making a Gold Record.” *KRLA Beat*, 5 de maio de 1965, 5.

———. *Nadolig Llawen*. *Newsletter* interna. Apple, dezembro de 1968.

———. “Paul McC. Was My House Guest!” *Teen Datebook* 6.4 (setembro de 1967): 30–31.

A Toot and a Snore in ’74. LP. Mistral Music, 1992.

Townshend, Pete. *Who I Am: A Memoir*. Nova York: HarperCollins, 2012.

Tozer, James. “In Paul McCartney’s Arms: The Puppy He Loved So Much He Wrote About Her in the Beatles Hit ‘Martha My Dear.’” *The Daily Mail*, 10 de novembro de 2017. www.dailymail.co.uk/news/article-5071837/In-Paul-McCartney-s-arms-puppy-loved-much.html.

Turner, Steve. *Beatles ’66: The Revolutionary Year*. Nova York: HarperCollins, 2016.

“Unrecognized.” *The Beatles Book* 74 (setembro de 1969): 31.

Visconti, Tony. *The Autobiography: Bowie, Bolan, and the Brooklyn Boy*. Nova York: HarperCollins, 2007.

Webb, Jimmy. *The Cake and the Rain: A Memoir*. Nova York: St. Martin's Press, 2018.

Weinberg, Max com Robert Santelli. *The Big Beat: Conversations with Rock's Great Drummers*. Chicago, IL: Contemporary Books, 1984.

"Welcome to Mal." *The Beatles Book* 89 (setembro de 1983): 14.

White, Timothy. *George Harrison Reconsidered.* Londres: Larchwood & Weir, 2013.

Wilson, Brian com Ben Greenman. *I Am Brian Wilson: A Memoir*. Boston: Da Capo, 2016.

CRÉDITOS DAS IMAGENS

Foram feitos todos os esforços para contatar os detentores de copyright *do material reproduzido neste livro. Seremos gratos pela oportunidade de retificar quaisquer omissões trazidas à nossa atenção em edições subsequentes.*

As fotografias, desenhos, ilustrações e páginas reproduzidas neste livro pertencem ao acervo Malcolm Frederick Evans Archives [MFEA], com exceção das seguintes:

CAPÍTULO 6
Mal no *backstage* em seus primeiros dias com os Beatles (MFEA/Mark Lewisohn)

CAPÍTULO 7
George andando de cavalinho em Mal (Beatles Book Photo Library – "BBPL", daqui em diante)

CAPÍTULO 8
Mal montando a bateria de Ringo no Coliseum, em Washington (Alamy)

CAPÍTULO 9
Mal trocando as cordas de um violão (BBPL)

CAPÍTULO 11
Mal e os Beatles no estádio Forest Hills (Alamy)
Mal, Neil e George (BBPL)

CAPÍTULO 12
Mal interpretando o Nadador de Canal em *Help!* (BBPL)

CAPÍTULO 16
Paul, Mal e Alf a caminho de Tóquio (Getty)
John, Mal e Paul no camarim do Circus-Krone-Bau (Robert Whitaker)

CAPÍTULO 18
O logo de *Sgt. Pepper* feito por Mal (Davinia Taylor)

CAPÍTULO 19
Mal posando no set de *Sgt. Pepper* com (da esquerda para a direita) Jann Haworth, Mohammed Chtaibi, Peter Blake, Andy Boulton, Trevor Sutton, Nigel Hartnup, funcionário não identificado do Madame Tussaud's e Michael Cooper. (Apple Corps Ltd.)
Mal durante as gravações de *Sgt. Pepper* (BBPL)

CAPÍTULO 20
Mal e Paul retornam dos Estados Unidos (Alamy)
Mal visitando John em Weybridge (Leslie Samuels Healy)

CAPÍTULO 21
Mal a caminho da cerimônia memorial de Brian com Pattie, George, Neil e Paul (Getty)

CAPÍTULO 23
Mal na ponta direita da foto em grupo no *ashram* (Getty)

CAPÍTULO 24
Magic Alex, John, Mal e Paul chegando a Nova York para promover a Apple (Getty)

CAPÍTULO 25
Mal, Paul, John e Lily na *première* de *Yellow Submarine* (BBPL)
Gary posando com Martha e a banda na Cavendish Avenue durante o Mad Day Out (Don McCullin)

CAPÍTULO 26
A família Evans na festa de Natal da Apple (Tommy Hanley)

CAPÍTULO 27
Mal indo ao auxílio de John durante a entrevista para a TV canadense (Richard Keith Wolff)
Mal no terraço da Savile Row com os oficiais da Polícia Metropolitana (Apple Corps Ltd.)

CAPÍTULO 28
Mal com Linda, Paul e Heather depois do casamento dos McCartneys (Alamy)

CAPÍTULO 35
A foto de Fran Hughes na parede do Record Plant (Francine Hughes Reynolds)

CAPÍTULO 37
O duplex de Mal e Fran na 4th Street (Kenneth Womack)

CAPÍTULO 39
Mal com Denny Laine, George e Olivia Arias a bordo do *Queen Mary* (PIP-Landmark Media)

CAPÍTULO 40
Laura Gross (Nancy Glendaniel)
Mal na Beatlefest de 1975 (Stuart Zolotorow)
Mal e May dando autógrafos na Beatlefest de 1975 (Bob Gruen)
Joey Molland e Mal no Total Experience Studios (Joey Molland)

EPÍLOGO
Mal em seu auge nos estúdios da EMI (Tracks.co.uk)

Belas Letras.

Leia o QR Code e conheça outros títulos do nosso catálogo

@editorabelasletras
www.belasletras.com.br
loja@belasletras.com.br
54 99927.0276

Este livro foi composto em Adobe Garamond e impresso em papel ivory slim 65 g pela gráfica Leograf em março de 2025.